KB009350

NEW TOEIC이 좋아하는 단어는 따로 있다!

MENTORS

TOEIC점수가 쑥쑥 올라가는 기출어휘 총정리!

# TOEIC이 좋아하는 단어는 따로 있다!
(이책은 멘토스 TOEIC VOCA의 개정판입니다.)

2021년 06월 17일 인쇄
2021년 06월 24일 1쇄 발행

**지은이**  E & C
**발행인**  Chris Suh
**발행처**  MENT◉RS

경기도 성남시 분당구 분당로 53번길 12  313-1
**TEL** 031-604-0025   **FAX** 031-696-5221
www.mentors.co.kr
blog.naver.com/mentorsbook

**등록일자**  2005년 7월 27일
**등록번호**  제 2009-000027호
**I S B N**  979-11-91055-03-0
**가  격**  17,600원

잘못 인쇄된 책은 교환해 드립니다.
이 책에 게재된 내용의 일부 또는 전체를 무단으로 복제 및 발췌하는 것을 금합니다.

NEW TOEIC VOCA

TOEIC이 영어실력을 가장 정확히 가늠하는 절대적인 시험은 아니지만 일상과 비즈니스 영어수준을 측정하는 최고의 시험임에는 부정할 수 없다. 그런만큼 수험생도 많고 이들을 가르치는 학원이 우후죽순 생겨나고 또한 유명강사를 띄워서 TOEIC 준비생들을 현혹하는게 지금의 현실이다. 그래서 영어의 실력을 증가시키기 보다는 오로지 TOEIC점수 올리는 족집게와 요령만이 판을 치는 세상이 되어버렸다. 그결과 TOEIC 점수는 고득점이지만 말 한마디 못하고 말 두마디도 듣지 못하는 기현상이 일어나게 되었다. TOEIC 무용론이 나오는 것은 바로 이런 연유에서이다.

급한 마음에 요령위주로 학습하는 것을 뭐라 할 수는 없지만 어차피 입사해서 비즈니스 무대에서 살아가려면 필요한 비즈니스 영어로서 가장 적합한 TOEIC을 조금이라도 진지하게 학습해보는 노력을 해보는 것도 나쁘지는 않을 것이다. 특히 TOEIC이라는 시험은 뭔가 어려운 구문이나 문법실력을 요구하지 않는다. 영어에 대한 감각, 그리고 교과서에서는 찾아볼 수 없는 아주 미국적인 일상영어와 직장을 다닐 때 필요한 문장들이 대거 등장한다. 그래서 미국 현지에서 살아보지 않은 사람, 비즈니스 영어에 익숙하지 못한 사람은 무척이나 당황하고 어려움을 느끼게 된다.

이런 "TOEIC 낯설음"의 가장 근본적인 원인은 단어이다. 우리에게 익숙하지 않은 일상의 단어와 비즈니스 관련 단어나 표현들을 많이 알면 알수록 TOEIC을 듣고 정답을 찾고, 문법에서 뭐가 이상한지 알아내고 그리고 독해문제를 다 풀고도 시간이 남아 돌 것이다. 다시 말해서 TOEIC에서 정답을 맞추는 것은 고급영어실력을 요하지 않는다는 것이다. 결국 영어회화나 TOEIC이나 단어싸움이 가장 큰 관건이다. 가장 탄탄한 기본실력을 배양하고 가장 빠른 점수향상을 기할 수 있는 곳이 바로 어휘력이라고 할 수 있을 것이다. 특히나 요즘은 TOEIC에 등장하는 단어의 수준이 점차 높아지고 있는 추세인지라 어휘실력과 TOEIC 고득점은 점차 불가분의 상관관계가 되어가고 있다.

이런 추세에 맞춰 이책 〈TOEIC이 좋아하는 단어는 따로 있다!〉는 TOEIC에 자주 나오는, 즉 TOEIC이 좋아하는 명사, 동사, 형용사, 부사, 동사구, 부사구, 그리고 TOEIC 특유의 명사[형용사]+명사의 기출 복합어와 단어의 범위를 넘어서 TOEIC에 자주 나오는 기출표현어구를 중점적으로 최대한 수록하여 TOEIC에 폭 빠져서 익숙해지도록 꾸몄다. 또한 TOEIC에 자주 나오는 사람명사, 회사의 종류 그리고 기관 등을 수록하여 전체적으로 Unit 어부터 Unit 07까지 일주일에 다 학습하도록 기획되어 있다. 끝으로 Supplements에는 역시 TOEIC이 좋아하는 혼란어, 다의어, 파생어, 접두접미어, 그리고 약어 등을 구분 정리하여 앞에서 배운 어휘들을 새로운 시각으로 이해하고 암기하도록 구성하였다. 따라서 이책을 한 번만 독파해도 세 네번 어휘학습을 한 효과가 나타날 것이다.

모든 것은 다 마음 먹기에 달렸다. 매번 어설프고 부족한 실력으로 요령만 익혀 수없이 시험을 보는 우를 범하기 보다는 기출표현들을 한번에 암기하여 자기 것으로 만들면 TOEIC 점수도 오르고 비즈니스 맨으로서 갖추어야 할 비즈니스 영어에도 강해지는 그래서 어느 상황에서든 '이기는' 자기 자신을 발견하게 될 것이다.

## 이책의 특징

"TOEIC에 기출된 단어와 표현을 새로운 시각으로 정리하였다!"

❶ **기출표현** : 기출된 명사, 동사, 형용사, 부사 및 동사[부사]구 그리고 복합어 등 기출표현을 총정리하였다.

❷ **반복학습** : Unit 별로 중요한 단어나 표현은 계속 반복적으로 나오도록 꾸며져 있어서 한 번만 읽어도 여러 번 읽은 효과가 있어 한 번 정독으로 TOEIC 어휘를 단숨에 따라잡을 수 있다.

❸ **듣기연습** : 모든 예문은 Native Speaker의 음성으로 녹음되어 있어서 Listening 점수 향상에도 도움이 되도록 꾸며져 있다.

## 이책의 구성

### TOEIC이 좋아하는 핵심 명사와 동사

그동안 기출되었던 핵심단어들인 명사와 동사, 그리고 그 파생어들까지 집중적으로 수록하였다.

### TOEIC이 좋아하는 핵심 형용사와 부사

단골로 나오는 형용사와 부사를 정리하였고 비슷한 형용사 구분 등 시험에 자주 나오는 핵심을 찔렀다.

# TOEIC이 좋아하는 핵심 동사구

다양한 동사구의 의미와 궁합이 맞는 전치사와 부사를 함께 기억하도록 정리하여 시험에 강해질 수 있다.

# TOEIC이 좋아하는 핵심 부사구

전치사, 부사 등의 역할을 하는 핵심 부사구와 전치사, 접속사도 함께 정리하였다.

# TOEIC이 좋아하는 핵심 복합어

TOEIC 문장을 빨리 이해하는데 있어서 꼭 필요한 기출 복합어를 집중적으로 수록하였다.

# TOEIC이 좋아하는 핵심 기출 표현 및 사람명사

단어도 중요하지만 TOEIC에 자주 나오는 기출어구는 아예 외워두면 TOEIC 문장에 친숙해져서 TOEIC 감각을 늘리게 된다. 이는 곧바로 TOEIC 고득점 달성에 큰 역할을 하게 될 것이다.

# Contents

**Unit 01** TOEIC이 좋아하는 **핵심 명사와 동사** · 009

**Unit 02** TOEIC이 좋아하는 **핵심 형용사와 부사** · 167

**Unit 03** TOEIC이 좋아하는 **핵심 동사구** · 229

**Unit 04** TOEIC이 좋아하는 **핵심 부사구** · 311

**Unit 05** TOEIC이 좋아하는 **핵심 복합어** · 347

**Unit 06** TOEIC이 좋아하는 **핵심 기출표현** · 415

**Unit 07** TOEIC이 좋아하는 **핵심 회사와 사람명사** · 559

**Supplements** · 589

TOEIC이 좋아하는 혼란어

TOEIC이 좋아하는 다의어

TOEIC이 좋아하는 파생어

TOEIC이 좋아하는 접두접미어

TOEIC이 좋아하는 약어

놓치기 아까운

**TOEIC TIPS**

| Unit 01 | requirements | 067p |
|---|---|---|

| Unit 02 | 형용사부사 동일형으로 내용상 구분해야 | 173p |
|---|---|---|
| | 형용사가 부사형으로 바뀌면서 의미가 달라져 | 179p |
| | 주의해야 할 형용사의 비교급과 최상급 | 185p |
| | 동일 어원에서 파생한 비슷한 형태의 형용사들 | 191p |
| | through와 그 일당들 | 197p |
| | TOEIC에 자주 나오는 전치사(전치사로만 쓰이는 경우) | 203p |
| | 계약서용 부사들 | 219p |
| | TOEIC에 자주 나오는 전치사(형용사, 부사로도 쓰이는 경우) | 224p |

| Unit 03 | 동사구로 된 명사형 | 234p |
|---|---|---|
| | for를 좋아하는 동사구 | 239p |
| | of를 좋아하는 동사구 | 244p |
| | about을 좋아하는 동사구 | 255p |
| | with를 좋아하는 동사구 | 260p |
| | to+명사를 좋아하는 동사구 | 265p |
| | to+동사를 좋아하는 동사구 | 270p |
| | from을 좋아하는 동사구 | 275p |
| | up을 좋아하는 동사구 | 280p |
| | out을 좋아하는 동사구 | 285p |
| | 동사 A with B & 동사 A of B | 290p |
| | 기타의 경우 | 299p |
| | down을 좋아하는 동사구 | 306p |

| Unit 04 | 주의해야 할 전치사, 접속사, 부사 | 323p |
|---|---|---|
| | 부사절을 이끄는 다양한 형태의 접속사 | 338p |
| | …때문에 | 343p |

| Unit 05 | '기업'의 다양한 표현들 | 370p |
|---|---|---|
| | '상표'의 다양한 표현들 | 378p |
| | '제조업자'의 다양한 표현들 | 386p |
| | '급여'의 다양한 표현들 | 406p |
| | '소득'의 다양한 표현들 | 411p |

| Unit 06 | '가격'의 다양한 표현들 | 470p |
|---|---|---|
| | '할인'의 다양한 표현들 | 501p |
| | '빌리다, 빌려주다'의 다양한 표현들 | 529p |
| | '광고전단'의 다양한 표현들 | 547p |

| Unit 07 | manager? | 566p |
|---|---|---|
| | realtor는 공인부동산 중개업자 | 572p |

NEW
TOEIC
VOCA

# 1
## UNIT

TOEIC이 좋아하는
## 핵심 명사와 동사

TOEIC이 좋아하는
# 명사와 동사 001-030

---

**001**
## board

**BOARD OF
DIRECTORS**

n. 위원회, 이사회  v. (탈 것에) 타다, 하숙시키다

▶ notice board 게시판
▶ board of directors 이사회
▶ boarding ticket 탑승

We will discuss the plan at the **board** meeting this afternoon. 오늘 오후 중역회의에서 그 계획에 관해 논의할 예정입니다.

---

**002**
## raise

n. 임금 인상  v. 올리다, 돈을 모으다, 아이를 기르다

▶ pay raise 임금인상
▶ rise 오르다

The fines for exceeding the speed limit have been **raised** substantially over the past five years. 속도제한 위반 벌칙금은 지난 5년간 상당히 올랐다.

---

**003**
## job

**JobSeeker**

n. 직업, 일자리 employment; mission, 지위 post

▶ career 평생 종사하게 되는 전문직업
▶ jobless 실직한, 무직의
▶ job seeker 구직자

In order to apply for that **job,** you must have personal references. 그 직에 지원하려면 자기 소개서가 필요하다.

---

**004**
## fee

n. 요금 charge, 수수료 commission, 입장료 *전문적인 서비스에 지불하는 비용

▶ admission fee 입장료

The enrollment **fee** has just been raised to seven thousand dollars per year. 등록금은 1년에 7천 달러로 인상되었다.

---

**005**
## hand

n. 일손, 도움  v. 건네주다, 제출하다 hand in

▶ give sb a hand …을 도와주다

All employees must **hand** in their travel expenses form to the payroll clerk before the end of each month. 모든 근로자는 매 월말까지 급여담당 직원에게 여비 내역서를 제출해야 한다.

**006**

# expect

v. 기대하다, 예상하다 anticipate; speculate; presume *suppose보다 신빙성 있는 추측

- ▶ **expectation** 기대, 예상
- ▶ **expected** 예기된
- ▶ **as expected** 예상한 대로

The credit card charge was **more than the manager had expected.** 신용카드 청구액은 매니저가 예상했던 것보다 더 많았다.

**007**

# cut

n. 절감, 감소 v. 절감하다, 감소시키다

- ▶ **cut back on** (생산, 비용 등을) 줄이다
- ▶ **cost-cutting** 비용 절감의
- ▶ **cutting edge** 최첨단

The company has made a new promise to **cut back on** spending and increase salaries. 그 회사는 지출을 줄여서 임금을 인상시키겠다는 새로운 약속을 했다.

**008**

# upgrade

n. 향상, 상승 rise; improvement  v. 향상시키다, 질을 높이다 improve

We will need to **upgrade our system** by the end of the year at the very latest. 우리는 늦어도 연말까지는 시스템을 업그레이드할 필요가 있을 것이다.

**009**

# cost

n. 가격, 원가, 비용  v. …의 비용이 들다

- ▶ **cost accounting** 원가회계
- ▶ **cost-effective** 비용 효과적인
- ▶ **cost estimate** 비용 견적서
- ▶ **production cost** 생산 원가
- ▶ **start-up cost** 창업비

If we **keep our costs down,** we will survive the current economic depression. 원가를 계속 절감해 나가면 현 경기 침체에서도 살아남을 수 있을 것이다.

**I**

UNIT

**010**

## delay

n. 지연 deferment; procrastination  v. 미루다, 연기하다 postpone; put off

▸ **without delay** 지체없이

The shipment was delivered to the customer **without delay.** 적하물은 지체없이 고객에게 배달되었다.

There will **be two-day delay for** all of our overnight deliveries this week. 이번 주에 야간 배달에도 불구하고 이틀이 지연될 것이다.

**011**

## connect

v. 전화로 상대방과 이어주다, 연결하다

▸ **business connection** 거래선
▸ **connections** 연줄

One of the best ways to land a job in finance is to **have a lot of connections.** 금융분야에서 일자리를 얻기 위한 가장 좋은 방법 중의 하나는 많은 인맥을 갖는 것이다.

**012**

## add

v. 더하다

▸ **additive** 첨가제, 부가물
▸ **additional** 추가적인, 부가적인
▸ **in addition to** …에 더하여

This fuel **additive** is guaranteed to improve engine performance. 이 연료첨가제는 엔진성능 향상을 보증해 줍니다.

**013**

## carry

v. 운반하다, 나르다, (상품을) 팔다

▸ **Do you carry ~?** …을 파나요?

I would like to inquire as to whether or not your company **carries** any computer speaker systems. 귀사가 컴퓨터 스피커 시스템을 취급하고 있는지 문의하고 싶습니다.

**014**

## agreement

n. 동의, 협정, 계약, 합치 consensus; settlement

▸ **agree** 동의하다
▸ **disagreement** 불일치, 논쟁
▸ **agreeable** 기분 좋은, 기꺼이 동의하는

The CEO was frustrated that the board of directors **was not in agreement with** him. 최고경영자는 이사회가 자기한테 동의하지 않아 실망했다.

**015**
# bottom

n. 밑바닥, 바닥 시세 v. 최저 가격이 되다

> ▶ **bottom line** 순이익(net profit), 최종 결과
> ▶ **hit bottom** 시세가 최저점에 이르다
> ▶ **bottom out** 하락에서 벗어나 다시 상승하기 시작하다

It seems that his company has finally **hit bottom** and will have to go bankrupt. 그 사람이 운영하는 회사는 마침내 최악의 상태를 맞이해 파산하지 않을 수 없을 것 같다.

**016**
# attend

v. …에 참석하다 be present; show up

> ▶ **attendance** 출석, 출석자, 참석자
> ▶ **attendee** 출석자
> ▶ **attendant** 출석자, 시중드는 사람

Stan has made plans to **attend the conference,** hasn't he? 스탠은 회의에 참석할 계획을 세웠어, 그렇지 않니?

**017**
# consider

v. 참작하다, 고려하다

> ▶ **consideration** 고려, 참작
> ▶ **considerable** 상당한
> ▶ **reconsider** 재고하다

The manager **considered** his secretary to be one of the smartest people in the organization. 그 부서 책임자는 자신의 비서를 회사 내에서 가장 재능있는 직원에 속한다고 생각했다.

**018**
# aid

n. 원조, 조력 v. 돕다, 원조하다

**FIRST AID**

> ▶ **visual aid** 시각자료
> ▶ **first aid** 응급조치[치료]

When Chris cut himself on the broken glass he was glad that he had bandages in his **first aid kit.** 크리스는 깨진 유리잔에 베었을 때 그의 구급상자 속에 붕대가 있는 것을 보고 반가웠다.

**019**
# trend

n. 경향, 추세 v. 향하다, 기울다

> ▶ **trend line** 추세선
> ▶ **trendy** 최신 유행의, 유행을 따르는

The latest sales trends show that upscale products are being purchased at a declining rate. 최근의 판매동향을 보면 고가품 구매가 줄어들고 있는 것을 알 수 있다.

**020**
# control

n. 통제, 관리  v. 통제하다, 관리하다

▶ **quality control** 품질관리
▶ **span of control** 관리자 1인이 감독가능한 근로자수
▶ **control panel** 자동차나 컴퓨터 등의 조절[제어] 장치
▶ **be in control (of)** (…을) 관리하고 있다

Production control has suffered with the foreman being on vacation. 공장장이 휴가 중이라 생산 관리에 애를 먹고 있다.

**021**
# break

n. 휴식, 고장  v. 깨뜨리다, 고장나다, 계약 위반하다

▶ **breakeven point** 손익분기점
▶ **breakthrough** 획기적인 발전

If we keep up **these record-breaking sales** then we will all be rich! 우리가 이 기록적인 판매를 유지하면 모두 부자가 될거야!

**022**
# close

v. 문을 닫다, 계약을 맺다  n. 종결, 마감  a. 가까운, 밀접한 nearby; adjacent

▶ **closely** 밀접하게
▶ **closer** 닫는 것. 거래를 체결하는 사람
▶ **close a deal** 거래를 마무리하다

The branch office will **be closed** from Monday through Friday for renovations. 그 지점은 보수공사로 인하여 월요일부터 금요일까지 문을 닫을 것이다.

Please try to **close the contract** before midnight tonight. 오늘 자정 전까지 계약을 체결하도록 해 주세요.

**023**
# update

n. 최신 정보  a. 최신의  v. 새롭게 하다, 최신의 것으로 하다

▶ **updated** 최신의 것으로 새롭게 한
▶ **give sb an update on~** …에 대한 최신정보를 주다

The reports **are updated** twice daily, so the information should be accurate. 보고서는 매일 두 번 갱신되어 정보는 정확한 것으로 간주된다.

Mike asked his partner to **give him an update on** the construction project. 마이크는 동업자에게 공사계획에 관한 최신정보를 달라고 요구했다.

# difference

n. 의견의 차이 disagreement; discord, 분쟁 conflict

> ▶ different 다른, 상이한
> ▶ differently 다르게
> ▶ differentiate 구별하다

Let's get together this weekend and try to **resolve our differences on** this assignment. 이번 주말에 모여 이 업무에 관한 우리의 의견 차이를 해결하자.

# interest

n. 흥미 attraction, 이해관계 advantage, 이자 gain  v. 관심을 끌다 attract; tempt

> ▶ interest rate 이율
> ▶ interesting 흥미있는

The store no longer carries the product line that you **are interested in.** 그 상점에선 당신이 구입하고 싶어하는 제품을 더 이상 취급하지 않아요.

# buy

n. 싸게 산 물건 good deal  v. 사다, 매수하다 purchase; acquire

> ▶ buyout 기업 인수, 매수
> ▶ buy the insurance 보험에 들다
> ▶ buying power 구매력

It sounds like there is going to be **a management buyout** as a result of the merger. 합병하게 되면 경영권 인수가 있을 것 같다.

Don't forget to **buy the insurance** that you need for your trip overseas. 해외 여행을 하는 데 필요한 보험에 드는 것을 잊지 마세요.

# cash

n. 현금 money  a. 현금의  v. 현금으로 바꾸다

> ▶ cash a check 수표를 현금으로 바꾸다
> ▶ strapped for cash 돈이 쪼들리는, 자금이 충분치 않은
> ▶ cash and carry 대량으로 물건을 구입하면 할인해주며 배달은 해주지 않는 상점

I need to go to the bank today to **cash a check.** 오늘 은행에 가서 수표를 현금으로 바꿔야 해.

This company **is so strapped for cash** that we need to sell stock. 이 회사는 너무 자금에 쪼들리기 때문에 우리는 주식을 팔아야 한다.

## 028
### deal

n. 거래 bargain  v. 거래하다, 처리하다 do business; handle

▶ **dealer** 거래를 하는 사람
▶ **dealership** 판매권, 판매 대리점
▶ **deal with** ···와 거래[처리]하다

We'll have to keep our fingers crossed on **that last deal**.
마지막 협상에 행운을 빌어야 할 거야.
Let's **go to the new dealership** to check out the new
cars they have in stock. 새로 생긴 대리점에 가서 거기 있는 신형 자동차
들을 알아보자.

## 029
### cover

n. 덮개, 표지 wrapping; cover-up  v. 덮다, 포함하다 blanket, 부
담하다 bear

▶ **coverage** (보험 등의) 보상 범위
▶ **blanket coverage** 총괄보험
▶ **cover letter** 커버레터[자기 소개서]

This manual doesn't seem to **cover** how to fix a paper
jam. 이 설명서에는 종이가 걸렸을 때 고치는 방법이 나와 있지 않은 것 같다.

## 030
### fix

v. 고정하다 fasten; fixate, 수리하다 mend; repair

▶ **fixed rates** 고정이율
▶ **fixed costs** 고정 비용
▶ **fixed asset** 고정 자산

Let's hire someone to **fix up** the office a little. 사람을 사서 사
무실을 좀 수리합시다.

TOEIC이 좋아하는
# 명사와 동사 031-060

---

**031**
## force

n. **힘, 세력** influence, **군대** military organization  v. **강요하다**
compel; oblige

> ▸ **forcibly** 강제적으로, 강력히, 힘차게
> ▸ **force sb to+V** …에게 …하라고 강요하다
> ▸ **be forced to + V** …하기를 강요당하다

From now on, the company will **force** all employees
over sixty-five years of age **to** retire. 회사는 이제부터 65세가 넘는
직원들을 모두 강제로 퇴사시킬 것이다.

---

**032**
## information

n. **정보** news, facts, **통지** notice; notification

> ▸ **inform** 알리다, 통지하다
> ▸ **informed** 소식통의, 정보에 근거한
> ▸ **information about[on]** …에 관한 정보
> ▸ **informative** 유익한, 지식을 주는

Do you **have any information on** the recent trends in
the stock market? 최근 주식시장의 동향에 대한 정보가 뭐 좀 있습니까?

I'd like to **inform you that** our services will no longer
be available as of next week. 서비스가 다음 주부터는 제공되지 않는다
는 것을 여러분께 알려드리고자 합니다.

---

**033**
## conference

n. **회의, 회담** convention; meeting

> ▸ **confer** 의논하다
> ▸ **press conference** 기자회견
> ▸ **conference call** 전화회의

He held a **press conference** to discuss the pending sale
of the company. 그 사람은 기자 회견을 열어 한창 진행 중인 회사 매각에 대
한 내용을 밝혔다.

### 034
# leave

v. 떠나다, 출발하다, 남겨두다, …한 상태로 놔두다

▶ leftover 남은 음식
▶ leave for~ …을 향해 출발하다
▶ leave~ …을 떠나다

The office manager asked the secretary to **leave the door open**. 업무부장은 비서에게 문을 열어두라고 했다.

### 035
# develop

v. 개발하다, 사진을 현상하다, 병에 걸리다 contract

▶ development 개발, 발달
▶ developer 개발업자
▶ develop cancer 암에 걸리다

We all agreed that we need to **develop our product line** to increase sales this year. 올해 판매를 신장시키려면 제품을 개발해야 한다는 데에 우리는 모두 의견 일치를 보았다.
Polly **developed a cold** after being caught in the rain without a coat. 폴리는 코트도 안 입은 채 비를 맞아 감기에 걸렸다.

### 036
# measure

n. 치수 size, 기준 standard, 방책 means  v. 측정하다, 평가하다 evaluate

▶ measurement 치수재기
▶ take a measurement 치수를 재다

A tape measure was used to check the woman's foot size at the shoe store. 신발 가게에서는 여성의 발치수를 재는데 줄자를 사용했다.

### 037
# pick

v. 고르다, 데려오다, 나아지다

▶ pick up …을 데리고[가지고] 오다, 경기 등이 나아지다

He asked me where I wanted to eat, so I **picked** an Italian restaurant. 그 남자가 나에게 어디 가서 먹고 싶냐고 물어서 나는 이탈리아 음식점을 골랐다.

### 038
# increase

n. 증가, 증대 growth; hike  v. 증가하다, 늘리다 add; escalate; raise

▶ increasing 증대하는, 증가하는
▶ increasingly 점점
▶ decrease 감소하다(reduce보다는 감소의 정도가 약하다)

The demand for hula-hoops **has been on the decrease since the fifties.** 홀라후프에 대한 수요가 50년대 이래 감소추세에 있다.

## 039
## place

n. 장소, 자리, 집 dwelling; residence  v. 두다, 주문하다 order

▶ **placement** 배치, 채용, 고용
▶ **misplace** 둔 곳을 잊다
▶ **outplacement service** 전직 알선 서비스
▶ **in place of** …대신에
▶ **place an ad** 광고를 싣다

After the movie ended, we all **went back to my place** and played cards until the morning. 영화가 끝난 후, 모두 우리 집으로 가서 아침까지 포커를 쳤다.

## 040
## rate

MORTGAGE RATES

n. 비율 ratio, proportion, 가격 fee  v. 평가하다 judge, 등급을 매기다 grade

▶ **interest rate** 금리
▶ **tax rate** 세율
▶ **hourly rate** 시간당 요금
▶ **be rated by** …에 의해 등급이 매겨지다
▶ **rate A as B** A를 B로 평가하다
▶ **ratings** 평가등급

I would **rate** the Hilton **as** the best hotel in Los Angeles. 힐튼호텔이 LA 최고의 호텔일거야.

## 041
## custom

n. 관습 convention, 관세 tariff  a. 맞춘, 주문한 tailor-made

▶ **customize** 주문하여 제작하다

If you want to get the best sound out of your stereo, you should **customize** the interior of your car. 만약 스테레오 음향을 제일 잘 듣고 싶다면, 자동차 내부를 주문 제작해야 합니다.

## 042
## exposure

n. 노출, (TV나 Radio에) 출연함, 나타남, 폭로 revelation; disclosure

▶ **expose** 노출시키다, 밝히다
▶ **be exposed to** …에 노출되다

Paint made with lead has been banned from use in the US in order to prevent **chronic lead exposure.** 만성적인 납 노출을 예방하기 위해 납으로 만든 페인트는 미국에서 사용이 금지되었다.

043
## offer

n. 제안, 제의 proposal; suggestion　v. 제공하다 present (값·금액) 부르다 bid

▶ offer to+V …할 것을 제안하다[제의하다]
▶ offering 신청, 팔 물건, 제공
▶ job offer 직업제의

I'm sure that he will **offer to** buy out a partner by the end of the year. 그가 연말까지 공동 경영자의 지분을 매수하자는 제의를 할 거라고 확신한다.

044
## retail

n. 소매(小賣) retail sale　ad. 소매로　v. 소매하다

▶ retailer 소매상인
▶ producer 생산자
▶ wholesaler 도매상

You must apply for a special license in order to operate **a retail outlet** in America. 미국에서 직영 할인점을 운영하려면 특별 면허를 신청해야 한다.

045
## primary

a. 주요한, 1차적인 principal; chief

▶ prime 최고의, 주요한, 전성기
▶ primarily 처음에는, 주로, 본래는
▶ prime rate 우대금리
▶ primary care physician 1차 진료의

The central bank set the **prime rate** at 4.5% in order to slow down economic growth. 중앙은행은 경제성장 속도를 늦추기 위해 우대금리를 4.5%로 정했다.

046
## attract

v. (주의, 흥미 등을) 끌다, 당기다 draw attention; captivate

▶ attractive 매력적인, 주의를 끄는
▶ attraction 끌어당김, 매력
▶ attract A to B A를 B로 끌어 당기다
▶ be attracted by[to] …에 끌리다

The city is hoping that the new art exhibit will **attract** a lot of tourists. 그 시에서는 새로운 미술 전시회가 많은 관광객들을 끌기를 희망하고 있다.

## 047
# house

n. 집, 회사 v. 소장하다

▶ **in-house** 사내(社內)의
▶ **open house** 학교, 기관 등의 공개행사나 모임

They will be looking to fill the jobs **in-house** before they do any advertising. 그들은 다른 광고를 하기 전에 사내(社內)의 자리가 충원되기를 기대하고 있을 것이다.

## 048
# capital

n. 자본(의) financial assets, 수도 principal city  a. 대문자(의) initial

▶ **capitalize** 이용하다, 투자하다
▶ **capital gains** 자산소득
▶ **capital gains tax** 양도소득세

There seems to be far fewer **venture capital** companies around these days. 요즘에는 모험 자본을 공급하는 회사가 훨씬 적어진 것 같다.

They hope to **capitalize on** the lack of public housing by building the housing complexes. 그들은 저소득층용 공공주택이 부족한 것을 기회삼아 주택단지를 개발하려고 한다.

## 049
# charge

n. 요금 rate, 책임, 비난  v. (대금을) 청구하다, 비난하다, 충전하다

▶ **charge A with B** A를 B의 혐의로 기소하다, 고소하다
▶ **charge sth to sb's account** …의 비용을 ~의 계좌로 청구하다
▶ **charge sth to sb's credit card** …의 비용을 ~의 신용카드로 결제하다
▶ **shipping and handling charges** (운임 · 포장 등) 발송 제(諸)경비
▶ **surcharge** 추가요금

You will **be charged** a fee of ten dollars to your account. 당신 앞으로 요금 10달러를 달아놓겠습니다.

Is it possible to **charge** the accommodations **to** my credit card? 숙박비를 신용카드로 결제할 수 있을까요?

## 050
# labor

n. 노동 work, 노동자 worker  v. 노동하다 toil; endeavor

▶ **labor union** 노동조합
▶ **labor dispute** 노사간 마찰

The company has decided to cut back on **its surplus labor** force by laying off all foreign employees. 회사는 외국인 직원들을 모두 해고하여 잉여 노동력을 삭감시키기로 결정했다.

## 051
# ground

n. 땅  v. 방해하다, 못하게 하다, 비행기의 이륙을 방해하다, 외출금 지시키다

▶ **groundwork** 기초, 바탕
▶ **background** 배경, 이력, 환경
▶ **groundbreaking** 획기적인

A voice came over the radio and instructed the crew to **ground the plane** immediately. 무전기를 통해 승무원들에게 즉시 비행기의 이륙을 금지시키라는 지시가 내려졌다.

## 052
# case

n. 상자 container, 사건, 소송 lawsuit, 환자 patient

▶ **in some cases** 몇몇 예에서
▶ **case in point** 적절한 예
▶ **in case S + V** 만일 …라면

He **argued the case** very convincingly to the jury. 그는 배심원에게 매우 설득력 있게 그 사건을 변론했다.

## 053
# business

n. 경영, 사업 management, 업무 task, 매매 commerce

▶ **business as usual** 정상 영업중
▶ **business hour** 업무시간
▶ **small business** 중소기업
▶ **business administration** 경영
▶ **business contacts** 사업상의 거래처
▶ **do business with** …와 거래(사업)하다
▶ **go away on business** 출장을 떠나다
▶ **go out of business** 폐업하다
▶ **run a business** 기업을 경영하다

She has a pretty good idea on how to **run a business** because she's had a lot of experience. 그 여자는 경험이 풍부해서 기업 경영 방법에 대해 꽤 잘 안다.

Never underestimate the strength of your competitors **when doing business.** 사업을 할 때는 절대로 경쟁자의 힘을 과소평가해서는 안 된다.

## 054
# help

v. 돕다, 도움이 되다  n. 도움

▶ **helpful** 도움이 되는
▶ **help ~ V** …가 하는 것을 돕다

The beautiful woman working at the airport's information kiosk **helped** us locate our tour bus. 공항 안내소에서 일하는 아름다운 여자는 우리 관광 버스가 있는 곳을 찾는데 도움을 주었다.

## 055
## brand

Brand
event

n. 상표 label   v. …에 낙인을 찍다 point finger at

> ▶ **brand name** 상표명
> ▶ **brand-new** 새로운
> ▶ **brand image** 소비자들이 브랜드에 대해 갖고 있는 인식
> ▶ **brand loyalty** 소비자들이 다른 브랜드로 바꾸지 않고 특정 브랜드만 사는 것

In order to maintain **brand loyalty** we need to have fully satisfied customers. 브랜드 충성도를 유지하려면 우리 제품에 완전히 만족하고 있는 고객을 확보하고 있어야 한다.

Black Label is **a registered brand name** of the Johnny Walker and Sons Whisky Company. 블랙 라벨은 조니워커 앤 선스 위스키 社의 등록 상표이다.

## 056
## arrange

Arrange
appointment

v. …을 계획하고 준비를 하다 prepare, 정리하다, 배열하다

> ▶ **arrange for~** …을 준비하다
> ▶ **arrange to + V** …하기로 되어 있다
> ▶ **arrangement** 배열, 배치, 준비, 계획

I hope you'll be able to attend the luncheon I've **arranged.** 전 당신이 제가 마련한 오찬에 참석하셨으면 합니다.

He had a hectic time trying to **arrange** all of the meetings for his clients. 그는 고객들과의 만남 일정을 짜느라 무척 바빴다.

## 057
## request

n. 요구, 요망 demand   v. 청하다, 요구하다 require; ask for

> ▶ **request to + V** …하기를 요청하다
> ▶ **as requested** 요청받은대로
> ▶ **upon request** 요청에 따라
> ▶ **as you requested** 당신이 요청한대로
> ▶ **per your request** 당신의 청구에 대하여

We **request** you **to** send us a copy of your car catalog. 귀사의 자동차 카탈로그 한 부를 저희에게 보내주시기 바랍니다.

UNIT

# check

n. 수표, 계산서 bill  v. 검사하다, 확인하다 inspect; examine

> ▶ checklist 대조표, 일람표
> ▶ checkpoint 검문소
> ▶ check out 퇴실 수속을 하다, 확인하다, (도서 등을) 대출하다
> ▶ checkup 검진, 점검 check in 호텔 등에서 숙박 수속을 밟다
> ▶ double-check 재검토하다, 재확인하다
> ▶ raincheck 우천 입장 보상권, 품절된 상품에 대한 물품공급 우선권 보증
> ▶ spot check 임의 추출 조사, 불시 점검
> ▶ check the baggage 수하물을 맡기다

Let's go to the new dealership to **check out** the new cars they have in stock. 새로 생긴 대리점에 가서 거기 있는 신형 자동차들을 알아보자.

Please have my secretary **double-check** on the time of arrival. 제 비서에게 도착 시간을 다시 한번 확인시키세요.

# service

n. 서비스 (제공 회사) v. 수리하다 fix; repair, 편리하게 하다, 부채의 이자를 갚다

> ▶ serve 봉사하다, 임기 동안 근무하다

The property management company decided to find another **mowing service,** as the one they had used in the past was no longer in business. 그 부동산 관리회사는 과거에 이용했던 잔디깎기 용역회사가 문을 닫았기 때문에 다른 곳을 찾아보기로 결정하였다.

# approve

v. 승인하다, 찬성하다 consider favorably; consent to

> ▶ approve of 찬성하다
> ▶ approval 승인, 허가
> ▶ (permission) approved 입증된, 인가된
> ▶ disapprove 찬성하지 않다
> ▶ approve a budget 예산안을 의결 승인하다

The most recent survey indicates that the public **approves of** the product's new image. 가장 최근의 여론조사는 대중들이 그 상품의 새로운 이미지를 찬성하는 것으로 나타났다.

TOEIC이 좋아하는
# 명사와 동사 061-090

**061**
## company

THE COMPANY

n. 회사 corporation, **동료** companion  v. 함께하다

> ▶ **accompany** …에 동반하다. 수반하다
> ▶ **limited company** 유한회사, 즉 주주의 책임이 유한한 주식회사
> ▶ **parent company** 모(母)회사(↔ subsidiary company)
> ▶ **privately held company** 사기업(= private company)
> ▶ **move up in the company** 승진하다(= promote)

**Our parent company** is downsizing, and jobs will certainly be lost. 우리 모회사가 구조조정을 하고 있어서 일자리가 줄어들 게 확실해.

**Privately held companies** in Korea are increasingly becoming part of the public sector. 한국의 사기업들이 점점 공공 부문을 담당하고 있다.

**062**
## supply

n. 공급 provision  v. 공급하다 furnish; provide

> ▶ **supplier** 공급자. 납품업체
> ▶ **supplies** 공급품
> ▶ **supply A with B** A에게 B를 공급하다
> ▶ **supply and demand** 수요공급
> ▶ **supplement** 보충(하다), 추가(하다)

As structural engineering students, we must take many field trips to **supplement** our in-class studies. 구조 공학을 배우는 학생인 우리는 실내학습을 보완하기 위해서 야외 견학교육을 많이 해야 한다.

**063**
## perform

v. 수행하다

> ▶ **performance** 실행. 성과. (기계의) 성능
> ▶ **outperform** v. 작업능력이 …을 능가하다
> ▶ **performance appraisal** 실적평가. 인사고과

The sales department decided to **chart its performance** each month. 영업부는 매달 그들의 실적을 도표로 만들기로 했다.

# balance

n. 균형 equilibrium, 수지, 잔고 remainder  v. 균형을 맞추다 level

> ▶ **balanced** 균형잡힌, 안정된
> ▶ **bank balance** 은행 (예금)잔고
> ▶ **balance sheet** 대차 대조표

According to the ATM machine **my bank balance** is in the red. 자동 입·출금기를 통해 확인한 결과, 내 은행 잔고는 적자 상태이다.

Make sure to **complete your balance sheet** before you leave for the night. 오늘밤 퇴근 전에 대차대조표를 꼭 마무리하도록 하세요.

# file

n. 서류, 파일  v. 신청하다 register

> ▶ **file an insurance claim** 보험을 청구하다
> ▶ **file for bankruptcy** 법원에 파산을 신청하다
> ▶ **filing fee** 서류 접수료
> ▶ **file a complaint** 불만 사항을 신고하다

I'd like to have these reports transferred to the tall **file cabinet** in the corner. 이 보고서들을 저쪽 구석에 있는 큰 서류 정리함으로 옮기고 싶어요.

We were forced to **file for bankruptcy** after our latest merger failed. 최근 합병에 실패한 뒤, 우리는 파산을 신청할 수밖에 없었다.

# prove

v. 증명하다, 시험하다(verify), …이 되다(turn out)

> ▶ **proven** 시험을 거쳐 증명된
> ▶ **proof** 사진교정지, 방수, 증명, 증거
> ▶ **proofread** 교정보다

The classic book should **have been proved** by time. 시간으로 그 가치가 인정되어야 고전이라고 할 수 있다.

# appointment

n. 약속, 임명, 지명

> ▶ **appoint** 지명(임명)하다, 정하다
> ▶ **have an appointment with** …와 만날 약속이 있다
> ▶ **make an appointment to + V** …할 약속을 잡다

The government **appointed** a special committee to examine the bank's risky investment strategy. 정부는 그 은행의 모험적인 투자전략을 검토하기 위해 특별 위원회를 임명했다.

Last week he **was appointed** head coach of next year's Olympic soccer team. 지난 주 그 사람은 내년 올림픽 축구팀의 감독으로 임명되었다.

068
## employ

v. 고용하다 hire, 이용하다 use; utilize

- ▶ **employment** 고용(상태), 직업
- ▶ **unemployment rate** 실업률
- ▶ **dedicated employee** 헌신적인 근로자
- ▶ **employee benefits** 직원의 복리 후생
- ▶ **employee morale** 근무 의욕, 종업원의 사기

If we increase our **employee benefits,** we'll have an easier time finding qualified people to hire. 복지 혜택을 늘리면 능력을 갖춘 사람을 고용하는 것이 수월해질 것이다.

069
## back

n. 등, 뒷면 backside; back end  v. 후원하다, 지원하다 support; sponsor

- ▶ **back up** 백업 저장하다
- ▶ **backlog** 잔무(殘務), (주문·상품이 미처리로) 쌓이다
- ▶ **back order** 처리못한 주문, 이월주문

Due to **the backlog of** applications we will not be able to give you an answer for six weeks. 처리할 지원서들이 밀려 있어서 6주 안에는 답을 드릴 수 없을 것 같습니다.

That particular product **has been on back order for** the last month. 그 상품은 지난 달부터 계속 주문이 밀려 있습니다.

070
## corporation

n. 회사[법인]

- ▶ **corporate** 회사[법인]의, 회사[법인]에 관한
- ▶ **incorporated** 주식회사의(Inc.라 표기)
- ▶ **corporate culture** 기업 문화, 사풍
- ▶ **corporate ladder** 기업의 승진 계단[단계]
- ▶ **corporate tax** 법인세
- ▶ **articles of incorporation** 정관(定款)

Climbing **the corporate ladder** is making me sick to my stomach. 회사에서 출세하려고 아우성치는 것을 보면 나는 구역질이 난다.

I lost all my money by investing in **corporate bonds** for my retirement. 은퇴를 대비해서 회사채에 투자했다가 돈을 몽땅 날렸다.

**071**

**receive**

v. 받다, 수령하다 accept; collect

▶ receipt 영수증
▶ reception 환영회
▶ receiver 수령인, 수납원

We never **received an invoice** so we cannot forward the payment. 우리는 송장을 받은 적이 없기 때문에 돈을 지불할 수 없습니다.

**072**

**fair**

n. 박람회, (취업) 설명회 exhibition;expo  a. 공평한 impartial, 상당한 sufficient  v. (날씨가) 개다

▶ unfair 불공평한
▶ fairly 공평하게, 올바르게, 상당히
▶ fairness 공정성, 공평함

The lady was paid to operate a concession stand **at the county fair.** 그 여자는 군(郡) 농·축산물 품평회에서 구내 매점을 운영해주고 돈을 받았다.

**073**

**contact**

n. 연락  v. …와 연락하다 reach; get hold of

▶ keep in contact with~ …와 연락하다
▶ lose contact with~ …와 연락이 끊기다
▶ make contact with~ …와 연락을 취하다

We need to **keep in contact with** our sales representatives by cellular phone, as it is the fastest way of communication. 우리는 영업직원과 휴대폰으로 연락해야 한다. 왜냐하면 그게 가장 빠른 연락방법이기 때문이다.

**074**

**compare**

v. 비유하다, 비교하다

▶ comparison 비교, 비유
▶ comparable 필적하는, 비교할 만한
▶ comparative 비교의, 비교적
▶ be compared to[with] …와 비교되다

The judge **drew a comparison between** the murderer and a wild lion. 판사는 살인자를 사나운 사자와 비교했다.

**075**

**claim**

n. 요구, 주장, 청구 demand; request  v. 요구하다, 청구(주장)하다
maintain; assert

▶ claim to+V …하기를 주장하다
▶ claim that ~ …를 주장하다
▶ lay claim to …에 대한 권리를 주장하다

The manager had to claim that the land was not used
for illegal purposes. 그 관리자는 그 땅이 불법적인 목적으로 사용되지 않았
다는 것을 주장해야 했다.

**076**

**draw**

v. 끌다, 당기다 pull, 얻다 gain; reap, 추첨하다 pick out  n. 끌기,
이목을 끄는 것 attraction

▶ drawer 서랍
▶ overdraw 너무 많이 찾다, 초과 인출하다
▶ drawback 결점

The drawback to that plan is that we could lose a lot
of money. 그 계획의 결점은 우리가 많은 돈을 잃을 수 있다는 것이다.

**077**

**manage**

v. 경영하다, …을 하는 데 성공하다(manage to~)

▶ management 관리, 경영, 경영진
▶ manager 부장, 감독(자), 책임자
▶ managerial 관리의, 경영의

Thomas and Gloria manage the store and supervise
eight employees. 토마스와 글로리아는 그 가게를 운영하며 8명의 고용인들을
관리한다.

**078**

**expand**

v. 확장하다 enlarge; broaden, 발전시키다 develop; thrive

▶ expansion 확장, 신장
▶ expansive 전개적인, 팽창력있는

What do you think will happen if their company
expands into South America? 만약 그 사람들의 사업이 번창하여 남
미까지 진출한다면 무슨 일이 벌어질 것 같나요?

**079**

**fulfill**

v. 완수하다

People appreciate Roger's integrity; he is known for
fulfilling his promises. 사람들은 로저의 성실함을 칭찬한다. 그는 자신의
약속을 꼭 지키는 것으로 평판이 나 있다.

080
## affect

v. …에게 영향을 미치다 influence; impact

▶ affection 애정, 감동

▶ affective 감정의, 감정적인

▶ affectionate 다정한, 애정 어린

They are expecting some snow this evening. Will that affect the traffic tomorrow morning? 오늘 저녁 눈이 올 것으로 예상된데요. 그것이 내일 아침 교통에 영향을 줄까요?

081
## manufacture

n. 제조(업), 제품 v. (대규모로 제품을) 제조하다 produce; fabricate

▶ manufacturing 제조의, 제조업

▶ manufacturer 제조업자, 생산자

My father's company manufactures clothes in Brazil and sells them in America. 우리 아버지 회사는 브라질에서 의류를 생산해서 미국에서 그것들을 판매한다.

082
## career

Career planning

n. 평생 종사하는 전문 직업 profession a. 직업적인 professional; vocational

▶ career path 진로

▶ career counselor 직업상담사

▶ career break 백수 기간

▶ begin one's career 전문 직업에 처음으로 발을 내딛다

She got her first big career break when she married into that family. 그 집으로 시집가면서 그 여자는 처음으로 오랫동안 일하지 않는 공백 기간을 가졌다.

He began his career in real estate rather late in life. 그 남자는 상당히 늦은 나이에 부동산 분야에 뛰어 들었다.

083
## complex

n. 콤플렉스 obsession, 건축 단지 subdivision a. 복잡한 complicated

▶ complexion 안색, 혈색, 기질

▶ complexity 복잡성

The renovations to the remaining 10 units in the apartment complex will be completed by May 1. 그 아파트 단지에 남아 있는 10가구의 수리가 5월 1일까지 마무리될 것이다.

**084**
# address

n. 주소, 연설  v. 주소를 적다, 발송하다, 연설하다, 문제를 해결하다
(deal with)

> ▶ **give an address** 연설을 하다
> ▶ **address a problem** 문제를 다루다(= deal with)
> ▶ **forwarding address** 수신주소, 회송주소

I told you that you'd better **address my superiors** by their first names. 제가 당신에게 저의 상관들을 이름으로 부르는 게 나을 거라고 얘기했었잖아요.

I've been asked to **give the commencement address** at my old high school this year. 내가 오래 전에 졸업한 고등학교에서 금년도 졸업식 연설을 해 달라는 부탁을 받았다.

**085**
# deserve

v. …할 가치가 있다(be worthy of)

> ▶ **deserved** 당연한
> ▶ **deserving** …할 만한(of)

The manager said that she **deserved a promotion** after putting in many hours. 부장은 그 여자가 그렇게 오랜 시간을 일했으니 승진할 자격이 있다고 말하더군요.

**086**
# second

n. 2등급품(복수)  v. 찬성하다, 지지하다

> ▶ **seconds** 결함있는 2등급품
> ▶ **factory seconds** 공장 불합격품

The **factory seconds** were shipped to the outlet mall and sold at deep discounts. 공장불합격품들은 대리점 쇼핑센터에 보내져서 헐값에 팔렸다.

**087**
# handle

v. 다루다, 취급하다 control; take care of

> ▶ **handling** 취급, 조종

We can probably **handle the new order** if we increase capacity and hire more workers. 우리가 생산 시설을 늘리고 더 많은 직원을 고용한다면 아마 새로운 주문을 처리할 수 있을 것이다.

**088**
# decorate

v. 장식하다 adorn; ornament

> ▶ **decor** 장식, 실내장식
> ▶ **decorator** 장식자
> ▶ **decoration** 장식[실내장식, 무대장치]
> ▶ **ornamental** 장식적인

The new sales clerk has been asked to decorate the front display windows for the fall clearance sale. 새로운 판매원은 가을 재고정리 세일을 위해 앞 유리창의 디스플레이를 장식하라고 지시받았다.

089
# replace

v. 대체하다, 교체하다 interchange; switch

▶ misplace 둔 곳을 잊다
▶ replace A with B A를 B로 대체하다
▶ substitute B for A B를 A로 대체하다

It is necessary to replace the equipment in our office with new models when possible. 사무기기를 가능할 때 새로운 모델로 교체할 필요가 있습니다.

I may have misplaced the document you gave me yesterday. 어제 당신이 준 서류를 잃어버린 것 같아요.

090
# consult

v. 조언을 구하다 confer; seek advice   n. 상담, 협의 consultation; counsel

▶ consultant 고문, 상담역
▶ consulting firm 컨설팅 회사
▶ management consultant 경영 컨설턴트

You should consult a doctor about that problem before it gets worse. 더 나빠지기 전에 그 문제에 대해 의사의 진찰을 받아야 한다.

Financial consultant

TOEIC이 좋아하는
# 명사와 동사 091-120

## 091
### stand

n. 매점, 가판점 stall, sales booth  v. 나타내다

- ▶ **outstanding** 뛰어난, (주식이나 채권이) 발행된
- ▶ **stand for** …을 나타내다, …에 찬성하다
- ▶ **stand out** 두드러지다
- ▶ **stand up for** …을 옹호하다

Chris **stands out** in a crowd because he is so tall. 크리스는 키가 커서 군중 속에서 두드러져 보인다.

## 092
### schedule

n. 예정, 시간표 timetable; itinerary  v. 예정하다, 표에 기재하다 organize; arrange

- ▶ **reschedule** 예정을 다시 세우다
- ▶ **be scheduled to[for]** …(하기)로 예정되어 있다
- ▶ **on schedule** 예정대로

The bus **is scheduled to** leave for downtown in a few minutes; sit back, relax, and enjoy the music. 잠시 후에 버스는 시내로 출발할 예정입니다. 자리에 앉으셔서 긴장을 풀고 음악을 즐기십시오.

## 093
### level

a. 수평한, 평평한 balanced  n. 수평, 수준(기)  v. 수평하게 하다 make flat

- ▶ **level with** …에게 솔직하게 털어놓다
- ▶ **sea level** 해수면

The developer decided to level the house and construct a new building. 개발업자는 집을 부수고 빌딩을 새로 짓기로 결정했다.

## 094
### sales

n. 판매 merchandising, 염가판매 cut-rate sale, 매상 turnover

| | |
|---|---|
| ▶ **for sale** 팔려고 내놓은 | ▶ **on sale** 염가로 |
| ▶ **sales figure** 판매고 | ▶ **sales volume** 판매량, 판매고 |

The sales manager offered an incentive bonus in an effort to pick up sales. 영업부장은 판매를 증진시키기 위한 노력의 일환으로 장려금제도를 제안했다.

**095**

# weather

n. 날씨, 기후 climate  v. 역경을 헤쳐나가다 stand; survive

▶ **weathered** 풍화된, 비바람에 씻긴
▶ **weatherize** 내(耐)기후 구조로 하다

The boss is confident that the company will weather the economic hard times. 사장은 회사가 경제적 어려움을 견뎌낼거라고 확신하고 있어.

**096**

# bound

n. 경계 boundary, 도약 jump  a. 속박된 constrained, …로 향하는  v. 튀다 bounce

▶ **boundary** 경계, 한계
▶ **boundless** 무한한
▶ **be bound for** …로 향하다
▶ **be bound to** …해야만 한다

If we leave late, we're bound to arrive late. 우리가 늦게 떠나면 늦게 도착하기 마련이야.

**097**

# provide

v. 제공하다 supply; furnish

▶ **provider** 공급자, 제공자
▶ **provision** 조항, 준비
▶ **provided (that)** …을 조건으로, 만약 …이면
▶ **provide A with B** A에게 B를 제공하다

The auditor expected his client to provide him with a computer and a place to work. 감사관은 고객이 컴퓨터와 일할 장소를 제공해줄 것을 기대했다.

**098**

# complain

v. 불평하다, 하소연하다 grumble; criticize

▶ **complaint** 불평, 고소
▶ **complain of [about]** …에 대하여 불평하다
▶ **file a complaint** 고소하다

The more the company investigates the complaint, the more it appears that some senior managers were incompetent. 회사가 그 불평에 대해 더 자세히 조사할수록 몇몇 나이 든 이사들의 무능력이 더 드러났다.

**099**
## practice

v. 실행하다 exercise; perform (의사 · 변호사가) 개업하다

> ► **practical** 실제의, 실제적인
> ► **practitioner** 개업의, 개업 변호사
> ► **sole practitioner** 단독 개업자
> ► **practice law** 변호사 일을 하다

Many lawyers would argue that taxation law is the most difficult and fastest changing area of practice. 많은 법률가들은 조세법이 가장 어렵고 가장 빠르게 변하는 업무영역이라고 주장할 것이다.

Doctor Green is the sole practitioner in this office but he is away on holiday until September. 닥터 그린은 이 사무실에서 유일한 개업의(醫)이지만 9월까지 휴가로 부재중이다.

**100**
## run

v. 경영하다 manage; operate  n. 예금인출 사태

> ► **run across** 우연히 만나다
> ► **run for** …에 입후보하다
> ► **run away** 달아나다, 피하다

Management is looking for a cost-efficient way to run their new division. 경영진은 새로운 부서를 운영하는 데 효율적으로 비용을 쓰는 방식을 찾고 있다.

**101**
## adopt

v. 양자로 삼다 become the legal parent of, 채택하다 accept

> ► **adoption** 채용, 채택
> ► **adapt** 적응시키다

Most advanced countries have adopted a progressive taxation system whereby the rich are taxed at a higher level than the poor.
대부분의 선진국들은 누진과세 제도를 채택해서 그에 따라 부유층은 빈곤층보다 더 높은 수준의 세금을 납부한다.

**102**
## content

n. 만족 gratification, 내용(물), 목차  a. 만족하는 complacent; satisfied

> ► **contend** 다투다(with), 주장하다(~that S+V)
> ► **contention** 싸움, 주장
> ► **contentious** 토론하기 좋아하는

I was able to play tennis to my heart's content at the country club. 나는 컨트리 클럽에서 마음껏 테니스를 칠 수 있었다.

UNIT  I

## 103
# benefit

n. 혜택 advantage  v. …에게 이롭다 profit

▶ beneficial 유익한
▶ beneficiary 수익자
▶ health benefits 의료 보험 혜택
▶ fringe benefits 급여 외 연금, 의료보험비, 차량지원 등의 복리후생비
▶ retirement benefits 퇴직 수당
▶ give sb the benefit of the doubt …의 의심스러운 점을 덮어주다

He **has a lot of fringe benefits** that come with that position. 그 사람에게는 그 직위에 수반하는 복리후생이 많습니다.

Working for an advertising agency can have numerous **long-term benefits.** 광고대행사에서 일하면 장기적으로 많은 이익을 얻을 수 있다.

## 104
# invest

v. 투자하다(~in)

▶ investment 투자, 투자의 대상
▶ investor 투자가

He prefers to **invest his money in** common stock in North America. 그는 북미에서 보통주에 돈을 투자하는 것을 더 좋아한다.

## 105
# behave

v. 처신(행동)하다, 예절바르게 행동하다 conduct oneself properly; act

▶ behavior 행동, 행실
▶ behavioral science 행동과학
▶ misbehave 품행이 좋지 못하다, 못되게 굴다

The lady had hoped that her son **would behave** at the wedding. 그 부인은 그녀의 아들이 결혼식에서 예절 바르게 행동하길 바랬다.

## 106
# quality

n. 품질  a. 품질이 좋은

▶ qualify 자격을 주다
▶ qualification 자격
▶ disqualify 자격을 박탈하다

The customers have expressed satisfaction **with the quality of** our products and our service. 고객들은 저희 제품과 서비스의 질에 만족을 표시했습니다.

## agent

n. 대리인, 대리점, 중매인

▶ **agency** 서비스나 정보를 제공하는 기관이나 회사

The real estate agent conducted a primary evaluation of the couple's home. 부동산 중개업자는 그 부부 집의 1차 감정을 실시했다.

## belong (to)

v. …의 소유이다 be part of; be connected to

▶ **belonging(s)** 소유물, 소지품
▶ **belong in** (속어) …의 부류에 들다, …에 살다

The boy was told to bring back the magazines that did not belong to him. 그 소년은 자신의 소유가 아닌 잡지들을 되돌려줄 것을 요구 받았다.

## inspire

v. 고무시키다, 고취하다 encourage; motivate

▶ **inspiration** 영감, 고무

The sales manager was an expert at inspiring his salespeople. 영업부장은 영업 사원들의 사기를 고취시키는데 전문가였다.

## explore

v. 조사하다, 탐사하다 scrutinize; investigate; survey

▶ **exploration** 탐험, 실지답사, 탐구
▶ **explorer** 탐험가, 탐구자

The workshop explores the importance of learning styles which participants can apply to personal and organizational learning. 연수회는 개인적이고 조직적인 지식을 적용하는 학습방식의 중요성을 조사한다.

## bear

v. 나르다, 견디다, 가져오다, (열매나 이자를) 낳다, 시세를 떨어뜨리다 a. 내림세의

▶ **bear market** 하락 시세, 약세(↔ bull market)
▶ **bearish** (주식 시장이) 약세인
▶ **bull market** 상승 시세, 강세 시장

How long will it be until this tree starts to bear fruit? 이 나무가 열매를 맺기 시작하기까지는 얼마나 시일이 걸리죠?

Experts are predicting a bear market this year. 전문가들은 올해 시장이 약세로 돌아서리라 예상하고 있다.

**112**

**present**

n. 선물  v. 발표하다 demonstrate, 주다 give  a. 현재의 existing; this time

▶ **presently** 현재
▶ **presentation** 발표회
▶ **presenter** 발표하는 사람

On the basis of **the evidence presented,** the jury felt that the defendant committed the crime. 제시된 증거에 기초하여 배심원은 피고가 그 범죄를 저질렀다고 느꼈다.

**113**

**ban**

v. 금지하다
The man **was banned** indefinitely **from** using the facilities. 그 남자는 그 시설을 이용하는 것이 무기한으로 금지되었다.

**114**

**attract**

v. (주의, 흥미 등을) 끌다, 당기다 draw attention; captivate

▶ **attractive** 매력적인, 주의를 끄는
▶ **attraction** 끌어당김, 매력
▶ **attract A to B** A를 B로 끌어 당기다

He always seems to **attract** the most interesting people. 그는 항상 가장 재미있는 사람들의 주의를 끄는 것 같다.

**115**

**trade**

n. 장사, 무역 commerce; transaction  v. 장사하다, 무역하다 bargain; trade

▶ **trade in** 중고에 웃돈을 얹어 새 것과 교환하다
▶ **trade barrier** 무역장벽
▶ **trade show** 업계 전시회
▶ **trademark** 등록상표

The used car dealer accepted my old car as **a trade-in.** 중고차 판매인은 내 낡은 차를 중고품 보상 판매용으로 받아들였다.

**116**

**survey**

n. 관찰, 조사 examination; scrutiny  v. 관찰[조사]하다 observe, 전망하다

▶ **survey data** 조사 데이터
▶ **survey result** 조사[관찰] 결과
▶ **market survey** 시장 조사

We must not disturb the ecology while we **are surveying the area.** 이 곳에 살고 있는 동안 생태계를 흐트러서는 안된다.

**117**

**reserve**

v. 예약하다 book; engage  v. 제외하다 leave out; exclude, (권리, 이익을) 전유하다

> ▶ All rights reserved 판권소유
> ▶ reservation 예약, 보류

When do you expect to **receive written confirmation of** our reservation? 예약이 되었다는 서면 확인서를 언제 받게 되어있나요?

**118**

**value**

n. 가치 financial worth, 가격 cost; rate  v. 값을 치다, 평가하다 appreciate

> ▶ valuation 평가
> ▶ valuable 귀중한
> ▶ valuables 귀중품
> ▶ valueless 무가치한, 하찮은
> ▶ invaluable 매우 소중한(priceless)

The underwriter **valued the policy** at three times what the policy holder had paid for it. 보험업자는 그 보험증서 가격을 보험계약자가 지불한 금액의 3배로 평가해주었다.

**119**

**notice**

n. 통지, 통고 announcement; caution  v. 알아채다 sense, 주의하다 watch; attend

> ▶ noticeable 눈에 띄는
> ▶ overdue notice 연체료 고지서
> ▶ give notice of~ …을 통지하다
> ▶ take notice of~ …주의하다, 알아차리다

The old lady **noticed that** the man was hard at work behind his desk. 그 노부인은 그 남자가 책상 앞에 앉아 열심히 일하고 있는 것을 발견했다.

**120**

**blame**

n. 비난 condemnation  v. 비난하다, …의 탓으로 돌리다 criticize; condemn

> ▶ be to blame 비난받아 마땅하다

The recent decline in retail sales **has been blamed on** the recent tax increase. 최근의 소매 판매의 감소는 최근의 세금 증가 탓으로 돌려졌다.

---

**121**
## capture

n. 생포, 포획  v. 붙잡다, 획득하다, 주의를 끌다

▶ **captive** 포로, 포로의
▶ **captivity** 사로 잡힘, 속박

Experts believe that personal computers will **capture the most attention** at this year's trade show. 전문가들은 개인용 컴퓨터가 올 전시회에서 가장 주목을 받을 것으로 믿고 있다.

**122**
## downtown

n. 도심지

▶ **metropolitan** 수도권의, 대도시의
▶ **county** 군(郡)
▶ **municipal** 자치도시의
▶ **civic** 도시의, 시민의

The man felt that it was **his civic duty to** report the accident that he witnessed yesterday. 그 남자는 어제 목격한 사고를 신고하는 것이 자신의 시민된 도리라고 느꼈다.

**123**
## link

v. 연접하다. 연합(동맹, 제휴)하다  n. 관계, 연결(고리)
I live in a very remote area so **my link to** the outside world is through my computer. 나는 외딴 곳에 살기 때문에 나의 바깥 세상과의 연결 통로는 컴퓨터이다.

**124**
## species

n. 종류, 종 distinct sort or kind
According to the World Wildlife Federation, thousands of **species** have been killed by deforestation. 세계 야생생물협회에 따르면 수천종의 생물이 지나친 벌목 때문에 죽어가고 있다고 한다.

**125**
## tip

n. 기밀정보 inside information, 조언 advice  v. 팁을 주다, 뒤집어 엎다 topple

▶ **tip off** …에게 제보하다. 정보를 제공하다
▶ **tip-off** 비밀스런 정보, 귀띔
▶ **tip over** 뒤집어 엎다

Peter **was tipped with** information that the company might sell off some of its stock. 피터는 그 회사 주식의 일부가 매각될지도 모른다는 정보를 제공받았다.

126
## apply

v. 신청하다, 지원하다 put in for, 적용하다 utilize

▶ **apply for~** ···을 신청하다
▶ **apply to~** ···에 적용되다
▶ **apply oneself to~** ···에 전념하다
▶ **application** 신청서, 지원서, 응용
▶ **appliance** 기구, 부엌 살림용 가전제품
▶ **applicant** 구직자

A late payment charge will **be applied to** all accounts that are more than 30 days overdue. 연체료는 만기 30일 이상 경과된 모든 계좌에 적용될 것이다.

**Your job application** has to be received by the end of the month. 귀하의 입사 지원서는 이 달말까지 도착해야 합니다.

127
## priority

☑ ——
☑ ——
☑ ——

**PRIORITY**

n. 우선권, 우선 사항 precedence; preference

▶ **prior** 이전의
▶ **prior to** ···보다 전에, 먼저
▶ **top priority** 최우선 사항

The new account that we received yesterday should **be given priority over** all others. 어제 우리가 받은 새 고객건을 모든 것에 앞서서 우선적으로 처리해야 해요.

128
## course

n. 진로, 순서, 교육과정 route; flow; classes

▶ **in the course of** ···의 동안(during)
▶ **course of action** 행동방침

The two men stood by the side of the road and watched nature **take its course.** 두 남자는 길가에 서서 소변줄기의 흐름을 지켜보았다.

129
## motivate

v ···에게 동기를 주다, 자극하다 incite

▶ **motive** 동기, 동인
▶ **motivation** 자극, 동기부여, 열의

We decided to hire a new speaker to **motivate** the audience into learning more and talking less. 청중들이 더 많이 배우고 말은 적게 하도록 유도하기 위해 새 연사를 고용하기로 했어요.

UNIT

**130**
# urge

v. 재촉하다, 주장하다 push; implore; argue for

We **urge** all shareholders **to** attend the meeting to elect a new chairman of the board. 우리는 신임 이사회장을 선출하기 위해 회의에 모든 주주들이 참여하실 것을 강력히 희망합니다.

**131**
# waste

n. 폐기물, 쓰레기 garbage; refuse   v. 낭비하다 squander

▶ **toxic waste** 독성 폐기물
▶ **waste paper** 폐지
▶ **waste of time** 시간 낭비

A local **waste** disposal company was fined one million dollars for dumping garbage into the river. 지역 쓰레기 처리회사는 쓰레기를 강에 버려서 백만 달러의 벌금을 부과 받았다.

**132**
# bargain

n. 매매, 거래 deal   v. 매매하다, 거래하다 trade

▶ **bargaining** 거래, 교섭, 계약
▶ **bargaining power** 협상력
▶ **bargain for** 기대하다, 예상하다
▶ **strike[make] a bargain** 거래를 맺다

He will need to make it a real **bargain** before anyone makes an offer for it. 그 사람은 다른 사람이 제의해 오기 전에 실질적인 거래를 맺어야 할 겁니다.

I think that we got much less than we **bargained for**. 우리가 기대했던 것 이상의 이득을 본 것 같습니다.

**133**
# regular

n. 단골손님   a. 규칙적인, 정기의 orderly; routine

**Regular Reflection**

▶ **regulate** 통제하다
▶ **regulation** 규제
▶ **regulatory** 규제하는, 단속하는

The banking **regulations** regarding foreign equity participation were recently revised by the new Ministry of Finance. 외국인의 자본참가에 관한 은행업무 규제법이 신임 재무장관에 의해 최근에 개정됐다.

**134**

# amount

n. 양 quantity, 총계, 총액 total; sum   v. (총계가) 달하다 add up to

> ▶ **amount to** …에 달하다, …에 이르다
> ▶ **amount due** 지불할 요금
> ▶ **full amount** 전액

**The total amount left** owing on the credit card bill was $30.25. 신용카드 미불 청구금액으로 남아 있는 총 액수는 30달러 25센트였다.

**135**

# produce

n. 농산물 harvest; crop   v. 생산하다, 일으키다 generate; bear; manufacture

> ▶ **production** 제품을 생산하는 행위
> ▶ **product** 생산 활동을 통해 얻어진 산물, 제품
> ▶ **reproduce** 재생하다

We decided to hire a local outfit to **produce the part.** 우리는 부품을 생산하기 위해서 지역 업체를 고용하기로 했다.

**136**

# intend

v. …할 작정이다, 의도하다(~to) plan ; contemplate

> ▶ **intention** 의향, 의지
> ▶ **intentional** 의도적인
> ▶ **intentionally** 의도적으로

The police constable told the suspect that he **intended to** get to the bottom of what had transpired that evening. 경관은 자신이 그날 저녁 발생했던 일에 대해 진상을 낱낱이 규명할 작정이라고 용의자에게 말했다.

**137**

# range

n. 범위   v. …의 범위에 걸치다

> ▶ **range from A to B** A에서 B의 범위에 이르다

I have decided that **the range** I am thinking of is between three and four thousand dollars. 내 쪽에서 제시할 액수를 3천에서 4천 달러 사이로 결정했어.

**138**

# negotiate

Negotiation

v. 협상하다, 잘 처리하다 to succeed in dealing with

> ▶ **negotiation** 협상, 교섭   ▶ **negotiator** 협상자, 절충자
> ▶ **negotiate a contract** 계약을 협상하다

**The negotiations** went well and the client is expected to sign the contract. 협상은 잘 진행되었고 고객은 계약서에 서명할 것이다.

UNIT

**I**

**locate**

v. …에 위치해 있다, …의 위치를 찾다

> ▶ location 장소, 부지, 입지
> ▶ relocate 이전시키다
> ▶ relocation benefit 이전 수당

The office of the president will be located on the top floor of the new building. 사장님의 사무실은 새 건물의 꼭대기 층에 위치하게 될 거예요.

**tax**

n. 세금 duty  v. 세금을 부과하다 levy

> ▶ taxation 과세, 징세
> ▶ taxpayer 납세자
> ▶ tax refund 조세환급
> ▶ tax return 소득세 신고(서류)
> ▶ capital gains tax 양도소득세
> ▶ corporate tax 법인세
> ▶ withholding tax 원천 징수세

All citizens wishing to claim expenses on their income tax form must provide receipts and a log book. 소득세 신고 양식서로 지출된 경비를 청구하고 싶은 시민은 영수증과 등록일지를 제공해야 한다.

It is crucial that your tax assessments are done carefully, with as few errors as possible. 가능한 한 실수가 없도록 세금 산정을 주의 깊게 하는 것이 매우 중요하다.

**line**

n. 제품류 goods, 전화(선) cord  v. 줄서다 line up

> ▶ lineage 혈통, 계통
> ▶ product line 제품군

The new line of fall fashions will be unveiled at the gala event on Thursday. 가을 신상품이 목요일 특별 이벤트에서 공개될 것이다.

There has been a lot of consumer resistance to the new product line. 신제품에 대한 소비자들의 불매 운동이 많았다.

**cast**

v. 던지다 throw, 투표하다 vote, …역을 맡기다  n. 출연배역, 깁스

> ▶ casting 던지기, 주물
> ▶ caster 던지는 사람
> ▶ forecast 예측하다

**Applying plaster casts to** appendages that have been fractured is an effective way to promote healing. 골절상을 입은 팔다리에 깁스를 하는 것은 치료를 촉진시키는 효과적인 방법이다.

## industry

n. 산업, 업계 business; commerce

> ▶ **industrial** 산업에 관련된
> ▶ **industrious** 근면한
> ▶ **industrialize** 산업화하다
> ▶ **key industry** 기간산업
> ▶ **heavy industry** 중공업

The company's retirement benefits have always been the best **in the industry.** 그 회사의 퇴직수당은 업계에서 항상 최고였다.

The rate cuts are expected to spur competition within **the petrochemical industry.** 그 가격인하는 석유화학 업계내의 가격 경쟁을 촉발시킬 것으로 예상된다.

## refer

v. 언급하다 mention, 참고하다 confer

> ▶ **referral** 추천, 소개하기
> ▶ **reference** 참고, 언급, 참고인
> ▶ **reference book** 참고서

I **got a good reference from** the magazine. 나는 그 잡지에서 좋은 참고자료를 얻었다.

## apologize

v. 사과하다(...to a person for a fault) express regret

> ▶ **apology** 사과
> ▶ **apologize to sb for sth** …에게 …에 대하여 사과를 하다

We **apologize for** any inconvenience this may cause. 저희는 이로 인해 야기될 모든 불편에 대해 사과드립니다.

## define

v. 규정짓다, 한정하다 specify; spell out

> ▶ **definite** 뚜렷한, 명확한(↔ indefinite 불명확한)
> ▶ **definitely** 명확하게
> ▶ **definition** 정의, 설명, 선명도
> ▶ **be defined as~** ~라고 정의되다    ▶ **redefine** 재정의하다

As a matter of fact, the president has spoken to me about it, but nothing is **definite** yet. 사실 사장님이 내게 그것에 대해 얘기해 왔지만 아직 아무것도 명확하지는 않다.

**147**

**attempt**

n. 시도 effort; try  v. 시도하다 make an effort at

> ▸ **attempt to + V** …하려고 시도하다
> ▸ **Don't attempt to + V** …하려고 하지 마라
> ▸ **make an attempt (at)** (…을) 꾀하다, 시도하다

We **are attempting to** clean up contaminated land in several countries. 우리는 몇몇 나라에서 오염된 땅의 정화를 시도하고 있다.

**148**

**prospect**

n. 희망, 전망, 유력 후보자, 유망고객 customer; client

> ▸ **prospective** 예상된
> ▸ **in prospect** 고려 중인, 예상되어
> ▸ **future prospect** 장래의 가능성

The presentation went badly so **the prospects of** us landing the account are dim. 발표회가 너무 형편없어서 우리가 그 건을 따낼 수 있는 전망이 희박하다.

**149**

**caution**

n. 조심, 경고 alertness; carefulness  v. 주의주다, 경고하다 warn; advise

> ▸ **cautious** 주의 깊은, 신중한
> ▸ **take caution** 주의하다 주의를 기울이다
> ▸ **precaution** 조심

Traders **became more cautious as** the finance minister began to review the laws governing bond sales. 무역업자는 재무장관이 채권판매를 주재하는 법을 검토하기 시작함에 따라 보다 더 신중하게 되었다.

**150**

**division**

n. (사업)본부, 국, 과(department보다 상위개념으로 독자적으로 운영됨)

> ▸ **divisional** 분할상의, 부분적인

We had to commit **a whole division of** our company to the new project. 새로운 프로젝트에 회사의 한 개 부서를 모두 투입해야 했다.

TOEIC이 좋아하는
# 명사와 동사 151-180

**151**
## maintain

v. 지속하다 continue; keep up, 부양하다 care for; support

▶ **maintenance** 유지, 지속, 부양(비)

The car was due for **a maintenance check** and an oil change. 그 차는 정비를 하고 오일을 갈 때가 되었다.

**152**
## edge

n. 우세 superiority, 초조함  v. 조금씩 나아가다 inch; progress

▶ **edged** 가장자리가 있는
▶ **edgy** 안절부절 못하는
▶ **cutting edge** 최첨단의

The research and development team has created a new software program that is **on the cutting edge of** technology. 연구개발팀은 최첨단 기술의 새 소프트웨어 프로그램을 개발해냈다.

**153**
## deliver

v. 배달[배송]하다, 인도하다

▶ **delivery** 배송, 인도, 전달

The product brochure was completed and **delivered** to the president for final approval. 상품안내서가 완성되어 최종 승인을 위해 사장에게 전달되었다.

**154**
## investment

n. 투자, 투자의 대상

▶ **invest** 투자하다
▶ **investor** 투자가
▶ **investment portfolio** 투자포트폴리오

**The investment banker** had to focus on the task at hand. 투자 은행가들은 당장 처리해야 할 업무에 초점을 두어야 했다.

**155**
## avoid

v. 피하다 escape; evade; shun

▶ **avoidable** 피할 수 있는
▶ **unavoidable** 피하기 어려운     ▶ **avoidance** 기피

UNIT

I

The band left by the rear exit in order to avoid the mob of fans. 그 밴드는 팬들의 무리를 피하기 위해 후문으로 빠져 나갔다.

## 156 improve

v. 개선하다, 향상시키다 progress; reform

> improvement 향상, 개선
> improved 개선된, 향상된

It is high time that we look for ways to improve sales volume. 우리가 판매량을 향상시키기 위해서 방법을 찾아야만 할 시기다.

## 157 skip

v. 건너뛰다, 빼먹다

When traveling, it is often more interesting to skip the tourist sites and participate in the day-to-day culture of the people. 여행시, 관광지를 벗어나서 그곳 사람들의 일상 문화에 어울리는 것이 더 흥미로운 경우가 있다.

## 158 insurance

n. 보험 guarantee; security

> insure 보험에 들다
> insurer 보증인, 보험업자

The man asked his wife to purchase travel insurance before they went away on their trip to the Bahamas. 남자는 바하마로 여행을 떠나기 전에 아내에게 여행자보험을 들라고 했다.

## 159 detail

n. 자세한 정보 item or particular  v. 상술하다, 열거하다 specify; make clear

> detailed 상세한
> in detail 상세히
> go into detail 상술하다

The business plan contains a very detailed analysis of the target market. 사업계획안은 표적시장에 대한 매우 자세한 분석을 포함한다.

## 160 code

n. 암호, 규약 secret writing; collection of rules

> fire codes 소방 법규, 화재 수칙
> safety codes 안전수칙    > codes of ethics 윤리규범

The fire marshal was called in to inspect the warehouse for violation of safety codes. 그 창고의 안전수칙 위반을 조사하기 위해 소방서장이 불려왔다.

**161**

# protect

v. 보호하다, 지키다

- ▶ **protective** 보호하는, 보호물
- ▶ **protection** 보호
- ▶ **protect A from B** B로부터 A를 지키다

You will have to change your legal name if you go into **the witness protection program.** 증인보호 프로그램에 들어가려면 당신의 법적 이름을 바꿔야 할 것입니다.

**162**

# debt

n. 부채, 빚 liabilities

- ▶ **debtor** 채무자
- ▶ **debt repayment** 채무지불(상환)
- ▶ **bad loan[debt]** 불량대출, 부실채권
- ▶ **service the debt** 부채 이자를 갚다
- ▶ **debt ratio** 부채 비율
- ▶ **run into debt** 빚을 지다

If sales don't start picking up soon, our company is going to **run into debt.** 조만간 판매가 늘지 않으면 우리 회사는 빚을 지게 될 것이다.

Bob was looking for a second job because he **was heavily in debt.** 밥은 많은 빚을 지고 있었기 때문에 부업을 찾고 있었다.

**163**

# write

v. 쓰다, 기록하다, 수표에 서명하다

- ▶ **write off** 감가상각하다
- ▶ **underwrite** 일괄 인수하다, 서명하다
- ▶ **underwriter** 보험업자

I think I'll **write a check** and have you mail it today. 수표를 발행해줄 테니 오늘 그것을 우편으로 부치세요.

**164**

# advance

CAREER
ADVANCEMENT

n. 선불 deposit; down payment   a. 사전의 beforehand; early

- ▶ **advanced** 진보한, 고급의
- ▶ **advance notice** 사전통보
- ▶ **pay an advance (on wages)** (임금을) 미리 지급하다
- ▶ **advance payment** 선급금, 전도금(前渡金)
- ▶ **in advance** 미리, 사전에, 선불로

We will **accept an advance payment** through our automated banking machine. 전도금은 우리 회사의 자동입출금기를 통해 받겠습니다.

**I**

## 165
## estimate

n. 평가 assessment, 견적(서) estimation  v. 평가하다 judge, 어림잡다 approximate

- ▶ estimated 약, 대략
- ▶ overestimate 과대평가하다
- ▶ underestimate 과소평가하다
- ▶ have an estimate for …에 대한 견적을 내다
- ▶ cost estimate 원가 산정
- ▶ make an estimate 견적을 내다

Please make an estimate of the cost so we can go ahead with the proposal. 제안한 대로 추진해갈 수 있도록 비용을 산정해주세요.

The decorator's estimates for refurbishing the office came to almost two thousand dollars. 인테리어 업체가 낸 사무실을 새롭게 꾸미는데 드는 비용견적이 거의 2천 달러에 가까웠어.

## 166
## remain

v. 남다, …한 채로이다 stay, rest  n. (pl.) 잔액, 유물 residue, relic

- ▶ remaining 남아 있는
- ▶ remainder 나머지, 잔여, (pl.) 유적
- ▶ reminder 생각나게 하는 사람[것], 메모

I had to remain silent while my boss talked about the new restructuring plan. 나는 사장이 새 조직 개편안에 대해 이야기하는 동안 잠자코 있어야 했다.

## 167
## issue

v. 발행하다, (명령, 법률 등을)내다 give out  n. 문제 problem; point of debate

- ▶ reissue 재발행하다

The company's president issued a warning to stockholders that predicted a fall in profit. 그 회사의 사장은 주주들에게 이윤이 줄어들 것이라고 예고했다.

## 168
## attach

v. 붙이다, 첨부하다, 할당하다 adhere; affix

- ▶ attached 첨부된
- ▶ attachment 첨부물
- ▶ be attached to~ …에 부착되다

This attachment is supposed to go on the outside of the computer to help improve the screen quality. 이것은 컴퓨터의 외부에 부착해서 모니터의 화질을 좋게 하는 기기이다.

## 169
### enforce

v. (법률) 시행하다, 집행하다

▶ **enforcement** 시행, 집행

We are trying to **enforce** that bylaw in this building. 우리는 이 건물 내에서 그 규칙을 시행하고자 한다.

## 170
### favor

v. …에게 호의를 보이다  n. 호의, 친절, 찬성

▶ **favorite** 마음에 드는, 좋아하는 것

We **favor** the idea of an incentive pay system with bonuses determined solely by performance. 우리는 전적으로 성과에 따라 보너스가 결정되는 장려금 제도안에 찬성한다.
Consumer tests assure **favorable** consumer reactions. 고객 테스트는 호의적인 고객반응을 보증한다.

## 171
### project

n. 안(案), 계획 plan; blueprint  v. 입안하다, 계획하다 arrange; devise

▶ **projection** 투영, 예측
▶ **projectile** 투사물
▶ **projector** 영사기

**Management projects** that fourth quarter losses will reach one million dollars. 경영진은 4/4분기 손실이 100만 달러에 달할 것으로 예측하고 있다.

## 172
### law

n. 법률 regulation; statute

▶ **lawsuit** 소송, 고소
▶ **outlaw** 금지하다, 불법화하다, 무법자
▶ **bylaw** 조직의 내규, 규칙, 조례

The **company's bylaws state** the vote must pass unanimously. 회사내규에 의하면 투표는 만장일치로 통과되어야 한다.

## 173
### public

n. 공중, 대중 audience  a. 공공의, 공개의 common; published

▶ **publication** 발표, 출판
▶ **publicity** 홍보, 선전
▶ **publicly** 공식적으로, 공공연히
▶ **go public** 주식을 공개하다
▶ **public offering** 주식공개

**Public utilities,** such as gas, water, and electricity, are tightly regulated by the government. 가스, 수도 및 전기 같은 공공사업은 정부의 강력한 규제를 받는다.

**174**
## discuss

v. 논의하다, 토론하다

▶ discussion 토론, 논의(argument)

The professor was asked to **discuss his theory** in greater detail. 교수는 그의 이론에 관하여 보다 자세히 논의하도록 요구받았다.

**175**
## afford

v. …할 여유가 있다 have the money for

▶ affordable (가격이) 적당한, 비싸지 않은
▶ afford + N …할 수 있다, 여유가 있다
▶ afford to + V …할 여력이 있다

We **can't afford to** miss any potential business opportunities in China. 우리는 중국에서의 그 어떤 잠재적인 사업기회도 놓칠 수 없다.

**176**
## conceive

v. 고안하다, 생각하다 think up; understand

▶ concept 개념
▶ conception 개념, 생각
▶ misconception 오해, 그릇된 생각

The men **conceived the plan** while on the train to Zurich. 그 사람들은 취리히로 가는 열차 안에서 그 계획을 생각해냈다.

**177**
## discipline

n. 규율  v. 징계하다; 훈계하다

The parents had to **discipline their son** when he got into trouble at school. 그 부모는 아들이 학교에서 사고를 쳤을 때 혼내야만 했다.

**178**
## fill

v. 넣다, 채우다 fill up; complete, (기재사항을) 적어넣다 fill out

▶ filling 충만, 충전물
▶ refill 다시 채우다, 새 보충물, 다시 채운 것
▶ be filled with …로 가득 차다(be full of)
▶ fill in a form[document] 서류에 기재사항을 적다
▶ fill it up 기름을 가득 넣다

Alex **filled the car with** gas inasmuch as he was out driving around anyway. 어쨌든 알렉스는 드라이브하러 나왔기에 차에 기름을 가득 채웠다.

179
## overlook

v. 내려다보다, 감독하다

▶ outlook 전망, 조망

**The outlook** is bleak due to continuing sluggishness in the domestic economy. 국내경제가 계속 부진을 면치못하고 있기 때문에 경기전망이 좋지 않다.

180
## amend

v. (법) 개정하다, 수정하다

I want them to **amend** the existing zoning law to attract more business. 비즈니스가 좀더 활발히 이루어지기 위해서 그들이 현(現) 지역 설정법을 수정했으면 한다.

I

TOEIC이 좋아하는
# 명사와 동사 181-210

## 181
## objective

n. 목적, 목표, a. 객관적인

> ▶ object 물체, 대상, 목표, 반대하다
> ▶ objection 반대
> ▶ object to ~ing …하는 것을 반대하다

**Our main objective is to** provide quality service at a reasonable price. 우리의 주요 목적은 합리적인 가격에 양질의 서비스를 제공하는 것이다.

## 182
## assist

v. 돕다

> ▶ assistant 조수
> ▶ assistance 도움, 지원

Call the customer service number on the back of the tool box **for assistance.** 공구 상자 뒷면의 고객 서비스 번호로 전화해서 도움을 청해라.

## 183
## discount

n. 할인, 할인액 deduction  v. 할인하다 mark down, 무시하다 ignore

> ▶ get[give] a discount 할인을 받다[해주다]
> ▶ bulk[volume] discount 대량 구매 할인
> ▶ discount price 할인가
> ▶ discount rate (어음) 할인율
> ▶ at a discount 할인하여

If you buy a large quantity of rice, you'll **get a bulk discount.** 쌀을 대량으로 구입하면, 대량 구매 할인을 받게 됩니다.

The sales representative was told not to **offer any more discounts to** customers. 판매원은 손님에게 더 이상 할인을 해주지 말라는 지시를 받았다.

## 184
## party

n. 계약 당사자 contractor, 정당 faction  v. 파티를 열다

> ▶ the third party 제 3자

The contract states that both parties have an obligation to keep all transactions with other companies confidential. 계약서에는 양측이 모두 쌍방간의 거래는 다른 기업들에게는 비밀로 해야 할 의무가 있다는 것을 명시하고 있다.

## 185
### borrow

v. 빌리다

▶ lend 빌려주다, 주다, 제공하다

Do you think I could borrow your car tomorrow evening? 내일 저녁 당신의 차를 빌릴 수 있을까요?

## 186
### consume

v. 소비하다 use up, 낭비하다 waste

▶ consumption 소비, 소모
▶ consumer 소비자
▶ time-consuming 시간소모적인, 시간이 많이 드는

Consumer goods have been the main focus of this company over the past year. 소비재는 이 회사가 지난 한 해 동안 가장 중점을 두었던 부분이다.

## 187
### option

n. 선택사양 freedom of choice; alternative; choice; selection

▶ opt 선택하다
▶ opt out 피하다, 물러나다, 손을 떼다
▶ at one's option …의 마음대로

Customers have the option of paying for their purchase with cash, a personal check or a credit card. 소비자들은 구매물건지급을 현금, 수표 혹은 신용카드로 선택해서 할 수 있다.

## 188
### catch

v. 잡다, 포획하다 capture; seize   n. 포획물 trapping; catching

▶ catcher 포수, 잡는 사람
▶ catchy 사람의 마음을 끄는
▶ catching 매력 있는, 전염성의

Every evening at about 6:00, the fishing boats empty their daily catch onto the shore. 매일 저녁 6시경, 고기잡이 배들은 일일 어획물들을 해안가에 부렸다.

## 189
### patent

v. (전매, 특허를) 주다(얻다)  n. 특허권

Before showing his new invention to anyone, George patented it. 조지는 새 발명품을 선보이기 전에 특허권을 먼저 얻었다.

## 190
## spot

n. (특정한) 장소 location, 현장 site, 얼룩 stain; mark

▶ **spotlight** 집중조명등, 세인의 주목
▶ **spot check** (세관, 음주운전 단속) 불시점검, (공장) 무작위 추출검사
▶ **on the spot** 곧바로, 현장에서
▶ **spot delivery** 현장 인도
▶ **spot** TV 라디오의 짧은 광고

The police are conducting more **spot checks** in response to the growing number of accidents caused by drunk drivers. 경찰은 음주운전자에 의한 사고의 증가에 따라 불시 음주 측정조사를 더욱 자주 실시하고 있다.

## 191
## original

n. 원화, 원작, 실물 a. 최초의(first), 독창적인(creative)

▶ **originate** 생기다, 일어나다
▶ **originality** 독창성
▶ **originally** 원래, 독창적으로

The disease **originated** in Africa and then spread to North America. 아프리카에서 발생한 질병이 이제는 북미까지 번졌다.

## 192
## worsen

v. 악화되다, 악화시키다

We expect operating losses will **worsen** this fiscal year alongside of a sluggish domestic economy. 우리는 이번 회계년도의 운영 손실이 국내 경기의 침체와 더불어 악화될 것이라고 본다.

## 193
## subject

n. 주제 issue, 학과 v. 지배하다 govern; rule a. ⋯되기 쉬운 apt; likely

▶ **subjective** 주관적인
▶ **be subject to** ⋯받기 쉽다
▶ **be subjected to** ⋯당하다

All non-residents who sell securities at a profit in America **are subject to** a 15% withholding tax.
미국 내에서 유가증권을 팔아서 수익을 얻는 모든 국외거주자들은 15%의 원천징수세 부과대상이다.

## 194
## interview

n. 면접 evaluation; questioning v. 면접하다 examine; converse

▶ **interviewee** 면접을 받는 사람
▶ **interviewer** 면접관
▶ **set up an interview** 면접일정을 잡다

The president of the company asked his secretary to **interview** the young girl who was applying for a summer position. 그 회사 사장은 비서에게 여름철 아르바이트 자리를 지원했던 젊은 여성을 면접하라고 했다.

**195**
## symptom

n. 징후, 증상
He says that he feels ill but he **has no symptoms.** 그는 몸이 안좋지만 별다른 증세는 없다고 한다.

**196**
## note

n. 통지, 메모 reminder; comment, 어음 bill  v. 적다, 주의하다 concentrate on

> ▶ noted 유명한
> ▶ noteworthy 주목할 만한
> ▶ take notes 적어두다
> ▶ be noted for …으로 알려지다, 유명하다

**I noted the fact that** he came in late for work three times in a row. 나는 그가 연속적으로 3번이나 회사에 지각했다는 사실을 주목했다.

**197**
## design

v. 설계하다, 고안하다 outline; devise  n. 설계, 도안 draft; blueprint

> ▶ designed 계획적인, 고의의
> ▶ well designed 잘 설계된
> ▶ be designed for[to~] …로 만들어진[계획된]

The survey **was designed to** shed light on the question of age discrimination in the workplace. 설문조사는 직장에서의 나이에 대한 차별문제를 명백히 하기 위해서 계획되었다.

**198**
## stock

n. 저장 storage, 재고 inventory, 주식 share  v. 보유하다, 저장해 놓다 사들이다

> ▶ stock A with B A를 B로 채우다
> ▶ stock up on 사들이다, 들여놓다

The lady was in the kitchen **stocking** the cupboards with cans of food. 그 여자는 부엌에서 찬장에 통조림을 채우고 있었다.

He will never **sell his stocks** at face value. 그는 절대로 주식을 액면가 그대로 팔지 않을 것이다.

# impact

n. 충돌 collision, 영향(력) influence  v. 충돌하다 collide; crash, 영향을 주다 influence

▶ **have an impact on~** …에 영향을 미치다

The impact of the government's new policy will be felt for many years to come. 정부의 새로운 정책의 영향은 앞으로 수년 동안 느끼게 될 것이다.

# account

Create account

n. 계좌 balance, 계정, 거래(件) deal; business, 건(件)  v. 책임을 지다, 설명하다

▶ **Mr. Smith account** 스미스 씨 건
▶ **open an account with** …(은행)에 계좌를 트다
▶ **have an account with** …와 거래하다
▶ **checking account** (수표를 발행할 수 있는) 당좌계좌
▶ **savings account** 저축계좌
▶ **account for + 숫자** …을 차지하다, 점하다
▶ **account payable** 외상매입금, 지불계정
▶ **account receivable** 외상매출금, 미수금계정
▶ **accounting** 회계
▶ **cost accounting** 원가분석

My husband and I would like some information about **opening an account.** 우리 부부는 계좌를 하나 만드는 데 필요한 사항을 알고 싶은데요.

We **have an account with** Radio Dispatch and their prices are better. 우리는 라디오 디스패치와 거래를 하고 있는데 그쪽 가격이 더 낫다.

Computers **account for** 25% of the company's commercial electricity sales. 컴퓨터 사용 전력이 그 전기 회사의 영업용 전기 매출의 25퍼센트를 차지한다.

We need a computer for **the accounting department** that is easy to use. 회계부서에 사용하기 쉬운 컴퓨터가 한 대 필요해요.

# field

n. 활동분야 domain, 현장 playing field  v. 질문에 적절히 응대하다 answer

▶ **field trip** 현장학습, 현지출장

During the news conference the politician had to **field many questions about** his position on property taxes. 기자회견 동안 정치가는 재산세 문제에 대한 입장을 묻는 많은 질문에 적절히 대답해야 했다.

# outlet

n 전기 콘센트, 판매 대리점 chain, 직영소매점 discount store

> ▶ outlet mall 직영 할인상가
> ▶ retail outlet 직영 할인 소매점
> ▶ electrical outlet 전기 콘센트

**The outlet mall** is located just off the highway that leads into Los Angeles. 직영 할인상가는 로스앤젤레스로 가는 고속도로를 조금 벗어난 곳에 위치해 있다.

# state

v. 명시하다

> ▶ statement 성명. 진술. 신고, 명세서
> ▶ tax statement 세금 내역서
> ▶ financial statements 재무제표

**The prices stated** in this catalogue are subject to change without notice. 이 목록에 명시된 가격은 통고없이 바뀔 수 있다.

# remove

v. 제거하다, 없애다

> ▶ removal 제거

The workers at the power plant had to **remove** the toxic waste. 발전소 직원들은 독성 폐기물을 제거해야 했다.

# ruin

n. 폐허 파멸, 파산  v 파괴하다, 망치다

> ▶ ruins 잔해, 폐허

The construction company's reputation **was ruined** when the bridge collapsed. 그 건설회사의 명성은 다리가 붕괴됐을 때 망가졌다.

# share

v. 공유하다, 나누다  n. 몫, 지분, 주식

Holders of common stock are entitled to **one vote per share,** while holders of preferred stock have no voting rights. 보통주 보유자들은 주당 한 표를 행사할 권리를 갖고 있는 반면, 우선주 보유자들은 투표권이 없다.

# lack

n. 부족, 결핍  v. 부족하다, …이 없다

> ▶ for lack of …의 결핍 때문에
> ▶ lacking 부족한

I

Our employees seem to lack the motivation necessary to do a good job. 우리 직원들은 일을 잘하기 위해 필수적인 자극이 부족하다.

## 208
## instruct

v. 가르치다 inform, 지시하다 teach; direct

▶ instructive 교훈적인
▶ instruction 지시사항, 제품의 취급설명서
▶ instructor 교사, 전임강사

Please read the instructions printed on the back of this page before completing the form. 양식을 작성하기 전에 이 페이지 뒷면에 인쇄된 지시사항을 읽도록 하세요.

## 209
## return

n. 반환, 수익, 소득세 신고서  v. 반환하다, (이익 따위를) 낳다 yield

▶ return A to B A를 B에게 돌려주다
▶ in return for[to] …의 답례[회답]로

All entries submitted become the property of Mr. Magic and will not be returned. 제출된 모든 출품목은 매직 회사의 소유가 되어 반환되지 않을 것이다.

## 210
## morale

n. 사기, 의욕

▶ moral 도덕의
▶ mortal 치명적인

The news of the pay increase had an uplifting effect on employee morale. 임금인상 소식은 근로자들의 사기를 진작시켰다.

TOEIC이 좋아하는
# 명사와 동사 211-240

## 211
## assess

v. (재산을) 평가하다 evaluate, (비용을) 부과하다 impose; charge

▶ **assessment** (과세를 위한) 사정, 평가
▶ **assessor** 과세(課稅) 평가인

We will **assess the company's financial stability** and write a report. 우리는 회사의 재정적 견실도를 평가해서 보고서를 작성할 것이다.

## 212
## identify

v. 확인하다, 알아보다

▶ **identification** 신분증(ID), (신분)확인
▶ **identity** 신분, 정체, 유사성

The **identification badge** displayed the name of the employee and his job title. 신분 증명 배지에는 종업원 이름과 직책이 나타나 있다.

## 213
## exhibit

v. 전시하다, 드러내다  n. 전시품, 증거물, 전시회

▶ **exhibition** 전시회

The car manufacturer will **exhibit** its new models to the public next month. 그 자동차 제조업체는 다음달 그들의 신모델을 일반인에게 공개할 것이다.

The **gardening exhibit** at the fairground will begin in two weeks. 박람회장에서 2주 후에 정원 조경 전시회가 열릴 것이다.

## 214
## instinct

n. 본능, 직감

▶ **instinctive** 본능적인

I **went with my instinct** and decided that I could not trust him. 나는 직감에 따라서 그를 믿을 수 없다고 결정했다.

## 215
### operate

v. 운전하다, (기계가) 작동하다, 운영하다, (약) 효과를 나타내다, 수술하다

> ▶ **operator** 교환원, (기계) 기사
> ▶ **operative** 작용하는, (법) 효력을 발생하는
> ▶ **operation** 운전, 작동,작업, 작용, 수술

The company took out a loan for $200,000,000 in order to **expand its operation** in Malaysia. 회사는 말레이시아에 자체 시설을 확장하기 위해 2억 달러의 융자를 받았다.

## 216
### host

v.주최하다  n. 주인, 주체자(↔ guest)

> ▶ **host** 다수(의)
> ▶ **hostess** 여주인
> ▶ **a host of+N** 많은…

Every spring the town **hosts a festival** of hot air balloons. 봄마다 그 마을은 열기구 축제를 주최한다.

## 217
### loan

Peer-to-peer
lender

n. 대부(금), 융자(금) mortgage; credit  v. 빌려주다 lend

> ▶ **loaner** 대부자,대여자
> ▶ **loanee** 채무자
> ▶ **bad loan** 부실 채권
> ▶ **apply for a loan** 융자를 신청하다

The bank notified Kris that **her loan** had been approved. 은행은 크리스의 대부가 허가된 것을 그녀에게 알렸다.

## 218
### dip

v. (액체 속에) 담그다, 잠기다, (양) 일시적으로 줄어들다(fall)

We expect that the company's earnings per share will **dip below** the industry average. 우리는 회사의 한 주(株)당 이윤이 업계 평균 이하로 내려갈 것이라고 예상하고 있다.

## 219
### access

n. 접근 entry; admission  v. 다가가다, (컴퓨터에) 접속하다 get at; reach

> ▶ **accessible** 접근(이용)하기 쉬운   ▶ **access denied** 접속불가
> ▶ **have access to** 접근해 이용할 수 있다

Through the benefits package, employees **have access to** hearing and dental services at reduced fees. 회사에서 제공하는 종합 후생복리제도를 통해 근로자들은 저렴한 비용으로 보청기를 구입하고 치과치료를 받을 수 있다.

**220**
**prescribe**

v. 처방하다, 규정하다

▶ prescription 처방전, 처방된 약

There is a significant link between prescription sleeping pill use and high risk of death. 처방된 수면제 복용과 높은 사망위험과는 상관성이 상당히 높다.

**221**
**book**

n. 책, 회계장부 account book  v. 예약하다 reserve; make reservations

▶ booking 예약
▶ bookkeeping 부기
▶ bookmark 즐겨찾기에 추가하다

Could you book me on that flight in first class for Thursday. 목요일 1등석 비행 편을 예약할 수 있겠습니까?

I want you to bookmark that page for me on my computer. 내 컴퓨터에 그 페이지를 즐겨찾기에 추가해 줬으면 좋겠어요.

**222**
**settle**

v. 해결하다, 정리하다, 정착하다, 청산하다 decide on; fix; pay

▶ settled 고정된
▶ settlement 정착, 이민, 해결
▶ settler 결정자, 해결하는 사람, 이주자

The sediments in the glass beaker had settled to the bottom and were hardening. 유리 비커의 침전물은 바닥에 가라앉아서 굳어지고 있었다.

**223**
**grab**

v. 움켜잡다, 낚아채다

▶ grab a bite 한 입 먹다
▶ make a grab for[at] …을 잡아채다, 가로채다

I saw the man grab a watch and put it in his jacket pocket. 나는 남자가 손목시계를 낚아 채서 그의 자켓 주머니에 넣는 것을 보았다.

**224**
**observe**

v. 관찰하다, 주시하다 (법률, 풍습) 지키다, 준수하다 (명절, 축일,의식) 축하하다, 거행하다

▶ observant 관찰력이 예리한
▶ observation 관찰, 주목, 의견
▶ observance (법률, 관습) 준수

UNIT

The efficiency expert has been observing our production line and would like to introduce several changes to increase our output. 효율성 전문가는 우리의 생산라인을 살펴보고 생산량의 증대를 위한 몇가지 변화를 제안하고 싶어했다.

### 225
## accept

v. 수용하다, 감내하다 take; adopt, 날짜를 기입하다 enter a date

▶ accept the offer 제의를 받아들이다
▶ accept responsibility for ⋯에 대한 책임을 지다
▶ accept the deal 거래를 수용하다
▶ accept a credit card 신용카드로 결재를 받다

She consistently held out for more money before accepting the job offer. 그 여자는 그 자리를 수락하기 전에 보수를 더 달라고 끈질기게 요구했다.

### 226
## damage

n. 손해(배상액), 손상(액)  v. 손해를 입히다, 손상시키다

▶ do damage to ⋯에게 손해를 입히다

The stop light was badly damaged when a nearby tree was uprooted during the tornado. 토네이도로 근처의 나무가 뿌리 채 뽑혔을 때 신호등이 크게 파손되었다.

### 227
## expertise

n. 전문 지식, 전문 기술

▶ expert 숙달된, 전문가의, 노련한, 전문가(specialist)

The government lacks the expertise and equipment to exploit the area itself. 정부는 그 지역을 자체적으로 개발하기 위한 전문기술과 장비가 부족하다.

### 228
## agenda

n. (회의의) 안건, 정책, 할 일, 예정표

▶ meeting agenda 회의의제

Let's go over the agenda and see if we have any time for discussing your proposal. 안건을 검토한 후 당신의 제안을 논의할 시간이 되는지 봅시다.

### 229
## profit

n. 이익, 영리 gain; benefit  v. 이익을 내다 make money; make a profit

▶ profitable 이익이 되는, 유익한
▶ profitability 수익성
▶ profit & loss 이익과 손실, 손익(損益)

- ▶ net profit 순익
- ▶ profit and loss account 손익계산서

Management expects that the company's losses will continue to deepen. 경영진은 그 회사의 손실액이 계속해서 더욱 커질 것으로 예상하고 있다.

## 230
## volume

n. (책의) 권, 양 amount, 대량 mass; bulk  a. 대량판매의

The volume of traffic has tripled since the shopping mall was renovated last year. 지난 해 쇼핑몰을 수리한 이래 교통량이 세 배로 늘어났다.

## 231
## transfer

n. 이동 transport, 송금 remittance, 양도  v. 이체하다, 양도하다, 송금하다, 전근시키다

- ▶ transferable 양도할 수 있는
- ▶ be transferred to …로 옮기다
- ▶ wire transfer 온라인 이체, 송금

I hate my new department and have put in for a transfer out of there. 새로 배정받은 부서가 맘에 안들어서 다른 곳으로 전근을 신청했어.

## 232
## utility

n. 유용, 유익 advantage; profit, 공익사업 public utilities

The public utility industry is a very fast growing sector of the economy. 공공사업은 경제에서 매우 빠르게 성장하고 있는 분야이다.

## 233
## review

n. 재조사, 재검토, 비평, 논평  v. 재검토하다, 비평하다

The management team planned to hold a meeting to review the future agenda of the company. 경영팀은 회사의 장래안건을 재검토하기 위해 회의를 열기로 했다.

Brian was nervous about his speech so he reviewed his notes over breakfast. 브라이언은 연설할게 긴장되어서 아침을 먹으면서 연설할 것을 다시 훑어봤다.

## 234
## bill

n. 계산서, 지폐, 어음 check; note  v. 청구서를 보내다 invoice

- ▶ bill sb for sth …의 값을 청구하다
- ▶ bill sth to sb's credit card 신용카드로 청구하다
- ▶ bill of exchange 환어음
- ▶ bill of sale 매도(賣渡) 증서
- ▶ foot the bill 셈을 치르다

Just put it on our bill and I'll pay for it later. 장부에 달아 놓으면 나중에 셈을 치르죠.

Make sure you look at the bill of lading before you sign for it. 서명을 하기 전에 선하(船荷) 증권을 먼저 확인해보세요.

## 235 associate

n. 동료, 공동경영자 colleague  v. 교제[제휴]하다 affiliate; join

▶ association 연합, 교제, 협회, 유대관계
▶ associate A with B A를 B와 연관 짓다
▶ be associated with …와 제휴하다, …와 관련있다

The chemist tried to associate intelligence with food intake. 그 화학자는 지능과 음식 섭취 사이에 관계가 있다는 것을 밝히려고 애썼다.

## 236 facility

Facility Management

n. 시설, 공장, 편의

▶ facilities 특정 장소의 부대적인 편의시설
▶ facilitate 용이하게 하다

The new employee said that she is happy to facilitate the opening of the new store. 새로 들어온 직원은 점포를 새로 개설하는 데 자신이 도움이 되었으면 좋겠다고 말했다.

## 237 gather

v. 모으다, (정보를) 입수하다 collect, 모이다 get together, 생각하다, 추측하다

▶ gathering 모임, 회합

The carpenter gathered up his tools and put them into his truck. 목수는 그의 연장을 끌어 모아서 트럭에 실었다.

## 238 forward

v. 회송하다 send; ship; transmit  ad. 앞으로 beforehand; before

When Eric moved he had his mail forwarded to his new address. 에릭은 이사하고 나서, 우편물을 새로운 주소로 회송되도록 해놨다.

The customer's complaint was forwarded to the manager. 그 고객의 항의는 매니저에게 전달되었다.

## 239 engage

v. 약속하다, 계약하다, 고용하다 hire; employ

▶ engaged 약혼한
▶ engagement 약속, 약혼, 업무
▶ make an engagement with …와 약속하다

In order to get the most out of the seminar, you need to **engage yourself in** role-playing. 세미나를 최대한 활용하려면, 당신은 역할연기에 참가하셔야 돼요.

# repair

v. 수리하다, (건강) 회복하다, 보상하다 make up for   n.수리(작업)

> ▶ repairman 수리공
> ▶ under repair 수리 중에

Our printer **is being repaired** and we won't get it back until later this afternoon. 프린터가 수리 중이어서 오늘 오후 늦게까지 그것을 돌려받지 못할 것이다.

**TOEIC TIPS**

## requirements

영문해석이 어려운 이유 중의 하나는 아마도 추상명사를 그대로 추상명사로 해석하려는 습성 때문일 것이다. requirement가 대표적인 것으로 추상적인 요구, 필요 등으로 해석하면 뜻이 안통할 때가 많다. 추상명사를 보통명사로 볼 수 있는 능력을 길러야 한다. 물론 보통명사화된 추상명사에는 부정관사가 붙거나 복수형태로 쓰이기 마련. 그래서 requirements하게 되면 필요가 아니라 필요한 것들을 뜻하며 purchase 또한 구매라는 뜻으로도 쓰이지만 자기가 산 물건, 즉 구매품을 뜻하기도 한다.

UNIT

241
## beat

v. ···에 이기다 defeat; triumph

▶ beaten 패배한
▶ unbeatable 패배시킬 수 없는
▶ beating 패배

Four boys jumped out from behind a tree and began to **beat the new student.** 4명의 소년들이 나무 뒤에서 뛰어나와 새로 온 학생을 때리기 시작했다.

242
## outline

n. 윤곽, 개요  v. ···의 윤곽을 그리다, 개요를 말하다

The outline was due on Friday, but my professor gave me an extension. 그 개요는 금요일까지였지만 교수님이 일정을 늦추어 주셨다.

243
## end

n. 목적, 목표 aim; intention; object, 결과 outcome  v. 끝나다 bring to an end

▶ endless 끝없는, 무한한
▶ end up with/~ing 결국 ···되다
▶ make ends meet 수지를 맞추다
▶ come[bring] to an end 끝내[내]다
▶ end product 완제품, 최종 결과
▶ end user 최종 사용자, 실제 사용자

Remember to press the pound sign to end each entry you make. Please enter your account number now. 입력을 할 때마다 잊지 말고 우물 정자를 누르십시오. 이제 계좌번호를 입력하십시오.
Since the divorce, I just can't seem to make ends meet on one salary. 이혼한 뒤로는, 정말이지 한 사람 월급으로 먹고 살 수가 없다.

244
## achieve

v. 달성하다, 해내다, 성취하다

Goal
achievement

▶ achievement 성취, 달성

It's always such a great achievement for young children when they first learn to tie their first shoelace. 아이들이 신발끈 묶는 것을 처음으로 배우게 되면 그들에게 그것은 대단한 성취이기 마련이다.

**245**
## dread

v. 두려워하다  n. 두려움

▶ **dreadful** 아주 지독한

The girl caught **a dreadful cold** while watching the soccer game. 소녀는 축구 경기를 관전하는 동안 아주 지독한 감기에 걸렸다.

**246**
## prepare

v. 준비하다, (음식) 조리하다

▶ **prepared** 준비된(↔ unprepared)
▶ **preparation** 준비, 각오
▶ **preparatory** 준비의
▶ **prepare for** …을 준비하다
▶ **prepare oneself for** …의 준비를 하다

The boss asked his secretary to **prepare a report** in detail. 사장은 비서에게 보고서를 상세히 준비하라고 했다.

**247**
## include

v. 포함하다 enclose; contain

▶ **including** prep. …을 포함하여
▶ **exclude** 제외하다(rule out; except)
▶ **exclusive** 배타적인, 독점적인, 독점

The target market we are aiming for **includes** affluent suburban families. 우리가 겨냥하고 있는 목표시장에는 부유한 교외의 가구들이 포함된다.

**248**
## evolve

v. 발전시키다, 진화시키다, 진화하다, 개발하다 develop; mature

▶ **evolution** 전개, 진화, 고안, 방출
▶ **evolve into** …로 진화하다

Today's children will work in a far different world as technology **evolves.** 오늘날의 어린이들은 기술이 발전함에 따라 전혀 다른 세상에서 일을 하게 될 것이다.

**249**
## copy

n. 유인물, 복사본 duplicate ; print  v. 복사하다, 모방하다 photocopy; xerox

▶ **copier** 복사기(= photocopier)
▶ **back-up copy** 백업 파일
▶ **make a copy of** …을 복사하다

Would you please **make a copy of** this contract before the meeting? 회의 시작하기 전에 이 계약서를 한 부만 복사해줄래요?

I

**250**

## equip

n. 자질 talent, 설비 facilities v. 실력을 갖추다 qualify; enable

> ▶ equipment 장비, 설비, 비품
> ▶ heavy equipment 중장비
> ▶ fully-equipped hotel 온갖 시설을 완비한 호텔
> ▶ be equipped with …을 갖추다

The dentist's equipment is sterilized after each use. 치과 의사의 장비는 매번 사용 후 살균 소독된다.

**251**

## recession

n. 경기침체

> ▶ recede 서서히 물러나다, 약해지다
> ▶ depression 경기불황

Unfortunately, due to the country's economic recession, we will only accept cash sales. 불행히도 국가 경기 침체로 인해 우리는 현금 판매만 하겠습니다.

**252**

## quotation

n. 인용 citation, 시세 price, 견적서 estimate, 주식시세표 a stock list

> ▶ quote 인용하다, 시세를 매기다, 주가 상장표, 가격

Nate called several insurance agents to get quotes on automobile insurance. 네이트는 여러 보험대리점에 전화해서 자동차 보험 가격을 받아보았다.

**253**

## renew

v. 새롭게 하다, 되찾다, 회복하다, 갱신하다 resume; extend

> ▶ renewable 갱신할 수 있는
> ▶ renewal 회복, 재개, 갱신

If you renew your subscription today for one year, I can offer you a 50% discount. 오늘 구독신청을 1년간 갱신하면 50% 할 인해 드립니다.

**254**

## survive

v. 생존하다, 살아남다, 면하다, 견디다

> ▶ survival 생존, 생존자

We were told that only the strongest of species will survive. 우리는 가장 강한 종만이 살아남을 것이라고 들었다.

## 255
### install

v.설치하다(↔ uninstall), …에 임명하다

▶ installation 설치, 장치, 취임

The deed for the house was found in the new safe that was recently installed in his office. 그 집의 부동산 권리증서는 최근 그의 사무실에 설치한 새 금고에서 발견됐다.

## 256
### capacity

n. 수용량, 수용능력 volume, 능력, 재능, 역할 ability; competency

▶ in one's capacity as …자격으로
▶ be filled to capacity 꽉 차다
▶ overcapacity 설비 과잉, 과잉생산능력

This typewriter costs much less than a computer and yet actually has a limited memory capacity. 이 타자기는 컴퓨터보다 훨씬 저렴하면서도 실제로 한정된 기억능력을 갖추고 있다.

## 257
### toll

n. 대가 something paid; lost 통행료, 희생자

▶ tollgate 통행료
▶ toll-free number 무료 장거리 전화
▶ death toll 사망자수

The company's driver had to pay a toll when he drove across the bridge. 그 회사의 운전기사는 차로 다리를 건너갈 때 통행료를 지불해야 했다.

## 258
### lower

v. 낮추다, 하락하다 reduce; let down  a. 낮은, 하부의 below

▶ lowering 저하시키는, 체력을 약하게 하는

The store lowered the prices on several items hoping to attract more customers. 그 가게는 고객이 더 오리라는 희망으로 수차례 가격을 낮추었다.

## 259
### dispute

DISPUTE

n. 싸움 · 논쟁 v. 논쟁하다, 반박하다

▶ beyond dispute 논쟁의 여지없이

We disputed whether or not his statement made any sense. 우리는 그의 말이 사리에 맞는지 여부를 토론했다.

**260**

# persuade

v. 설득하다(persuade A to do/into~ing) …을 납득시키다, …을 믿게 하다(persuade A of B/that ~ )

▶ **persuasive** 납득시킬 수 있는
▶ **persuasion** 설득, 확신

They have not been able to **persuade** him **to** transfer into our division yet. 그들은 아직 그가 우리 사업부문으로 옮기도록 설득할 수가 없었다.

**261**

# weigh

v. 무게가 …이다, 영향을 두다, 숙고하다 have influence; consider carefully

▶ **weight** 무게, 중량, 무거운 운동기구
▶ **overweight** 초과중량

The envelope **weighed** more than I thought. 봉투는 내가 생각했던 것 이상으로 무게가 나갔다.

**262**

# goods

n. 상품, 제품

▶ **goodwill** 영업권, 권리금

**Goodwill** comprises the intangible value of a company's reputation, loyal customer base, and patent rights. 권리금은 그 회사의 평판, 충실한 고객기반 및 특허권과 같은 무형의 가치들로 이루어진다.

**263**

# suppose

v. 가정하다, 상상하다, 추측하다 assume; guess

▶ **supposedly** 아마, 소문으로는
▶ **supposition** 추정
▶ **be supposed to** …하기로 되어 있다

Why do you **suppose** the price of that computer dropped so much? 당신은 왜 컴퓨터 가격이 그렇게 많이 하락했다고 추정하십니까?

**264**

# forecast

v. 예측[예상]하다

▶ **weather forecast** 기상예측

I **forecast that** this project will bring in a lot of money to our rapidly growing firm. 이 사업으로 빠르게 성장하는 우리 회사가 돈을 더 많이 벌거라고 예측한다.

## analysis

n. 분석 separation; examination

> ▶ **analyze** 분석하다
> ▶ **analytical** 분석적인
> ▶ **analyst** 분석가
> ▶ **financial analysis** 재무 분석
> ▶ **risk analysis** 위험 분석

This position will be responsible for analyzing financial statements. 이 직책은 재무제표의 분석을 담당하는 자리가 될 것이다.

## refund

v. 반환하다, 환불하다  n. 환불금

> ▶ **non-refundable** 반환이 안되는
> ▶ **receive a refund** 환불받다

In order to receive a refund, you must have the original bill of sale. 환불을 받으려면 판매 영수증 원본이 있어야 합니다.

## deposit

n. 예금 savings, 계약금 down payment  v. 맡기다, 예금하다 bank

> ▶ **depositor** 예금자
> ▶ **depository** 보관소, 금고
> ▶ **deposit valuables** 귀중품을 보관소에 맡기다
> ▶ **deposit money in(to)** …에 돈을 예금하다
> ▶ **certificate of deposit(CD)** 정기 예금 증서
> ▶ **deposit slip** 입금 전표

I would like to deposit money into our mutual fund. 나는 개방형 투자신탁에 돈을 넣고 싶다.

## checklist

n. 대조표, 점검표

The checklist was prepared by the secretary and distributed to all of the managers. 비서가 준비한 점검표가 부장급들에게 모두 배포되었다.

## policy

n. 정책, 방침 procedure; tactics, 보험증서 insurance policy

> ▶ **policyholder** 보험 계약자
> ▶ **policy number** 보험 증권 번호

The policyholder had insurance that covered his house, his car and his health. 그 보험 계약자는 자신의 집과 자동차, 그리고 건강까지 보장해주는 보험에 들었다.

# anticipate

v. 예상하다 expect; predict

▶ anticipation 예상, 기대
▶ in anticipation of …을 기대하고

The election results were dramatically different than we had anticipated. 그 선거결과는 우리가 예상했던 것과는 완전히 달랐다.

**271**
## dictate

v. 명령하다, 지시하다, 구술하다, 받아쓰게 하다

▶ dictation 구술, 받아쓰기
▶ dictator 독재자
▶ dictatorial 독재적인

The president sat in his chair and dictated a letter to his secretary. 대통령은 의자에 앉아서 비서에게 편지를 받아쓰게 했다.

**272**
## plant

n. 식물 seedling; greenery, 공장 shop; manufactory  v. 심다 sow

▶ implant 이식하다
▶ assembly plant 조립공장
▶ power plant 발전소

My father woke up early every day last week in order to plant vegetables in his garden. 우리 아버지는 밭에 야채를 심으려고 지난 주 매일 일찍 일어났다.

**273**
## distribute

v. 나누다, 분배하다, 유통시키다

▶ distributor 유통업자
▶ distributorship (독점) 판매권

The unsold inventory was distributed to the employees after the holidays. 안 팔리는 재고품을 휴가 후에 직원들에게 나누어줬다.

**274**
## prosper

v. 번영하다, 성공하다 thrive; flourish

▶ prosperous 번영하는
▶ prosperity 번영, 호황

Local politicians are ecstatic at the news as it means that local employment rates will continue to be high and the local economy should continue to prosper. 지역 정치인들은 그 뉴스가 지역 취업률이 계속해서 높아지고 지역 경제가 계속해서 성장할 것이라는 것을 의미하기 때문에 뛸듯이 기뻤다.

## 275
### warranty

n. 보증(서), 품질 보증서

The warranty says that if there are any problems, all we have to do is return it. 이 보증서에는 만약 어떤 문제가 발생하면, 반품만 하면 된다고 나와있어.

## 276
### flexibility

n. 유연성

▶ flexible 유연한, 융통성 있는

The company has adopted a flexible schedule of overtime hours that must be worked each week until Christmas. 회사는 크리스마스 때까지 매주 해야 하는 야근시간 일정을 유연하게 조정했다.

## 277
### double-check

v. 재확인하다

Please have my secretary double-check the time of arrival. 내 비서에게 도착 시간을 다시 한번 확인시키세요.

## 278
### browse

v. 이것저것 구경하다, 인터넷을 서핑하다

The two boys spent many hours browsing around the local bookstore. 그 두 소년은 지역서점들을 둘러보면서 많은 시간을 보냈다.

## 279
### promote

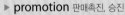

v. 상품을 선전하다 advertise; publicize, 승진시키다 advance

▶ promotion 판매촉진, 승진
▶ promotional 선전용의
▶ be promoted to (be) + 직책 …로 승진하다

He was promoted to the position of vice president in just three years. 그는 근 3년 만에 부사장직에 승진되었다.

## 280
### exclude

v. 제외하다 rule out; except

▶ exclusive 배타적인, 독점적인, 독점
▶ include 포함하다
▶ including …을 포함하여

The price includes delivery to your warehouse. 그 가격은 창고까지의 배달비를 포함한다.

**281**

## lease

v. 빌리다, 임대하다 sublet; rent out   n. 차용계약 임대권, 차용권 contract; deal

> ▸ **leasehold** 임차한, 정기임차권
> ▸ **leaseholder** 토지 임차권
> ▸ **sublease** 재임대하다, 다시 빌려주다

Before we approve your loan, we need to know the size of **the leasehold.** 대출을 승인하기 전에 우리 은행은 당신이 현재 임대하고 있다고 기재한 부동산을 얼마에 임대하고 있는지 알아야 합니다.

**282**

## rent

n. 사용료, 임대료   v. A로부터 임차하다(rent a house from A), A에게 임대하다(rent a house to A)

> ▸ **rental** 임대의, 임대료, 임대한 집(자동차)
> ▸ **renter** 임차인
> ▸ **rent-a-car** 렌터카

The men decided to **rent a small fishing boat** and try their luck. 남자들은 작은 고기잡이 배를 빌려서 한번 운을 시험해 보기로 결정했다.

**283**

## deduct

v. (세금 등을) 공제하다, 빼다 subtract; remove

> ▸ **deduction** 세금공제
> ▸ **deductible** 세금을 공제받을 수 있는, (의료보험의) 환자본인 부담액

The payroll clerk forgot to **deduct** tax **from** my paycheck this week. 경리부 직원이 이번 주 내 봉급에서 세금을 공제시키는 것을 잊어버렸다.

They **deducted** four hundred dollars **from** my account as a result of late charges. 연체료 명목으로 내 계좌에서 4백 달러를 빼내갔더라구.

**284**

## honor

n. 명예   v. 수표를 받다, 경의를 표하다 commemorate, 채무를 상환하다, 계약을 체결하다

> ▸ **honorable** 명예로운
> ▸ **honorably** 고결한, 명예로운

The company's credit rating was shot after it declared bankruptcy and failed to **honor its debt repayments.** 그 회사는 파산선언과 채무상환 불이행으로 신용등급이 엉망이 되어버렸다.

The company **honored** Joanne with a banquet when she retired. 그 회사는 조안이 은퇴했을 때, 연회를 열어 그녀를 치하했다.

**I**

### 285
# bank

n. 은행 financial institution, 둑　v. 은행과 거래하다 transact

- ▶ banking 은행업
- ▶ banker 은행가
- ▶ commercial bank 시중은행
- ▶ investment bank 투자은행
- ▶ bank run 대량 예금인출 사태
- ▶ bank loan 은행 대출

Due to this morning's bank run, our funds are currently low. 오늘 아침에 대량 예금인출 사태로 인해, 현재 우리 자금이 현재 바닥입니다.

I guess we better hope our bank account improves. 우리 예금액이 늘어나길 바라는 게 더 낫겠어요.

### 286
# postpone

v. 연기하다, 미루다

- ▶ put off 연기하다

The principal was forced to postpone the board meeting yesterday. 회장은 어제 이사회를 연기하도록 했다.

### 287
# submit

v. 제출하다, 복종하다 present; give in

- ▶ resubmit 다시 제출하다

We kindly ask applicants to submit their resumes to our office at their earliest convenience. 지원자들은 가능한 한 빨리 회사로 지원서를 제출해줄 것을 당부드립니다.

### 288
# contract

Smart Contract

n. 계약 agreement; pact 계약서　v. 계약하다, 병에 걸리다 develop

- ▶ contractor 도급업자
- ▶ approve the contract 계약을 승인하다
- ▶ be under contract 계약 상태에 있다
- ▶ bilateral contract 쌍무(雙務) 계약
- ▶ contract worker 계약직 근로자
- ▶ written[verbal] contract 서면[구두] 계약

Our company has too many contract workers with insufficient experience. 회사에는 경험이 부족한 계약직 근로자들이 너무 많다.

In signing the contract, the company made a commitment to deliver a product in six months. 계약서에 서명하면서 그 회사는 6개월 안에 제품을 배달해 주기로 약속했다.

**289**

# suggest

v. 제안하다, 권하다 advise; recommend

> ▶ **suggestion** 제안
> ▶ **suggestive** 암시하는
> ▶ **suggest ~ing** …할 것을 제안하다
> ▶ **suggest that + (should) + 동사원형** …을 제안하다
> ▶ **make a suggestion** 제의하다, 안건을 제출하다

**She suggested that** everyone take a five minute break and take their minds off the looming decision ahead. 그 여자는 모든 사람들에게 5분간 휴식을 취하면서 중대한 결정을 내리기 전에 머리를 쉴 것을 제안했다.

**290**

# suffer

v. (고통을) 입다, 받다, 괴로워하다, 앓다

> ▶ **suffering** 괴로움, 고통, (pl.) 피해,재해
> ▶ **suffer from** …로 고통받다

I had to **suffer through** a summer of sweltering heat after the air conditioner broke. 에어컨이 고장난 후 나는 여름의 무더위로 고생해야 했다.

The company will likely **suffer a net loss of** sixty-five thousand dollars. 회사는 6만 5천 달러의 순손실을 입을 것 같다.

**291**

# prevent

v. 막다, …을 못하게 하다

> ▶ **preventive** 예방의, 예방하는
> ▶ **prevention** n. 방지, 예방(법)
> ▶ **preventive measure** 예방책
> ▶ **prevent A from ~ing** A가 …하는 것을 못하게 하다

The boy's mother did all she could to **prevent** her son **from** using drugs. 소년의 어머니는 아들이 마약을 복용하지 못하도록 그녀가 할 수 있는 모든 것을 했다.

**292**

# excursion

n. 단체여행

> ▶ **go on an excursion** 여행을 가다

Please have your parents sign the release form so that you can participate in **the class excursion.** 반 소풍에 가려면 허가서에 부모님의 서명을 받으세요.

**293**
# customs

n. 세관, (통)관세

> ▶ customs officer[official] 세관 직원
> ▶ go through customs 세관 검사를 받다
> ▶ clear customs 세관을 통과하다
> ▶ customs duty 수출입 (통)관세
> ▶ customs declaration form 통관 물품 신고서

When I went through customs in the US, they searched my entire suitcase. 미국 세관을 통과할 때 그 사람들은 내 가방을 샅샅이 조사했다.

**294**
# defect

n. 결함, 단점

> ▶ defective 결함있는, 결함상품

In order to avoid a lawsuit, the company recalled all the defective motors. 소송을 피하기 위해 그 회사는 결함있는 자동차들을 모두 회수했다.

**295**
# signal

n. 신호, 징후

> ▶ signature 서명
> ▶ signboard 안내판
> ▶ sign 간판, 신호

The sign warned that all vehicles parked overnight would be ticketed and towed away. 그 표지판은 밤새 주차시킨 차량들에는 모두 벌금이 부과되며 견인된다는 것을 경고하고 있었다.

**296**
# lead

n. 예비 고객명단, 정보, 단서 tip; clue  v. 이끌다, 야기하다 result in; give rise

> ▶ leading 지도적인, 주요한, 주역의
> ▶ leader 지도자

Several leading institutions in this area are hiring additional commercial loan officers. 이 분야의 몇몇 주요 기관은 상업 대출 담당자를 추가로 고용하고 있다.

Many of the sales leads were made up by lazy members of the telemarketing department. 판매 고객명단 대부분이 텔레마케팅 부서의 게으른 직원들에 의해 만들어졌다.

**297**

# odd

n. 홀수  a. 이상한

▶ **odd** 홀수, 튀는, 이상한, 색다른, 특별한
▶ **odds** 차이, 다툼, 불화, 가망성, 승산, 확률

**Odds are that** the files on your hard drive are worth a great deal more than the computer itself. 네 컴퓨터 하드에 있는 파일이 컴퓨터 자체보다 훨씬 더 값어치가 있을 수도 있다.

**298**

# document

n. (정식으로 작성된) 문서, 서류 paper; certificate  v. 서류로 증빙하다

▶ **documentary** 문서의, 기록영화
▶ **documentation** 문서작성, 문서화
▶ **minutes** 회의기록, 의사록

The intern was told to **make a copy of the document** and file it in the filing cabinet. 그 인턴사원은 서류를 복사해서 서류정리 캐비넷에 정리 보관하라는 말을 들었다.

**299**

# alternative

n. 대안(의), 양자택일(의) option; substitute

▶ **alternatively** 대안으로
▶ **alternate** 번갈아 일어나다, 교체하다

I'm afraid I **have no alternative but to** let you go at this time in the fiscal year. 회계연도의 이 시점에 당신을 내보내는 것 외에는 달리 방법이 없는 것 같군요.

**300**

# landmark

n. 획기적인 사건, 경계표

The statue in the park **has become a city landmark,** and it is featured on many postcards. 그 공원의 동상은 한 도시의 표상이 되어 많은 우편엽서에 등장했다.

UNIT

I

NEW
TOEIC VOCA

TOEIC이 좋아하는
# 명사와 동사 301-330

### 301
## transit

n. 통과 passage, 변화 alteration, 운송 transportation  v. 통과하다 transfer, 운반하다 transport

▶ **transition** 변천, 추이

**The company's transition period** is expected to last about six months. 회사의 과도기는 약 6개월간 지속될 것으로 예상된다.

### 302
## landscape

n. 조경, 풍경  v. 조경공사를 하다

▶ **landscaper** 조경사

The workers were instructed not to **landscape** without the prior approval of their supervisor. 인부들은 감독의 사전 승인 없이 조경을 시작하지 말라는 지시를 받았다.

### 303
## purchase

n. 구입, 구입품  v. 구입하다 buy; obtain

▶ **purchaser** 구매자
▶ **purchase of proof** 구매영수증

Jennifer decided to **purchase a one-way ticket** instead of a round-trip. 제니퍼는 왕복 대신 편도의 표를 사기로 했다.

### 304
## recommend

v. 추천하다, 권하다 propose; suggest

▶ **recommendation** 추천, 제안
▶ **recommend that~** ···할 것을 추천하다

**Most doctors recommend that** you don't use soft drinks such as cola to wash down medication. 의사들은 대부분 약을 먹을 때 콜라같은 청량음료로 약을 내려가게 하지 말라고 권고한다.

### 305
## inventory

n. 재고(품)

▶ **take (an) inventory** 재고품을 조사하다

The company had a sale in order to **clear out inventory** from its warehouse. 그 회사는 창고의 재고를 처분하기 위해서 할인 판매를 했다.

**306**

# wrap

v. 포장하다, 싸다

> ▶ **wrap up** 결말을 짓다, 기사를 요약하다
> ▶ **wrapping** 포장
> ▶ **be wrapped up in** …에 열중하고 있다

The company hopes to **wrap up the project** by the end of the week. 회사는 이번 주 말까지 그 프로젝트를 끝내기를 바란다.

**307**

# inspect

v. 조사하다, 검사하다

> ▶ **inspection** 조사, 검사, 시찰, 검열
> ▶ **inspector** 검사관, 조사자, 검열관

It is imperative that all products **be thoroughly inspected** and any factory seconds be sent to the discount warehouse. 전(全) 제품을 철저하게 검사해서 불량품은 반드시 창고형 할인점으로 보내야 한다.

**308**

# term

n. 기간 duration; interval, 조건 condition, 용어 wording; terminology terms (pl.) 계약기간, 조건, (지불/가격 등의) 약정

The loan commitment was specific in **its payment terms** and collateral pledged against the loan. 대출약정에는 지불조건과 대출용으로 설정한 담보물에 대한 사항이 명시되어 있었다.

**309**

# enclose

v. 동봉하다 envelop, 둘러싸다 surround; encompass

> ▶ **enclosed** 동봉된, 둘러싸인
> ▶ **enclosure** 동봉된 것
> ▶ **Enclosed please (find)~** (주로 비즈니스 서신에서) …을 동봉하니 받아보십시오

**Enclosed with the brochure is** a business reply card for customers who wish to order the product at this special introductory price. 제품 설명서와 함께 반신용 엽서를 동봉하오니 제품 출시기념 특별 할인가로 주문하시고 싶은 고객 여러분은 이것을 이용하시기 바랍니다.

**310**

# tune

v. 조율하다, 조정하다 adjust, 의견을 일치시키다  n. 조화 harmony, 일치

> ▶ **tune up** 엔진을 정비하다, 악기를 조율하다
> ▶ **tune-up** 자동차 엔진의 조정

UNIT

The radio announcer told the listeners to tune in next week. 라디오 아나운서는 청취자에게 다음주에 그 방송을 다시 들어달라고 말했다.

**311**
## due

n. 지급금, 부과금 fixed charge  a. 만기가 된 mature, 도착예정인 undue, 과도한, 부당한

▶ overdue 늦은, 기한이 지난
▶ be due to+V …할 예정이다
▶ due to+N …때문에

The annual membership fees are due next Thursday before four in the afternoon. 연회비는 다음 주 목요일 오후 4시 전까지 납부해야 한다.

**312**
## accompany

v. 동반하다 associate; unite, 수반하여 일어나다 take place, 참가시키다 go along with

▶ companion 동반자
▶ be accompanied by[with] …을 동반[수반]하다

Would you like to accompany me to the committee meeting tonight at the head office? 오늘밤 본사에서 열리는 위원회 회의에 저와 함께 가시겠습니까?

**313**
## current

n. 흐름, 경향, 전류, 추세, 화폐, 통화 flow; trend  a. 현재 통용되는, 현행의 existent

▶ currently 현재, 일반적으로
▶ currency 화폐, 통화(通貨), 널리 알려짐
▶ convertible currency 어떤 통화로든 자유롭게 교환할 수 있는 통화, 즉 美 달러
▶ foreign currency 외화
▶ currency devaluation (통화) 평가 절하

Experts are predicting an enormous currency devaluation in the yen. 전문가들은 엔화가 엄청나게 평가 절하될 것으로 예상하고 있다.

Many emerging markets are suffering through a currency crisis. 많은 신흥시장들이 통화위기로 어려움을 겪고 있다.

**314**
## date

n. (특정) 날짜  v. 날짜를 기입하다 enter a date

▶ due date (돈, 서류) 제출 마감일
▶ expiration date 계약의 만기일, 유통기한

▶ **maturity date** 어음의 지불 만기일

▶ **to date** 지금까지

▶ **effective date** (새로운 법률이나 계약의) 발효(發效)일

▶ **date from[back to]** …로 거슬러 올라가다

▶ **set a date** (약속 등의) 날짜를 잡다

▶ **leave the return date open** 돌아올 날짜를 미정으로 남겨두다

**To date,** we still haven't received your final loan payment. 지금까지 우리는 귀하의 최종 대출 상환금을 받지 못했습니다.

**The expiration date on** this milk is yesterday, so maybe we shouldn't buy it. 이 우유는 유통기한이 어제까지니까 사지 않는게 좋겠다.

315
# construction

n. 건축(물), 건조(물), 건설 structure

▶ **construct** 건설하다, 건축하다

▶ **constructor** 건축업자

▶ **under construction** 공사 중

▶ **construction site** 공사장, 건설 현장

This site **is under construction,** so please check back with us later. 이 사이트는 공사 중이오니 나중에 다시 접속하시기 바랍니다.

316
# day

n. 하루, 낮, (24시간 중) 근로시간

▶ **day off** 휴가, 휴일

▶ **day trader** 주가변동에 따라 하루에도 수시로 주식을 매매하는 사람

▶ **business day** 영업일, 평일

▶ **day-to-day conduct of business** 일상적인 업무행위

▶ **call it a day / go[leave] for the day** 퇴근하다, 그날 일을 마치다

It will **take approximately six business days** for your order to be processed. 고객님의 주문을 처리하려면 휴일을 빼고 대략 6일 정도 걸릴 겁니다.

317
# demand

DEMAND
SUPPLY

n. 요구, 수요 request; claim  v. 요구하다, 필요로 하다 request; require; call for

▶ **domestic demand** 국내수요   ▶ **consumer demand** 소비자 수요

▶ **supply and demand** 수요와 공급

▶ **on demand** 요구하는 대로, 요구에 따라

▶ **demanding** 지나친 요구를 하는, 까다로운

In order to be a good stock broker, you must understand the law of supply and demand. 유능한 주식 중개인이 되려면 수요와 공급의 법칙을 꿰뚫고 있어야 한다.

318
## direct

a. 직접의 immediate; firsthand  v. 지시하다 instruct; command, 안내하다 guide; conduct

- ▶ direction 방향, 감독, 지시사항
- ▶ director 부장, 소장, 국장
- ▶ directly 똑바로, 직접, 곧
- ▶ directory 명부, 안내책자
- ▶ directions for use 제품 사용설명서
- ▶ direct one's call 전화를 연결시켜 주다
- ▶ executive director 전무이사
- ▶ managing director 상무이사
- ▶ board of directors 이사회

Please follow the directions for use printed on the back of the carton. 곽 뒤에 인쇄된 사용설명서를 따라 주세요.

We have to pass the budget at the meeting with the board of directors. 이사회와 회의를 해서 예산을 통과시켜야 한다.

319
## equivalent

n. 동등한 것, 등가물 counterpart  a. …에 상당하는 equal

- ▶ equivalence 같음, 등가

Savings accounts and checking accounts offer an equivalent rate of return. 저축예금과 당좌예금계정은 수익률이 같다.

The money that I received was equivalent to three month's pay. 내가 받은 돈은 석달치 월급에 상당했다.

320
## duty

n. 의[직]무, 관세

- ▶ dutiful 충실한
- ▶ duty-free 면세의
- ▶ be off[on] duty 비번[근무중]이다

I can't go out for a drink with you until I'm off duty. 근무가 끝나야 너랑 술마시러 갈 수 있어.

321
## economy

n. 경제, 절약 saving; frugality  a. 값싼, 경제적인 economical

- ▶ **economic** 경제적인
- ▶ **economical** 검소한
- ▶ **economy class** 보통석, 이코노미석

I usually fly economy class because it's cheaper than **business class.** 비즈니스 석보다 싸기 때문에 나는 주로 이코노미 석을 이용한다.

## 322
# effect

n. 효과, 결과, 재산

- ▶ **effective** 효과적인, 유효한
- ▶ **effectively** 효과적으로
- ▶ **effective immediately** 즉시 효력발생하게
- ▶ **cost-effective** 비용 효과적인
- ▶ **be in effect** 효력이 있다
- ▶ **put[bring] sth into effect** …을 발효시키다

The law **has been in effect** since last January. 그 법률은 지난 1월부터 효력이 발생했다.

We need to come up with **a more cost-effective way of** handling our supply orders. 우리는 비품 주문을 더 비용 효과적으로 처리할 수 있는 방법을 생각해내야 한다.

## 323
# fetch

v. 가져오다 (상품이) …에 팔리다 get and bring back; sell for

Would you mind **fetching** me the paper while I get our breakfast ready? 제가 아침 식사를 차릴테니 신문 좀 갖다줄래요?

## 324
# exchange

v. 교환하다  n. 교환(물), 환전

- ▶ **exchange A for B** A를 B와 교환하다
- ▶ **make an exchange** 교환하다
- ▶ **stock exchange** 주식거래소, 주식시장
- ▶ **foreign exchange** 외환(外換)거래
- ▶ **foreign exchange reserves** 외환 보유고
- ▶ **exchange rate** 환율

I'd like to inquire if I might **exchange our data** for your support. 우리가 가진 자료를 드리면 도와주실 수 있는지 알고 싶습니다.

**Our foreign exchange reserves** have been greatly depleted due to the economic devaluation.
경제가 악화되었기 때문에 우리나라의 외환 보유고가 상당히 줄었다.

I

## 325
# post

v. 게시하다, 발표하다 notify  n. 우편 mail service, 지위, 직책 position

▶ post the job 채용공고를 게시하다

The job sheet **will be posted on the bulletin board** at 9:00 a.m. on Friday. 작업일지는 금요일 9시 게시판에 게재될 것이다.

The company posted a taxable income of three million dollars and deferred its tax payment until next year. 회사는 백만 달러의 과세대상 수입을 올렸는데 세금지불을 내년까지 연기했다.

## 326
# expense

n. 비용, 경비, 희생

▶ expensive 고가의, 비싼
▶ expend (시간, 노력) 쓰다, 소비하다
▶ capital expenses 설비 투자 등을 위한 자본비
▶ travel expenses 출장비
▶ cover expenses 비용을 부담하다
▶ at the expense of …의 비용으로, …을 희생하여

The company confirmed that it would not cover the legal costs and expenses for its former employees. 그 회사는 전직(前職) 근로자들을 위한 법적 비용을 부담하지 않겠다는 입장을 확실히 했다.

Don't forget to hand in your travel expenses or you won't be reimbursed for the money you spent. 여비 지출서를 잊지 말고 제출해라. 그렇지 않으면 지출한 비용을 상환받지 못할 것이다.

## 327
# feature

n. 용모, 특징, 특집기사, 장편영화  v. 특징을 이루다, 어떤 품목을 선전하다

▶ featureless 특색이 없는

This automobile features state-of-the-art electronics with an incredible sound system and large engine. 이 자동차는 최첨단 전자 공학을 이용한 믿을 수 없을 정도로 뛰어난 오디오와 큰 엔진이 특징이다.

## 328
# pollute

v. 더럽히다, 오염시키다

▶ pollution 오염
▶ air pollution 대기오염

We try very hard not to pollute the environment at our company. 우리는 회사의 환경이 오염되지 않도록 매우 열심히 노력한다.

# release

n. 발표 announcement, (신제품) 출하 launch  v. 공개하다 disclose, 발표하다 announce

- ▶ be released from~ …로부터 풀려나다
- ▶ release form 허가서, 인가증
- ▶ book release 책 출시
- ▶ press release 보도자료

The young Canadian author **has just released** the second edition of his book. 그 젊은 캐나다인 작가는 자신이 집필한 책의 두 번째 판을 내놓았다.

The new cell phone model is scheduled to **be released** after it has been approved. 그 신형 휴대폰은 승인을 받은 다음 출시하기로 일정이 잡혀있다.

# yield

n. 수확 harvest, 투자수익 return  v. (이익을) 산출하다 make a profit; gain

- ▶ yield a profit 이윤을 내다

The Ministry of Agriculture expects that California grape growers will experience an abundant **crop yield** this year. 농무부는 올해 캘리포니아 포도 재배업자들이 풍작을 거둘 것으로 예상하고 있다.

### 331
## donate

v. 기부하다 make gift; give

▶ **donation** 기증, 기부, 기증품, 기부금
▶ **donator** 기부자, 기증자
▶ **charity** 자비, (pl.) 자선, 자선기금, 자선단체

We go to the clinic to **donate** a pint of blood every six months. 우리는 6개월마다 한 번씩 헌혈을 하기 위해 진료소에 간다.

### 332
## extend

v. 뻗다, 늘이다, 확장하다 reach; stretch

▶ **extension** 연장, 확대
▶ **extensive** 광범위하게 미치는
▶ **extensively** 널리, 광범위하게

The transportation authority voted to **extend** the subway **to** the adjacent town. 교통당국은 인근도시까지 지하철을 확장하기로 의결했다.

### 333
## requirements

n. 요구사항(조건)

▶ **require** 요구하다, 필요로 하다
▶ **be required of** …이 요구된다

Though he didn't **meet the company's requirements,** Paul still applied for the job. 폴은 회사의 자격요건에 부합되지 않았지만 여전히 그 일자리에 지원했다.

### 334
## reduce

v. 줄이다, 축소하다, 떨어뜨리다 lessen; diminish

▶ **reduced** 감소된, 할인된
▶ **reduction** 감소, 축소, 절감
▶ **at a reduced prices** 할인가격으로

We have to **reduce the price** of the old models by 10%.
우리는 구형 제품들의 가격을 10% 인하해야 한다.
**Cost reductions** are one of the best ways to improve the profitability of a corporation. 경비절감은 회사의 수익을 향상시킬 수 있는 최상의 방법 중 하나이다.

**335**
# expire

v. 끝나다, 만료되다 come to an end; run out

> ▶ **expiration** 종료, 만료, 숨을 내쉼
> ▶ **expiration date** 유효 기간

The developer shall retain the exclusive rights to the product **upon expiration of** this contract. 개발업자는 이 계약의 만료시 상품에 대한 독점권을 보유할 것이다.

**336**
# determine

v. 밝혀내다, 영향을 주다, 결심하다 ascertain; influence; decide

> ▶ **determination** 결심
> ▶ **determined** 단호한

The people who were selected for a promotion had met all of the company's **pre-determined criterion.** 승진에 선발된 사람들은 회사에서 사전에 결정해 놓은 기준에 모두 맞았다.

**337**
# assure

v. 보증[보장]하다, 확신하다 guarantee; make sure

> ▶ **assured** 보증된, 자신있는
> ▶ **assurance** 보증, 확신, 자신

**Laboratory tests assure that** the package will withstand transportation, storage and handling. 실험실 테스트 결과는 그 포장용기가 운송, 저장 및 취급 과정을 잘 견딜 것이라고 보증한다.

**338**
# encounter

n. (with) 만남, 조우  v. …와 우연히 만나다, 마주치다

We **had an encounter with** a mugger in New York and he took all of our money. 우리는 뉴욕서 노상강도를 만났는데 그 강도가 우리의 돈 전부를 털어가 버렸다.

**339**
# disturb

v. 방해하다, 저해하다, 막다 interrupt; disrupt

> ▶ **disturbance** 소동, 방해, 폐

**Please do not disturb** us when we are in the conference room. 우리가 회의를 하는 동안에 방해하지 말아주세요.

**340**
# portion

n. 한조각, 일부, 부분 share; ration  v. 나누다, 분배하다 allot; distribute

Be sure to fill out **the identification portion of** the declaration form. 반드시 신고양식의 신원확인란을 작성해 주십시오.

UNIT

## 341
# shipment

n. 선적

▶ shipyard 조선소
▶ shipbuilding 조선(造船), 조선업
▶ by ship 선편으로

We must receive your entire payment before we can release your shipment. 상품 대금 결제가 완전히 이루어진 후에 상품 선적이 가능합니다.

## 342
# recognize

v. 알아보다, 인지하다, 확인하다, 인정(승인)하다 identify; be aware of

▶ recognition (문제점이나 개선할 사항에 대한) 인식

Plastic has been recognized as reusable and is being recycled. 플라스틱은 재사용할 수 있고 재생될 수 있는 것으로 인식되어 왔다.

## 343
# assume

v. 떠맡다, 추정하다 suppose; undertake

▶ assumed 가장한, 임시의
▶ assumption 인수, 가정, 억측

Assuming this to be the case, I would expect to be able to send you a check for $2,500. 이것이 사실이라면, 나는 당신에게 2천 5백 달러짜리 수표를 보낼 수 있을 것입니다.

Proper notification will be assumed to favor the customer, unless evidence indicates otherwise. 그렇지 않다는 증거가 없는 한, 적절한 통보가 고객들에게 유리한 것으로 가정될 것이다.

## 344
# suspend

v. 중지하다 cease, 연기하다 delay, 매달리다 hang

▶ suspense 미결정, 불안
▶ hold sth in suspense …을 미결인 채로 두다

The ventilation fans are suspended from the ceiling. 환풍기들이 천장에 매달려 있다.

## 345
# dominate

v. 우위를 점하다, 지배하다

▶ domination 지배

The rug is a curious mix of both red and blue, but neither color dominates. 그 융단은 빨간색과 파란색의 신기한 배합으로 되어 있는데 두 색깔중 어느 것도 두드러지지 않았다.

## 346
## entitle

v. ···**자격을 주다, 제목을 붙이다** authorize; title

▶ be entitled to + N ···할 자격이 있다
▶ entitle A to + V A가 ···할 자격을 부여하다

Mark Graber, business consultant, author, and speaker, has just released his newest book for small business owners, **entitled** Why Small Businesses Suffer. 경영컨설턴트이자 작가 그리고 연사인 마크 그레이버는 중소기업주들을 위한 〈중소 기업들이 고전하는 이유〉라는 제목의 최신간을 방금 발표했다.

## 347
## classify

v. **분류하다**

▶ classified 분류된, 기밀의
▶ classified ad 안내광고

The animals **were classified** according to which country they came from. 동물들은 그들의 출신지에 따라 분류되었다.

## 348
## decline

v. **쇠하다, 감퇴하다** wane, (정중히) **거절하다** refuse  n. **쇠퇴, 하락** decrease; weakening

▶ declining 기우는, 쇠퇴하는
▶ declination 쇠퇴, 하락

She was in a position to possess a lot of wealth, but she **declined.** 그녀는 많은 부를 소유할 지위에 있었으나, 쇠락해졌다.

Demand for material goods **has been declining** since the recession. 경기 침체 이래로 필수품에 대한 수요가 감소하고 있다.

## 349
## feasibility

n. **실행 가능성**

▶ feasible 실행가능한, 그럴듯한

**The feasibility of** the oil well was questionable. 유정(油井)이 있을 가능성은 미지수다.

## 350
## predict

v. **예보하다**

▶ predictable 예상할 수 있는
▶ prediction 예측

It is easy to **predict the weather** using today's sophisticated equipment. 오늘날의 고도로 정교한 장비를 사용하여 일기를 예측하기가 쉬워졌다.

## 351
# recipe

n. 조리법, 비법

The cake recipe called for eight eggs and two cups of sugar. 케익을 만들기 위해서는 달걀 8개와 설탕 2컵이 필요했다.

## 352
# crew

n. 팀, 조, 반 team, party; squad

▶ maintenance crew 정비반
▶ ground crew 지상근무조
▶ work crew 작업반

A crew has been clearing that spot all day. 한 작업팀이 온종일 그 장소를 치우고 있었다.
The work crew is resurfacing the asphalt road. 작업반이 아스팔트 길의 포장을 새로 작업하고 있다.

## 353
# insist

v. 주장하다, 고집하다

▶ insistence 고집, 주장

The manager had to insist that the unproductive employee be fired. 그 관리자는 비생산적인 직원은 해고되야 한다고 주장해야 했다.

## 354
# exhaust

v. 배출, 지치게 하다  n. 배기가스

▶ exhaustion 소모, 고갈, 극도의 피로
▶ be exhausted 녹초가 되다

The young couple was exhausted and went straight to bed. 젊은 부부는 지쳤으므로 바로 잠자리에 들었다.
The air in this city is terrible due to exhaust fumes. 배출가스 때문에 이 도시의 공기는 아주 지독하다.

## 355
# grant

v. 승인하다, 인정(시인)하다, 주다, 수여하다  n. 보조금

▶ granting[granted that] ···이라고 하더라도
▶ take ~ for granted ···을 당연히 받아들이다

They can go on the trip, granted that they complete their chores first. 그들이 일상적인 일들을 우선 완성했다 하더라도 여행을 갈 수 있다.

## 356
# celebrate

v. 축하하다 commemorate; honor

> ▶ celebration 축하
> ▶ celebrity 유명 인사
> ▶ in celebration of ⋯을 축하하여

I celebrated my birthday by going out with my wife and her parents. 나는 아내와 그녀의 부모들과 함께 나가서 내 생일을 축하했다.

## 357
# hamper

v. 방해하다

> ▶ hinder 방해하다, 훼방하다

crisis

Avoid smoking when driving, Smoke's nicotine and carbon monoxide hamper night vision. 운전중에는 흡연을 삼가 하시오. 흡연시의 니코틴과 일산화탄소가 야맹증을 유발시킨다.

## 358
# indicate

v. 가리키다, 지시하다 signify; imply

> ▶ indicator 지표, 표준, 척도
> ▶ indication 지시, 징후, 징도

Economic indicators predict that the restaurant will do exceptionally well next quarter. 경제적 지표들은 다음 분기에 경기가 대단히 좋아질 것이라고 예견하고 있다.

## 359
# convince

v. ⋯에게 납득시키다 persuade; urge

> ▶ conviction 확신, 유죄 판결
> ▶ convincing 설득력 있는
> ▶ convincible 설득할 수 있는, 이치에 따르는
> ▶ convince of ⋯을 납득시키다

She had to convince him that she was being totally sincere about everything. 그녀는 자신이 모든 것에 대해 전적으로 성실하다는 것을 그에게 납득시켜야만 했다.

## 360
# represent

v. 나타내다, 대표하다 act as; stand for

Sales representative

> ▶ representative 대표자, 대행자, 대표[대리]하는
> ▶ sales representative 판매담당자
> ▶ representation 표현, 묘사, 대표

The manager of the company hired a lawyer to represent him in the trial on Friday. 회사의 책임자는 금요일 공판에서 자신을 변론할 변호사를 고용했다.

UNIT

I

361
## potential

n. 잠재력  a. 잠재적인

▶ potentially 잠재적으로

We think that our new line of clothing has the potential to take the market by storm. 우리는 우리의 가을 의류 신상품들이 시장을 강타할 잠재력을 가지고 있다고 생각한다.

We averted a potentially disastrous situation this morning by calling the authorities. 우리는 오늘 아침 관계 당국에 전화를 해서 큰 재난이 잠재된 상황을 벗어났다.

362
## commute

n. 통근(거리)  v. 출근하다

Employees are not allowed to be late for work more than once every month unless the commute is more than 100km. 고용인들은 통근거리가 100km 이상이지 않은 한, 한달에 한번 이상의 지각이 허용되지 않는다.

363
## comprehend

v. 이해하다

▶ comprehensive 포괄적인
▶ miscomprehend 오해하다

I could not comprehend why they decided to lay off three thousand people. 나는 그들이 3천명의 사람들을 해고하기로 결정한 이유를 이해할 수 없었다.

The comprehensive tax system is slated to be in place by the beginning of next year. 포괄 세금체계가 다음해 초까지 설치될 예정이다.

364
## solution

n. 해결, 해법, 용액

FINDING
SOLUTIONS

▶ solve 해결하다

The solution to the problem was not as easy as we had hoped. 문제에 대한 해결은 기대했던 것만큼 쉽지 않았다.

The blue liquid should be used to neutralize the acidic solution. 푸른 액체는 산성 용액을 중화시키는데 이용되어야 한다.

# nullify

v. 무효화하다

> ▶ nullification 무효, 파기, 백지화

If you fail to report the accident your insurance company may **nullify your policy.** 이 사고를 보고하지 않으면 보험 회사에서는 너의 보험을 해지할 것이다.

# complete

a. 완전한 perfect; utter  v. 완성하다 목적을 달성하다 accomplish

> ▶ completion 성취, 완성
> ▶ completely 전적으로
> ▶ incomplete 불완전한

In order to receive your free gift, you must **complete** and return the questionnaire. 사은품을 받으려면 질문서를 기입해서 돌려주셔야 합니다.

The benefits package that we offer our employees **is complete with** stock options, as well as health coverage. 우리가 직원들에게 주는 복지 혜택에는 스탁옵션 및 의료보험까지 다 들어있다.

# budget

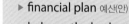

BUDGET

n. 예산, 생활비  v. 계획을 세우다 예산을 짜다

> ▶ financial plan 예산(안)
> ▶ balance the budget 수지균형을 맞추다

**The company's budget** for spending on capacity expansion has been increased by 62%. 시설확충을 위한 회사의 지출예산이 62% 증가했다.

They will have to learn how to **budget their time** more efficiently from now on. 그 사람들은 이제부터 좀 더 효율적으로 시간 계획 세우는 법을 배워야 할 것이다.

# checkup

n. 건강진단

> ▶ annual checkup 연례 건진

Nine out of ten dentists recommend that **dental checkups** be scheduled every other year. 치과의사는 대부분 정기치아검사를 2년마다 해야 한다고 권고한다.

# ingredient

n. 성분, 원료, 구성요소

Sugar is **the main ingredient** in some juice drinks. 설탕은 몇 가지 주스 음료의 주성분이다.

UNIT

I

## 370
## competition

n. 경쟁, 경쟁자, 경쟁업체

▶ compete 경쟁하다
▶ competitive price 경재력있는 가격
▶ competence 능력

Mr. James claims his company is better than **the competition** due to its high-quality products. 제임스 씨는 자기 회사는 제품의 품질이 우수하기 때문에 경쟁사보다 좋다고 주장한다.

## 371
## violate

v. 법이나 규칙 등을 위반하다, 어기다, 침해하다

▶ violation 위반, 침해

They said that they did not **violate any laws** while they were working for us. 그들은 우리를 위해 일하는 동안 어떠한 법률도 위반한 적이 없다고 했다.

## 372
## accomplish

v. 이루다, 성취하다, 완성하다 achieve; complete

▶ accomplished 능숙한, 숙달된
▶ accomplishment 성취, 수행, 공적

We hope to **accomplish our sales target** of one million cars by the end of the next quarter. 우리는 다음 분기말까지 차 100만대 판매목표를 달성하기를 바라고 있다.

## 373
## suspicion

n. 의혹, 혐의

▶ suspicious 의심스러운, (거동이) 수상쩍은

They **were above suspicion** because they all had alibis. 그들은 모두 알리바이를 가지고 있으므로 혐의의 여지가 없었다.

## 374
## function

n. 기능, 행사(social gathering) v. 작용하다, 구실을 하다

functional testing

▶ functional 기능적인, 직무상의
▶ malfunction (기계) 기능부전

Do you have any idea how I can fix the equipment that is **malfunctioning**? 작동이 안되는 장비를 어떻게 고치는지 아세요?

He will be **attending another function**. 그는 다른 행사에 참가할 것이다.

**375**
## fraud

n. 사기, 사기꾼

I think that they **have been charged with fraud** because they took some insurance money. 그들은 얼마의 보험금을 갈취했기 때문에 사기죄로 고소되었을 것이다.

**376**
## consequence

n. 결과 result; outcome

▶ consequent 결과의
▶ consequently 그 결과
▶ inconsequence 모순

**As a consequence of** hard work and dedication, we have found a cure. 열심히 일하고 헌신한 결과로서, 우리는 치료법을 발견했다.

**377**
## advance

n. 선불 deposit; down payment  a. 사전의 beforehand; early

▶ advanced 첨단의, 상급의
▶ advancement 진보, 승진
▶ in advance 미리, 사전에, 선불로

The manager asked for **a small advance** on his pay. 부장은 월급 중 일부를 가불해줄 것을 요청했다.

**378**
## streamline

v. 간소화하다

▶ streamlined 능률적인

The managers will combine their two units in an effort to **streamline operating procedures.** 관리자들은 경영 절차를 간소화시키려는 노력의 일환으로 두 단위를 통합시킬 것이다.

**379**
## tow

v. 견인하다, 예인하다

The sign warned that all vehicles parked overnight would **be ticketed and towed away.** 그 표지판은 밤새 주차시킨 차량들에는 모두 벌금이 부과되며 견인된다는 것을 경고하고 있었다.

**380**
## reminder

n. 생각나게 하는 사람[것], 메모, 독촉장

▶ remind …에게 생각나게 하다
▶ remainder 나머지, 잔여, (pl.) 유적

This is just **a reminder that** smoking is not permitted on the aircraft at any time during the flight. 이것은 비행 중에는 어느 때라도 기내에서의 흡연이 허용되지 않는다는 표시입니다.

UNIT

**381**
# pose

n. 자세, 포즈 stand; posture   v. …의 원인이 되다 be the cause of
The company fired the desk clerk because a senior
manager felt that he posed a serious risk to the firm's
security. 한 상급 관리자가 접수계원이 회사안전에 심각한 위험을 초래했다고 느
꼈기 때문에 회사는 그를 해고했다.

**382**
# subscribe

v. 구독하다, 신청하다, 가입하다, 기부하다

▶ subscription 구독(료), 기부

The man filled out the subscription form and handed
it to the teller. 남자는 구독 신청서를 작성해서 창구직원에게 건네주었다.

Janet subscribed $200 to an agency that helps homeless
people. 재닛은 노숙자을 돕는 기관에 200 달러를 기부했다.

**383**
# upkeep

n. 유지비, 양육비
Whereas location dictates price range, the
characteristics of each home (size, style, age, number of
rooms, upkeep, etc.) dictate where in the price range
its value falls.
위치가 가격대를 결정한다면 각 집의 특성은 (크기, 형태, 연수, 방수, 유지비 등등) 그
가격대에서 가치가 얼마나 떨어지느냐를 결정한다.

**384**
# recall

v. 생각해내다, 소환하다

▶ as I recall 내 기억으로는

Janet did not recall having met the man before. 재닛은 전
에 그 남자를 만난 것을 기억하지 못했다.
I really cannot recall his name, but I never forget a face.
나는 정말로 그 남자의 이름은 생각나지 않지만, 얼굴은 잊을 수가 없어.

**385**
# extract

n. 추출물, 인용, 발췌, 초본   v. 추출하다, 발췌하다, 인용하다

▶ extraction 추출

The hot water extracts the caffeine instead of chemical
solvent from the coffee beans. 뜨거운 물은 화학적 용매 대신 커피콩
에서 카페인을 추출한다.
This vanilla extract is delicious when you put it into
chocolate chip cookies. 이 바닐라 추출향은 초콜릿 칩 과자에 넣으면 맛
있다.

**386**

## feedback

n. 반응, 의견

Management has asked me to explain our new and improved method of accurately and efficiently **getting feedback from** employees. 경영진은 직원들로부터 정확하고 효율적으로 의견을 얻을 수 있는 우리의 새롭고 개선된 방식에 대해 설명하도록 내게 요청했다.

**387**

## embrace

n. 채용, 용인  v. 채택하다, 받아들이다 accept

As a company, we need to **embrace change** in order to compete in the market. 이 시장에서 활동하는 기업인 우리는, 경쟁하려면 변화를 받아들여야 한다.

**388**

## bundle

n. 대량, 대부분 mass; main part

▶ **bulkhead** 칸막이
▶ **bulk production** 대량 생산

The rolls **are bundled together with** metal bands. 두루마리는 금속 밴드로 함께 묶여졌다.

**389**

## advertise

v. 광고[선전]하다

▶ **advertisement** 매체에 실린 광고물
▶ **advertising** (추상적 의미의) 광고
▶ **job advertisement** 구인 광고
▶ **classified advertisement** 분류광고, 안내광고
▶ **place[buy; put] an ad** 광고를 내다
▶ **sell an ad** 광고를 유치하다
▶ **advertising agency** 광고 대행업체
▶ **advertiser** 광고주

The newspaper wants to know if we are going to **run the advertisement**. 그 신문사에서는 우리가 그 광고를 실을 건지 알고 싶어해요.

We will **put an ad in** all the major weekly newspapers in this area. 이 지역 주요 주간지마다 다 광고를 낼 거예요.

ADVERTISING & PROMOTION

# load

LOADING ...

n. 짐 burden, 적재량, 부담  v. (짐을) 싣다, (사람 등) 태우다, (탄환) 장전하다

▶ **loaded** 짐을 실은, 만원의, 장전된

▶ **unload** 짐을 내리다

▶ **a load of** = **loads of** 많은

The goods were inspected and then **loaded onto** the ship heading for the Hong Kong harbor. 상품은 검사를 거치고 나서 홍콩항으로 향하는 배에 선적되었다.

The airline worker **loaded the luggage onto** the airplane. 공항 근로자가 항공기에 짐을 실었다.

**391**
## allow

v. 허락하다, 인정하다, 지급하다, 고려하다

▶ **allowance** 수당, 한도, 할인(공제)
▶ **allow for** (계획, 판단하는데 필요한 사항 등) 고려하다
▶ **be allowed to do** …하는 것이 허용되다
▶ **allow oneself to do** 큰 맘먹고 …하다
▶ **free baggage allowance** 무료 수화물 허용량

We will give you **a moving allowance** if you decide to take that job. 그 자리를 받아들여 우리 회사에 들어오시겠다면 이주 비용을 드리겠습니다.

**392**
## breakthrough

n. 돌파구, 획기적 발견, 타결

The doctor **made an important breakthrough** in his cancer research. 그 의사는 암연구에서 중요한 돌파구를 찾아냈다.

**393**
## appliances

n. 가정용 전기기구

▶ **application** 신청서, 지원서, 응용
▶ **apply** 신청하다, 지원하다

After moving out of her parent's house, Cathy needed to **buy several appliances for** her kitchen. 캐시는 부모님의 집에서 이사를 나온 후 여러가지 부엌용품들을 구입할 필요가 있었다.

**394**
## concede

v. 인정하다, 양보하다, (경기에) 지다 admit; surrender; give up

▶ **concession** 양보, 용인, 영업허가

The smaller company was not competitive in price and had to **concede the order to** a larger competitor. 그 중소기업은 가격 경쟁력이 없기 때문에 더 큰 경쟁회사에 주문을 양보해야 했다.

**395**
## execute

v. 실행하다, 수행하다

▶ **executive** 회사중역, 집행의, 중역의
▶ **execution** 실행, 처형, 수행

- executive board 이사진
- CEO(Chief Executive Officer) 최고 경영자
- executive search (firm) 고급인력 알선 회사

The new CEO of our company graduated from Harvard Business School with honors in 1985. 우리 회사에 새로 온 최고 경영자는 1985년 하버드 경영대학원을 우수한 성적으로 졸업했다.

### 396
## acquire

v. 손에 넣다, 취득하다, 초래하다 obtain; achieve; cultivate

- acquired 취득한, 획득한
- acquirement 취득, 습득
- acquisition 취득, 획득

Despite acquiring several new clients for the company, Beth did not receive a promotion. 회사를 위해 새 고객을 여럿 받았지만 베스는 승진하지 못했다.

### 397
## fund

n. 투자 신탁 investment company  v. 투자하다 finance; subsidize

- funding 자금, 기금
- fund-raising 기금모금

The university alumni meet socially once a year to raise money for the scholarship fund. 그 대학의 동창들은 일년에 한번 장학 기금을 거두기 위해 사교 모임을 갖는다.

### 398
## petition

n. 탄원서, 신청서 v. 진정하다, 신청서를 내다
I'm going to start a petition and take it to city hall. 지금부터 나는 사람들의 서명을 받아서 그것을 시청에 가져갈 것이다.

### 399
## lineup

n. 제품군, 라인업
Ford's new lineup of pickup trucks is the best the company has introduced in many years. 포드 社의 새로운 픽업 트럭군은 동사(同社)가 수년에 걸쳐 내놓은 것 중 최고의 것이다.

### 400
## auction

n. 경매 v.경매에 부치다

- auctioneer 경매인(競賣人)
- be auctioned 경매에 부쳐지다
- put sth up for auction ···을 경매에 부치다(sell sth at auction)

He said that he was going to **put everything up for auction** at the end of the month. 그 사람은 이번 달 말에 물건을 모두 경매에 부치겠다고 했다.

### 401
# hearsay

n. 소문, 풍문, 전해들은 말

> ▶ hearing 청각, 듣기, 청문회

Studies show that rapid changes in air pressure can cause a problem that results in difficulty **hearing** and, sometimes, ear pain. 연구에 따르면, 갑작스런 기압 변화는 청력에 장애를 일으키거나 귀에 통증을 유발할 수 있다고 합니다.

### 402
# courtesy

n. 예의바름 good manners, 무료 complimentary

> ▶ courteous 예의바른
> ▶ courtesy telephone 호텔 전용전화같이 서비스 차원에서 제공되는 무료 전화

**It is common courtesy to** turn off your high beams when you are near other cars or when facing oncoming traffic. 다른 차들 가까이 있거나 반대쪽에서 다가오는 차가 있을 때는 상향등을 끄는 것이 상식적인 예의이다.

### 403
# stack

v. 쌓아 올리다 n. 쌓아 올린 무더기

> ▶ stack(s) of 많은~

John **kept a lot files stacked on** his desk because he was too lazy to put them away. 존은 게을러 치우기 싫어서 책상 위에 많은 파일들을 쌓아두었다.

### 404
# fortify

v. 강하게 하다, 영양가를 높이다

Most dairies **fortify** milk with vitamin D. 우유판매업체 대부분이 우유에 비타민 D의 영양가를 높였다.

### 405
# guarantee

n. 보증 warranty v. 보증하다, 약속하다 ensure; insure; promise

> ▶ guaranty 보증
> ▶ guarantor 보증인
> ▶ guarantee to + V[that] …을 보증하다

**We guarantee to** protect your home and the people in it from burglary and physical harm. 우리는 귀하의 가정과 가족을 절도와 상해로부터 보호할 것을 약속드립니다.

UNIT

**406**

## offering

n. 신청, 팔 물건, 제공

▶ offer 제안, 제공하다

According to the brochure, other interesting tourist offerings include guided tours through the jungle and hunting trips. 광고책자에 의하면 여타 제공되는 흥미로운 것은 안내인 대동 정글 투어와 사냥 여행이 있다.

**407**

## furnish

v. 갖추다, 가구를 비치하다

▶ furnished apartment 가구가 딸린 방
▶ unfurnished 가구가 없는

Since Jenny was planning to move shortly, her apartment was furnished with only the necessities. 제니는 곧 이사를 갈 계획이었기 때문에 아파트에 필수품들만을 갖추고 있었다.

**408**

## itinerary

n. 여행 일정 계획

The salesman asked his secretary to fax his flight itinerary over to the hotel that he was staying at. 그 세일즈맨은 비서에게 자기가 머물고 있는 호텔로 비행일정을 팩스로 보내라고 했다.

**409**

## haul

v. (트럭) 운반하다, 끌다

▶ haul away 나르다, 운송하다

We had to rent a truck to haul away the furniture from our apartment. 우리는 아파트에서 가구를 운송하기 위해 트럭을 빌려야 했다.

**410**

## average

v. (~ %) 평균 …%이다  n. 평균, 보통  a. 평균의

▶ on average 평균하여

Most medical school students average about six hours of sleep per night. 대부분의 의과대학 학생들은 밤에 평균 약 6시간 동안 잠을 잔다.

**411**

## session

n. (…하는) 시간, 기간

The employees were sent out to attend an intensive computer proficiency training session. 그 고용인들은 집중적인 컴퓨터 숙달 훈련회에 참가하기 위해 파견되었다.

**412**

**payroll**

n. 직원급여, 임금 대장. 종업원 명부

▶ paycheck 급여

The boss decided to include a small present with **each worker's paycheck.** 사장은 각 사원의 급여에 작은 선물을 더해주기로 했다.

**413**

**bail**

n. 보석(금), 구제하다

▶ bail out 구제하다, 지원하다

They're waiting to hear if the company is going to **get a government bailout.** 그 사람들은 그 회사가 정부의 지원을 받게 될 것이라는 소식을 기다리고 있다.

**414**

**drawback**

n. 결점, 장애

**One drawback to** your plan is that we won't have any time to eat lunch during the presentation. 네가 짠 일정에는 문제점이 하나 있는데, 바로 발표회 동안 점심식사를 할 여유가 없다는 거야.

**415**

**confine**

n. 한계, 범위  v. 제한하다, 감금하다

The captain was forced to **confine the marine** to his quarters. 선장은 강제로 그 해병을 그의 숙소에 감금시킬 수밖에 없었다.

**416**

**pricing**

n. 가격책정

▶ pricey 비싼
▶ priceless 대단히 귀중한

Pricing

We've had a hard time coming together in terms of a decision on **the pricing of** our new products. 우리는 신제품의 가격책정에 대한 의견 일치를 보는 데 어려움을 겪었다.

**417**

**bankrupt**

v. 파산시키다  a. 지급 불능의

▶ go bankrupt 파산하다
▶ file for bankruptcy 파산을 신청하다

If he's not careful, his company **is going to go bankrupt.** 그 사람이 잘 대처하지 못하면 회사는 파산하게 될 겁니다.

**418**

**appendix**

n. 부록, 추가

If you refer to the table in **Appendix A,** you can find the information you are looking for. 부록A의 도표를 참고하면 원하는 정보를 구할 수 있다.

**419**

# cripple

v. 마비케하다, 약화시키다

With the most severe cases, the hands, feet, and knees can **be both crippled** in function and twisted in deformity from the arthritis. 대부분 중환자의 경우, 관절염으로 인해 손, 발 그리고 무릎이 기능상 마비가 되거나 기형적으로 비틀려졌다.

**420**

# evaluate

v. 평가하다 assess, 가치를 검토하다 valuate

▶ evaluation 평가(액), 값을 구함
▶ devaluation 평가 절하
▶ reevaluate 재평가하다

He asked us to **submit our evaluation** by the end of the day. 그는 우리에게 그날까지 평가서를 제출할 것을 요구했다.

Mon Tue Wed Thu Fri

### 421
## availability

n. 이용가능성, 유효성

▶ **available** 사용 가능한, 남아있는
▶ **unavailable** 이용할 수 없는

According to the printout, **your available credit limit is $1000.** 프린터로 출력해 보니 당신의 신용카드 결제한도는 1000달러입니다.

### 422
## component

n. 부품, 구성요소  a. 구성하고 있는
I've been looking for this printer **component** all over, but can't find it anywhere locally. 난 이 프린터 부품을 찾아, 곳곳을 찾아다녔지만 이 지역 어디에서도 찾을 수가 없어.

### 423
## notify

n. 통지하다 give a warning or information

▶ **notification** 통지하다, 공고하다.
▶ **notice** 주의, 통지, 공고

The bank issued a replacement credit card after **receiving notification that** the client's card had been lost. 은행은 고객카드가 분실되었다는 통지를 받고 난 후 신용가드를 새로 발급했다.

### 424
## placement

n. 배치, 채용, 고용

▶ **misplace** 둔 곳을 잊다
▶ **outplacement service** 전직 알선 서비스

I **may have misplaced the document** you gave me yesterday. 어제 당신이 준 서류를 잃어버린 것 같아요.

### 425
## referral

n. 추천, 소개하기

▶ **refer** 언급하다, 참고하다
▶ **reference** 문의, 참고, 언급

The new clients came to us **as a referral from** a downtown law firm. 그 신규고객은 도심지에 있는 한 법률회사의 추천으로 우리를 찾아왔다.

**426**

## adjourn

v. 중단하다, 휴회하다

> ▶ adjournment 연기, 휴회
> ▶ adjourn a meeting 회의를 연기하다

Before adjourning this evening, I'd like to mention our upcoming annual Town Hall meeting scheduled for the second Tuesday of next month at 7 p.m. 오늘 저녁 휴회하기 전에, 다음달 두 번째 목요일 오후 7시에 예정된 다가오는 연례 타운홀 미팅에 관해 언급하겠습니다.

**427**

## bond

n. 결속, 채권  v. 저당잡히다

> ▶ bond market 공사채 시장
> ▶ bond sale 채권 매각
> ▶ government bond 국채

All she has is a few worthless junk bonds in this safety deposit box. 그 여자가 가진 거라곤 이 은행 보관소에 있는 쓸모없는 채권 몇장 뿐이다.

**428**

## estate

n. 토지, (상속) 재산

> ▶ real estate agent 부동산 중개업자

The millionaire left his entire estate to his daughter when he died. 그 백만장자는 사망했을 때 자신의 전 재산을 딸에게 남겨주었다.

**429**

## publicity

n. 평판, 홍보

> ▶ public 공중, 대중, 공공의
> ▶ publication 발표, 출판

The marketing director hired an advertising agency to help him with publicity. 마케팅 이사는 홍보 분야에서 도움을 얻기 위해 광고 회사를 고용했다.

**430**

## withdraw

v. 인출하다, 철회하다 remove ; draw out

> ▶ withdrawal 예금인출

The customer was in a hurry and forgot to make a withdrawal from his sister's account. 그 고객은 서두르다가 여동생의 계좌에서 돈을 인출하는 것을 잊었다.

**431**
## refill

v. 다시 채우다, 리필하다

The restaurant allowed its customers to **get free refills of** their drinks. 그 레스토랑은 손님들이 음료수를 무료로 리필할 수 있도록 하였다.

**432**
## pledge

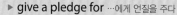

n. 서약 vow, 저당 warranty  v. 서약하다 promise solemnly

> ▶ **give a pledge for** …에게 언질을 주다
> ▶ **make a pledge** 서약하다
> ▶ **pledge oneself** 맹세하다

**Both sides pledged to** continue negotiations in good faith until a settlement was reached. 양측은 합의에 이를 때까지 선의로 협상을 계속할 것을 서약했다.

**433**
## specific

n. (pl.) 상세한 점, 명세서(明細書)  a. 특유한, 명확한

> ▶ **specifications** 명세서
> ▶ **specify** 상술하다, 명확히 하다
> ▶ **specifically** 특히

We **have included specific details** concerning the landing of the submarine on enemy soil. 우리는 적지의 잠수함 상륙에 관련된 상세한 사항들을 포함시켰다.

The sales clerk asked me to **specify the size, color, and style.** 판매원이 내게 사이즈, 색상, 그리고 스타일을 구체적으로 말해달라고 했다.

**434**
## process

n. 절차, 과정, 방법, 가공  v. 가동하다, 처리하다

> ▶ **procession** 행진, 행렬
> ▶ **processor** (컴퓨터) 처리기, 농산물 가공업자

You could probably sue them for false arrest, but it would **be a long process.** 당신은 불법체포 혐의로 그들을 분명 소송에 부칠 수는 있습니다만, 오랜 절차를 거쳐야 할 것입니다.

**435**
## equity

n. 자산, 주식, 지분

> ▶ **equity share** 보통주(株)
> ▶ **equity market** 주식시장
> ▶ **shareholder[stockholder; owners'] equity** (기업의) 자기자본
> ▶ **debt-to-equity ratio** 자기자본 대(對) 부채비율
> ▶ **brand equity** 상표가치

Before we join your industry, we need to understand **the debt-to-equity ratio.** 귀사와 함께 일하기 전에 자기자본 대(對) 부채 비율을 알아야겠습니다.

**The equity market** has suffered greatly due to the recent economic crisis. 주식 시장은 최근의 경제위기 때문에 엄청난 타격을 받았다.

### 436
## staff

n. 참모, 직원 employee; crew  v. …에 직원을 두다

▶ **staffing** 직원배치
▶ **be staffed by** …에 의해 직원을 충당하다
▶ **staff meeting** 직원 회의

Even though they were shorthanded, **the staff** managed to complete the work on time. 일손이 부족한데도 직원들은 그럭저럭 제시간에 일을 완수할 수 있었다.

### 437
## statute

n. 법규, 법령

▶ **stature** 키, 신장
▶ **statute** 상, 조각상
▶ **status** 상태

**According to the statute** there is nothing that you can do. 법령에 따르면 당신이 할 수 있는 일은 아무 것도 없습니다.

### 438
## benchmark

n. 기준, 척도  v. 비교해 적용하다

The boss **benchmarked your ideas** in yesterday's meeting. 사장이 어제 회의 때 나온 당신 아이디어를 회사 표준과 비교해봤습니다.

### 439
## workload

n. 업무량, 작업량

▶ **workflow** 업무흐름
▶ **workmanship** 기량, 솜씨

The pay is very good, but **the workload** is a lot more than I expected. 급여는 꽤 괜찮지만, 업무량이 생각했던 것보다 훨씬 많다.

### 440
## enhance

v. 향상시키다, 높이다 intensify; elevate

▶ **enhancement** 증진, 증대, 고양

If funds existed, the installation of central heating would also greatly **enhance the building.** 자금이 있다면 중앙 난방장치를 설치하는 것도 그 건물을 크게 향상시킬 것이다.

**441**

**contain**

v. 포함하다 include, 억누르다 control

▶ container 그릇, 용기
▶ containment 봉쇄

Many snack foods contain a variety of unhealthy additives. 스낵식품들은 대개 다양한 종류의 건강에 좋지 않은 첨가물을 함유하고 있다.

The box contains several books and one toy. 상자 안에는 몇 가지 책들과 장난감 하나가 들어 있다.

**442**

**undertake**

v. 책임지다

They knew that he was going to undertake an important responsibility. 그 사람들은 그 남자가 중요한 책임을 맡을 것이라는 사실을 알고 있었다.

**443**

**highlight**

n. 가장 중요한 부분 v. 강조하다 emphasize

The product manager has asked me to design a bottle that highlights some of the product's features. 생산부장은 내게 그 상품의 특징들을 강조할 수 있도록 병을 디자인해 달라고 요청했다.

**444**

**contend**

v. 다투다 compete, 주장하다 say or state strongly

▶ contention 싸움, 주장
▶ contentious 토론하기 좋아하는

Our main point of contention can be found in the contract's opening paragraph. 우리의 주된 논쟁점은 계약서의 첫 단락에 있다.

**445**

**verify**

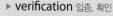

v. 진실임을 증명하다, 확인하다 confirm; certify

▶ verification 입증, 확인
▶ verify that~ …을 확인하다

Before you open the door to strangers, make sure that you verify their identity. 낯선 사람에게 문을 열어주기 전에 반드시 신원을 확인하라.

**446**

**allocate**

v. 할당하다, 배분하다, 지정하다 set aside; designate

▶ allocation 할당

We didn't allocate enough funds to complete the project. 우리는 프로젝트를 완성시킬 만큼 충분한 자금을 할당하지 못했다.

**447**

**entry**

n. 입장, 참가(자), 기입(사항) approach; admission

▶ entryway 입구의 통로

Remember to press the pound sign to **end each entry** you make. Please enter your account number now. 각 기재사항을 끝내기 위해서는 잊지 말고 #표를 누르십시오. 이제 계좌번호를 입력하십시오.

**448**

**plunge**

v. 폭락하다, 급락하다  n. 급락

Shares of Tanker Systems **plunged** 33% in May when the company announced that CFO Mark Singer would resign. 탱커시스템의 주식은 최고재무 담당이사가 사직할 거라고 발표했을 때인 5월에 33% 급락했다.

**449**

**credit**

n. 신용(거래), 예금, 학점  v. 외상으로 팔다 …에게 (공적을) 돌리다

▶ **credit limit** 신용카드로 대출할 수 있는 「신용한도(액)」

▶ **credit line** 금융기관에서도 대출받을 수 있는 최대 「신용한도(액)」까지 포함하는 더 포괄적인 의미

▶ **consumer credit** 소비자신용, 가계신용

▶ **credit application** 신용대출 신청(서)

▶ **credit bureau** 신용조사소

▶ **creditor** 채권자

▶ **credit history** 신용거래 내역(서)

▶ **credit rating** 신용 평가[등급]

▶ **credit risk** 신용 불량(자)

▶ **credit sb with sth** …에 대한 공을 ~에게 돌리다

They **credited their success to** the unfailing efforts of their most dedicated and resourceful staff. 회사에서는 기업이 성공한 것은 헌신적이고 유능한 사원들이 끊임없이 노력한 결과라고 공적을 돌렸습니다.

The man went on a shopping spree and quickly reached **his credit limit.** 그 남자는 마구 물건을 사들여서 곧바로 신용한도에 이르렀다.

If Mary studies very hard this summer, she will probably **earn enough credits** to graduate in the fall. 메리가 이번 여름에 아주 열심히 공부한다면, 학점을 충분히 따서 가을에 졸업할 수 있을 것이다.

The company **credits their CEO with** the integrity to lead them out of debt. 그 회사에서는 회사를 빚더미에서 끌어낸 최고 경영자의 성실성을 높이 평가하고 있다.

## 450
# enroll

Course
enrollment

v. 등록하다, 입회하다(시키다) register; sign up

▶ **enrollment** 등록, 등록부
▶ **enrollee** 입회자, 입대자, 등록자
▶ **enroll in** …에 등록하다

In order to improve his language, Dennis **enrolled in** an Italian class. 데니스는 어학실력을 향상시키기 위해서 이태리어 강좌에 등록했다.

All employees had to **enroll in** the training program before the end of the year. 직원들은 모두 올해 말까지 교육 프로그램에 등록해야만 해.

## 451
**boost**

v. 고양시키다, 신장시키다 increase; encourage  n. 활성화, 인상, 증가 encouragement

▶ booster 후원자

In order to **boost our profitability,** we have decided to hike our products prices by 13% from next January. 수익성을 높이기 위해 우리는 내년 1월부터 제품가격을 13% 인상시키기로 결정했다.

## 452
**implement**

IMPLEMENTATION

v. (약속 따위를) 이행하다 carry out, 시행하다 enforce  n. (pl.) 도구, 수단, 방법

▶ implementation 이행, 수행
▶ implemental 도구의, 실현에 기여하는

We needed governmental approval to **implement our proposal.** 우리는 우리의 제안을 이행하기 위해 정부의 승인을 필요했다.

We expect to **implement these changes** sometime next week, and we hope to receive your cooperation. 다음주에 이런 변동사항들을 이행하려는데, 여러분이 협조해 주었으면 해요.

## 453
**voucher**

n. 상품권, 상환권

I went to the store and gave them **the voucher** for the new shoes. 신발 가게에 가서 상품권으로 새 신발을 샀어.

## 454
**confront**

v. …에 직면하다, 대항하다, 대조하다 face up to; cope with

▶ confrontation 직면, 대결
▶ confront sb with sth …에게 …에 직면하도록 하다

Union members prepared themselves for a **confrontation** with management. 노조원들은 경영진과 대면할 태세를 갖추었다.

## 455
**intrigue**

v. 흥미를 자아내다 appeal strongly to; attract

The mystery of the sunken ship **intrigued** the divers, and inspired them to find it. 잠수부들은 침몰된 배의 신비에 끌려, 이를 찾아내고자 했다.

# innovative

- INNOVATION -

v. 혁신적인 pioneering; revolutionary

▶ **innovate** 혁신하다(make changes)
▶ **innovator** 혁신자
▶ **innovation** (기술)혁신, 신제도
▶ **renovate** 혁신하다, 개선하다
▶ **renovation** 쇄신, 혁신

We use a number of **innovative,** yet prudent solutions to expand portfolios without incurring tax liability. 우리는 세금부담을 초래하지 않고 유가증권 자산 목록을 확장시키기 위한 많은 혁신적이면서도 신중한 해결방안들을 이용하고 있다.

# ensure

v. 보장하다, 확실하게 하다 assure; secure

▶ **ensure that~** …를 확실히 하다
▶ **insure** 보험을 계약하다, 보증하다

To **ensure** accurate information, the newspaper reporter insisted on conducting the interview himself. 정확한 정보를 보장하기 위해 그 신문기자는 직접 인터뷰할 것을 주장했다.

# authorize

v. 권한을 주다, 허가하다 give authority to; allow; approve

▶ **authorities** 당국
▶ **authorized** 공인된, 인가된
▶ **unauthorized** 비인가된

Return the product in **an authorized container.** 공인 용기에 넣어 제품들을 반환하시오.
I **authorize you to** bill my credit card account in the amounts listed above. 나는 당신이 위에 기재된 금액을 나의 신용카드계좌로 청구하는 것을 허가한다.

# restore

**HOME DAMAGE RESTORATION**

v. 되찾다, 복구하다, 복원하다 bring back; recover; reestablish

▶ **be restored as** …로서 복구되다
▶ **restoration** 회복, 복구, 부흥, 손해배상, 반환, 복직, 복위
▶ **restore profitability** 채산성을 회복하다

The building will **be restored as** a historic building and will be turned into a museum. 그 건물은 역사적인 건물로 복원되어 박물관으로 바뀔 것이다.

I

UNIT

**460**
## outfit

n. 의상 한 벌, 도구나 장비 한 세트

▶ garment 의복

Yesterday I went to a department store and got the cutest outfit! 어제 백화점에 가서 제일 근사한 옷을 한 벌 샀어!

**461**
## establish

ESTABLISHED

v. 확립하다, 설치(설립)하다 set up; install

▶ established 확립된
▶ establishment 설립, 시설

We must first establish what the problem is before we attempt to correct it. 우리는 그것을 바로잡기 전에 문제가 무엇인지를 먼저 구체화시켜야 한다.

The local newspaper decided to establish a scholarship for journalism students. 그 지방 신문은 언론을 공부하는 학생들을 위해 장학기금을 설립하기로 했다.

**462**
## offset

v. 상쇄하다, 벌충하다 make up for; equalize

The company hopes to sell more computers in order to offset higher overhead costs. 그 회사는 더 높은 경비를 상쇄하기 위해 더 많은 컴퓨터를 팔기를 바란다.

**463**
## elaborate

v. 정성들여 만들다, 상세히 설명하다 a. 정교한, 정성을 들인

Ed did not say much about his trip until we asked him to elaborate. 에드는 우리가 상세히 얘기해 달라고 할 때까지 그의 여행에 대해 별 얘기가 없었다.

**464**
## deem

v. …으로 생각하다, 판단하다 consider; judge

▶ deem highly of …를 높이 사다

Although the crowd was considerably smaller than expected, the performance was deemed a success. 관중 수가 예상을 크게 밑돌았지만 연극은 성공적인 것으로 생각되었다.

**465**
## perspective

v. 전망, 시각 outlook; broad view; view point

▶ in the perspective of ~ …와의 관련에 있어서
▶ perspective on sth …에 대한 관점

In order to fully understand what happened, you must forget about what you know and change your perspective to that of a young child. 무슨 일이 있었는지 완전히 이해하기 위해서는 당신이 알고 있는 것들에 대해 잊어버리고 당신의 시각을 어린아이의 그것으로 변화시켜야 한다.

### 466
# merchandise

n. 상품, 제품, 재고품 goods  v. 판매하다, 거래하다 trade

The store is closing due to the recession and has to sell all its merchandise. 그 가게는 불경기 때문에 가게문을 닫게 되어서 물건들을 모두 팔아야만 해.

The store, having just had a huge sale, ran out of merchandise to sell as of yesterday. 그 가게는 대규모 세일을 한번 하더니 어제부터는 팔 물건이 없게 되었다.

### 467
# charity

Charity & Donation

n. 자비, 박애, (pl.) 자선, 자선기금, 자선단체 philanthropy; fund-raising

▶ charitable 자비로운, 관대한

He has done a lot of charity work over the last few years. 그는 지난 몇 년 동안 많은 자선사업 활동을 해왔다.

### 468
# duplicate

n. 복제, 사본  v. 복사하다, 복제하다

The engineers who work in here use state-of-the-art technology to duplicate a variety of environmental situations. 여기서 일하는 엔지니어들은 다양한 환경실태와 동일한 상황을 만들기 위해 최첨단 기술을 사용하고 있다.

### 469
# attain

v. 도달하다, 달성하다, 손에 넣다 achieve; accomplish

▶ unattainable 도달하기 어려운

The prosecution tried to attain the documents from the court clerk, but failed. 검사는 법원서기에게서 서류를 확보하려고 애썼지만 실패했다.

### 470
# reiterate

v. 되풀이하다, 반복하다

▶ reiteration 중언부언

Let me reiterate what I told your sister. 네 누이에게 했던 말을 다시 말해줄게.

I

UNIT

**471**

# dispose

v. 처분하다, 배치하다 get rid of; arrange

> ▶ dispose of 처분하다
> ▶ disposed …하고 싶어하는, …의 경향이 있는
> ▶ disposable 일회용품
> ▶ disposal 처분, 처리
> ▶ at one's disposal 임의로 처분가능한

Please dispose of all sanitary products by placing them in the bin located under the seat. 모든 위생용품들은 좌석 밑에 놓인 통에 담아서 처리해주십시오.

How are residents supposed to dispose of their solid waste in a manner consistent with the law? 주민들이 법을 어기지 않고서 고형 쓰레기를 처리하려면 어떻게 해야 하나요?

**472**

# prevail

v. 우세하다, 널리 보급되다 be widespread; predominate

> ▶ prevailing 우세한, 일반적인
> ▶ prevalent 널리 보급된, 우세한

The winds from the western hemisphere will prevail throughout the evening and into the morning. 서반구에서 불어오는 바람이 저녁부터 아침까지 영향을 끼칠 것이다.

**473**

# resolve

v. 용해하다, 해결하다, 결심하다 settle; determine; decide

> ▶ resolute 굳게 결심한
> ▶ resolution 결의, 해결, 해상도

That printer has a really bad resolution when printing in both color and black and white. 저 프린터는 칼라와 흑백 둘 다 프린트할 때 해상도가 정말 나쁘다.

**474**

# validate

v. 유효하게 하다

> ▶ valid 유효한
> ▶ invalid 무효의
> ▶ invalidate 무효로 하다

If you buy a book of ten tickets, you must validate each ticket separately in a ticket machine before boarding the subway. 10장의 전철권을 사면, 매번 승차시 승차권판매기에서 확인받아야 한다.

**475**
## aggregate

n. 총액, 합계  a. 총~  v. 종합하다

▶ aggregation 집합

This is **the aggregate total of** our sales. 이게 우리 매출의 총계이다.

**476**
## illustrate

v. (실례로) 설명하다, 삽화를 넣다 explain

▶ illustrated 삽화가 든, 그림(사진)이 든
▶ illustration 삽화, 예증

This book **contains colorful illustrations** by award winning artists. 이 책은 수상 경력이 있는 미술가들이 그린 다양한 색채의 삽화를 담고 있다.

It seems that they wanted to **illustrate the point** that the economy can't support growth. 그 사람들은 현재의 상태로는 경제성장을 기대할 수 없다는 점에 대해 자세하게 설명하고자 했던 것 같아.

**477**
## adjust

v. 맞추다(to), 조정하다 accommodate

▶ adjustment 조정, 적응
▶ adjuster (보험) 손해사정인

The man **is adjusting the rear view mirror to** see behind him. 남자는 뒤를 보기 위해 백미러를 조정하고 있다.

**478**
## affirm

v. 단언하다, 긍정하다 declare; assert; confirm

▶ affirmation 단언, 확인
▶ affirmative 긍정의, 승낙의, 확언
▶ reaffirm 재확인하다

The boss of the company called the local newspaper to **affirm the rumor.** 회사의 사장은 소문을 확인하기 위해서 그 지역신문사에 전화를 걸었다.

**479**
## exert

v. 발휘하다, 노력하다 put forth; utilize

▶ exertion 노력, 수고
▶ exert oneself 노력하다, 힘을 발휘하다

I **must exert myself to** become the best manager that I can possible be. 나는 될 수 있는 한 최고의 관리자가 되기 위해 노력할 것이다.

# strain

**EYE STRAIN**

n. 긴장, 피로, 당기는 힘  v. (근육을) 잡아당기다

▶ **strained** 팽팽한, 절박한, 부자연스러운

Maintaining an ideal body weight relieves the weight-bearing joints of **unnecessary strain.** 이상적인 체중을 유지하는 것은 체중을 받치는 관절의 불필요한 긴장을 덜어준다.

### 481
## confirm

v. 확인하다, 승인하다 verify; make certain

▶ **confirmation** 확정, 예약 확인
▶ **reconfirm** 재확인하다
▶ **confirmed letter of credit** 확인 신용장. 제 3의 은행이 지급을 확약한 신용장
▶ **reconfirm a reservation** 예약된 내용을 재확인하다

The company spokesperson would not **confirm the rumor** or deny it. 회사의 대변인은 그 소문을 확인도 부인도 하지 않을 것이다.

You will need to **reconfirm your reservation** 72 hours before departure. 출발하기 사흘 전에 예약을 다시 확인해봐야 할 거예요.

### 482
## situate

v. 위치하고 있다, (어떤 환경, 입장에) 놓여 있다

The people **are situated with** their backs to the sea. 그 사람들은 바다를 뒤로 하고 있었다.

### 483
## revitalize

v. 부활(흥)시키다 bring back to life

▶ **vital** 필수적인

The company tried to **revitalize its sluggish sales** by introducing a new product. 그 회사는 신상품을 소개함으로써 판매 부진을 회생시키려고 애를 썼다.

### 484
## straighten

v. 정돈하다, 바로잡다 align; arrange

▶ **straight** 곧은, 직선의, 곧장, 똑바로
▶ **straighten out** (혼란 · 문제) 바로잡다

**Go straight for** two blocks and then turn left at the corner of 157. St. and 3rd St. 두 블럭 곧장 가서 157번가와 3번가의 모퉁이에서 왼쪽으로 가세요.

Let's just leave it to the insurance people to **straighten out.** 보험회사 사람들이 처리하도록 그냥 내버려 두자.

### 485
## provision

n. 공급, 지급 (pl.) 식량

▶ provide 제공하다

We received a provision for food and clothing from the company. 우리는 회사로부터 음식과 의복을 지급받았다.

We will make sure that we put that provision in the contract. 우리는 계약서에 그 조항을 반드시 넣어야 할 것이다.

### 486
## assemble

v. 조립하다, 짜맞추다, 모으다

▶ assembly 집회, 조립(과정)
▶ assembly line 조립작업라인
▶ assembly plant 조립공장

We have a plant in Sri Lanka where we produce computer components and assemble mother boards. 우리는 스리랑카에 컴퓨터 부품을 생산하고 컴퓨터 마더보드를 조립하는 공장을 가지고 있다.

### 487
## exploit

n. 공훈, 업적 a brave and successful act  v. 개척하다, 이용하다, 활용하다

▶ exploitation 이용, 개발, 개척, 착취

To fully exploit the package's marketing opportunities, several tests were conducted. 포장시장의 기회를 완전히 이용하기 위해 몇 번의 시험이 행해졌다.

### 488
## counter

n. 계산대, 간이식당  a. 반대의.  adv. 반대로

▶ counteract 좌절시키다, 방해하다
▶ counterfeit 모조의, 가짜의
▶ counterpart 상대방, 짝의 한 쪽

The sales clerk was not present at the counter to take the customer's order. 점원은 고객의 주문을 받는 카운터를 비웠다.

### 489
## outgrow

v. 성장하여 (습관, 취미 등을) 벗어나다

I'll never outgrow my childhood passion for comic books. 나는 어린 시절 만화책에 대한 열정에서 결코 벗어나지 못할 것이다.

**490**
## franchise

v. 특판권을 주다  n. 가맹점 영업권

After giving it a lot of thought, we have decided that **franchising our business** is not a good idea. 재고를 거듭한 끝에 우리는 우리 사업의 특판권을 주는 것은 바람직하지 않다고 결정했다.

**491**
## sustain

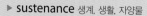

v. 유지하다, 계속하다, 지탱하다 bear; endure, 손해를 입다 suffer

▶ **sustenance** 생계, 생활, 자양물
▶ **sustainable** 오랫동안 지속가능한
▶ **sustained** 지속된[일관된]

The doctor put his patient on a respirator in order to **sustain his life.** 의사는 환자의 생명을 유지하기 위하여 인공호흡장치를 씌웠다.

Americans are notorious for consuming large quantities of food that **contain no real sustenance.** 미국인들은 실제적 영양분이 들어있지 않은 많은 양의 음식소비로 악명이 높다.

**492**
## fad

n. 일시적 유행[열광]

People usually **follow at least one silly fad** while they are in high school. 사람들은 대개 고등학교 다닐 때 적어도 한가지의 어리석은 유행을 따른다.

**493**
## deadlock

n. 막다른 골, 교착상태

▶ **impasse** 교착상태

It was **a deadlock** as neither firm had an advantage over the other. 어떤 회사도 다른 회사에 비해서 유리한 것이 없는 교착상태였다.

**494**
## tolerance

n. 내성(~of the material), 용인

▶ **tolerate** 참다, 용인하다

Randy **has a low-tolerance for** milk and often gets an upset stomach after drinking it. 랜디는 우유에 대한 내성이 약해서 우유를 마시면 종종 배탈이 난다.

**495**
## interfere

v. 간섭하다, 참견하다

▶ **interference** 간섭, 참견, 전파방해

Excessive homework during the elementary school years has the potential of **interfering** with family life. 초등학교 시절 과다한 숙제는 가정에서의 생활을 방해할 수 있다.

UNIT **I**

**496**

**descent**

n. 하강, 가계 fall, drop; ancestry

▶ descend 내려가다
▶ descendant 자손. 후예
▶ ascend 올라가다

Please fasten your seat belt securely when we begin of our descent. 하강이 시작되면 안전벨트를 단단히 채워주십시오.

**497**

**assign**

v. 할당하다, 임명(지정)하다 allot; name

▶ assignment 할당. 지정

He will be assigned to the New York branch for five years. 그는 5년 동안 뉴욕지점에 임명될 것이다.

The supervisor has assigned the task to me. 감독은 나에게 그 일을 할당했었다.

**498**

**initiative**

INITIATIVE

n. 발의, 솔선, 주도, 창의, 기업심 lead; originality

▶ take the initiative 솔선하다

The inventor became rich because he took the initiative to patent his product. 그 발명가는 그의 제품의 특허를 얻어서 부자가 되었다.

**499**

**confer**

v. 의논하다, (상) 수여하다

▶ conference 회의. 회담
▶ conference call 전화회의

Before the lady signed the contract, she felt that it was necessary to confer with her lawyers. 그 여자는 계약서에 서명하기 전에 변호사들과 의논할 필요가 있음을 느꼈다.

**500**

**generate**

v. 만들어내다, 이루다 produce; bring about

▶ generation 발생. 유발. 세대
▶ degenerate 퇴보하다
▶ power generation 발전

The company's leading salesman generates sales in excess of one hundred million dollars per year. 그 회사 최고의 영업 사원은 일년에 1억 달러를 웃도는 영업 실적을 낳는다.

**501**

## disperse

v. 흩어지다, 해산시키다

The crowd will **disperse** when the concert ends. 콘서트가 끝나면 사람들이 다 흩어질 것이다.

**502**

## revise

Revision week

v. 개정[수정]하다, 바꾸다 correct; modify

▶ **revision** 개정, 수정
▶ **revamp** 개조[개편]하다
▶ **reshape** 재편하다
▶ **reshuffle** 개편하다, 쇄신하다

We will **revise our report** and send it to you in the morning. 우리는 보고서를 수정해서 아침에 당신에게 보내겠습니다.

You ought to **revise the second paragraph** and make it sound a little smoother. 두 번째 단락을 고쳐서 좀더 매끄럽게 만드세요.

**503**

## commit

v. 위임하다, 죄를 저지르다, 약속하다, 전념하다

▶ **commit A to B** B를 위해 A를 사용하기로 하다
▶ **commitment** 위임, 서약, 책임
▶ **make a commitment to + V** …에 마음을 쏟다

We had to **commit** a whole division of our company **to** the new project. 새로운 프로젝트에 회사의 한개 부서를 모두 투입해야 했다.

**504**

## holding

n. 주식 (pl.) 소유하고 있는 금융자산

▶ **(license) holder** (면허증) 소지자
▶ **shareholder** 주주
▶ **policy holder** 보험계약자

**The policy holder** was responsible for showing the insurance agent the receipts before his claim was paid. 보험계약자는 보험금을 지급받기 전에 보험대리점에 영수증을 제시해야 했다.

**505**

## designate

v. 명명하다, 지정하다 name; allocate

▶ **designated** 지정된, 지명된
▶ **designation** 지정, 명칭

Many health insurance policies in the US require that employees **designate** a primary care physician. 미국에서는 직원들에게 1차 진료의를 지정하도록 요구하는 의료보험이 많다.

## 506
# discourse

n. 강연, 담화

The professor will give a discourse on the subject of microbiology. 교수는 미생물학이라는 주제에 관하여 강연할 것이다.

## 507
# command

v. 명령하다, 장악하다, 전망하다 order; direct; govern

▶ command a good view 전망이 좋다

The company's translator has a good command of the English language. 그 회사의 번역가는 영어구사력이 뛰어나다.

## 508
# inquire

v. 문의하다, 조회하다 seek information; investigate

▶ inquiry 문의
▶ inquire after …의 건강 상태[안부]를 묻다
▶ inquire into (사진 따위를) 조사하다

All product inquires should be routed to Ms. Williams in the customer service department. 모든 제품 문의는 고객서비스부의 윌리엄즈 씨에게 돌려주어야 한다.

## 509
# status

n. 상태, 지위 position; situation

Product availability may be affected by inventory status. 제품 입수여부는 재고상태의 영향을 받을 것이다.

## 510
# procedure

n. 순서, 절차, 진행

▶ proceed 나아가다, 계속하다
▶ proceeds (pl.) 수익, 수입
▶ proceeding 진행, 조처, (pl.) 소송 절차, 변론, 의사록

Since the bankruptcy proceedings, there has been no correspondence between the two companies. 파산 절차 이래로 두 회사 사이에는 어떤 교신도 없었다.

The procedure for correcting these exams is explained in the pamphlet which I gave you. 이 시험답안들을 채점하는 방법에 대해서는 제가 드린 책자에 설명되어 있습니다.

TOEIC이 좋아하는
# 명사와 동사 511-540

---

**511**
## halve

v. 반감하다, 반으로 줄다[줄이다]
Prices will **be halved** during the coming clearance sale.
다가오는 재고정리 세일 기간 동안 가격이 반감될 것이다.

---

**512**
## bulk

n. 대량, 대부분

> ▶ **in bulk** 대량으로, 포장하지 않은 채로
> ▶ **bulk buying** 대량 구입
> ▶ **bulk carrier** 벌크 화물(bulk goods) 운송선

If you **buy those items in bulk** you'll receive a
substantial discount. 그 제품을 대량으로 구입하면 대폭적인 할인 혜택을
받을 수 있습니다.

---

**513**
## summarize

v. 요약하다, 개괄하다 sum up; outline

> ▶ **summary** 요약, 개요, 요약한, 즉석의

**Perry's summary of** the meeting was so thorough that
Susan did not have to add anything. 페리가 작성한 회의 개요는 너
무나 완벽했기 때문에 수잔은 더 이상 덧붙일 게 없었다.

---

**514**
## gauge

v. 측정하다, 판단하다 estimate; assess
One of the best ways to **gauge an employee's ability** is
to ask workers. 사원들의 능력을 평가하는 최선의 방법중의 하나는 동료들에
게 묻는 것이다.

---

**515**
## organization

n. 조직, 기업 business, 단체 association

> ▶ **organize** 조직하다, 편성하다
> ▶ **reorganize** 재편하다
> ▶ **disorganize** 혼란시키다, …의 조직을 파괴하다

The marketing and sales divisions are going to **be
reorganized into** a single business unit. 마케팅과 영업 부서는
단일 부서로 재편될 것이다.

**I**

The talks between company officials and labor representatives **were disorganized** and unsuccessful. 회사 임원진과 노동자 대표간의 대화는 혼란스러웠고 성공하지 못했다.

**516**
## conduct

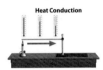
Heat Conduction

n. 행동 behavior, 안내 guide, 경영  v. 인도하다, 집행하다 operate, 행동하다 behave

▶ conductive 전도성의
▶ conductor 안내자, 관리자, 차장, 지휘자, 전도체
▶ misconduct 비행, 불법행위

Sometime this afternoon the maintenance department will **be conducting a test on** the fire alarms. 오늘 오후 중에 관리부는 화재경보 테스트를 할 것이다.

Jenny **conducted the meeting** so efficiently that it was over within thirty minutes. 제니는 회의를 매우 효율적으로 주도해서 30분 안에 끝냈다.

**517**
## retrieve

v. 회수하다, 되찾다, (컴퓨터) 검색하다

I'm not sure if you will be able to **retrieve** that information if you didn't save it. 저장하지 않았다면 그 정보를 찾아볼 수 있을지 잘 모르겠다.

**518**
## linger

v. 오래 머무르다, 떠나지 못하다

The usher told the crowd of people outside of the theater not to **linger** for too long. 안내인은 극장 밖의 군중들에게 너무 오랫동안 배회하지 말라고 했다.

**519**
## interrupt

v. 가로막다, 방해하다 disturb; interfere with

▶ interrupted 중단된, 가로막힌, (교통 따위가) 불통이 된
▶ without interruption 잇따라, 계속해서

She had to **interrupt the session** because there was an emergency upstairs. 위층에서 위급한 일이 생겼기 때문에 그녀는 수업을 중단시켜야 했다.

**520**
## waive

v. (권리) 포기하다

▶ waiver 포기(서류)

We will need to **waive our right to** sue if we sign this agreement. 이 합의에 서명한다면 우리는 소송을 제기할 수 있는 권리를 포기해야 할 것이다.

130

**521**

# overwhelm

v. 압도하다, …의 기를 꺾다

▸ **overwhelming** 압도적인

It wasn't difficult to **overwhelm** the jury with the evidence. 증거를 가지고 배심원들을 휘어잡는 것은 어려운 일이 아니다.

**522**

# renovate

v. 혁신하다, 개선하다 repair; modernize

▸ **renovation** 쇄신, 혁신

The president of the securities company decided to hire an architect to **renovate the head office.** 증권사 사장은 본사를 개조하기 위해 건축가를 고용하기로 결정했다.

**523**

# shrink

v. 줄어들다

Will this sweater **shrink with** every washing? 이 스웨터는 빨 때마다 줄어 들까요?

**524**

# withstand

v. 견디다, 참다

Laboratory tests assure that the package will **withstand** transportation, storage and handling. 실험실 테스트는 그 포장이 운송, 보관 및 취급을 잘 견딜 것임을 확인해주었다.

**525**

# deteriorate

v. 악화하다, 저하시키다

▸ **deterioration** 악화, 하락
▸ **ameliorate** 개선하다

Michael's health **has deteriorated** and his doctor admitted him to the hospital. 마이클의 건강이 악화되어 그의 의사는 그를 병원에 입원시켰다.

**526**

# reconcile

v. 조정하다, 화해시키다, 할 수 없이 받아들이다

▸ **reconciliation** 화해, 조화

The two parties will try and **reconcile their differences** and work together. 두 정당은 그들의 의견차를 조정하기 위해 애쓸 것이고 함께 일할 것이다.

The bank **reconciliation statement** was late arriving as it had been delivered to the wrong address. 은행 조정 공문이 잘못된 주소로 배달되었기 때문에 늦게 도착하고 있었다.

**527**

**procure**

v. 획득하다, 조달하다

> ▶ procurement 조달

The company will **procure its raw materials** from a company in China. 회사는 중국에 있는 회사로부터 원자재를 조달할 것이다

**528**

**salvage**

n. 해난 구조 v. 구조하다

Despite calmer weather today off the coast of Scotland, **salvage crews** abandoned a scheduled attempt to refloat a leaking oil tanker. 오늘 잔잔한 날씨임에도 불구하고 스코틀랜드 앞바다에서 인양 선원들은 기름이 유출되는 유조선을 끌어 올리려던 계획을 포기했다.

**529**

**soothe**

v. 달래다, (고통 따위를) 덜다

Although higher earnings will **soothe the wounds** caused by massive losses last year, the company will not completely recover until 2013. 비록 더 높은 소득이 작년에 큰 손실로 인한 타격을 덜어준다 해도 회사는 2013년까지 완전하게 회복되지 않을 것이다.

**530**

**propel**

v. 추진하다

Small boats usually have engines at the back to **propel** them. 소형 보트들은 보통 뒷부분에 몸체를 추진시키는 엔진을 가지고 있다.

**531**

**discretion**

v. 분별, 신중, 사려

> ▶ discreet 조심스러운, 신중한

The secretary was told that she should **use discretion** when talking about sensitive company issues. 비서는 민감한 회사 사안에 대해 말할 때 신중을 기해야 한다는 말을 들었다.

**532**

**dignify**

v. 위엄있게 보이게 만들다 decorate; honor

> ▶ dignified 위엄있는
> ▶ dignity 위엄, 존엄
> ▶ dignitary 고관

I will not **dignify your actions,** however I will fight in your defense. 나는 당신의 행동들을 칭찬하지는 않을 것입니다. 그러나 나는 당신을 옹호하기 위해 싸울 것입니다.

**533**

## supplant

v. 대신하다, 탈취하다

I used a cheaper brand of medicine to supplant the more expensive one. 나는 더 비싼 약 대신에 값싼 약을 썼다.

**534**

## discard

v. 버리다

The doctor asked the patient to discard the needle into the waste basket. 의사는 환자에게 바늘을 쓰레기통에 버려달라고 했다.

**535**

## addition

n. 추가(물), 덧셈 adding; summing up

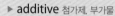
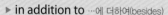

▶ additive 첨가제, 부가물

▶ in addition to …에 더하여(besides)

The public water supplied in New York contains a controversial fluoride additive. 뉴욕 시에서 공급되는 수도물은 논란이 되고 있는 불소 첨가제를 함유하고 있다.

The newest additions to our line of camping equipment are sure to be popular with families. 우리의 최신 캠핑 장비는 분명히 가족들에게 인기가 좋을 것이다.

**536**

## turbulence

n. 소란, 거침, 난기류

The plane ride was terrible because we experienced a lot of turbulence. 우리는 많은 거친 난기류에 부딪혔기 때문에 비행은 아주 지독했다.

**537**

## questionnaire

n. 설문지

Please fill in the questionnaire and hand it back to the teacher at the end of the class. 설문지를 작성해서 수업이 끝날 때 선생님께 제출해 주세요.

**538**

## swerve

v. 빗나가다, 벗어나다

The driver had to swerve away from the coming traffic. 운전사는 앞에서 오는 차들을 피해야 했다.

**539**

## entice

v. 유혹하다

▶ enticing 유혹적인

▶ entice sb into ~ing = entice sb to+V …를 부추겨 ~시키다

Coka Cola Corp. hopes to entice American cola drinkers to try its new soft drink. 코카콜라 社는 미국의 콜라 애호가들을 그들의 새로운 청량음료를 마셔보도록 유혹하고자 한다.

UNIT

# layover

n. 기착

▶ stopover 도중하차, 기착

**The stopover** will last for about one hour, as the plane will be refueling. 비행기에 연료를 다시 채우는 동안 약 한 시간 가량 기착하겠습니다.

TOEIC이 좋아하는
# 명사와 동사 541-570

## 541
### synthesize

v. 종합하다, 합성하다

▶ **synthesis** 종합, 합성

Scientists often **synthesize** generic drugs for pharmaceutical companies. 과학자들은 종종 제약회사들을 위해 상표 등록이 되어 있지 않은 약들을 합성한다.

We **used a synthesis of** the two previous logos to form our new trademark. 우리는 우리의 새로운 상표를 만들어 내기 위해 이전의 두가지 로고를 합성한 것을 사용했다.

## 542
### platform

n. 정강, 강령

The **platform of** the republican party is always the same boring message about the country's future. 공화당의 강령은 언제나 같은 것으로, 국가의 앞날에 대한 지루한 메시지이다.

## 543
### intervene

v. 개입하다, 조정하다, 방해하다 step in; interrupt

▶ **intervention** 방해, 중지, 간섭

The police officer had to intervene and ask the crowd to dissipate. 경찰이 개입해서 군중들을 해산시켜야 했다.

## 544
### undergo

v. 영향을 받다, 시련을 겪다

Our dog had to **undergo surgery** about a week ago. 우리 개는 일주일 전에 수술을 받아야만 했다.

## 545
### disburse

v. 지급하다, 지불하다

▶ **disbursement** 지불, 지출

The pharmacist was asked to **disburse the drug** in small quantities. 그 약사는 소량으로 약을 지급하도록 요구받았다.

## 546
### exemplify

v. …의 모범이 되다, 예증(시)하다

She **exemplifies** everything that the company stands for. 그녀는 그 회사가 상징하는 모든 것의 모범이 된다.

## 547
### diversification

n. (사업 등의) 다각화

> ▶ diverse 다양한
> ▶ diversity 다양성

**Diversification of** one's product line is a key element in the ability to be a successful company. 기업이 성공할 수 있으려면 자신의 제품을 다각화시키는 것이 열쇠다.

## 548
### trim

v. 정돈하다, 자르다 prune; clip

The groundskeeper **is trimming** the ornamental bush. 공원 관리인이 장식용 관목을 다듬고 있다.

## 549
### factor

v. …의 요소를 감안하다, 계산에 넣다

The increasing cost of raw materials **has been factored into** our new prices. 상승하는 원자재 가격이 우리의 새 가격들에 반영되었다.

## 550
### transmit

v. 전하다, 전파시키다

We were able to **transmit our location to** a rescue team. 우리는 구조대에게 우리의 위치를 전할 수 있었다.

## 551
### obligation

n. 의무, 책임

The company **has an obligation to** pay its employees on time every month. 회사는 매달 제 날짜에 직원들에게 급료를 지급해야 할 의무가 있다.

## 552
### profile

n. 개요, 관심  v. 개요를 알려주다

> ▶ high profile 고자세, 많은 관심
> ▶ low profile 저자세, 사람들 관심이 별로 없는

He sits on the board of a number of **very high profile companies** in Singapore. 그는 싱가포르의 많은 유력한 기업들의 이사로 활약하고 있다.

## 553
### allege

v. 혐의를 제기하다, 주장하다

> ▶ alleged …라고 주장되는, …라고 말하는
> ▶ allegedly 전해진 바에 의하면

The victim **alleges that** he took the wallet from his pocket and ran down the street. 피해자는 그 남자가 자기 주머니에서 지갑을 끄집어내더니 거리로 도망쳐 달아났다고 주장하고 있다.

**554**

## revamp

v. 개조[개편]하다

We realized that we had to change our marketing approach so we decided to **revamp** our presentation. 우리는 우리의 시장접근방법을 변화시켜야 한다는 것을 깨닫고 설명회를 개편하기로 결정했다.

**555**

## substitute

v. 대신하다, 대리하다  n. 대리자, 대체물

The **substitute teacher** forgot to assign the homework to the class. 대리 선생님은 그 학급에 숙제를 내주는 것을 잊었다.

**556**

## revenue

n. 소득, 소득액

The company's cash flow will improve next year as **sales revenues** swell and non-operating expenses decrease. 판매수입이 증가하고 운영외 비용이 감소함에 따라 내년 그 회사의 현금유통사정은 호전될 것이다.

**557**

## uphold

v. 지지하다

The company decided to **uphold** its affirmative action policy of hiring racial minorities and women. 회사는 소수인종과 여성을 고용하는 차별철폐 조치를 지지하기로 결정했다.

**558**

## deed

n. 행위, 증서, 권리증 certificate; voucher

▶ **deed of title** 부동산 등기권리증

According to the Boy Scout Handbook, all boy scouts must do at least **one good deed** per day. 보이스카웃 지침서에 따르면, 보이스카웃 대원들은 모두 적어도 하루 한 가지씩 선행을 해야 한다.

**559**

## vandalize

v. (고의로 공공기물을) 파괴하다, 파손하다

The police were called in and the teenager was arrested for **vandalizing** school property. 경찰이 불러와서 그 청소년은 학교 재산을 파괴한 혐의로 체포됐다.

**560**

## appreciate

v. 평가하다, 시세가 오르다, 화폐를 평가절상하다, 고맙게 여기다

▶ **appreciation** 평가, 자산가치의 증가

While tea **has been appreciated for** 5,000 years in China, the Western world had its first sip only 500 years ago. 중국인들은 차를 5천년 동안 마신 반면 서구들은 겨우 500년 전에 처음으로 마셔봤다.

I wonder what the appreciation value of that property will be when they make the golf course. 골프장이 들어서면 그 부동산의 자산 가치가 얼마나 증가할지 궁금하다.

## 561
# remit

v. (돈, 화물 따위를) 보내다, 우송하다 송금하다

▶ remittance 송금

Please remit payment on this account to the billing department by the first of the month. 그 달의 초하루까지 경리부의 이 계좌로 지불금액을 보내주시기 바랍니다.

## 562
# depreciate

v. 평가절하하다

▶ depreciation 감가상각, 화폐가치 절하

The company's tax accountants decided that it would be beneficial to the company to lengthen the depreciation period on machinery. 그 회사의 세금 담당자는 기계류의 감가상각 기간을 연장하는 것이 회사에 이로울 것이라고 결정했다.

## 563
# criteria

n. 기준, 자격 *criterion의 복수형

I've rated your work this past year according to the criteria on this form. 난 이 양식의 기준에 맞춰 지난해 너의 근무내용을 평가했다.

## 564
# accommodate

v. 수용하다, 숙박시키다

▶ accommodations 숙박시설, 의견차이의 조정
▶ accommodation paper 융통어음
▶ arrange sb's accommodations …가 묵을 숙소를 주선하다

The Brandywine Group's luxury hotel suites have been described as the most lavish accommodations in the city. 브랜디와인 그룹의 호화로운 호텔 스위트 객실들은 그 도시에서 가장 고급 숙소라는 평이 있다.

The travel agent phoned a hotel for our accommodations. 그 여행사 직원이 호텔에 전화해서 우리가 묵을 방을 예약해줬다.

## 565
# implication

n. 함축, 암시, 관련

▶ imply 함축하다, 암시하다
▶ implicate 관련시키다, 연좌시키다
▶ be implicated in …에 관련되다

Listen in to our next report and learn the financial **implications** of the current political rhetoric. 우리의 다음 보고를 잘 듣고 현 정치적 수사(修辭)의 재정적 관련성에 대해 배우도록 하라.

Do you **mean to imply that** I do not have the skill required to beat you? 네 말은 결국 내가 재주가 모자라 너를 이길 수 없을 거란 뜻이니?

566
# audit

**n. 회계감사(보고서)  v. 회계를 감사하다**

▶ **auditor** 회계 감사관, 감사, 청강생
▶ **auditing** 회계 감사, 감사

Because it was a public company, Red Anchor, Inc. had to **have its books audited** on an annual basis. 레드 앵커 社 는 상장회사였기 때문에 연례 회계감사를 받아야만 했다.

567
# bid

**n. 입찰, 매긴 값  v. 명령하다, 입찰하다(bid for)**

▶ **bidding price** 입찰가
▶ **takeover bids** 공개매입(= T.O.B.)
▶ **make a bid for** …에 입찰하다
▶ **bidding** 입찰, 명령
▶ **outbid** …보다 더 높은 가격을 써내다

It sounds like they're getting together to **launch a takeover bid.** 그 사람들이 공개 매수에 착수하려고 만날 것 같습니다.

We heard that they are going to **make a bid for** that contract. 우리는 그 사람들이 그 계약 건에 입찰하려 한다고 들었습니다.

568
# downturn

**n. 경기침체, 하강**

▶ **downtime** 기계고장 등으로 인한 조업중단
▶ **breakdown** 고장, 파손
▶ **market downturn** 경기침체

Maintenance will be performed on third shift to **minimize downtime.** 조업정지 시간을 최소로 줄이기 위해서 정비는 제 3 교대 근무시에 실시될 것이다.

Our department is getting ready to **downsize,** and some folks may lose jobs. 우리 부서는 축소될 예정이어서 직장을 잃게 되는 사람이 생길지도 모른다.

### 569
# reshape

v. 재편하다 shape again or into different form

To keep up with the accelerating rate of competition, organizations are being forced to **reshape themselves.**
가속화되는 경쟁력을 따라가기 위해서 회사는 스스로 조직을 재편할 수밖에 없다.

### 570
# proximity

**PROXIMITY SENSOR**

n. 근접, 인근 nearness in place or time

▶ adjoin 인접하다
▶ adjoining 인접한
▶ adjacent 인접한

The convention center includes two fully-equipped hotels **in close proximity.** 컨벤션 센터는 인근에 완전하게 설비가 갖추어진 두군데의 호텔을 갖추고 있다.

TOEIC이 좋아하는
# 명사와 동사 571-600

---

571
## backlog

n. (주문, 업무 등이) 밀린 것

**Due to the backlog of applications,** we will not be able to give you an answer for six weeks. 지원서들이 밀려 있어서 6주 안에는 답을 드릴 수 없을 것 같습니다.

572
## bookkeeping

n. 부기(簿記)

I do the marketing and my wife collects the receivables and **does the bookkeeping.** 제가 팔고, 아내는 수금하고 경리를 봅니다.

573
## collaborate

v. …와 공동으로 일하다, 협력하다 work together; cooperate

▶ collaboration 협력

The company officials were told not to **collaborate with** the press. 회사의 중역들은 언론에 협조하지 말라는 얘기를 들었다.

If those two firms **collaborate,** we will have to increase our workload dramatically next month. 그 두 회사가 서로 협력하면 우리 회사는 다음 달에 업무량이 어마어마하게 늘어날 것입니다.

574
## register

n. 기록부, 기록, 등록  v. 기록하다, 등록하다

▶ registration 기입, 등록
▶ registration card 등록카드

The staff apologized for omitting his name from the list of **registered participants.** 그 직원은 등록된 참가자 명부에서 그의 이름을 빠트린 것에 대해 사과했다.

575
## proviso

n. 합의를 위한 단서나 조건

Did you see **the proviso** that they had written in the contract? 당신은 그들이 계약서에 쓴 조건들을 보았습니까?

576
## certify

☑ **CERTIFIED**

v. 증명하다, 보증하다 confirm; give reliable information of

▶ certificate 증명서, 증서, 증명하다, 인정하다
▶ certified 증명서를 가지고 있는, 공인된

The chairman presented the board of directors with a certificate of appreciation. 의장은 감정보증서를 이사회에 제출했다.

We certify that the product will be free of defects for at least one year. 우리는 이 제품이 최소한 1년 동안은 결함이 없으리라는 것을 보증한다.

### 577
## assimilate

v. 받아들이다, 동화하다 absorb; take in

▶ assimilation 동화, 흡수

It has been said that Asians assimilate best when they move to countries with temperate climates. 아시아인들은 기후가 온화한 나라로 이주할 때 가장 잘 적응한다고 한다.

### 578
## contaminate

v. 오염시키다

▶ contamination 오염

If you spray that stuff on your lawn you may contaminate the water. 당신의 잔디에 그 물질을 뿌린다면 물이 오염될지도 모른다.

### 579
## roster

n. (등록) 명부 list; roll

The company posted the roster of the employees who had been chosen to participate in golf tournament. 회사는 선발된 골프시합 참가 직원들의 명단을 게시했다.

### 580
## entities

n. 독립체

Four different business entities were bidding for the maintenance contract at the Civic Center. 4개의 별도업체들이 시민회관의 유지보수계약 입찰에 응하고 있었다.

### 581
## arbitration

n. 중개

▶ arbitrate 중재하다
▶ arbitration clause 중재조항

Make sure you read the arbitration clause when you check the contract. 계약서를 확인할 때 반드시 중재조항을 읽어 보도록 하세요.

### 582
## stow

v. 집어(채워) 넣다

Please stow all of your packages under the seat in front of you and fasten your seat belts. 앞에 있는 좌석 밑으로 짐을 모두 집어 넣으시고 안전벨트를 착용해주시기 바랍니다.

The stock boy **stowed the boxes** in the far left-hand corner of the warehouse. 창고에 있는 젊은이가 창고의 왼쪽편 끝에 상자들을 채워넣었다.

## 583
### comprise

v. 포함하다, …으로 이루어져 있다 consist of; form

▶ **be comprised of** …으로 구성되다

These words **comprise** what the editors feel is essential business vocabulary. 이 단어들은 편집자들이 꼭 필요하다고 생각하는 비즈니스 어휘들로 구성되어 있다.

This group **is comprised of** the remaining survivors of the war that took place during the 1900s. 이 단체는 1900년대에 발발한 전쟁의 생존자들로 구성되어 있다.

## 584
### speculate

v. 심사 숙고하다, 추측하다, 투기하다, 요행수를 노리다

▶ **speculation** 사색, 숙고, 투기
▶ **speculative** 사색적인, 투기적인

Many investors like to **speculate** in the stock market, but John prefers more conservative investments. 많은 투자자들은 증권시장에 손을 대지만 존슨은 더 신중한 투자를 선호한다.

I would **speculate that** he has taken most of the money back to his house. 그 사람은 그 돈을 대부분 집으로 가져갔을 거라고 추측이 가는데.

## 585
### attribute

v. …의 탓으로 돌리다(to)  n. 속성, 특질

We **attribute our financial success to** the professional advice given to us by our new analyst. 우리 회사의 재정적인 성공은 새로 온 분석가가 해준 전문적인 조언 덕택입니다.

## 586
### contribute

v. 기부(기여)하다, …원인이 되다 give; influence; lead to

▶ **contribution** 기여, 기부

Only thirty-five percent of the people asked said they regularly **contribute to** a retirement fund. 응답자의 단 35%만이 정기적으로 퇴직 연금에 돈을 낸다고 말했다.

The marketing department **has contributed a great deal to the success of** our products. 우리 제품이 성공한 데에는 마케팅 부서의 기여가 컸습니다.

## 587
# launch
v. 발사하다, 발진시키다, 시작하다  n.착수, 개시, 신규발간 (사업 등의) 시작, 착수

▶ launching 개시하기, 착수

Do you still think we should **launch our new product?**
아직도 우리가 신제품을 출시해야 한다고 생각하나요?

## 588
# retain
v. 보류하다, 보유하다, 변호사를 고용하다 keep; hold on to

Customer retention

▶ retainable 보유할 수 있는

▶ retaining 보유하는, 유지하는

We reserve the right to **retain prisoners indefinitely** if we feel that they are a threat to national security. 우리는 죄수들이 국가안보에 위협이 된다고 느껴지면 그들을 무기한으로 감금시킬 권리를 갖는다.

We will **retain your records** for up to one fiscal year, unless you request otherwise. 다른 요청이 없으면, 회계연도로 최고 일년까지 귀하의 자료를 보관할 것입니다.

## 589
# ratify
v. 재가하다, 비준하다 confirm; validate

▶ ratification 비준, 승인

The company union **ratified the new agreement** with the employees after much deliberation. 회사 노조는 심사숙고 끝에 경영진과 직원들이 새로 체결한 합의서를 비준했다.

## 590
# deplete
v. 고갈시키다 exhaust; use up

▶ depletion 소모, 고갈

The company had to **deplete its treasury** in order to stay afloat. 회사는 파산하지 않기 위해 자금을 전부 써버려야 했다.

## 591
# precipitation
n. 강수량

**A new precipitation record** was set this year because of the un-usually heavy rain in June. 6월의 비정상적인 많은 비로 인하여 금년도에 강수량 기록이 갱신되었다.

## 592
# amenities
n. 쾌적한 설비

There are several **new amenities** being offered on our boat cruise this year; a sauna, a swimming pool, a dance floor, and a recreation room. 우리의 올해 선박 유람에 몇 가지 새로운 쾌적한 설비들이 제공된다; 사우나, 수영장, 무도장 그리고 휴게실이다.

## configure

v. 설정하다

▶ **configuration** 배열, 배치, 구성

The security system **was configured to** operate 24-hours a day. 보안 시스템은 하루 24시간 돌아가도록 설정되어 있었다.

I don't know if **that configuration** will work in our office. 그 구성이 사무실에서 제대로 될 지 모르겠다.

## acquisition

n. (기업의) 인수

▶ **acquire** 손에 넣다, 취득하다, 초래하다
▶ **acquired** 취득한, 획득한
▶ **M&A** 인수(acquisition) 합병(merger)

According to our lawyers **the acquisition** is going ahead right on schedule. 우리 변호사단이 그러는데, 인수가 예정대로 착착 진행되고 있다는군요.

## compile

v. 편집하다, 수집하다 collect; assemble

▶ **compiler** 편집자, 컴퓨터 컴파일러

There is a strong need to **compile** more data on the effects of last year's drought. 작년에 발생했던 가뭄의 영향에 대해 자료를 더 많이 수집하는 일이 정말 필요해요.

## activate

v. 활동시키다, 활성화하다 mobilize; actuate

▶ **activated** 활성화된
▶ **activator** 활성물, 활동적이 되게 하는 사람
▶ **action** 행위, 행동, 작용, 소송

Activate

The general told the pilot to **activate the missile** and wait for further instructions. 장군은 전투기 조종사에게 미사일 발사 준비를 하고 다음 명령을 기다리라고 말했다.

## administer

v. 관리하다, 집행하다, 약을 복용시키다

▶ **administration** 관리, 경영, 행정(기관)

The doctor asked his assistant to **administer 300ml of interferon to** the patient. 의사는 환자에게 인터페론 300ml를 주사하라고 조수에게 지시했다.

## 598
# unite

v. **결합하다, 맺다** combine; join together

> ▶ **united** 결합된
> ▶ **unity** 통일성, 일관성

The two companies decided to **unite** their technological expertise. 두 회사는 기술적인 전문 지식을 서로 결합하기로 결정했다.

## 599
# finance

n. **재정, 자금조달** v. **…에 자금을 공급하다**

> ▶ **financing** 자본조달
> ▶ **refinance** 빚을 갚으려고 빚을 새로 얻다
> ▶ **financial market** 금융시장
> ▶ **financial investment** 금융투자
> ▶ **corporate[consumer] finance** 기업[소비자] 금융
> ▶ **deficit financing** (정부의) 적자재정
> ▶ **finance a business expansion** 사업확장에 자금을 대다
> ▶ **refinance short-term debt** 단기부채를 상환하려고 다시 빚을 얻다

How do you expect to **finance** a business expansion when we have no revenue? 수입이 전혀 없는데 어떻게 사업확장에 자금을 조달하려는 거죠?

**Financing** will be approved in a matter of minutes if you use the on-line application. 융자는 온라인 신청을 하면 몇분 만에 승인될 것이다.

In order to raise the cash, the couple had to **refinance the real estate** they owned. 현금을 조달하기 위해서 그 부부는 자신들이 소유하고 있던 부동산을 저당잡혀 돈을 마련해야 했다.

## 600
# commemorate

v. **기념하다, 축하하다** memorialize; celebrate

> ▶ **commemoration** 기념(행사)

This statue **commemorates** all World War II heroes. 이 상(像)은 제 2차 세계 대전 당시의 모든 영웅들을 기리는 것이다.

TOEIC이 좋아하는
# 명사와 동사 601-630

---

## 601
## surpass

v. …보다 낫다, …을 능가하다 exceed; excel

I tried to **surpass the record** for the least errors made, but fell short by one. 나는 가장 적은 실수로 기록을 깨려고 했지만 하나가 부족했다.

## 602
## institute

v. 만들다, 제정하다, 시작하다 establish; initiate

▶ **institution** 회, 시설, 기관, 제도

**Several leading institutions** in this area are hiring additional commercial loan officers. 이 분야의 몇몇 주요 기관은 상업 대출 담당자를 추가로 고용하고 있다.

## 603
## asset

**ASSET MANAGEMENT**

n. (현금, 유가증권, 부동산 등의) 자산, 재산, 자질

▶ **available assets** 이용가능자산
▶ **current[liquid] assets** 유동자산
▶ **fixed[capital] assets** 고정자산
▶ **net assets** 순자산
▶ **tangible assets** 유형자산, 실물자산
▶ **wasting assets** 소모성 자산

We estimate that they have at least ten million dollars in **liquid assets.** 그 사람들은 최소 천만 달러의 유동자산을 보유하고 있는 것으로 평가된다.

They will need to see a detailed list of all of **your available assets.** 그 사람들은 귀사의 가용 자산을 모두 수록한 자세한 목록을 살펴봐야 할 거예요.

## 604
## contradict

v. 부정(부인)하다, …와 모순되다 refuse; disprove

▶ **contradiction** 부인, 반박, 모순

The secretary was reprimanded for **contradicting** the boss in public. 비서는 공공연히 사장을 반박한 것에 대해 호되게 꾸지람을 받았다.

# alleviate

v. (문제 따위를) 다소 해결하다, 완화하다

▶ alleviation 경감, 완화

Do you have any recommendations as to how we **might alleviate the problem?** 그 문제를 해결할 방법으로 저희에게 추천해주실 만한 것이 있나요?

# inflict

v. 가하다, 과하다 impose; cause to suffer

▶ infliction (고통, 벌) 과함

The vandals tried to **inflict damage on** my car but I was able to chase them away. 깡패들이 내 차를 망가트리려고 했지만, 나는 그들을 쫓아낼 수 있었다.

# commence

v. 시작하다, 개시하다 begin; initiate

▶ commencement 시작, 착수
▶ commencement ceremony 졸업식

He announced the decision to offer John the partnership **at the commencement of** the three-day partners' retreat. 그는 3일간의 파트너 연수회를 시작할 때 존에게 협력을 제안하기로 한 결정을 발표했다.

# restrain

v. 제지하다, 억누르다 keep under control; suppress

▶ restraint 제지, 억제

The president asked the security guard to **restrain the intruder from** leaving the building. 사장은 경비원에게 침입자가 건물에서 벗어나지 못하도록 제지할 것을 부탁했다.

# default

n. 채무 불이행 nonpayment, 요금체납 (컴퓨터) 초기지정값  v. 채무를 이행하지 않다

▶ defaulter 채무[약속] 불이행자

By failing to pay his rent for three months, the man **defaulted his deposit to** the bank. 그 남자는 세달 동안 임대료를 지불하지 않아서, 은행에 예치한 돈을 잃었다.

# complement

n. 보충물, 보완하는 것 supplement  v. 보충하다

▶ complementary 보충하는
▶ compliment 칭찬(하다)

Several herbs or spices **may complement** the flavor of one dish. 몇몇 허브와 양념들이 요리 한가지의 맛을 보완해줄 수도 있다.

### 611
## overdraw

v. 예금을 초과하여 돈을 인출하다

Customers with savings accounts are allowed to **overdraw their accounts** by $5.00. 예금계좌를 가진 고객들은 자기들의 계좌에서 5달러까지는 초과로 인출할 수 있다.

### 612
## assert

v. 주장하다, 단언하다 maintain; claim; emphasize

▶ **assertion** 주장, 권리행사

The high school teacher told her favorite student that he must **assert himself** more in the classroom. 그 고등학교 교사는 그녀가 아끼는 학생에게 교실에서 좀 더 자신을 내세우라고 했다.

### 613
## deficiency

n. 결핍, 결함, 영양부족

▶ **deficient** 부족한

A **deficiency** was detected in the manufacturing process and product was halted temporarily. 제조과정에서 결함이 발견되어서 생산이 일시적으로 정지되었다.

### 614
## property

n. 재산, 부동산

**Property taxes** are usually levied based on the assessed value of a property at the time of purchase. 재산세는 대개 구입 당시의 자산평가액에 기초해서 부과된다.

### 615
## unify

v. 통일하다, 단일화하다 bring together

▶ **unification** 단일화, 통합

The new edition of Remaining Found teaches readers a simple, **unified** map-and-compass system that is easy to remember and use. 신판 '길잃지 않기'는 독자들에게 기억하고 이용하기 쉬운 간단한 통일된 지도 및 나침판 시스템을 가르쳐 준다.

### 616
## quote

v. 시세를 매기다  n. 주가 상장표

▶ **quotation** 견적서

The teacher was notorious for **reciting long quotations** from Shakespeare during her lectures. 그 교사는 강의중에 셰익스피어에서 긴 인용구를 암송하는 것으로 악명높다.

The broker called down to his floor trader and asked him for a quotation of the current market index. 중개인은 밑에 있는 매장에다 대고 주식매매인에게 현재 주가지수를 알려달라고 소리쳤다.

**617**
## dispatch
v. 급파하다, 파견하다  n. 파견

▶ dispatcher (교통수단의) 운행관리원

A uniformed dispatcher can help you get a taxi. 유니폼을 입은 운행관리원이 택시 잡는 것을 도와줄 수 있다.

**618**
## consolidate
v. 결합하다, 통합하다 combine; integrate

Consolidator

▶ consolidation 합병, 합동
▶ consolidated 합병 정리된, 통합된
▶ consolidated financial statement 결합재무제표
▶ consolidation 합병, (회사 등의) 정리 통합

Total consolidated earnings are expected to reach ten million dollars. 전체의 종합소득은 천만 달러에 이를 것으로 예상된다.

The man decided that he would consolidate his three business. 그는 그의 3개의 사업을 통합하기로 결심했다.

**619**
## underwrite
v. 보험액을 사정(査定)하다, 일괄 인수하다

The securities company decided to underwrite the company's IPO. 그 증권회사는 그 회사의 최초공개주식을 인수하기로 결정했다.

The majority of all operating revenue generated by investment banks is derived from underwriting deals. 투자 은행에 의해서 조달된 모든 운영 수입의 대부분은 일괄 인수 거래에 의해 파생된다.

**620**
## solicit
v. 간청하다, 구하다

▶ solicitation 간청, 권유

We were severely reprimanded by our manager for soliciting orders from the elderly. 우리는 나이든 사람들에게 주문을 부탁한 것 때문에 부장에게 호되게 질책을 받았다.

**621**
## render
v. 언도하다, 집행하다

The judge took three hours to think about the case before he rendered his verdict. 판사는 평결을 내리기 전에 그 소송에 대해 3시간이나 생각했다.

**622**

## circumvent

v. 회피하다

In order to circumvent the new import tax, we have decided to fill all orders before July 1st. 새로운 수입세를 회피하기 위해, 우리는 7월 1일 전에 모든 주문을 이행하기로 결정했다.

We tried to circumvent the law by finding a legal loophole. 우리는 법률상의 헛점을 발견함으로써 그 법을 회피하기 위해 애썼다.

**623**

## accrue

v. (이익 · 결과가) 생기다

▶ accrual 증가(액)

The man had accrued a small fortune for his retirement. 그 남자는 퇴직으로 상당한 돈이 생겼다.

**624**

## constitute

v. 구성하다, 성립시키다 form; compose, (법) 제정하다 establish; set up

▶ constitution 헌법, 체질, 구성
▶ constituent 선거민

Many of the items appearing in this catalogue are sample products of Barton Marketing clients, however, their presence in the catalogue does not constitute the endorsement of the company. 이 카탈로그에 나와있는 많은 품목들은 바톤 마케팅社 의뢰인들의 견본 상품들이다. 하지만 그 카탈로그에 실려있다고 당사가 보증하는 것은 아니다.

**625**

## defer

v. 연기하다

▶ deferment 연기

The man asked the IRS if he could defer the payment of his taxes until next year. 그는 IRS에 다음해까지 그의 세금납입을 연기할 수 있는지 여부를 물었다.

**626**

## prestige

n. 명성, 신망

▶ prestigious 유명한, 명성있는

As well as receiving a good salary, doctors receive a lot of prestige. 많은 보수를 받는만큼 의사들은 큰 명성을 누린다.

**627**

## expedite

v. 재촉하다, 신속히 처리하다

▶ expedition 탐험, 원정

Top management officials pressed the line managers to expedite the production method modifications. 최고 경영진들은 생산 방법의 개선을 재촉하기 위해 중간 관리자들에게 압력을 가했다.

**628**

## parameter

n. 한계, 제한 (범위)

▶ barometer 기압계, 척도, 지표

Each club sets its own parameters, but members usually agree to share expertise and may agree to combine financial resources. 각 클럽은 자체적인 제한을 정하고 있지만 보통 회원들은 보통 전문지식을 공유하고 재원을 통합하는데 동의한다.

**629**

## premise

n. 전제

▶ premises 건물, 구내, 점포; 양도 재산, 부동산

We designed our product on the premise that consumers demand quality. 우리는 소비자들이 양질의 상품을 요구한다는 전제에서 상품을 고안했다.

This was a vacant building until the landlord leased the premises to a travel agency. 이 건물은 주인이 여행사에 임대하기 전까지는 비어 있었다.

**630**

## stipulate

v. (조항 등을) 명문화하다

▶ stipulation 조항, 조건

Could you stipulate why you have decided to go ahead with the contract? 그 계약을 계속 진행하기로 결정한 이유를 명시하실 수 있겠어요?

631
## foster

v. …을 증대시키다

Many Mexican companies have been restructuring to help **foster growth** and employment. 많은 멕시코 회사들은 성장과 고용을 증진하기 위해 구조조정을 하고 있다.

632
## deduce

v. 추론하다 infer; comprehend

▶ **deduction** 추론, 공제
▶ **deductive** 추리의, 연역적인 ↔ **inductive**(귀납적인)

It was fairly simple for the detective to **deduce what had transpired.** 무슨 일이 있었는지 추리하는 것은 그 탐정에게는 식은 죽 먹기였다.

633
## detriment

n. 유해한 것

▶ **detrimental (to)** 유해한

You know that smoking cigarettes **is a detriment to** your health. 알다시피 담배를 피우는 것은 건강에 해롭다.

Calling in sick for work too often can **be detrimental to** your career. 병가를 너무 자주 내는 것은 당신의 경력에 해로울 수도 있다.

634
## scrutinize

v. 면밀히 살피다, 조사하다

The editor **scrutinized the article** looking for any spelling mistakes. 편집자는 오자를 찾기 위해서 기사를 꼼꼼히 살폈다.

635
## refurbish

v. 다시 갈다, …을 일신[쇄신]하다

The steel company has decided to **refurbish an old blast furnace.** 철강회사는 낡은 용광로를 새로 교체하기로 결정했다.

636
## contrive

v. 고안해 내다, 궁리하다, 일부러(불리한 일을)저지르다

Nobody knew why he felt that he had to **contrive such a ridiculous story.** 그가 그런 엉뚱한 이야기를 고안해야겠다고 느낀 이유를 아무도 모른다.

## 637
## embody

v. 구현하다, 실현하다

> ▶ embodiment 화신, 전형

Pain, suffering and fear are embodied in most of the prisoners housed in the Don Jail. 돈 감옥소에 수용된 대부분의 죄수들은 고통, 고생, 공포를 생생하게 겪고 있다.

## 638
## enchantment

n. 황홀

> ▶ enchant 황홀하게 만들다

The man told the large crowd of people that his childhood had been filled with enchantment. 그는 자신의 어린 시절이 황홀한 일로 가득 찼었다고 많은 군중들에게 말했다.

## 639
## integrate

**Data Integration**

v. 통합하다, 조정하다

> ▶ integrity 정직함, 윤리적임

The manager decided to integrate the new production process into the existing production line. 부장은 기존의 생산라인에 새 생산공정을 통합하기로 했다.

## 640
## formulate

v. 공식화하다, 제조하다

> ▶ formulation 공식화

Why don't you get back to me after your group has formulated some ideas on the project? 그 건에 대해 당신 팀에서 아이디어를 구체화시킨 후에 나한테 다시 연락하지 그래?

The chemists were hard at work trying to formulate new petrochemical products. 그 화학자는 새로운 석유제품을 제조해내려고 열심히 일하고 있다.

## 641
## liability

n. 법적책임, 부채

> ▶ liable for 지불할 책임이 있는
> ▶ liable to …하기 쉬운

It's a good idea to take out a liability insurance policy if you are the driver of a motor vehicle. 자동차 운전자라면 책임보험을 드는 것이 좋은 방안이다.

**642**
## credentials

n. 일자리에 필요한 경험, 기술 등의 조건이나 자격(증)

In my field, **credentials** are very important. So, I decided to get an advanced degree at the Burnfield Academy. 내 분야에서 자격증은 매우 중요하다. 그래서 난 번필드 아카데미에서 석사학위를 따기로 결정했다.

**643**
## dissipate

v. 흩뜨리다, 사라지다

▶ **dissipation** 소멸, 소실

The doctor said that the smell **would dissipate** after a few hours. 의사는 냄새가 몇 시간 후에 사라질 것이라고 말했다.

**644**
## deter

v. 단념시키다, 방지하다

▶ **deterrence** 제지, 전쟁억지

The fact that our budget had been cut did not **deter us from** finishing the job. 예산이 삭감되었다는 사실이 우리가 그 일을 완수하는 것을 단념시키지는 못했다.

**645**
## forge

v. (쇠를) 불리다, 단조하다, 위조하다

The machine shop worker stayed overtime in order to **forge a part for the milling machine.** 기계상점의 직원이 밀링 머신의 일부를 단조하기 위해 연장근무를 했다.

**646**
## comply

v. 동의하다, 승낙하다, 따르다(with) act in accordance with a demand

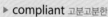

▶ **compliance** 승낙, 순종, 복종
▶ **compliant** 고분고분한
▶ **in compliance with** …에 순응하여, …을 준수하여

We'll have to reconfigure the assembly line to **comply with** the new safety code. 우리는 새로운 안전지침을 준수하기 위해 공장 생산 라인을 재구성해야 할 것이다.

**647**
## coordinate

v. 통합 · 조정하다

▶ **coordination** 합동, 조화
▶ **coordinator** 진행자, 코디네이터

I've been thinking…perhaps we should hire a specialist to **coordinate** our publications. 내가 생각을 해봤는데, 우리가 우리의 출판물을 통합할 전문가를 고용해야 될 것 같아.

**648**

**restructure**

v. 구조조정하다, 개혁하다

The telephone company will cut back services as it implements **its restructuring plan.** 그 전화회사는 회사의 구조조정안을 이행하는 것이기 때문에 서비스를 줄일 것이다.

**649**

**supersede**

v. …에 대신하다

The last clause in the contract was written so that it **would supersede** all other contractual obligations. 계약서의 마지막 조항은 모든 다른 계약상의 의무를 대신하는 것으로 규정되었다.

**650**

**constrain**

v. 강제하다, 구속하다 obligate; restrain

▶ constraint 강제, 구속, 거북함

What **constraints** are placed upon young people joining the club? 젊은 사람들이 클럽에 참가하는 것에 대해 어떤 제재가 있습니까?

**651**

**disband**

v. (조직을) 해체하다

Management has decided to **disband** the obsolete production facility and build a new one in Indonesia. 경영진은 낡은 생산시설을 없애고 인도네시아에 새로운 공장을 건설하기로 결정했다.

**652**

**retreat**

n. (일정기간 조용한 장소에서 갖는) 모임, 회합

▶ refreshments 다과

The office is closed because the whole department went to Florida to **attend a retreat.** 부서 전체가 모임에 참석하기 위해 플로리다에 갔기 때문에 사무실은 닫혀 있다.

**653**

**concur**

v. 일치하다, 동의하다(with), 시인하다(in; on), 협력하다, 동시에 발생하다

▶ concurrence 일치, 협력, 동시발생
▶ concurrent 동시의, 일치의, 동시에 일어난 사건

All of the managers **concur** in principal, but disagree in their methods. 관리자들 전원은 원칙에 동의를 했지만 방법에 있어서는 합의를 이루지 못했다.

**654**

**foothold**

n. 발판, 기지

According to the report, Nike **has a strong foothold on** the sports apparel market in America. 보고에 의하면, 나이키는 미국의 스포츠 의류시장에 확고한 발판을 가지고 있다.

## prerequisite

n. 전제조건

▶ a prerequisite of …의 전제조건

There are **certain prerequisites** needed to become a listed stock on any stock exchange. 어떤 증권거래소에서도 상장주가 되기 위해 필요한 특정 선행조건들이 있다.

## immerse

v. 잠그다, 빠져들게 하다

▶ immersion 몰두, 잠금

The magician **was immersed in** the tank of water for ten minutes. 마법사는 10분 동안 물탱크에 잠겨 있었다.

## evacuate

v. …에서 대피시키다

▶ evacuation 대피, 피난

The flooding forced homeowners near the river to **evacuate** to higher ground. 홍수로 강 가까이 사는 주민들은 고지대로 대피해야 했다.

## construe

v. 해석하다, 추론하다, 설명하다 interpret; comprehend; figure out

The sales manager asked me to **construe** it in a way that our client would not be offended. 영업 부장은 내게 우리의 고객이 기분 상해하지 않을 만한 방법으로 그것을 설명하라고 요청했다.

## disseminate

v. 보급하다

▶ dissemination 보급

The preacher was known for **disseminating his ideas** across the nation. 설교자는 전국에 그의 사상을 널리 퍼뜨리는 것으로 유명했다.

## incur

v. (보통 좋지 않은 결과에) 부딪치다, (분노, 비난, 위험을) 초래하다

We expect that the company will **incur losses** totaling more than one million dollars. 우리는 회사가 총 백만달러 이상의 손실을 보게 될 것으로 전망하고 있다.

I

**661**
## adjoin

v. 인접하다 be next to

▶ adjoining 인접한

The **adjoining room** had an unpleasant odor coming from within. 옆방은 안에서 불쾌한 냄새가 스며 나왔다.

**662**
## discrepancy

DISCREPANCY

n. 어긋남, 모순

▶ discrepant 모순된, 앞뒤가 맞지 않는

The **pay discrepancy** between the foreman and office manager was swiftly resolved. 현장감독과 사무실 관리자의 임금 불일치는 신속하게 해결되었다.

**663**
## pertain

v. 속하다(to), 관계하다 belong to; relate with

▶ pertaining to …에 관한

If you have any information **pertaining to** the murder, please call our toll-free number. 만일 살인에 관련된 정보가 있다면 저희 무료 전화로 연락해 주십시오.

**664**
## denote

v. 의미하다, 표시하다 indicate; signify

The rules and regulations of the contest **are denoted in** small print on the back of the entry form. 경기의 규칙과 규정은 가입용지의 뒷면에 작은 활자체로 표시되어 있다.

**665**
## proceeds

n. 수익, 수입

▶ proceed 나아가다, 계속하다

All of **the proceeds** from the fashion show will be donated to the Sick Children's Foundation. 그 패션 쇼의 모든 수익금은 투병 어린이 재단에 기부될 것이다.

**666**
## findings

n. 습득물, 연구 결과

▶ lost and found 분실물 취급소

We **reported our findings to** the president as soon as the investigation was concluded. 조사가 끝나자마자 우리는 그 조사의 결과를 사장에게 보고했다.

## 667 advisory

PARENTAL
ADVISORY
EXPLICIT CONTENT

n. 주의보

▶ **advise** 충고하다, 조언하다, 권고하다

I think that there is **a weather advisory** out for this evening. 오늘밤 기상 주의보가 발령될 것 같아요.

## 668 affidavit

n. 서면 진술서 written statement

He **signed the affidavit** in our house, first thing this morning. 그 사람은 오늘 아침에 우리 집에서 서면 진술서에 서명부터 했다.

## 669 dividend

n. (주식)배당금

Every shareholder in our company will **receive a year-end dividend** in December. 우리 회사의 모든 주주들은 12월에 연말 배당금을 받을 것이다.

They knew they were in trouble when they realized that they couldn't **pay out any dividends** this quarter. 그들은 이번 분기에 배당금을 지급할 수 없다는 것을 깨닫고는 곤란에 빠졌다고 생각했다.

## 670 alliance

n. 협력, 제휴

That group has talked about **forming an alliance** since they came here. 그 그룹 사람들은 여기 온 이후로 줄곧 제휴를 맺는 것에 대해 논의했다.

## 671 allot

n. 할당하다, 배당하다

▶ **allotment** 주식 배당(distribution of shares)

**The allotment of** the company's share to its employees is to be decided. 직원들을 대상으로 한 회사의 주식 배당 결정이 있을 예정이다.

## 672 collateral

n. 담보

▶ **mortgage** 담보, 저당

The bank **took the collateral** away from the company and tried to sell it on the open market. 은행은 회사로부터 담보물을 빼앗아서 공매에 부치려고 했다.

The business was struggling so badly it had to take out a second mortgage on its new office building. 그 업체는 악전고투 끝에 새로운 건물을 2차 담보로 집어넣어야만 했다.

### 673
## appraisal

n. 평가, 사정(査定)

▶ appraise 평가하다, 감정하다

He will get promoted at this performance appraisal in April. 그 사람은 이번 4월에 있을 인사고과에서 승진할 것이다.

### 674
## undersigned

n. 서명인  a. 아래에 서명한

The undersigned hereby acknowledge receipt of the Notice of Meeting and Proxy Statement, and revoke any proxy heretofore given with respect to the votes covered by this proxy. 하기 서명인들은 총회 통지와 위임 권유장의 수령을 승인하며, 이 위임장에 내포된 투표권과 관련하여 이전의 위임장은 무효화한다.

### 675
## archive

n. 문서 보관(장소), 저장  v. 저장하다

This is an archive of business data and software to promote public access to freely available information. 이곳에는 일반인들이 자유롭게 정보를 이용할 수 있도록 비즈니스 정보와 소프트웨어를 보관하고 있습니다.

We have our material stored in an archive in case of a system failure. 우리는 컴퓨터 시스템이 고장이 날 경우에 대비해 자료를 보조 기억장치에 저장해둔다.

### 676
## consign

v. 인도(引渡)하다, 위탁하다

▶ consign A to B A에게 B를 위탁하다, A를 B에 위탁하다
▶ consignment 위탁판매, 탁송(託送)

The shopping mall consigned delivery to delivery companies. 그 쇼핑몰은 상품 배달을 배달업체에 위탁했다.

### 677
## float

v 띄우다, (회사)를 설립하다, (채권을) 발행하다

▶ float public shares 공개 주식을 발행하다
▶ floating rate 유동[변동] 금리
▶ keep sth afloat …을 지탱하다

In the case of falling interest rates, a floating rate loan is a better option. 이자율이 떨어지는 경우에는 변동 금리에 따른 대출을 선택하는 것이 더 좋다.

## 678
## succumb

v. 굴복하다(~to)

Come on you IT professionals-don't **succumb to** the laissez-faire promoters of casual dress. 정보기술 전문가 여러분, 제발 간편한 차림을 하라고 떠드는 자유방임주의자들 말에 굴복하지 마십시오.

## 679
## revoke

v. 철회하다, 무효화하다

The airline will **revoke** the ticket and may confiscate the mileage balance of the flier who sold it. 항공사가 티켓을 해약하고 그것을 판 상용고객의 남은 마일리지를 몰수할 것입니다.

## 680
## arrears

n. 연체(금), 지불 잔금

▶ **in arrears** 체불되어, 지체되어

His account **has been in arrears for** the last six months. 그 사람의 대금은 지난 6개월간 연체되어 있다.

## 681
## evict

v. 쫓아내다, 퇴거시키다

▶ **eviction** 축출
▶ **evict a tenant** 세입자를 내보내다

When the tenants failed to pay the rent for the third month in a row, the landlord **evicted** them. 세입자가 연속 세 달간 임대료를 내지 못했을 때, 집주인은 세입자들을 내보냈다.

## 682
## redeem

v. 상환하다, 보완하다

You can **redeem your discount coupon** at gate number 72. 72번 출입구에서 할인 쿠폰을 상환받을 수 있습니다.

The coupon can **be redeemed** at any one of our fifteen locations in New York city. 이 쿠폰은 뉴욕에 있는 본사의 15개 지점 어디에서라도 상환이 가능합니다.

## 683
## reimburse

v. 변제하다, 배상하다

Reimbursement

▶ **reimbursement** 변제, 상환

The student **demanded a reimbursement for** all the classes the teacher did not show up for. 그 학생은 선생님이 들어오지 않은 모든 강의에 대해서 수업료 반환을 요구했다.

**684**

**consensus**

n. 의견의 일치

We can't seem to **come to a consensus on** what to do regarding the new policy change. 정책이 새로 변한 것에 대해 우리가 어떻게 해야 할지에 관해서는 의견의 일치를 보지 못할 것 같다.

**685**

**expound**

v. 자세히 설명하다(~ on)

The lawyer **expounded on** the contract making sure that the client understood every detail. 변호사는 그 계약에 대해 설명을 해서 의뢰인이 모든 세부사항을 이해할 수 있도록 했다.

**686**

**proxy**

n. (대리 투표 따위의) 위임장

> ▶ by proxy 대리인으로

Proxy
server

I am **the company's proxy** and I will relay all messages to them. 저는 회사의 대리인이며 그들에게 모든 메시지를 전달할 것입니다.

**687**

**commodity**

n. 상품, 물품

According to the latest figures released by Forbes Business Magazine, **commodity brokers** are the highest paid professionals in the US today. 포브스 비즈니스 매거진이 발표한 최근 수치에 의하면, 상품 중개인들은 현재 미국에서 가장 높은 급료를 받는 직업인들이다.

**688**

**accumulate**

v. 모으다 gather, 늘어나다

> ▶ accumulative 늘어나는
> ▶ accumulation 누적, 증가

Amanda collects antique clocks and, over the years, **has accumulated** a number of interesting ones. 아만다는 오래된 벽시계를 모으고 있는데, 오랜 세월에 걸쳐 많은 흥미로운 시계들을 모았다.
**After accumulating a huge debt,** Bart decided to simplify his life and sell off many of his belongings. 빚이 엄청 늘어나자, 바트는 간편히 살기로 결심하고 가지고 있던 많은 것을 팔아치웠다.

**689**

**prototype**

n. 시제품, 제품의 원형(原型). *대량생산에 들어가기에 앞서 샘플로 만들어보는 제품

The new car was released to the public after their success with **the prototype.** 새로운 모델의 시제품을 만들어 테스트한 결과 만족스럽자 그 차가 출시되었다.

## 690
## prospectus

n. (투자회사들이 주식을 공모할 때 제시하는) 매출 안내서

The prospectus that I requested has arrived and I will read it cover to cover. 내가 요청한 (주식 공모 때의) 매출안내서가 도착했고 나는 그것을 처음부터 끝까지 읽을 것이다.

## 691
## forfeit

v. 몰수당하다, 빼앗기다  n. 벌금

▶ confiscate 몰수하다, 압수하다

Failure to show up will mean that you forfeit the contract. 오지 않으면 당신은 그 계약을 상실하게 될 것입니다.

## 692
## intake

n. 섭취량

The gymnastic team was allowed a daily calorie intake of 1,100 in preparation for the big competition next month. 체조팀은 다음 달에 있는 중요한 경기에 대비하여 1,100 칼로리를 섭취하도록 허락받았다.

## 693
## devastate

v. 완전히 파괴하다, 엄청난 충격을 주다

▶ devastation 완전한 파괴

The forest will be devastated if firefighter are not able to put the fire out before the winds pick up. 소방관들이 바람이 강해지기 전에 불을 끌 수 없다면 숲은 완전히 망가질 것이다.

- **time** 시간
  **times** 시대

- **economy** 경제
  **economics** 경제학

- **base** 기초
  **basics** 기초원리
  **basis** 기준, 근거

- **procedure** 순서, 절차
  **proceeds** 수익

- **application** 신청
  **appliance** 기구

- **protective** 보호물
  **protection** 보호

- **registry** 등기부
  **registration** 등록(서류)

- **moral** 교훈
  **morale** 사기

- **condition** 조건, 상태
  **conditioner** 냉·난방 장치

- **placement** 배치
  **place** 자리

- **clothes** 옷, 의복
  **cloths** 천, 헝겊

- **percent** 퍼센트
  **percentage** 비율

- **device** 장치
  **devices** 책략

- **excellency** 각하, 경칭으로 사용하는 말
  **excellence** 우수, 탁월

- **technique** 기술, 기교
  **technicality** 전문성

- **facility** 솜씨, 용이
  **facilities** 편의시설

- **issue** 발행, 결과
  **issuance** 발급, 급여

- **realism** 현실주의

- **segment** 단편
  **segmentation** 분할

- **friendship** 우정
  **friendliness** 친절

- **potential** 잠재적 가능성
  **potency** 힘, 효능

- **creation** 창조
  **creativity** 창조성
  **creature** 생물, 창조물

- **editorial** 사설, 논설
  **editor** 편집위원
  **editing** 편집

- **object** 물건, 목적
  **objective** 목적, 목표
  **objection** 반대

- **observance** (법률, 관습) 준수
  **observation** 관찰, 주목, 의견

- **disregard** 무시하다, 문제시하지 않다
- **inquiry** 문의, 조회
- **background** 경력, 경험
- **position** 직책, 근무처
- **sweep** 휩쓸다
- **benefit** 이익
- **durability** 내구성
- **security** 보안
- **timeframe** 일정 계획
- **commerce** 무역, 상업
- **source** 출처, 근원
- **sector** 분야, 방면
- **retirement** 퇴직, 은퇴
- **furlough** (조업 단축에 의한) 일시 해고를 하다, 일시 해고
- **earnings** 소득, 이득
- **niche** 수익 가능성이 높은 틈새시장
- **rebound** 회복, 재기
- **prompt** 자극[고무]하다
- **convene** (회의 따위가) 소집되다, 모이다
- **demonstrate** 입증하다, 실증하다
- **counterpart** (동일한 자격을 갖춘) 상대물 [자], 대응물[자],
- **infrastructure** 기간 시설
- **remedy** 치료, 의료
- **mount** (무대·진열대 등에) 올리다, 설치하다
- **undo** 취소하다, 원상태로 되돌리다
- **burgeon** 급격히 성장하다
- **announce** 고지하다, 발표하다
- **impetus** 힘, 추진력, 자극.

- **portray** 묘사하다
- **discrepancy** 불일치, 모순
- **cultivate** 연마하다
- **break ground** 기공하다, 착수하다
- **ergonomic** 인체 공학의, 작업 능률을 최대한으로 높이는 작업 환경, 기계, 및 장비를 만드는 연구를 ergonomics라 한다
- **relocation** 직장을 옮기는 데에 따르는 이사 비용
- **span** …에 걸치다
- **memorandum** (회사 내의) 회람
- **swear** 단언하다
- **outsourcing** 외주
- **harbor** …을 품고 있다, …의 서식처를 제공하는 역할을 하다
- **cooperative** 협동조합(co-op)
- **rehabilitation** 복구
- **prepayment** 선불
- **perks** 급료 이외의 특전
- **subsidy** 보조금
- **souvenir** 기념품
- **trim** 가지 치다, 다듬다
- **triple** 3배로 되다
- **downtime** (기계의) 비가동시간, (컴퓨터의) 고장시간
- **scrape** 긁어 벗기다, 문질러 닦다
- **dock** 정박하다
- **willpower** 의지력
- **insignia** 기장, 훈장
- **imprint** 날인, 자국

NEW
TOEIC
VOCA

# 2
## UNIT

TOEIC이 좋아하는
## 핵심 형용사와 부사

**001**
## commercial

a. 상업의, 무역의, 민간의  n. 광고방송 (CM)

▶ commerce 상업, 교역

We deal in **commercial products** used in homes, like appliances and cooking items. 저희는 가전제품이나 요리기구 같은 가정에서 사용하는 소비재들을 취급합니다.

**002**
## effective

a. 유효한, 효과적인, 의도한 대로 결과가 나타난 producing the desired result

▶ effectively 효과적으로
▶ efficient 효율적인(시간이나 노력의 낭비가 없는)

Production of our new product will be **cost effective** due to a large economy of scale. 경제규모가 크기 때문에 우리 신상품의 생산은 비용효과가 있을 것이다.

**003**
## desolate

a. 황량한

This town is **desolate** after it gets dark. 이 도시는 어두워진 후에는 황량해진다.

**004**
## counter

a. 반대의 opposite; opposing, 대문자(의) initial

▶ counterpart 상대방
▶ countertop 주방용 조리대
▶ counteract 방해하다

The real estate agent advised the man to **make a counteroffer to** the seller of the property. 부동산 중개업자는 집을 팔려는 사람에게 역 제의를 하라고 그 남자에게 충고했다.

**005**
## accessible

a. 접근하기 쉬운, 이용하기 쉬운

▶ accessibility 접근성

Walking and running are great workouts because they have a low rate of injury and **are very accessible.** 걷기와 달리기는 부상률이 낮고 쉽게 할 수 있는 뛰어난 운동이다.

## 006
## fair

a. 공평한 impartial, 상당한 sufficient  n. 박람회 (취업) 설명회 exhibition; expo  v. (날씨가) 개다

▶ fairly 공평하게, 올바르게, 상당히
▶ fairness 공정성, 공평함
▶ unfair 불공평한

Most North American cities receive a fair amount of snowfall in the winter. 미국 북부에 있는 도시들에는 대부분 겨울에 눈이 상당히 내린다.

## 007
## present

a. 현재의 existing; this time  n. 선물 gift  v. 발표하다 demonstrate, 주다 give; hand over

▶ presently 현재
▶ nowadays 현재에는

Please stand by as we are presently experiencing technical difficulties. 저희가 현재 기술적인 문제로 화면이 좋지 않으니 좀 기다려 주십시오.

## 008
## thrifty

a. 검소한, 절약하는 economical; frugal

My father taught me that being thrifty does not mean that you cannot have fun. 우리 아버지는 나에게 검소하라는 것은 즐길 수 없다는 뜻은 아니라고 가르쳐 주셨다.

## 009
## annual

a. 일년의  n. 연보(年報), 연감(年鑑)

▶ annual audit 연례 회계감사
▶ annual income[salary] 연수입[연봉]
▶ annual report 연례 보고서

Our company has its annual audit at the end of March. 우리 회사는 연례 회계감사를 3월 말에 한다.

The annual report will be sent out to all of our stockholders in April. 연례 보고서는 4월달에 주주들에게 모두 발송될 것이다.

## 010
## actual

a. 실제의

▶ actually 실제로, 정말로

The side dish that came along with the dinner was actually a lot tastier than the dinner itself. 저녁 식사와 함께 곁들여 나온 요리가 사실은 주요리보다 훨씬 맛있었다.

**011**

**critical**

a. 비판적인 censorious, 중요한 significant; vital

- ▶ criticize 비난하다
- ▶ criticism 비평, 비판 주의
- ▶ critic 비평가, 비판하는 사람

She **is always so critical about** everything that I like doing. 그녀는 향상 내가 하고 싶어하는 모든 것에 대해 너무 비판적이다.

**012**

**exceptional**

a. 예외적인, 특별한

- ▶ exceptionally 예외적으로
- ▶ exception 예외, 제외

The band performed **exceptionally** well despite the poor weather conditions. 그 밴드는 악천후에도 불구하고 매우 좋은 공연을 펼쳤다.

**013**

**available**

a. 사용가능한, 남아있는 accessible; useful

- ▶ be available to[for]~ …에게 이용가능하다
- ▶ unavailable 이용할 수 없는

Sales figures for December will **be available** in early January. 12월의 총 판매액은[판매수치는] 1월초에 알 수 있다.

**014**

**reverse**

a. 반대의, 뒤의 v. 뒤집다, 거꾸로 하다, 후진하다

**In reverse order,** fold the items that are draped over the edge of the case inward. 역순으로 상자 가장자리에서 안쪽으로 늘어지도록 물건을 접으라.

The man forgot how to put his car into **reverse.** 남자는 차를 후진하는 방법을 잊어버렸다.

**015**

**viable**

a. 실행가능한 workable; practical

We are still searching for **a viable solution** to the problem. 우리는 여전히 그 문제에 대한 실행가능한 해결책을 찾고 있다.

**016**

**professional**

a. 전문적인, 직업적인 skilled  n. 전문직업인 expert

- ▶ profession 직업, 전문직
- ▶ professionally 직업적으로, 전문적으로

Greg dresses neatly and behaves **professionally;** his employers like him very much. 그렉은 옷차림이 단정하고 전문가답게 처신하기 때문에 그의 고용주들은 그를 매우 좋아한다.

**017**

# accomplished

a. 능란한, 숙달된

▶ accomplishment 성취, 수행, 공적

An **accomplished** photographer was hired by the young couple to take pictures at their wedding. 한 노련한 사진사가 결혼식 사진을 찍어 달라고 젊은 부부에게 고용되었다.

**018**

# illegible

a. 읽기 어려운, 불명료한 unreadable; obscured

▶ legible 읽기 쉬운
▶ illiterate 무식한, 문맹의

There is a 'No Parking' sign posted along the street, but it is **illegible.** 거리를 따라 '주차금지'라는 게시가 붙어있지만 읽기가 어려웠다.

**019**

# accurate

a. 정확한, 정밀한 exactly correct

▶ accurately 정확하게, 정밀하게
▶ accuracy 정확(도)
▶ inaccurate 부정확한, 틀린(not correct)

The police and the FBI believed that they were extremely **accurate.** 경찰과 FBI는 그들이 매우 정확하다고 믿었다.

**020**

# special

a. 특별한, 전문의 distinguished  n. 특별한 것 feature

▶ specialist 전문가
▶ specialty 전문, 특질
▶ specialization 전문화

The student decided to **specialize in** epidemiology. 그 학생은 전염병학을 전문 분야로 삼기로 결심했다.

**021**

# demanding

a. 지나친 요구를 하는, 까다로운 calling for intensive effort

▶ demand 요구, 수요, 요구하다, 필요로 하다

My position at the company really causes me a lot of stress because it is **so demanding.** 회사에서 내가 맡은 자리는 할 일이 너무 많아서 스트레스를 정말 많이 받아.

UNIT

**2**

**022**

# worth

···상당의 (금액)

▶ be worthy of ···할 가치가 있다

The painting was estimated to **be worth** at least one million dollars. 그 그림은 적어도 백만 달러의 값어치가 있는 것으로 감정되었다.

**023**

# attached

**Attachment file**

a. 첨부된

▶ be attached to~ ···에 부착되다

▶ attachment 부착, 부착물

The registration for your vehicle will expire soon. Please take time to read the instructions before completing **the attached form.** 차량등록이 곧 만기가 될 것입니다. 첨부된 양식을 작성하기 전에 설명서를 천천히 읽어 주십시오.

**024**

# reasonable

a. (가격이) 적당한

▶ reasonable price 적정한 가격

It is often quite difficult to find a house to let for a **reasonable price** in popular city centers. 일반 도심지에서 적정가에 셋집을 구하기란 무척 어려운 일이다.

**025**

# fit

a. 적합한 appropriate  v. ···에 어울리다 be suitable for  n. 발작, 경련 seizure; stroke

▶ fitting 적당한, 어울리는, 가봉, 부품

▶ fitness 건강, 적절함

▶ fitted 꼭 맞게 만들어진

The employee **fitness programs** will start at the beginning of next month. 사원 건강 프로그램은 다음달 초에 시작될 것이다.

**026**

# former

a. 전직의

**The former** Minister of Trade was asked to consult on the project because of his many business connections around the world. 전 통상장관은 전세계적으로 많은 사업 거래선이 있기 때문에 그 프로젝트에 대한 컨설팅을 요청받았다.

**027**

## relentless

a. 집요한, 끊임없는 fierce; harsh

She had been **relentlessly** campaigning for her daughter's release from prison. 그녀는 딸의 석방을 위해 집요하게 운동을 벌여왔다.

**028**

## helpful

a. 유익한, 유용한

▶ **helpless** 스스로 어떻게 할 수 없는, 무력한

If you must fly, decongestants can **be helpful** if used before takeoff. 곧 비행기를 타야한다면, 이륙 전에 코막힘 제거제를 사용하면 효과가 있을 겁니다.

**029**

## previous

a. 이전의, 사전의 prior; preceding

▶ **previously** 전에는, 사전에

PREVIOUS

I called the secretary **previously,** but she was not in her office. 나는 앞서 비서에게 전화를 했지만 그녀는 사무실에 없었다.

**In the previous letter,** we asked that all of our accounts be closed until further notice. 이전의 편지에서, 추후에 통지문을 보낼 때까지 모든 계좌를 해지시켜 달라고 부탁했습니다.

**030**

## temporary

a. 일시적인

▶ **temporarily** 일시적으로

▶ **temporary employee** 임시직 직원(temp)

We must almost always hire **temporary** employees during the busy Christmas season. 우린 언제나 바쁜 크리스마스 때에는 임시직 직원을 고용해야 한다.

**TOEIC TIPS**

## 형용사 부사 동일형으로 내용상 구분해야

|  | 형용사 | 부사 |
|---|---|---|
| fast | 빠른: This is a fast car. | 빨리: She runs fast. |
| hard | 근면한: You're a hard worker.<br>단단한: The nuts are very hard. | 열심히: She studied hard.<br>어려운: It is hard to solve the problem. |
| well | (건강이) 좋은: He has got well. | 잘: She speaks English well. |
| long | 긴: It was a long story. | 오랫동안: He was gone long. |
| early | 빠른: She's in her early twenties. | 일찍: I got up early this morning. |
| enough | 충분한, 많은: I don't have enough money. | 충분히, 꽤: That was good enough. |

**031**
## record

a. 기록적인  n. 기록, 경력  v. 기록하다

▶ record-breaking 공전의
▶ record profit 기록적인 수익
▶ recorded message 녹음된 메시지

Minus 15 degrees Celsius is the lowest temperature **ever recorded** in Jeju-do. 섭씨 영하 15도는 제주도에서 기록된 최저기온이다.

**032**
## following

a. 다음의, 이어지는  n. 다음에 말하는 것

▶ follow-up 사후의, 뒤이은

To speed up the processing of passengers, please be ready with **the following.** 승객들의 탑승절차 속도를 빠르게 하기 위해 다음 사항을 미리 준비해주시기 바랍니다.

**033**
## definitive

a. 명확한

That's why I was hoping you could give me **a definitive answer.** 그래서 나는 네가 내게 명확한 답변을 줄 수 있으리라 기대하고 있었던거야.

**034**
## prudent

a. 신중한, 세심한 careful; cautious

I think it would **be prudent to** pack rain gear before we go camping. 캠핑가기 전에 우천 장비를 챙기는 것이 신중한 일일 것이다.

**Being prudent** when dealing with foreign clients has proved to pay off in the long run. 외국고객을 상대할 때 세심하게 배려하는 것은 장기적으로 성과가 있다는 것이 입증되었다.

**035**
## particular

a. 특별한

▶ particularly 특히, 특별히
▶ in particular 특히

The teacher was **particularly** fond of the students that stayed after class. 선생님께서는 수업이 끝난 다음에도 남아있는 학생들을 특별히 좋아하셨다.

**In particular,** there was one subject that I found very fascinating. 특히 내가 매혹된 한가지 주제가 있었다.

## 036
## incorporated

a. 법인회사의, 주식회사의

▶ **corporate** 회사[법인]의, 회사[법인]에 관한

The company's **corporate** tax rate has hovered around the 24% mark for the past few years. 그 회사의 법인세율은 지난 몇년 동안 24%선을 맴돌았다.

## 037
## extra

a. 추가의

When Ross was ill everyone took on **extra** responsibilities to cover for him. 로스가 아팠을 때, 다들 걔 일까지 하느라 추가적인 책무를 졌다.

## 038
## proper

a. 적절한, 특유의 suitable; particular, 엄밀한 의미의

▶ **improper** 무가치한, 하찮은
▶ **properly** 당연히, 똑바로

Airport stores sell items at prices that can be as much as 150% higher than those at shops within the city proper. 공항상점은 시내 중심지역의 가게보다 150%비싸게 판다.

## 039
## extravagant

a. 사치스러운, 낭비하는

▶ **extravagantly** 사치스럽게

The couple realized that their kitchen was very bare and plain so they bought **extravagant** and stylish kitchenware to liven up the place. 부부는 자신들의 부엌이 낡고 볼품없다는 것을 깨닫고 부엌을 활기있게 꾸미려고 값비싸고 세련된 주방 용품을 샀다.

## 040
## maximum

a. 최고의

▶ **minimum** 최소(한)

Any disputes or problems on the factory floor must be smoothed out quickly in order to maintain **maximum** output from the workers. 근로자들이 최대 생산량을 유지하게 하려면 작업현장에서 발생하는 분쟁이나 문제점이 즉시 해결돼야 한다.

**041**
# final

a. 마지막의

▶ **finalize** 완성시키다
▶ **finally** 최후로

The man wanted to **finalize** all of the details before the end of the week. 그는 그 주가 끝나기 전에 모든 세부사항들을 완성시키기를 바랐다.

**042**
# multiple

a. 복합의, 다양한 having many parts or elements

▶ **multiply** 늘리다, 곱하다

A modern trend in management is to give workers **multiple** tasks and more responsibilities. 경영상의 최근 추세는 근로자들에게 다양한 임무와 더 많은 책임을 주는 것이다.

**043**
# interactive

a. 쌍방의, 대화식의

The airlines utilize **interactive** video techniques to teach employees on new customer service policies. 항공사들은 쌍방향 비디오 기술을 이용하여 직원들에게 새로운 고객서비스 방침을 교육한다.

**044**
# popular

a. 인기있는, 대중적인, 유행의 well-known

▶ **popularize** 대중화하다, 보급하다

Management expects the company's new product to grow in **popularity** over the next two years. 경영진은 회사의 새 생산품이 향후 2년 이상 인기를 더해 갈 것이라 예상한다.

**045**
# remarkable

a. 주목할 만한, 현저한 noteworthy; distinguished

▶ **remarkably** 매우, 몹시

The company is expected to post **remarkable** growth in net profit this year. 회사는 올해 순 이익에 있어 놀랄만한 성장을 기록할 것으로 예상된다.

**046**
# gradual

a. 점차적인

▶ **gradually** 점차적으로

Showers and thunder storms will **gradually** spread northwards. 소나기와 뇌우는 점차적으로 북쪽으로 확산될 것이다.

**047**

# strategic

a. 전략적인

▶ strategically 전략적으로

She would like to transfer her **strategic** planning and project management skills into the financial management arena. 걔는 자신의 전략적인 기획과 프로젝트 관리기술을 재정관리분야까지 적용하고 싶어한다.

**048**

# substantial

a. 실질적인, 많은, 상당한, 풍부한  n. (pl.) 실체가 있는 것, 요점, 대의, 본질

▶ substantially 실체상, 본질상

▶ substance 물질, 실질, 요지, 실체

▶ in substance 본질적으로, 사실상

The paint we used was made of a very sticky **substance**. 우리가 사용한 페인트는 매우 끈적끈적한 물질로 만들어졌다.

He has discovered that airfares are **substantially** lower if reservations are made two weeks in advance. 그는 예약을 2주전에 하면 항공운임이 실제로 더 저렴하다는 것을 알았다.

**049**

# sufficient

SELF-SUFFICIENT

a. 충분한

▶ sufficiently 충분하게

▶ insufficient 불충분한

▶ deficient 부족한, 불충분한

Apparently, I wrote a check and the bank refused to honor it because of **insufficient** funds. 분명히, 난 수표를 썼고 은행은 자금부족으로 수표를 받지 않았다.

**050**

# leading

a. 주된, 선도하는, 지도적인, 주요한, 주역의

▶ misleading 현혹시키는, 판단을 그르치게 하는

Cars are **a leading cause** of air pollution in our country. 우리나라 대기오염의 주된 원인은 자동차들이다.

**051**

# thriving

a. 번영하는, 성장하는 growing fast; prosperous

▶ thrive 번창하다, 잘 자라다

The storekeeper's business **was thriving** due to the country's economic upswing. 그 상점 주인의 사업은 그 나라의 경기 상승으로 인해 번창하고 있었다.

## 052
# accordingly

ad. 이에 따라서

▶ **according to** …에 따르면, …에 의하면

**According to** the traffic control board, the death toll for traffic accidents swelled 120% this month. 교통통제 위원회에 따르면, 교통사고로 인한 사망자수가 이번 달 120%까지 증가했다고 한다.

## 053
# prompt

a. 신속한, 즉시 …하는  v. 자극하다, (행동을) 촉구하다

▶ **promptly** 신속히, 즉석에서

I have to leave **promptly** at twelve as I have an important business meeting. 나는 중요한 사업회의가 있기 때문에 12시 정각에 떠나야 한다.

Our customer service department provides **prompt answers to** member's questions. 우리 고객서비스 부서는 구성원들의 질문사항에 즉각적인 응답을 제공한다.

## 054
# chief

a. 주요한, 최고의  n. 우두머리, ~장

▶ **chiefly** 주로

The **chief reason** he left his job was to go back to school and get his degree. 그가 회사를 그만둔 주된 이유는 학교로 돌아가서 학위를 받으려는 것이었다.

The **chief of** the fire department was pleased when the city increased his budget. 소방서장은 시가 예산을 증액했을 때 기뻐했다.

## 055
# partial

a. 일부분의, 불공평한

▶ **partially** 부분적으로
▶ **impartial** 공평한

According to a police report, the plane landed **partially** in the median strip between the eastbound lane and the westbound lane. 경찰보고에 따르면 비행기 기체의 일부는 동향 및 서향 차선의 중앙 분리대에 걸쳐 있었습니다.

## 056
# related

a. 관계 있는, 관련되어 있는 connected; associated

▶ **relate** 관계시키다, 이야기하다, 관계가 있다
▶ **relation** 관계, (pl.) 사이, 국제 관계
▶ **relative** 친척

Work related stress is on the increase. 직업관련 스트레스가 증가하고 있다.

I went to visit a relative in South Dakota about two years ago. 나는 약 2년 전에 사우스다코타에 있는 친척을 방문하러 갔었다.

## 057
## acute

a. 치열한

Support services has become more technical in nature and demand for professionals has become acute in this economic climate. 프로그램 지원 서비스는 성격이 좀더 전문화되었으며 전문가에 대한 수요는 이런 경제 환경에서는 아주 엄청납니다.

## 058
## usual

a. 일상의

▶ usually 보통　　　　　　　　▶ unusual 특이한, 드문
▶ unusually 특이하게, 대단히

A construction loan is usually very large in amount and has a long repayment period. 건설융자는 대개 아주 큰 액수이기 때문에 상환 기간이 길다.

## 059
## brief

a. 간단한

The intern was told to summarize the seminar and make a brief presentation at the morning meeting. 그 인턴사원은 세미나의 내용을 요약하고 그날 아침회의에서 간단한 발표를 하라는 지시를 받았다.

## 060
## intense

a. 격렬한, 강렬한, 진지한 extreme; earnest; passionate

▶ intensify 강렬하게 하다, 증강하다
▶ intensity 강렬, 격렬
▶ intensive 집중적인

The supervisor has been under intense pressure to improve quality control. 주임은 품질관리를 개선하라는 큰 압박을 받고 있었다.

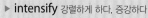

**TOEIC TIPS**

## 형용사가 부사형으로 바뀌면서 의미가 달라져

even 심지어, 오히려 ⋯▶ evenly 고르게
high 높이 ⋯▶ highly 매우
late 늦게 ⋯▶ lately 최근에
near 가까이 ⋯▶ nearly 거의

hard 열심히 ⋯▶ hardly 거의 ⋯아니다
just 겨우, 다만, 아주 ⋯▶ justly 타당하게
most 가장 ⋯▶ mostly 대개
wide 널리 ⋯▶ widely 상당히

---

**061**
## superior

a. 우수한, 양질의  n. 상사

▶ superiority 우세, 우수함
▶ inferior 열등한

She's not at all happy. She doesn't like **her immediate superior,** so she's pretty miserable. 걔는 전혀 행복하지가 않아. 직속 상사를 싫어하기 때문에 아주 우울해.

**062**
## obvious

a. 명백한, 뚜렷한 evident

▶ obviously 명백하게

The brakes **obviously** were not working as the car barreled down the hill. 차가 낭떠러지로 굴러 떨어졌을 때 브레이크는 분명 말을 듣지 않았다.

**063**
## valid

a. 근거가 확실한, 유효한 applicable; legally binding

▶ validate 유효하게 하다, 비준하다
▶ validity 정당성, 유효성
▶ invalid 근거없는

This offer is not **valid** to company employees or members of their immediate families. 이 제의는 회사 직원들이나 그들의 직계 가족들에게는 유효하지 않다.

**064**
## visible

a. 눈에 보이는

When riding, keep your headlight on because it makes you **visible** to automobile drivers. 오토바이를 탈 때는 헤드라이트를 항상 켜봐서 자동차 운전자들이 볼 수 있도록 해라.

**065**
## sharp

a. 날카로운  ad. 정각 acute; severe; punctually

▶ sharply 날카롭게, 급격하게     ▶ sharpen 날카롭게 하다

Hong Kong's low tax regime stands out **sharply** against other Southeast Asian countries. 홍콩의 낮은 세금 제도는 다른 동남아시아 국가들에 비해 현저하게 두드러진다.

**066**
## contradictory
a. 모순된

▶ contradict 부정하다, 반박하다

The report is **contradictory** and doesn't make sense. 이 보고서는 모순이 있어서 의미가 통하지 않는다.

**067**
## accompanying
a. 동봉한

Please complete the form on the reverse side and return it promptly in the **accompanying** envelope. 뒷면의 서식을 완성하여 동봉한 봉투로 즉시 보내주시기 바랍니다.

**068**
## extreme

a. 막대한, 지나친  n. 극단

▶ extremely 극히

The Smiths were **extremely** prepared for the visit by their in-laws and had refinished the guestroom nicely. 스미스 네는 친척들의 방문을 철저히 준비했고, 객실을 멋지게 다시 손봤다.

**069**
## excessive

a. 과도한 too much

▶ excess 과다, 초과, 과도, 제한 초과의, 여분의
▶ exceed 넘다, 초과하다
▶ exceeding 과다한

They keep **an excessive food** inventory. 그들은 식료품 재고가 지나치게 많다.
**Excessive sleep** can cause fatigue. 과도한 수면은 피로를 가져올 수도 있다.

**070**
## vast
a. 거대한

▶ vastly 대단히

Most Argentine beef comes from cattle raised on the country's **vast** grasslands. 아르헨티나 소고기의 대부분은 자국의 광활한 초원에서 길러진 소에서 나온 것이다.

**071**
## profitable
a. 수지가 맞는, 이익이 남는

▶ profitability 수익성

The rate cuts will negatively affect **the profitability of** the company. 환율인하는 그 회사의 수익성에 부정적인 영향을 미칠 것이다.

### 072
# apparent

a. 명백한, 분명한

▶ apparently 보아하니

Apparently, Emily is gone; she does not answer her phone. 보아하니 에밀리는 간 것 같아. 전화를 받지 않아.

The driver apparently lost control of his car and hit the tree. 운전자는 자기 차를 컨트롤 못하는 것 같더니 나무를 들이박았어.

### 073
# secure

a. 안전한, 확고한  v. 안전하게 하다, 보증하다, 확보하다, 잡아매다

▶ security 안전, 방위, 유가증권
▶ security guard 경비
▶ security check point 보안 검사대

The truck is locked up tight and secure. 트럭은 단단하고 안전하게 잠겨 있다.

Secure the release of the package. 소포를 안전하게 풀어라.

### 074
# underway

a. 진행중인

Construction of the company's new facility is currently underway. 회사의 신축시설물 건설은 현재 진행 중이다.

### 075
# outspoken

a. 솔직한, 거리낌없는, 기탄없이 말하는 explicit; unreserved

The new manager was a very loud and outspoken man. 새 부장은 목소리가 매우 크고 거리낌 없는 사람이다.

### 076
# trendy

a. 최신 유행의

▶ trend 경향, 추세

The jeans that the young girl was wearing were trendy. 그 여자애가 입고 있었던 청바지는 최신유행이었다.

### 077
# acting

a. 임시의, 대리의 연기, 연출, 꾸밈

▶ active 활동적인, 적극적인
▶ actively 활동적으로, 적극적으로

Sam was brought into the club about two years ago and has since become a very active member. 샘은 한 2년 전에 클럽에 들어오게 되었는데 그 이후 아주 적극적인 회원이 되었다.

**078**
## fragile

a. 깨지기 쉬운

When asked to check a bag, please be prepared to remove all items which are fragile, valuable. 가방을 부치라고 요청을 받았을 때, 깨지기 쉽거나 값나가는 물건들은 빼주십시오.

**079**
## advanced

a. 진보한, 고급의

▶ advancement 진보, 승진
▶ advance 나아가다, 성공하다

Todd advanced quite rapidly in the company and within four years had become vice president. 토드는 회사에서 고속승진을 하더니 4년도 안되어 부사장이 되었다.

**080**
## groundbreaking

a. 획기적인

▶ groundwork 기초, 바탕
▶ break the ground 착공하다, 개척하다

He revealed the groundbreaking news to the reporters at the news conference last night. 그 남자는 지난 밤 기자회견에서 기자들에게 엄청난 소식을 발표했다.

**081**
## fit

a. 적합한 appropriate  v. …에 어울리다  n. 발작, 경련

▶ fitting 적당한, 어울리는, 가봉, 부품
▶ fitness 건강, 적절함
▶ fitted 꼭 맞게 만들어진

The secretary was concerned that she was not looking fit so she joined a health club. 비서는 뚱뚱해 보일까봐 염려스러워 헬스 클럽에 가입했다.

**082**
## additional

a. 추가적인, 부가적인

▶ additive 첨가제, 부가물
▶ addition 추가(물), 덧셈
▶ additional charge 추가요금

Most specifics are included in the report; however, if you need additional information, you can call our research department. 보고서에는 구체적인 사항이 거의 들어있지만 정보가 더 필요하다면 우리의 연구부서에 연락 주십시오.

**083**

# remote

a. 먼, 외딴 far; isolated

The cleaning lady found **the remote control** stuffed between two pillows. 청소하는 여자는 두 개의 베개 사이에 파묻혀 있는 리모콘을 발견했다.

**084**

# apprehensive

a. 걱정하는

▶ apprehend 걱정하다

I was somewhat **apprehensive** about meeting her yesterday. 나는 어제 그녀를 만날 것이 다소 걱정이 되었다.

**085**

# financial

a. 재정상의, 재무의

▶ financing 자금조달, 융자

Cost accounting is used by a number of large manufacturers when preparing **financial statements**. 원가계산은 많은 대규모 제조업체들이 재무제표를 준비할 때 사용된다.

**086**

# determined

a. 단단히 결심한

▶ predetermined 미리 결정된
▶ determine 결정하다

The sales manager **was determined to** land the new account in Hong Kong. 영업부장은 홍콩에 새로운 거래선을 트기로 결정했다.

**087**

# diverse

a. 다양한

▶ diversely 다양하게
▶ diversity 다양함
▶ diversify 다양하게 하다

One of the most difficult decisions for investors is how to **diversify** their investment portfolios. 투자가들에게 가장 어려운 결정 중의 하나는 어떻게 투자포트폴리오를 다양하게 하느냐이다.

**088**

# superb

a. 훌륭한

The employees enjoy attending the annual banquet, they say the food and entertainment are **superb**. 사원들은 연례 연회에 참석하는 것을 좋아하는데, 음식과 오락거리가 훌륭하다고들 한다.

## controversial

a. 논쟁을 야기하는, 논쟁의 causing debate; disputable

▶ controversy 논쟁

The new banking regulatory commission has become both costly and **controversial**. 새로운 금융 규제 수수료는 비용이 많이 들 뿐 아니라 논쟁을 야기시켰다.

There were **a lot of controversial ideas** that were offered up at the meeting. 그 회의에서는 논란의 여지가 있는 안(案)들이 많이 상정되었다.

## mutual

a. 서로의, 공통의, 상호간의 interchangeable

▶ mutually 서로, 공동으로

**A mutual understanding** will be crucial if we want to get along together. 서로 잘 지내고자 한다면 상호간의 이해가 중요할 거야.

 **TOEIC TIPS**

## 주의해야 할 형용사의 비교급과 최상급

| 형용사 | 비교급 | 최상급 |
|---|---|---|
| good [형] 좋은 | | |
| well [부] 잘 | better | best |
| well [형] 건강한 | | |
| bad [형] 나쁜 | | |
| ill [형] 아픈, 병든 | worse | worst |
| badly [부] 나쁘게, 대단히 | | |
| many [형] 많은. 가산명사에 사용 | more | most |
| much [형] 많은. 불가산명사에 사용 | | |
| little [형 / 부] 약간(의) | less | least |
| late [형 / 부] 늦은, 늦게 | later (시간) 더 늦은, 더 늦게 | latest |
| | latter (순서) 더 나중의, 더 나중에 | last |
| far [형 / 부] 먼, 멀리 | farther (거리) 더 먼, 더 멀리 | farthest |
| | further (정도) 더 멀리, 더 깊이 | furthest |

UNIT **2**

091
## precise

a. 정밀한, 정확한 exact; definite

▶ **precisely** 정밀하게, 바로, 틀림없이
▶ **precision** 정확, 정밀
▶ **precision gauge** 정밀계기

The **precise** time and date of your departure will be disclosed at a later date. 귀하의 정확한 출발 시간과 날짜는 며칠 후에 발표될 겁니다.

092
## portable

a. 휴대용의

When using a **portable** computer, it is imperative that you carry an adequate supply of rechargeable batteries. 휴대용 컴퓨터를 사용할 때, 적절한 양의 재충전 전지를 휴대하는 것이 필수적이다.

093
## voluntary

Voluntary service

a. 자발적인, 고의의 free-will; intentional

▶ **volunteer** 지원자, 지원하다

We would really like you to come to the meeting, but attendance is strictly **voluntary**. 귀하께서 모임에 와 주시기를 진심으로 원하지만 출석은 순전히 자유입니다.

094
## hectic

a. 매우 바쁜

Mary had **a hectic day** at the office and was anxious to get home and relax. 메리는 사무실에서 정신없이 바빠 몹시 집에 가서 쉬고 싶었다.

095
## flexible

a. 휘기 쉬운, 유연한, 융통성 있는 elastic; changeable

▶ **flexibility** 유연함

She is a **flexible** person who doesn't mind working long hours when there is an important project to finish. 그 여자는 중요한 일을 끝내야 하면 야근도 마다하지 않는 융통성있는 사람이야.

## 096
# mandatory

a. 의무적인, 필수의 required; necessary

You must undergo **a mandatory physical examination** before you enter the army. 군대에 들어가기 전에 반드시 의무적인 신체 검사를 받아야 한다.

Please remember that there is **a mandatory meeting** that all personnel must attend. 전 직원이 반드시 참석해야만 하는 회의가 있다는 것을 잊지 말아 주십시오.

## 097
# typical

a. 전형적인

▶ typically 전형적으로

Manufacturers expect a **typical** men's dress shirt to shrink two percent with the first few washings. 제조업자들은 전형적인 남성용 셔츠가 처음 몇차례의 세탁으로 2% 줄어들 것이라고 생각한다.

## 098
# cutthroat

a. (경쟁이) 치열한

The **cut-throat** business of selling diamonds requires a shark-like personality and no morals. 경쟁이 치열한 다이아몬드 판매업에서 도덕적인 양심도 없는 악착같은 성격이 필요하다.

## 099
# affordable

a. (값이) 적당한, 알맞은, 비싸지 않은

▶ afford …할 여유가 있다

Available in most local bookstores, this valuable volume retails for an **affordable** seven pounds. 대부분의 지방 서점에서 구입할 수 있는 이 귀중한 저서는 적당한 가격인 7파운드로 팔린다.

## 100
# consistent

a. 일치하는, 균일한

▶ consistently 계속해서, 끈질기게

In terms of quality, our company **consistently** ranks within the top ten manufacturers nationwide. 품질 면에서 우리 회사는 계속 전국 제조업체 중 10위안에 있다.

## 101
# suspicious

a. 의심스러운

According to the police officer, he had a **suspicion** that the gun used in the robbery was not laded. 경찰관에 따르면, 그는 강도행위에 사용된 총은 장전되어 있지 않다는 의혹을 가지고 있었다.

**102**

# indeed

ad. 실로, 참으로

The year that just ended was indeed a hectic one. 막 지나간 해는 정말이지 정신없이 바쁜 한 해였다.

**103**

# vigorous

a. 활발한, 강력한, 단호한 energetic; dynamic; lively

> ▶ invigorate 원기를 돋구다, 북돋다

Company officials expect that the company will post vigorous sales growth both this fiscal year and next. 회사 임원들은 회사가 올 회계년도와 내년에 활발한 판매성장을 기록할 것을 기대하고 있다.

**104**

# solid

a. 견실한, 확실한, 순수한

> ▶ solid gold 순금

Peter's father received a solid gold watch at his retirement party. 피터의 아버지는 퇴임 파티에서 순금시계를 받았다.

It is important to build a solid client base if you are a salesman. 만약 당신이 영업사원이라면 탄탄한 고객층을 형성하는 것이 중요하다.

**105**

# civic

a. 시의, 도시의 citizen's; communal

> ▶ civil 시민의, 문명의, 정중한, 민간의
> ▶ county 군(郡)
> ▶ municipal 시의, 자치도시의

Along with aid from organizations, about 50 civic groups in Japan had come forward to offer help. 기관들의 지원과 더불어 일본의 시민단체들은 적극 지원에 나섰다.

**106**

# profound

a. 깊은 thoughtful

Shifting the production lines at the factory has made a profound impact on overall productivity. 공장의 생산라인을 바꾸는 것은 전반적인 생산성에 엄청난 영향을 초래했다.

**107**

# extensive

a. 광범위하게 미치는

> ▶ extensively 널리, 광범위하게
> ▶ extension 연장, 확대, 내선(구내전화)
> ▶ extend 뻗다, 늘이다, 확장하다

The beverage list on the menu was **extensive,** offering several different teas and many exotic fruit juices. 메뉴상의 음료수들은 갖가지 다양한 차(茶)와 많은 이국적인 과일 주스를 제공하는 등 매우 다양했다.

## 108
## ethical

a. 윤리적인 moral

When working in a sensitive position, you must abide by the strictest of **ethical standards**. 주의를 요하는 지위에 있을 때, 당신은 가장 엄격한 윤리적인 기준을 준수해야 한다.

## 109
## reliable

Reliability ☑
Efficiency ☑
Quality ☑
Service ☑

a. 의지가 되는, 믿음직한, 확실한 trustworthy

▶ **reliability** 신빙성, 확실성
▶ **unreliable** 믿을 수 없는

The agency was looking for **a reliable person** to run the office while the president was on vacation. 그 대리점은 사장이 휴가중인 동안 사무실을 운영할 믿을 만한 사람을 찾고 있었다.

## 110
## constant

a. 끊임없는, 변함없는

▶ **constantly** 빈번히, 항상, 끊임없이

The marketing director advised the president to **keep end-user prices constant**. 마케팅 담당 이사는 사장에게 최종소비자 가격을 그대로 유지할 것을 충고했다.

## 111
## complete

a. 완전한, 전부 갖춘, 전면적인 v. 완성하다

▶ **completely** 완전히
▶ **completion** 성취, 완결, 달성

The number of new homes **completed** in December declined from the previous year. 12월에 완성된 새 주택의 수는 지난해보다 감소했다.

## 112
## appropriate

APPROPRIATE DIET

a. …에 적합한(for) proper v. 충당하다 allocate

▶ **inappropriate** 부적당한

I think it highly **appropriate** that one of you leads the ribbon cutting ceremony. 나는 당신들 중의 한 명이 개관식을 주도하는 것이 아주 좋을 것이라고 생각한다.

It would not be very **appropriate** for you to go over to the dinner without him. 저녁식사에 그 사람을 데리고 가지 않는다는 것은 아주 적절하지 못한 것 같아요.

**2**

UNIT

## 113
## frequently

ad. 빈번하게

> ▸ frequent 빈번한
> ▸ infrequently 드물게

The hot dog stand near the university is the place where many students frequent if they want to grab a bite quickly. 대학교 근처의 핫도그 가판대는 많은 학생들이 빨리 요기를 하고 싶을 때면 자주 찾는 곳이다.

## 114
## magnificent

a. 멋진, 굉장한

I've heard it's a beautiful city. I'm told the mountains are magnificent. 아주 아름다운 도시라고 들었고 산들이 아주 장관이라는 말을 들었어.

## 115
## invaluable

a. 매우 소중한

> ▸ valuable 귀중한

The lessons that the young boy learned while at summer camp proved to be invaluable. 여름 캠프에서 그 남자애가 체득했던 교훈은 가치를 따질 수 없을 정도로 귀중한 것이었다는 점이 밝혀졌다.

## 116
## thorough

a. 철저한, 충분한, 빈틈없는 complete in every way

> ▸ thoroughly 완전히, 충분히, 철저히

To ensure long term success, a company must have a thorough knowledge of its competition. 회사가 장기적인 성공을 확실히 하기 위해서는 경쟁사에 대한 빈틈없는 정보를 갖고 있어야 한다.

## 117
## profuse

a. 아낌없는, 후한, 풍부한 generous; excessive

The teacher was profuse in his praise of her singing abilities. 선생님은 그녀의 노래실력에 대해 칭찬을 아끼지 않았다.

The manager was known to be profuse in his compliments. 부장은 칭찬에 후하기로 알려졌다.

## 118
## monetary

a. 화폐의, 금융의, 재정상의 concerning money; financial

Call for a reservation at our upcoming seminar in the Jakarta area, and let us show how your hard work can bring you big monetary benefits. 자카르타에서 열릴 다가오는 세미나에 예약전화를 하십시오. 그러면 어떻게 근면이 당신에게 커다란 금전적 혜택을 가져다 주는지 알 수 있을 겁니다.

## 119
# incredible

a. 엄청난

Because of his **incredible** popularity, the station decided to give the singer a spot on the variety program. 그 가수의 엄청난 인기 때문에 방송국은 이 사람을 버라이어티 쇼에 출연시키기로 결정했다.

## 120
# vital

a. 중대한

A well-educated workforce is the most **vital** component of a modern economy. 교육을 많이 받은 노동력이 현대 경제에서 가장 중대한 요소이다.

**TOEIC TIPS** 동일어원에서 파생한 비슷한 형태의 형용사들

| | |
|---|---|
| intense 격렬한 | ···▸ intensive 집중적인 |
| additional 추가적인 | ···▸ additive 덧셈의 |
| secret 비밀의 | ···▸ secretive 숨기는 |
| likely 있음직한 | ···▸ likable 호감이 가는 |
| whole 모든 | ···▸ wholesome 건강에 좋은 |
| childish 어리석은 | ···▸ childlike 순진무구한 |
| comparable 필적하는, 비교할만한 | ···▸ comparative 비교의, 비교적 |
| economic 경제의 | ···▸ economical 절약하는 |
| historic 역사의, 역사적으로 중요한 | ···▸ historical 역사적인, |
| regularly 정기적으로 | ···▸ regulatory 규제하는, 단속하는 |
| touchy 다루기 힘든, 성마른 | ···▸ touching 감동시키는, 가여운 |
| considerable 상당한, 엄청난 | ···▸ considerate 이해심깊은 |
| industrial 산업의 | ···▸ industrious 근면한 |
| informed 소식에 밝은 | ···▸ informative 유익한, 지식을 주는 |
| numerical 숫자상의 ···▸ numerous 다수의, 수 많은 | ···▸ numeral 수의, 수를 나타내는 |

**2**

UNIT

**121**
## recent

a. 최근의

▶ recently 최근에

The finance division **recently** reported that they are having difficulties balancing the budget. 재정부서는 최근 예산을 맞추는 데 어려움을 겪고 있다고 보고했다.

**122**
## suitable

a. 적당한, 어울리는

▶ suitably 적합하게, 어울리게
▶ be suitable for …에 적합[적당]하다

I am responsible for matching people with jobs that are **suitable for** them. 난 사람들에게 맞는 일자리를 알선해주는 책무를 맡고 있다.

**123**
## extraordinary

a. 보통이 아닌, 놀라운

▶ ordinary 평범한

You experience the fascinating customs, **extraordinary** wildlife, and wondrous beauty of faraway lands. 매혹적인 풍습이며 다른 곳에선 볼 수 없는 야생 동식물, 그리고 먼 이국땅의 놀라운 아름다움을 경험해 보십시오.

**124**
## compelling

a. 강한 흥미를 돋우는

▶ compel 강제하다

Your arguments are very **compelling** but I still disagree. 당신의 주장은 상당히 흥미를 돋우지만 나는 여전히 동의하지 않는다.

**125**
## deliberate

a. 계획적인, 신중한 careful  v. 숙고하다, 심의하다

▶ deliberately 신중히   ▶ deliberation 숙고, 신중

We believe the hostile takeover was a **deliberate attempt to** anger and frustrate the CEO of our company. 우리는 적대적인 매수가 회사의 최고경영자를 화나게 하고 좌절시키기 위한 계획적인 시도였다고 믿고 있다.

**126**

**lucrative**

a. 이익이 많이 나는, 수지가 맞는

We expect profit margins on our main products will remain **lucrative** for at least the next two years. 주력제품의 이윤폭이 적어도 향후 2년간 수지가 맞을 것으로 기대하고 있다.

**127**

**literally**

ad. 글자 그대로, 그야말로, 정말로 word for word; exactly

▶ literal 문자 그대로의

When stories are translated **literally,** they often lose their meaning. 이야기들이 글자 그대로 해석될 때는 종종 그 의미를 잃게 된다.

**128**

**hefty**

a. 무거운

The bag was so **hefty** I couldn't lift it. 이 가방은 너무 무거워서 들을 수가 없었다.

**129**

**consecutive**

a. 연속적인, 잇따른 successive

▶ consecutively 연속적으로

Residential customers are assessed the charge on balances carried forward **for two consecutive billings.** 거주 고객들은 두번의 연속적인 청구에 대해 차기 이월 잔액에 요금이 부과될 것이다.

**130**

**preceding**

a. 이전의, 전술한, 앞선, 바로 전의 previous; above-mentioned

▶ precede 선행하다, …에 앞서다
▶ precedent 선례, 전례
▶ unprecedented 전례없는

Our seminar will be the one **preceding** the presentation about safety and metal. 우리 세미나는 안전과 금속에 대한 설명회가 시작되기 바로 전에 시작될 것이다.

The judge's decision to convict the defendant was **unprecedented.** 그 피고인에게 유죄를 선언한 재판관의 결정은 전례없는 것이었다.

**131**

**significant**

a. 중대한, 중요한, (양) 상당한, 의미심장한

▶ insignificant 무의미한, 하찮은
▶ significantly 의미심장하게, 현저히, 상당히
▶ significance 중요성, 의미, 의의
▶ signify 의미하다, 뜻하다(mean), 표시하다

**2**

A **significant** portion of Jack's paycheck is used for housing. 잭 월급의 상당부분은 주거비용으로 사용된다.

The legislation will create **significant** changes in the environment. 그 법안은 환경에 중대한 변화를 일으킬 것이다.

132
# competitive
a. 경쟁력 있는

▶ competence 능력
▶ competitiveness 경쟁력

The two companies were merged to create a more **competitive** business entity. 그 두 회사는 더욱 경쟁력있는 회사를 만들기 위해 합병했다.

133
# specific
a. 특정한, 구체적인

▶ specified 세분화된, 명시된
▶ specifically 특히, 명확하게

We need to **know the specific information** you've collected in support of this case. 이 사건을 변호하느라 귀하가 수집한, 그 특정 정보를 저희가 알아야 합니다.

**Specifically,** children are not to be left without an adult to watch over them. 보다 상세하게 얘기하자면, 아이들을 성인이 돌보지 않은 채 혼자 있게 두어서는 안됩니다

134
# spacious
a. 넓은

▶ space 공간, 간격          ▶ parking space 주차공간

Walter has a **spacious** office with a great view of the city. 월터 사무실은 아주 넓고 시내가 전경이 아주 잘 보인다.

135
# contemporary
a. 현대의, 최신의

The exhibit was unique because it included both historic and **contemporary** artifacts. 전시회는 역사적인 그리고 현대적인 공예품을 포함하고 있어 아주 독특했다.

136
# renowned

a. 유명한 famous

Dr. Willis, a **renowned** French sociologist, predicts that only about four hundred of the existing six thousand languages will survive through the century. 프랑스의 유명한 사회학자인 윌리스 박사는 현재 6천 개의 언어 중 단 4백 여개의 언어만 금세기에 살아남을 것이라고 예언했다.

## 137
### distinguished

a. 눈에 띄는, 출중한, 유명한 notable; prominent

▸ **distinguishing** 특징적인, 특징을 이루는

The Copeland Group **has distinguished itself as** an innovator of the restaurant industry. 코프랜드 그룹은 레스토랑 업계의 혁신자로서 주목받아 왔다.

Professor David Jung is **a distinguished legal scholar** and lawyer from Beijing. 데이빗 정 교수는 베이징 출신의 저명한 법률학자이자 변호사이다.

## 138
### afterwards

ad. 나중에

We'll join the new students **afterwards.** 우리는 나중에 새로운 학생들과 합류하게 될 것이다.

## 139
### irregular

a. 불규칙적인

▸ **regular** 규칙적인, 정기의, 단골손님
▸ **regularly** 정기적으로
▸ **irregularly** 비정기적으로

The blocks that the children were playing with were **irregular** in shape and size. 아이들이 가지고 놀고 있었던 블록들은 모양과 크기가 일정하지 않았다.

## 140
### stylish

a. 현대식의, 유행의, 스마트한 fashionable

She was wearing a very **stylish** outfit at the party last night. 그녀는 지난밤 파티에 매우 스마트한 의상을 입고 있었다.

## 141
### meticulous

a. 매우 신중한, 세세한 detailed; accurate

▸ **meticulously** 너무 세심하게

He was an extremely hard worker and he always kept **meticulous** records. 그는 매우 건실한 일꾼이며 항상 세심한 기록을 해둔다.

Every day she would **meticulously** clean her computer from top to bottom. 매일 그녀는 컴퓨터를 맨 위부터 바닥까지 세심하게 청소한다.

## 142
### dubious

a. 의심스러운, 수상한

If you have any questions, please ask me, Pam, or Connie before opening any **dubious** attachment. 의문사항이 있으면 저나 팸, 또는 코니에게 문의하시기 바랍니다.

**2**

UNIT

**143**

## heretofore

ad. 지금까지, 이전에는

Heretofore, the company paid out an annual bonus; however, this practice will cease next year. 지금까지 회사는 연례 상여금을 지급하였지만 내년부터는 이런 관행은 더 이상 지속되지 않을 것이다.

**144**

## sole

a. 유일한, 단독의 alone; singular   n. 신발 밑창

▶ sole proprietorship 자영업
▶ sole practitioner 개업의, 개업변호사

It is important to understand exactly what you are personally liable for when you have sole proprietorship of a business. 자영업체를 운영하려면, 자신이 개인적으로 책임져야 할 것이 무엇인지를 정확하게 파악하는 것이 중요하다.

**145**

## lavish

a. 사치스러운, 지나치게 호화스러운 profuse; splendid

The hotel we stayed at in Paris was incredibly lavish. 우리가 파리에서 머물렀던 호텔은 믿을 수 없을 만큼 호화스러웠다.

**146**

## simultaneously

ad. 동시에

▶ simultaneous 동시의

Never eat while speaking on the phone. It is inconsiderate to chat and chew simultaneously. 절대로 통화하면서 먹지 마라. 이야기를 나누면서 동시에 먹는다는 것은 분별없는 행동이다.

**147**

## disparate

a. 상이한, 다른

Now companies worldwide can immediately access and integrate data from disparate systems and deliver it as useable information via the Web. 이제 전 세계의 회사들은 즉시 다른 시스템의 자료에 접속하여 통합할 수 있으며 그것을 이용가능한 정보로서 웹을 통해 전달할 수 있다.

**148**

## graphic

a. 사실적인, 생생한 clear; explicit

▶ graphically 아주 생생하게

The movie was given an X-rating because it was too graphic. 그 영화는 너무 생생하게 묘사되었기 때문에 성인용 영화로 판정받았다.

## 149
# stunning

a. 기절할 만한, 멋진

China scored a **stunning** victory in the match. 중국은 경기에서 멋진 승리를 거두었다.

## 150
# ethical

a. 윤리적인, 직업윤리에 맞는 *ethnic 민족의

▶ unethical 비윤리적인

When selecting a teacher's assistant, it is **unethical** for a teacher to exclude ethnic students. 조교를 뽑을 때 선생님이 소수인종의 학생을 제외시키는 것은 비윤리적이다.

**TOEIC TIPS**

## through와 그 일당들

| through : | 전치사와 부사로 쓰이며 …을 관통하거나, 지나다, 처음부터 끝까지 등의 의미. |
|---|---|
| throughout : | 전치사로 다음에 항상 명사가 오며 throughout the world(세계 도처에)처럼 장소의 구석구석다를, 그리고 throughout one's life(평생)처럼 특정 시간의 처음부터 끝을 말한다. |
| thorough : | th 다음에 r이 아니라 o가 온다는 사실에 주목한다. 형용사로 주로 명사 앞에서 철저한, 빈틈없는 의미로 쓰인다. |
| though : | 접속사로 문장 앞에서 비록 …이지만이라는 의미로 쓰이며 생활영어에서는 부사로 문장 끝에서 그렇지만, 그래도라는 의미로 쓰인다. |

**2**

UNIT

**151**
## tremendous

a. 엄청난, 거대한 huge; marvelous

▶ tremendously 엄청나게

The winds were of hurricane strength, and caused **tremendous** damage throughout the city. 허리케인급의 강풍이었기 때문에 도시 전역에 엄청난 피해를 야기시켰다.

**152**
## incessant

a. 끊임없는 never-ending; persistent

I remember that an **incessant** noise was coming from near the tool shed. 나는 공구 보관하는 헛간 근처에서 나던 끊임없는 소음을 기억한다.

The lady couldn't sleep due to the **incessant** noise coming from the construction site. 그녀는 건축현장에서 나는 끊임없는 소음으로 인해 잠을 청할 수 없었다.

**153**
## soaring

a. 급상승하는, 급증하는

People say Sara has a **soaring** voice when she sings. 사람들은 새라가 노래를 부를 때 목소리가 고음으로 올라간다고 한다.

**154**
## considerable

a. 중요한, 수량이 꽤 많은

▶ considerate 신중한, 사려깊은
▶ considerably 많이, 상당히

She spent **considerable** time and money getting herself qualified, and it finally paid off for her. 그 여자는 그 일을 할 수 있는 자질을 갖추려고 시간과 돈을 상당히 많이 투자해서, 결국 그만한 성과를 보았다.

**155**
## prime

Prime meridian

a. 첫째의, 최초의, 전성기

▶ primarily 처음에는, 주로, 본래는

The guide told the tourists that the castle was now used **primarily** for art exhibitions. 그 가이드는 관광객들에게 그 성이 현재는 주로 미술전람회장으로 이용된다고 말했다.

**156**

## approximate

IS APPROXIMATELY EQUAL TO

a. 대략의 almost accurate   v. …에 가깝다 come close

▶ approximate number of~ …의 대략적인 숫자
▶ ~ is approximate 대략 …의 수치이다
▶ approximately 대략, 대강, 얼추

The **approximate** distance between San Francisco and Oakland is about 15 miles. 샌프란시스코와 오클랜드는 대략 약 15마일 정도 떨어져 있다.

The store is located **approximately** ten miles from the edge of town. 그 상점은 시 외곽에서 대략 10마일 떨어진 곳에 위치해 있다.

**157**

## past

a. 지난, 이전의  n. 과거  prep. …을 지나서

The market for blue jeans has swelled tremendously **over the past ten years.** 청바지 시장은 지난 10년간 엄청나게 팽창했다.

**158**

## enormous

a. 거대한, 어마어마한

Experts are predicting an **enormous** currency devaluation of the yen. 전문가들은 엔화가 엄청나게 평가 절하될 것으로 예상하고 있다.

**159**

## imminent

a. 절박한, 급박한 close; impending

Although the workers in the company have worked hard to keep it afloat, we feel that bankruptcy is **imminent.** 회사의 직원들이 파산하지 않으려고 열심히 일했지만 우리는 파산이 임박했음을 느낀다.

**160**

## attentive

a. (…에 대해) 주의 깊은(~for), 신경을 쓰는

Not to mention service so **attentive** and rooms so comfortable, you'll wish you could move in. 서비스가 세심하고 방 또한 편안하여 들어와 살고 싶으실 겁니다.

**161**

## handy

a. 간편한, 능숙한, 편리한

This new computer is really **handy.** 이 새로운 컴퓨터는 정말이지 편리하다.

**162**

## firsthand

a./ad. 직접의, 직접으로

The president heard the news about the government's deregulation plan **firsthand** at the convention. 회장은 정부의 규제철폐소식을 회의에서 직접 들었다.

**2**

UNIT

## 163
### positive

a. 긍정적인, 확신하는, 단정적인 optimistic; sure

▶ **negate** 부정하다, 무효로하다
▶ **negation** 부정, 부인, 취소
▶ **negative** 부정적인, 소극적인, 부정적 요소

Nothing is more important in business than creating a **positive** first impression. 긍정적인 첫인상을 만들어 내는 것이 비즈니스에서는 가장 중요하다.

The **negative** impact would be tremendous. 부정적인 영향이 막대할 것이다.

## 164
### pricey

a. 비싼

▶ **priceless** 대단히 귀중한

I love that restaurant, but it's kind of **pricey** and these days I've been trying to save money. 그 레스토랑을 좋아하긴 하지만 가격이 좀 비싸. 요즘 돈을 절약하려고 애쓰고 있단 말이야.

## 165
### irresistible

a. 못 견디게 매혹적인

Testimonials add a warm and engaging touch to brochures that readers find **irresistible**. 홍보용 책자를 만들 때 그 제품을 직접 사용해본 사람들의 증언을 첨가하면 따뜻하고 매력적인 느낌을 팸플릿에 더해주어 읽는 사람의 마음을 꽉 잡게 된다.

## 166
### prevalent

a. 창궐하는, 널리 유행하는 (널리) 보급된

That sort of behavior is quite **prevalent** in our field of work, I'm sorry to say. 이런 말 해서 미안하지만, 그런 행동은 우리 업계에서는 꽤 흔한 일입니다.

## 167
### ambiguous

a. 애매모호한

▶ **ambiguity** 애매모호함

AMBIGUITY

Greg was **ambiguous** about his vacation plans; he still had not made up his mind where he would go. 그렉은 휴가 계획을 확실히 정하지 못했어. 걘 아직도 어디로 갈지 결정을 못했었어.

## 168
### upset

a. 전복된 disturbed  n. 혼란 disorder  v. 뒤집어 엎다 disturb; capsize

The young man **was very upset at** his noisy neighbors. 그 젊은이는 시끄러운 그의 이웃들에게 화가 났다.

## 169
**local**

SUPPORT LOCAL BUSINESS

a. 지방의, 지역의 *거주하고 있는 특정 지역내에서 제공되는 혹은 그 지역 특유의 서비스나 건물, 사람 등을 나타낼 때 쓰이는 단어.

▶ **locally** 지역적(국부적)으로

Most of the fruits and vegetables are grown **locally,** but are sold in the city. 과일과 채소들은 대부분 인근지역에서 재배되지만, 도시에서 팔린다.

## 170
**rare**

a. 드문, 희귀한

▶ **rarely** 거의 …하지 않는

Frank **rarely** eats breakfast and sometimes does not eat lunch either. 프랭크는 거의 아침을 먹지 않고 가끔 점심도 거른다.

## 171
**forthright**

a. 솔직한

You were not **forthright** with us. 너는 우리에게 솔직하지 않았다.

## 172
**intimidating**

a. 위압적인

Business suits are too **intimidating** and golf shirts are too casual. 정장은 너무 위압적이고 골프복은 너무 캐주얼하다.

## 173
**deductible**

a. 세금을 공제받을 수 있는

▶ **deduction** 공제
▶ **deduct** (세금 등을) 공제하다, 빼다

Business and entertainment expenses should be separated from daily personal expenses. These expenses must be necessary to conduct a trade or business in order to be **deductible.** 영업비 및 접대비는 사적인 일상 경비와는 구별되어야 한다. 영업비 및 접대비가 세금 공제 혜택을 받으려면 이런 비용이 사업 및 영업을 수행하는 데 필요한 경비여야만 한다.

## 174
**irrelevant**

a. 부적절한, 무관계한 impertinent; unconnected

▶ **relevant** 관련있는, 적절한

It is **irrelevant** what I think; the boss never listens to anyone's opinion. 내 생각은 상관도 없다. 사장은 다른 사람의 의견은 절대로 안 듣는다.

**2**

UNIT

## 175
# contentious
a. 토론하기 좋아하는, 논쟁을 초래하는

> ▶ contention 싸움, 주장
> ▶ discontent 불만이 있는

Jane is a **contentious** person who argues with just about everyone she meets. 제인은 만나는 사람들과 거의 다 다투는 매우 논쟁을 좋아하는 사람이야.

## 176
# improved
a. 향상된, 개선된

**IMPROVEMENT**

> ▶ improve 개선하다, 향상시키다
> ▶ improvement 향상, 개선

Stan's employer was disappointed with his work last month, but now says Stan is beginning to exhibit signs of **improvement**. 스탠의 고용주는 지난달 그의 업무실적에 실망했지만, 이제 스탠이 개선의 징후를 보이기 시작하고 있다고 말하고 있다.

## 177
# disposable
a. 일회용의  n. 일회용품

> ▶ dispose of 처분하다, 처리하다

Many parents opt for **disposable** diapers because they are easier to use and are relatively cheap. 일회용 기저귀는 사용하기가 간편하고 값이 비교적 싸기 때문에 이것을 이용하는 부모들이 많다.

## 178
# rigorous
a. 준엄한, 혹독한 demanding; harsh

We put products through **rigorous** tests to help make them safer for customers. 우리는 고객들이 안전하게 사용할 수 있도록 우리 제품들을 엄격히 테스트한다.

The newcomers will undergo a **rigorous** training program. 신참자들은 엄격한 훈련프로그램을 거칠 것이다.

## 179
# acoustic
a. 음향의, 청각의

> ▶ acoustics 음향시설

The **acoustics** in this theater are great; the sound quality is exceptional in every seat. 이 극장의 음향시설은 훌륭해. 음질은 모든 좌석에서 아주 뛰어나다.

## 180
# outrageous

a. 난폭한, 터무니 없는, 굉장한 shocking; extreme

> ▶ **outrage** 난폭, 모욕, 격분시키다
> ▶ **outrageously** 난폭하게, 터무니없게

Our boss **was outraged** at the fact that we had not finished our work. 사장은 우리가 일을 끝내지 않았다는 사실에 크게 화가 났었다.

**TOEIC TIPS**

## TOEIC에 자주 나오는 전치사

[전치사로만 쓰이는 단어들]

**despite** ···에도 불구하고(in spite of)
  ···▸ Despite the bad weather, 궂은 날씨에도 불구하고.

**beneath** ···의 바로 아래에
  ···▸ beneath the waves 파도 속으로

**regarding** ···에 관하여, 대하여
  ···▸ regarding the proposed contract terms 제안된 계약조건에 관하여

**including** ···을 포함하여
  ···▸ including air fare 항공료를 포함한

**concerning** ···에 관한
  ···▸ receive hourly updates concerning~ ···에 대한 매시간 업데이트를 받다

**toward** ···을 향하여
  ···▸ change the public attitude toward health care 의료서비스에 대한 공식적인 입장을 바꾸다

**during** ···하는 동안에 (during 다음에는 특정기간명사가 for 다음에 시간명사가 온다.)
  ···▸ during the board meeting 이사회가 진행되는 동안

## 181
### principal

a. 주요한  n. 교장

> principle 원칙, 주의, 신조

Chris Suh is the principal actor in the play. 크리스 서는 그 연극에서 주연 배우이다.

The judge's decision was not based on emotion, but rather on principle. 판사의 결정은 감정에 의한 것이 아니라 원칙에 입각한 것이었다.

## 182
### practical

Theory - Practice

a. 실용적인

> impractical 비현실적인, 비실용적인

Practical gifts such as kitchen utensils are often given to newly wed couples because the couple usually are too busy to buy them during their wedding preparations. 신혼 부부들은 부엌용품과 같은 실용적인 선물들을 자주 받게 되는데 대개 결혼 준비기간동안 너무 바빠서 그것들을 살 수 없기 때문이다.

## 183
### exquisite

a. 절묘한, 세련된, 격렬한 excellent; finely detailed

Our company has one of the most exquisite displays of art work hanging in its show-room. 우리 회사의 전시실은 가장 세련된 예술작품 전시물들을 보유하고 있다.

## 184
### unanimous

a. 만장일치의

> unanimously 만장일치로
> unanimous agreement 만장일치

The committee agreed unanimously to adopt the new marketing plan. 위원회는 새로운 시장계획을 채택할 것을 만장일치로 합의했다.

## 185
### offhand

ad. 즉석에서

The secretary told her boss that she did not know the number offhand, but that she could call information and get it. 비서는 사장에게 지금 당장은 번호를 모르지만 안내계에 전화해서 알아낼 수 있다고 했다.

## 186
### erratic
a. 불규칙적인, 변덕스러운

We advise investors to act with caution due to the erratic behavior of the US options market. 우리는 투자가들에게 미국 옵션 시장의 불규칙한 습성에 신중을 기하라고 조언한다.

## 187
### frivolous
a. 시시한, 하찮은, 경솔한 trivial; minor; careless

She was frivolous with her money because she had just inherited a large sum from her grandfather. 그녀는 얼마 전에 조부로부터 많은 돈을 상속받았기 때문에 돈을 하찮게 여겼다.

## 188
### sturdy
a. 억센, 튼튼한, 건장한 solid; durable

The furniture was sturdy, functional, and extremely well-made. 그 가구는 견고하고 기능적이며 매우 잘 만들어졌다.

## 189
### pursuant (to)
a. …에 따른

No person shall build a permanent structure without first obtaining a building permit from the City pursuant to this Chapter. 이 조항에 의거하여, 먼저 시의 건축허가를 얻지 않고는 어느 누구도 상설 건물을 지을 수 없다.

## 190
### adequate
a. 적당한, 충분한 suitable; sufficient

▸ adequately 충분하게
▸ inadequate 불충분한, 부적당한
▸ adequacy 적당함

The facilities at the Hilton Hotel in Tokyo are more than adequate for our presentation. 도쿄 힐튼 호텔의 시설은 우리 설명회를 위해서는 더할 나위 없이 적절하다.
The fire marshal decided to fine the company for its inadequate safety standards. 소방서장은 안전수칙 위반을 이유로 그 회사를 벌금에 처하기로 결정했다.

## 191
### potential

POTENTIAL

a. 잠재적인, 가능성이 있는 n. 가능성

▸ potent 강력한, 힘센
▸ potentially 잠재적으로

We can't afford to miss any potential business opportunities in China. 우리는 중국에서의 그 어떤 잠재적인 사업기회도 놓칠 수 없다.

2

UNIT

## 192
### proven

a. 시험을 거쳐 증명된

> ▶ **proof** 사진교정지, 방수, 증거, 교정보다
> ▶ **prove** 증명하다, …이 되다

We're looking to buy good companies with proven management and good growth potential. 우리는 능력이 검증된 경영진과 훌륭한 성장가능성을 지닌 회사들을 인수하려고 한다.

## 193
### vibrant

a. 활력이 넘치는

India has one of the most vibrant and rapidly expanding movie industries in the world. 인도는 세계에서 가장 활력이 넘치고 급속도로 팽창하는 영화 산업국 중 하나이다.

## 194
### distinct

a. 별개의, 뚜렷한, 다른, 독특한 different; clear-cut

> ▶ **distinction** 구별, 특성, 탁월, 특징
> ▶ **distinctive** 독특한, 특이한

We decided to commercialize a distinct product so that we could increase our profitability. 우리는 수익성을 증가시키기 위해서 차별 상품을 시장에 내놓기로 결정했다.

## 195
### subsequent

a. 뒤의, 그 이후의, 잇따르는 following; successive

> ▶ **subsequently** 그 후, 계속해서

Subsequent to the release of his new movie, John became very sick and went into a coma. 존은 그의 신작 영화 개봉 직후에 몹시 아파서 혼수 상태에 빠졌다.

## 196
### stringent

a. 엄격한, 절박한

Our lubricants are formulated to meet the most stringent certification standards and provide protection in the harshest conditions. 저희 윤활제들은 엄격한 보증 기준에 부합되게 제조되며, 최악의 상황에서 보호해줍니다.

## 197
### laden

a. 실은, 적재한

The donkey was heavily laden with gear. 그 당나귀에는 많은 짐이 실려 있었다.

**198**

## overall

a. 전면적인 total; general ad. 전체적으로, 일반적으로

We feel that the demonstration was a success, however, the **overall** turnout was disappointing. 우리는 상품 실물선전은 성공적이었다고 생각하지만 전체 매출은 실망스러웠다.

**199**

## fiscal

a. (국가) 재정의, 회계의

> ▶ fiscal year 회계연도
> ▶ fiscal deficit (국가의) 재정적자
> ▶ fiscal policy 재정정책

fiscal policy

**Last fiscal year** was a disaster, so this year we've had to revise our financial strategies. 지난 회계 연도에 참패를 거뒀기 때문에 올해에는 우리의 재정 전략을 수정해야했다.

**200**

## exclusive

a. 배타적인 unshared, 독점적인 licensed; limited

> ▶ exclusively 배타적으로, 오로지 …만
> ▶ exclude 배제하다, 제외하다
> ▶ exclusive interview 독점 인터뷰

The developer shall retain **the exclusive rights to** the product upon expiration of this contract. 개발업자는 이 계약의 만료 시 상품에 대한 독점권을 보유할 것이다.

**201**

## fledgling

a. 갓 시작한

**The fledgling business** was started this year. 그 갓 시작한 회사는 올해 창업하였다.

**202**

## exotic

a. 외래의, 외국산의

The guests raved about the many **exotic foods** served at the banquet. 손님들은 그 연회에서 대접된 여러가지 이색적인 음식들에 대해 입이 마르도록 칭찬했다.

**203**

## attractive

a. 매력적인, 주의를 끄는

> ▶ attract 마음을 끌다
> ▶ attraction 끌림. 명소

The box was decorated with ribbons and bows in order to **look attractive** under the tree. 나무 아래에 놓인 상자는 예쁘게 보이도록 리본들과 나비 모양의 장식물로 꾸며놓았다.

**204**

# adverse

a. 역의, 반대되는 contrary

▶ adversely 반대로

Analysts have begun to speculate whether the company president's colorful past is adversely affecting the price of the stock. 분석가들은 시장의 화려한 경력이 주가에 불리하게 영향을 미칠지에 대해 조망하기 시작했다.

**205**

# incompetent

a. 무능한 inept; incapable

▶ incompetence 무능함
▶ compete 경쟁하다
▶ competent 유능한

An incompetent worker can cause embarrassment for the entire company. 무능한 직원은 회사 전체에 폐를 끼친다.

**206**

# entire

a. 전체의, 완전한, 흠없는

▶ entirely 아주, 완전히

Jim was so hungry that he ate an entire pizza in one sitting. 짐은 너무 배가 고파서 피자 한 세트를 다 먹었다.

**207**

# adjacent

a. 인접한 next to; beside

The attorney's office was situated adjacent to a large playground. 그 변호사 사무실은 큰 운동장에 인접한 곳에 위치해 있었다.

The parking lot is adjacent to the restaurant, so you should be able to find it. 주차장은 식당에 인접해 있기 때문에 찾을 수 있을 거예요.

**208**

# persistent

a. 완고한, 끊임없는 continuous; endless

▶ persist 고집하다, 지속하다
▶ persistence 고집, 완고

The defense lawyer was extremely persistent in his questioning. 변호사는 심문에 매우 집요했다.

# random

a. 임의의

▶ randomly 임의로

Participants were **randomly** selected from throughout the state to ensure geographic representation. 참가자들은 지역적인 대표성을 확실히 하기 위해 전국 각지에서 임의로 선출되었다.

# backdoor

BACKDOOR

a. 부정한, 정규가 아닌

▶ indoor[outdoor] 실내의[실외의]

All dogs must be on a leash when roaming **outdoors**. 집 밖에 개를 데리고 다닐 땐 끈에 묶어야 한다.

**211**
## imperative

a. 강제적인, 절대 필요한 urgent; essential

The manager felt it was imperative for all employees to attend the computer workshop. 부장은 모든 직원들이 컴퓨터 연수회에 참여하는 것이 절대적으로 필요하다고 느꼈다.

**212**
## rampant

a. 만연하는, 널리 퍼지는

Although this is slowly changing, in the meanwhile, travel scams are rampant. 이러한 사정이 서서히 변하고 있기는 하지만, 그러는 사이에 여행사기가 만연하고 있다.

**213**
## exorbitant

a. 터무니없는, 부당한, 엄청난 excessive; unreasonable

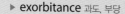
▶ exorbitance 과도, 부당
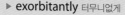
▶ exorbitantly 터무니없게

The increase in speculative buying also contributed to the exorbitant price hike. 매점 매석의 증가 또한 터무니없는 가격 인상에 기여했다.

They paid an exorbitant amount of money for the painting on the wall. 그들은 벽에 걸린 그림을 위해 엄청난 돈을 지불했다.

**214**
## authentic

a. 진짜의

This is an authentic antique from England. 이것은 영국산 진품 골동품이다.

**215**
## designated

a. 지정된, 지명된 indicated; appointed

▶ designate 명명하다, 지적하다
▶ designation 지적, 명칭

I was designated as the person in charge of collecting the ticket stubs. 나는 티켓의 다른 한쪽을 받는 일을 담당하도록 지정되었다.

**216**
## unparalleled

a. 견줄 데 없는, 전대 미문의 superlative; incomparable

Our level of personalized service is unparalleled. 우리의 개인화된 서비스 수준은 어느 누구와도 견줄 수가 없습니다.

**217**
**replete**

a. 가득 찬(with), 충만한, 포식한 loaded; stuffed

The rooms at the Hilton Hotel **were replete with** many different luxury items. 힐튼 호텔에 있는 방들은 많은 다양한 사치품들로 가득했다.

**218**
**current**

a. 현재의[현행의], 추세[흐름]

▶ **currently** 현재, 일반적으로
▶ **concurrent** 동시에 발생하는

I need to get **my current balance** before I can go forward with this financial transaction. 현재 내 잔고를 알아야 이번 금융 거래를 할 수 있습니다.

**219**
**exuberant**

a. 생동감 있는

Today's vibrant island society is an **exuberant** blend of Spanish, African, and American cultures. 생기넘치는 이 섬은 오늘날에는 스페인, 아프리카, 미국 문화가 혼합되어 있는 생동감넘치는 사회가 되었다.

**220**
**tentative**

a. 잠정적인

▶ **tentatively** 잠정적으로, 임시로

According to the president of the company, the contract is still **tentative**. 그 회사의 사장에 따르면, 계약은 아직도 확정 되지 않았다.

**221**
**accommodating**

a. 친절한, 융통성있는

The manager told his co-workers that they must try to be more **accommodating**. 부장은 직원들에게 고객의 요구 사항을 지금 보다 더 수용해야 한다고 말했다.

**222**
**fabulous**

a. 멋진, 굉장한, 믿을 수 없을 정도로 엄청난 superb

The service that we received while aboard the luxury yacht was absolutely **fabulous**. 우리가 호화요트에 승선해서 받았던 서비스는 너무나도 굉장했다.

**223**
**certified**

a. 공인된

▶ **certify** 증명하다, 보증하다    ▶ **certificate** 증서, 증명서

All job applicants are requested to submit a **certified** copy of a college diploma. 모든 구직자는 공인 대학졸업증서를 제출해 야 한다.

## 224
# forthcoming

a. 다가오는 upcoming

The owner of "Foods Are Us" was ecstatic and nervous when receiving the news that she would be catering the **upcoming** film festival. "푸즈아러스" 주인은 그녀가 다가오는 영화제의 음식준비를 담당하게 될 거라는 소식을 듣고 미칠듯이 기뻤고 긴장이 되었다.

## 225
# complimentary

a. 칭찬의, 무료의 given free as a favor

▶ **compliment** 칭찬하다

As part of the cover charge, you will receive one **complimentary** drink and a snack. 공연 관람비를 내시면 음료수 한잔과 간식 한개를 무료로 받게 됩니다.

## 226
# innovative

a. 혁신적인 pioneering; revolutionary

▶ **innovate** 혁신하다
▶ **innovation** (기술) 혁신, 신제도
▶ **renovate** 혁신하다, 개선하다
▶ **renovation** 쇄신, 혁신

The company started an **innovative** new marketing strategy designed to draw consumers to their product. 그 회사는 제품에 대한 소비자들의 관심을 끌기 위해 기획된 혁신적인 마케팅 전략을 새로이 도입, 실시했다.

## 227
# feasible

a. 타당한 possible; suitable

▶ **feasibility** 가능성

After carefully considering all the micro and macro economic data, I feel that it is not a **feasible** outcome. 모든 미시, 거시경제자료들을 자세히 고려해 본 결과, 그게 타당한 결과가 아니라고 판단한다.

## 228
# obsolete

a. 쓸모없는, 구식의

It's not unusual for companies to be forced to throw out entire information systems because the technology becomes **obsolete.** 현재 이용하고 있는 기술이 시대에 뒤떨어진 것이 되어 회사들이 어쩔 수 없이 현재 운영하고 있는 전산정보 시스템을 모두 폐기시키는 것은 드문 일은 아니다.

**229**
**upbeat**

a. 낙관적인, 상승세의, 경쾌한

The high school students found the presentation **upbeat** and interesting. 고등학교 학생들은 그 발표회가 경쾌하고 흥미진진하다고 느꼈다.

**230**
**outstanding**

a. (주식이나 채권이) 발행된, 탁월한, 눈에 띄는

The concert was **outstanding,** it was well worth the price of the tickets. 그 콘서트는 탁월했어. 티켓 값이 전혀 아깝지 않았어.

**231**
**compulsory**

a. 강제적인, 필수의 mandatory; enforced

▶ **compulsive** 강제적인
▶ **compulsion** 강요, 강제, 충동

In university, there are several **compulsory** subjects that you must take. 대학에서는 반드시 수강해야 하는 필수과목이 몇 가지 있다.

I would like to take this class, but I have a **compulsory** one at the same time. 이 수업을 듣고 싶지만, 같은 시간에 필수 과목을 수강해야 돼.

**232**
**versatile**

a. 다재 다능한, 응용이 자유로운

Versatility

Jack is a **versatile** musician, he plays not only the piano but also the violin and cello. 잭은 다재다능한 음악가라서 피아노 뿐아니라 바이올린과 첼로도 연주한다.

The people that I work with are a **versatile** group of individuals with various personalities. 나는 다양한 개성을 가진 사람들이 모여 있어서 다양한 일을 할 수 있는 집단에서 일하고 있어요.

**233**
**sumptuous**

a. 사치스러운, 호화로운

▶ **presumptuous** 건방진, 주제넘은

It is **presumptuous** to think they will recognize your voice. 그들이 네 목소리를 알아들을 거라고 생각하는 것은 주제넘은 것이다.

**234**
**regulatory**

a. 규정하는, 단속의 controlling; monitoring

▶ **regulatory policies** 규제책
▶ **regulate** 규정[통제]하다, 조절하다
▶ **regulative** 규정하는, 단속의

Our firm will comply with the new **regulatory** policies until we receive official notice that we are exempt from doing so. 우리 회사는 공식 면제 통보를 받을 때까지 새로운 규제책을 준수할 것이다.

## 235 strenuous

a. 정력적인, 열심인, 격렬한 laborious; energetic; vigorous
Although the work is very **strenuous**, many people seem to really enjoy it. 그 일이 매우 힘들다 하더라도 많은 사람들이 그것을 정말로 즐기는 것 같다.

## 236 pertinent

a. 타당한, 적절한, …에 관한 (to) relevant; to the point
Only **pertinent** information should be included in an analyst's description of a company. 오직 관련 정보만이 회사 분석가의 기술서에 포함되어야 한다.

## 237 advisory

a. 고문의, 자문의
The **advisory panel's** findings seem to indicate that the magazine has become too politicized. 자문 위원회는 그 잡지가 너무 정치화되었다고 결론짓고 있는 것 같다.

## 238 elaborate

a. 공들인, 정교한  v. 정성들여 만들다, 상세히 설명하다

▶ elaboration 공들여 함, 고심, 노작, 역작

We asked the professor to **elaborate on** point that he had just made. 우리는 교수님께 그가 방금 얘기한 부분을 자세히 설명해 줄 것을 부탁했다.

## 239 willful

a. 계획적인, 제멋대로의, 외고집의 stubborn; determined
She was very **willful** when we asked her to help with what we were doing. 그녀는 우리가 그녀에게 우리가 하고 있는 일을 도와달라고 했을 때 아주 제멋대로 굴었다.

## 240 lucrative

a. 돈벌이가 되는, 이윤을 남기는
After a few years as an artist, I decided to get involved in something more **lucrative**. 나는 몇 년동안 그림을 그리다가 좀 더 돈벌이가 되는 일에 뛰어들기로 결심했지.

---

**241**
## voracious

a. 만족을 모르는

The company's main problem is finding enough
technically skilled workers to fuel its **voracious** growth.
성장을 가속화시킬 만한 전문적인 기술자들을 충분히 찾는 것이 그 회사의 과제이다.

---

**242**
## assorted

a. 다채로운, 조화를 이룬 various; sundry

▶ assortment 각종 구색

The corner drugstore has a wide **assortment** of drugs.
모퉁이의 약국에는 다양한 종류의 약이 있다.

---

**243**
## untouched

a. 손대지 않은, 본래대로의

▶ untapped 미개발의, 사용되지 않은

▶ uninterrupted 연속된, 끊임없는

▶ unsolicited 누가 요청한 것이 아닌

▶ unwavering 확고한, 동요하지 않는

If an **unsecured** loan is not repaid, then the bank has
little recourse against the company. 무담보 대출금이 상환되지 않
으면, 은행은 회사에 대한 상환청구권을 잃게 된다.
We believe that there is considerable **unauthorized** use
of your product. 우리는 귀사 상품의 상당량이 무단사용되고 있다고 확신하는
바입니다.

---

**244**
## savvy

a. 정통한, 약은, 사리를 이해한 shrewd; calculating

He was very **savvy** in his attempt to gain our trust, but
we were wise to him. 그는 우리의 신임을 얻기 위해 매우 약삭빠르게 대처
했지만, 우린 그의 수를 알아차렸다.

---

**245**
## unobtrusively

a. 눈에 띄지 않게

Ceiling fans efficiently and **unobtrusively** move lots of
air. 천장형 환풍기는 많은 양의 공기를 효율적으로 동시에 티나지 않게 흐르게 합니다.

**246**

**nonetheless**

ad. 그럼에도 불구하고(nevertheless)

Kirk left early for his meeting, nonetheless he arrived late. 커크는 회의에 늦게 도착했음에도 불구하고 일찍 가버렸다.

**247**

**overdue**

a. 지급기한이 지난, 늦은

All overdue fines must be paid by the end of the semester. 모든 연체료는 학기말까지 납부해야 한다.

**248**

**uneventful**

a. 평범한, 사건이 없는 monotonous; boring

▶ eventful 다사다난한

Uneventful. We had a stopover in Denver, and then I had to change planes in San Francisco. 별일 없었어. 덴버에서 기착한 다음 샌프란시스코에서 비행기를 갈아타야 했어.

**249**

**resourceful**

a. 일처리에 능숙한 good at finding ways of dealing with problems

Kerry is our most resourceful worker. 케리는 가장 일처리가 능숙한 직원이다.

**250**

**ubiquitous**

a. 도처에 있는

When did grilled-vegetable sandwiches become ubiquitous? 언제 구운 야채 샌드위치가 이렇게 흔히 볼 수 있게 된거야?

**251**

**routine**

a. 통상적인, 일상적인  n. 일상

It was a Jones family routine to always grill fish on Saturday after Mr. Jones returned from his fishing trip. 존스 가족은 존스 씨가 낚시 여행에서 돌아오면 토요일에 생선을 구워 먹곤 했다.

**252**

**sophisticated**

a. 복잡한, 정교한

Everybody was looking forward to the upcoming ball. It was very famous for beautiful women and their stylish and sophisticated evening wear. 모두들 다가오는 무도회를 고대했는데 그것은 아름다운 여성들과 그들의 첨단 유행의 세련된 야회복으로 유명했다.

## 253
### seasoned

a. 노련한

The company just hired a **seasoned** investment specialist in an attempt to improve their financial situation. 그 회사는 회사의 재정 상태를 개선시키려고 노련한 투자 전문가 한 사람을 방금 고용했다.

## 254
### susceptible

a. (~to) 민감한, …에 걸리기 쉬운, 영향받기 쉬운 sensitive; prone

Once listed on the exchange, the company will likely be **susceptible to** a number of takeover bids. 일단 거래소에 명단이 오르면 회사는 수많은 공개매입 제의를 받을 것이다.

Wearing a protective suit makes one less **susceptible to** disease. 보호복을 입는 것은 질병에 감염될 확률을 줄여준다.

## 255
### high-profile

a. 세상에 널리 알려진

Many of the guests at the party were very **high-profile** individuals. 파티에 모인 손님들 중에는 유명인사들이 많았다.

## 256
### stripped-down

a. 필요없는 장비를 모두 제거한 having only essential features

Most home photocopiers are small, **stripped-down** machines with a minimum of controls and fancy features. 대부분의 가정용 복사기는 제어장치와 멋진 기능은 최소한으로 갖추고 있는 불필요한 부분을 제거한 작은 기계들이다.

## 257
### in-depth

a. 심도있는

The manager said that it was a very well presented and **in-depth** report. 관리자는 이것이 표현이 잘 되었으며 심도있게 다룬 보고서라고 말했다.

## 258
### no-frill(s)

a. 실질적인, 불필요한 것을 제거한

The company is dedicated to providing our clients with **no-frill** shopping malls and discount outlets. 당사는 고객들에게 꼭 필요한 것만 갖춘 쇼핑몰과 할인매장을 제공하는데 전념하고 있습니다.

## 259
### brand-new

a. 아주 새로운, 신품의

Johnson Corporation will be giving away a **brand-new** sports car at the Cancer Society's fund raising event this weekend. 존슨 코퍼레이션은 이번 주말의 암협회 기금모금에 신제품 스포츠카를 기증했다.

**2**

UNIT

**260**

**cash-strapped**

a. 돈이 쪼들리는

This company is so **strapped for cash** that we need to sell stock. 이 회사는 너무 자금에 쪼들리기 때문에 우리는 주식을 팔아야 한다.

**261**

**fully-equipped**

a. 시설이 완비된

The hotel suite came with a **fully equipped** kitchen and snack bar. 그 호텔의 스위트룸은 부엌과 스낵 룸에 모든 것이 다 갖춰져 있었다.

**262**

**full-featured**

a. 완벽한, 자르지 않은

The **full-featured** presentation of the documentary can be rented at your local video store. 다큐멘터리의 무삭제판은 여러분이 살고 있는 지역의 비디오 가게에서 빌릴 수 있습니다.

**263**

**hands-on**

a. 직접 해보는

▶ hands-on experience 현장경험

The new employees attended a **hands-on** training session before actually starting work. 신입사원들은 일을 시작하기에 앞서 실무훈련을 받았다.

**264**

**high-quality**

a. 고품질의

▶ high-end 고급의
▶ high-grade 고품질의
▶ high-tech 하이테크(첨단 기술)

You will only find **high-quality** merchandise being sold in the Galleria Mall. 갤러리아 쇼핑 센터에서는 품질이 우수한 상품만 판매한다는 것을 알게 될 것입니다.

**265**

**in-house**

a. 사내(社內)의

▶ in-home 가정내의, 집에서 할 수 있는
▶ in-box 미결 서류함

We do all our own printing **in-house,** so we do not use outside printers. 우린 사내에서 모든 인쇄를 직접 하기 때문에 외부의 인쇄소를 이용하지 않는다.

The receptionist asked her assistant to put all of the unpaid bills into her **in-box.** 접수계원은 그녀의 조수에게 모든 미납 청구서들은 미결서류함에 넣어둘 것을 요구했다.

**266**

**state-of-the-art**

a. 최첨단의

The components we use in our computers are state-of-the-art and made in the USA. 우리가 컴퓨터에서 사용하는 부품들은 미국산으로 최첨단의 것이다.

**267**

**touch-and-go**

a. 아슬아슬한, 위태로운

The situation is very touch-and-go, and nobody has time to think very long before making a decision. 상황이 매우 급박해서 결정을 내리기 전에 오래 생각할 시간적 여유가 있는 사람이 아무도 없다.

**268**

**trend-setting**

a. 유행을 선도하는

The football coach was known for his trend-setting game strategy. 그 축구 코치가 구사하는 경기전략은 추세를 선도하는 것으로 알려졌다.

**269**

**tune-up**

n. 자동차 엔진의 조정

I have to leave my car at the service station for a tune-up. 차를 정비소에 맡겨 정비를 해야 해요.

**270**

**walk-in**

a. 예약없이 오는, 즉석의, 대형의

▶ walk-in registration 즉석 등록

The walk-in registration was slated to begin at 4:00 p.m. on the third Friday of the month. 즉석등록은 이번 달 3째 주 금요일 오후 4시에 시작하는 것으로 예정되어 있었다.

The owner of the restaurant decided that he needed to install a new walk-in freezer. 식당주인은 새로운 대형 냉동고를 설치해야 한다고 결정했다.

**TOEIC TIPS**

계약서 부사들

thereby 그것에 의해서
thereof 그것에 관해서
hereby 이에 의해서
heretofore 이전의

UNIT

**2**

### 271
## well-connected

a. 연줄이 좋은

▶ **well-known** 잘 알려진, 유명한
▶ **well-qualified** 자격이 충분한
▶ **well-attended** 많은 사람이 참석한

High school cafeterias are severely criticized for not offering **well-balanced** meals required by their students. 고등학교 식당은 학생들에게 필요한 고른 영양식을 제공하지 않아 호되게 비판받았다.

### 272
## off-season

a. 비수기의

**Off-season** travelers to Europe can enjoy lower fares and less competition for inexpensive seats. 비수기때 유럽으로 가는 사람들은 저렴한 요금이라는 혜택을 받을 수도 있고 가격이 싼 좌석을 차지하려는 경쟁을 별로 하지 않아도 된다.

### 273
## hand-delivered

a. 인편으로 배달된

▶ **hand-crafted** 수공으로 만든

I received a **hand-delivered** invitation for my best friend's wedding. 나는 인편으로 가장 친한 친구 결혼식의 초대장을 받았다.

### 274
## all-time

a. 최고의

▶ **all-new** 아주 새로운
▶ **all-around** 만능의, 다재다능한
▶ **all-day** 하루종일의
▶ **all-out** 전면적인

**The all-time high score** for a single player in one basketball game was 100 points. 한 농구 경기에서 한 명의 선수가 기록한 최고득점은 100점이었다.

The sportswear company decided to do **an all-out campaign** to advertise its new line of shoes. 스포츠웨어 회사는 새로 나온 신발 신상품을 광고하기 위해 전면적인 광고전을 하기로 결정했다.

**275**

## cost-effective

a. 비용효과적인

▶ **cost-conscious** 원가에 민감한

There will be a new, more **cost-effective** assembly procedure announced today at the manufacturing plant. 오늘 제조공장에서는 좀 더 비용효과적인 새 조립공정이 발표될 것이다.

**276**

## toll-free

a. 무료의, 요금을 물지 않는 *-free는 without의 뜻을 가진 접미어

▶ **emission-free** 배기가스가 없는
▶ **drug-free** 마약이 없는
▶ **duty-free** 면세의

The **duty-free** limit is two bottles of alcohol and two cartons of cigarettes. 면세 한도는 술 두 병과 담배 두 보루이다.

**277**

## custom-made

a. 맞춤의, 주문품의

▶ **man-made** 인조의, 인공의

The **man-made river project** in Libya is almost ready to be tested. 리비아에서의 인공 하천 공사 프로젝트는 거의 시험 단계에 들어섰다.

Our major goal is to study the effects of **man-made chemicals** on the ozone layer. 우리의 주요 목표는 인공 화학물이 오존층에 미치는 영향에 대해 연구하는 것이다.

**278**

## full-time

a. 전적인  ad. 전적으로

▶ **one-time** 일회성의
▶ **first-time** 처음으로 해보는
▶ **real-time** 실시간의

George wanted to go back to school **full-time** so he resigned from his job. 조지는 학교로 돌아가 학업에 전념하고 싶어서 직장을 그만두었다.

The Realtor's seminar for **first-time** home buyers was well attended. 생애최초 주택 구입자를 위한 부동산협회의 세미나에 많은 사람들이 참석했다.

**279**

## long-term

a. 장기간의(↔ short-term)

Terry decided to park **in the long-term** lot at the airport. 테리는 공항의 장기주차구역에 주차하기로 했다.

**280**

## entry-level

a. 신입사원 수준의, 기초수준의

Enroll them in an **entry-level** computer class. 걔네들은 초보 수준의 컴퓨터 수업에 등록시켜라.

**281**

## customer-friendly

a. 고객 친화적인

▶ user-friendly 사용자가 편리한

Our system is pretty **user-friendly,** but you need to know some basics. 우리 시스템은 사용자가 이용하기 꽤 편리하지만 몇가지 기본 원리를 알아야 한다.

**282**

## year-round

a. 연중 계속되는

▶ year-end 연말의

Accounting 101 is a very diverse course and covers topics ranging from trial balances to preparing **a year-end statement.** 회계학 101은 매우 다양한 과정으로 시산표에서 연말 명세서를 준비하는데에 이르기까지의 주제들을 다룬다.

**283**

## top-selling

a. 가장 잘 팔리는

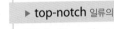

▶ top-notch 일류의

We believe that the Sonata is Hyundai Motors' **top-selling** car due to its styling, versatility, and low sticker price. 우리는 소나타가 모양, 다기능성 그리고 저렴한 희망 소비자 가격으로 인해 현대 자동차 중에서 가장 잘 팔리는 차라고 믿고 있다.

**284**

## on-line

a. 온라인의, 인터넷을 이용한

▶ on-going 진행중인
▶ on-site service 현장 서비스

Financing will be approved in a matter of minutes if you use the **on-line** application. 융자는 온라인 신청을 하면 몇 분 만에 승인될 것이다.

**285**

## non-prescription

a. 처방전이 필요없는

▶ non-confidential 기밀이 아닌
▶ non-public 공개되지 않는
▶ non-commercial 비상업용의

I heard that she works for some **non-profit organization**
in New York City. 그녀가 뉴욕 시(市)에 있는 어느 비영리 단체에서 일한다고
들었다.

All purchases are **non-refundable** and exchanges can
only be made within three days. 모든 구입품은 환불되지 않으며 교
환은 3일 이내에만 가능하다.

## 286
## customer-tailored

a. 소비자의 요구에 맞춘

▶ well-tailored 상황에 맞게 잘 기획된

**Our customer-tailored trade missions** help you find
local agents, representatives, distributors, and make
sales. 고객의 요구에 부응하여 기획된 우리 무역 사절단은 대상 국가의 판매중개인,
대리인, 유통업체를 찾아내어 판매하도록 도와줍니다.

## 287
## record-breaking

a. 신기록을 수립한

▶ record-high 기록적으로 높은

The president was glowing as he announced the
**record-breaking** sales figures for this month. 사장은 이번 달
새롭게 기록을 갱신한 매출액을 알리면서 싱글벙글 했다.

## 288
## across-the-board

ad. 전반적으로   a. 일괄적인 총괄적인

▶ across-the-board agreement 일괄 합의
▶ across-the-board pay increase 일괄적인 임금인상

They are talking about an **across-the-board** pay-cut
for their employees. 그 사람들은 직원들에 대한 일괄적인 임금 삭감에 대해
논의 중이다.

## 289
## time-consuming

a. 시간이 많이 드는

The process was **time-consuming**, but it was well worth
it in the end. 그 과정은 시간이 많이 들긴 했지만, 결국 그만한 가치가 있었다.

## 290
## run-down

a. 낡아빠진

It was all **run-down** and in need of repair! It wasn't
anything like the brochure. 그건 정말 낡아빠져서 수리가 필요한 상태
네요! 안내책자의 그 어느 것과도 비슷하지 않네요.

**2**

UNIT

**291**

**stop-and-go**

a. 가다서다 반복하는, 정체된

We were in **stop-and-go** traffic during our drive. 우리는 운전 중에 계속 가다서다를 반복했다.

**292**

**high-end**

a. 최상의

The positioning of the product as a**comm** computer chip helped to boost sales. 고가의 컴퓨터 칩을 갖춘 제품으로 포지셔닝한 것으로 판매가 신장되었다.

---

## TOEIC에 자주 나오는 전치사

**[전치사외 부사 혹은 형용사로도 쓰이는 단어들]**

**beside** (next to) …의 옆에 (next는 형용사, 부사로 쓰임)

⤳ Mary sat beside Laura~ 메리는 로라 옆에 앉았다~

**besides** …외에 (부사로 게다가(as well as))

⤳ besides the traveler~ 여행객 외에~

**behind** …의 뒤에 (부사로도 쓰임)

⤳ production was behind schedule~ 생산 일정이 늦어져서~

**beyond** …너머, …이후 (부사로도 쓰임)

⤳ be way beyond one's expertise …의 전문지식 범위를 훨씬 넘어서는

**under** …의 아래에 (부사로도 쓰임)

⤳ under the name of~ …의 이름을 빌어

**since** …부터 '접속사, 부사로도 쓰임'

⤳ since early this morning 오늘 아침 일찍부터

**near** …의 가까이에 (형용사 및 부사로도 쓰임)

⤳ the office building is near a park~ 사무실 빌딩은 공원 가까이에 있다~

**without** …없이 (부사로도 쓰임)

⤳ travel without a valid passport 유효한 여권 없이 여행하다

**within** 특정 기간내에 (부사로도 쓰임)

⤳ be over within thirty minutes 30분 이내에 끝나다

**except** (for) …을 제외하고 (접속사 및 동사로도 쓰임)

⤳ everybody except me 나를 제외한 모두

**like** …처럼, …와 비슷한 (동사, 접속사, 부사 등 다양하게 쓰임)

⤳ an old coat that looks like a rag 넝마같은 낡은 코트

- **mountable** 장착가능한
- **informative** 정보의, 지식을 주는
- **bountiful** 풍부한(= bounteous)
- **appointed** 임명된, 지정된
- **unquestionably** 물어볼 것도 없이
- **transferable** 양도할 수 있는
- **allowable** 허용되는, 승인 가능한
- **analytical** 분석적인
- **basically** 기본적으로
- **confirmed** 확립된, 상습적인
- **constructive** 유용한, 건설적인
- **endless** 끝없는, 무한한
- **engaged** 약혼한
- **estimated** 추산된, 견적의
- **unexpectedly** 예기치 않은
- **forcibly** 강제적으로, 강력히, 힘차게
- **highly** 아주, 고도로
- **honorable** 명예로운, 각하
- **managerial** 관리의, 경영의
- **disorganized** 산만한
- **pointless** 무의미한, 요령없는
- **promotional** 선전용의
- **publicly** 공식적으로, 공공연히
- **secondary** 2류의, 보조의
- **suggestive** 암시하는
- **supplementary** 보충의, 추가의
- **surely** 확실히, 반드시
- **sure thing** 성공이 확실한 것, 물론이죠
- **useless** 쓸모없는
- **appreciative** 감사하는, 감상할 줄 아는

- **ongoing** 진행하는, 지속적인
- **hardly** 거의 하지 않는
- **hardworking** 근면한
- **complex** 복잡한, 콤플렉스, 건축 단지
- **flammable** 타기 쉬운, 인화성의
- **dependable** 믿을 수 있는
- **rural** 시골의
- **deluxe** 호화로운
- **lasting** 오래가는
- **limited** 제한된
- **flat** 평평한
- **comprehensive** 포괄적인
- **comparable** 비교되는, 필적하는
- **respected** 훌륭한, 높이 평가되는
- **essential** 필수적인, 중요한
- **pristine** 청결한, 원래의
- **unique** 독특한
- **sympathetic** 공감을 주는.
- **constructive** 건설적인, 도움이 되는
- **common** 일반적인
- **confusing** 혼란스러운
- **selected** 선택된
- **estranged** 별거중인
- **involving** 관련된, 휩싸인
- **slick** 말끔한
- **offensive** 기분을 상하게 하는
- **surpassing** 보통이 아닌, 놀랄만한
- **repetitive** 반복적인
- **residential** 주거용의
- **flavorful** 맛이 좋은

2

- **shallow** 얕은
- **fascinating** 매혹적인
- **energetic** 활기 넘치는
- **ailing** 취약한
- **wealthy** 부유한
- **confidential** 은밀한
- **reputable** 평판이 좋은
- **nationwide** 전국적으로
- **lateral** 측면의

- **loaded** 짐이 실린
- **desirable** 갖고 싶은, 호감이 가는
- **abroad** 널리 퍼진
- **minute** 세세한
- **elusive** 파악하기 어려운
- **surrounding** 둘러싸고 있는
- **desirable** 바람직한, 매력있는
- **federal** 연방의

**Get More**

**02** 더 알아두면 좋은 하이픈 형용사

- **add-on** 확장(기기), 부가물(의)
  **add-on functions** 부가기능
- **catch-all** 포괄적인, 다목적의
- **back-up** 백업의
- **cut-price** 값이 싼
- **first-class** 일류의
- **copyright-protected** 저작권 보호받는
- **door-to-door** 집집마다의
- **follow-up** 뒤따르는, 계속하는, 후속의
- **short-handed** 일손이 부족한
- **empty-handed** 빈손의
- **hard-core** 강렬한, 선정적인
- **top-of-the-line** 최고급품의
- **odds-on** (선거 등) 당선이 확실한, 승산있는
- **stepped-up** 증가된, 확대된, 높인
- **tax-exempt** 면세의

- **time-proven** 오랜 시간으로 증명된
- **ready-to-use** 즉시 사용할 수 있는
- **better-off** 부유한, 유복한
- **self-appointed** 스스로 정한, 자칭의
- **self-employed** 자영업의
- **out-dated** 낡은, 시대에 뒤떨어진
- **good-natured** 착한, 온후한
- **before-tax** 세전의(↔ after-tax)
- **second-rate** 이류의, 평범한
- **company-sponsored** 회사가 지원하는
- **export-oriented** 수출 지향[중심]의
- **client-centered** 고객중심의
- **well-presented** 여러 사람 앞에서 직원모집 계획을 잘 설명하는
- **well-rounded** 전반적인 것을 고려하여 균형잡힌

- **well-lit** 조명이 잘 들어오는, 환한
- **well-worn** 진부한, 식상한
- **well-regulated** 규제가 잘된
- **work-related** 일과 관련된
- **health-related** 건강과 관련된
- **self-healing** 자기 복원력이 있는
- **multi-function** 다용도의
- **not-too-distant** 그리 멀지 않은
- **self-driven** 자기 주도적인, 의욕이 넘치는
  (= self-motivated)
- **smoke-free** 무연의, 금연의
- **high-definition** (텔레비전 따위의) 해상
  도[선명도]가 높은

- **industry-leading** 업계를 선도하는
- **pre-assigned** 미리 지정된
- **ever-changing** 변화무쌍한
- **problem-solving** 문제 해결의
- **tried-and-true** 이미 실효성이 입증된
- **up-front** 선불하는 것을 말함
- **time-tested** 여러 사람들이 오랫동안 써보
  고 좋다고 증명된
- **middle-aged** 중년의
- **hand-craft** 수공의
- **pop-up** 튀어나오는
- **uniform-shaped** 균일한 형태의

Get More

03 형용사처럼 쓰이는 한정사

- **a group of** 일단의
- **a large[great] amount of** 많은
- **a number of** 다수의, 많은
- **billions of** 무수한
- **dozens of** 수십가지의, 많은
- **a kind of** 일종의
  *cf.* **kind of** 얼마쯤, 좀
- **a sort of** 일종의
  *cf.* **sort of** 다소
- **a period of** 기간
- **a piece of** 한 조각

- **a portion of** 한 조각, 일부
- **a large portion of** …의 많은 부분
- **a couple of** 두 개[사람]의, 몇몇의
- **the stack of** 더미, 많음
- **a great[good] deal of** 많은, 상당한
- **a volume of** 많은
- **a majority of** 다수의
- **hundreds of** 수백의, 많은
- **plenty of** 많은, 충분한
- **a variety of** 가지각색의, 여러가지의
- **a wide range of** 다양한

2

- **a series of** 일련의
- **a string of** 일렬의, 일련의
- **the bulk of** 대부분
- **a good many** 꽤 많은
- **a number of** 다수의, 얼마간의
  **the number of** …의 수
- **the best part of** …의 대부분
- **a range of** …의 범위

- **wide range of** 방대한 범위의
- **a flat of** 한 봉지의
- **a roomful of** 한 방 가득한
- **a wealth of** 풍부한
- **a large sum of money** 큰 액수의 돈
  (여기서 sum은 「액수」, 「금액」이라는 뜻)
- **a bunch of** 다수의, 한 다발의
- **in a series of** 일련의, 연속된

NEW
TOEIC
VOCA

# 3
## UNIT

TOEIC이 좋아하는
# 동사구

**001**
## check out 체크아웃하다, 확인하다, 도서관에서 책을 대출받다

The desk clerk advised us that we should **check out** before noon on Tuesday. 데스크의 직원이 우리에게 화요일 낮 12시 이전에 체크아웃해야 한다는 것을 알려주었다.

A consultant was hired to **check out** whether the company was operating efficiently. 그 회사가 효율적으로 운영되고 있는지를 확인하기 위해 컨설턴트가 고용되었다.

**002**
## be popular with …에게 인기가 있다

Friday and Saturday nights **are popular with** groups, so book your dates early! 금요일과 토요일 저녁은 단체 손님들에게 인기가 있으니 빨리 데이트 예약을 해!

**003**
## be capable of …을 할 수 있다

I honestly didn't think that he **was capable of** committing such an act. 나는 솔직히 그 사람이 그런 행동을 저지를 수 있다고 생각하지 않았다.

**004**
## be available to[for] …가 이용가능하다

According to the advertisement in the newspaper, there is a position **available for** a receptionist. 신문광고에 의하면 접수원 자리가 하나 비어 있다고 한다.

**005**
## take care of …를 돌보다, …을 처리하다, (비용을) 계산하다

They needed to **take care of** some business before leaving the office. 그 사람들은 사무실을 떠나기 전에 일을 처리할 게 있었다.

**006**
## be expected to …할 것으로 예상되다

▶ expect sb to …가 ~할 것으로 예상된다

We **expected her to** do better than she did in the race, but we are still proud of her. 우리는 그 여자가 경주에서 더 좋은 결과를 얻을 거라고 기대하긴 했지만, 그래도 자랑스럽게 생각한다.

You **are expected to** be here on time every day, regardless of the weather conditions. 날씨에 관계없이 자네는 이곳에 매일 정시에 와야 돼.

007
# look forward to ~ing …을 고대하다, …을 학수고대하다

We **look forward to** seeing you at next year's International Conference in Mexico City. 내년 멕시코시티에서 있을 국제 회의에서 당신을 만나게 될 날이 기다려지는군요.

008
# get together (캐주얼하게) 만나다

I'd love to **get together** but I'm busy Tuesday and Wednesday. How about Thursday night? 만나고야 싶지만 화요일과 수요일에는 바쁘니 목요일 저녁이 어때요?

009
# have trouble ~ing …하는데 곤란을 겪다

The rookie officer claimed that the police chief **was having trouble loading** his firearm. 그 신참내기 경관은 경찰서장이 자신의 총을 잘 장전하지 못한다고 주장했다.

010
# be interested in …에 흥미가 있다

▶ **have interest in** …에 관심이 있다

The banker **was interested in** learning more about the whole financial process. 그 은행가는 금융업무 처리 전과정을 좀더 배우는 데 관심이 있었다.

011
# be on leave 휴가중이다

Dr. Anderson **is on leave** at the moment, but he should be back in six months' time. 앤더슨 박사는 지금 휴가 중이지만 6개월 뒤에는 돌아올 겁니다.

012
# make up one's mind 결심하다 decide; make a decision

They were hoping that she would **make up her mind** quickly and choose a dress. 그 사람들은 그 여자가 빨리 마음의 결정을 내려 옷을 선택하기를 바라고 있었다.

013
# take part in …에 참가하다, 관여하다

▶ **participate in** 참여하다

I didn't want to **take part in** the heist, so I went to the police station. 나는 그 강도 짓에 관여하고 싶지 않으므로 경찰서로 갔다.

## 014

# pick up 고르다, 차로 데리고 오다, (경기 · 건강 등이) 좋아지다, (기술을) 습득하다

▶ pick up a passenger 승객을 태우다

▶ pick up 향상되다

My boss told me that I should go out shopping and pick up a few new suits. 우리 사장님은 내게 쇼핑하러 가서 양복을 새로 몇 벌 사도록 하라고 했다.

## 015

# show up 나타나다, (회의 · 모임에) 모습을 드러내다

▶ turn up 나타나다, 오다

She locked the door when I showed up at the office entrance.
내가 사무실 입구에 나타나자 그 여자가 문을 잠궈버렸다.

## 016

# figure out 계산하다, 이해하다

The boy claimed that the puzzle wasn't that difficult to figure out. 그 남자애는 퍼즐을 푸는 것은 그렇게 어렵지는 않다고 주장했다.

A tax shelter generally does not last long before someone in the IRS spots it and figures out a way to combat it. 조세 회피지역은 일반적으로 오래 가지 못하는데, 국세청 직원이 금세 파악해서 대응방안을 마련하기 때문이다.

## 017

# take off 이륙하다, 벗다, 떠나다, 출발하다

▶ take (a day) off (하루) 일을 쉬다

We had to take off because the situation was becoming far too intense. 상황이 너무 심각해지기 시작했으므로 우리는 떠나야만 했다.

Susan was not feeling too well, so she decided to take the day off. 수잔은 건강 상태가 썩 좋지 않아 그날 일을 쉬기로 했다.

## 018

# be scheduled to …(하기)로 예정되어 있다

I'm scheduled to be in Frankfurt on Friday to meet with the CEO of a small drug company. 나는 한 소규모 제약회사의 최고 경영자와 만나기 위해 금요일에 프랑크푸르트로 갈 예정이다.

## 019

# be located in …에 위치하다

▶ be located close to …에 가까이 있다

The hospital is located next to the big shopping mall on 42nd Street. 병원은 42번가의 커다란 쇼핑몰 옆에 위치해 있다.

**020**

## go well with …와 잘 어울리다

I think it would be a good idea to ask my wife what **goes well with** this suit. 무엇이 이 옷과 잘 어울릴지를 나의 아내에게 물어보는 것이 좋을 거라고 생각한다.

**021**

## find out (진상을) 알아내다

We were asked to **find out** what was wrong with the car's engine. 우리는 그 차의 엔진에 무슨 문제가 있는지 찾아달라는 요청을 받았다.

**022**

## come over …에 들르다

▶ stop[drop] by (예고없이) 들르다

Sally invited her neighbor to **come over** for a cup of coffee. 샐리는 커피 한잔 마시러 오라고 이웃을 초대했다.

**023**

## give a hand 도와주다

She wanted me to **give her a hand** rearranging the furniture in her room. 그 여자는 내가 자기 방에 있는 가구들을 재배치하는데 도와주기를 바랬다.

**024**

## stay up all night 밤을 새워 일하다

▶ work overtime 야근하다

I wanted to **stay up all night,** but I was so tired that I fell asleep. 나는 밤을 새고 싶었지만 너무 피곤해서 잠이 들었다.

**025**

## used to~ 전에는 …했지만 지금은 아니다

▶ there used to be ~ 예전에는 …가 있었다

The president **used to** run five miles each morning before he had heart surgery. 사장은 심장 수술을 받기 전에는 매일 아침 5마일을 달리곤 했다.

**There used to be** a restaurant here until it burned down. 전에 여기에 레스토랑이 있었는데 불타 버렸다.

**026**

## try on 몸에 맞는지 입어보다

I'll have to **try on** the suit, so that they can shorten the pants to the correct length. 난 그 옷을 입어봐야 해요. 그래야 그 사람들이 바지 길이를 잘 맞춰 줄이테니까요.

# prefer A to B B보다 A를 선호하다

In taste tests conducted across America, most consumers **preferred** Pepsi Cola **to** Coca Cola. 미국 전역에서 행해진 시음 테스트에서 소비자들은 대부분 코카콜라보다 펩시콜라를 선호했다.

# go through 통과하다, 경험하다 experience

**Going through** customs shouldn't be a problem. 세관을 통과하는 것은 문제가 안 될거야.

# turn out …으로 판명되다 prove

It always seems that when a hair dresser blow dries our hair, it always **turns out** much better than when we do it. 미용사가 드라이를 하면 항상 우리가 하는 것보다 훨씬 더 보기 좋게 되는 것 같다.

# might as well …하는 것이 낫다

I guess I'll fill out these registration forms now. I usually procrastinate until the last minute, but I **might as well** do it. 지금 이 등록서식을 작성할게요. 보통 마지막 순간까지 질질 끄는데 지금 하는 것이 나을 것 같네요.

---

## TOEIC TIPS 동사구로 된 명사형

giveaway 무료상품, 서비스 상품, 경품
hangout 자주 들르는 장소
hangover 숙취
turnover 생산량, 이직, 직원이동, 총매출
kickoff 킥오프, 시작
takeoff 비행기의 이륙
walkout 파업, 퇴장
walkover 독주, 낙승
buyout 기업 인수, 매수
getaway 일로부터의 해방, 탈출, 휴가
roundup (범인 등의) 일제 검거
turnover 직원의 이직(移職)
setback 좌절, 지체
handout 유인물
layover 기착
layoff 해고

TOEIC이 좋아하는
# 동사구 031-060

---

### 031
## complain about[of] …에 대해 불평하다

Our father asked us not to **complain about** the way our mother was behaving. 아빠는 우리에게 엄마의 행동거지에 대해서 불평하지 말라고 했다.

### 032
## lay aside 떼어두다

Let's **lay aside** our personal problems. 우리 개인적인 문제들은 제쳐두자.

### 033
## drop by 불시에 들르다

> ▶ stop by …에 들르다

The manager asked his secretary to **drop by** the passport office on her way home. 관리자는 비서에게 집에 가는 도중에 여권 사무실에 들르라고 했다.

### 034
## come across …을 우연히 만나다

> ▶ run across …을 우연히 만나다
> ▶ come across as …라는 인상을 주다

If you attend many business conferences, you will begin to **run across** the same people. 사업상의 회의에 많이 참석하다 보면 전에 보았던 사람들이랑 마주치게 될 거야.

I prepared a speech so that I wouldn't **come across** as being stupid. 나는 어리석게 보이지 않으려고 연설을 준비했다.

### 035
## be in line with …와 일치하다

The company's estimate seems to **be in line with** our previous earnings forecast. 그 회사의 추정치는 우리가 전에 예측했던 소득 수준과 일치하는 것 같다.

---

## 036
# have in mind 염두에 두다

> ▶ keep in mind 명심하다
> ▶ bear in mind …을 명심[유의]하다

It's not exactly what I **had in mind** for my vacation, but I guess that it will do. 휴가 때 꼭 그렇게 하려고 염두에 두었던 것은 아니지만, 그것도 괜찮을 것 같다.

## 037
# make out 이해하다 understand, 업무를 수행하다

Is this postcard for you or me? I can't **make out** the handwriting. 이 엽서 너한테 온거니 나한테 온거니? 뭐라고 썼는지 못알아보겠다.

## 038
# be caught in traffic 차가 막혀 꼼짝못하다

> ▶ be caught in a shower 소나기를 만나다

There was much construction on the road and because of that, my bus **was caught in several traffic jams.** 도로공사를 하는 곳이 많아서 내가 탄 버스가 길에서 여러 번 꼼짝 못했다.

## 039
# have no choice[option] but to …할 수밖에 없다

> ▶ cannot help but … 하지 않을 수 없다

They **had no choice but to** linger around the building until they were picked up. 차가 그 사람들을 태워갈 때까지 그들은 건물 근처를 서성일 수 밖에 없었다.

## 040
# remind A of B A에게 B를 생각나게 하다

She **reminded me of** a woman who worked here before. 그 여자를 보니 전에 여기에서 일했던 사람이 생각났다.

## 041
# be qualified for[to~] …의 자격이 있다

I am **qualified to** do a number of jobs in the computer engineering field. 난 컴퓨터 엔지니어링 분야에서 많은 일을 할 수 있는 자격을 갖추고 있다.

## 042
# rule out (규정에 따라) 제외하다 omit, 금지하다

Chris is under observation and didn't **rule out** the possibility of surgery. 크리스는 현재 예의주시하고 있지만 수술가능성을 배제하지 않은 상태입니다.

# run out of ···가 다 떨어지다 run short of

> ▶ **fall short of** 기대치에 이르지 못하다

The car was blocking the traffic as it had **run out of** gas and was sitting in the middle of the intersection. 그 차는 기름이 떨어져서 교차로 한가운데에 꼼짝 못하고 있어서 교통을 가로 막고 있었다.

# make time 시간을 내다

I'll **make time.** We don't want to keep the caterer waiting. 내가 시간을 낼게. 우리가 출장요식업체를 기다리게 하면 안되지.

# be supposed to ···하기로 되어 있다

The receptionist **is supposed to** greet every client with a smile. 접수계원은 모든 고객에게 미소로 인사하는 것이 마땅하다.

# owe to ···에게 빚지다

> ▶ **owe A to B** B에게 A를 빚지다. A는 B의 덕택이다

I **owe** most of my financial success **to** strong work ethic. 내가 거둔 경제적 성공은 대부분 내 직업윤리가 튼튼하기 때문이었다.

# apply for ···을 신청하다, 지원하다

> ▶ **apply to** ···에 적용되다
> ▶ **apply oneself to** ···에 전념하다

Only managers possessing at least 15 years experience should **apply for** the Chairman's position. 최소 15년 경력의 관리자들만이 회장직에 지원할 수 있다.

He would be such a good student if he just **applied himself to** his studies. 만약 그 남자가 공부에 전념한다면, 정말 좋은 학생이 될 것이다.

# take back 도로찾다, 취소하다

> ▶ **get back** 돌려받다, 되찾다
> ▶ **give back** 돌려주다

They won't **take it back** if it's damaged. 그것이 손상되면 그들은 그걸 다시 되돌려 받지 않을 거야.

## 049

**be of help** 유용하다, 도움이 되다

> ▶ be of service (to) (…에) 소용이 되다

If we may **be of service to** you, give us a call. 우리가 도움이 될 수 있을 때는 우리에게 전화하십시오.

## 050

**show around** 안내하며 돌아다니다

Well, I hope there will be some time for me to **show you around** the city. 글쎄, 앞으로 너한테 시내 구경시켜줄 시간이 날거야.

## 051

**approve of** …에 찬성하다

If you **approve of** the new product, production can commence tomorrow. 만일 당신이 새로운 상품을 승인한다면 내일부터 생산을 시작할 수 있습니다.

## 052

**take out** 꺼내다, 인출하다, 제외하다 exclude

Please fill out a withdrawal slip and present it to the teller at the window if you want to **take out** money. 돈을 찾으시려면 예금청구서를 작성해서 창구에 있는 행원에게 제출하십시오.

## 053

**cut back (on)** (양·가격 등을) 줄이다

> ▶ cut down on (수량·활동 등을) 줄이다

Americans should **cut back on** their fat intake if they want to be healthy. 미국인들은 건강을 유지하고자 한다면 지방 섭취를 줄여야 한다.

It is important that people **cut down on** the amount of alcohol that they drink. 마시는 술의 양을 줄이는 것이 중요하다.

## 054

**be known for** …로 알려지다

> ▶ be known as …로 유명하다
> ▶ be known for …로 유명하다
> ▶ be known to …에게 유명하다
> ▶ have a reputation for …로 유명하다

The musician **was extremely well known for** his long and exciting performances. 그 음악가는 오랫동안 흥미진진하게 연주하는 것으로 매우 유명하다.

## bring up 기르다, (화제를) 꺼내다, 사람을 연사로 불러 올리다

The young manager decided not to **bring up** the most recent problem at the board meeting. 그 젊은 부서 책임자는 이사회에서 가장 최근의 문제를 제기하지 않기로 결정했다.

An escort **brought** the movie star **up** to the stage. 한 호위자가 그 영화 스타를 무대 위로 데리고 왔다.

## carry out 임무를 수행하다, 실어 내다

The manager is responsible for making sure that all of the difficult tasks **are carried out** properly. 관리자는 어려운 업무들이 모두 원활하게 수행되도록 해야 할 책임이 있다.

## be in charge of …을 책임지다

Who is going to **be in charge of** hiring the new staff member for our sales team? 우리 영업부서에 들어올 신입사원을 채용하는 건 누가 담당할 건가요?

## get ahead of …를 능가하다

Don't let your enemies **get ahead of** you. 상대 적에게 절대로 지지 않도록 해라.

## come with …에 달려있다, 부속되어 있다

The new and improved Dustbuster vacuum **comes with** its own rechargeable battery. 기능이 향상된 더스트버스터 진공청소기 신제품은 자체 충전배터리가 달려 있다.

## keep in contact with …와 계속 연락하다

> ▶ lose contact with …와 연락이 두절되다
> ▶ be in[out of] contact with …와 접촉하고 있다(않다)

We need to **keep in contact with** our sales representatives by cellular telephone, as it is the fastest way of communication. 우리는 영업직원과 휴대폰으로 연락해야 한다. 왜냐하면 그게 가장 빠른 연락방법이기 때문이다.

### TOEIC TIPS _ for를 좋아하는 동사구

| | |
|---|---|
| account for + 숫자 …를 차지하다 | apply for …에 지원하다 cf. apply to …에 적용하다 |
| be responsible for …에 대해 책임지다 | be eligible for …에 적당하다, 알맞다 |
| be essential for …에 가장 중요하다 | be appropriate for …에 적당하다 |
| be famous for …으로 유명하다 | be qualified for …에 대한 자격을 갖추다, 적격이다 |

**3**

UNIT

TOEIC이 좋아하는
# 동사구 061-090

### 061
## deal with …와 거래하다, …을 처리하다

They are a big business and they probably won't **deal with** a small account like ours. 그들은 대기업이라서 우리와 같은 작은 회계문제는 취급하지 않을 것이다.

### 062
## be due to~ …할 예정이다

> ▶ be due to + N ~때문이다

She **is due to** deliver her baby at about seven o'clock this evening. 그 여자는 오늘 저녁 7시쯤에 아기를 분만할 예정이다.

The company's bankruptcy **was due to** misappropriation of funds. 그 회사가 파산한 것은 자금 횡령 때문이었다.

### 063
## give out 배포하다 distribute, 공개하다

> ▶ hand out 나누어주다

The company decided not to **give out** bonuses this year as sales were far below management's previous expectations. 회사는 경영진이 예상했던 것보다 판매가 크게 부진했으므로 올해 보너스를 지급하지 않기로 결정했다.

### 064
## prepare for …을 준비하다

> ▶ prepare A for B B를 위해 A를 준비시키다

I have to go home early tonight to **prepare my son for** a job interview. 집에 일찍 가서 아들의 취업면접을 준비시켜줘야 한다.

### 065
## be covered with …로 뒤덮히다

The ground's **covered with** garbage and litter. 바닥은 쓰레기들로 뒤덮혀져 있다.

## 066
# plan on ~ing …을 계획하다

> ▶ plan to + V …할 계획이다

If you **plan to** camp or fish, you must also purchase separate passes for these activities, and they are each valid for one week. 당신이 야영을 하거나 낚시를 하고자 한다면 각각의 활동에 대한 별개의 허가증을 구매해야 하며 각각은 일주일 동안 유효하다.

## 067
# be upset about …으로 화가 나다

He **is upset about** the way that the boss spoke to him. 그 사람은 사장이 자신에게 했던 말투 때문에 매우 화가 났다.

## 068
# be aware of …을 깨닫다

The radio announcer told drivers to **be aware of** a major accident and to avoid it if possible. 라디오 아나운서는 운전자들에게 주요 사고가 난 지점을 의식하고 가능한 그곳을 피해가라고 말했다.

## 069
# be enclosed (in) with …와 함께 동봉되다

The gift certificate **was enclosed in** a beautiful birthday card. 상품권은 예쁜 생일카드에 동봉됐다.

## 070
# get better 병세가 좋아지다

Cindy's **getting better** since her accident. 신디는 사고 이후에 점점 좋아지고 있다.

## 071
# care about 걱정하다, 관심을 갖다

> ▶ care for …을 좋아하다, 돌보다, 염려하다
> ▶ care to …하고자 하다

I do not **care for** eating in expensive restaurants or going to lavish night clubs. 나는 고급 레스토랑에서 식사하거나 호화스러운 나이트 클럽에 가는 것을 좋아하지 않는다.

## 072
# clean out 깨끗하게[단정하게] 하다

> ▶ clean up 깨끗이 청소하다

This is the time of year to **clean out** your garage and have a tag sale at your house. 너희 집 차고를 정리해서 중고 가정용품 세일을 해야 할 때가 돌아왔구나.

## be familiar with 잘 알다, 낯이 익다

Tom **is familiar with** the computer program, so he can probably help you. 탐은 그 컴퓨터 프로그램을 잘 알고 있어서 너를 도와줄 수도 있을거야.

## treat oneself to 큰마음 먹고 …하다

After a long day at work, I decided to **treat myself to** a nice glass of red wine and a tasty dinner. 회사에서 늦게까지 일한 뒤에 나는 고급 적포도주 한잔과 맛있는 저녁식사를 하는 사치를 누리기로 했다

## fill in 써 넣다, 기입하다

The man was told to sit down in the lounge and **fill in** the blanks on the necessary forms. 그 남자는 휴게실에 앉아서 필요한 서류의 공란에 기입하라는 말을 들었다.

## hand in 건네주다, 제출하다 submit

> ▶ **hand out** 나눠주다
> ▶ **hand over** 건네주다, 양도하다

We had to **hand over** the keys to our apartment when we got evicted. 우리는 아파트에서 쫓겨나면서 열쇠를 넘겨야 했다.

## regard[consider, see, think of, look on] A as B A를 B로 여기다

His boss **regards him as** very smart. 그 사람의 사장은 그를 매우 영리하다고 생각한다.

## get back to …로 되돌아 가다, 다시 연락하다

They need to **get back to** the basics in order to be a successful company again. 다시 회사를 잘 돌아가게 하려면 그 사람들은 기본으로 돌아갈 필요가 있다.

Please leave a message at the sound of the tone and I'll **get back to** you as soon as possible. 신호음이 울린 후 메시지를 남겨주시면, 가능한 한 빨리 연락드리겠습니다.

**079**

## fill out (서식의) 빈 곳을 채우다

She was asked to fill out a registration form and then take it to the front desk. 그 여자는 등록양식을 기입하여 접수대에 제출하라는 말을 들었다.

**080**

## go over 검토하다 examine

I think you should first go over the report before you criticize it. 보고서를 비판하기 전에 넌 먼저 그것을 자세히 검토해봐야 한다고 생각해.

**081**

## have something to do with …와 관계가 있다

Most violent crimes in big cities are gang-related or have something to do with drugs. 대도시 폭력 범죄는 대부분 폭력배와 관련이 있거나 아니면 마약과 연관되어 있다.

**082**

## inform A of B B에 관해 A에게 알리다

Our associate needs to inform us of changes to the agreement we signed. 우리 제휴사는 우리가 서명한 협정사항을 바꿀 시 우리 쪽에 알려주어야 합니다.

**083**

## keep up with …에 뒤떨어지지 않다

We must keep up with current technology in order to be competitive. 우리가 경쟁력을 유지하기 위해서는 최신 기술을 부지런히 쫓아가야 한다.

**084**

## do one's best 최선을 다하다

> ▶ do one's duty 의무를 다하다
> ▶ try one's best 전력을 다하다

Do your best on the final exam. 학기말 시험보는데 최선을 다해라.

**085**

## look into …을 조사하다 investigate

The private investigator said that he would look into the matter. 그 사립탐정은 그 문제를 조사하겠다고 말했다.

**086**

## make it 성공하다, 도착하다

He apologized for not being able to make it today. 그는 오늘 못 오는 것에 대해 사과했다.

## make up for ···을 보상하다 compensate

He wants to **make up for** his failure in the two previous outings. 그는 앞선 두번의 출전에서 실패한 것을 보상하고 싶어해.

## get over 극복하다 overcome

The country **got over** its economic problems. 그 나라는 경제적 문제들을 극복했다.

## pick out 고르다, 선택하다, 분간하다 choose

The old man was having a difficult time **picking out** an interesting magazine from the magazine stand. 그 노인은 잡지 가판대에서 흥미있는 잡지를 고르는데 어려움을 겪고 있었다.

## replace A with B A를 B로 교체하다

The company decided to **replace** its head of research **with** the vice president of sales. 그 회사는 연구팀장을 판매담당 부사장으로 교체하기로 결정했다.

### of를 좋아하는 동사구

consist of ···로 이루어져 있다
be full of ···로 가득차다
be conscious of ···을 알아차리다, 인식하다
be aware of ···을 깨닫다, 알다
be proud of ···을 자랑스러워하다
be capable of ···을 할 수 있다, ···할 능력이 있다
be accused of ···으로 고발되다
be tired of ···에 싫증내다 *cf.* be tired from[by, with] ··· 때문에 피곤하다
be assured of ···을 확인하다, 확신하다
be made of ···으로 이루어지다

091
## run low on ···이 부족하다

> ▶ run out of ···가 떨어지다
> ▶ run short of ···가 부족하다

If you take the car to New York, you have to make sure you don't **run low on** gas. 차를 가지고 뉴욕에 가려면, 연료가 모자라지 않도록 확인해야 한다.

092
## specialize in ···을 전문으로 하다

> ▶ major in 전공하다

The student decided to **specialize in** epidemiology. 그 학생은 전염병학을 전문 분야로 삼기로 결심했다.

093
## step up 증가시키다, 올라가다, 촉진하다, ···로 다가가다

> ▶ step down 내리다, 사퇴하다
> ▶ step out 물러나다

Please **step up to** the counter. Do you have anything to declare? 카운터 앞으로 다가와 주십시오. 신고할 물품이 있으십니까?

094
## make sure 확실히 하다

> ▶ make sure to 반드시 ···하도록 하다

**Make sure** you switch on the alarm system before you leave tonight. 오늘밤 퇴근하기 전에 반드시 경보시스템을 작동시켜 놓으세요.

095
## get in touch with ···와 연락을 취하다

> ▶ keep in touch with ···와 연락을 취하고 지내다

I tried to **get in touch** with you last week before our arrival, but you were unreachable, so we decided to come unannounced. 우리가 도착하기 전 지난 주에 미리 연락하려고 했는데 연락이 안되어서 너한테 알리지 않은 채 오기로 했어.

3

## 096
# stand up for ···을 옹호하다 support

> ▶ stand for ···을 나타내다, 상징하다

He told us that we must stand up for the rights of injured workers. 그 남자는 우리에게 부상당한 근로자들의 권리를 찾아 주기 위해 궐기해야 한다고 말했다.

The general told his assistant that POW stands for prisoner of war. 장군은 자신의 보좌관에게 POW는 전쟁포로를 의미한다고 말했다.

## 097
# watch for ···을 주시하다, 기다리다

Watch out for glass, someone broke a bottle. 유리를 조심해. 누군가 병을 깨뜨렸어.

## 098
# be eager to 간절히 ···하고 싶어하다

The students were eager to borrow books from the school library. 학생들은 학교 도서관에서 책을 빌리고 싶어했다.

## 099
# keep track of ···의 정보를 얻어내다

> ▶ lost track of ···을 놓치다
> ▶ track down ···을 추적하다

It's difficult to keep track of our records when they aren't filed properly. 서류들을 제대로 정리하여 보관하지 않으면 그것들이 어디에 있는지 찾기 어렵다.

I need you to track down the name of the person who filed this complaint so that we can negotiate with them. 이런 불만사항을 제기한 사람의 이름을 추적해서 그 사람과 협상을 해주었으면 한다.

## 100
# get used to ···에 익숙해지다

> ▶ be[get] accustomed to ···에게 익숙해지다

The janitor had to get used to chairs being placed along the corridors of the building. 수위는 건물의 복도를 따라 의자가 죽 놓여져 있는 것에 익숙해져야만 했다.

The manager told us that we're soon be accustomed to the way things worked. 책임자는 우리에게 곧 일이 돌아가는 방식에 익숙해질 거라고 말했다.

## 101

# hang up  전화를 끊다, 옷걸이에 옷을 걸다

If you try to call and get a busy signal, please hang up and try again in a few minutes. 전화를 걸었는데 통화 중 신호가 나오면 수화기를 내려놓고 잠시 후 다시 걸어 보십시오.

## 102

# head up  주재(主宰)하다, …로 향하다

The manager informed his staff that he would be heading up the project in Indonesia. 부장은 자신이 인도네시아에서 벌이는 사업을 지휘하게 될 것이라고 직원들에게 알렸다.

## 103

# call off  취소하다 cancel

The rain forced us to call off the festival. 비가 와서 우리는 축제를 연기해야만 했다.

## 104

# hold off  연기하다, 피하다

The company has decided to hold off on doing a stock split for a few months. 그 회사는 몇달동안 주식분할을 연기하기로 결정했다.

## 105

# be about to~  막 …하려고 하다

The teenage girl was just about to take a bite out of her apple when she saw a small worm crawling out of it. 10대 소녀가 사과를 막 한 입 베어 먹으려고 하는 순간 사과에서 작은 벌레가 기어 나오는 것을 보았다.

## 106

# lose[save] face  체면을 잃다[세우다]

He lost face on the deal and had to apologize to the boss because of the mistake. 그 남자는 그 거래로 체면이 구겨졌고 자신이 저지른 실수에 대해 사장에게 사과를 해야 했다.

## 107

# ask about  …에 대해 물어보다

▶ ask after …의 안부를 묻다
▶ ask sb to~ …에게 …해달라고 부탁하다

The manager asked the director's secretary to please have the director return the call as soon as possible. 그 관리자는 이사가 가능한 한 빨리 전화를 하도록 그 이사의 비서에게 요청했다.

## 108

## keep abreast of  …의 최신 정보를 알다

Continuing education is crucial to **keep abreast of** the changes in technology and stay competitive in business. 지속적 교육은 기술변화에 뒤처지지 않고, 사업경쟁력을 유지하는 데 긴요하다.

## 109

## let go of  놓아주다, 해고하다

We had to **let go of** three more workers this month due to a cash shortage. 우리는 자금부족으로 인해 이달에 직원을 세 명이나 더 해고시켜야만 했다.

## 110

## take notice of  …에 주목(주의)하다

We need to **take notice of** any potential problems on the assembly line and report them immediately. 우리는 생산라인에 어떤 잠재적 문제거리라도 예의주시해서 즉시 그 사항들을 보고해야 한다.

## 111

## put together  모으다, 준비하다

The president of the company **put together** a presentation to show the board of directors. 사장은 이사들에게 보고할 프리젠테이션을 준비했다.

## 112

## refer to  …을 참고하다, 나타내다

▶ refer sb to~ …을 …에게 보내다[참조하게 하다]

Questions 178~180 **refer to** the following advertisement. 178번에서 180번은 다음의 광고에 관한 문제입니다

Your email to Mr. Hong in the marketing department **has been referred to** me. 당신이 마케팅 부서의 홍 씨에게 보낸 이메일은 나한테 넘어왔습니다.

## 113

## send away for  …을 우편이나 온라인으로 주문하다

I need 20 dollars to **send away for** the information package. 나는 정보자료를 우편으로 주문하기 위해 20달러가 필요하다.

If you **send away for** the book today, you will receive a 20% discount off the cover price. 만일 당신이 오늘 그 책을 우편으로 주문한다면 정가에서 20% 할인을 받을 것입니다.

**114**

## come true 사실이 되다

Work hard and your dreams will **come true.** 열심히 일하면 꿈은 이루어진다.

**115**

## set out to~ …하기 시작하다

He **set out to** create the most sophisticated software program ever developed. 그 남자는 지금까지 개발된 것 중에서 가장 정교한 소프트웨어 프로그램을 만들기 시작했다.

**116**

## be subject to …받기 쉽다, …하기 쉽다, …할 것 같다

▶ be subjected to …을 당하다

The new product **was subjected to** a variety of tests and treatments in order to determine its reliability. 신상품은 신뢰도를 측정하기 위해 다양한 시험과 처리를 받았다.

**117**

## exchange[change] A for B A와 B를 바꾸다

I will **exchange** this phone **for** a new one. 난 이 핸드폰을 신형으로 교환할거야.

**118**

## supply A with B A에게 B를 공급하다

▶ supply[provide, furnish, store] A with B A에게 B를 제공하다

The chemical company was contracted to **supply** the gold mining company **with** sodium cyanide. 그 화학제품 회사는 금광채굴 회사에 시안화나트륨을 공급하기로 계약했다.

**119**

## help A with B A가 B하는 것을 돕다

▶ help A + V A가 …하는 것을 돕다

▶ help + V …하는데 도움이 되다

▶ help oneself to 스스로 …하다

The professional consultant will **help** you determine which course of action will best meet your needs. 전문 컨설턴트는 당신의 필요를 충족시키기 위해 가장 적절한 행동방침을 결정하도록 도와줄 것이다.

They came over to **help out** because we were having a tough time doing things on our own. 우리 힘만으로는 일을 하는데 어려움이 있었기 때문에 그들은 우리를 도와주기 위해서 방문했다.

# provide for …에 대비하다

> ▶ provide A with B A에게 B를 공급하다
> ▶ be provided by …에 의해 제공되다

It was necessary to **provide** her **with** insurance money because she was unable to work. 그 여자는 일을 할 수 없었기 때문에 보험금을 지급해 줄 필요가 있었다.

121
## find fault with ···을 비난하다 criticize

Although I tried very hard, I could not **find fault with** any part of her report. 나는 무진 애를 썼지만 그 여자의 보고서의 어느 한 부분도 트집 잡을 만한 데가 없었다

122
## be in control (of) (···을) 관리하고 있다

Mr. Johnson **is in control of** today's activities. 존슨 씨가 오늘 일과를 관리하고 있다.

123
## take on (일 · 책임 따위를) 떠맡다

She had to **take on** the role of a mother for her three step children. 그 여자는 3명의 의붓자녀들의 어머니 역할을 받아들여야만 했다.

124
## trade in 중고에 웃돈을 얹어 새것과 교환하다

▶ **trade up** 고급품으로 (맞바꾸어) 사다

The owner of the metal shop mentioned that he was considering **trading in** his truck for a van. 금속제품점 주인은 트럭에 웃돈을 얹어주고 밴을 살 것을 고려하고 있다고 말했다.

125
## transfer ~ from A (in)to B ···을[를] A에서 B로 옮기다, 이동시키다

▶ **be transferred to** ···로 옮기다

The secretary was asked to **transfer** all the files **from** the boxes into the filing cabinet. 비서는 그 상자에 들어 있던 파일들을 모두 파일 정리함으로 옮기라는 지시를 받았다.

The manager **was transferred to** a new location in Alaska after he screwed up the deal. 그 관리자는 거래를 망친 후 알래스카에 있는 새 근무처로 전근갔다.

## 126
# make use of ···을 이용하다

The firm made use of the spare room in the basement by converting it into a storage space. 그 회사는 지하실의 빈 공간을 창고로 바꿔 사용했다.

## 127
# work on ···에 관한 일을 하다

We need to work on the summer vacation schedule to make sure that production is not affected. 여름휴가 계획을 생산량에 지장을 주지 않는 방향으로 짜야 한다.

Walter's team has been assigned to work on the Miller project until it is finished. 월터의 팀은 끝날 때까지 밀러 프로젝트건을 맡아서 하라고 할당받았다.

## 128
# force sb to~ ···에게 ~하라고 강요하다 compel

▶ be forced to + V 억지로 ···하다

They were forced to lay off three hundred employees because of the new trade laws. 새 무역법으로 인해 그들은 어쩔 수 없이 직원 300명을 정리해고했다.

## 129
# make no difference 차이가 없다

▶ make a big difference 큰 차이를 낳다. 큰 효과를 가져오다

It makes no difference who you talk to, because nobody will want to hire you. 아무도 너를 고용하려 하지 않을 것이기 때문에 네가 누구에게 얘기하건 달라질 것은 없다.

## 130
# get closer to ···에 더 가까워지다

▶ get close to ···에[와] 가까워지다
▶ come close to ···할 뻔하다

Although we come close to the competition in terms of sales, they beat us by a few dollars. 우리는 매상 면에서는 경쟁사에 근접했지만 몇 달러 차이로 경쟁사가 앞선다.

## 131
# shave off (가격을) 깎다

The vendor shaved off a few dollars from the selling price because the purchaser was a regular customer. 상인은 그 구매자가 단골고객이어서 판매가에서 몇 달러를 깎아주었다.

**132**

# get involved in …에 관련되다

We kept telling her not to get involved in that kind of business. 우리는 그 여자에게 이런 종류의 일에 연루되지 말라고 계속해서 말했다.

**133**

# show off 자랑해 보이다, 드러내다 boast

He's a very good water skier, but I think that he shows off too much. 그 사람은 수상스키를 매우 잘 타지만 나는 그 남자가 너무 잘난 척하는 것 같다.

**134**

# insist on …을 주장하다

I had to insist on my friend not driving home after she had been drinking. 나는 내 친구에게 술을 마신 후에는 차를 몰고 집에 가서는 안된다고 강경하게 말하지 않을 수 없었다.

**135**

# heard about …에 관해 듣다

> ▶ heard from …로부터 연락을 받다
> ▶ hear of …에 관한 소식을 듣다
> ▶ hear out 말을 끝까지 들어주다

No delays at an airport during a snowstorm are something you seldom hear about. 눈보라가 치는 동안 항공기가 지연되지 않는다는 건 좀처럼 듣기 힘들다.

**136**

# point out 지적하다

I tried to point out that his calculations were slightly off, but he was too stubborn to listen. 나는 그의 계산에 다소 오류가 있다는 것을 지적하려 했지만, 그 사람이 워낙 완고해서 내 말에 귀 기울이지 않았다.

**137**

# be done with (일을) 끝내다, 그만두다

Check to see if the secretary is done with the printer before you use it. 네가 사용하기에 앞서 비서가 프린터 사용을 다 끝냈는지 알아봐라.

**138**

# depend on …에 의존하다

> ▶ bank on[upon] …을 믿다, 의지하다
> ▶ rely on …에 의지하다, …을 신뢰하다
> ▶ rest on 의지하다, 책임이 있다
> ▶ count on …을 의지하다, 기대하다

> ▶ **fall back on** …를 믿다[의지하다]
> ▶ **lean on** …에 의지하다, 의존하다

He knew that he could **count on** me to get the job done properly. 그 남자는 나를 신뢰했기에 내가 그 일을 제대로 할 수 있다는 것을 알고 있었다.

Karen is unfamiliar with the city so she has to **rely on** taxis to get around town. 카렌은 그 도시에 익숙하지 않아 택시에 의존해서 시내를 돌아다녀야 해.

139
# get lost 길을 잃다, 없어지다

I told him to **get lost** because he would not stop bothering me. 그 사람이 나를 계속 귀찮게 하려 했기 때문에 나는 그에게 꺼지라고 말했다.

140
# move up 승진[출세]하다

In order to **move up** the corporate ladder, you must have drive and ambition. 기업에서 출세하기 위해서는 출세욕과 야망이 있어야 한다.

141
# be tired of …에 싫증내다 *cf.* be tired from[by, with] … 때문에 피곤하다

We **are sick and tired of** waiting in long lines at the register. 우리는 계산대 앞에 길게 줄 서서 기다리는 데 넌더리가 난다.

142
# end up~ 결국 …으로 끝나다

> ▶ **end up + ~ing** 결국 …이 되다

Although you say that you will remain an observer, I know you'll **end up** getting involved. 당신은 계속 방관만 할 거라고 말하지만 나는 당신이 결국 관여할 것이라는 걸 안다.

I will probably **end up** working late this weekend because of the new clients. 새로운 고객들 때문에 결국 이번 주말에 늦게까지 일하게 될 것 같아요.

143
# keep ~ing 계속 …하다

I will **keep working** at the same job. 난 계속 같은 일을 할거야.

144
# have a hard time 고생하다

Though she **had a hard time** understanding the material, she passed the course. 그 여자는 교재를 이해하느라 고생했지만, 그 과목에 합격했다.

**145**

# go[leave] for the day 퇴근하다

> ▶ **call it a day** 하던 일을 마치다

I want to finish this report before I **go home for the day.** 나는 집에 가기 전에 이 보고서를 끝내고 싶다.

**146**

# be eligible for …에 적당하다, 알맞다

According to my tax advisor, we **are eligible for** a refund from our tax return this year. 세금에 관해서 조언을 해주는 전문가의 말에 따르면, 우리는 올해 소득신고에서 공제를 받을 자격이 있다.

As a student, Ed **is eligible for** discounts to museums and theaters. 에드는 학생으로 박물관과 극장입장시 할인받을 수 있다.

**147**

# search for …을 찾다

The sales clerk advised the customer that the book he **was searching for** was out of print. 점원은 고객에게 찾고 있는 책이 절판이 되었다고 알려주었다.

**148**

# abound with …이 풍부하다

The camp site **abounds with** wild flowers, trees, and animals of all sorts. 캠핑 장소에는 야생화, 나무, 그리고 온갖 종류의 동물들이 많다.

**149**

# chat with …와 잡담하다

You can **chat with** folks at work or call them at home at night. 넌 직장에서 사람들과 얘기를 나누거나 저녁에 집으로 그들에게 전화를 해도 된다.

**150**

# go off (전기가) 나가다, 폭발하다 explode

We were in total darkness for three hours after the electricity **went off** last night. 어젯밤 전기가 나간 후에 우리는 3시간 동안 완전히 어둠 속에 있었다.

---

**TOEIC TIPS** about을 좋아하는 동사구

| | |
|---|---|
| know about …에 대해서 알다 | talk about …에 대해 이야기하다 |
| think about …에 대해 생각하다 | complain about[of] …에 대해 불평하다 |
| be skeptical about …에 대해 회의적이다 | be upset about …에 대해 화가 나다 |
| be concerned about …을 걱정하다 | be worried about …에 대해 걱정하다 |

### 151
## be desperate to~ 필사적으로 …하다

Sam **is desperate to** get some money. 샘은 필사적으로 돈을 좀 벌고 있다.

### 152
## take a risk 위험을 감수하다

▶ **run a great risk of** 큰 모험을 무릅쓰다

I'm not sure we can afford to **take this big a risk.** 우리가 이렇게 큰 위험을 감수할 여유가 있는지 모르겠어.

### 153
## lie with …의 책임이다

They are starting to feel that the solution may **lie with** a new president. 그들은 해결책은 신임 사장이 알아서 해야 될지도 모른다고 생각하기 시작했다.

### 154
## tear down 해체하다, 헐다

They plan to **tear down** an older home and build a larger one with modern features. 그들은 낡은 집을 허물고 현대적인 모습을 갖춘 더 큰 집을 지을 예정이다.

### 155
## be cautious about …에 대해 조심하다

Traders **became more cautious** as the finance minister began to review the laws governing bond sales. 무역업자는 재무장관이 채권판매에 관한 법을 검토하기 시작함에 따라 보다 더 신중하게 되었다.

### 156
## enroll in 등록하다

In order to improve his language, Peter **enrolled in** an English class. 피터는 어학실력을 향상시키기 위해서 영어 강좌에 등록했다.

### 157
## intend to~ …할 예정이다

The police constable told the suspect that he **intended to** get to the bottom of what had transpired that evening. 경관은 자신이 그날 저녁 발생했던 일에 대해 진상을 낱낱이 규명할 작정이라고 용의자에게 말했다.

**158**

# go on to (다음 장소 및 주제)로 옮겨가다, (새 습관·방식 등을) 시작하다

John graduates in a few weeks and will go on to a job with a top investment firm. 존은 몇 주안에 졸업하고 최고 투자회사에서 일을 시작할거다.

**159**

# be in agreement (with) (…와) 합의하다, 동의하다

It looks like we are in agreeing with most of these issues. 우리는 이 문제들 대부분에서 합의를 하는 것 같다.

**160**

# be designed to~ …하기로 의도되다, 예정되다

Lots of commercial products are designed for cleaning computers. 많은 상업적 상품들이 컴퓨터 청소를 위해서 고안되었다.

The advertorial was designed to target teenagers with emotional problems. 그 기사광고는 감정에 호소하는 문제들을 가지고 10대들을 겨냥하도록 고안되었다.

**161**

# be commensurate with …에 비례하다

If you have not heard from us within 45 days after receipt of this letter, then we do not currently have an available position commensurate with your skills. 이 편지를 받은 후 45일 이내에 저희로부터 아무런 연락을 받지 못한다면 그것은 저희에게 현재 귀하의 능력에 합당한 일자리가 없다는 얘기입니다.

**162**

# focus on …에 집중하다

With so many interruptions, it was difficult for Mona to focus on her work. 모나는 중간에 방해되는 일이 너무 많아 자기 업무에 초점을 맞추기가 어려웠다.

**163**

# back up 정체시키다, 백업하다, 차근차근 설명하다

There was a huge accident on the highway today and traffic was backed up for miles. 고속도로상에 큰 사고가 있어서 교통이 수마일씩이나 정체되었어.

I didn't hear what you said exactly. Could you back up and say it again. 네가 하는 얘기를 자세히 못 들었어. 차근차근 다시 얘기해줄테야?

**164**

# be anxious about …때문에 초조해하다, 몹시 …하고 싶다

Did you bring your sketches for the new logo? I'm anxious to see them. 새로운 로고 스케치 가져왔어? 어서 빨리 보고 싶다.

**3**

## be famous for ···로 유명하다

The artist **was famous for** his photographs of the Eiffel Tower. 그 예술가는 파리의 에펠탑을 찍은 사진으로 유명했다.

## agree with sb ···의 의견에 동의하다

▶ agree on sth ···에 대해 의견을 같이하다
▶ agree to + V ···하는 것에 동의하다

It seems that we can never **agree on** anything that has to do with our new client. 새 고객에 관한 일이라면 우리는 한번도 의견을 같이 한 적이 없었던 것 같다.

I **have agreed to** meet him this afternoon to discuss the changes he wants to make in his contract. 나는 오늘 오후 그 사람과 만나서 자신의 계약에 대해 변경하고 싶은 것에 관해 의논하기로 했다.

## be enthusiastic about ···에 열광하다

The children **were enthusiastic about** meeting with the lead singer of the band. 아이들은 그 밴드의 리드싱어를 만나는 것에 대해 열광했다.

## be better off ···하는 편이 좋을 것 같다, ···가 낫다(~ing), ···전보다 형편이 낫다

▶ be well off 유복하다

The new laser detectors are expensive. You're **better off** just driving within the speed limit. 새로 나온 과속 단속 카메라 탐지기는 가격이 비싸죠. 제한속도를 지켜서 차를 모는 것이 나을 거예요.

The girl came from a family that was known to **be well off.** 그 여자애는 유복한 것으로 알려진 집안 출신이다.

## belong to ···에 속하다

Many self-employed individuals do not **belong to** a health insurance plan. 의료 보험에 들지 않은 자영업자들이 많다.

## cheer up 기운이 나다

They hoped everything they heard about the Black Hills would **cheer them up** again. 그들은 블랙 힐스에 대해 들은 모든 이야기로 자신들이 다시 기운을 차리기를 희망했다.

## 171
# take a break 휴식을 취하다
Be sure to **take plenty of breaks** so you don't fall asleep at the wheel. 운전 중에 졸지 않으려면 충분한 휴식을 취하십시오.

## 172
# fill it up 기름을 가득 넣다
You can use my car, but don't forget to **fill it up** with gas before you return it. 내 차를 써도 좋아. 하지만 돌려주기 전에 기름을 가득 채워두라고.

## 173
# be wrong with ⋯이 고장나다, 나쁘다, ⋯이 잘못되다
What did the repairman say **is wrong with** the copy machine? 수리기사가 이 복사기가 뭐가 잘못되었다고 했어?

## 174
# be central to ⋯의 중심이다, 가장 중요한 역할을 하다
The lawyer **was central for** her rescue. 그 변호사는 그녀를 구하는데 가장 중요한 역할을 하였다.

## 175
# carry on 계속하다

▶ carry-on 휴대용의, 휴대용 수화물

The executives were hoping that their next meeting would **carry on** in the same optimistic fashion. 중역들은 차기 회의도 마찬가지로 긍정적인 방향으로 열리기를 바라고 있었다.

## 176
# be skeptical about ⋯에 대해 회의적이다
To tell you the truth, Ron, I'm **a little skeptical about** all this new technology. 론, 너한테 솔직히 말하면, 난 이 새로운 기술에 좀 회의적이야.

## 177
# check in 체크인 하다, 출근부를 찍다
The company requires us to **check in** at work each morning for security purposes. 우리 회사는 보안상의 이유로 직원들에게 매일 아침 출근했다는 것을 알리게 하는 제도를 실시한다.

## 178
# do sb a favor ⋯의 부탁을 들어주다
Chris, can you **do me a favor?** I have to leave my car at the service station for a tune up. Can you follow me there and take me home? 크리스, 부탁 좀 들어줄래? 내 차를 정비해야 되서 서비스센터에 두어야 하는데 거기까지 따라와서 날 집에 데려다줄래?

3

# be essential for …에 가장 중요하다

Proper labeling and communication **is essential for** moving these items safely. 라벨을 정확히 붙이고 의사전달을 잘하는 것이 이 물건들을 안전하게 옮기는데 가장 중요해.

# ask for …을 요청하다 demand

You can get a healthier meal if you **ask for** fruit instead of meat and skip the butter or margarine. 당신이 고기 대신에 야채를 요구하고 버터나 마가린을 먹지 않는다면 더 건강해질 수 있다.

## TOEIC TIPS  with를 좋아하는 동사구

comply with …에 따르다
consult with …에게 의논하다
go with …와 어울리다
tamper with …에 간섭하다
abound with …이 풍부하다
chat with …와 잡담하다
deal with …을 다루다
wrestle with …과 씨름하다
cope with …와 겨루다, …에 대처하다
lie with …의 책임이다
be compatible with …과 조화를 이루다, 양립하다
be covered with …로 뒤덮이다
be busy with …하느라 바쁘다
be fed up with …에 진저리가 나다
be delighted with …을 기뻐하다
be popular with …에게 인기가 많다
be satisfied with …에 만족하다
be wrong with …이 잘못되다, …에 이상이 있다
be associated with …과 연관있다
be commensurate with …에 비례하다
be inundated with …로 넘쳐나다
be equipped with …에 연결되다, 장착되다

**181**
## differ from ···과 다르다

These beaches **differ from** those in Australia. 이 해변가는 호주의 해변과는 다르다.

**182**
## catch up with ···를 따라잡다

▶ catch up ···을 따라잡다

We're going to have to **catch up with** our competition if we are to stay in business. 업계에서 살아남으려면 우리 경쟁업체를 따라잡아야 할거야.

**183**
## seek after ···을 추구하다

Go **seek after** some paper for the copy machine. 가서 복사용지 좀 구해와라.

**184**
## clear up (날씨 · 건강 등이) 좋아지다

I really hope that this weather **clears up** before the national beach volleyball tournament tomorrow. 내일 전국 해변 배구 대회 이전에 날씨가 개었으면 정말 좋겠다.

**185**
## take a closer look at ···를 좀더 자세히 살펴보다

▶ take a look at ···를 주시하다
▶ have a look at ···을 훑어보다

I want you to **take a closer look at** the way we do things around here. 우리가 여기서 하는 일을 세밀히 살펴보시기 바랍니다.

**186**
## come to ···하게 되다

▶ come to + 액수 (총액이) ···에 달하다

The bill for the repairs to the house should **come to** about $550.00. 집수리 비용이 약 550달러에 달할 듯하다.

## 187
# fall behind 뒤처지다
We'll have to supervise things closely to be sure we don't **fall behind.** 우리는 절대 뒤처지지 않도록 하기 위해 일들을 꼼꼼히 감독해야 할거야.

## 188
# single out 골라내다
According to the cops, a lady watching the police line-up **singled me out** as the guy who robbed the convenience store last night. 경찰들에 따르면, 경찰에서 범인을 잡아내기 위해 일렬로 세운 용의자들을 본 한 부인이 날 지난밤 편의점을 털은 사람으로 지목했대.

## 189
# be entitled to …의 자격이 있다
Amy felt she **was entitled to** a pay raise since it had been two years since her last one. 에이미는 임금인상을 받은지 2년이 지났기 때문에 다시 임금을 인상을 받을 자격이 있다고 생각했다.

## 190
# burst into 갑자기 …하기 시작하다
The students **burst into laughter** when I read it. 내가 그걸 읽으니까 학생들이 갑자기 웃음을 터뜨렸다.

## 191
# be sold out 매진되다
All airline seats to Atlanta, including business class and first class, **were sold out** during the Olympics. 비즈니스 클래스와 일등석을 포함해 올림픽 기간 중에 애틀랜타 행 항공편은 모두 매진되었다.

## 192
# compare to …에 비유하다

▶ be compared to[with] …와 비교되다

**Compared to** the other companies, ours is rather progressive. 다른 회사들과 비교했을 때, 우리 회사는 상당히 진취적이다.

She **was compared with** many of her peers before she was chosen. 그 여자는 여러 동료들과 비교된 후에 선출되었다.

## 193
# be faced with …에 직면하다
The president **was faced with** a very tough decision on Friday. 사장은 금요일에 매우 단호한 결정을 내려야 할 상황에 직면했다.

## 194
# give up 포기하다

He wanted to **give up** on the project, but we knew that there was still hope. 그 남자는 그 프로젝트를 포기하고 싶어 했지만 우리는 아직 희망이 있다는 것을 알았다.

## 195
# be good at …에 능숙하다, 재능이 있다

Never limit yourself to something that you don't want to do or **are not good at** doing. 자신이 하고 싶지 않은 일이나 익숙하지 않은 일에 결코 얽매이지 말아라.

## 196
# have difficulty (in) ~ing …에 곤란을 겪다

The receptionist was **having great difficulty** connecting her boss to the board room. 그 접수계원은 사장의 전화를 회의실로 연결하는데 큰 어려움을 겪고 있었다.

## 197
# be accused of …로 고발되다

The woman told us that the two men **were accused of** first degree murder. 그 여자는 우리에게 그 두 사람이 일급살인으로 고발되었다고 말했다.

## 198
# lose touch with …와의 연락이 끊기다

I **lost touch with** many of my old friends. 난 내 많은 옛 친구들과 연락이 끊겼어.

## 199
# wait for 기다리다

▶ **wait in line** 줄서서 기다리다
▶ **wait until** …까지 기다리다

We **waited in line for** three hours to clear customs in Rome. 우리는 로마에서 통관 절차를 마치는데 3시간 동안 줄을 서서 기다려야 했다.

## 200
# be filled with …으로 가득 차다

▶ **be full of** …로 가득차다

The sales manager **is so filled with** energy that all of the salesmen are intimidated by him. 영업부장은 에너지가 넘쳐흘러 영업사원들은 모두 그 사람에게 질린다.

**3**

## 201
## couldn't care less 전혀 개의치 않다

I told her about my ex-wife, but she **couldn't care less.** 나는 그 여자에게 내 전처에 대해 말했지만 그녀는 전혀 개의치 않았다.

## 202
## leave for …로 출발하다

▶ leave from …에서 출발하다

The bus is scheduled to **leave for** the airport at 6:00 this evening. 그 버스는 오늘 저녁 6시에 공항으로 출발하기로 예정되어 있다.

## 203
## fall through 실패하다

▶ fall over 쓰러지다

Plans to buy another apartment **fell through.** 아파트를 하나 더 사려는 계획은 실패했다.

## 204
## be able to~ …할 수 있다

▶ be unable to + V …할 수 없다
▶ have the ability to + V …할 수 있다

I feel like there is too much work around here for me to **be able to** handle well on my own. 여기엔 일이 너무 많아서 저 혼자 힘으론 잘 처리해낼 수 없을 것 같아요.

## 205
## be authorized to …에 권한을 부여받다

The only employee **authorized to** sign for delivery of office supplies is the secretary on duty at the time of delivery. 사무용품 납품 배달에 대한 서명 승인권이 있는 유일한 직원은 배달시 근무 중인 비서이다.

## 206
## hold on 기다리다, 계속하다

▶ hold on to~ 매달리다, 의지하다

I'm going to **hold on to** it for the time being. 난 당분간 그거에 의지할거야.

## 207
## blame A for B B에 대해 A를 탓하다

Don't **blame me for** the problems Dave caused. 데이브가 야기한 문제로 나를 탓하지마.

208

## let alone ···은 말할 것도 없고

The company's manager was not able to make the employees happy, **let alone** turn a profit. 그 회사의 부장은 이윤을 내는 것은 고사하고, 직원들을 만족시켜줄 줄도 몰랐다.

209

## be limited 제한되다

The dry cleaner's liability **is limited to** twenty dollars per article of clothing. 세탁소의 배상 책임은 옷 한 벌당 20달러로 제한된다.

210

## arrange for ···을 준비하다

▶ arrange to + V ···하기로 되어 있다

As soon as the mediator arrived, she **arranged for** a large conference room at the airport. 중재자가 도착하는 대로 그 여자는 공항에 대형 회의실을 준비해 두었다.

---

## to + 명사를 좋아하는 동사구

| | |
|---|---|
| listen to ···을 듣다 | lead to ···로 통하다 |
| appeal to ···에 호소하다 | adhere to ···을 부착하다, 고집하다 |
| stick to ···을 고집하다 | succumb to ···에 굴복하다 |
| link to ···에 연결되다, ···와 연관이 있다 | come to ···에 이르다, (총액이) ···에 달하다 |
| belong to ···에(게) 속하다 | be subject to ···하기 쉽다 |
| be attractive to ···에게 인기가 있다 | be vulnerable to ···에 취약하다 |
| be dangerous to ···에 위험하다 | be entitled to ···에 대한 자격이 있다 |
| be central to ···의 중심이다 | be accustomed to ···에 익숙하다 |
| be blind to ···을 깨닫지 못하다 | be open to ···에게 공개되어 있다 |
| be visible to ···에 보이다 | be committed to ···을 약속하다 |
| be comparable to ···에 필적하다 | be attached to ···에 부속하다 |
| be sentenced to ···을 선고받다 | be opposed to ···에 대해 반대하다 |
| be dedicated to ···에 바치다, 헌납하다 | be related to ···와 관계가 있다 |
| be linked to ···와 관련짓다, 결부하다 | be contrary to ···에 반(反)하다 |
| be equal to ···과 같다 | |

3

**08**
NEW
TOEIC VOCA

TOEIC이 좋아하는
# 동사구 211-240

---

211
## go along (with) 동행하다, 찬성하다

Let's just **go along with** the plans he made. 그 사람이 만든 계획에 그 냥 찬성하자.

212
## look for …을 찾다, 날씨가 …로 예상된다

The weather forecast said that we could **look for** sunshine by the weekend. 일기예보는 주말 경에는 햇빛을 기대할 수 있다고 했다.

213
## make an effort 노력하다

The president **made an effort to** meet with each of the managers every week. 그 사장은 매주 부장들을 한 사람씩 만나려고 노력했다.

214
## look after 돌보다, 보살피다

The boy was told to **look after** his sister when his parents were not at home. 그 남자애는 부모가 집에 없을 때 누이를 돌보라는 말을 들었다.

215
## get ready to[for] …에 대비하다

It takes Chris a long time to **get ready for** work so he gets up around six. 크리스는 일하러 갈 준비를 하는데 시간이 오래 걸려서 6시 경에 일어난다.

216
## put up with …을 참다 tolerate

Most people won't **put up with** noisy neighbors. 대부분의 사람들은 시끄러운 이웃에 참지 않을 것이다.

217
## require sb to …에게 ~하라고 요구하다

▶ be required of …에게 ~이 요구된다
▶ be required to + V …해야 한다

The law **requires me to** inform the authorities if you leave. 법에 따라 당신이 떠나면 난 당국에 알려야 된다.

266

Attention to difficult tasks will **be required of** you if you accept the job. 네가 그 일을 받아들이면 너에게 여러모로 힘든 임무가 주어질 것이다.

## 218

# have finished with 끝내다, 처리하다

> ▶ be finished with 끝내다

I happen to **be finished with** the project. 난 마침 그 프로젝트를 끝냈어.

The year-end auditing began in January and **was finished by** the first week of February. 연말 회계감사가 1월에 시작해서 2월 첫째 주에 끝났다.

## 219

# listen to …을 듣다

Even though Sally disagreed with Larry's idea, she was courteous and **listened to** him politely. 샐리는 래리의 생각에 동의하지 않았지만, 예의바르게 그의 말을 들어주었다.

## 220

# drop sb a line …에게 몇줄 써 보내다

**Drop him a line** if you visit New York. 네가 뉴욕에 가거든 그 사람에게 연락을 해라.

## 221

# spend[waste] A on B A를 B에 쓰다

> ▶ spend ~ ing …하는데 …을 쓰다

George **spent the day** arranging the furniture in his new office. 조지는 그의 새 사무실에서 가구를 정리하면서 하루를 보냈다.

## 222

# be permitted to~ …해도 된다

This is just a reminder that smoking **is not permitted** on the aircraft at any time during the flight. 이것은 비행 중에는 어느 때라도 기내에서의 흡연이 허용되지 않는다는 표시입니다.

## 223

# leave sb alone …를 내버려 두다

Steve was sick so we **left him alone.** 스티브는 몸이 아파서 내버려두었다.

## 224

# go ahead 계속하다

He told us to **go ahead** and eat while he got more food from the kitchen. 그 남자는 부엌에서 음식을 더 갖고 올테니 우리에게 먼저 먹으라고 했다.

## 225

# give sb a ride ···를 차를 태워주다

> ▸ get a ride 차를 얻어타다
> ▸ share a ride home 함께 타고 집에 가다
> ▸ ride to work 차로 출근하다
> ▸ have a ride 차를 타다
> ▸ ride the train[bus] 기차[버스]를 타다

Please wake me up early tomorrow morning as I **am giving the boss a ride to work.** 내일 아침 나 좀 일찍 깨워줘. 내 차로 사장을 태우고 출근해야 하거든.

I usually **ride the train to work,** but since there was a huge accident last week, I've been taking the bus. 나는 보통 기차를 타고 출근하지만 지난 주에 큰 사고가 난 다음부터는 버스를 타고 다닌다.

## 226

# look like ···처럼 보이다, ···와 비슷하다

That **looks like** glass, but it is really clear acrylic. 저건 유리처럼 보이는데 사실은 투명한 아크릴이야.

## 227

# be in need of ···이 필요하다

We **are in need of** a customer service manager who speaks both English and Korean. 우리는 영어와 한국어 둘 다 할 수 있는 고객 서비스 담당자가 필요하다.

## 228

# see off 배웅하다

The couple took a taxi to the airport to **see off** their only son. 부부는 택시를 타고 공항까지 가서 외아들을 배웅했다.

## 229

# put on 입다, ···인 척하다, 부과하다

Excuse me while I **put on** my suit. 미안하지만 나 옷 좀 입을게.

## 230

# lead to ···로 통하다

Studying medicine can **lead to** a good job. 의학을 공부하면 좋은 일자리를 얻을 수 있다.

## 231

# have room for ···의 여지가 있다

Unfortunately, the university does not **have room for** students that score under the 75th percentile on their SATs. 안됐지만 그 대학은 SAT 성적이 상위에서 75% 미만인 학생들은 받아들이지 않는다.

**232**

# be suitable for[to~] …에 적합하다

The water **is** polluted and **not suitable for** consumption. 그 물은 오염되어 식수로 적합하지 않다.

**233**

# take advantage of …을 이용하다

The employees asked how they could **take advantage of** the group discount rate. 그 직원들은 단체할인율을 이용할 수 있는 방법을 물었다.

**234**

# be sure to 반드시 …하다

The doctor told his patient to **be sure to** take the medicine and get plenty of rest. 의사는 환자에게 반드시 약을 먹고 휴식을 충분히 취하라고 말했다.

**Be sure to** back up all of your files on the computer just in case something happens. 무슨 일이 벌어질 경우에 대비해서 컴퓨터에 있는 네 파일 모두를 반드시 백업시켜 놓도록 해.

**235**

# put off 연기하다 postpone

The morning meeting had to **be put off** due to a power failure. 아침회의는 정전 때문에 연기해야만 했다.

**236**

# set up 세우다, 프로그램을 설치하다

The company will **set up** a joint-venture production facility in Buenos Aeries, Argentina. 그 회사는 아르헨티나의 부에노스 아이레스에 합작 투자 생산 공장을 설립할 것이다.

**237**

# take pride in …을 자랑하다

> ▶ be proud of …을 자랑스러워 하다
> ▶ pride oneself on …을 자랑하다

The company officials were known to **take pride in** the craftsmanship skills of their workers. 회사 임원들은 직원들의 솜씨를 자랑스러워하는 것으로 알려졌다.

**238**

# take after …를 닮다 resemble

Everyone at the conference thinks that she **takes after** her father. 회의에 참석한 사람들은 모두 그 여자가 자기 아버지를 닮았다고 생각하고 있다.

**239**

# hit on 생각해내다, …한 생각이 떠오르다

The scientists **hit on** a solution to the problem. 과학자들은 그 문제의 해결책을 생각해냈다.

**240**

# call for 요구하다, 날씨가 …일 것이다

The president of the company **called for** a general meeting to be held this Friday. 그 회사의 사장은 이번주 금요일에 총회를 소집했다.

The weather forecast **calls for** cloudy skies and a slight chance of rain showers tomorrow afternoon. 일기예보에 따르면 내일 오후에는 구름낀 날씨에 소나기가 내릴 확률이 조금 있다고 한다.

---

## to + 동사를 좋아하는 동사구

have to + V …해야 하다
attempt to + V …해보려고 시도하다
manage to + V 그럭저럭 …해내다
be hard to + V …하기 힘들다, 어렵다
be careful to + V …하도록 조심하다
be easy to + V 쉽게 …하다
be unable to + V …할 수 없다
be unlikely to + V 좀처럼 …하지 않는다
be intended to + V …할 예정이다
be developed to + V 발전해서 …하다
be designated to + V …하기로 지정되다
be encouraged to + V …하라는 권고[격려]를 받다
be required to + V …해야 한다
be meant to + V …할 작정이다
be used to + V …하는 데 사용되다
be requested to + V …하여야 한다

aim to + V …할 작정이다
expect to + V …하리라 기대하다
be eager to + V 간절히 …하고 싶어하다
be available to + V …할 수 있다.
be desperate to + V 필사적으로 …하다
be able to + V …할 수 있다
be likely to + V …하기 쉽다
be permitted to + V …해도 된다
be advised to + V …하라는 권고를 받다
be shocked to + V …해서 놀라다, 충격을 받다
be designed to + V …하기로 의도되다, 예정되다

be supposed to + V …하기로 되어 있다
be asked to + V …하라는 요구를 받다
be required to + V …해야 한다.

TOEIC이 좋아하는
# 동사구 241-270

**241**
## taxi down 비행기가 차가 움직이듯 가다

The plane **taxied down** the runway before flying away. 비행기가 비행에 앞서 서서히 활주로를 달리고 있었다.

**242**
## shut down 정지시키다, 폐쇄하다

The president of the company has decided to **shut down** the petrochemical facility. 그 회사의 사장은 석유화학공장을 폐쇄하기로 결정했다.

**243**
## wrap up 완성하다

We'll **wrap up** the presentation with a brief survey and then we will field some questions. 우리는 간단한 여론조사로 그 발표를 종결시키고 난 후 질문을 받을 것이다.

**244**
## come down with (병 등에) 걸리다

Bill **came down with** a cold and called in sick. 빌이 감기에 걸려서 출근하지 못하겠다고 전화했어요.

**245**
## bring about …을 일으키다

Excessive consumption of imported products could **bring about** a jump in inflation. 수입품을 지나치게 소비하면 물가가 급등할 수도 있다.

**246**
## take place 발생하다 happen

We have to find out where the show is going to **take place**. 우리는 그 공연이 어디서 개최되는지를 알아내야만 한다.

**247**
## date back to …로 거슬러 올라가다

Drinking to someone's honor **dates back to** medieval France. 축배를 드는 행위의 기원은 프랑스의 중세시대로 거슬러 올라간다.

## 248

**be bound by[to]** ···에게 속박되다

The lawyer **was bound by** an oath of confidentiality when he consulted with his client. 변호사는 의뢰인과 상담시에 비밀을 보장한다는 서약을 지킬 의무가 있었다.

## 249

**turn off** (전등·TV 등을) 끄다

The foreman did not approve of listening to music on the job and asked all workers to **turn off** their radios. 현장 감독은 작업 중 음악듣는 것을 금지하였고 모든 작업근로자에게 라디오를 끄도록 요청했다.

## 250

**come out** (결과를) 낳다

> ▶ come out with ···을 세상에 내놓다, 출시하다

The author's new mystery novel will **come out** in December.
그 작가의 신작 미스터리 소설은 12월에 출시될 것이다.

## 251

**dispose of** ···을 처분하다, 처리하다

> ▶ be disposed to ···하고 싶은 마음이 내키다

Please **dispose of** all sanitary products by placing them in the bin located under the seat. 모든 위생용품들은 좌석 밑에 놓인 통에 담아서 처리해주십시오.

I'm **disposed to** sunny climates, which is why I am so confused to be living in Seattle. 나는 일조량이 많은 기후에 익숙하기 때문에 시애틀에서 사는 것에 적응이 잘 안된다.

## 252

**play a role in** ···에서 역할을 담당하다, ···에 작용하다

As the Internet continues to **play more of a role in** our daily lives, communications over the telephone will begin to decrease. 일상생활에서 인터넷이 계속 더 큰 역할을 함에 따라, 전화를 통한 의사소통은 줄어들기 시작할 것이다.

## 253

**come up with** ···을 생각해내다

We **have come up with** an alternative approach to the project which we believe will be of much interest to you. 그 계획에 대해 당신이 아주 흥미를 느낄만한 다른 접근법을 찾았습니다.

**254**

## connect sb to …에 전화를 연결시키다

> ▶ get connected to the net 인터넷에 연결하다

The receptionist was having great difficulty **connecting her boss to** the board room. 그 접수계원은 사장의 전화를 회의실로 연결하는데 큰 어려움을 겪고 있었다.

**255**

## vote for …에게 투표하다, …을 제안하다

> ▶ vote to + V …하기 위해 투표하다
> ▶ vote in favor of …에 찬성표를 던지다

I **voted in favor of** having you as the president of our US subsidiary. 당신을 미국 자회사의 사장으로 선출하는데 표를 던졌다.

**256**

## have an impact on …에 영향을 미치다

The upcoming elections could have a profound impact on your bottom line. 다가오는 선거가 네 사업의 수익에 깊은 영향을 끼칠 수도 있다.

**257**

## be engaged in …에 종사하다, 참가하다 engage oneself in

They **are engaged in** high level talks with the Food and Drug Administration. 그 사람들은 美 식품의약국과의 고위간부들과 회담하고 있다.

In order to get the most out of the seminar, you need to **engage yourself in** role-playing. 세미나를 최대한 활용하려면, 당신은 역할 연기에 참가하셔야 돼요.

**258**

## follow up 후속조치를 취하다

Friendly service and good **follow-up** can convert a one-time only shopper into a valuable repeat customer. 한번 오고 말 손님이라도 친절하게 서비스하고 사후 관리를 적절하게 하면 귀중한 단골손님이 될 수 있다

**259**

## give away 처분하다, 남에게 주다

The company has extended its **promotional giveaway** campaign until the end of the month. 회사는 이달 말까지 홍보용 무료상품 배포 캠페인을 연장했다.

**260**

## hang around with …와 어울리다

> ▶ hang out with …와 어울리다

He used to **hang out with** people from his old company, but now he is too busy to meet them. 그 남자는 예전에 다니던 회사에서 함께 근무했던 사람들과 만나서 시간을 보내곤 했는데 지금은 너무 바빠 만날 수가 없다.

261

# get hold of ···을 얻다, ···와 연락이 되다

I'm dying to **get hold of** those reports, so that I can understand why so many people quit their jobs at that company. 나는 그 보고서들을 손에 넣고 싶어 죽겠어. 왜 그렇게 많은 사람들이 그 회사를 그만두었는지 알 수 있게 말이야.

262

# keep~ informed 정보를 주어 알게 하다 keep sb posted

It is imperative that you **keep your clients informed** about what is happening with the stocks that they are holding. 당신은 고객이 보유하고 있는 주식에 관련된 정보를 계속 고객에게 알려주어야 한다.

263

# be programmed to ···하도록 예정[계획]되어 있다

The alarm clock **was programmed to** go off at precisely four o'clock. 그 알람시계는 정각 4시에 울리도록 맞춰져 있었다.

264

# let sb down ···를 실망시키다

Don't **let down** your parents by failing. 실패해서 부모님을 실망시키지 않도록 해라.

265

# turn down 거절하다, 소리를 줄이다

**Turn down** the water heater temperature when away from home. 집을 비울 때는 온수기 온도를 낮추어라.

266

# make do with ···로 그럭저럭 때우다

My mother always told me that I should **make do with** what I had and not be greedy. 어머니는 항상 현재 내가 가진 것으로 만족해야지 욕심을 부려서는 안된다고 말씀하셨다.

267

# be at odds with ···와 의견이 대립하다

I've **been at odds with** the new manager over his plan to cut vacation time for employees. 나는 새로 온 부장이 사원들의 휴가기간을 줄이려고 하는 문제를 놓고 그 사람과 다투었다.

268

# put in for ···에 신청[응모]하다

Jim **put in for** a few vacation days. 짐은 며칠간의 휴가를 신청했다.

269

# set aside 따로 떼어놓다

I **set aside** some money to cover the cost of my daughter's
education. 나는 내 딸의 교육비를 감당하기 위해 얼마간의 자금을 떼어 두었다.

270

# take in 끌어들이다, 옷을 줄이다, 연행하다

The man took his trousers to the tailor and had the waist
**taken in** a few inches. 그 남자는 바지를 재단사에게 가져가서 허리를 몇 인치 줄여
달라고 했다.

According to the article in the newspaper, the officers
arrested the suspect and **took him in for** questioning. 신문기사
에 의하면, 경찰관들이 용의자를 체포하여 심문하기 위해 연행했다고 한다.

**TOEIC TIPS** from을 좋아하는 동사구

be exempt from ···을 면제받다
come from ··· 출신이다, ···에서 나오다
benefit from ···에서 이득을 얻다
refrain from ···을 자제하다, 억누르다
differ from ···와 다르다
graduate from ···를 졸업하다
retire from ···에서 은퇴하다, 퇴직하다
die from (외상, 부주의 등)으로 죽다 *cf.* die of (질병, 굶주림, 노령 등을 원인)으로 죽다
return from ···에서 돌아오다 *cf.* return to ···로 돌아가다

UNIT **3**

271
## wait on  시중을 들다, …할 때까지 기다리다

I know you need to use this phone, but I'm going to have to ask you to **wait on** that until I get off the Internet. 네가 이 전화를 사용해야 한다는 것을 아는데 내가 인터넷을 다 쓸 때까지만 좀 기다려 달라고 부탁할게.

272
## be recommended for  …에 권장되다

Cycling and jogging **are not recommended for** people who have weak hearts or are suffering from high blood pressure. 싸이클과 조깅은 심장이 약하거나 고혈압으로 고생하는 사람들에게는 권장할 만한 것이 못된다.

273
## put in+시간명사  …에 시간을 투자하다

In total, I **put in** more than 200 hours of volunteer work last year. 나는 작년에 자원봉사에 총 200시간이 넘는 시간을 투자했다.

274
## work out  제대로 이루어지다, 운동하다

The union will **work out** a new contract for all full-time employees in the office. 노조는 회사내 상근직원 전원의 새 근로계약을 체결해 낼 것이다

275
## do well on  잘하다

All of the teachers expect my daughter to **do well on** her test. 교사들은 모두 내 딸이 시험을 잘 치를 것이라고 기대한다.

276
## adhere to  …을 고수하다

In order for the system to work, we all have to **adhere to** the rules. 그 체제가 제대로 돌아가게 하려면 우리 모두 그 규칙을 지켜야만 한다.

**277**

## send off 발송하다

The secretary told her little brother to run over to the post office and **send the letter off**. 비서는 남동생에게 우체국에 가서 그 편지를 발송하라고 말했다.

**278**

## spell out 자세히 설명하다

The teacher had to **spell out** the whole lesson. 그 선생님은 과 전체를 상세히 설명해야만 했다.

**279**

## be fed up with …에 질리다

I **was so fed up with** my boss that I told him off and quit my job. 나는 사장에게 너무 질려서 한바탕 해대고는 회사를 그만두었다.

**280**

## equip A with B A에게 B를 갖추어 주다

▶ be equipped with …설비를 갖추다 …에 연결되다, 장착되다

The new Hyundai **is equipped with** all the extra features that car buyers love. 새로 출시된 현대 자동차는 소비자들이 아주 좋아하는 부가적인 기능들을 완비하고 있다.

**281**

## write down 기록해두다 기록하다

In order to **write down** new ideas, I always carry a notepad with me. 새로 떠오른 생각을 기록하려고 나는 항상 노트패드를 가지고 다닌다.

**282**

## be in effect 실시되다

▶ give effect to (법칙, 규칙) 실행에 옮기다
▶ go into effect (법률) 실시되다, 발효되다
▶ take effect 효력을 발생하다.
▶ come into effect 시행하다, 수행하다
▶ remain in effect 계속 효력을 갖게 되다

The sale prices do not **go into effect** until Monday morning at 9:30 AM. 그 판매가격은 월요일 오전 9시 30분 이후부터 적용된다.

**283**

## pay attention to …에 주의를 기울이다

▶ play a role 기여하다, 역할을 하다

We think that may **play a role in** heart disease. 우리는 그게 심장병에 중요한 역할을 할지도 모른다고 생각해.

284

# have influence on …에 영향을 미치다

Which parent **has had the most influence on** your attitudes toward spending and saving? 소비와 저축에 대한 너의 태도에 가장 많은 영향을 끼친 사람이 어머니와 아버지 중 누구야?

285

# abide by (규칙, 법령, 결정 등)을 지키다

The distributors fully understand the contract and are willing to **abide by** the terms controlling their business activities. 배급업자들은 계약을 완전히 이해하고 사업활동을 통괄하는 규정에 기꺼이 따를 것이다.

286

# manage to~ 그럭저럭 …해내다

Sam **managed to** finish his report by working during his lunch hour. 샘은 점심시간 동안 일을 함으로써 그의 보고서를 겨우 마무리 할 수 있었다.

287

# benefit from …에서 이득을 얻다

According to Melanie, all service organizations could **benefit from** a discussion of spending habits. 멜러니는 소비자들의 소비행태에 관한 논의는 모든 서비스 기관들의 활동에 도움을 준다고 말한다.

288

# tamper with …에 간섭하다

According to this morning's newspaper, the Watergate tapes **were tampered with** before they were heard by the supreme court. 오늘 아침 신문에 의하면, 워터게이트 테이프는 대법원에서 청취되기 전에 조작되었다고 한다.

289

# strive for …을 얻기 위해 애쓰다

I **strive to** treat people as I would like to be treated, with openness, warmth, and honesty. 나는 다른 사람들이 내게 이렇게 대해주었으면 하고 바라는 대로, 즉 개방적이고 따뜻하며 정직하게 사람들을 대하려고 한다.

290

# file for …를 신청하다, …를 제출하다

The small company **is filing for bankruptcy** at the end of the month due to its inability to pay its creditors. 그 중소기업은 채무를 변제할 능력이 없어 이달 말에 파산 신고를 했다.

**291**

## comply with  …에 따르다

Our firm will **comply with** the new regulatory policies until we receive official notice that we are exempted from doing so. 우리 회사는 그런 방침에서 면제된다는 공식 통지를 받기까지는 새로운 규정을 따를 것이다.

**292**

## be exempt from  …을 면제받다

▶ be exempted from …을 면제받다

All employees with more than three years of experience will **be exempted from** attending the training session next weekend. 3년 이상의 경력을 지닌 모든 직원들은 다음 주말에 열리는 훈련 연수회 참석을 면제받는다.

**293**

## mistake A for B  A를 B로 착각하다

▶ take A for B A를 B로 오해하다

When Travis saw the tall man coming towards him he **mistook him for** his boss who is also tall. 트래비스는 자기 쪽으로 오는 키 큰 남자를 봤을 때 역시 키가 큰 사장하고 착각했다.

**294**

## be designated to~  …하기로 지정되다

The manager **was designated to** run the project. 그 부장이 그 프로젝트를 하기로 지정되었다.

**295**

## deduct A from B  B에서 A를 공제하다

The payroll clerk forgot to **deduct tax from** my paycheck this week. 경리부 직원이 이번 주 내 봉급에서 세금을 공제시키는 것을 잊어 버렸다.

**296**

## bring out  발표하다, 출시하다

The designer will **bring out** her new line sometime during the fall season. 디자이너는 가을 중에 자신의 신상품들을 선보일 예정이다.

**297**

## be meant to~  …할 작정이다, …하려고 생각하다

This money **is meant to** purchase a car. 이 돈은 자동차를 구매할 돈이다.

**298**

# bargain for 예상하다

An open-air market is often the best place to bargain for groceries. 노천시장에서 식료품을 싸게 살 수 있는 경우가 많다.

I think that we got much less than we bargained for. 우리가 예상했던 것보다 훨씬 적게 번 것 같습니다.

**299**

# do sb good ···에게 득이 되다

A little exercise every day will do me good. 매일 조금하는 운동은 내게 도움이 될거야.

**300**

# A accompanies B A가 B를 따라가다, 바래다 주다

▶ be accompanied by[with] ···을 동반[수반]하다

They are accompanied by their colleagues from the head office in Switzerland. 스위스 본사로부터 온 직원들이 그 사람들을 데리고 다닌다.

### up을 좋아하는 동사구

pick up 집어 올리다, 찾아내다, 차로 사람을 데리고 오[가]다
prop up ···을 지지하다, 보강하다
step up 올라가다, 촉진하다 *cf.* step down 내리다, 사퇴하다
catch up 따라가다, 이해하다
cheer up 격려하다, 기운을 북돋아주다
end up ~ing 결국엔 ···하다
line up 정렬시키다, 조정하다
mix up 잘 섞다
mop up 닦아내다, 완료하다
wrap up 결말을 짓다, 요약하다

TOEIC이 좋아하는
# 동사구 301-330

### 301
## be guaranteed to  …할 것이 보장되다

The product **is guaranteed to** meet my satisfaction or I may return it for a refund. 그 상품이 확실하게 만족스럽지 못하면 반품하고 환불받을 수 있다고 보장하고 있다.

### 302
## be committed to  …에 전념하다

▶ commit oneself to 전념하다
▶ be committed to …에 전념하다

The company **is committed to** dealing fairly with other organizations. 그 회사는 다른 기업체와 공정하게 거래하는 것을 원칙으로 삼고 있다.

### 303
## be apt to  …하는 경향이 있다, …하기 쉽다

Be careful, this road **is apt to** be slippery in rainy weather.
조심해, 이 길은 비오는 날씨에는 미끄러지기 쉽다.

### 304
## rake in  돈을 긁어 모으다

The article claimed that all participants would **rake in** a lot of money. 그 기사는 참가자는 모두 돈을 많이 긁어 모았다고 주장했다.

### 305
## be contrary to  …에 반(反)하다

**Contrary to** traditional manufacturing beliefs, design is not a luxury or a costly expense. 전통적인 제조에 관련된 신념에 반하여 디자인은 사치품도 아니고 값비싼 경비도 아니다.

### 306
## derive from  …에서 파생하다

The English word canine **is derived from** the Latin root canem. 영어단어인 canine(개)은 라틴어 어근인 canem에서 파생되었다.

## 307
# charge A with B  A에게 B를 맡기다

He had to go down to the police station because his girlfriend **charged him with** assault. 그 남자는 여자친구가 자신을 폭행 혐의로 고소했기 때문에 경찰서로 가야만 했다.

## 308
# bring in  영입하다, 수입이 생기다

We were told that the only way to salvage the company would be to **bring professionals in** to help. 회사를 구하는 길은 전문가를 영입하여 도움을 청하는 것밖에 없다고 들었다.

## 309
# relieve[ease] A of B  A에게서 B를 덜어주다

The doctor **relieved Linda of** her back pain. 그 의사는 린다의 요통을 치료해주었다.

## 310
# associate A with B  A를 B와 연관짓다

▶ be associated with ···와 제휴하다
▶ combine[associate] A with B A를 B와 결합시키다

Our company **is associated with** a number of international and domestic organizations. 우리 회사는 많은 국내외 회사들과 제휴하고 있다.

## 311
# sign up for  ···에 등록하다

The university students were told to **sign up for** the trip to the World Series. 그 대학생들은 월드 시리즈 관람 여행에 등록하라는 말을 들었다.

He's **signed up for** five classes this semester. 그 사람은 이번 학기 다섯 과목을 수강 신청했다.

## 312
# amount to  ···에 달하다, ···에 이르다

▶ amount to over 총계가 ···을 넘는다

The company's assets and equity **amount to** much more than we previously indicated. 회사의 자산과 자기 자본 총액은 앞서 우리가 제시했던 수치를 훨씬 웃돈다.

## 313
# have an effect on  ···에 영향을 미치다

The bad publicity that the company is receiving will **have a negative effect on** consumer prices. 그 회사가 받고 있는 나쁜 평판은 소비자 물가에 부정적인 영향을 미칠 것이다.

**314**

# be bound to~ …할 예정이다

▶ (be) bound for …행의

The plane **was bound for** the Kennedy International Airport in New York. 이 비행기는 뉴욕의 케네디 국제공항 행이다.

The police felt that the killer was bound to return to the scene of the crime. 경찰은 살인범이 범행현장에 다시 나타날 것 같다는 느낌이 들었다.

**315**

# account for 설명하다, (숫자를) 차지하다

Computers **account for** 25% of the company's commercial electricity sales. 컴퓨터 사용 전력이 그 전기 회사의 영업용 전기 매출의 25퍼센트를 차지한다.

**316**

# hinge on …에 달려 있다

Most of the company's future performance **hinges on** the direction of interest rates. 그 회사가 앞으로 수익을 올릴 수 있는지의 여부는 대부분 금리가 어떻게 변하느냐에 달려 있다.

**317**

# be likely to~ …하기 쉽다

▶ be unlikely to + V 좀처럼 …하지 않는다

Men **are much more likely to** smoke cigarettes than women. 남성들이 여성들보다 훨씬 더 흡연을 하기 쉽다.

**318**

# contribute to 기부[기여]하다, …의 원인이 되다

▶ attribute A to B A를 B의 탓으로 돌리다

Each year a percentage of the company's profits **are contributed to** local charities. 매년 회사수익의 일정 퍼센티지는 지역 자선단체에 기부되었다.

**319**

# put away 치우다

She told him to **put away** all of his things before going out, but as usual he didn't listen to her. 그녀는 그에게 나가기 전에 모든 그의 물건들을 치우라고 말했다. 그러나 언제나처럼 그는 그녀의 말에 귀기울이지 않았다.

**320**

## sell off 팔다, 처분하다

The conglomerate will **sell off** its beverage division to focus on breakfast cereals and other packaged foods. 그 복합기업은 아침 식사용 곡물식과 다른 포장식품에 집중하기 위해 음료수 사업부문을 처분할 것이다.

**321**

## devote oneself to …에 헌신하다

It is amazing how people blindly **devote themselves to** religious causes. 사람들이 맹목적으로 종교적 운동에 몸을 바치는 것을 보면 놀랍다.

**322**

## take a bite out of 한입 베어 물다

I want the actor to look into the camera, and then slowly **take a bite out of** the roll. 그 배우가 카메라를 바라보면서 천천히 롤빵을 한입 베어 무는게 좋겠어.

**323**

## fall on (날짜가) …에 해당하다

New Year's Day **falls on** a Sunday, so Monday, January 2nd will be taken as a holiday. 새해 첫날이 일요일이기 때문에 1월 2일 월요일을 휴일로 한다.

**324**

## be honored for …에 대해 표창받다

▶ be honored by …에 의해 존경받다

The crippled athlete **was honored for** his courage and strength at the Special Olympics. 그 지체장애 선수는 장애자 올림픽 대회에서 용기와 강한 의지로 표창을 받았다.

**325**

## have a hunch 예감이 들다

The man at the police station said that he **had a hunch** about who committed the crime. 경찰서에 있는 그 남자는 누가 범인인지에 대해 직감이 간다고 말했다.

**326**

## be moved forward …일을 앞당기다

The closing date **has to be moved forward** by at least one month, or we will have to stay in a hotel. 계약 체결일을 최소한 한달 앞당겨야지, 그렇지 않으면 우리는 호텔에 남아있어야 할 것이다.

## 327

### go easy on ···을 적당히[조심해서] 하다

Try to **go easy on** the hot sauce, since I don't like to eat spicy food. 매운 양념은 조금만 넣도록 해. 난 매운 음식을 좋아하지 않는단 말이야.

## 328

### draw up 작성하다

Let's **draw up** a contract to sell this house. 이 집을 팔 계약서를 작성합시다.

## 329

### talk sb into ~ing ···하도록 설득하다

▶ **talk sb out of ~ing** ···에게 ···하지 않도록 설득하다

She **talked me into** signing another contract. 그 여자가 나를 설득해서 또 다른 계약에 서명하도록 했다.

## 330

### be due by+날짜 ···까지 만기다

▶ **be due over + 기한** ···넘게 연체되다
▶ **be due in** ···에 도착예정이다, ···내에 만기되다

The sum of $500 is owed on your account and this amount **is due in** two weeks. 귀하의 계정에 500달러가 입금되기로 되어 있는데 2주 내에 들어갈 것입니다.

---

### out을 좋아하는 동사구

print out 출력하다
point out 지적하다, 지시하다
sort out 추려내다, 가려내다
cut out 잘라내다, 제거하다 *cf.* cut down (비용 따위를) 삭감하다
phase out 단계적으로 제거하다, 없어지다
rule out (규정 등에 의하여) 제외하다, 배제하다
figure out 이해하다

---

**331**
## be visible to  …에 보이다

The darker and clearer the skies the more stars will be visible to astronomers. 하늘이 더 어둡고 맑을 수록 천문학자들은 더 많은 별들을 볼 수 있다.

**332**
## brace oneself for  …에 대한 마음의 준비를 하다

The stewardess told the passengers to brace themselves for a rough landing. 그 승무원은 승객에게 비행착륙에 대비하라고 말했다.

**333**
## convert ~ into  바꾸다, 전환시키다, 개조하다

▶ conversion 전환

The first thing Rich did when he arrived in Germany was to convert some of his dollars into German marks. 리치가 독일에 도착해서 처음으로 한 것은 달러 일부를 독일 마르크화로 바꾼 것이었다.

**334**
## cash in on  …을 이용하다

The company decided to cash in on all the publicity it had received. 그 회사는 언론에 크게 보도되었던 것을 모두 이용하기로 결정했다.

**335**
## be deposited into  …로 공탁되다, 예치되다

All funds received from the client should be deposited into the trust account. 고객들로부터 받은 모든 펀드는 신탁계정으로 예치되어야 한다.

**336**
## hold up  연기하다, …을 막다, 버티다

Trucks are supposed to use the loading dock so they don't hold up traffic. 트럭은 하역장을 이용하도록 되어 있어서 교통을 막지 않는다.

After we finished work, we stopped by the hospital to see how our sick co-worker was holding up. 우리는 일을 끝낸 후에 우리의 아픈 동료가 어떻게 지내는가를 보기 위해 병원에 들렀다.

# make little of …을 얕보다, 거의 이해 못하다

> ▶ make much of …을 중요시하다

It's kind of sad, but nobody at the office ever **makes much of** birthdays or other personal celebrations. 좀 유감스러운 일이긴 하지만 우리 사무실에는 생일이나 다른 사람의 개인적인 기념일을 중요하게 생각하는 사람이 한 명도 없습니다.

338

# be vulnerable to …에 취약하다

The computer **is vulnerable to** Internet viruses. 컴퓨터는 인터넷을 통한 바이러스에 취약하다.

339

# stop short of …을 그만두다

The tired runner **stopped short of** finishing the race. 그 지친 주자는 레이스를 완주하지 못하였다.

340

# let up 줄어들다

Although the boss told her secretary to stop harassing the clients, she just wouldn't **let up.** 사장이 비서에게 고객들을 그만 괴롭히라고 지시했는데도 그 여자는 기세를 누그러뜨리려 하지 않았다.

341

# range from A to B 범위가 A에서 B에 이르다

The models we carry in our showroom **range in price from** $40,000 to $180,000. 우리가 전시장에 전시해놓은 차들은 가격이 4만에서 18만 달러에 이르는 것들이다.

342

# confine A to B A를 B에 제한하다

The contract **confines** the company's responsibility for damage **to** an area up to fifty kilometers. 계약은 회사의 손해 배상 책임을 50킬로미터까지의 지역으로 제한하고 있다.

343

# stand out 두드러지다

If you want to **stand out** at your company, you have to be a hard worker. 회사에서 두각을 나타내고 싶으면 열심히 일해야 해.

## 344
# be concerned about …을 걱정하다

> ▶ be concerned that ~ 걱정하다
> ▶ be worried about …을 걱정하다

The secretary **was concerned that** she was not looking fit so she joined a health club. 비서는 뚱뚱해 보일까봐 염려스러워 헬스 클럽에 가입했다.

## 345
# stock A with B A를 B로 채우다

> ▶ stock up 사서 비축하다

The distributor **is stocking the shelves with** cheese and cold cuts. 유통업자가 치즈와 냉육을 얇게 저민 것을 함께 요리한 식품을 선반에 쌓아두고 있다.

## 346
# be made of …으로 이루어지다

The bulk of the floating junk **is made of** plastic since the material doesn't biodegrade. 가라앉지 않는 쓰레기의 대부분은 자연분해가 되지 않는 플라스틱으로 만들어진 것이다.

## 347
# take away 제거하다, 치우다

They had to **take away** the office water cooler because it was defective. 그 사람들은 그 사무실 냉수기가 하자가 있기 때문에 치워야만 했다.

## 348
# adapt to …에 맞추다, 조정하다

The pilot had a difficult time **adapting to** the time changes flying east to west. 조종사는 동쪽에서 서쪽으로 비행하면서 시차에 적응하는데 어려움을 겪었다.

## 349
# be conscious of …을 알아차리다, 인식하다

All workers are asked to be **cost conscious** during these tough economic times. 이렇게 경제가 어려운 시기에 모든 근로자들이 비용을 의식해서 쓰도록 요구받았다.

## 350
# be appropriate for[to] …에 적당하다

A suit and tie would **be appropriate to** wear to a formal dinner. 양복에 넥타이는 공식 만찬에 입고 가기에 적절할 것이다.

## 351
**write off** 감가상각하다, 폐차하다

I **wrote off** the car because it was so badly damaged. 나는 자동차가 아주 많이 파손되었기 때문에 폐차하였다.

## 352
**capitalize on** …을 이용[활용]하다

They hope to **capitalize on** the lack of public housing by building two housing complexes. 그 사람들은 저소득층용 공공주택이 부족하다는 것을 이용하여 주택단지를 두 개 개발하려고 한다.

## 353
**hold back** 연기하다, 억제하다

Let's **hold back** before we make our decision. 우리가 결정을 내리기 전에 좀 시간을 갖자.

## 354
**tell A from B** A와 B를 구별하다

He can **tell a fake from** an authentic painting. 그 남자는 진짜 그림과 모조품을 구별할 수 있다.

## 355
**sort out** 구분하다, 문제를 해결하다

If you plan to get a job using that resume I suggest you **sort out** the details before you submit it. 그 이력서를 제출해서 일자리를 구하려면 제출하기에 앞서 세부사항들을 추려야 한다.

## 356
**depart from** …에서 출발하다

The boat cruise will **depart from** the Cherry Hill docks at 7:45 a.m. on Saturday. 보트순항여행은 토요일 오전 7시 45분에 체리힐 선착장에서 출발할 것이다.

## 357
**impose on** …을 부과하다

> ▸ **impose A on B** A를 B에게 부과하다
> ▸ **levy on** 세금을 부과하다

If the Ministry of Finance goes ahead with its plan and **levies a consumption tax on** luxury goods, department store sales will plunge. 재경원이 당초 계획을 계속 추진하여 사치품에 특소세를 부과한다면 백화점 판매액은 급락할 것이다.

## 358
# substitute for  …을 대신하다

If approval is granted, relevant field experience may be substituted for up to three required credits. 승인이 되면, 관련분야에서의 현직경력은 필수 3학점까지 이수한 것으로 인정될 수 있다.

## 359
# be assured of  …을 확인하다, 확신하다

The printers have assured us that they will do a good job on the overseas brochures. 그 인쇄업자는 해외용 상품 광고책자를 잘 찍어내겠다고 우리를 안심시켰다.

## 360
# do justice to  제대로 보여주다[반영하다]

The pictures that we took don't do justice to the beauty and grandeur of the park. 우리가 찍은 사진은 그 공원의 아름다움과 웅장함을 그대로 표현하지 못했다.

---

### 동사 A with B & 동사 A of B

compare A with B  A를 B와 비교하다
equip A with B  A에 B를 갖추다
supply[provide, furnish, store] A with B  A에게 B를 제공하다
combine[associate] A with B  A를 B와 결합시키다
connect A with B  A를 B와 연결시키다
replace A with B  A를 B로 교체하다
rob[deprive] A of B  A에게서 B를 빼앗다
rid[clear, free] A of B  A에게서 B를 제거하다
relieve[ease] A of B  A에게서 B를 덜어주다

TOEIC이 좋아하는
# 동사구 361-390

361
## go on-line 컴퓨터 네트워크에 연결하다

They **went on-line** at a popular computer website for two weeks, soliciting ideas from the public for improving their product line. 그 사람들은 자기네 회사의 제품군을 개선시키기 위해 한 인기있는 인터넷 사이트에 연결하여 2주 동안 대중들로부터 아이디어를 구했다.

362
## offer advice 조언을 주다

The guidance counselor was responsible for **offering sound advice to** the students. 지도교사는 학생들에게 건전한 충고를 주어야 할 책임이 있다.

363
## take (legal) advice (변호사) 자문을 구하다

▶ **seek advice from** ···에게 조언을 구하다

You need to **take the advice** your lawyer gives. 너는 네 변호사가 주는 조언을 받아들여야 한다.

364
## make sense 말이 되다, 앞뒤가 맞다

Although he did not seem to **make sense** at the time, I later realized what he meant. 그 당시에는 그 사람의 말을 이해할 수 없었지만, 후에 무슨 말이었는지 깨달았다.

365
## look up (사전에서 단어를) 찾다, 방문하다

If you ever decide to come to Seoul, **look me up** and I'll show you around. 서울에 올 기회가 있으면 나를 찾아와. 그러면 내가 서울 구경을 시켜줄게.

366
## lay off 정리해고하다

The company has decided to cut back on its surplus labor force by **laying off** all foreign employees. 회사는 외국인 직원들을 모두 해고하여 잉여 노동력을 삭감시키기로 결정했다.

## 367

# work for  ···를 위해 일하다, ···에서 일하다

At the moment, we **work for** an American manufacturer, but our plant is in Europe. 현재 우리는 미국 제조업체에서 일하는데, 공장은 유럽에 있다.

## 368

# go all the way  ···까지 쭉 가다

We **went all the way to** the end of the subway line, and it took us only an hour. 우리가 멀리 지하철 노선의 끝까지 가는데 불과 1시간 밖에 안 걸렸다.

## 369

# can't wait to  빨리 ···하고 싶다

I **can't wait to** finish the book I'm writing so that I'll have some time to enjoy my life. 난 이 책을 빨리 끝내고 내 생활을 좀 즐길 시간을 갖고 싶다.

## 370

# take turns  교대로 하다

The children **took turns** playing with the toys. 아이들이 교대로 장난감을 갖고 놀았다.

## 371

# get along with  사이좋게 지내다

Recently, I have found that I really do not **get along with** my wife's parents. 최근에 나는 아내의 부모와는 잘 지낼 수가 없다는 것을 알았다.

## 372

# lose interest in  ···에 흥미를 잃다

The boss was worried that the workers were going to **lose interest in** making quality products. 사장은 직원들이 양질의 상품을 생산하는 데 흥미를 잃을까 염려했다.

## 373

# turn in  제출하다, 잠자리에 들다

When will the woman **turn in** her paper? 그 여자는 언제 페이퍼를 제출한대?

## 374

# stay tuned to  ···을 계속 시청[청취]하다

▶ tune in[stay in tune] (라디오, TV 등의) 주파수를[채널을] 맞추다

The radio announcer told the listeners to **tune in** next week. 라디오 아나운서는 청취자에게 다음주에 그 방송을 다시 들어달라고 말했다.

### 375

## give it a try 시험해보다, 시도해보다

Well, *give it a try* and if you need any help, let me know. 글쎄.
한번 해 보렴. 그리고 만일에 도움이 필요하다면, 날 불러.

### 376

## fix up 마련해주다, 수리하다

I asked the computer repairman to give me an estimate
before he *fixed* the keyboard. 나는 컴퓨터 수리하는 사람에게 자판을 고치기
전에 견적서를 뽑아 달라고 했다.

### 377

## be exposed to …에 노출되다

Children these days *are exposed to* numerous acts of
violence when watching prime-time television. 요즘 아이들은 황금
시간대에 텔레비전을 보기 때문에 폭력행위에 많이 노출되어 있다.

### 378

## get through 빠져나가다, 통과하다

I just wanted to *get through* the day without another disaster
happening. 나는 그저 또 다시 엄청난 일이 벌어지지 않고 그 하루가 끝나기를 바랐다.

### 379

## put an end to …을 끝내다

▶ come to an end …가 끝이 나다

The way things have been going, it looks like their
relationship will probably *come to an end* soon. 상황으로 봐서 아
마 그 사람들의 관계가 곧 끝날 것 같다.

### 380

## compete with[against] …와 경쟁하다

▶ be competent 유능하다

Both sisters liked to swim and often *competed with* one
another. 두 자매는 수영하기를 좋아했고 종종 서로 경쟁을 하였다.

### 381

## be tied to …에 묶이다, 연관되어 있다

▶ be tied up 한데 묶이다, 꼼짝 못하다

I'm sorry, but the sales manager will likely *be tied up* until
late this afternoon. 죄송합니다만 판매부장은 너무 일이 바빠서 오늘 오후 늦게나 시
간이 날 것 같습니다.

3

## 382
# take over 양도받다, 떠맡다

I'll **take over** the business when Frank retires. 난 프랭크가 은퇴하면 그 사업을 양도받을 것이다.

## 383
# have to do with …와 관계가 있다

What does this **have to do with** our relationship? 이게 우리 관계에 무슨 의미가 있니?

## 384
# follow suit 남이 한 대로 따르다

Ron joined the club, and the others **followed suit**. 론이 클럽에 가입했고, 다른 사람들도 따라서 했다.

## 385
# cater to …에 영합하다, 충족시키다

I'm so tired today because in order to keep Mr. Stark happy last night, I had to **cater to** his every need. 스탁 씨를 행복하게 해주기 위해 그가 바라는 부탁을 다 들어주었더니 오늘은 너무 피곤해.

## 386
# make a suggestion 제안하다

I'd like to **make a suggestion** that I think will save money for our company. 나는 우리 회사에 돈을 절약해줄 거라 생각되는 제안을 하나 하고 싶다.

## 387
# step on it 속도를 내다, 서두르다

We're running late, so let's **step on it** before we're so late that everyone has gone home. 우린 지금 늦었어. 그러니 너무 늦어서 다들 집으로 가버리기 전에 속도를 내자구.

## 388
# be set for[to~] …할 준비가 되다

▶ **be all set** 준비가 완료되다

The session **is set to** last for three weeks with a three day break after the first week. 그 회기는 첫째 주 이후 3일 휴무를 포함해 3주간 지속될 예정이다.
Pam **is all set for** her trip to Europe. 팸은 유럽여행 준비를 모두 완료했다.

## 389
# run for …에 입후보하다

The labor union's top representative will **run for** political office in the fall. 노조 위원장은 가을에 정치적인 자리에 입후보할 것이다.

TOEIC이 좋아하는
# 동사구 391-420

---

**391**
## put in an order 정돈하다

Give me a few days to have my lawyers **put the papers in order.** 내 변호사들이 그 서류들을 정리할 수 있도록 며칠만 시간 여유를 주세요.

**392**
## pull over 차를 길가로 붙이다

▶ **pull up** (차가) 멈추다, 멎다

The big yellow school bus was last seen **pulling up** in front of the house at the end of the street. 커다란 노란 학교버스가 길 끝에 있는 집 앞에 차를 세울 때였다.

**393**
## present A with B A에게 B를 주다

We are proud to **present** Hyundai **with** this award of excellence in craftsmanship. 우리는 현대 그룹에 이 기능 우수상을 수여하는 바입니다.

**394**
## head out …로 향하다

▶ **head over to + V** …하러 가다
▶ **head for** …로 향하게 하다

The goods were inspected and then loaded onto the ship **heading for** the Hong Kong harbor. 상품은 검사를 거치고 나서 홍콩항으로 향하는 배에 선적되었다.

**395**
## be hard on …에게 심하게 굴다

The teacher was reprimanded by the principal for **being too hard on** her students. 그 선생은 학생들에게 너무 심하게 했기 때문에 교장에게 문책을 받았다.

**396**
## set a date (약속 등의) 날짜를 잡다

Have they **set a date** for Mr. Carson's trip to Japan? 그들이 카슨 씨의 일본여행 날짜를 잡았어?

## 397
# consult with …와 상담하다

Please **consult with** the shift manager if you have a problem with the cash register. 금전등록기에 문제가 있으면 근무교대 관리자와 상담하세요.

## 398
# take ~ into consideration …를 참작하다, 고려하다

The school **took** the fact that the student was a recent immigrant **into consideration**. 학교에서는 그 학생이 최근에 이민왔다는 사실을 참작했다.

## 399
# be closely related[linked] to 밀접히 관련되어 있다

I **was closely related to** the man who died in the car wreck. 나는 차 사고로 죽은 그 남자와 아주 가까운 사이였다.

## 400
# take up 시간이나 공간을 차지하다

Judith complained that the weekly meetings **took up** too much of her time. 주디스는 주간 미팅이 자기 시간을 너무 잡아먹는다고 불평했다.

## 401
# come to terms with 감수하다, 받아들이다

It will be difficult, but I think the children will have to **come to terms with** the divorce. 힘들겠지만 아이들은 부모의 이혼을 받아들여야 한다고 생각한다.

## 402
# check on …을 조회하다, 확인하다

> ▶ check over 철저하게 조사하다

After the couple got home, they went upstairs to **check on** their kids. 부부는 집에 도착해서 아이들이 괜찮은지 확인하기 위해 윗층으로 올라갔다.

We sent the manuscript to the editing department to have it **checked over** for mistakes. 우리는 실수가 있는지 확인하기 위해 원고를 편집부에 넘겼다.

## 403
# go for ~값으로 팔리다

The typical price for one of these is approximately 210 DM. Others require professional service to replace the drum and **go for** approximately 180 to 300 DM. 이 드럼의 일반가격은 대략 210마르크이다. 다른 모델들은 드럼을 교체하려면 전문가가 필요하며, 가격은 대략 180마르크에서 300마르크이다.

## 404 consist of …로 이루어져 있다

The city calls its conference center a pavilion since it **consists of** more than one building. 그 시에서는 그들의 회의센터가 하나 이상의 건물로 구성되어 있기 때문에 「관」이라고 한다

## 405 mix up 잘 섞다

The cook needed a beater to **mix up** the dough. 그 요리사는 반죽 덩어리를 반죽하기 위한 반죽기구를 필요로 하였다.

## 406 be equal to …와 같다

Women in America are considered to **be equal to** men in most respects. 미국 여성들은 모든 면에서 남자들과 동등하게 간주된다.

## 407 be obliged to 어쩔 수 없이 …하다

I think he **is obliged to** help you after everything that you've done for him. 당신이 그 사람을 위해서 해준 모든 것을 볼 때 그는 반드시 당신을 도와야 한다고 생각한다.

## 408 attach A to B A를 B에 붙이다

▶ be attached to …에 부착되다

The chairman of the board wants to **attach three rights to** every preferred share issued. 이사회장은 발행된 우선주 하나당 신주 인수 우선권을 세 개 부여하고자 한다.

## 409 make a change 바꾸다

▶ make a reservation (for) (…을) 예약하다
▶ make a choice 선택하다   ▶ make a decision 결정하다
▶ make a mistake 실수하다
▶ make an attempt to + V …을 시도해보다

My supervisor has acknowledged that he **made a mistake**.
우리 주임은 자신이 실수를 했다고 인정했다.

## 410 be opposed to …에 반대하다

40 percent **are strongly opposed for** the idea, while 14 percent are strongly in favor. 40프로가 그 생각에 강하게 반대하고 있고, 반면 14프로가 강하게 찬성하고 있다.

**411**

## recover from ···에서 회복하다

The man was sent to the hospital so that he could recover from pneumonia. 남자는 폐렴을 치료하려고 병원에 입원했다.

**412**

## prevent ~ from ~ing ···가 ~하는 것을 막다

The airport authorities tried to prevent the hijacked aircraft from landing. 공항 당국은 납치된 항공기가 착륙하지 못하도록 하려 했다.

**413**

## peer into 자세히 보다

I would like to ask all employees to refrain from peering into the board room when meetings are in progress. 회의가 진행되는 동안 회의실 안을 들여다 보는 것을 삼가해 주시길 직원 여러분 모두에게 부탁드립니다.

**414**

## slow down 활력이 떨어지다, 속도를 늦추다

Slow down! You're driving too fast! You're going to hit something. 속도를 늦춰! 너무 빨리 달리잖아! 충돌하겠다.

**415**

## cut it out 그만두다

My girlfriend told me to cut it out or else she would slap me. 내 여자 친구는 내게 그만두지 않으면 뺨을 때리겠다고 말했다.

**416**

## expand into 발전하여 ···이 되다

What do you think will happen if their company expands into South America? 만약 그 사람들의 사업이 번창하여 남미까지 진출한다면 무슨 일이 벌어질 것 같나요?

**417**

## follow up A with B A에 B를 덧붙이다

It was necessary to follow up the report with an investigation of the incident. 그 보고서에 그 사건에 대한 조사보고를 첨가하는 것이 필요했다.

**418**

## look over ···을 훑어보다

The editor was responsible for looking over the entire magazine before it went to print. 그 편집자는 인쇄에 들어가기 전에 잡지 전부를 검토할 책임을 지고 있었다.

### 419

## pay for ⋯에 대한 지불을 하다

The car dealer informed us that we could either pay for our vehicle today or we could pay for it in monthly installments.
자동차 판매인은 우리가 차의 가격을 오늘 지불하거나 월부로 지불할 수 있다고 알려주었다.

### 420

## proceed with[to] ⋯로 나아가다

The soldiers conducting the mine sweep in Saudi Arabia were told to proceed with caution. 사우디 아라비아에서 지뢰 제거작업을 하고 있는 군인들은 조심해서 작업하라는 지시를 받았다.

**TOEIC TIPS**

**on을 좋아하는 동사구**

focus on ⋯에 초점을 맞추다
rely on ⋯에 의지하다
depend on ⋯에 의지하다, 의존하다
lean on ⋯에 의지하다, 의존하다
hinge on ⋯의 여하에 달려 있다
rest on ⋯에 위치하다, 존재하다
insist on ⋯을 강조하다, 고집하다
plan on ⋯에 대한 계획을 세우다
be based on ⋯에 근거하다

**TOEIC TIPS**

**기타의 경우**

be known as ⋯로 유명하다
be known to ⋯에게 유명하다
be deposited into ⋯로 공탁되다, 예치되다
show off 자랑해 보이다, 돋보이게 하다
go through 겪다, 경험하다
enroll in 등록하다
expand into ⋯으로 확장하다, 발전하다
translate into ⋯으로 해석하다, 번역하다

be known for ⋯로 유명하다
be touted as ⋯로 불리다
be better off ⋯전보다 형편이 낫다
show up 나타나다, 등장하다
go on ~ing 계속해서 ⋯하다
abide by (규칙, 법령, 결정 등을) 지키다
peer into ⋯을 자세히 들여다 보다
rake in ⋯을 긁어들이다

regard[consider, see, think of, look on] A as B A를 B로 여기다
describe[define, speak of, refer to] A as B A를 B라고 부르다
accept A as B A를 B로 받아들이다
recognize A as B A를 B로 인정하다

421
## put on hold 전화로 기다리게 하다

I **was put on hold** for an hour and a half by a customer service representative. 어떤 고객서비스 직원이 날 한시간 반동안이나 전화를 끊지 않고 기다리게 만들었다.

422
## be held up 교통체증으로 꼼짝 못하다

Becky **was held up** in traffic and, as a result, was late to work. 베키는 교통체증으로 출근이 늦었다.

423
## be stacked on …에 쌓이다

Since I don't have a bookshelf in my apartment my books **are stacked on** the floor. 아파트에 책장이 없어서 내 책을 마루에 쌓아두었다.

424
## walk out 파업을 하다, 갑자기 가버리다

The blind date was so bad that she **walked out.** 소개팅이 영 아니어서 그 여자는 나가버렸다.

425
## get in the way 방해되다

These extra items just **get in the way.** 이 추가적인 물품들은 그냥 방해만 된다.

426
## be at work 출근하다, 근무중이다

We have to **be at work** before the shift changes to make sure everyone gets to order a new uniform. 새 유니폼을 모두 확실히 주문할 수 있도록 우리는 근무조가 바뀌기 전에 출근해야 한다.

427
## copy out …을 몽땅 베끼다

▶ make a copy of …을 복사하다

The intern was told to **make a copy of** the document and file it in the filing cabinet. 그 인턴사원은 서류를 복사해서 서류정리 캐비넷에 정리 보관하라는 지시를 받았다.

300

**428**

## return one's call 답신 전화를 하다

Please **return my phone call** before the weekend. 주말 전으로 내게 전화 좀 해 줘.

**429**

## be tipped with …라는 정보를 제공받다

Sam **was tipped with** information that the company might sell off some of its stock. 샘은 그 회사 주식의 일부가 매각될지도 모른다는 정보를 제공받았다.

**430**

## buy out 매수하다, 회사의 주식을 사다

IBM wants to **buy out** its stock holders. IBM은 자사의 주식을 매수하고 싶어한다.

**431**

## be in accord with …와 조화가 되다

The two companies **were in accord with** all of the terms set out in the contract. 그 두 회사는 계약서에서 명시된 조건에 모두 합의했다.

**432**

## settle down 정착하다, 착수하다, 진정하다

Tell the noisy students to **settle down.** 시끄러운 학생들에게 진정하라고 말해라.

**433**

## bring through (곤란, 시험따위를) 극복하게 하다 overcome the difficulties

The donations of food and clothes helped **bring the family through** the shock of losing their home to fire. 음식과 옷가지의 기증은 그 가족에게 화재로 인해 집을 잃은 충격을 극복할 수 있게 도와 주었다.

**434**

## go down (기온·가격 등이) 내려가다, 물리적으로 내려가다

We plan to **go down** to the beach today. 우리는 오늘 해변가로 갈 예정이다.

**435**

## deprive of …을 박탈하다

> ▶ rob[deprive] A of B A에게서 B를 빼앗다

The prisoners **were deprived of** food and water. 죄수들은 음식과 식수를 박탈당했다.

**436**

# be compatible with …와 양립하다

That computer **is not compatible with** any of the ones in our office. 저 컴퓨터는 우리 사무실에 있는 어떤 컴퓨터들과도 호환되지 않는다.

**437**

# allow for …을 고려하다

> ▶ be allowed to + V …하도록 허락받다

My parents wouldn't let me do things some of my friends **were allowed to** do. 내 친구들은 해도 된다고 허락받은 일들을 우리 부모는 허락해 주지 않으려 했다.

**438**

# get carried away 넋이 나가다, 몰입하다, 몰두하다

The partners in the firm **got carried away** and spent too much money this year. 회사의 동업자는 넋이 나간듯 금년에 너무 많은 돈을 지출했다.

**439**

# conform to …을 따르다

The school insisted that students **conform to** the dress code and wear a uniform. 그 학교는 학생들에게 복장규칙을 지켜 교복을 입을 것을 주장했다.

We would like it if you would try to **conform to** the rules and policies of our company. 저희 회사의 규정과 방침에 따르려고 노력했으면 좋겠어요.

**440**

# hold on to[onto] …에 매달리다

We are trying to **hold onto** the leading sales position, but it is not an easy task. 우리는 판매에 있어서 주도적인 위치를 고수하려 하지만 쉬운 일이 아니다.

**441**

# come about 발생하다

How did this dangerous situation **come about**? 어쩌다 이렇게 위험한 상황이 벌어진 거지?

**442**

# go on with[to~] …을 계속하다

He asked her to **go on with** the story that she was telling when he entered. 그 남자는 그 여자에게 자기가 들어왔을 때 하던 이야기를 계속하라고 했다.

**443**

## keep sb from ···를 ~못하게 하다

The police **kept the thief from** stealing the money. 경찰은 그 도둑이 돈을 훔치지 못하도록 하였다.

**444**

## have yet to~ 아직 ···해야 한다

Her replacement **has yet to** be named. 그 여자의 후임자가 임명되어야 한다.

**445**

## fall into 구분되다, 시작하다

The characteristics of each home's size, style, age, number of rooms, and upkeep dictate which price range it will **fall into.** 크기, 형태, 연수, 방의 갯수, 보수유지 상태와 같은 각 집의 특성들이 그 집의 가격대를 결정한다.

**446**

## get nowhere 성과가 없다

We **were getting nowhere** trying to fix the sink, so we called in a plumber. 싱크대를 수리하려고 했으나 잘되지 않아서 우리는 배관공을 불렀다.

**447**

## hang on to ···에 매달리다

You should **hang on to** those penny stocks because they'll be worth some money someday. 그 저가(低價)주들을 계속 붙잡고 있어야 돼. 나중에 꽤나 값이 나갈 테니까.

**448**

## head off 가로 막다

The police tried to **head off** the criminal at the entrance to the bridge. 경찰은 그 다리 입구에서 범죄자를 저지하려고 애썼다.

**449**

## set forth 출발하다, 시작하다

They **set forth to** revolutionize the industry with their radical new designs. 그 사람들은 혁신적인 새 디자인으로 업계를 완전히 변혁시키기 시작했다.

After months of planning and looking at maps, William finally **set forth on** his cross-country journey. 몇 달동안 계획하고 지도를 찾아보고 나서야 마침내 윌리암은 전국일주 여행을 떠났다.

**450**

## set back 좌절시키다, 되돌리다

The bad economy **was a setback for** the business. 경기불황은 사업체들에게는 타격이었다.

**3**

#### 451
## be in tune with …와 조화를 이루다

I think my mother **has always really been in tune with** my way of thinking, because she knows me better than anyone.
우리 엄마는 나랑 언제나 생각이 잘 통하는 것 같다. 그 누구보다 나를 잘 알고 있으니까.

#### 452
## lay down 내려놓다, 기공하다

These men will **lay down** the plans for the new building. 이 사람들은 새로운 빌딩 설계도를 내놓을 것이다.

#### 453
## let on 비밀을 누설하다

The company's top brass did not **let on** that they were in the process of selling the company. 그 회사의 고위층들은 자기들이 회사 매각을 진행시키고 있다는 것을 누설하지 않았다.

#### 454
## pull out 빠져 나오다, 손을 떼다

When the market started to spiral downward, investors began to **pull out** and a huge panic settled over the financial industry. 주식시장이 급전직하로 폭락하기 시작하자 투자자들이 손을 떼기 시작하여 금융업계가 거대한 공황에 빠졌다.

#### 455
## be set on …에 마음을 쏟다

She **was set on** finishing the food that was left over from party last night. 그 여자는 지난밤 파티에서 남은 음식을 전부 먹어 치우는데 신경을 쏟았다.

#### 456
## pull off (어려운 일을) 해내다

I really want to get a raise at work, but I'm not sure I'll be able to **pull it off** until a later time. 회사에서 월급을 올려주면 정말 좋겠는데, 나중에나 올려 받을 수 있을 것 같아.

**457**

## tailor sth to (your audience) (청중의) 구미에 무엇을 맞추다

The personal trainer will **tailor a workout to** meet your personal goals. 그 개인 코치는 당신의 목표에 맞는 운동을 고안할 것이다.

**458**

## put forth 내밀다, 발휘하다

The student was rewarded for **putting forth** her best effort on the test by receiving the highest mark in the class. 학생은 반에서 최고득점을 올려 시험에 기울인 그녀의 노력에 대한 대가를 받았다.

We must **put forth** our best product into the marketplace if we want to truly compete. 우리가 진정으로 경쟁을 하고자 한다면 최고의 상품을 시장에 내놓아야 한다.

**459**

## be projected to …이 될 것으로 예측되다

Imports **are projected to** grow about eight percent annually through the year 2050. 수입은 2050년까지 해마다 8% 정도씩 증가할 것으로 예측된다.

**460**

## tip over 뒤짚어 엎다

Tall vehicles run the highest risk of **tipping over,** especially when navigating sharp turns. 차체가 높은 차량은 특히 급회전시 전복될 위험이 가장 크다.

**461**

## try out for 시험을 치르다, 테스트하다

▶ **tryout** 예선(경기), 자격 시험, 적격 심사

I wanted to **try out for** the girls varsity soccer team, but I got sick and missed the tryouts. 나는 학교의 여자 축구 대표팀의 테스트를 받아보고 싶었지만, 아파서 받지 못했다.

**462**

## be all used up 다 소진하다, 다 써버리다

The photocopy paper **was all used up** and there was no more in the storage room. 복사기 용지가 다 떨어졌고, 창고에도 여분이 없었다.

**463**

## be responsible for …에 책임이 있다

A marketing executive **is responsible for** advertising and product promotion. 마케팅 담당 이사는 광고와 상품홍보를 맡고 있다.

**464**

# hurry up 서두르다

No problem. But hurry up. I want to get there before the rush starts. 괜찮아. 하지만 서둘러. 러시아워 시작하기 전에 거기에 도착하고 싶어.

**465**

# stow away 치우다

All of the boxes were stowed away in the storage room at the company's manufacturing facility. 모든 상자들은 회사제조공장의 창고에 치워졌다.

**466**

# change into …으로 전환하다

He changed the company's losses into a profit after years of hard work. 그 남자는 수년간 열심히 일해서 회사의 손실을 이익으로 전환시켰다.

**467**

# be cut out for …에 제격이다

You aren't cut out for working in a hospital. 당신은 병원에서 일하기에 적합하지 않다.

**468**

# be susceptible to …에 영향을 받기 쉽다

With our volatile economy, the market is highly susceptible to change these days. 경제가 불안정해지면서 요즘 주식 시장은 굉장히 변화가 심해.

Due to the extremely vivid nature of the movie, people susceptible to heart attacks should not watch. 이 영화는 극히 묘사가 생생하므로 심장마비 증세가 있는 사람들은 시청을 삼가하도록 하십시오.

**469**

# be conducive to …에 도움이 되다

We have found that a clean and tidy desk is not conducive to higher productivity and quality of work. 우리는 깨끗하고 단정한 책상이 생산성과 업무의 질을 향상시키지 않는다는 것을 발견했다.

**470**

# be contingent on …에 달려있다

Your success in this class is contingent on how much time you spend studying every night. 이 학급에서 네가 뛰어난 성과를 거두느냐 마느냐는 매일 밤 네가 공부하는 데 얼마나 시간을 들이느냐에 달려있다.

**TOEIC TIPS** down을 좋아하는 동사구

touch down 착륙하다          tear down 해체하다, 헐다          slow down 속도를 늦추다

# 471

## tout as  ···이라고 칭하다, 선전하다

The company **touted its new cancer treatment as** the only treatment that actually cures cancer altogether. 회사는 새로운 암 치료약을 모든 암을 실제로 치료하는 유일한 치료약이라고 선전했다.

# 472

## be in for  (어려움·악천후 따위)를 만날 것 같다

▶ be in for (beautiful weekend) (아름다운 주말을) 맞이하다

The news says that we **are in for** some stormy weather in the next few days. 앞으로 며칠 후에 좀 험악한 날씨가 되겠다고 뉴스는 전하고 있어.

# 473

## lag behind  뒤처지다

We need to avoid **lagging behind** in our product development, and put more time into new production. 제품개발에서 뒤처지는 일은 피해야 하니, 신상품에 시간을 좀 더 들여야 합니다.

# 474

## be slated to  ···할 예정이다

The company will invest 100,000 dollars to build a production facility; construction **is slated to** commence this fall. 회사는 생산시설설비에 10만 달러를 투자할 것이고 이번 가을에 공사가 시작될 예정이다.

# 475

## sell off  싼값에 처분하다

The stockbroker decided to **sell off** his client's shares in Atlantic Fisheries Co. before the stock dropped much more. 주식중개인은 고객의 애틀랜틱 수산회사 주식이 더 떨어지기 전에 팔아 치우기로 결정했다.

# 476

## carry forward  (차기로) 이월하다

For nonresidential customers, the charge is applied to any unpaid balance **carried forward** to next month's bill. 비거주자들에게는 미납액이 다음달 청구서에 이월되어 요금이 청구됩니다.

# 477

## be detrimental to  ···에 해롭다

It has long been known that smoking while pregnant will **be detrimental to** your baby's health. 임신중 흡연은 태아의 건강에 해로울 수 있다는 걸 누구나 알고 있다.

UNIT **3**

- **be after** ⋯을 따르다, ⋯의 뒤를 쫓다
- **be[come] from** ⋯출신이다
- **be easy to** ⋯하기 쉽다
- **wake up** 잠에서 깨다
- **run after** ⋯을 뒤쫓다
- **graduate from** ⋯를 졸업하다
- **break into** ⋯에 침입하다
- **go with** ⋯와 동행하다, ⋯에 동의하다
- **break out** (사건이) 돌발하다
- **break up with** ⋯와 헤어지다
- **fall asleep** 잠들다
- **get busy** 바쁘다
- **get off** 차에서 내리다, 나가다
- **get out** 나가다
- **get to +** 장소 ⋯에 도착하다
- **have got to + V** ⋯해야만 한다
- **get here** ⋯에 도착하다, 오다
- **have a hard time** ⋯하느라 고충을 겪다
- **have fun** 즐거운 시간을 갖다
- **have time to + V** ⋯할 시간을 갖다
- **know of** ⋯에 대해 알고 있다
- **look around** 둘러보다
- **look out** 내다보다
- **don't need to + V** ⋯할 필요는 없다
- **return A to B** A를 B에게 돌려주다
- **run away** 달아나다, 피하다
- **see eye to eye** 견해가 일치하다
- **take a seat** 자리에 앉다
- **take sb to +** 장소 ⋯를 ～로 데려가다
- **be in time for** 시간에 맞추어 가다
- **have the time** ⋯할 시간이 있다
- **turn around** 뒤돌아 보다, 방향을 바꾸다

- **walk around** 돌아다니다
- **catch a cold** 감기에 걸리다
- **do for a living** 생계를 위해 일하다
- **get on** 차에 타다
- **name after** ⋯의 이름을 따서 붙이다
- **be based on** ⋯에 근거하다
- **think better of** 고쳐 생각하다
- **call on** ⋯를 방문하다, ⋯에게 부탁하다
- **call up** 전화하다
- **fall apart** 산산조각이 나다
- **look fit** 건강해 보이다
- **increase (up) to** ⋯까지 증가하다
- **line up** 일렬로 늘어서다, 정렬시키다, 조정하다
- **think less of** ⋯을[를] 경시하다
- **leave out** 빠뜨리다, 제외하다
- **wait up** 잠들지 않고 깨어있다
- **call back** ⋯에게 다시 전화하다
- **be of interest** 흥미가 있다
- **turn into** ⋯으로 변화하다
- **appeal to** ⋯에게 호소하다, 흥미를 끌다
- **attempt to** ⋯을 시도하다
- **compare to[with]** ⋯와 비교하다
- **give sb a break** 한번 봐주다
- **bring back** 다시 시작하다
- **be cleared of** ⋯에서 벗어나다
- **come together** 화해하다
- **cut off** 중단하다
- **direct A to B** A에게 B로 가는 길을 알려주다
- **do with** ⋯을 처분하다, ⋯을 참다
- **fix on** ⋯을 정하다

308

- **get in (on)** 들어가다, 도착하다, 한몫하다
- **get sb to + V** …에게 ~하게 하다
- **get sth p.p.** …을 ~해놓다
- **get to know** 알게 되다
- **get back** 돌아오다
- **get it** 이해하다(= understand)
- **give over to** 넘겨주다, 맡기다
- **go beyond** 능가하다
- **be hard at** 열심히 …하다
- **have sb + V** …에게 …을 시키다
- **have sth p.p.** …을 …되도록 하다
- **let in** 들여보내다
- **meet with** …와 만나다
- **pull away** 나아가다
- **pull back** 물러나다, 후퇴하다
- **pull down** 내리다
- **pull into[out of]** …로 들어오다[나가다]
- **put out** 불을 끄다
- **send out** 보내다, …에서 물건을 구하다
- **step aside[down]** 사직하다, 물러나다
- **step out** 나가다, 외출하다
- **take down** 받아 적다
- **touch on** …을 언급하다
- **tune up** 엔진을 정비하다, 악기를 조율하다
- **turn A into B** A를 B로 바꾸다
- **turn up** (힘·속력·세기를) 높이다, 나타내다
- **aim at** …을 겨냥하다
- **rip off** 벗겨내다, 훔치다, 이용하다
- **be into** …에 관여하다, …를 좋아하다
- **prop up** 돕다, 보강하다
- **be in for** (곤란한 처지에) 처하게 될 것이다
- **spin off** 부수적으로 파생시키다
- **pop up** 별안간 나타나다
- **edge out** 근소한 차이로 이기다

- **be on edge** 신경이 곤두서다, 초조하다
- **follow up on** …을 이해하다
- **give rise to** …을 일으키다
- **negotiate for** …에 대한 협상을 하다
- **pick on** …를 비난[혹평]하다, 괴롭히다
- **put down** 값의 일부를 치루다, …에 적다
- **put it** 표현하다(= express)
- **send through** …을 통해 보내다
- **step in** 개입하다
- **step into** …에 들어가다, 끼어들다
- **be thorough in** …에 빈틈이 없다
- **walk away with** …을 가지고 도망치다
- **walk on air** 좋아서 어쩔 줄 모르다
- **walk sb to** …를 ~에 바래다 주다
- **go around** 우회하다
- **give an address** 연설하다
- **be dangerous to** …에 위험하다
- **be blind to** …을 깨닫지 못하다
- **be open to** …에게 공개되어 있다
- **be sentenced to** …을 선고받다
- **be dedicated to** …에 바치다, 헌납하다
- **be hard to + V** …하기 힘들다, 어렵다
- **be careful to + V** …하도록 조심하다, 꼭 …하다
- **be developed to + V** 발전해서 …하다
- **be shocked to + V** …해서 놀라다, 충격을 받다
- **be encouraged to + V** …하라는 권고[격려]를 받다
- **be requested to + V** …하여야 한다(→ submit)
- **be delighted with** …을 기뻐하다
- **be satisfied with** …에 만족하다
- **be inundated with** …로 넘쳐나다

**3**

- **cope with** …와 겨루다, …에 대처하다
- **refrain from** …을 자제하다, 억누르다
- **retire from** …에서 은퇴하다, 퇴직하다
- **die from** (외상, 부주의 등)으로 죽다
  **cf. die of** (질병, 굶주림, 노령 등을 원인)으로 죽다
- **appeal to** …에 호소하다
- **stick to** …을 고집하다
- **mop up** 닦아내다, 완료하다
- **print out** 출력하다
- **phase out** 단계적으로 제거하다, 없어지다
- **lock out** …에서 내쫓다
- **result in** …로 귀착하다, …로 끝나다
- **screen out** 선별하다
- **enable A to B** A에게 B할 수 있게 하다
- **be concentrated in** …(분야)에 집중되다
- **hand down** (후대에) 전수하다
- **cash in** (보험 따위를) 현금으로 바꾸다
- **benefit from** …에서 혜택[이득]을 보다
- **share sth with sb** …와 ~을 공유하다
- **be elected to** …으로 선출되다
- **fit into** …에 적합하다
- **align A with B** A를 B와 제휴시키다
- **match A with B** A에 걸맞는 B를 찾아내다, A를 B와 연결시키다
- **serve as** …로서 역할을 수행하다
- **be comfortable with** …에 익숙하다, …에 편안함을 느끼다
- **endeavor to + V** …하려고 애쓰다
- **petition for** …을 해달라고 청원하다, 도움을 청하다
- **be liable for** …에 대해 책임을 지다
- **be engineered to + V** …하도록 설계되다
- **kick back** 상환분을 지급하다.

- **live up to + N** …에 걸맞게 행동하다, 실천하다
- **be held in** …에서 개최되다
- **turn over to** …에게 (권한을) 위임하다
- **preclude A from B** A가 B하지 못하도록 미리 제외시키다
- **conform to** …에 따르다, 순응하다
- **opt to + V** …하기로 선택하다
- **opt for** …을 선택하다
- **engrave A on B** A를 B에 새기다, 조각하다
- **be armed with** …을 갖추다
- **sum up** 요약하다
- **be identical to** …와 일치하다
- **be grateful for** …에 대해 감사하다
- **strive for** …얻으려고 애쓰다
- **be slated for + 시간** …이 ~로 예정되다
- **be confined to** …에 국한되다
- **correspond to** …와 일치하다
- **scroll through** 컴퓨터의 표시화면 내용을 쭉 스크롤해보다
- **seek out** 구하다, 찾다
- **be fresh from** …에서 갓 벗어나다
- **be barred from** …하는 것이 금지되다
- **kick in** 효력이 발생하다
- **be coupled to** …에 연결되다
- **crack down on** …에 대해 엄하게 단속하다
- **yearn for** …에 대해 갈망하다
- **come forward** 나서다
- **take in** 섭취하다

NEW
TOEIC
VOCA

# 4
## UNIT

TOEIC이 좋아하는
# 핵심 부사구

### 001
## as a matter of fact 사실

> ▶ in fact 사실

I was told, **as a matter of fact,** that the company will be moving in a year or two. 사실 그 회사는 일이년 후에 옮길 거라고 하던데.

### 002
## in the end 마침내, 결국에는

> ▶ in the long run 결국에는
> ▶ at last 마침내
> ▶ after all 결국, 어쨌든

I am very shy of cameras, but the picture came out well **after all.** 나는 원래 사진 찍는 것을 아주 싫어하지만, 어쨌거나 그 사진은 잘 나왔다.

### 003
## in the first place 애당초

> ▶ for the first time 최초로
> ▶ at first 처음에는

We wouldn't have had this problem if the contract had been checked over **in the first place.** 애당초 그 계약서를 점검했더라면 이런 문제는 발생하지 않았을 것이다.

### 004
## first thing in the morning 아침에 제일 먼저

> ▶ first of all 무엇보다도 먼저
> ▶ first and foremost 무엇보다도 먼저

The boss wants the report to be handed in to the front desk **first thing in the morning.** 사장은 그 보고서가 아침 일찍이 접수대에 제출되기를 바라고 있다.

**First of all,** he wanted to thank everyone for attending the service. 무엇보다도 그 남자는 예식에 참석한 사람들 모두에게 감사를 표하고자 했다.

## 005
# ahead of schedule 예정보다 빨리

> ▶ **behind schedule** 예정보다 늦게
> ▶ **on schedule** 예정대로

The company apologized for being **behind schedule** on the final testing of its new product. 그 회사는 자사 신제품의 마지막 테스트가 예정보다 늦어진 데 대해 사과했다.

## 006
# as of+날짜 …일 현재로

The new law will ban smoking in public offices **as of** 2010. 1. 1. 새로운 법에 따라 2010년 1월 1일부로 관공서에서 흡연은 금지된다.

## 007
# because of …때문에

> ▶ **due[owing, thanks] to** …로 인해, …때문에

I heard that she was suspended from work **because of** the robbery. 그녀는 도둑질을 한 탓에 정직되었다고 들었어요.

## 008
# for a moment 잠시 동안

> ▶ **for a while** 잠시 동안
> ▶ **for some time** 잠시, 얼마간
> ▶ **for the time being** 당분간

The boss told his workers that the office would be closed **for a while** due to renovations. 사장은 직원들에게 사무실을 수리하기 위해 잠시동안 문을 닫는다고 말했다.

## 009
# this time of year 연중 이맘때

> ▶ **in the coming years** 향후에는    ▶ **this past year** 작년
> ▶ **two years running** 2년 연속
> ▶ **over the past decade** 지난 10년에 걸쳐
> ▶ **in the past six months** 지난 6개월간
> ▶ **during the previous year** 전년 동안에
> ▶ **in the remaining 8 years** 남은 8년 안에
> ▶ **over the past decade** 지난 10년에 걸쳐

I have heard that the beaches in Florida are really beautiful **this time of year.** 플로리다에 있는 해변들이 이맘 때쯤 정말 아름답다고 들었어요.

The company posted record sales and improved its productivity **this past year.** 그 회사는 지난 한해 동안 기록적인 판매를 기록했으며 생산성을 향상시켰다.

The president of our company has won the squash tournament **for three years running.** 우리 회사 사장은 스쿼시 경기에서 3년 연속으로 우승했다.

The level of technology employed in everyday jobs has ballooned **over the past decade.** 일상적인 일에서 사용되는 기술의 수준은 지난 10년간에 걸쳐 급속히 팽창되었다.

010
# on such short notice 사전에 충분한 예고없이, 급히

▶ **until further notice** 추후 통지가 있을 때까지

All employees will have to refrain from smoking in the entranceway **until further notice.** 전 직원은 추후 통지가 있을 때까지 출입구에서 금연해야 할 것이다.

011
# in force 실시중인, 유효한

We have an equal opportunity work policy **in force** at this office. 우리 회사에서는 고용기회 균등의 원칙을 실행하고 있다.

012
# on a daily basis 하루단위로, 매일

▶ **on a regular basis** 정기적으로

The manager comes by **on a regular basis** to talk with us about different sales strategies. 관리자가 정기적으로 방문하여, 여러가지 서로 다른 판매전략에 관해 우리와 얘기한다.

013
# in advance 미리, 사전에, 선불로

Tickets purchased **in advance** can be picked up at the Tour Registration Desk in the hotel lobby. 예매권은 호텔로비에 있는 여행 등록소에서 받아가세요.

014
# the other way around 반대로, 거꾸로

The tour guide advised us to take **the other way around** the mountain. 관광 안내원은 우리에게 산을 반대편으로 돌라고 말해주었다.

## 015
# across the world 전 세계에

> ▶ **across the country** 전국적으로
> ▶ **across the street** 길 건너의
> ▶ **all over the world** 전 세계에 걸쳐

The old-fashioned delicatessen **across the street** has become a popular place for lunch. 길 건너의 고풍스러운 델리 식당은 인기있는 점심식사 장소가 되었다.

I would like to travel **all over the world,** but I don't have much time or money. 나는 세계일주를 하고 싶지만 시간도 돈도 많지 않다.

## 016
# around the corner 모퉁이를 돌아서

> ▶ **around here** 이 근처에

The record shop is just **around the corner** on your left hand side. 레코드 가게는 왼편 모퉁이 돌면 바로 있다.

## 017
# in detail 자세히

Please tell us what happened **in detail.** 무슨 일이 있었는지 우리에게 자세히 말해봐.

## 018
# in addition to …에 더하여

We have a number of our own safety practices **in addition to** the government-mandated safety code. 우리는 정부가 강제로 시행하고 있는 안전 수칙 이외에도 여러가지 안전 조치를 취하고 있습니다.

## 019
# in brief 요컨대, 간략하게

> ▶ **in short** 요컨대, 결국

I'll explain the situation **in brief.** 내가 상황을 간략하게 설명할게.

## 020
# by the way 그런데

> ▶ **by way of** …의 대신으로, …할 목적으로

**By the way,** sales have ballooned 56% since we implemented the point of purchase marketing campaign. 그런데, 우리가 구입 장소 마케팅 홍보를 벌인 이후로 판매가 56% 증가했어.

## 021
# on time 정각에, 시간대로

▶ in time 때 맞춰, 조만간

The construction manager is responsible for making sure the project gets completed on time. 현장 소장은 그 계획을 제시간에 분명히 끝낼 책임이 있다.

## 022
# on the contrary 그 반대로

▶ contrary to …에 반하여

On the contrary, he thinks that women should be paid equally. 반대로 그 사람은 여성도 남성과 똑같은 보수를 받아야 한다고 생각한다.

## 023
# to date 지금까지(는)

To date, I have received three offers of marriage, and have turned down all of them. 지금까지 나는 청혼을 세번 받았는데, 세번 모두 거절했다.

## 024
# until now 지금까지는

▶ by now 지금쯤은

I thought the maintenance crew would have plowed the parking lot by now. 나는 관리과 직원들이 지금쯤은 이미 주차장의 눈을 치워 놓았을 것으로 생각했다.

If everything went as planned, the missiles should have reached their target by now. 모든 일이 계획한대로 되고 있다면 그 미사일들은 지금쯤이면 목표지점에 도달했을 것이다.

## 025
# at the same time 동시에

▶ at one time 한때는, 동시에

Sales are expected to surge next year; at the same time, prices are expected to decline. 판매는 내년에 치솟을 것으로 예상된다. 동시에 가격은 하락할 것이다.

## 026
# at most 기껏해야

▶ at best 기껏해야, 고작

The lady estimated that the repair bill would amount to $30,000 at most. 그 여자는 수리비가 많아야 3만 달러에 달할 것으로 추산했다.

## at once 즉시

> ▶ all at once 갑자기
> ▶ in no time at all 즉시, 곧

Most of the revenues from the previous month's sale period seemed to come in **all at once** during the last week. 지난 달 판매 기간 중 수입은 대부분 지난주에 갑자기 생겨난 것 같았다.

## for sure 확실히 to be sure; surely

> ▶ to be sure 물론, 확실히

No one knows **for sure** where the next decade will take us.
앞으로 10년이 우리를 어디로 이끌지 아무도 알지 못한다.

## prior to ⋯이전에, ⋯에 앞서

Coffee and tea will be served **prior to** the annual shareholders' meeting. 커피와 차가 연례 주주회의가 시작되기 전에 나올 것이다.

## as far as I know 내가 아는 한

> ▶ as far as I'm concerned 나에 관한 한

There are no more scheduled changes to our staffing **as far as I know.** 내가 아는 한 더 이상 직원변동은 없는 듯하다.

031
## as usual 여느 때처럼

Aaron left work **as usual** at 4:45 p.m. sharp. 애론은 여느 때처럼 오후
4시 45분에 칼같이 퇴근했다.

032
## due to ···때문에

▶ **due to inclement weather** 악천후로 인해

The tennis match was postponed **due to** inclement weather.
테니스 경기가 궂은 날씨 때문에 연기되었다.
The company's bankruptcy **was due to** misappropriation of
funds. 그 회사가 파산한 것은 자금 횡령 때문이었다.

033
## every now and then 때때로

▶ **once in a while** 이따금

We like to take a vacation **every now and then,** so we plan
our holidays together. 우리는 이따금 휴가를 가는 것을 좋아해서 함께 휴일계획을
세운다.

034
## for now 지금으로서는

▶ **right now** 현재는
▶ **at present** 현재
▶ **at the present time** 오늘날, 현재

**At present,** the company employs 140 laborers, 15 managers,
and a president. 현재 회사에 근로자 140명, 관리자 15명, 사장이 1명 있다.

035
## little by little 조금씩, 점차, 천천히

▶ **step by step** 점차적으로

**Little by little,** he began to earn more money. 점차, 그는 돈을 더 벌
기 시작했다.

# at (the) least 최소한, 적어도

▶ at the very least 최소한 이것은 꼭 해야 된다는 뜻

Profits over the past five years have advanced at a compound annual rate of **at least** 11%. 지난 5년간의 수익은 연복리로 적어도 11% 상승했다.

037

# in order to ⋯하기 위하여

▶ in order 순서대로
▶ so as to ⋯하기 위해
▶ so as not to ⋯하지 않도록

We went to the sauna after we worked out **so as to** relax and cool down. 우리는 운동을 한 후에 푹 쉬면서 몸을 풀려고 사우나에 갔다.

038

# to boot 게다가

▶ in(to) the bargain 게다가, 더욱이
▶ not to speak[mention] of 게다가

The manager told his secretary that she was lazy, stupid, and ugly **to boot**. 관리자는 자기 비서에게 게으르고 어리석고 게다가 얼굴까지 못생겼다고 말했다.

It's one of the best restaurants in town, **not to mention** one of the most reasonably priced. 그 레스토랑은 우리 지역에서 최고에 속해. 게다가 가격도 아주 저렴한 편에 속하고.

039

# on call 대기 중인, 당직의

Dr. Martin has informed me that he will be out of the office for the entire day as he **is on call** at the hospital. 의사인 마틴은 병원 당직이기 때문에 종일 진찰실을 비울 것이라고 내게 알렸다.

040

# while you're at it 그걸 하는 동안

**While you're at it,** I'd appreciate it if you could oil the bearings, check the oil level, top off the windshield wiper fluid, and inflate the tires. 당신이 그걸 하는 동안, 베어링에 기름을 바르고, 윤활 유량을 점검하고 앞유리 와이퍼 액을 채우고, 타이어에 바람을 넣어주시면 감사하겠습니다.

**4**

## 041
# instead of ··· 대신에

> ▶ in exchange for ···대신, 교환으로
> ▶ in one's place ···의 대신에

He asked to be called Ahmed, instead of his real name. 그 남자는 실제 이름 대신 아메드라고 불러달라고 했다.

## 042
# on behalf of ···의 대신으로

On behalf of the president and his staff, I wish you all a very merry Christmas. 사장과 직원들을 대표해서 여러분 모두 즐거운 크리스마스를 보내시길 바랍니다.

## 043
# with[in] regard to ···에 관하여

> ▶ in[with] reference to ···에 관하여
> ▶ on the subject of ···에 관하여
> ▶ regardless of ···와 상관없이

In regard to using your materials, we are considering publishing them in our forthcoming Swiss brochure. 귀하의 자료를 사용하는 문제에 관해서 말씀드리자면, 저희는 그것을 금번 스위스판 소책자로 출판할 생각입니다.

## 044
# such as ···와 같은, 이를테면

A voucher such as a sales receipt or credit card statement is needed before the company will reimburse any expenses. 회사가 경비를 상환하려면 판매 영수증이나 신용카드 증명서같은 보증서가 필요하다.

## 045
# at any rate 어쨌든

> ▶ at all costs 어떤 대가를 치르고서라도, 꼭
> ▶ at the cost of ···을 희생하여
> ▶ at no cost 희생없이, 공짜로
> ▶ in respect of ···의 대가로

At any rate, we expect that sales will pick up more than 5.5% this fiscal year. 어쨌든 올 회계년도에 판매증가는 5.5%가 넘을 것으로 예상한다.

At the cost of losing a friend, I decided to tell the police exactly what I saw. 친구를 한 명 잃는 대가를 치르면서 나는 경찰에게 내가 본 것 그대로를 말하기로 결정했다.

# some day 언젠가

▶ **one day** 언젠가

My dream is to **one day** be in charge of public relations at my father's company. 언젠가 아버지 회사에서 홍보부를 책임지는 것이 나의 꿈이다.

# the day after tomorrow 모레

▶ **the day before yesterday** 그저께

We will have to postpone the meeting until **the day after tomorrow,** if you don't mind. 당신만 괜찮다면, 회의를 모레로 연기해야겠어요.

# by the end of the day 오늘까지, 근무시간까지

▶ **later in the day** 그날 늦게
▶ **the rest of the day** 남은 하루

We can put a draft contract together **by the end of the day** for you. 퇴근하기 전까지 계약서 초안을 준비해 드리겠습니다.

# in good faith 선의로

Both sides pledged to continue negotiations **in good faith** until a settlement was reached. 양측은 합의에 이를 때까지 선의로 협상을 계속할 것을 서약했다.

# as follows 다음과 같이

The contract listed the people that were responsible for implementing the new policy **as follows.** 계약서는 새로운 정책시행을 책임지는 사람들의 명단을 다음과 같이 올렸다.

# under construction 공사중인

▶ **under repair** 수리중인
▶ **under way** 진행중에

The fall dance season get **under way** this month with local dance companies unveiling new productions. 지역 무용단들이 새로운 작품을 선보이는 가운데 이달에 가을 댄스 시즌이 열리게 된다.

This site is **under construction,** so please check back with us later. 이 사이트는 공사 중이오니 나중에 다시 접속하시기 바랍니다.

**4**

## 052
# in that case 그런 경우에는

▶ just in case 만일에 대비하여
▶ in the event of …의 경우에

In that case, we'd better order at least two more boxes of paper. 사정이 그렇다면 종이박스를 적어도 두 개 더 주문해야 합니다.

## 053
# in case (that) …의 경우에 대비해

▶ in case of …의 경우에

Janet brought her umbrella with her in case it started to rain. 재닛은 비가 내릴 경우를 대비해 우산을 가져왔다.

## 054
# in other words 바꾸어 말하면, 즉

▶ so to speak 말하자면
▶ that is to say 즉, 바꿔 말하면

In other words, the fan will make you feel more comfortable with even a lower thermostat setting. 다시 말해서 선풍기를 이용하면 냉방강도를 낮추어 놓아도 시원하다는 얘기입니다.

## 055
# by chance 우연히

If by chance you find a red shirt at the flea market, please buy it for me. 만일 벼룩시장에서 빨간 셔츠를 본다면 사다 줘.

## 056
# far from …에서 멀리, 조금도 …하지 않는

That's not too far from here…it will be on your right in another four stops. 여기서 그리 멀지 않아요, 네 정거장 지나면 오른편에 있을거예요.

## 057
# in turn 번갈아, 다음에는

▶ in return for[to] …의 답례[회답]로

If you'll substitute for me next week, I'll work for you in turn in the future. 다음 주에 나를 대신해 주면, 다음 번에는 내가 네 대신 일해줄게.

## 058
# to the point 적절한, 요령있는

▶ to the point of~ …할 정도로

I thought the waiter at dinner last night was overbearing-to the point of being rude. 어제 저녁 식당의 웨이터가 고압적이었던 같아, 무례할 정도로 말야.

059

# to say nothing of  ⋯은 말할 것도 없이

▶ **not to say** ⋯은 말할 것도 없이
▶ **needless to say** 말할 것도 없이

**Needless to say,** the position requires that you have a valid driver's license and your own vehicle. 말할 것도 없이, 그 일에는 합법적인 운전면허증과 자기 차를 가지고 있어야 한다.

060

# from now on  지금부터

▶ **up to now** 지금까지는

They said that they would try to be more cautious from now on. 그 사람들은 앞으로는 보다 더 조심하도록 노력하겠다고 말했다.

## TOEIC TIPS _ 주의해야 할 전치사, 접속사, 부사

※ 분사형 전치사

| | |
|---|---|
| regarding ⋯에 관하여 | based on ⋯에 근거하여 |
| concerning ⋯에 대하여 | compared with ⋯과 비교하여 |
| given ⋯을 고려하면 | owing to + N ⋯때문에, ⋯덕분에 |
| related to + N ⋯와 관련하여 | according to + N ⋯에 따르면 |

※ 전치사 상당어구

| | |
|---|---|
| as of + 날짜 ⋯ 부로, ⋯ 부터 | because of ⋯ 때문에 |
| contrary to + N ⋯에 반하여 | due to ⋯로 인해 |
| in addition to + N ⋯외에 | in the event of ⋯의 경우에는 |
| instead of ⋯ 대신에 | on behalf of ⋯를 대신하여 |
| on account of ⋯ 때문에 | prior to + N ⋯보다 전에, 먼저 |
| with regard to + N ⋯에 관하여 | as for ⋯에 관하여 |
| for the sake of ⋯을 위해 | in terms of ⋯라는 점에서 |
| when it comes to + N ⋯에 관한 한 | |

※ 전치사이자 접속사 : for, as, since, after, before, while, until, till

※ 부사이자 접속사 : also, however, so, then, therefore, immediately, yet

4

061
## on the way to …로 가는 도중에

▶ on one's way …가 오는 중인

The nurse told the patient that the doctor was **on his way.**
간호사는 환자에게 의사가 오고 있다고 말했다.

062
## in a row 일렬로

▶ in rows 줄지어

The guards lined up the prisoners **in a row** and shot them one at a time. 간수들은 죄수들을 한줄로 세우고는 한 사람씩 쏘았다.

The grocery clerk arranged the canned goods **in rows** on the shelves. 식료품점 점원은 선반 위의 캔 제품을 줄지어 정리했다.

063
## in spite of …에도 불구하고

▶ despite …에 불구하고

▶ notwithstanding …에도 불구하고

**In spite of** poor sales growth, earnings jumped due to the massive reduction in overhead costs. 저조한 판매성장에도 불구하고 소득은 경상비의 엄청난 감소덕택으로 증가했다.

064
## on occasion 이따금

▶ on most occasions 대체로, 보통

We see each other **on occasion.** 우리는 이따금씩 만난다.

065
## out of control 통제에서 벗어나

▶ under control 통제하여

The crowd at the rock concert was getting completely **out of control.** 록 콘서트에서 군중들은 완전히 이성을 잃었다.

## 066

# under the influence of  …의 영향으로

Any truck driver caught **under the influence of** illegal drugs will face mandatory termination of his employment. 불법 약물 복용으로 적발된 트럭 운전기사들은 모두 직장에서 강제추방될 것이다.

## 067

# as a result  결과적으로

Dorothy has raised seven children and has a mess of grandkids **as a result**. 도로시는 일곱 아이들을 길렀고 결과적으로 아주 많은 손자를 두게 되었다.

## 068

# all told  전부 합해서

**All told,** sales for this month add up to more than $300,000 dollars. 전부 합해서 이번 달 매상은 총 30만 달러가 넘는다.

## 069

# on one's own  혼자 힘으로

Let Jerry finish the work **on his own**. 제리가 혼자 힘으로 일을 끝내도록 해.

## 070

# when it comes to  …(의 이야기 · 문제)라 하면

Our employers feel that **when it comes to** research, we should spare no expense. 우리 직원들은 연구에 관한 한 경비를 아끼지 말아야 한다고 생각한다.

## 071

# at stake  위태로운 상황에 있는

▶ **at the risk of** …의 위험을 무릅쓰고
▶ **on the line** 당장에, 위험에 처한

We realized that if we didn't call the police, our lives would be **at stake**. 우리는 경찰을 부르지 않으면 목숨이 위태롭다는 것을 알았다.

## 072

# a little bit  약간, 다소

There is **a little bit** more work here than I expected, so I'll need more time. 여기 일이 내가 생각했던 것보다 약간 더 많군요. 그래서 시간이 더 필요하겠어요.

## 073

# last but not least  끝으로 중요한 말이 있는데

**Last but not least,** I'd like to thank my wife for her support. 끝으로 옆에서 힘이 되어준 아내에게 고맙다는 말을 꼭 전하고 싶습니다.

**4**

UNIT

## 074

# twice as much ···의 두 배의

There was twice as much work to do after they returned from their business trip. 그 사람들이 출장에서 돌아오니 업무량이 두 배가 되었다.

## 075

# to one's surprise ···가 놀랍게도

▶ to one's satisfaction ···가 만족스럽게

To her surprise, she got a promotion at work. 그녀는 스스로 놀랍게도 직장에서 승진하였다.

## 076

# (from) A through B A에서 B까지

▶ from the first to the last 처음부터 끝까지

Check each paper, from the first to the last. 처음부터 끝까지 모든 신문을 뒤져봐.

## 077

# under no circumstances 어떤 경우에도 ···이 아닌

Under no circumstances are you to divulge this information to anyone. 어떤 경우에라도 이 정보를 다른 사람에게 흘려서는 안된다.

## 078

# every other day 이틀에 한번씩

▶ all day long 하루종일
▶ day-to-day 하루하루의, 일상의

She has decided to attend yoga classes with her mother every other day. 그 여자는 이틀에 한번씩 자기 어머니와 함께 요가강좌에 참석하기로 결정했다.

## 079

# as expected 예상했던 대로

As expected, he came home past midnight and was so drunk that he couldn't speak clearly. 예상대로 그 사람은 지난밤 자정이 넘어 집에 왔는데, 말도 제대로 못할 만큼 술에 취한 상태였다.

## 080

# also known as 일명 ···인, ···라고 알려진 *약자로 aka라고도 한다

That guy is also known as The Dog, because he takes care of stray dogs in his home. 저 친구는 일명 「개」라고 하는데, 집잃은 개들을 자신의 집에서 보살피기 때문이다.

**081**

# without knowing it 자기도 모르게

The man with the sleeping disorder claimed that he killed his wife **without knowing it.** 불면증을 앓는 그 남자는 의식하지 못한 상태에서 자기 아내를 살해했다고 주장했다.

**082**

# to the letter 문[글]자 그대로

A good investment banker always makes sure that he follows his contract of employment **to the letter.** 유망한 투자 은행가는 항상 자기 스스로도 고용계약을 철저히 따른다.

**083**

# in sb's name ⋯의 명의로

▶ **under the name of** ⋯의 이름을 빌어

Although the house is really Tim's, it is **in my name** for financial reasons. 사실 그 집은 팀의 소유이지만, 재정적인 이유 때문에 내 명의로 되어 있다.

**084**

# inasmuch as ⋯이므로

He decided to accept the job inasmuch as it paid nearly twice **as much as** he was currently earning. 그는 현재의 급여보다 거의 두 배를 주기 때문에 그 일을 받아들였다.

**085**

# free of ⋯이 면제된, ⋯이 없는

I want to be **free of** debt some day. 언젠가는 빚에서 벗어나고 싶다.

**086**

# as yet 아직까지

The contract was faxed to the client; however, there has been no response **as yet.** 그 계약서를 팩스로 고객에게 보냈지만 아직까지 아무런 반응이 없다.

**087**

# by no means 결코 ⋯하지 않다

▶ **by all means** 반드시, 물론이죠

**By all means.** We have to go up to the fifteenth floor. 물론이지. 우리는 15층까지 올라가야 돼.

**088**

# in favor of ⋯을 위해, ⋯에 찬성하여

He is **in favor of** our new reservation policy. 그는 새로운 예약방침에 찬성하고 있다.

**4**

# in terms of ···의 관점에서

▶ in light of ···을 생각해볼 때

We've had a hard time coming together in terms of a decision on the pricing of our new products. 우리는 신제품의 가격책정에 대한 의견 일치를 보는 데 어려움을 겪었다.

# in the middle of 한창 ···하는 중에

The tractor's parked in the middle of a corn field. 트랙터는 옥수수밭 한 가운데 세워져 있다.

We were right in the middle of our annual budget meeting. 우리는 연례예산회의를 한창 하는 중이었다.

### 091
## in proportion to  …에 비례하여

Your salary is **in proportion to** your education. 당신의 급여는 학력에 비례한다.

### 092
## in a nutshell  간단히 말해서

The professor told the students that, **in a nutshell,** they had all failed the exam. 교수는 학생들에게 한마디로 하자면 모두 시험에 떨어졌다고 말했다.

### 093
## in any case  어떤 경우든

**In any case,** the product will likely be launched sometime at the end of next month. 어떤 경우든 상품은 다음 달이 끝나기 전에 언젠가는 선보일 것이다.

### 094
## no longer  더이상 …않다

Discouraged job seekers and those **no longer** seeking work are not counted as part of the work force. 일자리를 구하지 못한 사람과 이제는 일자리를 찾으려 하지 않는 사람은 노동 인구로 산정되지 않는다.

### 095
## no doubt  의심할 바 없이, 확실히

**No doubt about it,** there has never been a better time to go to New Zealand. 당연하지. 뉴질랜드에 갔을 때보다 더 좋은 때는 없었어.

### 096
## not every  모두가 …한 것은 아니다

**Not every** husband has an affair with another woman. 남편이라고 해서 모두 다른 여자와 바람을 피우는 건 아니다.

### 097
## not ~ without  …할 때마다 ~하다

He **cannot** write a report **without** making several grammar and spelling errors. 그 사람은 보고서를 작성할 때마다 문법과 철자에서 몇 개씩 실수를 한다.

# not only A but also B A뿐만 아니라 B도 …하다

▶ as well as …뿐만 아니라

Not only do we get a holiday, but we get paid for it as well.
우리는 휴가뿐아니라 휴가 보너스도 받는다.

# on duty 당번으로, 근무시간 중에, 임무 수행 중인

▶ off duty 비번으로, 근무시간외에

I wish I could. I'll be on duty at the clinic all weekend. 그랬으면
좋겠는데, 내가 주말내내 병원 당직이야.

# on[upon] request 요청시

We firmly believe that our fees are appropriate and
reasonable, and will disclose them upon request. 우리는 우리의
요금이 적당하고 비싸지 않다고 확신하며 요청시에는 공개할 것입니다.

# at no charge 요금 부담 없이

▶ for nothing 공짜로

Public service advertising is paid for by the government and
is aired for free. 공익광고 비용은 정부가 지불하며 무료로 방송된다.

# in no time 곧, 금새

▶ right away 바로

Doreen received the invitation to the dinner party and
responded right away. 도린은 저녁 파티에 초대장을 받고 나서 바로 답장을 보냈다.

# at hand 가까이에, 머지않아

▶ on hand 마침 갖고 있는, 손 가까이에

The television show was interrupted by a meteorologist who
warned viewers that a severe winter storm was at hand. 텔레비
전 프로그램은 중단되고 한 기상통보관이 시청자들에게 극한 겨울폭풍이 머지않아 올거라 경고
했다.

There were several computers on hand for the interns to use.
인턴 사원들이 사용할 수 있는 컴퓨터가 몇 대 있었다.

**104**

# in less than  ···이내에

I need to get to the bus station in less than a half an hour. 나는 30분 안에 버스 정류장에 도착해야 해.

**105**

# to say the least  에누리해서 말한다 해도

It was an informative evening to say the least. 아무리 에누리해서 말한다 해도 그날은 유익한 저녁시간이었지요.

**106**

# come to think of it  생각해보니

Come to think of it, I shouldn't be doing this much work for such little pay. 생각해보니, 난 그런 박봉을 받고 이렇게 많은 일을 해선 안된다.

**107**

# in an effort to  ···하려는 노력의 일환으로

Many tax loopholes are being closed by the IRS in an effort to crack down on the rich avoiding the payment of their taxes. 세금 납부를 회피하려는 부유층에 대한 국세청의 단속 노력으로 많은 세제상의 허점이 보완되고 있다.

**108**

# depending on  ···에 따라

Additional charges may be levied depending on the nature of the order. 주문의 성격에 따라 추가비용이 부과될지도 모른다.

**109**

# in anticipation of  ···을 예상하여

There was a lot of excitement in the office in anticipation of the annual promotions. 연례 승진에 대한 기대로 사무실은 흥분에 들떠 있었다.

**110**

# if necessary  필요하다면

> ▶ if desired 원한다면
> ▶ if at all possible 될 수 있는 대로

If necessary, ask to speak to a supervisor to make certain the problem is resolved correctly. 필요하다면 관리자와 면담을 요청해서 문제가 올바로 해결되었는지 확인하도록 하세요.

**111**

# by seniority  연공서열에 의해

Employees will be seated by seniority at the meeting. 직원들은 회의에서 서열에 의해 자리에 앉는다.

**4**

## 112
# in the meantime 그동안

▶ in the interim time 당분간, 그 동안

Good idea. **In the meantime,** would you mind having a look at this artwork? 좋은 생각이예요. 그동안, 이 예술품을 한번 봐주세요.

## 113
# above all 무엇보다도

**Above all,** the boss did not want his customers to get angry.
무엇보다 사장은 고객들을 화나게 만들길 원치 않았다.

## 114
# upon[on] delivery 배달시

▶ on approval 승인이 되면 즉시

The contract states that the fee must be paid **upon delivery** of the goods. 계약서 상에는 요금이 물건배달 시에 지불되어야 한다고 명시되어 있다.

**Upon entering the room,** the actor was immediately surrounded by fans. 방에 들어오자마자, 그 배우는 바로 팬들에 둘러 쌓였다.

## 115
# when compared to …와 비교해볼 때

We expect that sales during the first quarter of next year will triple **when compared to** sales this quarter. 내년도 1/4분기의 판매가 이번 분기의 판매와 비교할 때 3배로 증가하리라고 기대한다.

## 116
# without benefit 아무 효과[이득]없이

The money was given away, **without benefit** to anyone. 그 돈은 어느 누구에게도 돌아가지 않고 기부되었다.

## 117
# in memory of …을 기념하여

▶ in memoriam …를 추모하며
▶ in honor of …을 기념하기 위해서

A memorial service was held **in memory of** my grandmother.
할머니를 위한 추도식이 열렸다.

## 118
# in person 직접, 몸소

Holders of policies which shall be or shall have been in force for one year prior to the election are entitled to vote, either **in person** or by proxy. 선거일까지 1년이 지났거나 1년 만기가 된 보험증서를 소지한 사람은 본인 또는 대리인이 선거할 수 있습니다.

## on business 사업차

> ▶ on leave 휴가로

I know your wife left town **on business,** so please join us for dinner instead of eating alone tonight. 당신 아내가 업무차 마을에서 떠난 것을 아니까 오늘 저녁에 혼자 먹지 말고 우리와 함께 저녁을 먹자.

## in charge of ···담당의

The manager asked the head of sales to **be in charge of** organizing a farewell party for the secretary. 부장은 판매팀장에게 비서의 환송파티 준비를 책임지라고 했다.

**121**

## on the other hand 다른 한편으로

On the other hand, 90% of employees surveyed admit to looking at nonwork-related Websites during the course of a day, and 84% send personal e-mails. 다른 한편, 조사에 참여한 근로자의 90%는 근무시간에 업무와 무관한 웹사이트를 본다는 것을, 그리고 84%는 개인적인 이메일을 보낸다고 인정했다.

**122**

## on and off 이따금

We had been dating on and off for about five years before we got married. 우리는 결혼하기 전 약 5년 동안 데이트를 하다 말다 했다.

**123**

## for the sake of …을 위해

Stop smoking for the sake of your health. 네 건강을 위해서 금연을 해라.

**124**

## out of stock 재고가 떨어져

Most of the necessary parts are out of stock. 필요한 부품들이 대부분 재고가 떨어졌다.

**125**

## out of the question 절대로 불가능한

The boss told the disgruntled employee that a raise was absolutely out of the question. 사장은 불만에 가득 찬 직원에게 봉급인상은 절대적으로 불가능하다고 했다.

**126**

## under pressure 압박을 받고 있는

Real-life examples of people performing heroically under pressure can be seen everywhere. 악조건 하에서도 영웅적으로 활동하는 사람들은 현실에서도 어디서나 볼 수 있다.

**127**

## out of town 살고 있는 지역을 떠나

He's been out of town for the past couple of days visiting his parents. 그 남자는 지난 이틀동안 부모집에 가느라 집에 없었다.

## 128
## in plain sight[view] 쉽게 보이도록

The next time you park, look around your vehicle and see
what tempting items you've left **in plain sight.** 다음 번에 주차할 때
는 자동차를 둘러보면서 훔치고 싶은 마음이 생기는 물건을 잘 보이게 놓았는지 확인하세요.

## 129
## in the amount of …의 액수(량)으로

The lady had parked illegally and the police gave her a ticket
to pay, **in the amount of** $30.00. 여자가 불법주차를 해서 경찰은 30달러짜리
딱지를 뗐다.

## 130
## by the day 일당 얼마에

▶ by hourly rate 시간당 요금으로

The workers here are paid **by an hourly rate.** 여기 근로자들은 시간당
요금으로 지급받는다.

## 131
## via …을 경유하여

The university sent out one thousand letters of acceptance
on Friday **via air mail.** 그 대학은 금요일에 항공우편을 통해서 1,000통의 입학허
가서를 보냈다.

## 132
## for your information 참고로 알려드리자면(FYI)

**For your information,** the doors between the lobby and
workspace are locked for your safety. 참고로 말씀드리자면, 로비와 작업공
간 사이의 문은 안전을 위해 잠겨있습니다.

## 133
## per capita 1인당(= per head) *여기서 per는 「…에 의하여」라는 뜻

▶ per your request 당신의 요청에 따라서
▶ at one's request …의 요구에 의하여

According to the contract, the packages will be delivered to
you **at your request.** 계약서에 의하면 소포는 요청한 대로 귀하에게 배달될 것입니다.

## 134
## in practice 실제로는, 개업하여

**In practice,** we never use the Internet for our classes. 실제로는,
우린 수업시간에 절대로 인터넷을 사용하지 않는다.

## 135
### not A until B  A해서야 비로소 B하다

I will **not** start this job **until** I have a written contract in front of me. 제 면전에서 서면계약을 할 때까진 이 일을 하지 않겠습니다.

## 136
### on second thought  다시 생각해보니

Great, but, **on second thought,** let's take a taxi. 좋아. 하지만 다시 생각해보니 택시를 타자.

## 137
### all in all  전반적으로 볼 때

**All in all,** I think we did a good job. I only had a brief conversation with him, but he said in short it looks positive. 전반적으로 볼 때, 우리가 일을 잘 처리한 것 같아요. 그 사람하고 잠깐 얘기해봤는데, 간단히 말해 낙관적이라고 하더군요.

## 138
### vice versa  그 반대도 마찬가지다, 반대로, 거꾸로

I don't want to make him unhappy, and **vice versa.** 나는 그 남자를 불행하게 만들고 싶지 않고, 그 남자가 나를 불행하게 만드는 것도 원치 않아.

## 139
### no later than  (날짜 · 시간이) ~까지, 늦어도 …이전에

Entries must be postmarked **no later than** December 31. 12월 31일까지의 소인에 한합니다.

## 140
### at work  근무중에

▶ after work 퇴근 후

John was **at work** when the police contacted him about the theft. 존은 근무시간에 절도에 관련하여 경찰의 연락을 받았다.

Chris had a lot to do so he decided to eat **at work** rather than go out. 크리스는 할 일이 너무 많아 나가지 않고 일을 하면서 먹기로 했다.

## 141
### on average  평균적으로

**On average,** our company spends about fifty thousand dollars per year on business trips. 평균적으로 우리 회사는 출장비로 평균 1년에 5만 달러를 사용한다.

**142**

## in arrears 연체 중

The IRS found that the company was already three years in arrears on their quarterly tax payments. IRS는 그 회사가 연 4회 분납하는 세금납부를 이미 3년간 연체했다는 것을 발견했다.

**143**

## in partnership with ···와 동업하에

▶ in conjunction with ···와 협력하여

The Donald Troop Real Estate has entered into a partnership with Nomura of Japan to sell condominiums in Tokyo. 도널드 트룹 부동산회사는 노무라사와 합작하에 동경에서 콘도를 팔고 있다.

**144**

## in accordance with ···에 따라서

In accordance with the requirements of the government, we are including a safety warning. 정부에서 요구하는 조건에 따라 안전성에 대한 경고문을 실었습니다.

**145**

## in excess of ···보다 많은

The bank officer was promoted to manager after the bank posted profits in excess of its forecast. 은행간부는 그의 은행이 예상을 초과하는 수익을 기록하자 부장으로 승진했다.

**146**

## as a part of ···의 일환으로

My dad works as part of a sales team. 아버지는 영업팀의 일원으로 일하신다.

**147**

## no way 조금도 ···않다

There's no way we'll be able to finish the job on time. 우린 그 일을 제시간에 끝낼 도리가 없어.

**148**

## ~than ever before 그 어느 때보다도

The people that are investing in our company are younger than ever before. 우리 회사에 투자하고 있는 사람들이 그 어느 때 보다도 더 나이가 어리다.

**149**

## in search of ···을 찾아

Brian is in search of a new place to live. 브라이언은 새롭게 살 집을 찾고 있다.

**4**

# in the future 앞으로

The mortgagee is never sure what the rates will be **in the future** and is often hesitant to lock into a long-term rate. 저당권자는 금리가 앞으로 어떻게 될 지 확신할 수 없어서 장기금리로 고정하는 것을 망설이게 되는 경우가 많다.

## 부사절을 이끄는 다양한 형태의 접속사

### ※ 부사(구) 형태

in case …일 경우에 대비해서
by the time …할 때까지
immediately …하자 마자

once 일단 …하기만 하면
now (that) 이제 …이니까

### ※ 동등 비교급 형태

as soon as …하자 마자
as[so] far as …하는 한 *cf.* as well as …뿐만 아니라 ~도(등위 접속사)

as[so] long as …하는 동안

### ※ 명사(구) 형태

the first time 처음 …했을 때
the day …하는 날에
every time …할 때마다

the moment[instant, minute] …하자 마자
the year …하는 해에

### ※ 접속사 대용

providing (that) ~ 만약 …이라면
supposing (that) ~ 만일 …하다면
granting (that) ~ …라 하더라도
seeing (that) ~ …하므로, …한 이상

provided (that) ~ 만약 …이라면
supposed (that) ~ 만일 …한다면
granted (that) ~ …라 하더라도

### 151
## at any moment  당장에라도, 언제라도

This game could end **at any moment.** 이 게임은 언제라도 끝날 수 있다.

### 152
## face to face  얼굴을 직접 맞대고

I want to talk about this with you **face to face,** so that we can work it out together. 그 문제를 너와 직접 얼굴을 맞대고 이야기하고 싶어. 그래야 우리가 그것을 함께 해결해 나갈 수가 있어.

### 153
## at one's convenience  편리한 때에

To hear more about this valuable opportunity, call me **at your earliest convenience.** 이 귀중한 기회에 대해 더 이야기를 듣으려면, 가급적 빨리 내게 전화해.

### 154
## by oneself  혼자 힘으로, 직접

Fran was there for a couple of hours this morning, but after she left, I manned the table **by myself** for the rest of the day. 프랜은 오늘 아침 두어시간 거기 있었고, 그녀가 간 후에 내가 혼자 남은 하루 내내 테이블을 지켰다.

### 155
## for good  영원히

The man told his wife that he had decided to give up smoking cigarettes **for good.** 남자는 아내에게 담배를 영원히 끊기로 결심했다고 말했다.

### 156
## in a hurry  급히

If you want to send documents **in a hurry** you should send them by express mail. 서류들을 급하게 보내시려면 속달우편으로 부쳐야 합니다.

### 157
## in one's absence  …의 부재중에

A new computer system was installed **in your absence.** 네가 없는 사이에 새로운 컴퓨터 시스템이 설치되었다.

4

## 158

# in particular  특히

Is there anything **in particular** you want me to remove? 내가 특별히 없애기를 바라는 게 있어?

## 159

# in use  쓰이는 중

We can't process any of the documents because the computers we need are all **in use,** by other employees. 우리가 필요한 컴퓨터들을 다른 직원들이 모두 사용하고 있었기 때문에 우리는 작업을 할 수가 없었다.

## 160

# not even  ⋯조차도 ～않다

Piracy is so widespread that people **don't even** consider it to be illegal. 저작권 침해가 워낙 널리 퍼져서 사람들은 그것이 불법이라는 사실을 생각조차 하지 못한다.

## 161

# not ～ either of  어떤 것도 ⋯아니다

I'm **not** familiar with **either of** the computer programs that were installed on my computer. 난 내 컴퓨터에 설치된 프로그램 중에서 제대로 다루는 것이 하나도 없다.

## 162

# on the go  계속 움직이는, 돌아다니는

Unfortunately, I'm always **on the go,** so catching me in the office is not easy. 유감스럽지만 나는 항상 돌아다니기 때문에 사무실에서 나를 만나기란 쉽지 않다.

## 163

# next to  ⋯옆에

The reception area is located on the first floor right **next to** the elevators. 접견실은 1층 엘리베이터 바로 오른편에 위치해 있다.

## 164

# between A and B  A와 B 사이

Use your ticket to transfer **between** the subway **and** any bus in the system. 본 교통 연결망에 해당하는 지하철과 버스는 승차권을 사용하여 갈아타십시오.

## 165

# at all times 언제든지

▶ at a time 한번에

In order to maintain a corporate account at this branch, you must keep at least $10,000 in the bank **at all times.** 이 지점에 법인계좌를 유지하려면 최저 10,000달러를 은행에 항상 예치하고 있어야 합니다.

## 166

# from lack of …의 결핍(부족) 때문에

They were weak **from a lack of** food. 그들은 영양 결핍으로 몸이 약해졌다.

## 167

# in contrast to …와는 대조적으로

**In contrast to** the slow-moving trains found in Denmark, the Speedrail in Holland is quite fast. 덴마크에서 볼 수 있는 저속 기차와는 달리 네델란드의 고속기차는 굉장히 빠르다.

## 168

# for unknown reasons 이유는 잘 모르겠지만

**For unknown reasons,** the company's commitment to the product began to wane. 이유는 잘 모르겠지만, 회사는 그 제품에 대한 열의가 시들해지기 시작했다.

## 169

# as per …에 의하여[따라서]

Remove doors **as per** installation instructions prior to moving oven to lighten the load and to prevent the lifting of oven by the door handles. 오븐을 옮기기 전에 무게를 줄이고 오븐 문의 손잡이를 잡고 옮기는 것을 방지하기 위해 설치 지시서에 따라서 문을 떼어내십시오.

## 170

# ahead of time 이전에, 미리

Why are you scheduled to leave so early for the airport? You'll be there three hours **ahead of time!** 왜 그렇게 일찍 공항으로 출발하려고 시간을 잡았어? 넌 3시간 앞서 도착할거야!

## 171

# in descending order 내림차순으로

These are the expenses, listed **in descending order.** 이것들은 지출경비인데 내림차순으로 정리되었다.

## 172

# by appointment only 미리 예약한 경우에 한해서

Dental visits are **by appointment only.** 치과에 와서 진료받는 것은 예약한 사람에 한한다.

**4**

## 173

# by default (경기 따위에) 참가하지 않은, 부전승으로

> ▶ win by default 부전승으로 승리하다

He was elected to the senate **by default.** 그 사람은 부전승으로 상원에 선출되었다.

## 174

# to the tips of one's fingers 완벽하게, 철저하게

> ▶ on the tip of sb's tongue 말이 입에서 뱅뱅 돌 뿐 확실히 기억이 안나는

I am exhausted **to the tips of my fingers** after a long day of negotiating the contract. 하루종일 그 계약건 때문에 협상하느라 나는 완전히 기진맥진한 상태이다.

## 175

# all the time 줄곧

I hope she's okay. In **all the time** I've worked with her I've never known her to take a sick day. 괜찮아야 할텐데. 늘 같이 일을 해왔지만 그녀가 병가를 내는 건 못봤어.

## 176

# at ease 마음편히, 천천히

I feel **at ease** now that we have finished preparing for the contract negotiations. 그 계약 협상에 대한 준비가 끝나서 마음이 편안하다.

## 177

# in one's day 한창 때에는

> ▶ these days 요즈음

One of the most difficult things for a young couple to do **these days** is to come up with the money for a house down payment. 오늘날 젊은 부부들에게 가장 어려운 일은 주택을 구입할 때 인도금을[계약금을] 마련하는 것이다.

## 178

# at sb's back …를 후원하여

> ▶ behind sb's back 본인 모르게

The wind was **at her back** for the entire hike. 하이킹하는 내내 바람이 그녀의 뒤에서 불어댔다.

## 179

# not that I know of 내가 알고 있는 한

He asked if Glen was here, and I said **not that I know of.** 그 사람은 글렌이 여기 있냐고 물어봤고 나는 내가 아는 한 그렇지 않다고 말했다.

### 180

# at the expense of …의 비용으로

These computer games were bought **at the expense of** our other needs. 이 컴퓨터 게임들은 다른데 써야 되는 비용으로 구입한 것이다.

### 181

# down the line 곧 언젠가

Although we do not have a place in our office for you at the moment, we may have one **down the line**. 비록 당장은 우리 사무실에 자리가 없지만 언젠가는 곧 자리가 하나 날 것이다.

---

**…때문에 - due to - owing to - because of - thanks to**

모두 「…때문에」라는 의미. due to는 어떤 「어려움이나 실패의 이유를 언급」하기(introduce the reason for a difficulty or failure) 위해서, owing to는 뭔가 「일어난 일의 이유를 설명」하기 (introduce an explanation of why something happened) 위해서 사용된다. 이 두 표현이 다소 official하고 formal한 반면 because of는 informal한 표현으로 빈번히 사용된다. 따라서 비즈니스 차원의 공식적인 대화에서는 가급적 피하는 것이 바람직하다. 반대로 뭔가 「좋은 일이 일어나서 그 이유를 설명」할 때는 thanks to을 쓰면 된다.

_ **Due to** the high volume of traffic into our mall, the city has asked us to install traffic lights. 우리 쇼핑몰쪽의 교통량이 많아서 시(市)는 우리에게 신호등을 설치하라고 했다.

_ **Owing to** the persuasive reference that Mr. Grant wrote on our behalf, we were able to bid on the contract. 우리측을 대표하여 그랜트 씨가 쓴 설득력있는 소개장 덕택에 우리는 그 계약의 입찰을 따낼 수 있었다.

_ We lost the contract **because of** our reluctance to look at the short-term gains the company needed. 그 회사가 요구했던 단기 수익을 내켜하지 않은 까닭에 우리는 계약을 놓쳤다.

---

343

UNIT

**4**

- **on the whole** 대체로
- **at a high level** 높은 수준의
- **by proxy** 대리로
- **out of business** 파산하여, 은퇴하여
- **to be honest** 솔직히 말해서
- **under discussion** 논의 중인
- **as it were** 말하자면
- **in general** 일반적으로, 대체로
- **no sooner than** …하자마자 곧 ~하다
- **on sale** 팔려고 내 놓아, 특가로
- **in connection with** …와 관련지어
- **at a loss** 어쩔 줄 몰라서, 난처하여
- **in need of** …이 필요한
- **at a standstill** 정지 상태에 있는
- **at the discretion of** …의 임의로
- **by air** 비행기로
- **by degrees** 조금씩, 서서히
- **by halves** 절반만, 불완전하게
- **near by** 가까이에
- **at all** 전혀
- **at a distance** 어느 정도 거리를 두고
- **for one's age** 나이에 비해서
- **in demand** 수요가 있는
- **on foot** 걸어서, 도보로
- **not less than** 적어도
- **nothing less than** …과 다르지 않다
- **in response to** …에 응하여
- **on the air** 방송되어
- **no more** 더 이상 …않다, …도 또한 아니다
- **not a little** (양·정도가) 적지 않은

- **not at all** 전혀 …않다
- **of this nature** 이런 식의
- **under the care of** 치료를 받는 중인
- **up to** …에 이르기까지
- **together with** …와 더불어
- **with care** 신중히
- **all out** 전력으로, 지쳐서, 전혀
- **on a flight** 기내에서
- **with all** …이 있으면서도, …함에도
- **on the basis of** …을 기초로 하여
- **not better than** …에 불과한
- **out of bounds** 금지된
- **in confirmation of** …을 확인하여
- **in the direction of** …의 방향으로
- **not that I know of** 내가 알기로는 아니다
- **little more than** 불과 …인
- **not in the least** 전혀 …아닌
- **much less** 하물며[더군다나] …은 아니다
- **not[nothing] much** 거의 없는
- **so much for** 이로써 끝내다
- **this[that] much** 그만큼, 여기까지는
- **too much** 터무니 없는, 지독한, 대단한
- **too much for** …에게 너무 어려운
- **much too** …이 너무한
- **to name a few** 예를 들면
- **in place** 적소에, 적절한
- **if my memory serves me right** 내가 기억하는게 맞다면
- **by ship** 선편으로
- **more often than not** 대개, 평소에는

- **more than any other** 다른 것보다 더
- **no later than no sooner ~ than** … 하자마자 곧 ~한
- **none other than** 다름아닌, 바로
- **other than** …이외의, …하지 않은
- **along the way** 길을 따라, 길가에
- **far away** 멀리 떨어진
- **in a way** 보기에 따라서는, 어느 정도
- **fair enough** 괜찮은, 만족스러운

- **(as) easy as pie** 매우 쉬운
- **by comparison** 비교하면
- **from region to region** 곳곳의 지역에서
- **time after time** 수없이, 몇번이고
- **real quick** 신속히
- **more than enough** 충분하고도 남는
- **more than ~ ever** 여느때보다 더
- **out of order** 고장난

NEW
TOEIC
VOCA

# 5
## UNIT

TOEIC이 좋아하는
## 핵심 복합어

## 001
### class action 집단소송

They will probably settle **the class action** out of court. 그 사람들은 십중팔구 당사자간의 합의로 그 집단소송을 마무리 지을 것이다.

## 002
### advertising budget 광고예산

> ▶ advertising campaign 광고 캠페인
> ▶ ad results 광고결과

We will have a much bigger **advertising budget** than the competition. 우리는 광고에 경쟁업체보다 훨씬 더 많은 예산을 사용할 것이다.

The presidential candidate was embarking on an **advertising campaign** in order to secure votes. 그 대통령 후보는 표를 얻으려고 광고 캠페인을 시작하고 있었다.

## 003
### weather advisory 기상 주의보

> ▶ travel advisory (美)여행객에 대한 주의보
> ▶ weather forecast 일기 예보
> ▶ weather service 기상소식 전달, 기상청

The policeman told us that **the weather advisory** would be in effect until the end of the week. 경찰관은 우리에게 그 기상 주의보가 주말이 되어야 해제될 것이라고 말했다.

**The weather report** will be broadcast after the ten o'clock news. 기상통보가 10시 뉴스 다음에 방송될 것이다.

## 004
### conference agenda 회의 의제

**The conference agenda** was distributed to all of the guests prior to their arrival at the conference center. 회의안건은 참석자들이 회의장에 도착하기 전에 모두 배포되었다.

# education allowance 교육수당

> ▶ entertainment allowance 접대비
> ▶ allowance 수당, 허가 한도

We will give you **a moving allowance** if you decide to take that job. 그 자리를 받아들여 우리 회사에 들어오시겠다면 이사 비용을 드리겠습니다.

# risk analysis 위험 분석

Our investors want us to present **a risk analysis** to them before they make up their mind. 투자자들은 자신들이 결정을 내리기 전에 우리가 위험 분석을 내놓기를 바라고 있다.

# membership application 회원신청

> ▶ passport application 여권 신청
> ▶ application fee 신청 수수료
> ▶ visa application 비자 신청

The **application fee** was waived because the applicant knew the manager. 그 신청자는 책임자와 아는 사이라서 신청 수수료가 면제되었다.

# appreciation value 자산가치

> ▶ depreciation expense 감가상각비

I wonder what **the appreciation value** of that property will be when they make the golf course. 골프장이 들어서면 그 부동산의 자산 가치가 얼마나 증가할지 궁금하다.

# budget approval 예산승인

> ▶ budget needs 예산상 필요한 것
> ▶ budget session 예산회의
> ▶ family budget 가계예산

The **budget approval** for this bill never came through, and the schools suffered greatly as a result. 이 법안에 대한 예산 승인이 통과 되지 못해, 그 결과 학교들은 엄청난 고통을 겪었다.

# tourist attraction 관광 명소

> ▶ tourist locations 관광지

5

According to the show, Niagara Falls is one of America's most popular **tourist attractions.** 그 방송 프로에 따르면, 나이아가라 폭포는 미국에서 가장 인기있는 관광 명소에 속한다.

011

# brand name 상표명

> ▶ brand loyalty 소비자들이 다른 브랜드로 바꾸지 않고 특정 브랜드만 사는 것
> ▶ brand new 신제품(의)

In order to maintain **brand loyalty** we need to have fully satisfied customers. 브랜드 충성도를 유지하려면 우리 제품에 완전히 만족하고 있는 고객을 확보하고 있어야 한다.

012

# embarkation card 출국신고서

> ▶ ID(identification) card 신분증명서
> ▶ time card 출근부, 근무시간 기록표
> ▶ business card 명함
> ▶ replacement card 대체 카드

You must be sure to fill out **your disembarkation card** before getting off of the airplane. 여러분들은 비행기에서 내리시기 전에 반드시 입국신고서를 작성하셔야 합니다.

Dorothy gave **her business card** to everyone at the meeting as she introduced herself. 도로시는 회의에 참석한 모든 사람들에게 자기 소개를 하며 명함을 주었다.

013

# career advancement 직업적인 출세

> ▶ career break 전문 직업의 공백기간
> ▶ career goal 직업적인 목표
> ▶ career plan 직업계획

She got her **first big career break** when she married into that family. 그 집으로 시집가면서 그 여자는 처음으로 오랫동안 일하지 않는 공백 기간을 가졌다.

014

# cash flow 현금 유출입

> ▶ cash payment 현찰 지불
> ▶ cash dispenser 현금자동지급기
> ▶ cash register 금전 등록기

The company's **cash flow** will improve next year as sales revenues swell and non-operating expenses decrease. 판매수입이 증가하고 운영외 비용이 감소함에 따라 내년 그 회사의 유통사정은 호전될 것이다.

## cash rebate 현금할인, 현금환불

Automobile companies are currently competing for buyers by offering **cash rebates**. 자동차 회사들은 현재 현금환불제도를 채택하여 구매자들을 차지하는 경쟁을 하고 있다.

## discount certificate 할인권

▶ gift certificate 상품권

Just present **this discount certificate** when making your purchase and you will receive 15% off. 물품을 구입하실 때 이 할인증을 제시하시기만 하면 15%의 할인을 받을 수 있습니다.

## admission charge 입장료

All employees wishing to attend tonight's performance of A Cold Day in July should pay **the admission charge** to the bus driver. 오늘 저녁 공연인 "7월의 추운날"에 참석하고자 하는 모든 직원들은 버스 운전 기사에게 입장료를 지불해야 한다.

## safety codes 안전수칙

▶ fire codes 소방 법규, 화재 수칙
▶ code name 암호명
▶ city codes 민법

The inspector made sure that the construction of the building adhered to **the fire code**. 건물 준공 검사관은 그 건물을 건축할 때 반드시 소방법규를 준수하도록 조치했다.

The fire marshal was called in to inspect the warehouse for violations of **safety codes**. 그 창고의 안전수칙 위반 여부를 조사하려고 소방서장이 왔다.

## grace period (금융) 유예기간

You must leave the country within the 10-day grace period or your status as a legal resident will be revoked. 당신은 10일간의 유예기간 동안 본국을 떠나야 하며 그렇지 않을 경우 합법적 거주권자로서의 자격은 취소된다.

# building complex 빌딩단지

▶ apartment complex 아파트단지

▶ housing complex 주택단지

▶ office complex 사무단지

Local residents in the community are opposed to the change in plans for the proposed **housing complex.** 그 지역의 주민들은 주택 단지로 지정된 곳에 대한 계획 변경에 반대했다.

021

# conference packet 회의 자료

▶ conference agenda 회의일정

▶ conference call 전화회의

▶ press conference 기자 회견

Do you have five minutes to go over **the conference agenda?** 5분 정도 시간을 내서 회의 일정을 검토해 주시겠어요?

He held a **press conference** to discuss the pending sale of the company. 그 사람은 기자 회견을 열어 임박한 회사 매각에 대한 내용을 밝혔다.

022

# construction site[area] 건설현장

▶ road construction 도로건설

▶ construction delay 공사지연

The bulldozer is leveling the lot **at the construction site.** 불도 저가 건축현장에서 땅을 고르고 있다.

023

# consumer survey 소비자 조사

▶ consumer price 소비자 물가

▶ consumer response 소비자 반응

**The consumer research** team was sent out to find out what the people really wanted. 소비자 수요조사팀이 사람들이 진정으로 원하는 것을 알아내기 위해 파견되었다.

024

# contract negotiation 계약협상

▶ contract terms 계약 조건

▶ bilateral contract 쌍무(雙務) 계약

They are doing some **contract negotiation** as we speak and do not want to be disturbed. 우리가 말한대로 그들은 몇가지 계약협상을 하고 있으며, 혼선이 빚어지기를 원치 않는다.

025

# repair estimate 수리 견적 비용

The automobile service center will have **a repair estimate** ready for you by the end of the week. 자동차 서비스 센터는 주말까지 수리 견적서를 만들어 당신에게 줄 것이다.

026

# facility visit 산업 시찰, 시설물 견학

> ▸ **kitchen facility** 부엌 시설
> ▸ **site visit** 현장 방문
> ▸ **public facilities** 공공 편의시설

The company's foreman decided to conduct **a facility visit** to the new plant on Saturday. 회사의 공장장은 토요일에 새 공장을 둘러보기로 했다.

027

# feature speaker 특별 초청 연사

> ▸ **feature story** 인기기사, 특집기사
> ▸ **feature film** 일반적인 극영화
> ▸ **feature interview** 특집 인터뷰
> ▸ **safety feature** 특수 안전장치
> ▸ **special features** 특집기사, 특집 편성물

**The feature interview** will be shown on channel four at 6:00 p.m. 특집 인터뷰는 저녁 6시에 4번 채널에서 방송될 것이다.

The plane comes with a number of unique **safety features.** 그 비행기에는 독특한 특수 안전장치가 많이 딸려 있다.

028

# registration fee 등록비

> ▸ **service fee** 서비스료
> ▸ **processing fee** 처리비용
> ▸ **fee chart** 요금표
> ▸ **contingency fee** 승소시 변호사 수임료
> ▸ **franchise fee** 체인점 가맹비

**The fee chart** for the hourly rate that we charge our clients is posted at the front desk. 고객들에게 부과하는 시간당 요금을 표시한 요금표가 프론트 데스크에 게시되어 있다.

5

UNIT

Our lawyers have given us a bill for the contingency fees associated with the land deal last week. 우리측 변호사들이 지난 주 부동산 거래건과 관련된 수임료를 청구해 왔다.

## filing fee 서류접수료

▶ late payment fee 연체료, 제출이 늦은 서류에 부과되는 연체료
▶ reasonable fee 저렴한 요금

The information clerk told us that there was a $20.00 filing fee included in the total cost. 안내창구 직원이 총비용에는 서류 접수료 20달러가 포함되어 있다고 알려주었다.

## field trips 견학여행, 현장답사

Many of the students attending this program have never been taken on field trips. 이 프로그램에 참석한 학생들 중에는 전에 현장답사를 해본 경험이 전혀 없는 사람들이 많았다.

TOEIC이 좋아하는
# 복합명사 031-060

---

031
## corporate finance 기업금융

- ▶ **corporate ethics** 기업윤리
- ▶ **corporate bond** 회사채
- ▶ **corporate culture** 기업문화, 사풍
- ▶ **corporate ladder** (기업의) 승진계단
- ▶ **corporate tax** 법인세
- ▶ **corporate officer** 임원, 중역

I lost all my money by investing in **corporate bonds** for my retirement. 은퇴를 대비해서 회사채에 투자했다가 돈을 몽땅 날렸다.

Climbing the corporate ladder is making me sick to my stomach. 회사에서 출세하려고 아우성치는 것을 보면 나는 구역질이 난다.

032
## research findings 조사 결과

- ▶ **research study** 연구조사
- ▶ **case study** 사례 연구
- ▶ **case history** 사례

**Research findings** show that too much coffee can be bad for a person's health. 조사결과에 의하면 과다한 커피는 건강에 안 좋을 수 있다고 한다.

033
## task force 특별 전문위원회, 대책위원회

**A task force** has been set up to examine the effects of the oil spill that occurred last month. 지난 달 발생한 원유누출의 피해상황을 조사하기 위한 전담반이 구성되었다.

034
## ground rules 기본원칙

- ▶ **establish the ground rules** 기본원칙을 수립하다

You need to know **the ground rules** before you start. 너는 시작하기에 앞서 기본원칙을 알아야 한다.

---

5

# quality control 품질관리

▶ TQM (Total Quality Management) 전사적(全社的) 품질관리
▶ quality improvement 품질개선
▶ quality service 양질의 서비스
▶ quality standards 품질기준
▶ quality assurance 품질보증

If we don't want to get complaints from customers, we have to maintain our high level of quality control. 고객들로부터 불평을 듣고 싶지 않다면, 높은 수준의 품질 관리를 유지해야 한다.

Manufacturers that produce hazardous products must be absolutely certain to employ strict quality control procedures. 위험한 제품을 생산하는 제조업체들은 반드시 엄격한 품질관리 절차를 지켜야 한다.

036

# sales figure 판매고, 판매수치

▶ sales volume 판매량, 판매고
▶ sales increase 판매 신장
▶ sales loss 판매 손실
▶ overall[total] sales 총매상고
▶ sales projection 예상 매출액

Sales figures for December will be available in early January. 12월의 총판매액은 1월초에 알 수 있다.

Our representative in Germany reported that his sales volume rose by five percent last month. 독일의 우리 대리점은 지난달 판매고가 5% 증가했다고 보고했다.

037

# retail sales 소매판매(고)

▶ credit sale 외상
▶ retail landscape 소매업계의 상황
▶ retail store 소매점

In the last few years, the wages for retail sales people have been frozen. 지난 몇 년새 소매점에서 일하는 직원들의 임금이 동결된 상태이다.

# bargain sale 염가판매

> ▸ year-end sale 연말 세일
> ▸ sale-priced item 세일 품목
> ▸ clearance sale 재고정리 세일

The store will have **a bargain sale** at the end of the summer.
그 상점은 여름이 끝날 무렵에 염가 판매를 할 것이다.

The summer **clearance sale** will commence this Saturday, and run until the following Wednesday. 여름 재고정리 세일이 이번 토요일에 시작해서, 다음주 수요일까지 계속될 것이다.

# sales strategy 판매 전략

> ▸ sales presentation 판매 설명회
> ▸ sales promotion 판촉
> ▸ sales tax 영업세, 판매세

**The sales presentation** is scheduled to commence at 8:00 a.m. on Tuesday morning. 영업 발표회는 화요일 오전 8시에 시작할 예정이다.

# sales pitch 판매화법

> ▸ sales call 판매 통화, 방문판매
> ▸ sales data 판매 자료
> ▸ sales territory 영업구역
> ▸ sales display 판매전시품
> ▸ sales receipt 구입 영수증

The cashier told her assistant to write up **a sales receipt** for the customer. 출납원은 조수에게 구입 영수증을 고객에게 써주라고 했다.

# industry standards 산업기준

> ▸ insurance industry 보험업
> ▸ growing industry 성장산업
> ▸ industrial accidents 산업재해

The inspector was responsible for ensuring that the company was up to **industry standards** in terms of safety. 감독관은 회사가 안전 면에서 산업 표준을 지키도록 할 책임을 지고 있었다.

**Most industrial accidents** happen because of negligence on the part of the company. 산업재해는 대부분 회사측의 부주의로 발생한다.

**5**

UNIT

# background information 뒷조사

▶ background data 배경자료, 예비자료
▶ educational background 학력

I'm supposed to finish this article by today, but I'm still gathering background information. 난 오늘까지 이 기사를 끝내야 되는데 아직 참고자료를 모으고 있는 중이야.

# insurance benefits 보험금

▶ insurance company 보험회사
▶ insurance fee 보험료
▶ insurance claim 보험금 지급청구
▶ insurance coverage 보험 적용 범위
▶ insurance benefits 보험혜택

A number of insurance benefits are offered free of charge to workers who are employed by the State Health Authority. 주보건국에 근무하는 직원들은 무료로 여러가지 보험혜택을 받는다.

# liability insurance 배상책임보험

▶ auto insurance 자동차보험
▶ disability insurance 상해보험
▶ insurance deductible 도난액 중에서 보험 회사에서 보상해 주지 않는 금액
▶ life insurance 생명보험
▶ health insurance 건강보험

Health insurance is mandatory for all students attending college in the States and must be purchased prior to getting accepted. 건강보험은 미국의 대학 재학생들에게는 의무사항이므로 입학허가를 받기 전에 가입을 해야만 한다.

It's a good idea to take out a liability insurance policy if you are the driver of a motor vehicle. 자동차 운전자라면 책임보험을 드는 것이 좋다.

# fringe benefits 복리후생(비)

**Health**Benefits

▶ medical benefits 의료보험 혜택
▶ benefit package 복리후생혜택 패키지
▶ health benefits 의료 보험 혜택

When fringe benefits are taken into consideration, the Japanese wage level is not so far below the German level. 복리 후생비를 감안하면, 일본의 임금 수준은 독일의 수준보다 그리 낮지 않다.

046

# relocation benefits 이사 비용 수당, 전근수당

▶ retirement benefits 퇴직 수당

The company's retirement benefits have always been the best in the industry. 그 회사의 퇴직수당은 업계에서 항상 최고였다.

The company provides relocation benefits such as moving expenses and temporary housing. 그 회사는 운송비와 주택임대료와 같은 전근 수당들을 제공한다.

047

# inventory calculation 재고 산출

▶ inventory status 재고 상태
▶ unsold inventory 판매되지 않은 재고품
▶ stock control 재고 관리

The president of the company asked the product manager about the inventory status. 그 회사 사장은 제품 관리자에게 재고 상황에 대해 물어보았다.

048

# investment strategy 투자 전략

▶ investment portfolio 투자 목록    ▶ investment specialist 투자 전문가
▶ high-yielding investment 고수익 투자
▶ investment fund 투자 기금    ▶ investment firm 투자회사
▶ institutional investor 기관 투자가

Investment analysis is a very important tool for determining the future earnings potential of a company. 투자 분석은 회사의 앞으로의 잠재적인 수익을 결정하는 데 있어 매우 중요한 수단이다.

My investment portfolio is not doing well right now because it is not varied enough. 내가 보유한 금융자산은 그렇게 다양하지 못했기 때문에 현재 수익성이 별로 좋지 않다.

INVESTMENT

5

# job opportunity 구직 기회

> ▸ job notice 결원게시
> ▸ job opening 결원, 구인, 직원모집, 일자리
> ▸ job placement (직장 내) 보직선정

There will be a job opening in the next two weeks for a full time accountant. 앞으로 2주 후에 전임 회계사직에 사람을 모집할 것이다.

# job fair 취업 설명회, 채용 박람회

> ▸ job interview 취업 면접
> ▸ job description 직무기술서, 담당 직무내용
> ▸ job application form 입사 지원서

The university will hold its annual job fair this Saturday afternoon in the public auditorium. 그 대학은 이번 토요일 오후 대강당에서 연례 채용 박람회를 개최한다.

The new job description states that our employees are now responsible for their own inventory. 새 직무기술서에는 직원들이 자신의 재고를 책임진다고 명시되어 있다.

# job offer 직업제의

> ▸ job sharing 업무분담, 공동업무
> ▸ job hopping (상습적) 전직
> ▸ second job 부업
> ▸ needed job 수요가 있는 직업
> ▸ job-related stress 업무관련 스트레스
> ▸ on-the-job training 현장 연수

The secretary posted the job offer on the bulletin board in the main foyer of the school. 그 비서는 학교 휴게실의 게시판에 구인광고를 게시했다.

During the summer months, all office staff will be required to take part in the job-sharing program. 하절기 동안, 회사의 전 직원이 업무분담 프로그램에 참여해야 할 것이다.

# labor force 노동력

> ▸ labor market 노동시장
> ▸ labor law 노동법

The Vice President of Human Resources must have considerable experience with **labor law.** 인사담당 부사장은 노동법에 대해서 상당히 잘 알고 있어야 한다.

053
# labor dispute 노사분쟁

▶ labor conflict 노사분규
▶ labor problem 노사문제
▶ labor union 노동조합

**The labor dispute** finally ended with all parties agreeing to a few changes in workers' contracts. 당사자들이 모두 고용계약 조건을 약간 수정하는 것에 합의를 보자 노사분규가 마침내 종결되었다.

054
# law school 법과대학

▶ copyright law 저작권법
▶ patent law 특허법
▶ current law 현행법

**Copyright laws** have become very strict in the last several years due to the global media explosion. 미디어의 전세계적인 폭발적 증가로 인해 최근 몇 년 동안 저작권법들이 매우 엄격해졌다.

055
# cover letter 커버레터[자기 소개서]

▶ letter head 회사용 편지용지

**A cover letter** should accompany every resume and should be neat and concise. 커버레터는 이력서에 모두 첨부되어야 하며 간단명료해야 한다.

056
# salary level 급여 수준

▶ noise level 소음 수준
▶ sound level 음향 수준

**Salary levels** of employees holding senior positions have risen substantially over the past ten years. 고위직에 있는 직원들의 임금수준이 지난 10년간 현저히 향상되었다.

057
# liability limits 책임 범위

▶ credit limit 신용 한도       ▶ speed limit 속도 제한
▶ duty-free limit 면세 한도

The man went on a shopping spree and quickly reached his credit limit. 그 남자는 마구 물건을 사들여서 곧바로 신용한도에 이르렀다.

Please try to stay within the speed limit when operating your vehicle. 차를 운전할 때는 제한속도 내에서 속도를 유지하도록 해야 한다.

058
# bottom line 순이익, 총결산, 요점, 최종 결과

The bottom line is that we have to make more money before the IRS finds out what we are doing. 결론은 국세청이 우리가 하고 있는 일이 무엇인지 알아차리기 전에 돈을 더 많이 벌어들여야만 한다는 사실이다.

059
# product line 제품군(群)

▶ production line 조립생산라인
▶ assembly line 생산 조립 라인
▶ production facilities 생산 설비

The manager of the marketing department plans to unveil our new product line at the trade show on Friday. 마케팅부의 부장은 금요일에 업계 전시회에서 우리의 신상품을 발표할 계획이다.

Management at the company expects that the production line will be operating at full capacity by the weekend. 회사의 경영진은 생산 라인이 주말까지 완전가동될 것이라고 예상하고 있다.

060
# sales list 판매 목록

▶ list price 표시가격
▶ price list 정가표, 가격 목록

It is important to check the price lists before ordering supplies because we must stay within our budget. 예산을 초과하면 안되기 때문에 사무용품을 주문하기 전에 가격표를 점검하는 것이 중요하다.

---

061
# loan payment 융자금 상환

▶ **loan portfolio** 대출금융자산
▶ **commercial loan** 단기 영업자금융자
▶ **term loan** (중장기) 융자
▶ **customer loan** 소비자 대출
▶ **bank loan** 은행 대출

The bank manager was famous for his ability to judge the quality of each company that applied for a commercial loan at his bank. 은행지점장은 단기영업자금 융자를 신청하는 회사의 상태를 판단하는 능력이 뛰어난 것으로 유명하다.

062
# loan commitment 대부약정

▶ **loan proceeds** 실대출금
▶ **loan officer** (금융기관의)대출계원

The loan commitment included monthly payments of $500 over a period of ten years. 그 대부약정에는 10년간 매달 500달러씩 상환하는 조건이 들어 있었다.

Loan proceeds must be deposited into a special trust account at the main branch. 실대출금은 본점의 특별 신탁 계정에 예치되어야 한다.

063
# bad loan 불량대출, 대손(貸損)

▶ **loan defaults** 채무 불이행

The number of bad loans held by American banks this year has decreased substantially. 올해 미국 은행들이 보유하고 있는 불량대출 건수는 상당히 줄었다.

# certified mail 등기우편

▶ mail service 우편업무
▶ priority mail 빠른 우편
▶ regular mail 정기일반우편

Please **leave a message on my voice mail** and I'll return your call as soon as possible. 저의 음성사서함에 메시지를 남겨주시면 가능한 한 빨리 다시 연락드리겠습니다.

# management strategy 경영전략

▶ management rights 경영권
▶ management skills 경영기술
▶ management policy 경영방침
▶ management buyout 주식을 매입하여 경영권을 인수하는 것(MBO)
▶ hospitality management 서비스 관리[경영]

We found the company's **management policies** to be far too conservative. 우리는 회사의 경영 방침이 지나치게 보수적이라는 것을 알게 되었다.

It sounds like there is going to be **a management buyout** as a result of the merger. 합병하게 되면 경영권 인수가 있을 것 같다.

# risk management 위기관리

RISKS MANAMEMENT

▶ time management 시간관리
▶ property management 자산관리
▶ stress management 스트레스 관리

All of the big mutual funds have at least one department dedicated to professional **money management**. 대규모 투자신탁회사는 모두 자금관리 전담 부서가 적어도 하나는 있다.

Many young professionals are taking courses dealing with **stress management**. 젊은 전문직 종사자들 중에는 스트레스 관리법을 다루는 강좌를 수강하는 사람들이 많다.

# marketing strategy 마케팅 전략, 판매 전략

▶ marketing campaign 마케팅 캠페인
▶ marketing plan 마케팅 기획
▶ marketing research 시장조사

> ▶ marketing survey 시장조사
> ▶ mass marketing 대량 판매

The company decided to change its **marketing strategy** in order to capture the teenage market. 그 회사는 10대들의 시장을 확보하기 위해 마케팅 전략을 바꾸기로 결정했다.

In order to successfully introduce a product, a careful **marketing plan** must be in place. 성공적으로 제품을 출시하기 위해서는 신중한 마케팅 계획이 있어야 한다.

068
# market share 시장 점유율

Market share

> ▶ market awareness 시장 인지도
> ▶ market downturn 시장침체
> ▶ market value 시가(市價)

Focusing on **market share** growth without concern for profit has hurt a number of large Korean conglomerates. 이익을 고려하지 않고 시장지분을 늘리는 데 중점을 두었기 때문에 손실을 입은 재벌들이 한국에는 많다.

069
# market analysis 시장 분석

> ▶ flea market 벼룩시장
> ▶ test market (제품의) 시험판매 시장
> ▶ volatile market 급변하는 시장

The **flea market** had many different products and a wide variety of vendors. 중고시장에는 많은 다양한 제품들과 다양한 상인들이 있었다.

070
# stock market 주식시장

> ▶ bear market 증시의 불황, 약세
> ▶ bull market 상승 시세, 강세 시장
> ▶ bond market 공사채시장

Many people are wondering how long **this bull market** is going to last. 이 강세 시장이 얼마나 지속될지 궁금해 하고 있는 사람들이 많다.

071
# stock split 주식 액면 분할

I am happy to inform you that due to the tremendous increase in our company's share price this year, management has decided to have a 2 for 1 **stock split**. 올해 우리회사의 주식값이 엄청나게 올랐기 때문에 경영진은 2:1 주식 액면 분할을 결정했음을 알려드리게 되어 기쁩니다.

5

# brokerage house 투자중개기관

> ▶ stock brokerage 주식 중개

In order to sell a stock short, you must first acquire loan stock from another investor or brokerage house. 주식을 공매(公賣) 하기 위해서는 우선 다른 투자가나 투자 중개기관에서 전환사채를 취득해야 한다.

073

# meeting notice 회의 통지서

> ▶ meeting schedule 회의 일정
> ▶ budget meeting 예산회의
> ▶ general meeting 총회

The meeting notice was put up in the staff room two weeks ago; everyone is expected to attend. 회의 통지문을 2주 전에 직원휴게실에 붙여두었으니까 직원들이 모두 참석할 것으로 예상된다.

074

# board meeting 중역[이사]회

> ▶ executive meeting 중역회의
> ▶ staff meeting 직원회의

We will discuss the plan at the board meeting this afternoon. 오늘 오후 중역회의에서 그 계획에 관해 논할 예정입니다.

075

# shareholders' meeting 주주총회

> The shareholders' meeting was cancelled due to a power failure. 주주총회가 정전으로 취소되었다.

076

# money order 우편환

> ▶ key money 보증금
> ▶ plastic money 신용카드
> ▶ grant money 보조금

The landlord asked for a $3000 deposit and $500 key money. 집주인은 3천달러를 예치하고 보증금으로 500달러를 내라고 했다.

077

# policy number 보험증서 번호

> ▶ account number 계좌번호
> ▶ toll-free number 무료 전화. 수신자(受信者)가 요금을 부담하는 전화
> ▶ numbered label 번호가 적힌 딱지

In order to process your insurance claim quickly, you must give us **your policy number.** 귀하의 보험금을 빨리 지급받으시려면, 보험증서 번호를 저희에게 알려주십시오.

## 078
# office supplies 사무용품

> ▶ **office equipment** 사무용 비품
> ▶ **office complex** 사무단지
> ▶ **box office** 매표소, 흥행의 수익

There is a sale on **office equipment** at the local superstore, with everything 50% off. 이 지역 슈퍼에서 사무용 장비를 모두 50% 할인해 주는 세일을 한다.

## 079
# purchase order 구입 주문(서)

> ▶ **mail order** 우편 주문
> ▶ **made-to-order food** 주문해 만든 음식

The secretary called down to the warehouse and asked them to send up the **purchase order.** 비서는 구입주문서를 올려보내라고 밑에 있는 창고에다 대고 소리쳤다.

## 080
# back order 처리못한 주문, 이월주문

The company's employees had to work overtime every night last week due to the massive amount of **back orders.** 회사의 직원들은 주문이 엄청나게 밀려서 지난 주 내내 야근을 해야 했다.

## 081
# sales outlet 판로, 대리점

> ▶ **outlet mall** 직영 할인상가
> ▶ **mill outlet** 공장 직거래 매장
> ▶ **warehouse outlet** 창고직영점

**The outlet mall** is located just off the highway that leads into Los Angeles. 직영 할인상가는 로스앤젤레스로 가는 고속도로를 조금 벗어난 곳에 위치해 있다.

It is important that you tell your children not to play with **the electrical outlets** in your home. 가정에서 자녀들에게 전기 콘센트를 가지고 장난하지 않도록 말해두는 것이 중요하다.

5

# replacement parts 교체부품

> ▶ out-of-stock parts 재고없는 부품
> ▶ worn-out parts 수명이 다한 부품
> ▶ defective parts 결함이 있는 부품

The warranty stipulates that **all replacement parts** must be installed by a licensed mechanic. 보증서에 의하면 교체부품들은 모두 자격증이 있는 수리공이 설치를 해야 한다고 규정하고 있다.

**All defective parts** must be returned to the manufacturer within one week. 결함있는 부품들은 모두 1주일 내에 제조회사에 반환되어야 한다.

# pay raise 임금인상

PAY RAISE

> ▶ pay cut 임금 삭감
> ▶ pay day 급여일
> ▶ incentive pay 장려금
> ▶ initial pay 최초 임금

As a result of the award, the supervisor will receive **a pay raise** from the company. 우리 상사는 상을 받았기 때문에 회사에서 월급을 올려줄 것이다.

The director of the research department has decided to implement an **incentive pay** system. 그 연구부서의 소장은 장려급제를 시행하기로 결정했다.

# pay-as-you-go plan (세금) 원천 징수 방식, (임금) 현금지불 방식

The university has decided to adopt a **pay-as-you-go plan** for its part-time students. 그 대학은 신청 학점이 적은 비정규 학생들에게는 등록금을 현금으로 내라는 제도를 채택하기로 했다.

# payment terms 지급조건

> ▶ payment option 지불방법 선택(권)
> ▶ payment schedule 지불일정
> ▶ payment arrangement 지불협정

The **payment terms** are explained in the appendix in the back portion of the contract. 지불조건은 계약서에 추가로 명시되어 있다.

## delinquent payment 연체금

> ▶ installment payment 할부금
> ▶ interim payment 중도금
> ▶ down payment 계약금

A **down payment** equal to two months rent is often required to secure the rental of an apartment. 아파트 임대료를 확보하기 위해 2달 치 임대료에 상당하는 계약금을 요구하기도 한다.

## performance appraisal 인사고과, 실적평가

> ▶ performance review[evaluation] 업무(달성도) 평가
> ▶ performance record 업무기록
> ▶ performance rating 업무달성도 평가

Compared to all of the other departments last quarter, we received the highest **performance rating**. 지난 분기엔 다른 부서들과 견주어서 우리가 최고 등급의 업무평가를 받았다.

If you feel that you should be considered for a promotion, you must request a **performance appraisal** in writing. 당신이 승진대상으로 고려되어야 한다고 생각한다면, 서면으로 실적평가를 요구해야 한다

## past performance 지난 성과

> ▶ corporate performance 영업실적
> ▶ job performance 업무성과
> ▶ work performance 직무수행

The past performance of a mutual fund is not necessarily indicative of the fund's **future performance**. 투자신탁의 과거 실적을 검토해본다고 해서 반드시 미래의 실적을 알 수 있는 것은 아니다.

## retirement plan 퇴직금 제도

Several seminars are scheduled to present the firm's new **retirement plan** to employees. 직원들에게 회사의 새로운 퇴직금 제도를 알리는 세미나를 몇 번 열도록 예정되어 있다.

## power plant 발전소

> ▶ power station[house] 발전소
> ▶ nuclear power 원자력

5

- **power outage[failure]** 정전(기간)
- **power tool** 동력기구
- **power steering** 파워 핸들

**The power plant** will produce 1,500 megawatts of power and cost more than fifteen million dollars. 그 발전소는 1,500 메가와트의 전력을 생산하며, 1,500만 달러가 넘는 비용이 들어갈 것이다.

There was a severe **power outage** in the north end of the city, so we are behind schedule. 도시 북단에 심각한 정전사태가 일어나 우리 작업 진행이 예정보다 늦어졌다.

---

**TOEIC TIPS**

## '기업'의 다양한 표현들

| | | | | |
|---|---|---|---|---|
| company | corporation | firm | organization | business |
| outfit | service | partnership | sole proprietorship | office |

누가 쓰러지나 초미의 관심대상으로 떠오른 기업체들을 명명하는 단어들에는 어떤 것들이 있나 보자. company는 가장 일반적으로 쓰이는 단어이고, corporation은 개인회사가 아닌 「법인(法人)회사」를 말한다. 또한 law firm(법률회사), accounting firm(회계사무소) 및 mail order firm(통신판매회사)과 같이 firm은 주로 「법률이나 회계업무를 보는 소규모 회사」를 지칭한다. 또한 organization이나 business, office도 「기업」을 의미하는 단어로 자주 쓰이며, 조금은 생소하지만 construction outfit(건설회사), trucking outfit(트럭회사) 또는 Mobile Paging Service 등의 경우에서처럼 outfit 및 service도 「회사」라는 뜻으로 쓰인다. 참고로 「합명회사」는 partner-ship, 「개인회사(자영업)」는 sole proprietorship이라 한다.

_ The large corporation decided to move its headquarters to New York City.
그 대기업은 본사를 뉴욕시로 옮기기로 결정했다.

_ Only one law firm would defend the guilty client.
오직 한 법률회사만이 그 유죄 의뢰인을 변호할 것이다.

_ He owned a large construction outfit specializing in road building.
그는 도로건설을 전문으로 하는 대규모 건설회사를 소유하고 있다.

TOEIC이 좋아하는
# 복합명사 091-120

---

091
## company policy 회사 (경영) 방침

> ▶ **pension policy** 연금 제도
> ▶ **policy changes** 정책 전환
> ▶ **draft policy** 정책 초안

It was **company policy** not to let workers smoke in the hallways or the bathrooms. 회사 방침상 직원들은 복도나 화장실에서 담배를 피울 수 없었다.

092
## retail price 소매가

> ▶ **price structure** 가격구조
> ▶ **discount price** 할인가
> ▶ **factory price** 공장도가
> ▶ **unit price** 단가
> ▶ **price range** 가격대

Our store offers **retail prices** that can't be beat by our competitors. 우리 매장은 경쟁 매장들이 따라올 수 없는 소매가로 판매하고 있다.

A **price range** is set by the manufacturer and cannot be changed by the retailer. 가격대는 제조업자에 의해 정해지며 소매업자가 바꿀 수는 없다.

093
## competitive prices 경쟁력있는 가격

> ▶ **affordable price** 알맞은 가격
> ▶ **asking price** 호가
> ▶ **special price** 특가
> ▶ **reasonable price** 비싸지 않은 가격
> ▶ **regular price** 정가
> ▶ **average price** 평균가격

Even though the store charges **regular prices,** their products are known to be very high quality. 그 상점은 정가로 팔기는 해도, 상점 물건들의 품질이 매우 뛰어난 것으로 정평이 나 있다.

The regular price of the dress was much more than the schoolgirl could afford. 드레스의 정가는 그 여학생이 살 수 있는 것보다 훨씬 더 비싼 것이었다.

094

# safety procedures 안전절차

▶ filing procedures 고소절차
▶ diagnostic procedure 진단상 절차

The US government has one of the most complicated filing procedures that I have ever seen. 미 정부의 고소절차는 내가 경험한 것 중 가장 복잡한 것에 속한다.

095

# product specifications 제품 명세서

▶ product brochure 제품 안내서
▶ product design 제품 디자인

The product specifications were needed in order to set up the machinery in the factory. 공장에 그 기계를 설치하기 위해서 제품 명세서가 필요했다.

096

# end product 최종 생산물

▶ finished product 완제품
▶ accessory product 부속 제품
▶ consumer electronics (goods) 가전제품

The consumer electronics and virtual reality trade show will be held during the first week of August. 전자 소비제품과 가상현실 무역박람회가 8월 첫 주에 열릴 것이다.

097

# product promotion 제품판촉

▶ product recognition 제품 인지도
▶ product showcase 상품진열장
▶ promotional product 판촉상품

It has been proven that active product promotion is the most effective way to increase product sales. 상품의 판매를 증가시키는 데에는 적극적인 제품 판촉 활동이 가장 효과적인 방법이라는 것이 입증되었다.

098

# consumer product 소비자용 제품(↔ industrial product)

▶ consumer goods 소비재

**Consumer goods** have been the main focus of this company over the past year. 소비재는 이 회사가 지난 한 해 동안 가장 중점을 뒀던 부분이다.

099

# production runs 생산조업

> ▶ production schedule 생산일정
> ▶ production control 생산 관리

In order to keep up with swelling orders, the company will operate two additional **production runs** each day. 늘어나는 주문들에 맞추기 위해, 회사는 매일 생산 라인 두 개를 더 가동할 것이다.
**Production control** has suffered with the foreman being on vacation. 공장장이 휴가 중이라 생산 관리에 애를 먹고 있다.

100

# profit margin 이윤폭, 한계 수익점

> ▶ paper profit 가공이익, 장부상의 이익
> ▶ net profit 순익
> ▶ record profit 기록적인 수익

What was last year's **profit margin** on sales of new products to foreign investors? 지난 해 외국투자자 대상 신상품의 이윤폭이 얼마였지?

101

# pre-tax profit 세금을 내기 전의 이익

> ▶ after-tax profit 세후 이익

We expect the company will post an **after-tax profit** of more than one million dollars this fiscal year. 우리는 회사가 올 회계년도에 세금을 떼고도 백만 달러가 넘는 이윤을 기록할 것으로 예상한다.

102

# cost quotation 가격시세표

> ▶ price quote 가격시세
> ▶ stock quote 주식시세

The man called his broker to get **a price quote** on one of the stocks he bought last week. 그 남자는 중개인에게 전화해서 지난주에 매입한 주식들중 하나에 대한 시세를 물었다.

103

# growth rate 성장률

> ▶ expansion rate 팽창률
> ▶ maximum rate 최대속도, 최대비율

The **expansion rate** of our Asian projects has severely declined. 아시아 지역의 사업 팽창률은 급감했다.

104
# rate cuts 가격인하

> ▶ competitive rates 경쟁력 있는 요금
> ▶ discount rates 할인요금, 할인율

The **rate cuts** are expected to spur competition within the petrochemical industry. 그 가격인하는 석유화학 업계내의 가격경쟁을 촉발시킬 것으로 예상된다.

105
# employment rates 취업률

> ▶ occupancy rates (객실 등의) 이용률
> ▶ turnover rate 이직율
> ▶ crime rate 범죄율
> ▶ response rates 응답률

The **occupancy rates** in the beachfront hotels are close to 100% all year. 해변 호텔들의 객실 이용률은 연중 내내 100%에 가깝다.

Companies that are poorly run will usually have a high **turnover rate** among their staff. 경영이 부실한 회사들은 보통 직원들의 이직률이 높다.

106
# utility rates[bill] 공과금, 수도, 전기, 가스 등의 공과금

> ▶ shipping rates 선적료
> ▶ room rate 숙박 요금
> ▶ subscription rate 구독료

The meter reader put the **utility bill** into the mail box. 계량 검침원은 공과금 청구서를 우체통에 넣었다.

107
# interest rates 금리

HIGH INTEREST RATE

> ▶ interest charge 금리비용
> ▶ courtesy rate 우대금리, 우대 할인요금
> ▶ exchange rate 환율(換率)
> ▶ closing rates (주식 거래소) 종가(終價)

We do not expect any further **interest rate** hikes. 우리는 금리가 더 오를 것이라고는 기대하지 않는다.

## prime rate 우대금리

108

> ▶ fixed rate 고정금리
> ▶ variable rate 변동금리
> ▶ high rate 높은 이자, 높은 비율

The central bank set **the prime rate** at 6.5% in order to slow down economic growth. 중앙은행은 경제성장 속도를 늦추기 위해 우대금리를 6.5%로 정했다.

## spot check 임의추출조사, 불시점검

109

> ▶ spot delivery 현장 인도
> ▶ spot sale 현금 판매
> ▶ spot announcement 삽입 광고
> ▶ spot broadcasting 현지(중계) 방송
> ▶ sore spot[point] 약점, 아픈 곳

The manager decided that he would conduct periodic **spot checks** of the products that were produced using the assembly line. 그 책임자는 조립라인에서 생산된 제품을 주기적으로 임의추출 검사를 실시하기로 결정했다.

## shipment documents 선적 서류

110

> ▶ shipping company 해운 회사
> ▶ shipping manifest 선적 목록
> ▶ shipping vessel 화물선

The **shipment documents** were attached to the crates, and the crates were loaded onto the ship. 선적 서류는 나무 상자에 부착되었고, 그 상자는 배에 실렸다.

## stock price 주가(株價)

111

> ▶ stock market 주식시장
> ▶ stock bonus 주식 상여금
> ▶ stock option 자사주 구입권

**Stock options** can be used for speculating in a volatile market or for hedging purposes. 자사 주식 매입 선택권은 변동이 심한 주식시장에서 투기를 하거나 위험부담을 줄일 목적으로 이용할 수 있다.

# listed stock 상장주식

> ▶ loan stock 전환사채
> ▶ common stock 보통주
> ▶ stock fund 주식 투자 신탁
> ▶ listed company 상장(上場)회사

**The stock market** continues to advance in spite of weak economic indicators. 주식시장이 경제지수의 약화에도 불구하고 계속 상승세를 보이고 있다.

He didn't know who to call, so he checked the directory for **a listed company** in his immediate area. 그 남자는 누구에게 전화해야 할 지 몰라서 인근 지역에 있는 상장회사의 인명부를 조사했다.

# trading floor 주식거래장

> ▶ day trading (주식 시장의) 초단기 매매

One of the most stressful jobs on **the trading floor** at the New York Stock Exchange is a position of floor trader. 뉴욕 증권 거래소 매장에서 가장 힘든 직업들 중의 하나는 주식 중개인이다.

# survey result 조사[관찰] 결과

> ▶ survey data 조사 데이터
> ▶ financial survey 재정조사
> ▶ market survey 시장조사

Based on our recent **market survey,** we think the product will sell very well. 최근 우리가 실시한 시장조사에 따르면, 그 제품은 잘 팔릴 것으로 예상된다.

# tax assessment 과세 사정(査定)

> ▶ tax burden 조세부담
> ▶ tax regime 조세제도
> ▶ tax break 감세조치
> ▶ tax cut 감세
> ▶ tax increase 증세

Small business owners complain that the government is imposing too great **a tax burden** on their profits. 중소기업주들은 자기네 소득에 대해 정부가 세금을 너무 많이 부과한다고 불평한다.

It is crucial that your **tax assessments** are done carefully, with as few errors as possible. 가능한 한 실수가 없도록 세금 산정을 주의깊게 하는 것이 매우 중요하다.

116

# tax return 소득세 신고(서류), (납세를 위한) 소득신고 tax deduction, 세금공제(액)

**Tax Return**

> ▶ **tax refund** 조세환급
> ▶ **tax rebate** 세금 환불
> ▶ **tax deduction** 세금공제

Most students do not realize that some personal expenses can be claimed as **tax deductions**. 학생들은 대부분 개인 경비 중에서 어떤 것은 세금 공제 혜택을 받을 수 있다는 사실을 모르고 있다.

117

# tax evasion 탈세

> ▶ **tax loophole** 세법상의 허점
> ▶ **tax haven** 조세회피지(국)

The man was convicted of **tax evasion** and sentenced to three years behind bars for his crime. 남자는 탈세 혐의로 기소되어 3년 징역형을 언도받았다.

118

# property tax 재산세

> ▶ **corporate tax** 법인세
> ▶ **inheritance tax** 상속세
> ▶ **transportation tax** 교통세

The government has decided to **levy an import tax** on all electronic goods manufactured in Japan. 정부는 일본에서 제조된 전자 제품에 대해서는 모두 수입세를 부과하기로 결정했다.

119

# capital gains tax 양도소득세

> ▶ **national tax** 국세
> ▶ **progressive taxation** 누진과세
> ▶ **corporate tax rate** 법인세율
> ▶ **withholding tax** 원천징수세
> ▶ **associated taxes** 관련 세금들

The US government has decided to cut the long-term **capital gains tax** for individuals. 미국정부는 개인이 장기간 보유한 자산에 대한 양도소득세를 삭감하기로 결정했다.

# trade show 업계 전시회, 전자제품, 자동차 등 특정 업계의 제품 및 서비스 전시회

> ▶ trade association 업계의 협회
> ▶ trading volume 거래량
> ▶ trading company 상사(商社), 무역회사

I won't be able to make our meeting this weekend, as I have to attend **a trade show.** 이번 주말에는 업계 전시회에 참석해야 하기 때문에 회의에 갈 수 없을 것 같다.

**TOEIC TIPS**

## '상표'의 다양한 표현들

make    brand    trademark    logo    patent    copyright

이번에는 회사의 제품을 지칭하는 단어들을 알아보기로 한다. make는 「…제(製)」, 「제조」를 말하는 단어로, 특히 「특정 제조회사(maker)가 만드는 제품」을 지칭할 때 쓰는 단어이다. 따라서 주로 「특정 제품을 제조하는 회사의 이름」을 지칭하는 경우가 많은 반면에 brand는 「제조사」(manufacturer)의 이름을 말하는 경우도 있지만 기본적으로는 「제조사가 만든 특정 제품군」을 지칭하는 단어이다. 하지만 make와 brand, 이 두 단어는 혼용되어 많이 사용되는데, 단가(unit price)가 낮은 담배나 가전제품에는 brand를, 비교적 가격이 높은 자동차 등에는 make를 쓴다. trademark는 「상표(商標)」로, 타사제품과 구별하기 위해 상품에 붙이는 말이나 상징으로 등록되어 법적으로 보호받을 수 있다. 또한, 역시 우리말화된 logo는 한 회사를 상징하는, 「도안」, trademark와 혼용되기도 하지만 「그림형태의 도안이나 디자인일 경우」에는 logo를 선호한다. 고생해서 새롭게 개발한 제품이나 디자인이 도용돼서는 안되는 일. 이를 방지하기 위해 산업디자인이나 새롭게 개발된 제품을 타사가 흉내낼 수 없도록 「특허를 내는 것」을 patent, 그리고 「문예작품에 대한 도용금지」는 copyright이라 한다.

_ The new appliances that we purchased are of a very good make.
우리가 새로 구입한 기구는 상당히 좋은 제품이다.

_ That small emblem is on all their products, in fact it's their new trademark.
그 작은 상징은 그들의 모든 제품 위에 있는데, 사실 그것은 그들의 새 트레이드마크다.

_ Our research and development team is trying to patent their new product.
연구개발팀은 새 상품을 특허내려 하고 있다.

05
NEW
TOEIC VOCA

TOEIC이 좋아하는
# 복합명사 121-150

---

**121**
## trade barrier 무역장벽

▸ **trade deficit[surplus]** 무역적자[흑자]
▸ **trade delegation** 무역대표단
▸ **trade negotiation** 무역협상

Our reports show that Canada has been experiencing a **trade deficit** for the last six months. 우리 보고서에 의하면 캐나다는 지난 6개월 동안 무역적자를 겪고 있다.

**122**
## trend line (판매동향) 추세선

▸ **market trends** 시장동향
▸ **sales trends** 판매동향
▸ **shopping trends** 쇼핑경향

The latest sales **trends show** that upscale products are being purchased at a declining rate. 최근의 판매동향을 보면 고가품 구매가 줄어들고 있는 것을 알 수 있다.

**123**
## current trends 현추세

▸ **future trends** 장래동향

**The current trend** seen in the Dow Jones Industrial average is expected by many leading analysts to continue for at least six months. 다우존스 산업평가지수에 나타난 현추세가 적어도 향후 6개월간 계속될 것이라고 예상하는 일류 분석가들이 많다.

**124**
## utility room 다용도실

▸ **utility truck** 다용도 트럭
▸ **utility value** 효용가치
▸ **public utility** 공익사업

**Public utilities,** such as gas, water, and electricity, are tightly regulated by the government. 가스, 수도 및 전기같은 공공사업은 정부의 강력한 규제를 받는다.

## volume discount 대량 구입시 할인혜택

▶ **volume purchase** 대량구매
▶ **volume sales** 대량판매할인
▶ **sales volume** 판매고[량]

**Volume discounts** are one of the best ways to save money when buying in large quantities. 대량 구입을 할 때 돈을 절약할 수 있는 가장 좋은 방법 중의 하나는 대량 구입에 다른 할인을 받는 것이다.

126

## annual fee 연회비

▶ **annual income[salary]** 연수입[연봉]
▶ **annual pension** 연금
▶ **annual precipitation** 연 강수량
▶ **annual audit** 연례 회계감사
▶ **annual check-up** 연례 정기 건강진단
▶ **annual report** 연례 보고서

Most medical professionals recommend that everyone have **an annual check-up.** 의료 전문가들은 대부분 모든 사람들이 매년 정기 건강진단을 받을 것을 권장한다.

**The annual report** will be sent out to all of our stockholders in April. 연례 보고서는 4월달에 주주들에게 모두 발송될 것이다.

127

## safety tips 안전수칙

▶ **safety precaution** 안전예방, 안전수칙
▶ **safety feature** 안전성
▶ **safety devices** 안전 장치
▶ **safety standards** 안전규정

Don't forget to read **the safety tips** before riding your new mountain bike on the trails. 새로 산 산악자전거로 산길을 달리기 전에 반드시 안전수칙을 읽어보도록 해라.

128

## work schedule 업무 일정

▶ **work experience** 경력
▶ **work permit** 취업 허가장
▶ **work force** 노동력, 노동인구

I made the new **work schedule,** but I'm not sure where to put it. 제가 업무 일정표를 새로 만들었지만 이걸 어디다 걸어두어야 할지 모르겠습니다.

**Our work force** is comprised of about a thousand people, sixty percent men and forty percent women. 우리 직원은 약 1천명인데, 남자가 60%이고 여자가 40%이다.

129
# fund raising 자금조달, 자금모금

▶ **fund raiser** 기금모금자, 모금행사

The school's basketball team held **a fund-raiser** to buy new uniforms. 학교의 농구팀은 새로운 유니폼을 사기 위해서 기금모금행사를 열었다.

130
# business opportunity 사업 기회

**BUSINESS OPPORTUNITY**

▶ **business community** 업계
▶ **business cycle** 경기 순환
▶ **business environment** 사업 환경[여건]

**A business opportunity** like this will not come along again for decades. 이와 같은 사업기회는 수십년 안에 두 번 다시 오지 않을 것이다.

131
# business hours 영업시간

▶ **business trip** 출장
▶ **business terms** 비즈니스 용어
▶ **business attire** 사무 복장
▶ **casual attire** 캐주얼복
▶ **business fare** (economy보다 비싸고 first-class보다 저렴한) 일반 요금

**The business hours** last from 9:00 in the morning until 5:00 in the afternoon. 영업 시간은 오전 9시에서 오후 5시까지이다.

The president will be away **on a business trip** until the middle of the week. 사장은 출장갔기 때문에 주중에나 돌아온다.

132
# business administration 경영

▶ **business activity** 사업활동
▶ **business card** 업무용 명함
▶ **business day** 영업일

Management has decided that the meeting will be held at the New York **business office** on Friday May 16th. 경영진은 5월 16일 금요일 뉴욕 사무소에서 회의를 열기로 결정했다.

**5**

### 133
# business line 업종(業種), 사업분야

▶ party line 당의 정책노선
▶ private line 직통전화선
▶ check-out line 계산대 줄

The new line of cosmetics will be on the market next spring.
새로운 화장품이 내년 봄에 출시될 것이다.

### 134
# business plan 사업 계획

▶ business planning 실무 기획

The third part of the current business plan focuses on overseas expansion. 현 사업 계획의 제 3단계는 해외 확장에 초점을 맞추고 있다.

### 135
# maintenance service 유지 관리 서비스

▶ service fee 서비스 요금
▶ service contract 서비스 계약
▶ city maintenance 시(市)정비

The city maintenance crew is responsible for small repairs of public building and parks. 시(市) 정비반은 공공 건물과 공원의 작은 수리들을 책임지고 있다.

### 136
# dedicated service 헌신적인 근무

▶ on-site service 현장 서비스

The factory worker's dedicated service was rewarded with a large bonus. 공장근로자는 헌신적인 근무의 대가로 보너스를 많이 받았다.

All customers wishing to subscribe to the on-line service must have a valid credit card. 온라인 서비스 회원을 희망하는 고객들은 모두 유효기간이 지나지 않은 신용카드를 소지해야 한다.

### 137
# outplacement service 전직 알선 서비스

The secretary received six hundred dollars for tuition from her former employer's outplacement service. 비서는 그 여자의 이전 고용주로부터 전직 알선비로 6백 달러를 받았다.

# boarding time 탑승시간

> ▶ time sheet 근무 기록표
> ▶ time framework 시간 편성
> ▶ access time 접근 시간

We had to wait in the airport lobby for one hour because the boarding time had been changed to seven o'clock, from six o'clock. 탑승시간이 6시에서 7시로 변경되었기 때문에 우리는 한시간 동안 공항 로비에서 기다려야 했다.

# dividend yield 배당금 수익

> ▶ crop yield 농작물의 수확량
> ▶ good yields 풍작, 흡족한 산출

**DIVIDEND YIELD**

The Ministry of Agriculture expects that California grape growers will experience an abundant crop yield this year. 농무부는 올해 캘리포니아 포도 재배업자들이 풍작을 거둘 것으로 예상하고 있다.

# account number 계좌번호

> ▶ bank account 은행 예금, 계정(計定)
> ▶ account statement 예금입출금 내역서

Please let me know your bank account number before you leave for Japan. 일본으로 떠나시기 전에 제게 당신의 은행 계좌번호를 알려주시기 바랍니다.

# checking account 당좌계좌

> ▶ savings account 저축계좌

The checking account is a much better option since it offers no-charge checking. 당좌 예금계좌를 선택하는 것이 수표발행에 수수료가 들지 않기 때문에, 훨씬 좋다.

# financial market 금융시장

> ▶ financial activities 재정활동
> ▶ financial analysis 재무 분석
> ▶ financial expectations 재정 전망
> ▶ financial application 대출 신청
> ▶ financial institution 금융 기관

**5**

▶ financial resources 재원

The company's **financial activities** were made public in a report written by the CFO. 회사의 재정 활동은 최고 재무 책임자가 쓴 보고서에 공개되었다.

The product did better than expected, **due to a high volume of customers** in the market for new vehicles. 그 상품은 기대했던 것보다 판매실적이 좋았는데, 이는 새로운 자동차를 찾는 소비자들이 많았기 때문이다.

143
# financial statements 재무제표, 거래 내역서

▶ financial planning 재정적 기획
▶ balance statement 예금잔고명세서
▶ income statement 손익 계산서
▶ cash flow statements 현금유출입 명세서

**Financial statements** provide insight into the dealings and business transactions of a company. 재무제표는 회사의 거래관계와 영업등을 들여다 볼 수 있게 해준다.

His **balance statement** shows that he is in serious financial trouble again. 그 사람의 예금잔고 명세서를 보면 다시 심각한 재정난을 겪고 있다는 사실을 알 수 있다.

144
# public sale 공매(公賣), 경매

▶ public auction 공매(公賣)
▶ public hearing 공청회
▶ confirmation hearing 인준 청문회

A **public auction** will be held on the weekend in order to raise money for the hospital. 병원기금을 마련하기 위해 주말에 경매가 열릴 것이다.

145
# public company 상장회사

▶ public offering 주식공개
▶ public corporation 공(公)기업
▶ public property 공유지

Because it was **a public company**, Red Anchor, Inc. had to have its books audited on an annual basis. 레드 앵커 社는 상장회사였기 때문에 매년 회계감사를 받아야만 했다.

146

# public relations 홍보활동

Public relations

- ▶ **public attention** 대중적 관심
- ▶ **public reaction** 대중의 반응
- ▶ **public parking** 공공주차장
- ▶ **public transportation** 대중 교통

The public transportation system in Japan is considered to be the best in the world. 일본의 대중교통 체계는 세계최고로 간주된다.

147

# bulk production 대량 생산

- ▶ **bulk buying** 대량 구입
- ▶ **bulk email** 일시에 대량으로 보내는 전자우편

Don't we need a bulk mail permit to send out all of these brochures? 모든 책자들을 보내려면 우리는 대량우편물 허가가 필요하지 않을까요?

148

# due date (돈이나 서류 등의) 제출 마감일, 지급기일, 만기일

Customers are advised to pay off their credit cards before the due date. 고객 여러분은 마감일 전에 신용카드대금을 결제하실 것을 권고하는 바입니다.

149

# past-due billings 체납 추징액, 연체액, 기한이 지난 청구서들

- ▶ **membership dues** 회비
- ▶ **past-due notice** 시한이 지난 통고
- ▶ **overdue bill** 지급 기일이 지난 청구서
- ▶ **overdue notice** 연체료 고지서

All past-due billings must be paid in order to qualify for the discount. 할인을 받으려면 기일이 지난 청구액을 모두 지불해야 합니다.

Please pay all overdue bills by the end of the month. 월말까지 기한이 지난 청구 금액을 모두 납부해 주십시오.

150

# expiration date 시효가 만료되는 일자, 계약 만기일, 유통기한

- ▶ **effective date** 발효(發效)일
- ▶ **delivery date** 배송일, 출고일
- ▶ **maturity date** 지불 만기일

**The expiration date** on this milk is tomorrow, so maybe we shouldn't buy it. 이 우유는 유통기한이 내일까지니까 사지 않는 게 좋겠다.

TOEIC TIPS

## '제조업자'의 다양한 표현들

**maker    manufacturer    producer**

'제조업자'로 불릴 수 있는 단어는 maker, manufacturer, producer이다. 먼저 maker는 우리끼리는 메이커 제품이라고 부르듯 유명한 제조회사의 제품을 말하지만, 원래는 금융회사나 무역회사와 대비되는 「제조업체」를 의미한다. 특히 과거에는 「수공업체」를 말했지만 현재는 구두제조업체, 시계제조업체 등 「수공 및 기계 제조회사」를 포괄하고 있다. 반면 manufacturer는 「다량의 물품을 공장에서 제조하는 업체」를, 그리고 producer는 「소비자와 반대되는 개념」으로 뭔가를 만들고 재배하는 기업이나 국가를 포함하는 「생산자(生産者)」, 「생산국」을 의미한다. 또한 이 producer는 연예계에서는 「(영화) 제작자, 연출가」라는 의미로 사용되기도 한다.

_ There was only one wedding-dress maker in the city, who used real silk.
   웨딩드레스를 만드는데 진짜 실크를 쓰는 업체는 이 도시에서 한 곳 뿐이다.

_ The store sent all the faulty equipment back to the manufacturer.
   그 상점은 모든 불량장비를 제조업체에 되돌려 보냈다.

_ Many of Hollywood's famous movie producers live in Beverly Hills.
   많은 헐리우드의 유명 영화감독들은 베버리힐스에 살고 있다.

151
## primary concerns 주된 관심

> ▶ primary goal 주요 목표
> ▶ primary reason 주원인
> ▶ primary evaluation 1차 감정

The real estate agent conducted **a primary evaluation** of the couple's home. 부동산 중개업자는 그 부부 집의 1차 감정을 실시했다.

152
## available assets 이용 가능 자산

> ▶ retirement assets 은퇴에 대비해 보유하고 있는 금융자산

They will need to see a detailed list of all of **your available assets.** 그 사람들은 귀사의 이용가능 자산을 모두 자세히 살펴봐야 할 거예요.

153
## current[liquid] assets 유동 자산

Liquidation
Of Assets

> ▶ fixed[capital] assets 고정자산
> ▶ net assets 순자산
> ▶ personal[real] assets 동산[부동산]
> ▶ tangible assets 유형자산. 실물자산

We estimate that they have at least ten million dollars in **liquid assets.** 그 사람들은 최소 천만 달러의 유동자산을 보유하고 있는 것으로 평가된다.

**My tangible assets** are very few, which makes it hard for me to borrow money. 나는 유형 고정자산이 거의 없어서 돈을 대출받기가 어렵다.

154
## bank balance 은행 (예금) 잔고

> ▶ bank book 은행통장
> ▶ passbook 은행통장. 예금통장

After checking **his bank balance,** Chris realized that he would have to save more money. 자신의 은행 잔고를 확인해보고 나서, 크리스는 돈을 더 많이 저축해야된다는 것을 깨달았다.

5

155
## commercial bank 시중은행, 상업은행

> ▶ corporate banking 기업 금융
> ▶ banking regulations 은행업무규제법
> ▶ banking procedures 은행업무절차

**The banking regulations** regarding foreign equity participation were recently revised by the new Ministry of Finance. 외국인의 자본참가에 관한 은행업무 규제법이 신임 재무장관에 의해 최근에 개정됐다.

156
## bank run 대량 예금인출 사태

> ▶ make a bank run 은행에 가서 예금을 인출하다

Let's **make a bank run** before we go shopping. 쇼핑가기 전에 은행에 가서 돈을 찾자.

157
## operating costs 운영비

> ▶ construction cost 건축비용
> ▶ purchase cost 구입비용
> ▶ start-up cost 창업비
> ▶ opportunity cost 기회비용
> ▶ production cost 생산비
> ▶ billing costs 청구 비용

I believe that **housing costs** in most advanced or advancing Asian countries are much higher than in America. 아시아의 선진국이나 개발도상국들의 주거비는 미국보다 훨씬 높은 것 같다.

158
## cost estimate 비용 견적

The construction company was asked to inspect the premises and leave **a cost estimate** for the new balcony. 그 건설회사는 부지를 조사해서 새 발코니에 대한 비용견적을 내도록 요청받았다.

159
## fixed cost 고정비용

> ▶ indirect cost 간접비용

This charge represents a portion of the company's **fixed costs** for providing electric service. 이 요금은 전력 공급을 하는 데 따르는 우리 회사의 고정 비용의 일부로 청구하는 것입니다.

## dealer cost 공장도가

> The **dealer cost** on the automobile is almost the same as the sticker price. 그 자동차의 공장도가는 희망 소비자 가격과 거의 같다.

161

## cost accounting 원가 분석

> ▶ business account 기업 계좌
> ▶ cost-cutting procedure 비용절감절차
> ▶ cost containment 비용억제
> ▶ cost-saving policy 비용 절감 정책

> The **business accounts** were investigated for improper usage. 기업 계좌들을 부당하게 사용하였는지에 대한 조사가 있었다.
>
> The company is initiating another **cost-cutting procedure** in its new policy, to be released this quarter. 이번 분기에 시행될 새 정책에서 회사는 비용절감안을 또 하나 실시할 것이다.

162

## billing procedures 청구 절차

> ▶ billing information 청구서 관련정보
> ▶ billing period 청구 기간
> ▶ billing department 경리부

> The **billing procedures** are listed on the back of the bill. 청구 절차는 청구서 뒷면에 적혀 있다.

163

## bad debt 회수가능성이 없는 대부금

> ▶ problem debt (갚기 어려운) 악성부채
> ▶ debt ratio 부채 비율
> ▶ debt repayment 채무지불
> ▶ intermediate-term debt 중기부채
> ▶ debit card 직불 카드

> Mr. Halsted decided to auction the manufacturing equipment in an effort to raise capital for **debt repayment**. 핼스테드 씨는 빚을 청산할 돈을 모으기 위해 제조 설비를 경매에 부치기로 했다.

164

## deposit slip 입금표

> ▶ electronic deposit 온라인 입금
> ▶ fixed deposit 정기예금

> ► oxide deposit 산화 침전물

The bank manager asked the customer to fill out a deposit slip before leaving the branch. 은행 지점장은 고객에게 입금표를 쓰고 가라고 했다.

Fixed deposits are a good way to insure that you receive a decent return on your money. 정기예금을 하면 예금한 돈에 대한 적절한 이자를 보장받을 수 있다.

165
# trial period 시험기간

The health club that I was thinking about joining offered me a four week trial period for free. 내가 가입을 생각중인 헬스클럽은 나에게 4주간의 무료사용기간을 제공했다.

166
# company audit 기업감사

> ► year-end auditing 연말 회계감사

The year-end auditing began in January and was finished by the first week of February. 연말 회계감사가 1월에 시작해서 2월 첫째주에 끝났다.

167
# reference check 신원 조회 (reference는 고용한 사람이 자신의 품성이나 자질을 조회해 볼 수 있도록 이력서에 기재하는 자신의 전 직장 상사, 동료, 또는 재학했던 학교의 교수 이름)

> ► reference material 참고자료
> ► reference book 참고서
> ► reference desk 참고 문헌 담당자

Please take any questions you might have to the reference desk, where a librarian is stationed to assist you in your research. 궁금한 사항이 있으시면 참고 도서실 담당자에게 물어보세요. 거기에 여러분이 찾는 것을 도와줄 사서가 있습니다.

168
# reservation slip 예약전표

> ► withdrawal slip 인출 청구서

The hotel manager kept apologizing to the young couple for misplacing their reservation slip. 호텔 매니저는 예약전표를 둔 곳을 잊어 버린데 대해 그 젊은 부부에게 계속해서 사과했다.

169
# staff turnover 전직, 이직

> ► staff productivity 직원 생산성   ► administrative staff 관리직원

The manager decided to hire new staff members in order to handle the Christmas rush. 그 관리자는 크리스마스 대목의 밀려드는 일들을 처리하려고 새 직원을 고용하기로 결정했다.

## 170
# legal aid 무료 변호사

> ▶ legal notice 법 통지문, 법적 공고
> ▶ legal issue 법률적인 문제(논쟁)
> ▶ legal name 법적이름

The legal aid came forward, and shared with us her views on the case at hand. 무료 변호사가 나서서 현재 재판에 걸려있는 건에 대한 자신의 견해를 우리에게 들려주었다.

## 171
# forwarding address 이사간 주소, 회송 주소

> ▶ accommodation address 임시 우편물 수령 주소
> ▶ residential address 거주지 주소

Make sure that you give us a forwarding address for your mail. 우편물을 받을 수 있도록 이사간 주소를 꼭 알려 주세요.

## 172
# keynote address 기조 연설

Mr. Smith will be giving the opening address at the annual conference in London. 스미스 씨는 런던에서 열리는 연례 회의에서 개회사를 하게 될 것이다.

## 173
# capital requirement 자본수요

> ▶ capital goods 자본재
> ▶ capital loss 자산손실
> ▶ capital surplus 잉여자본금

There seem to be far fewer venture capital companies around these days. 요즘에는 모험 자본을 공급하는 회사가 훨씬 적어진 것 같다.

## 174
# working capital 운용자본

> ▶ floating capital 유동 자본
> ▶ venture capital 모험 자본

The company's working capital is quite low after they lost so much money in the stock market. 주식시장에서 엄청난 돈을 잃어서 그 회사의 운용 자금은 아주 조금밖에 없다.

**5**

UNIT

# commercial activities 상업활동

> ▶ commercial invoice 상업용 송장
> ▶ commercial paper 기업어음

The TV station refused to air the commercial in response to a massive amount of public pressure. TV 방송국은 시민들의 압력이 거세지자 그 광고 방송을 내보내지 않기로 했다.

# visual aid 시각자료

> ▶ first aid kit 구급상자
> ▶ hearing aid 보청기
> ▶ study aid 학습보조물

You should always carry a first aid kit with you when you go hiking in the wilderness. 등산하러 갈 때에는 항상 구급상자를 가지고 가도록 해라.

# focus group 여론조사에 응하는 표본 집단

FOCUS GROUP

> ▶ interest group 이익집단
> ▶ support group 같은 문제를 겪고 있는 사람들이 모여 그 문제점을 해결하려는 모임

The focus group met at the end of the hall to discuss the benefits of chocolate. 표본집단은 복도 끝에서 만나 초콜렛의 이로운 점이 무엇인지에 대해 토론했다.

# exclusive rights 독점권

> ▶ exclusive hotel 아주 고급 호텔
> ▶ exclusive offer 특별할인
> ▶ exclusive right 독점권
> ▶ exclusive benefit 특혜
> ▶ exclusive use 독점 사용권

The health center is reserved for the exclusive use of the employees that work in the building. 그 헬스 센터는 이 빌딩에서 일하는 직원들만이 독점적으로 사용할 수 있도록 마련되어 있다.

We have been given the exclusive right to market the product in Asia. 아시아에서 그 상품에 대한 독점 판매권이 우리에게 주어졌다.

179

# executive board 중역회의

> ▶ executive plane 중역전용기

After a lengthy debate, **our executive committee** decided to take on a small measure of risk in order to accept your proposal. 오래 논의한 끝에 우리 간부회의에서는 위험부담을 약간 감수하더라도 당신의 제안을 받아들이기로 결정을 내렸습니다.

180

# promissory note 약속어음

> ▶ accommodation note 융통어음

The company issued **a promissory note** in lieu of a cash payment. 그 회사는 현금지급 대신 약속어음을 발행했다.

181
## advance notice 사전통보

> ▶ advance payment 선급금
> ▶ advance purchase 선매(先賣)
> ▶ advanced technology 선진기술

Large flexible companies typically make the greatest use of **advanced technologies.** 규모가 크며 외부적인 조건에 유연하게 대처하는 회사들은 일반적으로 선진기술들을 가장 잘 활용한다.

182
## access code 암호

To access our voice mail system, you must enter **the access code** and then hit the pound sign. 저희 음성전달시스템을 이용하시려면 암호코드를 누른 다음 우물정자를 누르십시오.

183
## total[gross] amount 총액(수)

> ▶ full amount 전액

The **total amount** left owing on the credit card bill was $15.75. 신용카드 미불 청구금액으로 남아 있는 총액수는 15달러 75센트였다.

184
## balance sheet (B/S) 대차 대조표

> ▶ balancing act 상반된 입장, 의견 등의 조정을 시도하는 것

A **balance sheet** lists the company's assets, liabilities, and owner's equity at the end of an accounting period. 대차대조표에는 그 회사의 회계기간 말의 자산, 부채 및 자기 자본이 기입된다.

185
## minimum balance 최소한의 예금잔액

> ▶ trial balance 시산표(試算表)
> ▶ balance of payments 국제수지
> ▶ outstanding balance 미불액

The minimum balance needed to maintain an account at this bank is $5,000. 이 은행에서 계좌에 남겨두어야 하는 최소한의 예금 잔액은 5천 달러이다.

186
# merchandise voucher 상품(교환)권

▶ end-of-season merchandise 철 지난 상품

Our end-of-season merchandise needs to be discounted and liquidated by the end of next quarter. 우리 회사의 철 지난 상품들은 가격을 할인해서 다음 분기말까지는 처분되어야 한다.

187
# regular customer 단골손님

Customer

▶ regular check-up 정기 건강 검진
▶ regular plastic 표준 플라스틱

The company uses regular plastic to package its products. 그 회사는 생산품을 포장하는데 표준 플라스틱을 사용한다.

188
# cut-throat competition 치열한 경쟁

▶ fierce competitiveness 치열한 경쟁
▶ stiff competition 치열한 경쟁
▶ competitive salary 경쟁력 있는 급여

The company was faced with stiff competition from other companies in the automobile industry. 그 회사는 자동차 산업에서 타회사들과 치열한 경쟁을 하게 되었다.

189
# complimentary beverage 무료음료

▶ complimentary lunch 무료 점심식사
▶ complimentary ticket 무료 티켓
▶ complimentary voucher 무료교환권

Complimentary beverages and snacks will be offered to all passengers flying with United Airlines. 음료와 스낵이 유나이티드 항공을 이용하는 승객들에게 모두 무료로 제공될 것이다.

190
# classified advertisement 생활 안내광고

▶ corporate ad 기업광고
▶ full-page ad 전면광고
▶ targeted advertising 특정층 대상 광고

5

UNIT

I need to place **a classified advertisement** in a newspaper in Belgium. 벨기에의 신문에 안내 광고를 실어야 한다.

# help wanted 구인(구직) 광고

Paul looked through **the help wanted** section of the paper in hopes of finding a good job. 폴은 좋은 직업을 찾기 위해 신문 구인란을 훑어 보았다.

# advertising strategy 홍보 전략

▶ **comparative advertising** 비교광고
▶ **advertising agency** 광고 대행사

Management asked the marketing department to move forward with the new **advertising campaign.** 경영진은 마케팅부서에 새로운 판촉 광고를 추진하도록 요청했다.

# salary history 급여내역

▶ **disease history** 과거병력
▶ **credit history** 신용 거래 실적

The credit bureau is going to call us back with **your credit history.** 신용 조사국에서 손님의 신용 거래 실적에 대해서 우리에게 다시 전화를 걸어 알려줄 것입니다.

# basic tips 기본적인 정보, 지식

▶ **practice tips** 연습이 잘 되는 비결
▶ **safety tips** 안전수칙

There will be a seminar offering **basic tips** on the proper way to use the Internet. 인터넷을 제대로 사용하는 기본적인 지식을 알려주는 세미나가 열릴 것이다.

# toll bridge 통행료를 지불해야 하는 다리

▶ **toll collection** 통행료 징수
▶ **death toll** 사망자수
▶ **toll free number** 수신자 부담

Simply call us at the **toll free number** to have it activated. 그것을 활성화하기 위해서 저희에게 수신자 부담의 전화 번호로 전화만 하면 된다.

**196**

# bad check 부도수표

> ▶ traveler's check(TC) 여행자 수표
> ▶ cashier's check 자기앞 수표

It is important that you keep an accurate record of all checks you write in order to avoid passing a bad check. 부도수표를 발행하지 않으려면 발행하는 모든 수표를 정확히 기록하는 것이 중요하다.

**197**

# checkout counter 계산대

> ▶ check-in counter 탑승수속 카운터
> ▶ security check 보안 검사
> ▶ security check point 보안 검사대

The airline employee is weighing the suitcase at the check-in counter. 항공사 직원이 탑승수속 카운터에서 여행가방의 무게를 재고 있다.

The woman's going through a security check point. 그 여성은 보안 검사대를 통과하고 있다.

**198**

# lease term 임대 기간

Lease term

> ▶ contract terms 계약조건
> ▶ specific terms 구체적인 조건
> ▶ term paper 학기말 논문

For specific terms and conditions, see the reverse side of this letter. 구체적인 조건에 대해서는 이 편지의 뒷면을 참조하세요.

**199**

# consumer credit 소비자 신용

> ▶ credit rating 신용 평가[등급]
> ▶ credit line[line of credit] 신용한도액
> ▶ credit loan 신용대출

I am late in paying this bill. Will that affect my credit rating? 이 청구서의 지불이 늦었어요. 그것이 내 신용 평가에 영향을 줄까요?

**200**

# fiscal year 회계년도

> ▶ current year 당해년도

We would like to have this project finished by the end of this fiscal year for tax purposes. 우리는 세금 문제 때문에 이번 회계연도 말까지 이 프로젝트를 끝냈으면 합니다.

**5**

UNIT

# foreign currency 외화

▶ currency crisis 외환위기

▶ hard currency 경화(硬貨), 美 달러

▶ convertible currency 어떤 통화로든 자유롭게 교환할 수 있는 통화, 즉 美 달러

▶ floating currency 수요 공급에 따라 가치가 유동적인 통화

Australia's financial markets are already felt the shock waves from Asia's currency crisis. 호주의 금융시장은 이미 아시아의 외환위기로 인한 충격파를 느끼고 있다.

202

# currency devaluation (통화)평가절하

▶ currency fluctuation 통화 변동

Experts are predicting an enormous currency devaluation of the yen. 전문가들은 엔화가 엄청나게 평가 절하될 것으로 예상하고 있다.

203

# customs inspection 세관 검사

▶ customs regulation 통관 규정

▶ customs duties 관세

▶ customs declaration form 세관 신고서

The company had to pay a hefty customs duty on the products it imported. 그 회사는 수입 상품들에 대해 관세를 엄청나게 많이 물어야만 했다.

204

# customer loyalty 제품에 대한 고객충성도

▶ customer base 고객기반

▶ customer relations 고객 관리

▶ customer complaints 소비자 불만

▶ customer satisfaction 소비자 만족

▶ customized packaging 주문포장

The company boasts one of the largest customer bases in the world. 그 회사는 세계에서 고객층이 제일 넓다고 자랑한다.

205

# economic reform 경제개혁

▶ economic power 경제력   ▶ global economy 세계경제

▶ economy class[seat] 보통석, 일반석

The country's **economic power** has diminished rapidly over the past few years. 그 나라의 경제력은 과거 몇 년 사이에 급격히 감소했다.

**The tight economy** has led to a number of bankruptcies and suffering among the financial institutions. 긴축경제로 부도가 많이 발생했고 금융기관들 사이에서도 어려움을 겪고 있다.

206

# purchasing power 구매력

> ▶ **buying power** 구매력, 물품 따위를 사는 능력
> ▶ **bargaining power** 협상력

**The purchasing power** of the Canadian dollar, compared to the US dollar, has dropped substantially over the last decade. 캐나다 달러의 구매력은 미국 달러와 비교해볼 때, 지난 10년간에 걸쳐 상당히 떨어졌다.

207

# parking lot 주차장

> ▶ **parking meter** 주차 미터기
> ▶ **parking ticket** 주차위반 딱지
> ▶ **handicapped parking** 장애인주차
> ▶ **parking sticker** 주차 스티커
> ▶ **valet parking** 대리주차
> ▶ **overnight parking** 철야주차

No **overnight parking** or camping is allowed. Unattended cars are subject to towing after 10:00 p.m. 밤새도록 주차하거나 야영하는 것은 금지됩니다. 밤 10시 이후에 사람이 안 탄 차는 견인됩니다.

We offer **valet parking** for a small fee or you can park your car in the parking lot on 47th Street. 저희가 약간의 요금을 받고 주차를 대신해드리거나 47번가의 주차장에 차를 주차하실 수 있습니다.

208

# top priority 다른 무엇보다 제일 먼저 (주의 등을) 요하는 것. 최우선 사항

> ▶ **prior authorization** 사전(事前) 승인
> ▶ **prior engagement** 선약

Please give this assignment **top priority** this week, as it must be completed before the weekend. 이 문제를 금주의 최우선 사항으로 해주십시오. 주말이 되기 전에 끝나야 하니까요.

209

# disposable income 가처분 소득

> ▶ **income potential** 잠재적인 소득

Because of their jobs, **their disposable income** allows them to live a very comfortable lifestyle in the city. 그 사람들은 돈을 많이 버는 직업을 가지고 있어서 자신들의 가처분 소득으로 이 도시에서 아주 안락하게 생활할 수 있다.

210

## written[verbal] contract 서면[구두] 계약

▶ written confirmation 서면확인서

▶ written authorization 서면허가

▶ written consent 서면동의

When do you expect to receive **written confirmation** of our reservation? 예약이 되었다는 서면 확인서를 언제 받게 되어있나요?

### 211
## side effect 부작용

▶ negative effect 악영향

The side effects of the medicine are generally mild, and include headaches and nosebleeds. 이 약의 부작용은 보통 미약하여 두통이 나거나 코피가 난다.

### 212
## employee morale 근로자의 사기

▶ employee productivity 직원 생산성

The foreman tried to boost employee morale in an effort to increase efficiency and productivity. 그 현장감독은 효율성과 생산성을 증가시키기 위한 노력의 일환으로 근로자의 사기를 진작시키고자 했다.

### 213
## leading manufacturer 선도적인 제조업체

▶ manufacturing defect 제조결함

The company recalled all of its color monitors due to a manufacturing defect. 그 회사는 제조결함 때문에 자사의 컬러모니터를 모두 회수했다.

### 214
## promotional materials 판촉용 자료

▶ export promotion 수출촉진
▶ promotional literature 광고 안내책자
▶ promotional flyer 광고전단

The young boys were paid three dollars per hour to deliver promotional flyers. 남자애들이 시간당 3달러를 받고 선전용 전단을 배포했다.

### 215
## practical experience 실제경험

▶ specialty practice 특수 업무
▶ daily practice 매일 하는 연습

The man operated **a specialty practice** out of a small second-floor office. 그 남자는 한 작은 2층짜리 사무실에서 특수 업무를 수행했다.

## 216
# attendance record 출석율

▶ **record revenues** 기록적인 수익
▶ **track record** 경력

The insurance company made **record profits** this year. 그 보험 회사는 올해 기록적인 수익을 냈다.

## 217
# attached document 첨부 문서

▶ **attached coupon** 첨부된 쿠폰
▶ **attached postcard** 첨부된 우편엽서

The **attached coupon** can be used to get 50% off your next purchase. 첨부된 쿠폰으로 다음번 구입시 50% 할인받을 수 있다.

## 218
# courtesy desk 안내 데스크

▶ **courtesy telephone** 무료전화

Most airports have **a courtesy telephone** for people to use when responding to pages. 공항에는 대부분 공항에서 호출할 때 사용할 수 있는 서비스 전화가 있다.

## 219
# equipment malfunction 장비오작동

▶ **equipment operation** 설비 운행
▶ **heating equipment** 난방장치
▶ **capital equipment** 자본설비

The importation of **capital equipment** has played a large role in the widening of Korea's trade deficit. 자본설비의 수입은 한국의 무역적자가 늘어나는데 큰 역할을 했다.

Purchasing **capital equipment** is expensive, but necessary in order to expand. 자본설비를 구입하는 것은 돈이 많이 들겠지만 확장을 하려면 필요하다.

## 220
# household goods 가재도구

▶ **household name** 잘 알려진 이름
▶ **household appliances** 가전제품

According to the Ministry of Energy, the largest energy consumer among household appliances is a clothes dryer.
에너지 관리부에 따르면, 가전제품 중에서 가장 큰 에너지 소모품은 세탁물 건조기이다.

221

# local (telephone) call  시내 통화

> ▶ local newspaper 지역신문
> ▶ local government 지방자치
> ▶ local directory 지역 전화번호부

The hotel does not charge for any local telephone calls. 그 호텔은 시내통화료를 한 푼도 받지 않는다.

222

# cutting edge  최첨단, 신랄함

The research and development team has created a new software program that is on the cutting edge of technology.
연구개발팀은 최첨단 기술의 새 소프트웨어 프로그램을 개발해냈다.

223

# medical care  의료, 진료

> ▶ medical malpractice 의료사고
> ▶ child care 탁아
> ▶ health care 건강 관리

Some secretaries at the university have accepted lower salaries in exchange for employer-provided child care. 그 대학의 일부 비서들은 고용주 제공 탁아 혜택에 대한 대가로 낮은 급여를 받아들였다.

224

# personal history  개인신상

> ▶ personal belongings 개인 소지품

I opened a personal account last week and then I decided to close it because the bank was too far away from my home.
은행이 우리 집에서 너무 멀었기 때문에 지난 주에 개인계좌를 개설했다가 해지하기로 했다.

225

# prospective client  잠재고객

Get More Clients

It is important to know as much as possible about your clients and prospective clients. 현재의 고객과 잠재고객에 대해 가능한 많은 것을 안다는 것은 중요하다.

## private showing 비공개 전시회

226

> ▶ premier showing 개봉, 첫 공연
> ▶ matinee showings 낮 공연

Please call the art gallery and see if you can get me two tickets to **the private showing** this Saturday. 미술관에 전화를 해서, 이번 토요일 비공개 전시회의 표 2장을 구할 수 있는지 알아봐주십시오.

227

## property value 재산가치

> ▶ property owner 토지 주인

The law firm has contemplated hiring an associate dedicated to the area of intellectual **property rights.** 그 법률 회사는 지적 소유권 분야 전문의 파트너를 한 명 고용하는 것을 심사 숙고했다.

228

## daily routine 일상적인 일

His **daily routine** involves opening the office at 7:30 a.m. and working until 6:00 p.m. 그의 일상사는 오전 7시 30분에 사무실을 열어서 오후 6시까지 일을 하는 것이다.

229

## working paper 취업허가서

> ▶ walking papers 면직, 해고 통지
> ▶ registration paper 등록서류
> ▶ waste paper 폐지

The planners have given us **a working paper.** 기획자들이 우리에게 취업허가서를 발급해주었다.

230

## stopping distance 제동거리

> ▶ stop sign 정지신호
> ▶ blue sign 파란색 안내판

Approximate **waiting times** for this ride are posted on the blue sign at the park entrance. 이 기구를 타는데 걸리는 대략적인 대기 시간은 공원 입구의 파란색 안내판에 게시해 놓았습니다.

231

## cash flow 현금 유출입

The company must take a short-term loan to solve **the cash flow** crisis for this month. 회사는 이 달의 자금난을 해소하기 위해 단기 융자를 받아야 한다.

# civil litigation 민사 소송

From the time of her appointment, Judge Parker has heard a range of cases from felonies to complex **civil litigation**. 임명된 때로부터 파커 판사는 중대 범죄로부터 복잡한 민사 소송에 이르기까지 일련의 소송들을 심리해 왔습니다.

233

# experienced personnel 숙련된 직원

▶ **personnel management** 인사 관리

All personnel working for the customer service department are required to attend **the customer relations** seminar this weekend. 고객 서비스 부에서 일하는 모든 종업원은 이번 주말 고객관련 세미나에 참석해야 한다.

234

# nutrient loss 영양 손실

Steam foods whenever possible. It's quick, adds no fat, and reduces **nutrient losses.** 가능하면 음식을 찌십시오. 요리하기에 빠르며, 지방도 첨가되지 않고, 영양의 손실도 줄여 줍니다.

235

# identifying number 비밀번호, 개인 고유번호(= identification number)

▶ **identity theft** 신분 노출, 신분 도난
▶ **proper identification** 적절한 신원확인

Be sure to ask for **proper identification** before releasing the information. 정보를 공개하기 전에는 반드시 적절한 신원 확인을 요구하도록 하세요.

236

# payroll deduction 급여공제

**Payroll deductions** have reduced my salary. 급여공제로 해서 내 월급이 줄어들었다.

237

# supply depot 물품 창고

▶ **supply requisition** 물품 청구서
▶ **supply room** 비품실

The **supply depot** is seven miles away. 물품창고는 7마일 떨어진 곳에 있다.

## 238

# bankruptcy proceedings 파산소송

Following the company's inability to repay a number of loan payments, they entered into **bankruptcy proceedings**. 회사가 여러가지 대부금을 상환하지 못하게 되자 회사는 파산절차를 밟기 시작했다.

## 239

# assembly plant 조립 공장

**The company's new assembly plant** is expected to be fully operational before the end of this year. 회사의 새로운 조립공장은 올 연말 이전에 완전히 가동 준비가 될 것으로 예상되고 있다.

## 240

# fact sheet 가장 중요한 정보만을 간략히 실은 인쇄물

I need **a fact sheet** about this merger. 난 이 합병에 관한 개요서가 필요하다.

---

**'급여'의 다양한 표현들**

| pay | wage | salary | fringe benefits | perks |
|-----|------|--------|-----------------|-------|

먼저 pay는 가장 일반적인 단어이고, wage는 「비전문적인 분야의 근로자들이 주로 시간당 계산하여 주급(週給)으로 받는 임금」을 말한다. 반면 salary는 「전문직 종사자들에게 한 달에 한 번 은행으로 송금되는 월급」을 지칭. 또한 정규급여 외로 지불되는 의료보험, 교통비 등의 각종 「수당」은 fringe benefits, 그리고 전용차, 전담비서 등의 「임원에게 부여되는 특전」은 perquisite의 약형인 perks라 불리워진다.

_ All part-time employees will earn mini-mum wage until their probation period is completed.
  시간제 직원들은 모두 수습기간이 끝날 때까지는 최저 임금을 받게 될 것이다.

_ Most of the employees at the company were not entitled to any fringe benefits.
  이 회사의 직원들 대부분은 어떤 수당도 받을 자격이 되지 못했다.

_ A car and a cellular phone are only two of the many perks that this job offers.
  자동차와 휴대폰은 이 일이 제공하는 많은 특전들 중의 두 개일 뿐이다.

TOEIC이 좋아하는
# 복합명사 241-269

## 241
### end result 최종 결과
The end result of this deal could be very bad. 이 거래의 최종 결과는 아주 안좋을 수도 있다.

## 242
### release form 허가서, 인가증

PRODUCT RELEASE

▶ book release 책출시
▶ press release 보도자료

Please have your parents sign the release form so that you can participate in the class excursion. 반 소풍에 가려면 허가서에 부모님의 서명을 받아오세요.

## 243
### magazine stand 잡지 판매대
The magazine stand is located behind the elevators on the fourth floor of the building. 잡지 판매대는 그 건물 4층의 엘리베이터 뒤에 위치해 있다.

## 244
### wire transfer 온라인 이체, 송금
The wire transfer was sent to the wrong bank so the check bounced. 온라인 이체가 다른 은행으로 잘못 보내어져서 수표가 부도났다.

## 245
### call waiting 통화 중 대기
I hate it when you're talking to me on the phone and then we get interrupted by call waiting. 너랑 전화로 통화할 때 네가 다른 전화를 받느라 방해받는 게 너무 싫어.

## 246
### waste disposal 폐기물 처리

▶ disposable waste 일회용폐기물

A local waste disposal company was fined one million dollars for dumping garbage into the river. 지역 쓰레기 처리회사는 쓰레기를 강에 버려서 백만 달러의 벌금을 부과받았다.

Disposable waste such as paper products and plastics are filling up the city's garbage dumps. 종이제품이나 플라스틱과 같은 일회용 폐기물이 시의 쓰레기 처리장에 가득차고 있다.

247
# baggage allowance  수화물 허용 중량

The company provides employees with a baggage allowance. 회사는 직원들에게 수화물 허용 중량을 제공한다.

248
# exhibition booths  전시 부스

There are thousands of exhibition booths at the expo. 엑스포에는 수많은 전시부스가 있다.

249
# raw material  원료

▶ recycled materials 재활용품

Products made from recycled materials generally cost less than products made with only new materials. 재활용품으로 만든 제품은 신재료로만 만든 제품보다 가격이 저렴하다.

250
# additional charge  추가요금

▶ extra charge 추가요금

If you are not from the state in which you are purchasing your ticket, there will be an extra charge added to your ticket price. 귀하의 티켓을 구입한 주(州)에서 오지 않으면, 귀하의 티켓 가격에 추가요금이 덧붙겠습니다.

251
# recent accomplishment  최근 실적

The young scientist was awarded the Nobel Physics Prize for his recent accomplishments in the field of nuclear physics. 그 젊은 과학자는 핵물리학 분야에서 최근 자신이 이룬 업적으로 노벨 물리학상을 받았다.

252
# fundamental analysis  근본적인 분석

Our fundamental analysis of the company indicates strong future prospects. 그 회사에 대해 우리가 기본적인 분석을 해본 결과 회사는 앞으로 크게 번창할 것으로 보인다.

253
# final approval  최종승인

The product brochure was completed and delivered to the president for final approval. 상품안내서가 완성되어 최종 승인을 받으려고 사장에게 제출되었다.

## 254

# combination lock 숫자를 돌려 맞추는 자물쇠

Please write down the number of your combination lock and keep it in a safe place at home in order to prevent theft.
숫자 맞춤물쇠의 번호를 적어 두고 도난 방지를 위해 집의 안전한 장소에 보관하십시오.

## 255

# equity base 자기자본 비율

These firms do not qualify for conventional bank financing because they do not have the required asset or equity base.
이들 기업들은 필요한 자산이나 자기자본 비율이 부족해서 통상적인 은행융자를 받을 수 있는 자격을 갖추지 못하고 있다.

## 256

# breakeven point 손익분기점

It looks like our break-even point with this product is going to be quite high. 이 제품은 상당히 많이 팔아야 손익분기점에 도달할 것 같다.

## 257

# health coverage 의료 보험

▶ coverage (insurance) (보험)적용범위

The company's health coverage plan does not cover dental work. 그 회사의 의료 보험에 치과 진료는 포함되어 있지 않다.

## 258

# main draw 주된 매력

Cellular telephones have proven to be a new draw for the telecommunications industry. 휴대폰은 원거리 통신 사업의 새로운 수입원이라는 것이 판명되었다.

## 259

# enclosed brochure 동봉된 안내책자

Please use the enclosed brochure to help you understand the customs and culture of the Native American people. 아메리카 인디언들의 문화와 관습을 이해하는데 도움이 될 만한 안내책자를 동봉하오니 이용하시기 바랍니다.

## 260

# open house (학교, 기관 등의) 공개행사

I would like to take this opportunity to invite all of your friends and relatives to our annual open house next week. Cookies and coffee will be served. 나는 이 기회를 이용하여 여러분의 친구와 가족들을 모두 다음 주에 열리는 우리의 연례 공개행사에 초대하고 싶습니다. 과자와 커피가 제공될 겁니다.

**261**

## third party  제 3자

Let's get a third party to mediate the dispute. 이 논쟁을 중재하기 위
해서 제 3자에게 물어보자.

**262**

## future prospect  장래의 가능성

We didn't really do anything at the meeting except talk
about our future prospects. 회의에서 우리는 장래의 가능성에 관한 얘기 말고
는 아무 것도 하지 않았다.

**263**

## commodity description  제품 기술서

This report provides a commodity description. 이 보고서는 제품
기술서를 제공하고 있다.

**264**

## peripheral vision  주변시야

I saw him leave in my peripheral vision. 내 주변시야에 그가 나가는 것
이 보였다.

**265**

## freight forwarding  소화물 운송 서비스

> ▶ freight collect 운임 후불, 수취인 운임지급

I needed to send some cargo, so I used freight forwarding
so that it would arrive before I did. 화물을 좀 붙여야 했는데 내가 도착하기
전에 짐이 먼저 도착하도록 하기 위해 소화물 운송 서비스를 이용했어.

**266**

## walk-in registration  (미리 예약할 필요없는) 즉석 등록[접수]

The walk-in registration was slated to begin at 4:00p.m. on
the third Friday of the month. 즉석등록은 이번 달 세째주 금요일 오후 4시에
시작하는 것으로 예정되어 있었다.

**267**

## round-trip ticket  왕복표

Round-trip

> ▶ traffic ticket 교통위반 딱지

I'd like to find out about booking a round-trip ticket to Seoul
for next week. 다음 주 서울행 왕복표 예약에 대해 문의하고 싶은데요.

**268**

## extended leave  장기 휴가

Sidney decided to take an extended leave of absence from
work so she could travel in Asia for six months. 시드니는 직장에서
장기휴가를 얻어서 6개월 동안 아시아를 여행하기로 결심했다.

# time proven 장시간 경험으로 증명된

I can assure you that if you subscribe to this course, you will not be disappointed with **our time proven** methods. 만일 당신이 이 과정을 신청한다면, 오랜기간 경험으로 증명된 저희 방법에 실망하지 않을 것임을 확신합니다.

**TOEIC TIPS**

## '소득'의 다양한 표현들

earnings    income    revenue    proceeds    profit

먼저, earnings는 뭔가를 「노력과 노동」을 통해서 얻는다는 의미의 동사 earn에서 파생된 것으로 「노동을 통해서 번 돈의 총합」(sum of money earned by working)을 의미한다. income은 earnings와 의미가 유사하나 「돈을 버는 source가 노동 뿐만 아니라 주식배당, 이자 등의 불로소득」(unearned income)도 포함한다는 점에서 차이가 있다. 또한 revenue 역시 「소득」으로 옮겨져 income과 비슷하게 쓰이지만 개인보다는 「기업체가 매출을 통해서 거둬들인 돈」 내지 「정부가 세금을 통해서 얻는 수입」을 말한다. 다음 「소득(所得)」, 「매상고」, 「수익(收益)」 등 다양한 의미로 옮겨지는 단어인 proceeds는 「상품을 판매하거나, 집을 팔거나 혹은 증권을 팔거나 발행함으로써 받게 된 현금, 자산 등의 총액」을 말하며 profit은 revenue나 proceeds에서 비용(costs)을 뺀 나머지 액수, 즉 「이익(利益)」을 말한다.

_ Your weekly earnings are shown on the first line of your pay stub.
당신의 주급은 지급대장의 첫째 줄에 쓰여 있다.

_ The revenue was received by the tax office and used to pay off the accounts payable.
세무서에서는 수령된 세입으로 지불계정을 모두 갚는데 쓰곤 한다.

_ All proceeds from the fundraising event will go to charity.
기금모금 행사의 모든 수익금은 자선단체에 보내질 것이다.

- **transit lounge** 환승 대합실
- **baggage carousel** 수하물 회전벨트
- **background information** 배경 지식 [정보]
- **weather conditions** 기상조건
- **return envelope** 반송봉투
- **import tariffs** 수입관세
- **home ownership** 주택소유권
- **additional charge** 추가비용
- **culinary institute** 요리학원
- **demand pattern** 수요패턴
- **square feet** 평방피트
- **motion sickness** 멀미, 현기증
- **major route** 주요 노선
- **volume of traffic** 교통량
- **combined dimensions** 길이×폭×높이
- **learner's permit** 운전면허가 있는 사람을 옆에 태우고 운전연습을 할 수 있는 운전연습 허가(증)
- **zoning law** 도시계획법
- **scientific evidence** 과학적인 증거
- **viral infection** 바이러스 감염
- **international scene** 국제무대
- **corporate takeover** 기업 인수
- **immediate action** 즉각적인 조치
- **connecting flight** 접속항공편
- **security system** 보안시스템
- **rental car** 임대한 차
- **paid vacation** 유급 휴가
- **fire alarm** 화재 경보
- **retirement age** 퇴직 연령

- **vacant position** 비어있는 자리, 공석
- **fire drill** 소방훈련
- **escape route** 비상 탈출로
- **conventional wisdom** 일반적인 통념
- **reception area** 환영회 장소
- **dinner reception** 만찬 환영회
- **exercise program** 운동 프로그램
- **maintenance shop** 정비공장
- **subscription notice** 구독 통지서
- **dance performance** 무용공연
- **sleep disorder** 불면증
- **salary increase** 봉급인상
- **service station** 주유소
- **reminder notice** 사원들이 회의일자를 잊지 않도록 사전에 보내는 통보
- **education requirements** 학력요건
- **return receipts** 수취인 수취확인증
- **factory seconds** 공장불합격품
- **withholding tax** 원천징수세
- **cruise ship** 유람선
- **showroom display** 진열장 전시
- **lunch special** 점심 특별요리
- **subject catalog** (도서관의) 주제별 목록
- **suggestion box** 건의함
- **fast track** 출세가도
- **vote buying** 매표(賣票), 투표매수
- **book keeping[keeper]** 회계[경리]
- **information[service] desk** 안내 데스크
- **flight attendant** 승무원
- **maternity leave** 출산휴가

- **maintenance crew** 시설 관리 직원
- **maximum[top] secret** 극비
- **allergy symptoms** 알러지 증상
- **export documents** 수출서류
- **negotiation process** 협상과정
- **renovation plan** 개혁안, 혁신계획
- **sports complex** 종합 체육관
- **sensitivity program** 감성 프로그램
- **idea exchange** 의견교환
- **voter registration** 투표인 등록
- **seat availability** 잔여석
- **home improvement** 주택개량
- **house development** 주택개량
- **media coverage** 언론보도
- **emergency exit** 비상구
- **prescription medicines** 처방약
- **protective clothing** 방탄복, 방화복
- **spending habits** 소비습관
- **environmental standards** 환경기준
- **flight reservation** 항공편 예약
- **hotel reservation** 호텔예약
- **main agenda** 주요 의제
- **future agenda** 장래에 할 일
- **assessed value** 평가된 가치
- **alumni association** 동창회
- **available position** 비어있는 일자리
- **collective bargaining** 단체교섭
- **zoning law** 구역설정법
- **back pain** 등의 통증, 요통
- **tough call** 힘든 일
- **inferiority complex** 열등감
- **general conference** 총회

- **standard deduction** 기본공제
- **default value** 컴퓨터의 기본값
- **developing country** 개발도상국
- **undeveloped country** 후진국
- **discount coupon** 할인권
- **discount store** 할인점
- **secondary effect** 부수적 효과
- **evaluation form** 평가서, 사정서
- **course evaluation** 강의 평가서
- **electrical field** 전기장(電氣場)
- **related field** 관련 분야
- **forward contract** 선물(先物)계약
- **mutual fund** 투자신탁
- **coffee grounds** 커피 찌꺼기
- **hard sell** 강매(强賣)(↔ soft sell)
- **hard hat** 안전모
- **head start** 한발 앞선 출발
- **improved efficiency** 향상된 능률
- **increased demand** 수요 증가
- **industrial pollution** 산업활동에 따른 오염
- **environmental issue** 환경문제
- **strategic location** 전략적 위치
- **managerial skill** 경영수완
- **marketable securities** 시장성 높은, 매매가 쉬운 유가증권
- **odd lot** 단주(端株), 거래 단위에 미달하는 수의 주
- **specific directions** 특별지시사항
- **presidential suite** 특급 별실
- **inside track** (승진 등에서) 유리한 위치
- **useful item** 유용한 품목
- **used car** 중고차

- **valuable material** 귀중한 자료
- **employee lounge** 직원 휴게실
- **floating vote** 부동표
- **walking stick** 지팡이
- **toxic waste** 독성 폐기물
- **modular workspace** 모듈식 작업공간
- **year-end dividend** 연말 배당금
- **high-density plastic** 고밀도 플라스틱
- **high-frequency sound** 고주파음향
- **high-pitched sound** (찢어지는) 음
- **open-door policy** 개방 정책
- **long-range consequences** 장기적인 영향력
- **traffic congestion** 교통혼잡
- **protective measure** 예방책
- **one-stop shopping** 한 상점에서 여러 가지 상품을 다 살수 있는 쇼핑
- **touch-tone phone** 버튼식 전화기
- **weight-bearing capacity** 하중을 견딜 수 있는 무게

- **wake-up call** 모닝콜
- **carry-on luggage** 기내 휴대 수하물
- **day-to-day operation** 일상업무
- **rear-end collision** 추돌사고
- **special program** 특별 프로그램
- **unauthorized e-mail** 수신인이 요청하지도 않았는데 발송된 이메일
- **drastic step** 특단의 조치
- **serial number** 일련 번호
- **net inflow** 순 외자 유입
- **mutual respect** 상호 존중
- **automatic transfer** 계좌 이체
- **managing underwriter** 증권 인수업자
- **retirement community** 양로시설
- **lunch counter** 간이식당
- **lawn mower** 제초기
- **takeout food** 사가지고 가서 먹는 음식
- **unanimous agreement** 만장일치
- **direct flight** 직항 비행기편

NEW
TOEIC
VOCA

# 6

## UNIT

TOEIC이 좋아하는
# 핵심 기출표현

**001**

## have an account with …와 거래하다

> ▶ lose the Miller account 밀러 고객[거래]을 잃다

We **have an account with** Radio Dispatch and their prices are better. 우리는 라디오 디스패치와 거래를 하고 있는데 그쪽 가격이 더 낫다.

**002**

## issue shares 주식을 발행하다

> ▶ issue building permits 건축허가증을 발행하다

The government has stopped **issuing building permits** for that area of town. 정부는 그 지역에 대해 건축허가증 발급을 중지시켰다.

**003**

## land a job 일자리를 얻다

> ▶ post the job 결원이 있음을 게시하다
> ▶ challenging job 도전적인 일
> ▶ do a good job 잘해내다

The printers have assured us that they will **do a good job** on the overseas brochures. 그 인쇄업자는 해외용 상품 광고책자를 잘 찍어내겠다고 우리를 안심시켰다

**004**

## lay the blame on …에 책임을 전가하다

> ▶ lay the blame on another 잘못을 타인의 탓으로 돌리다

The bad student tried to **lay the blame on** his sister, but the teacher did not buy his story. 그 불량 학생은 책임을 자신의 누이에게 씌웠지만 선생님은 그 학생의 이야기를 받아들이지 않았다.

**005**

## suit one's budget …의 예산에 맞추다

The young student told her mother that the small apartment **suited her budget.** 젊은 학생은 어머니에게 그 조그만 아파트가 자신의 예산에 적절하다고 말했다.

# please be advised that~ …이라는 점을 알아두시기 바랍니다

▶ be well-advised to …하는 것이 현명하다

All employees **are advised to** stay in the building until the thunder and lightening subsides. 직원들은 모두 천둥과 번개가 그칠 때까지 건물에 머물러 계십시오.

# go out of business 파산하다

▶ go out of business overnight 하루아침에 파산하다
▶ go bankrupt 파산하다

Our company **went out of business** last year and had a special liquidation sale. 우리 회사는 작년에 폐업을 하게 되어서 특별 폐업정리 세일을 했어.

# commitment to~ …하겠다는 약속

COMMITMENT

▶ make a commitment to + V …에 마음을 쏟다, 헌신하다
▶ have a commitment to + V …할 책임[책무]가 있다

We've **made a commitment to** provide the best possible service to our valued customers. 우리는 열과 성을 다해 귀중한 고객들에게 가능한 최상의 서비스를 하겠다고 다짐했습니다.

# work overtime 시간외로 일하다

OVERTIME

▶ rate sb's work 업무를 평가하다
▶ pay overtime 초과근무수당을 지급하다
▶ day to day operation 일상업무

Although we consistently **work overtime,** we are paid the same as the employees who never stay late. 우리는 계속해서 시간외로 일하지만 야근을 하지 않는 직원들과 똑같은 임금을 받는다.

According to the company handbook, the office manager is in charge of the firm's **day to day operations.** 회사 안내서에 의하면, 사무실장이 그 회사의 일상 운영을 담당하고 있다.

# boast one of the largest customer bases 최대의 고객층을 자랑하다

▶ expand one's customer base …의 고객층을 확대하다
▶ build a solid client base 탄탄한 고객층을 구축하다

The company **boasts one of the largest customer bases** in the world. 그 회사는 세계에서 고객층이 제일 넓다고 자랑한다.

011

# new lineup of~ …의 새로운 제품군

▶ order top-of-the-line products 최고급의 상품들을 주문하다

Ford's **new lineup of** pickup trucks is the best the company has introduced in many years. 포드 社의 새로운 픽업트럭군은 동사(同社)가 수년에 걸쳐 내놓은 것 중 최고의 것이다.

012

# raise interest rates 금리를 인상하다

▶ charge high interest rates 고이율을 부과하다
▶ lower interest rates 이자율을 낮추다
▶ raise interest rates on loan 대출에 대한 이율을 올리다

The company decided to **charge its customers very high interest rates** on all outstanding balances. 회사는 고객의 미결제액에 대해서 모두 고금리를 부과하기로 결정했다.

013

# pay the retail price 소매가로 구매하다

▶ be better suited for the American retail market 미국 소매시장에 더 적합하다
▶ stop to visit another retailer 다른 소매점을 방문하기 위해서 멈추다

Since we are buying in such large volumes, we should not **be paying the retail price.** 우리는 대량으로 구매하고 있기 때문에 소매가로 구매해서는 안 된다.

In the last few years, **the wages for retail sales people have been frozen.** 지난 몇 년 새 소매점에서 일하는 직원들의 임금이 동결된 상태이다.

014

# conduct the interview 면접을 행하다

▶ schedule an interview with …와의 면접 일자를 잡다
▶ interview a couple of candidates 두 세 명의 지원자를 면접하다

We will **conduct the interview** behind closed doors in order to protect the witness. 우린 목격자를 보호하기 위해서 비공개로 인터뷰를 할 것이다.

015

# at an affordable cost 적당한 가격에

▶ offer clean rooms at affordable rates 합리적인 가격에 깨끗한 방을 제공하다

The new restaurant offers service and quality at an affordable price. 새 레스토랑은 합리적인[적당한] 가격에 양질의 음식과 서비스를 제공한다.

## 016
# invest in stock 주식에 투자하다

> ▶ invest in fixed assets 고정자산에 투자하다
> ▶ perform investment analysis 투자분석을 하다

If you want to invest money in stocks, you should know the risks that are involved. 돈을 주식에 투자하고 싶다면 거기에 따르는 위험을 알아야 한다.

## 017
# attend a job interview 취직면접을 보다

> ▶ do a personal interview 개인면접을 보다
> ▶ prepare for an interview 면접을 준비하다
> ▶ present oneself at an interview 면접에서 자신을 표현하다
> ▶ score more points in the interview 면접에서 더 많은 점수를 따다

He always prepares for an interview by getting a good night's sleep and wearing his lucky tie. 그 남자는 항상 밤잠을 잘 자고 자신의 행운의 넥타이를 매는 것으로 면접 준비를 한다.

## 018
# cost a lot of money 큰 돈이 들다

Although this new house is absolutely gorgeous, it certainly must have cost her a lot of money. 이 새 집은 정말 멋지지만, 분명 그 여자는 이 집을 사느라 돈이 많이 들었을 거야.

## 019
# be on the decrease 감소하고 있다

The demand for hula-hoops has been on the decrease since the fifties. 훌라후프에 대한 수요가 50년대 이래 감소추세에 있다.

## 020
# check with his associate 동료와 의논하다

The man had to check with his associate before he could sign the contract. 그 남자는 계약서에 서명하기 전에 동료와 의논해야 했다.

## 021
# approximate number of …의 대략적인 숫자

> ▶ approximate waiting time 대략적인 대기 시간

I believe that the approximate number of staff members is around 35, but I am not really sure. 직원은 대략 35명 정도 되는 것 같은데, 장담은 못하겠네요.

**6**

# attend an appointment 약속장소에 가다

▶ attend an appointment for a medical check-up 정기 건강검진 예약에 가다

▶ attend a meeting of economic leaders 경제 지도자들의 회의에 참석하다

I have to **attend an appointment** in Toronto this weekend to discuss the future of the sales division. 나는 이번 주말 토론토에서 영업부의 장래를 의논하는 약속장소에 가봐야 한다.

# complete loan application 대출 신청서를 작성하다

▶ administrate loan portfolio 대출 금융자산을 관리하다

▶ loan document 융자서류

The loan officer had his secretary **type up the loan document** and deliver it to the young couple. 대부담당 관리는 비서에게 대출서류를 타이핑해서 젊은 부부에게 보내도록 하였다.

# lower the fat content 지방성분을 낮추다

▶ lower a high cholesterol level 높은 콜레스테롤 레벨을 낮추다

Most oil companies are expected to follow suit and **lower petrochemical prices.** 석유회사들은 대부분 다른 회사가 한 것에 따라 석유화학제품 가격을 내릴 것으로 전망된다.

# take the initiative 주도권을 쥐다, 선수를 치다

Overall you're doing a very good job. You **take initiative** and are thorough in your work. 전반적으로 당신은 잘하고 있습니다. 당신은 당신의 업무에 주도권을 잡고 있고 철저합니다.

# sign an agreement 협정에 서명하다

▶ be signed in the presence of a notary public 공증인의 입회 하에 서명되다

▶ be close to agreement on~ …에 대한 합의에 근접하다

We'll need to **sign an agreement** before I can send you any of my written ideas. 당신에게 서면으로 내 아이디어를 조금이라도 보내려면 계약에 서명해야 합니다.

# sell an advertisement 광고를 유치하다

▶ solicit advertisers 광고주에게 광고를 얻으러 다니다

The young university graduate was honored to have been given a job **selling ads** for a newspaper. 그 젊은 대졸자가 신문에 광고들을 유치하는 일자리를 얻는 명예를 차지했다.

# face the challenges 도전에 직면하다

▶ face increasing competition 더욱 치열한 경쟁을 맞다
▶ face increasingly fierce competition 점점 더 치열한 경쟁에 직면하다

The company will **face increasing competition** from foreign imports from next quarter. 그 회사는 다음 분기부터 외국상품들과의 더욱 치열한 경쟁에 직면하게 될 것이다.

# late filing fee 제출이 늦은 서류에 부과되는 연체료

▶ annual membership fee 연(年)회비
▶ pay a late filing fee 제출이 늦은 서류에 부과되는 연체료를 납입하다

Don't forget that there will be **a late filing fee** if you don't fill out the forms by the end of the week. 이번 주까지 서류를 제출하지 않으시면 연체료가 부과된다는 것을 잊지 마십시오.

# follow the directions 지시를 따르다

Please make sure you **follow the directions** exactly as they are stated on the package. 반드시 포장지에 적힌 대로 정확하게 지시에 따라 주십시오.

Consultative
sales

031
## exceed expectations 기대한 것을 넘다

> ▶ fulfill expectations 기대를 충족시키다
> ▶ measure up to expectations 기대에 부응하다
> ▶ exceeded expectations 높은 기대

This visit fulfilled my expectations, and I will definitely be back again next year. 이번 방문이 내 기대를 충족시켜 주었기에 내년에도 꼭 다시 올 것이다.

032
## assume no responsibility for~ ···에 대한 책임이 없다

The publisher assumes no responsibility for the care and return of unsolicited materials. 출판사는 원하지 않는 자료의 처리와 반송에 대한 책임을 지지 않는다.

033
## evaluate customer service 고객 서비스를 평가하다

SUPPORT CALL CENTER

> ▶ evaluate sb's historical performance 과거의 성과를 평가하다
> ▶ provide exceptional customer service 특별한 고객 서비스를 제공하다

Many teachers at the university were disappointed when they were told that the school was going to evaluate their writing skills. 그 대학의 교수들 중에는 학교가 자신들의 작문능력을 평가할 거라는 말에 낙담한 사람들이 많았다.

034
## contact one's representative ···의 담당자에게 연락하다

Please contact your representative in order to receive your free gift. 경품을 받으려면 담당자에게 연락하세요.

035
## make a dinner reservation for ···를 위한 저녁식사를 예약하다

> ▶ reserve a table for two for tonight 오늘 저녁 2인분의 테이블을 예약하다
> ▶ reserved seat (식당, 극장 등의) 예약석

When do you expect to receive written confirmation of our reservation? 예약이 되었다는 서면 확인서를 언제 받게 되어있나요?

# income tax return 소득세 신고(서)

> ▶ file income tax returns 소득세 신고(서)를 제출하다
> ▶ get this tax return finished 납세신고를 마치다

I had to pay an exorbitant fee last year because I was late filing my income tax return. 나는 작년에 소득세 신고서를 늦게 제출해서 엄청난 벌금을 지불해야 했다.

# run a check 조사하다, 확인하다

The private investigator called his friend at the FBI and asked her to run a check on a license plate. 그 사립 탐정은 FBI에 있는 자기 친구에게 전화하여 자동차 번호판 하나를 확인해 달라고 부탁했다.

# ship the product 제품을 선적하다

> ▶ choose a shipping method 배송방법을 선택하다
> ▶ cover the cost of shipping the product 상품의 배송비를 부담하다
> ▶ be loaded onto the ship 선박에 선적되다

The company wanted to ship the product to its subsidiary in New York. 그 회사는 뉴욕에 있는 지사로 제품을 선적해 보내려고 했다.

The shipment documents were attached to the crates, and the crates were loaded onto the ship. 선적 서류는 나무 상자에 부착되었고, 그 상자는 배에 실렸다.

# sign the contract 계약서에 서명하다

> ▶ sign up for 등록을 신청하다
> ▶ sign up for the computer seminar 컴퓨터 세미나에 등록하다
> ▶ work under contract with~ …와 계약 상태에 있다
> ▶ put a draft contract together 함께 계약서 초안을 준비하다

Mr. Daniels had to sign a written contract before he could begin working at XYZ Corp. 다니엘즈 씨는 XYZ 社에서 일을 시작하기 전에 서면계약서에 서명해야 했다.

# be staffed by …에 의해 직원을 충당하다

> ▶ hire new staff 새 직원을 고용하다
> ▶ necessitate additional staffing 추가로 인원을 더 필요하게 만들다

**6**

UNIT

Staffing the new plant was the president's top priority. 새 공장에 직원을 충원하는 것이 사장의 최대 선결과제였다.

The cafeteria in the retirement home was staffed by volunteers from the community. 그 양로원의 식당은 그 지역사회의 자원봉사자들로 직원을 충당했다.

041

# stand a chance against~ 승산이 있다

▶ stand to reason 이치에 맞다

The weight lifter didn't stand a chance against all of the stronger contestants. 그 역도 선수는 온통 자기보다 강한 경쟁자들과 겨루어야 했기에 승산이 없었다.

042

# take steps 조처를 취하다

▶ take active measures to~ …하기 위해 적극적인 조치를 취하다
▶ prepare appropriate measures 적절한 대책을 세우다

We are taking steps to resolve the conflict between management and labor. 우리는 노사간의 갈등을 해결하기 위한 조처를 취하고 있는 중이다.

043

# have sth in stock …을 재고로 보유하고 있다[재고가 있다]

▶ stock the shelves with~ 선반에 …을 쌓아두고 있다

We have three Volvo station wagons in stock right now. 우리는 현재 볼보 스테이션 왜건 3대를 재고로 가지고 있다.

044

# make a suggestion 제안하다

▶ accept the suggestions for …에 대한 제안들을 받아들이다
▶ a good suggestion 훌륭한 제안

The secretary accepted the suggestions for the new office layout. 비서는 새로운 사무실 배치에 대한 그 제안들을 받아들였다.

045

# supply and demand 수요와 공급

▶ send the purchase order to a supplier 공급자에게 구매주문서를 보내다

Many economic theories are based on the concept of supply and demand. 경제 이론들 중에는 수요와 공급의 개념에 그 기초를 둔 것이 많다.

### 046
# levy a tax on 세금을 부과하다

▶ levy an import tax on~ …에게 수입세를 부과하다

The government has decided to **levy an import tax on** all electronic goods manufactured in Japan. 정부는 일본산 전자제품에 대해 모두 수입세를 부과하기로 결정했다.

### 047
# start a business 사업을 시작하다

▶ have a solid business plan 확고한 사업계획을 가지고 있다
▶ develop a business plan 사업계획을 세우다

Four of the top students at Harvard decided to quit school and **start a business.** 하버드의 상위 등급 학생들 중 4명이 학교를 그만두고 사업을 시작하기로 결심했다.

### 048
# pay a toll 요금을 지불하다

The company's driver had to **pay a toll** when he drove across the bridge. 그 회사의 운전기사는 차로 다리를 건너갈 때 통행료를 지불해야 했다.

### 049
# transfer property to …에게 재산을 양도하다

▶ lease out property 부동산을 임대하다
▶ cause considerable property damage 상당한 재산손해를 야기하다
▶ value the properties 재산의 값을 매기다

The old man **transferred all his property to** the church before he died. 노인은 죽기 전에 자신의 전 재산을 교회에 양도했다.

### 050
# keep track of every single package 모든 소포의 경로를 추적하다

▶ lose track of one's phone number …의 전화번호를 잃어버리다

I think we need to **keep track of how much** is being spent when ordering new office supplies. 우리는 사무용품을 새로 주문할 때 비용이 얼마나 들어가고 있는지 파악하고 있어야 한다고 생각합니다.

### 051
# complement each other 상호 보완하다

▶ complement the system 체계를 보완하다
▶ complement the decor 장식을 추가하다

Steve bought a new jacket and shirt that complement each other. 스티브는 서로 한 벌을 이루는 새 재킷과 셔츠를 샀다.

The kitchen table and chairs complement each other beautifully. 그 부엌 테이블과 의자는 서로 아름답게 어우러진다.

## 052
# appoint a special committee to examine sth ···을 검토하기 위해 특별 위원회를 임명하다

▶ be appointed head coach of~ ···의 감독으로 임명되다

The government appointed a special committee to examine the bank's risky investment strategy. 정부는 그 은행의 모험적인 투자전략을 검토하기 위해 특별 위원회를 임명했다.

## 053
# clean out one's garage 차고를 정리하다

▶ clean out the file cabinets 서류정리용 캐비닛을 깨끗이 청소하다

This is the time of year to clean out your garage and have a tag sale at your house. 너희 집 차고를 정리해서 중고 가정용품 세일을 해야 할 때가 돌아왔구나.

## 054
# break off negotiations 협상을 중단하다

The UAW union has broken off negotiations with Ford and intends to call a general strike by Friday. 미국 자동차 노동조합은 포드와의 협상을 중단했으며 금요일까지 총파업을 선언하려한다.

## 055
# apply for a commercial loan 상업차관을 신청하다

▶ issue commercial paper 기업어음을 발행하다

The bank manager was famous for his ability to judge the quality of each company that applied for a commercial loan at his bank. 은행지점장은 단기영업자금 융자를 신청하는 회사의 상태를 판단하는 능력이 뛰어난 것으로 유명하다.

## 056
# upgrade facilities 설비를 개선하다

▶ upgrade a system 시스템을 개선하다
▶ upgrade plant equipment 공장 설비를 개선하다

The system will be upgraded sometime before the end of this year. 금년말 이전에 시스템이 업그레이드될 것이다.

## 057
# waste electricity 전력을 낭비하다

▶ avoid waste 낭비를 피하다
▶ waste of time 시간 낭비

Try not to **waste electricity** while you live here. 여기서 사는 동안 전기를 아껴 쓰도록 해라.

## 058
# accept the deal 거래를 수용하다

▶ accept the offer 제의를 받아들이다

We decided not to **accept the deal** until we find out more about the company. 그 회사에 대해 좀더 알아본 다음에 그 거래를 승인할 지 여부를 결정하기로 했다.

## 059
# cut costs 비용을 절감하다

▶ keep costs down 비용을 억제하다
▶ cost of living 생활비
▶ seek ways to cut costs 비용을 절감할 방법을 찾다

If we **keep our costs down,** we will survive the current economic depression. 원가를 계속 절감해 나가면 현 경기 침체에서도 살아남을 수 있을 것이다.

## 060
# write a check 수표를 발행하다

▶ make out a check 수표를 발행하다

I think I'll **write a check** and have you mail it today. 수표를 발행해줄테니 오늘 그것을 우편으로 부치세요.

061
## accomplish a task 업무를 완수하다

> ▶ accomplish one's purpose 목적을 달성하다

To **accomplish their purpose** of cutting costs, Microsoft has announced that they are downsizing next year. 원가절감의 목표를 달성하기 위해 MS 社는 내년에 감원을 하겠다고 발표했다.

062
## withdraw one's resignation 사표를 철회하다

> ▶ withdraw from school …를 퇴학시키다
> ▶ withdraw from a competition 시합을 기권하다

The president **withdrew his resignation** after seeing the workers' support for him. 사장은 직원들이 자신을 지지하는 것을 보고 사임의사를 철회했다.

063
## accommodate several hundred guests 수백 명의 손님을 수용하다

> ▶ arrange for overnight accommodations 하루 밤 숙소를 잡다

Arranging **accommodations for the conference** will be difficult because many of the hotels are already full. 많은 호텔들이 이미 만원이기 때문에 회의를 위해 숙박시설을 마련하는 것은 어려울 것이다.

064
## open an account 계좌를 트다

> ▶ open an account at the bank 은행에서 계좌를 개설하다
> ▶ close one's account 은행계좌를 닫다
> ▶ interest earning account 이자가 붙는 계좌

In order to **open an account** at the bank, you must provide the teller with two pieces of identification. 은행에 구좌를 개설하기 위해서는, 출납원에게 신분 증명서 두 종류를 제시해야 한다.

**065**

## quit[leave] one's current job 현재 다니고 있는 직장을 그만두다

After giving it a lot of thought, the man decided to quit his current job and look for work in a foreign firm. 오랜 숙고끝에 그 남자는 현직장을 그만두고 외국인 회사의 일을 찾기로 결심했다.

**066**

## course of action 행동방침

▶ pursue a course of action 행동방침에 따르다

The professional consultant will help you determine which course of action will best meet your needs. 전문 컨설턴트는 당신의 욕구를 충족시킬 수 있는 가장 적절한 행동방침을 결정하도록 도와줄 것이다.

**067**

## extend the deadline 마감일을 연장하다

▶ be extended automatically 자동으로 연장되다

The publisher extended the deadline for the article until tomorrow. 출판업자는 내일까지 그 기사의 마감 기일을 연장시켰다.

**068**

## place an advertisement 광고를 내다(place an ad)

▶ advertise sales 할인판매를 광고하다

It is relatively inexpensive to place an advertisement in most local newspapers. 지역신문은 대부분 광고 게재 비용이 비교적 저렴하다.

**069**

## review the future agenda 향후 할 일을 검토하다

▶ on the agenda 안건에 올라와 있는
▶ put sth on the agenda …을 안건에 올리다

The management team planned to hold a meeting to review the future agenda of the company. 경영팀은 회사의 장래 사업건을 재검토하기 위해 회의를 열기로 했다.

**070**

## be in the market for …을 사려하다

▶ come on the market 출시되다, 시장에 나오다

Our company is always in the market for new and innovative ideas. 우리 회사는 항상 새롭고 혁신적인 아이디어들을 구한다.

# in the final analysis 결국, 최종적으로

▶ recent analysis shows that~ 최근 분석에 따르면…

In the final analysis, consumers choose the shape and size of the package. 결국에는 소비자들이 포장의 모양과 크기를 선택하게 된다.

# annual sales volume 연간 판매량

▶ increase sales and improve service 판매를 증진시키고 서비스를 향상시키다

Our representative in Germany reported that his sales volume rose by five percent last month. 독일의 우리 대리점은 지난달 판매가가 5% 증가했다고 보고했다.

# equipment upgrade measures 설비 개선 조치

▶ upgrade one's equipment 설비[장비]를 개선하다

The company is searching for a qualified contractor to come in and assess the proper equipment upgrading measures that the company should take. 그 회사는 설비를 개선해야 하는데, 어떻게 해야 되는지 와서 보고 진단해 줄 자격있는 업체를 물색중이다.

# make[fix] an appointment 약속을 잡다

▶ make an appointment to discuss sth …을 논의할 약속을 잡다[일정을 잡다]
▶ have an appointment with sb …와 만날 약속이 있다
▶ cancel an appointment 약속을 취소하다
▶ keep[break] an appointment 약속(시간)을 지키다[어기다]

Your client just called to make an appointment to discuss them. 그것들을 논의할 약속을 잡기 위해 당신의 고객이 방금 전화했습니다.

The man was not able to attend the appointment that he had previously scheduled because he was in the hospital. 그 남자는 병원에 입원했기 때문에 이전에 일정을 잡아두었던 약속에 나갈 수 없었다.

# go over the conference agenda 회의일정을 검토하다

Video Conference

▶ reserve the conference center 회의장 건물을 예약하다
▶ hold a general conference 총회를 개최하다
▶ issue on the conference packet 회의 자료에 대한 주제

Do you have five minutes to go over the conference agenda? 5분 정도 시간을 내서 회의 일정을 검토해 주시겠어요?

**076**

# assets and liabilities 자산 및 부채

▶ **preserve one's assets** …의 자산을 지키다
▶ **transfer assets to one's account** …의 계좌로 자산을 이체하다

They will need to see a detailed list of all of **your available assets.** 그 사람들은 귀사의 이용가능 자산을 모두 자세히 살펴봐야 할 거예요.

**077**

# handle the new order 새로운 주문을 처리하다

▶ **handle the shipment** 배송을 처리하다

We can probably **handle the new order** if we increase capacity and hire more workers. 우리가 생산 시설을 늘리고 더 많은 직원을 고용한다면 아마 새로운 주문을 처리할 수 있을 것이다.

**078**

# due to inclement weather 궂은 날씨 때문에

▶ **weather permitting** 날씨가 허락한다면
▶ **according to the latest weather forecast** 최신 일기예보에 따르면

The tennis match was postponed **due to inclement weather.** 테니스 경기가 궂은 날씨 때문에 연기되었다.

**079**

# call up some of my connections 거래처들 몇 군데에 전화하다

▶ **cultivate business connection** [단골] 거래선을 발굴하다
▶ **build up his Asian business connections** 아시아 지역에서 사업 거래선을 구축하다

The former Minister of Trade was asked to consult on the project because of his many **business connections** around the world. 전 통상장관은 전세계적으로 많은 사업 거래선이 있기 때문에 그 프로젝트에 대한 컨설팅을 요청받았다.

**080**

# acquire a company 회사를 인수하다

▶ **propose the acquisition of~** …의 인수를 제안하다
▶ **complete the acquisition of ~** …의 인수를 마치다

United Produce, one of the country's largest wholesale food distributors, announced that it was entering into talks to **acquire the Pasta House,** a local restaurant chain. 그 나라의 가장 큰 식료품 도매 배급 업체의 하나인 유나이티드 프로듀스는 지역 레스토랑 체인점인 파스타 하우스 인수를 위한 협상을 시작할 것이라고 발표했다.

## 081
# make[strike] a bargain 거래를 맺다

> ▶ have a very special bargain 매우 특별한 거래를 하다
> ▶ drive a hard bargain 유리한 조건으로 거래하다

He will need to **make it a real bargain** before anyone makes an offer on it. 그 사람은 다른 사람이 제의해 오기 전에 실질적인 거래를 맺도록 해야 할 겁니다.

## 082
# improve retirement benefits 퇴직 혜택을 향상시키다

> ▶ cafeteria-style benefits plan 선택형 복리후생제도

The company's **retirement benefits** have always been the best in the industry. 그 회사의 퇴직 수당은 업계에서 항상 최고였다.

## 083
# use discretion 신중을 기하다

> ▶ rely on one's discretion …의 판단에 의지하다
> ▶ leave the matter to one's discretion …의 생각대로 하다
> ▶ due to the lack of discretion 부덕함 때문에

The secretary was told that she should **use discretion** when talking about sensitive company issues. 비서는 민감한 회사 사안에 대해 말할 때 신중을 기해야 한다는 말을 들었다.

## 084
# implement our proposal 우리의 제안을 이행하다

> ▶ implement the new marketing plan 새로운 마케팅 계획을 실행하다
> ▶ implement a risk reduction plan 위험축소 계획을 이행하다
> ▶ implement one's suggestions …의 제안을 이행하다

We needed governmental approval to **implement our proposal.** 우리는 우리의 제안을 이행하기 위해 정부의 승인을 필요로 했다.

## 085
# attract attention …의 관심을 끌다

> ▶ attractive offers 제시된 좋은 조건
> ▶ attract new investors 새로운 투자자를 유치하다
> ▶ attract attention to one's business …의 사업에 관심을 집중시키다

The robbers did not want to **attract a lot of attention to** themselves when they were in the bank. 강도들은 은행 안에서 사람들의 관심을 많이 끌지 않으려고 했다.

# bill of sale　매도(賣渡) 증서, 구입 영수증

A bill of sale is a legal document signifying the transfer of money for goods. 매도증은 상품에 대해 돈을 지불했다는 것을 의미하는 법적인 문서이다.

# have an extensive collection of~　…의 광범위한 수집을 하다

> ▶ extensive distribution network 광범위한 유통망

She has quite an extensive collection of Japanese swords. 그녀는 매우 다양한 일본도(刀) 수집품들을 소장하고 있다.

# be happy with one's financial rewards　…의 재정적 보상에 만족하다

> ▶ reward the outstanding employees 뛰어난 직원에게 포상하다
> ▶ give many rewards to~ …에게 많은 보수를 지급하다

Are you already at the top in your field, but not happy with your financial rewards? 당신은 이미 당신 분야에서 최고 자리에 있지만 금전적인 보상에 만족하지 못하고 있는가?

# bill sth to sb's credit card　…을 ～의 신용카드로 청구하다

> ▶ purchase sth on credit …을 외상으로 구입하다

The manager asked his doctor to bill the cost of the checkup to his credit card. 부장은 의사에게 검진비용을 신용카드로 청구해달라고 했다.

# cut corners　(노력 · 비용 따위를 줄이기 위해) 대충하다

Our budget was slashed so we had to cut corners on a lot of projects. 우리의 예산이 삭감되었기 때문에 우리는 많은 프로젝트 비용을 줄여야 했다.

091
## be named chief executive 사장에 임명되다

> ▶ be governed by executive board of directors 중역회의에 의해서 운영되다
> ▶ serve as an executive director 이사를 맡다

Who is making the first presentation **at the executive meeting** on Tuesday? 화요일 중역 회의에서 누가 제일 먼저 발표를 하죠?

092
## clear out …을 처리하다

> ▶ clear the accident 사건을 해결하다
> ▶ clear the way …을 가능하게 하다

Sometimes, we have to lower prices in order to **clear out inventory.** 어떤 경우에는 재고를 처리하느라 가격을 낮춰야만 하는 때가 있다.

093
## remit one's bill …의 청구된 금액을 보내다

The couple **remitted their bill** to the credit department in order to rectify the situation. 그 부부는 일처리를 깨끗하게 하려고 청구된 금액을 신용담당 부서에 보냈다.

094
## hit bottom 최악의 바닥 시세에 이르다

> ▶ bottom out 바닥에서 벗어나 상승하기 시작하다

It seems that his company has finally **hit bottom** and will have to go bankrupt. 그 사람이 운영하는 회사는 마침내 최악의 상태를 맞이해 파산하지 않을 수 없을 것 같다.

095
## approve a constitution 헌법을 승인하다

> ▶ constitute a monopoly of the market 시장에 대한 독점에 해당하다
> ▶ constitute a standing committee 상임위를 구성하다

434

Many of the items appearing in this catalogue are sample products of Barton Marketing clients. However, their presence in the catalogue does not constitute the endorsement of the company. 이 카탈로그에 나와있는 많은 품목들은 바톤 마케팅社 의뢰인들의 견본 상품들이다. 하지만 그 카탈로그에 실려있다고 당사가 보증하는 것은 아니다.

096
# budget one's time 시간계획을 세우다

Time is money

> budget our time carefully 시간 계획을 신경 써서 세우다

We decided to budget our time carefully during our summer vacation. 우리는 여름휴가기간 동안의 시간 계획을 신경을 써서 세우기로 결정했다.

097
# bulk mail permit 대량우편물허가

We have a bulk mail permit at our company that allows us to mail flyers at a reduced rate. 우리 회사는 할인 가격으로 우편물 발송을 해주는 대량우편물허가를 가지고 있다.

098
# deliver the merchandise 상품을 배달하다

> unload the merchandise 제품을 내리다
> place the merchandise into paper bags 제품을 종이가방에 넣다

The driver failed to deliver the merchandise on time to the department store. 운전 기사는 백화점에 제시간에 상품을 배달하지 못했다.

099
# expand business 사업을 확장하다

> be still in business 여전히 사업을 하다

The boss decided to take out a loan and use the money to expand his business. 사장은 대출을 받아 그 돈으로 사업을 확장할 것을 결정했다.

100
# do business with …와 거래[사업]하다

> on business 업무차
> on a business trip 출장차
> go on a business trip to Japan 일본으로 출장 가다

Our company is not allowed to do business with anyone residing in Cuba. 우리 회사는 쿠바에 거주하는 사람과 사업을 하지 못하게 되어 있다.

## 101
# contract a disease 질병에 감염되다

It is imperative that you use a condom during sex if you do not want to **contract a disease.** 질병에 감염되고 싶지 않다면 섹스중에 반드시 콘돔을 착용해야 한다.

## 102
# call in sick 전화로 병결을 알리다

She told me that Bill **called in sick** this morning. 그 여자는 내게 빌이 오늘 아침에 아파서 결근한다는 전화를 했다고 말해 주었다.

## 103
# fill out embarkation card 출국신고서를 작성하다

> ▶ fill out export documents 수출서류를 작성하다

You must be sure to **fill out your disembarkation card** before getting off of the airplane. 여러분들은 비행기에서 내리시기 전에 반드시 입국신고서를 작성하셔야 합니다.

## 104
# give the exclusive right to~ …에게 독점권을 주다

> ▶ hold the exclusive right to operate tours 관광을 관할하는 독점권을 가지다

We **have been given the exclusive right to** market the product in Asia. 아시아에서 그 상품에 대한 독점 판매권이 우리에게 주어졌다.

## 105
# begin one's career 전문 직업에 처음으로 발을 내딛다

> ▶ build a successful career 성공적인 경력을 쌓다

The young university graduate was hired by a prestigious firm and was about to **begin his career.** 그 젊은 대학 졸업생은 유수한 회사에 고용되어 이제 막 사회생활을 시작하려 하는 찰나였다.

## 106
# carry forward[over] 차기로 이월하다, 계속 진행해 나가다

> ▶ carry forward to next year 다음 년도로 이월하다
> ▶ be moved forward (…일이) 앞당겨지다

For nonresidential customers, the charge is applied to any unpaid balance **carried forward** to next month's bill. 비거주자들에게는 미납액이 다음달 청구서에 이월되어 요금이 청구됩니다.

The closing date has to **be moved forward** by at least one month, or we will have to stay in a hotel. 계약 체결일을 최소한 한달 앞당겨야지, 그렇지 않으면 우리는 호텔에 남아있어야 할 것이다.

# withdraw cash 현금을 인출하다

> ▶ overdraw one's bank account …의 예금을 초과 인출하다
> ▶ check the account balance 계좌 잔액을 점검하다
> ▶ cash a check 수표를 현금으로 바꾸다

The account was overdrawn for more than three months before the man made a deposit. 그 계좌는 남자가 입금을 하기 전에 세 달 이상 초과인출 상태였다.

You must have at least two forms of photo identification in order to cash a check at Citibank. 시티은행에서 수표를 현금으로 바꾸려면 사진이 붙은 신분증이 적어도 두 종류가 필요하다.

# lower trade barriers 무역장벽을 낮추다

> ▶ experience a trade deficit 무역적자를 겪다
> ▶ negotiate the new trade agreement 새로운 무역협정에 합의하다

Our reports show that Canada has been experiencing a trade deficit for the last six months. 우리 보고서에 의하면 캐나다는 지난 6개월 동안 무역적자를 겪고 있다.

# charge to sb's credit card 신용카드로 결제하다

> ▶ pay with cash or credit card 현금이나 신용카드로 계산하다
> ▶ order sth with a credit card 신용카드로 …을 주문하다
> ▶ make debit card purchases 직불카드로 구매를 하다

The manager asked his doctor to bill the cost of the checkup to his credit card. 부장은 의사에게 검진비용을 신용카드로 청구해달라고 했다.

I authorize you to bill my credit card account in the amounts listed above. 나는 당신이 위에 기재된 금액을 나의 신용카드계좌로 청구하는 것을 허가한다.

# run a business 사업을 경영하다

> ▶ run the company 회사를 운영하다
> ▶ run a business successfully 사업체를 잘 경영하다
> ▶ create a company 창업하다

In order to run a business successfully, you must have ambition, intelligence, and support. 사업을 성공적으로 경영하기 위해서는, 야망, 지성, 그리고 후원이 있어야만 한다.

The manager wanted to find someone to run the company after he retired. 그 경영자는 자신이 은퇴한 뒤에 회사를 운영할 사람을 찾고 싶어.

## 111
## offer more generous benefits than any other company 다른 어떤 회사보다도 관대한 복지 혜택을 제공하다

> ▶ a competitive benefits package 경쟁력 있는 복지 혜택
> ▶ receive full medical benefits 전면의료보장을 받다

Brandon Dairy supposedly offers more generous benefits than any other company in the community. 브랜든 유업은 추측 건대, 그 지역사회의 어떤 다른 회사 보다도 관대한 혜택을 제공한다.

## 112
## come clean about the defect 결함이 있다는 것을 인정하다

Our company should come clean about the defect in the manufacture of our product. 우리 회사는 제품을 제조하는데 있어 결함이 있었다는 것을 인정해야 한다.

## 113
## issue a credit card 신용카드를 발급하다

> ▶ renew a credit card 신용카드를 갱신하다
> ▶ apply for a credit card through this bank 은행을 통해서 신용카드를 신청하다
> ▶ cancel one's credit card immediately …의 신용카드를 즉시 취소하다

The bank issued a replacement credit card after receiving notification that the client's card had been lost. 그 은행은 고객의 카드 분실신고서를 접수한 후 신용카드를 재발급했다.

## 114
## close a deal with …와 거래를 매듭짓다

> ▶ close[cut] a deal 계약을 체결하다
> ▶ close a contract 계약을 체결하다
> ▶ conclude a deal 계약을 마무리 짓다

Please try to close the contract before midnight tonight. 오늘 자정 전으로 계약을 체결하도록 해 주세요.

If you can't close a deal, you don't belong on our team of sales associates. 거래를 마무리 지을 수 없다면 당신은 우리 영업팀의 팀원이 될 자격이 없습니다.

115

# codes of ethics 윤리규범

> ▶ follow a dress code 복장규정을 따르다

The code of ethics within this corporation requires all employees to work as a team. 이 회사의 직원들은 모두 하나의 팀에 속한 일원으로 일해야 한다는 사내 규범이 있다.

116

# file for bankruptcy 파산신청을 하다

> ▶ company's bankruptcy 회사의 파산
> ▶ put sth into bankruptcy proceedings …을 파산 절차로 몰아넣다
> ▶ save the company 회사를 살리다

The company's directors decided that it would be in their best interest to file for bankruptcy. 회사의 이사들은 파산을 신청하는 것이 최선책이라고 결정했다.

The company's bankruptcy has hurt many of its parts suppliers and end users. 그 회사의 파산으로 부품 공급업체들과 최종 소비자들이 많이 피해를 입었다.

117

# make oneself clear 분명히 표현하다

> ▶ clear one's throat 목소리를 가다듬다

She cleared her throat several times before beginning her presentation. 그 여자는 발표를 시작하기에 앞서 여러번 목소리를 가다듬었다.

118

# keep up with the competition 경쟁업체에 뒤떨어지지 않는다

> ▶ beat the competitors 경쟁자들을 이기다

The primary goal for our company this year is to beat the competitors in terms of overall sales. 올해 우리 회사의 주 목표는 전반적인 판매액 면에서 경쟁사들을 제압하는 것이다.

119

# devise a plan to~ …하기 위한 계획을 세우다

> ▶ devise an advertising campaign 광고전을 계획하다

The Board of Directors decided to hire an outside consultant to devise a plan to thwart the hostile takeover. 이사회는 적대적인 매수를 좌절시킬 계획을 고안할 외부 컨설턴트를 선임하기로 결정했다.

# complete the task 임무를 완수하다

▶ complete this project on time 프로젝트를 제때 끝내다

The worker was very upset at the fact that he could not **complete the task** assigned to him on time. 그 직원은 자신에게 배당된 일을 제 시간에 완수할 수 없다는 사실에 몹시 초조해 했다.

## 05

NEW
TOEIC VOCA

TOEIC이 좋아하는
# 핵심기출표현 121-150

---

121
# charge a fee[bill] to sb   …에게 요금을 청구하다

> ▶ **charge it on the credit card** 신용카드로 결제하다
> ▶ **credit card charge** 카드 청구액
> ▶ **extra charge[surcharge]** 추가요금

You will **be charged a fee of** ten dollars to your account. 당신 앞으로 요금 10달러를 달아놓겠습니다.

122
# submit one's proposals   제안서를 제출하다

Submit Order

> ▶ **submit the email address** 이메일 주소를 제출하다
> ▶ **submit one's resume online** …의 이력서를 인터넷으로 제출하다
> ▶ **submit expenses for a business trip** 출장경비를 제출하다

The intern was told to **submit a resume,** complete with his achievements. 그 인턴은 학력 및 공로사항까지 완벽히 기재한 이력서를 내라는 얘기를 들었다.

I heard you **submitted your proposal to** the boss this morning. 나는 당신이 오늘 아침에 사장에게 제안서를 제출했다고 들었어요.

123
# consult a doctor   의사의 진찰을 받다

> ▶ **consult a lawyer** 변호사 자문을 구하다
> ▶ **consult a map** 지도에서 찾아보다
> ▶ **consult a physician for some advice** 의사에게 몇 가지 조언을 구하다

You should **consult a doctor** about that problem before it gets worse. 악화되기 전에 그 문제에 대해 의사의 진찰을 받아야 한다.

124
# consumer credit loan   소비자 신용대출

> ▶ **lead to consumer price rises** 소비자 물가 인상의 결과를 낳다

The **consumer credit loan** was extended by the Chase Manhattan Bank in New York City. 이 소비자 신용대출은 뉴욕시의 체이스 맨해튼 은행에서 받은 것이다.

6

# approve the contract 계약을 승인하다

▶ put a draft contract together 계약서 초안을 준비하다

He decided to approve the contract, but only if the new terms were included. 그 남자는 그 계약을 승인하기로 결정했지만, 그것은 새로운 조건이 포함된다는 가정하에서 였다.

# be forced to retain a lawyer 변호사를 고용하도록 강요받다

▶ retain an outside computer firm 외부컴퓨터 업체를 고용하다

We were forced to retain a lawyer so that we could get the charges dropped. 우리는 기소를 정지시키기 위해 변호사를 고용해야만 했다.

# cover the costs of 비용을 부담하다

▶ cover losses 손실을 메우다
▶ have enough to cover expenses 비용을 충분히 충당할 만큼 가지다

We will cover the costs of setting up and housing a 24-hour surveillance team. 우리는 24시간 감시반을 구성하고 숙식을 제공하는데 드는 비용을 부담할 것이다.

# clean toxic waste sites 독성 폐기물을 처리하다

▶ clean the factory floor 공장 작업장을 청소하다

Most people in the company are concerned about the safety of new chemicals available for cleaning toxic waste sites. 회사 사람들은 대부분의 독성 폐기물 처리장용 화학제 신제품의 안전성 여부에 대해 염려하고 있다.

# have a strong currency 통화가 강세이다

▶ currency exchange rate 통화 환율
▶ overall turnout 전체 매출
▶ speculation regarding its currency 환(換) 투기, 환차익을 노린 투기

We feel that the demonstration was a success, however, the overall turnout was disappointing. 우리는 상품 실물선전은 성공적이었다고 생각하지만 전체 매출은 실망스러웠다.

# clear customs 세관을 통과하다

▶ go through customs 세관검사를 받다

**Customs**

▶ customs declaration forms 세관 신고서

▶ be exempt from customs duties 관세가 면제되다

▶ pay a hefty customs duty on~ …에 대한 관세를 엄청나게 많이 물다

We waited in line for three hours to clear customs in Rome. 우리는 로마에서 통관 절차를 마치는데 3시간 동안 줄을 서서 기다려야 했다.

In order to clear customs, you have to fill out a customs declaration form. 세관을 통과하려면, 세관 신고서를 작성해야만 합니다.

131
# be customized to …에 맞춰 주문제작되다

▶ be customized to fit with your workflow 작업의 흐름에 맞춰 주문 제작되다

The equipment was customized to the specifications of the operations manager. 그 장비는 공장장의 설계 명세서에 따라 주문 제작되었다.

132
# credit A with B B에 대한 공을 A에게 돌리다

The company credits their CEO with the integrity to lead them out of debt. 그 회사에서는 회사를 빚더미에서 끌어낸 최고 경영자의 성실성을 높이 평가하고 있다.

133
# under warranty 보증기간이 유효한

▶ be under contract 계약 상태에 있다

Any claim under warranty must be accompanied with a detailed explanation of what caused the defect. 품질 보증에 따라 청구하는 경우에는 어느 것이든 어떻게 해서 결함이 발생했는지 상세한 설명서가 첨부되어야 합니다.

134
# decrease the threat of damage 손해위협을 감소시키다

Recent technological advances have decreased the threat of damage. 최근의 기술적 성과는 손해에 대한 위협을 감소시켰다.

135
# run into a debt 빚을 지다

▶ reduce the amount of debt 부채의 액수를 줄이다

▶ fail to repay a debt 빚을 갚지 못하다

If sales don't start picking up soon, our company is going to run into debt. 조만간 판매가 늘지 않으면 우리 회사는 빚을 지게 될 것이다.

# as an alternative to~ …의 대안으로

> ▸ provide an alternative to sth …에 대한 대안을 제공하다
> ▸ explore and develop alternatives 대체방안들을 연구하고 개발하다
> ▸ alternative sources of energy 대체 에너지원

The Prime Minister prefers train travel **as an alternative to** flying when he has extra time. 수상은 시간적 여유가 있을 때 비행기를 타는 것 대신 기차여행을 선호한다.

# deposit A with B A를 B에게 맡기다

The man went to the hotel to **deposit** his passport **with** the concierge at the front desk. 남자는 호텔로 가서 프런트의 안내 직원에게 여권을 맡겼다.

# pay the difference 차액을 보상하다

> ▸ pay the difference in cash 차액을 현금으로 보상하다

Why don't you put down twenty dollars, and I will **pay the difference?** 20달러를 내면 나머지는 내가 낼게.

# increase employee productivity 직원의 생산성을 증대시키다

A consultant was called in to help **increase employee productivity.** 직원의 생산성 증대를 도울 컨설턴트가 초빙되었다.

# give discounts to 깎아주다

> ▸ get a discount 싸게 사다
> ▸ offer a discount 할인을 제공하다
> ▸ give discounts to the corporate accounts 기업고객에게 할인을 해주다
> ▸ sell it at a discount 할인하여 판매하다

The sales associate was reprimanded for **giving large sales discounts to** his relatives and friends. 그 영업 직원은 자신의 친지와 친구들에게 판매가를 크게 할인해 준 것으로 질책받았다.

The store **offered discount rates to** all of its preferred customers. 그 상점은 우대 고객들에게 모두 가격을 할인해주었다.

141

## draw up a plan 일정표를 짜다

▶ draw up a plan for achieving the goal 목표를 달성하기 위한 계획을 마련하다

▶ draw an entry 입장권을 추첨하다

▶ draw a straight line 일직선을 그리다

The architects **drew up a plan for** the house. 건축가들이 집의 설계도를 만들었다.

142

## recovery in the economy 경기회복

▶ open the economy 경제를 개방하다

▶ economy of scale 규모의 경제

▶ economic downturn 경기후퇴

Our budget for this year has been cut due to **the recent economic downturn** in the industry. 최근 업계에 닥친 경기 후퇴로 인해 올해 우리 회사의 예산이 삭감되었습니다.

143

## draw sb's attention …의 주의를 끌다

I'd like to **draw your attention to** the television screen on my left-hand side. 제 왼쪽에 있는 TV 화면에 주목해 주십시오.

144

## effective way to learn 효과적인 학습법

Listening carefully and taking notes is **an effective way to learn** something. 자세히 듣고 노트를 하는 것은 뭔가를 배우는데 효과적인 방법이다.

145

## improve employee productivity 직원의 생산성을 향상시키다

The company posted record sales and **improved its productivity** this past year. 그 회사는 지난 한해 동안 기록적인 판매를 기록했으며 생산성을 향상시켰다.

146

## explore the importance of~ …의 중요성을 알아보다

▶ explore the impact of inflation 인플레이션의 영향을 조사하다

▶ explore the most cost-effective solutions 가장 비용 효율적인 해결책을 조사하다

We will **explore the impact of inflation on** equity portfolio. 우리는 주식 유가증권 자산들에 대한 인플레이션의 영향을 조사할 것이다.

6

UNIT

# be critical to the success of~ ···의 성공에 중요하다

> ▶ receive critical information 중요한 정보를 얻다

Funding will **be critical to the success of** our business. 자금조달은 우리 사업성공에 매우 중요하다.

# make an engagement with ···와 약속[계약]하다

> ▶ have a speaking engagement 연설하기로 되어 있다

We clearly need to **make an engagement with** our client this weekend to discuss matters. 당연히 이번 주에 고객과 약속해서 문제점을 의논해야 한다.

# give sb an estimate ···에게 견적서를 주다

> ▶ provide the cost estimate 비용 견적을 제공하다
> ▶ estimate the damage 손해견적을 내다
> ▶ estimate for repairing expenses 수리비를 견적하다

The mechanic was supposed to **have an estimate for** the lady by Friday. 정비사는 금요일까지 그녀에게 견적을 내주기로 했었다.

# call the customer service number 고객 서비스 번호로 전화하다

Please wait while I connect you through to a **customer service representative.** 고객 서비스 담당자에게 연결시켜드릴 동안 기다려주시기 바랍니다.

### 151
## exclusive use of ···의 독점 사용

Our company has obtained the exclusive use of the patent until the year 2015. 우리 회사는 그 특허에 대한 독점 사용권을 획득했는데 2015년 이 되면 바뀐다.

### 152
## expand a business 사업을 확장하다

> ▶ expand a small business 소규모 사업을 확장하다
> ▶ expand one's markets and increase sales ···의 시장을 확대하고 판매를 증대시키다
> ▶ expand the product line 제품라인을 확장하다
> ▶ expand the use of technology 기술의 사용을 확대하다
> ▶ finance a business expansion 사업확장에 자금을 대다

He's seriously thinking of expanding his business this coming winter. 그 남자는 이번 겨울에 사업을 확장할 지에 대해 심각하게 고려중이다.

### 153
## highlight the benefits of~ ···의 장점을 강조하다

> ▶ highlight the specific advantages 특정 장점들을 강조하다
> ▶ highlight the important information 중요한 정보를 강조하다

The president tried to highlight the benefits of working for a large conglomerate in her speech. 사장은 연설 중에 대기업에서 일하는 것의 이점을 강조하려 애썼다.

### 154
## misplace one's reservation slip 예약전표를 둔 곳을 잊어버리다

The hotel manager kept apologizing to the young couple for misplacing their reservation slip. 호텔 매니저는 예약전표를 둔 곳을 잊어 버린데 대해 그 젊은 부부에게 계속해서 사과했다.

### 155
## chronic lead exposure 만성적인 납노출

> ▶ TV exposure TV출연
> ▶ exposure to sunlight 햇볕에 쬠

6

> **poorly exposed picture** 촬영할 때 노출이 부족한

Paint made with lead has been banned from use in the US in order to prevent **chronic lead exposure.** 만성적인 납 노출을 예방하기 위해 납으로 만든 페인트는 미국에서 사용이 금지되었다.

156
# tour the facilities 공장을 돌아보다

> **physical facilities** 물리적 편의시설

Please feel free to **tour the facilities** and ask the workers any questions you may have. 자유롭게 공장을 돌아보시고 의문점이 있으시면 뭐든지 일하는 사람에게 물어보십시오.

157
# buy the insurance 보험에 들다

> **purchase insurance** 보험에 가입하다
> **contact the insurance agent** 보험대리인에게 연락하다
> **take out a liability insurance policy** 책임보험에 들다

Don't forget to **buy the insurance** that you need for your trip overseas. 해외 여행을 하는 데 필요한 보험에 드는 것을 잊지 마세요.

158
# file a lawsuit against …에 대해 소송을 제기하다

> **file a complaint** 불만을 제기하다
> **file a complaint to the government** 정부당국에 불만을 제기하다
> **resolve complaints about~** …에 대한 불만을 해결하다

I heard that he **filed a lawsuit against** the doctor due to malpractice. 나는 그 남자가 의료사고에 대해서 그 의사에게 소송을 제기했다고 들었다.

The man went down to the police station to **file a complaint.**
그 남자는 고소를 하기 위해 경찰서로 내려갔다.

159
# lost and found 분실물 보관소

The lost and found is located on the third floor of the building. 분실물 보관소는 건물 3층에 위치해 있다.

160
# follow the directions 지시를 따르다

> **follow suit** 남이 하는 대로 따르다

Most oil companies are expected to **follow suit** and lower petrochemical prices. 석유회사들은 대부분 다른 회사가 한 것에 따라 석유화학제품 가격을 내릴 것으로 전망된다.

# raise funds for ···을 위한 기금을 모으다

**Crowdfunding** & fundraising

> ▶ fund raising drive 기금 모금 운동
> ▶ sponsor a fund-raiser 기금 모금가를 후원하다
> ▶ hold a fund raising campaign 기금 모금[모금 활동의] 만찬을 열다
> ▶ fund raising drive 기금 모금 운동

The company asked its employees to **raise funds for** the orphanage. 회사는 사원들에게 고아원에 줄 기부금을 모으자고 했다.

The cheerleaders **had a fund-raising drive** in order to raise enough money to buy new uniforms. 치어 리더들은 새 유니폼을 살 돈을 모으기 위해서 기금 모금 운동을 했다.

# give a presentation 발표하다

> ▶ make the sales presentation 판매발표를 하다
> ▶ get ready for a presentation 발표할 준비를 하다

**The sales presentation went well** despite the initial problems with the sound system. 판매 발표회는 처음에 음향설비에 문제가 좀 있었지만 잘 진행되었다.

# gain ground 나아지다, 확고한 기반을 쌓다

> ▶ lose ground 명성[신용]을 잃다, 패배하다
> ▶ begin to gain ground 확고한 기반을 쌓다 [세력을 넓히다,나아지다]
> ▶ lay the groundwork 초석을 다지다
> ▶ stand one's ground ···의 입장을 고수하다

If you know that you're right, then be sure to **stand your ground.** 네가 옳다고 생각한다면 입장을 굽히지 마라.

# reveal the groundbreaking news to~ ···에게 엄청난 소식을 발표하다

> ▶ reveal the groundbreaking ideas 획기적인 아이디어를 공개하다

He **revealed the groundbreaking news to** the reporters at the news conference last night. 그 남자는 지난 밤 기자회견에서 기자들에게 엄청난 소식을 발표했다.

6

### 165
## have competitive prices 가격 경쟁력이 있다

I decided to purchase my phone from another company because they have competitive prices and better after-sales service. 나는 다른 회사의 전화기를 구입하기로 결정했어. 그 회사가 상대적으로 가격이 저렴하고 애프터 서비스도 좋거든.

### 166
## conduct a facility visit to the new plant 새 공장의 시설물을 둘러보다

▶ feel free to tour the facilities 마음껏[자유롭게] 시설물을 둘러보다

The office building is equipped with many different recreational facilities. 그 사무실에는 많은 다양한 레크리에이션 시설들이 갖추어져 있다.

### 167
## be honored for one's work …일에 대해 표창받다

HONOR

▶ be highly honored by~ …에 의해 매우 존경받다

The crippled athlete was honored for his courage and strength at the Special Olympics. 그 지체장애 선수는 장애자 올림픽 대회에서 용기와 강한 의지로 표창을 받았다.

### 168
## improve safety features 안전조치를 개선하다

▶ contain a special feature 특별한 특징을 포함하다

The plane comes with a number of unique safety features. 그 비행기에는 독특한 특수 안전장치가 많이 딸려 있다.

### 169
## boost sales and cut costs 판매를 증진하고 비용을 감소시키다

▶ boost the team's productivity 팀의 생산성을 신장시키다

In order to boost our profitability, we have decided to hike our products prices by 13% from next January. 수익성을 높이기 위해 우리는 내년 1월부터 제품가격을 13% 인상시키기로 결정했다.

### 170
## increase profits 이윤을 증대시키다

▶ increase prices 가격을 인상하다
▶ be on the increase 증가 일로에 있다

The manager has decided to increase prices by 10% starting next year. 그 경영자는 내년부터 가격을 10%까지 인상하기로 결정했다.

**171**

## adopt a flexible schedule 일정을 유연하게 조정하다

> ▶ keep one's schedules as flexible as possible ···의 일정을 가능한 한 유연하게 유지하다

When planning a trip, travelers should try to keep their schedules as flexible as possible. 여행계획을 세울 때에 여행자는 가능한 한 가장 융통성 있게 일정을 잡아야 한다.

**172**

## for more[further] information (on) (···에 대한) 상세한 정보를 얻으려면

> For more information on the rapid industrialization of lesser developed countries please call the LDC Information Hot Line. 개발 도상국의 급속한 산업화에 관한 더욱 상세한 정보를 원하신다면 LDC 정보 핫라인으로 연락을 주십시오.

**173**

## bear interest 이자가 붙다

> ▶ interest earning account 이자가 붙는 계좌
> ▶ bear interest at a compound annual rate of 10% 연간 10퍼센트의 복리이자를 낳다
> ▶ accounts bearing compounding interest 복리이자가 붙는 계좌

The certificates of deposit were scheduled to bear interest at a rate of 12% per annum. 그 양도성 예금증서에는 연(年) 12%의 이자가 붙게 되어 있었다.

**174**

## local business community 지역업계 공동체

> ▶ bring prosperity to local communities 지역사회에 발전을 일으키다
> ▶ work with local businesses 지역업체들과 일하다

If it were not for the generous donations of the local business community, we would not have a retraining program. 지역 업계의 후한 기부금이 없다면 우리는 재교육 프로그램을 갖출 수 없을 것이다.

**175**

## give sb multiple tasks ···에게 다양한 임무를 주다

A modern trend in management is to give workers multiple tasks and more responsibilities. 경영상의 최근 추세는 근로자들에게 다양한 임무와 더 많은 책임을 주는 것이다.

## 176
## open a retail outlet 직영할인점을 열다

▶ visit one's retail store in person 소매상에 직접 방문하다
▶ sell retail only 소매만 판매하다

You must apply for a special license in order to operate a retail outlet in America. 미국에서 직영 할인점을 운영하려면 특별 면허를 신청해야 한다.

## 177
## associated toxic waste 부수적인 유독 산업폐기물

The associated toxic waste must be disposed of in the proper fashion. 부수적인 유독 산업폐기물은 적절한 방식으로 폐기해야 한다.

## 178
## clear out inventory 재고를 처분하다

▶ liquidate unsold inventory 판매되지 않은 재고품을 청산하다
▶ unload unsold inventory 판매되지 않은 재고품을 처분하다
▶ sell off inventory 재고를 처분하다

The company was forced to liquidate all unsold inventory before the end of the month. 그 회사는 그 달 말까지 판매되지 않은 재고를 모두 정리해야 했다.

## 179
## arrange for a large conference room 대형 회의실을 준비하다

▶ arrange a board meeting 중역회의를 준비하다

As soon as the mediator arrived, she arranged for a large conference room at the airport. 중재자가 도착하는 대로 그 여자는 공항에 대형 회의실을 준비해 두었다.

## 180
## read the accompanying instructions 동봉한 지침[설명]서를 읽다

▶ accompanying commercial invoice 동봉한 거래송장
▶ accompanying envelope 동봉한 봉투

Please read the accompanying instructions before operating the equipment. 장비를 작동하기 전에 첨부된 지시사항을 읽어보세요.

---

181
## diversify one's investment 투자를 다각화하다

▶ control over the investment fund 투자기금을 관리하다
▶ high-yielding investment 고수익 투자

In order to invest safely in the stock market, it is important that you **diversify your investments.** 주식시장에 안전하게 투자하려면, 투자를 다각화하는 것이 중요하다.

182
## register complaints 민원을 제기하다

▶ register at reduced rates 할인된 비용으로 등록하다

The enclosed brochure will assist citizens in **registering complaints** and making suggestions to city officials. 동봉된 소책자는 시민들이 시 공무원들에게 민원을 제기하거나 제안하는데 도움이 될 것이다.

183
## give an opening address 개회사를 하다

▶ keynote address 기조 연설

Mr. Smith will **be giving the opening address** at the annual conference in London. 스미스 씨는 런던에서 열리는 연례 회의에서 개회사를 하게 될 것이다.

184
## issue a statement 진술하다

▶ make an issue of …을 문제삼다     ▶ at issue 논쟁 중으로, 미해결의

Our factory may be closing due to **a number of environmental issues** that have been raised. 우리 공장은 계속 제기되어 왔던 여러가지 환경문제로 인해 문을 닫을 지도 모른다.

185
## keep sb posted …에게 근황을 알리다

▶ keep in contact with …와 계속 연락하다
▶ keep A posted on the latest developments 최근 전개과정에 대해 계속 A에게 알려주다

Please keep me posted on the latest developments in the design of the new building, and let me know if I can help with anything. 새로 짓는 빌딩의 설계에 대해 새로운 사항이 생기면 계속 나에게 알려주세요. 그리고 제가 도와드릴 일이 있으면 알려주시구요.

### 186
# labor and management 노사

▶ resolve labor problems 노사문제를 해결하다
▶ prevent labor conflicts 노사분규를 막다

The new committee we arranged to make decisions about labor and management will have its first meeting today. 노사 관련 문제에 대해 결정을 내리기 위해 우리 회사에서 새로 구성한 그 위원회는 오늘 처음으로 회의를 열 것이다.

### 187
# land the new account 고객을 새로 확보하다

▶ land the order 주문을 따내다

The sales manager was determined to land the new account in Hong Kong. 영업부장은 홍콩에 고객을 새로 확보하기로 결정했다.

### 188
# mail[parcel] bearing one's address …의 주소로 가는 우편물[소포]

There is a parcel bearing your address sitting at the post office waiting to be picked up. 너의 집주소로 가는 소포가 우체국에서 주인을 기다리고 있다.

### 189
# precise time and date 정확한 시간과 날짜

▶ precise instructions on~ …에 대한 상세한 지시사항

The precise time and date of your departure will be disclosed at a later date. 귀하의 정확한 출발 시간과 날짜는 추후에 알려질 것이다.

### 190
# be fully booked 예약이 차다, 매진되다

▶ book a flight 비행기표를 예약하다

I need to book a cheap flight to Dallas, Texas. 텍사스 주 댈러스 행의 요금이 싼 비행기표를 예약하고 싶습니다.

### 191
# generate exceptional sales volume 이례적인 판매량을 낳다

▶ generate $1 million in sales 백만 달러의 매출액을 낳다

The company's leading salesman **generates sales in excess of one hundred million dollars** per year. 그 회사 최고의 영업 사원은 일년에 1억 달러를 웃도는 영업 실적을 낳는다.

### 192
# attend a trade show 전시회에 참석하다

> ▶ **attend the talk on** …에 관한 회의에 참석하다
> ▶ **attend a meeting** 회의에 참석하다
> ▶ **attend the luncheon** 점심식사에 참석하다

The office is closed because the whole department went to Florida to **attend a retreat**. 부서 전체가 플로리다에서 열리는 직원 연수회에 참석하느라 사무실은 닫혀 있다.

### 193
# climb the corporate ladder 밑바닥부터 최고의 지위에 오르다

> ▶ **act as a corporate leader** 업계 선두주자로서 행동하다

**Climbing the corporate ladder** is making me sick to my stomach. 회사에서 출세하려고 아우성치는 것을 보면 나는 구역질이 난다.

### 194
# lead to sales 판매를 촉진시키다

> ▶ **lead to long-term growth** 장기성장을 가져오다
> ▶ **improve sales abroad** 해외판매를 신장시키다

The new color copier has many important features and a low price that will **lead to sales**. 그 새 칼라복사기는 중요한 기능도 많고 가격도 저렴해 판매가 잘 될 것이다.

### 195
# develop land 땅을 개발하다

> ▶ **develop land for housing** 주거를 위한 땅을 개발하다
> ▶ **develop new foreign markets** 새로운 해외시장을 개발하다

The contractor was paid a handsome sum by the city to **develop the land**. 그 청부업자는 상당한 액수의 돈을 시에서 지급받고 토지를 개발하게 되었다.

### 196
# continue without interruption 중단되지 않고 계속하다

> ▶ **without an interruption in service** 서비스의 중단 없이
> ▶ **work uninterrupted for six hours** 중단되지 않고[계속해서] 6시간 동안 작업하다

We felt it was necessary to continue without interruption so we locked the door. 우리는 방해 받지 않고 계속할 필요가 있다고 느꼈기 때문에 문을 잠겄다.

197

## get a salary above the industry average 업계평균이상의 봉급을 받다

▶ rapidly growing high-tech industry 급속히 발전하는 첨단기술산업

Computer software development is just one area of the rapidly growing high-tech industry. 소프트웨어 개발은 급속히 발전하는 첨단기술산업의 한 분야에 불과하다.

198

## be highly rewarded with~ [or be rewarded+N] …로 크게 보상받다

▶ receive many rewards 많은 보상을 받다
▶ reward children for good behavior 아이들의 착한 행동에 대해서 보상하다

Once you make exercise a habit, you will be rewarded with better energy and well-being. 일단 운동하는 습관을 기르면 활력이 넘치고 건강이 좋아질 것이다.

199

## lease back 매각한 부동산을 (산 사람에게 다시) 임대하다

▶ lease out one's property 부동산을 임대하다, …의 집을 세놓다
▶ lease back the part to the owners 매각한 부동산을 (산 사람에게 다시) 임대하다

My parents retired and leased out their property in the city so they could move to the country. 우리 부모님은 퇴직한 후 시골로 가려고 도시에 있던 집을 세 놓았다.

200

## catch up with our competition 경쟁사를 따라잡다

We're going to have to catch up with our competition if we are to stay in business. 업계에서 살아남으려면 우리 경쟁업체를 따라잡아야 할 거야.

201

## pay a surcharge for one's excess baggage 추가요금을 내다

▶ use excessive force 과잉진압을 이용하다

The flight attendant warned the passenger that he would have to pay a surcharge for his excess baggage. 승무원은 초과수하물을 소지한 승객에게 추가요금을 내야 한다고 말했다.

**202**

# level the economic difficulties 경제적 어려움에 대해 숨김없이 말하다

▶ level the economic differences 경제적 차이를 균등하게 하다

The president tried to **level the economic difficulties** at the summit meeting in Vancouver. 대통령은 밴쿠버에서 열린 정상회담에서 경제적 어려움에 관해 거론하려고 했다.

**203**

# compliment A on A's performance A에게 A의 성과에 대해서 칭찬하다

▶ appreciate the compliment 칭찬에 감사히 여기다
▶ pay sb a compliment …를 칭찬하다
▶ return the compliment 칭찬에 답례하다

The teacher was angry that the manager of the theater did not **compliment her on her performance**. 선생님은 극단 매니저가 그녀의 연기를 칭찬하지 않았기 때문에 화가 났다.

**204**

# balance one's budget 수지를 맞추다

▶ a strategy for balancing the budget 수지를 맞추기 위한 전략

We must **balance the budget** by the end of the month or we're going to be in financial trouble. 이달 말까지 수입과 지출간 균형을 맞추지 않으면 우리는 재정적인 어려움에 빠질 것이다.

**205**

# apply for a loan 융자를 신청하다

▶ outstanding principal of the loan 갚아야 하는 대부원금
▶ contact a loan officer (금융기관의) 대출계원에게 연락하다
▶ monitor loan portfolio 대출금융자산을 감시[관리]하다
▶ existing loan commitment 기존의 대부약정

Two months after they were married, the young couple went to the bank to **apply for a loan.** 결혼 2개월 후, 그 젊은 부부는 융자를 신청하러 은행에 갔다.

**206**

# locate the seminar 세미나 개최장소를 정하다[찾아내다]

▶ locate the hiding place 숨은 장소를 찾아내다
▶ lease a location 부지를 임대하다

The president of the company was contemplating **leasing a location** in the central business district. 그 회사의 사장은 상업중심지구의 한 부지를 임대하는 것을 고려하고 있었다.

# pay all overdue bills 지불기한이 넘은 청구액을 모두 지불하다

> ▶ pay the public utility bill 공과금을 납부하다
> ▶ be long overdue 너무 뒤늦다[지불기한이 한참 지나다]
> ▶ complete the payment by the due date 기일 내에 납부하다

Please line up in front of the second teller if you are here to pay your public utility bill. 공과금을 납부하시려면 두 번째 창구직원 앞에 줄을 서 주시기 바랍니다.

# give directions to~ …로 가는 길을 알려주다

The old man gave the young lady directions to the movie theater. 노인은 젊은 숙녀에게 극장가는 길을 알려 주었다.

# move to a new location 새 장소로 옮기다

> ▶ take the advantage of the strategic location 전략적 위치의 장점을 이용하다

The company sold the warehouse and moved all operations to a new location. 그 회사는 창고를 처분하고 영업장소를 모두 새로운 곳으로 옮겼다.

# make an announcement 발표하다

The lady stood at the podium and waited for absolute silence before she made the announcement. 그 여성은 연단에 서서 발표를 하기 전에 좌중이 완전히 조용해지기를 기다렸다.

TOEIC이 좋아하는
# 핵심기출표현 211-240

---

211
## be engaged in high level talks 고위간부들과 회담하다

> ▶ engage in strategic planning and growth 전략적 기획과 성장에 관여하다
> ▶ engage in collective action such as strikes 파업과 같은 집단 행동에 가담하다

They **are engaged in high level talks with** the Food and Drug Administration. 그 사람들은 美 식품의약국과의 고위간부들과 회담하고 있다.

212
## manage one's anxiety 불안을 다스리다

> ▶ measure one's stress level 스트레스 정도를 측정하다

Mr. Johnson told the young lady that she must learn to **manage her anxiety.** 존슨 씨는 그 젊은 여자에게 자신의 불안감을 다스리는 법을 배워야 한다고 말했다.

The doctor asked the woman to come back on Friday so he could measure her stress level. 의사는 그 부인에게 금요일에 다시 와서 스트레스 정도를 측정하자고 했다.

213
## handle out-going mail 발송우편물을 취급하다

> ▶ send by express mail 속달로 발송하다
> ▶ use priority mail 우선우편을 사용하다
> ▶ be sent through regular mail 정기일반우편을 통해서 보내지다

If you want to send documents in a hurry, you should **send them by express mail.** 서류들을 빨리 보내려면 속달우편으로 부쳐야 합니다.

214
## made a withdrawal 인출하다

> ▶ make a withdrawal from …에서 인출하다
> ▶ take some money out of one's account …의 계좌에서 돈을 인출하다
> ▶ process one's withdrawal request 예금 인출요청을 처리하다
> ▶ withdrawal slip 인출 청구서

I'd like to make a withdrawal from my savings account in the amount of five hundred dollars. 제 예금구좌에서 5백달러를 인출하고 싶은데요.

## 215

## get connected to the Net 인터넷에 연결되다

▶ connect to the on-line service 인터넷 서비스에 접속하다

My ISP is getting too big and now it takes a long time to actually get connected to the Net. 내가 이용하는 인터넷 서비스 회사가 너무 커지고 있어 지금은 실제 인터넷에 접속하는 데 오랜 시간이 걸린다.

## 216

## market a product 상품을 판매하다

▶ try to market a product 상품을 판매하려고 노력하다
▶ begin a mass marketing 대량판매를 시작하다

In order to successfully market a product, many companies employ advertising agencies. 성공적으로 상품을 판매하려고 광고회사를 이용하는 기업들이 많다.

## 217

## settle a dispute with workers 직원들과의 분쟁을 해결하다

▶ negotiate a settlement 협상으로 해결하다
▶ settle the lawsuit out of court 합의금을 지불하다

The company has decided to settle the dispute out of court for one million dollars. 그 회사는 백만 달러로 법정 밖에서 분쟁을 조정하기로 결정했다.

## 218

## turn up the volume 볼륨을 높이다

Your remote control allows you to turn up the volume with the simple press of a button. 리모콘 덕택에 버튼만 누르면 볼륨을 높일 수 있습니다.

## 219

## take measurements 치수를 재다

▶ measure one's foot 발 치수를 재다

The tailor took the lady's measurements and recorded them in his black book. 재단사는 그 여자의 치수를 재서 장부에 기록했다.

## 220

## earn one's keep 생활비를 벌다

My father always told me that it is better to earn one's keep than to be given a stipend. 내 아버지는 항상 나에게 용돈을 받는 것보다 생활비를 버는 것이 더 낫다고 말씀하셨다.

221

## the highest level in  …에서 최고 수준

> ▶ **reduce the level of blood pressure** 혈압 수치를 낮추다
> ▶ **high cholesterol level** 높은 콜레스테롤 수치
> ▶ **proceed to the next level** 다음 단계로 나아가다
> ▶ **rise to the level of** …로 승진하다

The firm is looking for well-balanced, recent graduates with exceptional and demonstrable abilities, to **join at entry levels.** 회사는 초보단계에 합류할 균형잡히고 뛰어나고 또한 입증할 만한 능력을 갖춘 최근 졸업자를 찾고 있다.

222

## discover innovative ways  혁신적인 방법을 발견하다

> ▶ **provide improvements and innovations** 향상과 혁신을 제공하다
> ▶ **develop new and innovative products** 새롭고 혁신적인 상품을 개발하다

Mixcorp believes that **innovative production will sell well** despite increasing competition. 믹스社는 혁신적인 생산품은 아무리 경쟁이 심해져도 잘 팔릴 것이라고 믿는다.

223

## attend the meeting  회의에 참석하다

> ▶ **prepare for a meeting** 회의 준비를 하다
> ▶ **reschedule the meeting** 회의일정을 다시 잡다
> ▶ **the general subject of the meeting** 회의의 전반적인 주제
> ▶ **conduct the meeting** 회의를 진행하다

Although we discussed several issues, **the general subject of the meeting** was the year-end report. 여러 가지 문제를 논의했지만, 회의의 전반적인 주제는 연말 보고서였다.

We will **have a meeting** next week to discuss the implementation of the new assembly line. 우리는 조립 라인을 새로 설치하는 문제에 대해 논의를 하기 위해 다음 주에 회의를 할 것이다.

224

## be notified by A(기관) about ~  A에 의해서 …에 대해 통보 받다

> ▶ **upon notification** 통보를 받자마자

Winners will **be notified by mail within** three months of the contest's deadline. 승자들은 경연 마감 3개월 안에 우편으로 통보 받을 것이다.

6

## meet a deadline 마감시간을 맞추다

▶ meet publishing deadlines 출판 마감시간에 맞추다
▶ fail to meet a deadline 마감시간을 맞추지 못하다

Distribution of the magazine was often delayed due to an inability to meet publishing deadlines. 마감시간을 맞출 수가 없어서 잡지의 보급이 지연된 경우가 많았다.

## come complete with ~ (제품이) …을 완비하고 있다

The blender comes complete with a carrying case, a surge protector, and a recipe book. 그 믹서기에는 운반상자, 전압 급등 안전장치, 그리고 요리책자가 세트로 함께 나온다.

## receive the survey results 조사 결과를 받다

▶ based on the recent market survey 최근 실시한 시장조사에 따르면

I just received the survey results and I'm not too sure we should publish them. 지금 막 조사 결과를 받았는데 그것을 발표해야 하는지 정말 확신이 서질 않는다.

## confirm an appointment with …와의 약속을 확인하다

▶ confirm a reservation 예약된 내용을 확인하다
▶ reconfirm the reservation 예약을 재확인하다

You will need to reconfirm your reservation 72 hours before departure. 출발하기 사흘 전에 예약을 다시 확인해봐야 할 거예요.

## make ends meet 수지를 맞추다

▶ meet the expenses 비용을 감당하다
▶ meet one's engagements 채무를 갚다
▶ manage to meet the expenses 간신히[그럭저럭] 비용을 감당하다

The president told us that his company was having a difficult time trying to make ends meet. 사장은 회사가 수지 균형을 이루는데 어려움을 겪고 있다고 우리에게 말했다.

## negotiate a lower price 협상하여 더 낮은 가격으로 결정하다

▶ negotiate a merger 협상하여 합병하다
▶ break off negotiations with~ …와의 협상을 중단하다

> ▶ **start negotiations with~** …와 협상을 시작하다
> ▶ **negotiate long term contracts** 장기 계약 협상을 벌이다

The union is trying to **negotiate for higher wages and better benefits.** 노조는 임금 인상과 복지 혜택 개선에 대해 협상하고 있다.

231
# get accurate notes 정확히 노트하다

It is important that those present at the meeting assist others in **getting accurate notes of** the subject matter. 회의에 참석한 사람들은 참석하지 않은 사람들도 회의 주제에 관해서 정확하게 요약한 것을 받을 수 있도록 돕는 것이 중요하다.

232
# the renovated facilities 개조된 시설물

> ▶ **be recently renovated and reopened** 최근에 개조되고 다시 개장하다
> ▶ **be closed all the week for renovations** 새 단장을 위해서 일주일 내내 닫다

**The recently renovated hotel** offers many amenities including a swimming pool and a rooftop restaurant with a view of the city. 최근에 개선된 호텔은 수영장과 도시가 내려다보이는 옥상 레스토랑을 포함해서 많은 부대시설을 갖추고 있다.

233
# issue a promissory note 약속어음을 발행하다

> ▶ **accommodation note** 융통어음

The company **issued a promissory note** in lieu of a cash payment. 그 회사는 현금지급 대신 약속어음을 발행했다.

234
# the odds are against[in favor] …의 가능성이 없다[있다]

In spite of what you might think, **the odds are against** our team in the semi-final match this year. 네가 어떻게 생각할 지 모르지만, 우리 팀은 올해 준결승 전에서 이길 가능성이 없는 것 같다.

235
# offer discounts 요금을 할인하다

> ▶ **receive a 15% discount** 15 퍼센트의 할인을 받다
> ▶ **offer discounts on all fares** 모든 요금을 할인하다
> ▶ **offer substantial discounts** 큰 할인을 제공하다

All customers paying with cash are entitled to **receive a 15% discount.** 현금으로 지불하는 고객들은 모두 15%의 할인을 받을 수 있습니다.

## 236

# be due to be auctioned 경매에 부쳐질 예정이다

Auction

▶ decline due to the falling birth rate 출산율 감소로 줄어들다
▶ be due in March 3월에 도착 예정이다[3월에 만기가 되다]

The company's bankruptcy **was due to** misappropriation of funds. 그 회사가 파산한 것은 자금 횡령 때문이었다.

## 237

# enjoy one's company …와 즐겁게 놀다

▶ keep sb company …와 함께 있다

I really **enjoyed your company** at the reception last night. 어젯밤 환영회에서 정말 즐거웠습니다.

## 238

# one's long-term perspective on~ …에 대한 …의 장기적 예측

▶ have a perspective of~ …에 대해 전망하다
▶ miss an objective international perspective 객관적인 국제적 시각이 부족하다

**Our long-term perspective on** the company is quite bright. 장기적인 안목으로 보았을 때 그 회사는 전망이 매우 밝다.

## 239

# the parties concerned (어떤 사건이나 일에 개입 · 연루된) 당사자들

▶ be fair to all parties 모든 당사자들에게 공정하다
▶ with the written consent of both parties 양측의 서면 동의로

We will meet **the other party** in the contract talks tomorrow. 우리는 내일 계약협상에서 상대편을 만날 것이다.

## 240

# call for a revision of~ …의 개정을 요구하다

The managing director told the analyst to **revise his forecast on** the US economy. 상무이사는 분석가에게 미국 경제에 대한 그의 전망을 수정하라고 했다.

**Daily Routine**
of Businessman

## 241
## set up a budget 예산을 편성하다

> ▸ set up a budget for one's home 가계 예산을 편성하다
> ▸ ways to reduce the budget 예산을 감소시킬 방법들

The university was offering a course on how to balance a checkbook and **set up a budget.** 그 대학은 수표책의 수지를 맞추는 법과 예산 편성법에 대한 강좌를 개설하고 있었다.

## 242
## pay the bill (청구된 비용을) 지불하다

If you go to a night club in Korea, you must bring enough money to **pay the bill** in full. 한국에서 나이트클럽에 가려면, 비용을 전부 지불할 수 있는 충분한 돈을 가져가야 한다.

## 243
## move up in the company 승진하다

In order to **move up in the company,** you should have an MBA. 승진하기 위해서는 경영학 석사 학위가 있어야 한다.

## 244
## charge on one's bill 청구서에 청구된 요금

The man had a $200 **charge on his bill** that he was not familiar with. 그 남자의 청구서에는 자신이 잘 모르는 200달러가 올라와 있었다.

## 245
## be consumed by fire 모두 불타버리다

The factory **was consumed by fire** and all that was left was a pile of ashes. 화재로 인해 그 공장은 몽땅 다 타버렸고 남은 거라곤 한 무더기의 잿더미뿐이었다.

## 246
## credit application 신용대출 신청(서)

> ▸ complete a credit application 신용대출 신청(서)를 작성하다
> ▸ increase the credit limit 신용한도를 올리다
> ▸ improve credit history 신용 거래 실적을 향상시키다

Customer dissatisfaction has increased during the past few weeks, causing administrators to scrutinize the credit application process. 지난 몇 주 간 고객 불만이 늘어나서 관리자들은 신용대출 신청절차를 면밀히 조사하고 있다.

## 247
# perform loan portfolio administration duties 대출관리 업무를 수행하다

> ▶ run a fairly balanced portfolio 골고루 균형있게 투자하여 자산을 운영하다

The woman was hired to perform loan portfolio administration duties. 그 여자는 대출관리 업무를 수행하기 위해 고용되었다.

## 248
# gain an appreciation for …에 대해 제대로 이해하다

She gained an appreciation for the manager's job after spending a month as an intern in his office. 그 여자는 부서 책임자의 사무실에서 한달간 수습사원으로 일해본 후 그 업무에 대해 올바로 이해하게 되었다.

## 249
# buy sth in bulk 대량으로 …을 구입하다

> ▶ buy office supplies in bulk 사무용품을 대량으로 구입하다
> ▶ order in volume 대량 주문하다
> ▶ receive a volume discount 대량 할인을 받다
> ▶ buy merchandise in large quantity volume 제품을 대량으로 구매하다

If you buy those items in bulk, you'll receive a substantial discount. 그 제품을 대량으로 구입하면 대폭적인 할인 혜택을 받을 수 있습니다.

We buy office supplies in bulk because they are cheaper that way. 우리는 사무용품을 대량으로 구입하는데 그 방식으로 구입하는 것이 더 저렴하기 때문이다.

## 250
# apologize for the inconvenience 불편에 대해 사과하다

We apologize for any inconvenience this may cause. 저희는 이로 인해 야기될 모든 불편에 대해 사과 드립니다.

## 251
# wear and tear 소모, 마모

I started car pooling about six months ago to save gas and wear and tear on my car. 기름을 절약하고 자동차의 마모도 방지하려고 6개월 전부터 카풀을 시작했어요.

# pick up sales 판매를 증진하다

> ▶ pick up speed 속력을 내다

Our office manager gave us an ultimatum; **pick up our sales volume** or find a new job. 우리 업무부장은 판매를 증진시키거나 아니면 새 일자리를 알아보라며 우리에게 최후 통첩을 보냈다.

# place of purchase 구입처, 구입장소

PLACE OF PURCHASE

Proof of date, price, and **place of purchase** is required for all returns. 구입 제품을 반품하려면 모두 구매 날짜, 가격 그리고 구입 장소를 증명할 수 있어야 합니다.

# establish a policy 정책을 수립하다

> ▶ comply with a new policy 새 방침에 따르다

The company was told to **comply with the government's new policy** or face prosecution. 그 회사는 정부의 새 방침에 따르지 않으면 고발조치 당할 것이라는 통보를 받았다.

# post the job 결원이 있음을 게시하다

> ▶ post the job opening on the bulletin board 게시판에 일자리 공고를 게시하다

The manager told his secretary to **post the job opening** on the bulletin board in the main lobby. 부장은 비서에게 중앙 로비의 게시판에 일자리 공고를 붙이라고 했다.

# put into practice 실행에 옮기다

> ▶ expand one's practice …의 업무 범위를 확장하다
> ▶ put one's ideas into practice …의 아이디어를 실행에 옮기다

The law firm **has expanded its practice to** include personal injury litigation. 그 법률 사무소는 개인상해 배상소송도 다루도록 업무 범위를 확장하였다.

# practice the instrument 악기를 연습하다

The teacher told the students to **practice their instruments** as much as possible. 교사는 학생들에게 가능한 한 악기 연습을 많이 하라고 말했다.

6

UNIT

## 258
# get ready for a presentation 발표회 준비를 하다

> ▶ cancel the presentation 발표회를 취소하다
> ▶ prepare one's presentation 발표를 준비하다

Who **is making the first presentation at** the executive meeting on Tuesday? 화요일 중역 회의에서 누가 제일 먼저 발표를 하죠?

## 259
# increase prices 가격을 인상하다

> ▶ at reduced prices 할인가격으로
> ▶ offer the lowest price 가장 저렴한 가격으로 제공하다
> ▶ revise the price list 가격목록을 수정하다
> ▶ check the price lists 가격표를 점검하다

It is important to **check the price lists** before ordering supplies because we must stay within our budget. 예산을 초과하면 안되기 때문에 사무용품 주문하기 전에 가격표를 점검하는 것이 중요하다.

## 260
# update the sales list 판매목록을 업데이트하다

> ▶ update the resume 이력서를 업데이트하다
> ▶ be updated twice daily 매일 두 번씩 업데이트되다

**The reports are updated** twice daily, so the information should be accurate. 보고는 매일 두 번 갱신되어서 정보는 정확한 것으로 간주된다.

## 261
# keep prices down 가격을 억제하다

The company I work for has decided to **keep its prices down** this year. 내가 다니는 회사는 올해 제품의 가격인상을 억제하기로 결정했어.

## 262
# bear interest 이자가 붙다

> ▶ bear interest at a rate of~ …의 이자가 붙다

The guaranteed investment certificate will **bear interest** at a compound annual rate of 10% over the next five years. 보증투자 증서는 향후 5년간 연복리 10%의 이자가 붙는다.

## 263
# primary care physician 1차 진료의

Many health insurance policies in the US require that employees designate **a primary care physician.** 미국에서는 직원들 에게 1차 진료의를 지정하도록 요구하는 의료보험이 많다.

## take priority 우선권을 가지다

▶ **have priority over** …보다 우선권이 주어지다
▶ **give priority to** …에 우선권을 주다
▶ **give this assignment top priority** 이 업무에 최우선권을 주다
▶ **our first priority is to + V** 우리의 최우선 사항은…이다

Please **give this assignment top priority** this week, as it must be completed before the weekend. 이 문제를 금주의 최우선 사항으로 해주십시오. 주말이 되기 전에 끝내야 하니까요.

## operating procedures 운영절차

▶ **procedure for** …에 대한 절차  ▶ **fire drill procedures** 소방훈련절차
▶ **cost cutting procedures** 비용절감절차
▶ **approve a new procedure** 새로운 절차를 승인하다
▶ **comply with the new procedures** 새로운 절차를 따르다

The US government has one of the most **complicated filing procedures** that I have ever seen. 미정부의 고소절차는 내가 경험한 것 중 가장 복잡한 것에 속한다.

## meet the needs of 욕구를 충족시키다

▶ **meet one's expectation** …의 예상과 일치하다
▶ **suit one's own particular needs** …의 특별한 필요를 충족하다

Employees can choose benefits to **suit their own particular needs.** 직원들은 그들의 특별한 요구에 맞추어 후생복리제도를 선택할 수 있다.

## test products 제품을 검사하다

▶ **test products for public safety** 대중들의 안전을 위해서 제품을 검사하다
▶ **test product** 테스트 제품
▶ **review the product information** 제품정보를 검토하다

The **test products** have been sent to the lab. 테스트 제품들은 실험실로 보내졌다.

## produce long range consequences 장기적인 결과를 가져오다

▶ **produce more cholesterol** 콜레스테롤이 더 생기게 하다
▶ **produce a movie** 영화를 제작하다

The director made a lot of money this year and now plans to **produce his next movie.** 그 영화감독은 올해 큰 돈을 벌었으며, 현재 새로운 영화 제작을 준비중이다.

269

# make a profit 이윤을 내다

- ▸ **profit & loss** 이익과 손실, 손익(損益)
- ▸ **make a pre-tax profit** 세 전 이익을 내다
- ▸ **make a paper profit of (number)** …만큼의 장부상의 이윤을 내다
- ▸ **turn a profit** 이익을 내다

We **calculated the profit and loss** for this year's financial report, and it doesn't look good. 올해 재무 보고서에 올릴 손익을 계산해보니 만족스러워 보이지 않는다.

The president claimed that his company **made a paper profit of** $375,000 in the stock market last year. 사장은 회사가 작년 주식시장에서 37만 5천달러의 장부상 이익을 냈다고 발표했다.

270

# accomplish our sales target of~ …의 판매목표를 달성하다

- ▸ **accomplish the mission** 임무를 완수하다
- ▸ **accomplish the goal** 목표를 달성하다

We hope to **accomplish our sales target of** one million cars by the end of the next quarter. 우리는 다음 분기말까지 차 100만대 판매목표를 달성하기를 바라고 있다.

**TOEIC TIPS** '가격'의 다양한 표현들

| price | charge | cost | rate | fee | fare | commission |

구분하기 어려운 단어들. price는 특히 「상품을 구매할 경우 지불해야 되는 돈의 양」, 즉 「가격」을 말하며, charge는 배달료(delivery charge)나 호텔료(hotel charge) 및 진찰료(consultation's charge) 등과 같이 「서비스에 대해 지불하는 돈」, 즉 「대금(代金)」을 의미한다. 반면 cost는 뭔가 「제조하거나 구입하는 데 소요된 돈」, 즉 「원가(原價)」나 「비용(費用)」을 말한다. 그밖에 요금을 말하는 단어로 rate는 「백분율로 산정된 비율이나 요금(料金)」을, fee는 「변호사비(contingency fee)나 「등록비」(registration fee) 등 「법적이거나 공식적인 절차에 따르는 서비스에 대한 요금」을 말한다. 끝으로 fare는 「운송수단 요금」을, commission은 매출액에 대한 퍼센트(%)로 「중개상(agent or middleman)에게 나가는 돈」을 의미한다.

_ The charge was applied to the man's credit card, and the bill was sent to his office in Florida. 대금이 신용카드로 결제돼서 청구서가 플로리다에 있는 그의 사무실로 보내졌다.

_ The total cost for the meal was higher than I had expected. 총 식사비가 생각했던 것보다 더 많이 들었다.

## 271
### analyze the financial stability of the business 사업의 재정적 안정성을 분석하다

▶ **submit financial statements** 재무제표를 제출하다

This position will be responsible for **analyzing financial statements.** 이 직책은 재무제표를 분석하는 책임이 있다.

## 272
### receive a promotion 승진되다

▶ **be in line for a promotion** 승진예정이다
▶ **advance one's career** 출세하다

The sales manager **is in line for a promotion** as long as he keeps up the good work. 영업 부장은 일을 꾸준히 잘 풀어나가는 한 승진은 따놓은 당상이다.

## 273
### conduct a test on~ …에 대한 테스트를 하다

▶ **conduct a fire drill** 소방훈련을 시행하다
▶ **conduct a health inspection** 건강 검진을 하다
▶ **conduct market research** 시장조사를 하다

Sometime this afternoon the maintenance department will **be conducting a test on** the fire alarms. 오늘 오후 중에 관리부는 화재 경보기 테스트를 할 것이다.

## 274
### make reference to …에 대해 언급하다

▶ **refer to the following advertisement** 다음의 광고를 참고하다
▶ **be referred to sb** …한테 넘겨지다[회부되다, 보내지다]

The lawyer **made reference to** another case in order to prove his point. 변호사는 자신의 논지를 증명하기 위해서 다른 사건에 대해 언급했다.

## 275
### promote a product 상품의 판매를 촉진시키다

▶ **promote sales** 판매를 촉진시키다

6

One of the best ways to **promote a product** is to have a famous person's name associated with it. 상품 판촉을 위한 최상의 방법 중의 하나는 그것을 유명 인사의 이름과 결부시키는 것이다.

276
# annual percentage rate(APR) 연이율(年利率)

▶ have an annual percentage rate of (APR)~ 연이율(年利率)이 …이다

We need to have someone check **the APR** that they are charging us. 사람을 시켜서 우리에게 부과되는 연이율을 조사해 봐야겠어요.

277
# in prospect 고려 중인, 예상되어

We'll keep that idea **in prospect,** and maybe it can be used in the future. 우리가 그 아이디어를 계속해서 고려하면 향후에 쓸모가 있을지도 모른다.

278
# provide a wide range of services 광범위한 용역을 제공하다

▶ provide Internet service 인터넷 서비스를 제공하다
▶ post sth for free on the Internet 인터넷에 …을 무료로 올리다
▶ provide a credit reference 신용조회를 해주다

We **provide a wide range of services** and back our products with a money-back guarantee. 우리는 서비스를 광범위하게 해드리며, 제품에 만족하지 못하시면 환불을 보증해 드립니다.

279
# It is estimated that~ …로 평가되다

**It is estimated that** there are more than one million heroin addicts in the USA. 미국에는 백만명이 넘는 헤로인 중독자가 있는 것으로 추정된다.

280
# change one's careers 직업을 바꾸다

▶ spend one's entire career in …에 평생 종사하다
▶ further one's career 더 좋은 일자리를 얻다
▶ fulfill the career goals 직업적인 목표를 완수하다

He has been an accountant, an attorney, and an entrepreneur, yet he still thinks about **changing careers.** 그 남자는 회계사, 변호사, 기업가 등으로 일했는데도, 아직도 직업을 바꿀 생각을 하고 있다.

281
# attend a regular board meeting 정기적인 중역회의에 참가하다

▶ elect the chairman of the board 위원회의 의장을 선출하다
▶ be appointed to sit on the board 중역이 되다

We will **discuss the plan at the board meeting** this afternoon.
오늘 오후 중역회의에서 그 계획에 관해 논할 예정입니다.

282

# go public 주식을 공개하다

▶ after the company went public 회사가 주식을 공개한 후
▶ float additional public shares 주식을 추가로 발행하여 공개하다

After our company **went public**, business improved greatly and we had a more diverse client base. 우리 회사의 주식을 공개한 후 사업이 엄청나게 잘 되어서 우리는 보다 다양한 고객층을 가지게 되었다.

283

# bad loans decrease substantially 불량대출이 상당히 줄다

▶ cut bad loans through a number of methods 많은 방법을 통해서 불량대출[대손(貸損)]을 줄이다
▶ finance through a long-term loan 중장기 융자를 융통하다

**Loan proceeds must be deposited into** a special trust account at the main branch. 대출이익금은 본점의 특별 신탁 계정에 예치되어야 한다.

284

# improve employee morale 직원들의 근로의욕을 높이다

▶ boost the employee morale 근로자의 사기를 복돋우다
▶ impact employee morale 직원의 사기에 영향을 미치다
▶ boost morale and motivation 사기와 동기를 고양시키다

One of the best ways to increase productivity is to **improve employee morale**. 생산성을 증대시키는 가장 좋은 방법중의 하나는 직원들의 근로의욕을 고취시키는 것이다.

285

# declare a dividend 배당금을 고시하다

▶ offer the highest dividend yield 가장 높은 [배당금] 수익을 제공하다
▶ pay dividends to stockholders 주주들에게 배당금을 지불하다

The company had a prosperous year and **declared a dividend** to be paid to all stockholders. 회사는 금년에 번창하여 모든 주주들에게 지급될 배당금으로 고시했다.

286

# make a purchase 구입하다

▶ make online purchases by credit card 신용카드로 온라인 구매를 하다
▶ purchase products or services online 상품이나 서비스를 온라인으로 구매하다

6

▶ go to the store to make a purchase 물건을 사러 상점으로 갔다

After debating which dishwasher to buy, we finally decided on the Maytag and went to the store to make a purchase. 식기세척기를 어떤 걸로 살지 의논한 끝에 우리는 메이텍 제품으로 결정하고 물건을 사러 상점으로 갔다.

287
# be of poor quality 품질이 나쁘다

▶ be the better qualified for 둘 중 하나가 …에 대한 능력이 더 뛰어나다

One reason for the company's success is its insistence on adhering to high quality assurance standards. 그 회사가 성공할 수 있었던 이유중의 하나는 회사의 수준높은 품질 보증 기준을 지속적으로 고집해왔기 때문이다.

288
# assess a charge on …에 대한 수수료를 산정하다

The vendors had their house on the market for the third time, and were willing to sell at a lower price than the assessed value. 집을 파는 사람들이 세번째로 집을 팔려고 내놓았는데 산정액보다 더 낮은 가격으로 팔고자 했다.

289
# raise money 돈을 모으다

The church will raise money for missionaries. 교회는 선교사들을 위해 모금을 할 것이다.

290
# maintain client confidentiality 고객의 비밀을 지키다

▶ maintain effective customer relations 효과적인 고객관계를 유지하다

The manager was told to maintain effective customer relations. 그 관리자는 고객과의 관계를 효과적으로 유지하라는 지시를 받았다.

291
# take the case of …의 경우를 예로 들다

▶ make the case for 정당성을 주장하다

He took the case of his competitor to use as an example. 그는 경쟁사의 경우를 예로 들었다.

292
# start the civil case against …에게 민사소송을 걸다

They are expected to start the civil case against him by the end of the week. 그 사람들이 이번 주말까지는 그 남자에게 민사소송을 걸 것 같아요.

## case in point 적절한 예, 특수 사건

This accident is **a case in point** of the need for stronger restrictions on gun ownership. 이 사고는 총기 소지에 대한 보다 강력한 규제가 필요하다는 것을 보여주는 적절한 예이다.

## protect your valuables 귀중품을 보호해주다

▶ deposit all valuables with the front desk concierge 모든 귀중품을 프론트의 관리인에게 맡기다

Home insurance is just one of a number of ways to **protect your valuables.** 가정보험은 바로 여러분의 귀중품을 보호해주는 여러 방법들 중의 한 가지입니다.

## receive a full refund 전액을 상환받다

▶ offer a full refund 완전환불을 제공하다
▶ offer low fares 낮은 요금을 제공하다
▶ no returns 반환[환불] 불가
▶ reason for the return 반환사유

If this computer does not meet your needs you may **return it for a full refund.** 이 컴퓨터가 바라던 게 아니면, 전액 환불을 받으실 수 있습니다.

## date of receipt 수령일, 수신일

▶ original sales receipt 영수증원본
▶ present an original sales receipt 판매 영수증 원본을 제출하다
▶ write up a sales receipt 판매 영수증을 쓰다

In order for us to process the complaint, we need to know **the date of receipt** stamped on that letter. 우리가 그 불만사항을 처리하기 위해서는 우선 그 편지에 찍힌 접수 날짜를 알아야 합니다.

## cast a vote[ballot] 투표하다

All union members must **cast their votes** by 3:00 on Friday afternoon. 조합원들은 모두 금요일 오후 3시까지 투표를 해야 한다.

On election day many people went to the polling place to **cast their ballot.** 선거날에 많은 사람들이 투표를 하러 투표장으로 갔다.

## 298

# have a proven record in  …을 했다는 것을 입증할 수 있다

A qualified candidate must **have a proven record in** sales management. 지원자격을 갖추려면 영업관리 부문에 종사했다는 것을 입증할 수 있어야 합니다.

## 299

# receive a pay raise from the company  회사에서 월급을 올려주다

As a result of the award, the supervisor will **receive a pay raise from the company.** 우리 상사는 상을 받았기 때문에 회사에서 월급을 올려줄 것이다.

## 300

# look for a suitable replacement  적당한 후임자를 물색하다

▶ replace the head of research 연구팀장을 교체하다

The workers on the production line were getting tired of **waiting for their replacements** to show up. 생산라인의 근로자들은 교대 근무자들이 나타나는 것을 기다리느라 진력이 났다.

**301**

## preserve the contents 내용물을 보존하다

Functionally, the package protects and **preserves the contents** from spoiling. 기능적으로 소포는 내용물이 손상되는 것을 막아주고 보존해 준다.

**302**

## be released to the press 언론에 공표되다

▶ expected release date for the new computer 신기종 컴퓨터 예상발매일
▶ survey results released by A showed that ~ A가 발표한 조사결과에 따르면 …라는 점이 나타났다
▶ The economists caution that S + V 경제학자들은 …라고 경고한다

The young Canadian author **has just released the second edition** of his book. 그 젊은 캐나다인 작가는 자신이 집필한 책의 두번째 판을 내놓았다.

**303**

## be representative of …을 나타내다, 대표하다, 실례(實例)가 되다

The company's success **was representative of the fact** that the laws had changed and the corporate climate was getting better. 그 회사의 성공은 법규를 바꿔서 회사의 상태가 점차 개선되어진 대표적인 본보기였다.

**304**

## be required of all applicants …가 신청자들에게 모두 요구된다

▶ attract qualified applicants 자격을 갖춘 지원자들을 끌어들이다
▶ seek qualified candidates 자격을 갖춘 지원자를 찾다

Punctuality **is required of all applicants** so that we can conduct the interview process efficiently. 면접이 능률적으로 진행될 수 있도록 신청자는 모두 시간을 엄수해야 한다.

305

# find independent sales representatives 독립적인 판매대리인을 찾다

▶ hire the new sales representative 새로운 판매담당자를 고용하다

▶ talk to insurance company representatives 보험회사담당자와 대화하다

Retail representatives have contended about ways to increase sales. 소매 대리인들은 판매 촉진 방법들에 대해 논쟁을 벌였다.

306

# conduct periodic spot checks of the products 주기적으로 생산품의 임의추출 검사를 실시하다

▶ do random spot checks every so often 때때로 무작위로 불시점검을 하다

The manager decided that he would conduct periodic spot checks of the products that were produced using the assembly line. 그 책임자는 조립라인에서 생산된 제품을 주기적으로 임의추출 검사를 실시하기로 결정했다.

307

# run errands for ···의 심부름을 하다

The secretary was constantly being asked to run errands for the office workers. 사무실 직원들은 계속해서 비서에게 심부름을 부탁했다.

308

# complete the questionnaire 질문서를 기입하다

QUESTIONNAIRE

▶ complete a customs declaration 세관 신고서를 기입하다

▶ complete loan applications 대출신청서를 기입하다

▶ complete the application form 지원서(양식)를 작성하다

In order to receive your free gift, you must complete and return the questionnaire. 사은품을 받으려면 질문서를 기입해서 돌려주셔야 합니다.

309

# schedule an appointment 약속 일정을 정하다

▶ make the schedule 일정을 잡다, 일정표를 만들다

▶ reschedule the appointment 약속일정을 다시 잡다

▶ revise the upcoming meeting schedule 다가오는 회의 일정을 바꾸다

We do not want to schedule any appointments this week due to the inclement weather. 우리는 궂은 날씨 때문에 이번 주에는 어떤 약속도 잡고 싶지 않다.

**310**

# deposit money in(to) ···에 예금하다

> ▶ **deposit money into one's account** ···의 계좌에 예금하다
> ▶ **fill out a deposit slip** 입금표를 작성하다
> ▶ **be replaced by electronic direct deposit** 온라인 입금으로 대체되다
> ▶ **automatic deposit payment** 자동 예금 납부

The man asked his friend to **deposit money into his account**
**on** the 14th of the month. 남자는 이달 14일에 자기 계좌로 입금해 달라고 친구
에게 부탁했다.

The bank manager asked the customer to **fill out a deposit**
**slip** before leaving the branch. 은행 지점장은 고객에게 입금표를 쓰고 가라고
했다.

**311**

# turn in our papers 논문을 제출하다

The teacher told us to **turn in our papers** at the end of the
period. 교수는 학기말에 논문을 제출하라고 우리에게 말했다.

**312**

# second a motion 동의에 찬성하다

I'll **second the motion for** a pay increase as long as we make
the proposal tactful and carefully worded. 우리가 임금인상 건의서를
요령있게 잘 만들고 표현을 조심스럽게 한다면 나도 찬성이야.

**313**

# attach the documents to the file folder 서류들을 파일 폴더에
첨부하다

> ▶ **send an attachment by e-mail** 이메일로 첨부파일을 보내다
> ▶ **review the attached letter** 첨부된 편지를 검토하다

The secretary **attached the documents to the file folder**
and sent the entire package to her manager in Buffalo. 비서는
서류들을 화일 폴더에 부착시켜서 모두 포장한 뒤 버팔로에 있는 부장에게 보냈다.

**314**

# board a ship 승선(乘船)하다

In order to **board the ship,** you must have a valid passport
and a ticket. 승선하기 위해서는 합법적인 여권과 표가 있어야 합니다.

**315**

# shipping and handling charges (운임 · 보험 · 포장 등) 발송 제(諸)경비

> ▶ **All shipping and handling charges** 제반 발송경비

**6**

All shipping and handling charges will be waived if you order today. 오늘 주문하면 제반 발송경비는 면제됩니다.

## 316
# change product specifications 제품 명세서를 변경하다

▶ understand the technical specifications 기술설명서를 이해하다

The product specifications were sent to the manufacturer for the final approval. 제품 명세서를 제조업자에게 보내 최종적으로 승인을 해달라고 했다.

## 317
# install an anti-theft device 도난 방지용 장치를 설치하다

▶ design a portable device 휴대용 장치를 설계하다
▶ important life saving device for ~ …를 위한 중요 구명 장치

She found a curious device that had several strange markings on it. 그녀는 위에 이상한 표시들이 여럿 있는 기묘한 장치를 만들었다.

## 318
# take an order 주문을 받다

The waitress was asked to take an order from the diners at table number five. 그 웨이트리스는 5번 테이블 손님의 주문을 받으라는 지시를 받았다.

## 319
# staff a booth at the job fair 채용 박람회장 사무소에 직원을 파견하다

▶ hold one's annual job fair 연례 채용 박람회를 열다

The company was looking to staff a booth at the job fair. 그 회사는 채용 박람회장 사무소에 직원을 파견할 것을 검토하고 있었다.

## 320
# completion of this offering 이번 주식공모의 만료

Upon completion of this offering, you will receive your shares. 이번 주식공모발행이 끝나면, 여러분의 주식을 받게 될 것입니다.

## 321
# consolidate three companies into one 세 개의 회사를 하나로 합병 정리하다

▶ consolidate a foundation 터를 닦다
▶ consolidate one's teams …의 팀을 강화[충원]시키다
▶ consolidate management 통합 관리하다

Total consolidated earnings are expected to reach ten million dollars. 전체의 종합소득은 천만 달러에 이를 것으로 예상된다.

The man decided that he would **consolidate his three business**. 그는 그의 3개의 사업을 통합하기로 결심했다.

322

# split the stock   주식을 분할하다

> ▶ hold off on doing a stock split 주식분할을 연기하다

The board of directors decided unanimously that it would be in the best interest of all of the shareholders if the company **split its stock**. 이사회는 회사가 주식을 분할한다면 모든 주주들에게 최상의 이익이 될 것이라고 만장일치로 결정했다.

323

# the marketing plan for   …에 대한 마케팅 계획

> ▶ give out any specifics on the marketing plan 구체적인 마케팅계획을 밝히다

The marketing plan for the new business should be ready by tomorrow afternoon. 새 사업에 대한 마케팅 기획 안은 내일 오후까지 준비되어야 한다.

324

# with such detail and precision   매우 섬세하고 정밀하게

> ▶ provide more detailed information about~ …에 대해 좀 더 세부적인 정보를 제공하다
> ▶ call sb for details 더 상세한 사항을 위해서 …에게 전화하다

We had never seen a table that was carved **with such detail and precision**. 우리는 그렇게 섬세하고 정밀하게 조각된 테이블을 본 적이 없다.

325

# present the firm's new retirement plan   회사의 새로운 퇴직금 제도를 제시하다

Several seminars are scheduled to **present the firm's new retirement plan** to employees. 직원들에게 회사의 새로운 퇴직금 제도를 알리는 세미나를 몇 번 열도록 예정되어 있다.

326

# lack the expertise and equipment   전문기술과 장비가 부족하다

TECHNICAL EXPERTISE

> ▶ have expertise in areas such as~ …와 같은 분야에서 전문지식을 가지다
> ▶ have a lot of expertise 많은 전문지식[전문기술]을 가지다

The government **lacks the expertise and equipment** to exploit the area itself. 정부는 그 지역을 자체적으로 개발하기 위한 전문기술과 장비가 부족하다.

6

## 327
# use the toll-free number 무료 전화를 이용하다

> ▶ call one's toll-free number to order 수신자 부담 번호로 전화해 주문하다

All customers living outside of greater metropolitan Toronto should **use our toll-free number.** 토론토 및 주변도시 이외의 지역에 거주하는 고객들은 모두 우리의 무료 전화를 이용하도록 하십시오.

## 328
# handle all the public relations 모든 홍보업무를 담당하다

> ▶ handle problems 문제를 처리하다
> ▶ handle customer complaints 고객불만을 처리하다

We recently hired a spokesperson to **handle all our public relations.** 우리는 최근 모든 홍보활동을 담당할 대변인을 고용했다.

## 329
# verify one's identity …의 신원을 확인하다

> ▶ verify some facts 일부 사실들을 확인하다
> ▶ check the sources for verification of~ …의 증명을 위한 소식통을 조사하다

Before you open the door to strangers, make sure that you **verify their identity.** 낯선 사람에게 문을 열어주기 전에 반드시 신원을 확인하라.

## 330
# receive sizable tax breaks from~ …로부터 상당한 감세조치를 받다

**TAX BREAK**

> ▶ file one's tax return …의 소득세 신고서를 작성하다

Small business owners complain that the government **is imposing too great a tax burden on** their profits. 중소기업주들은 자기네 소득에 대해 정부가 세금을 너무 많이 부과한다고 불평한다.

331
## thorough inspection 철저한 조사

> ▶ thorough and complete understanding 완벽한 이해
> ▶ thorough knowledge of …에 대한 완전한 지식

It was evident that the professor possessed **thorough knowledge of** the topic he was discussing. 그 교수는 자신이 논의하고 있었던 주제에 대한 완전한 지식을 가지고 있다는 것이 확실했다.

332
## arrange payment terms 지불조건을 정하다

*The payment terms are explained* in the appendix in the back portion of the contract. 지불조건은 계약서 뒷부분에 추가로 명시되어 있다.

333
## tip off …에게 제보하다, 정보를 제공하다

QUICK
TIPS

> ▶ tip the balance 결정적인 영향을 주다
> ▶ give a tip on …에 관한 정보를 주다
> ▶ give sb a good tip on how to~ …방법에 대해서…에게 좋은 정보를 주다
> ▶ be tipped off 정보를 제공받다
> ▶ be tipped off by our broker 주식 중개인이 귀띔해주다

That guy **gave us a good tip on** how to get really cheap theater tickets in New York. 그 사람이 우리에게 뉴욕에서 정말 싸게 공연관람권을 구입하는 방법에 대해서 좋은 정보를 주었어.

We **were tipped off** by our broker, and we decided to pull out just before the company went down. 주식 중개인이 귀띔해줘서 우리는 그 회사가 도산하기 직전에 투자에서 손을 떼기로 했다.

334
## complimentary beverages will be offered~ 무료음료가 제공될 것이다

> ▶ try complimentary samples 무료샘플을 시험하다
> ▶ complimentary gift 서비스 증정품

The flight attendants brought the man **his complimentary meal.** 승무원은 그 남자에게 무료 기내식을 가져다 주었다.

6

## 335
# be definitely on the fast track 완전히 출세가도를 달리고 있다

▶ on a fast track at work 직장에서 출세가도를 달리는
▶ move to the inside track 유리한 고지를 점령해서

That guy is definitely on the fast track after his promotion last month. 지난 달에 승진한 다음부터 그 사람은 완전히 출세가도를 달리고 있다.

## 336
# cause tremendous damage 엄청난 피해를 초래하다

▶ cause tremendous damage throughout the city 도시전역에 걸쳐서 엄청난 피해를 입히다
▶ provide a tremendous improvement 큰 향상을 제공하다

The winds were of hurricane strength, and caused tremendous damage throughout the city. 허리케인급의 강풍이었기 때문에 도시 전역에 엄청난 피해를 야기시켰다.

## 337
# expansion of currency 통화팽창

The country's expansion of its currency was made in an effort to control inflation. 그 나라의 통화팽창은 물가인상을 억제하려던 노력끝에 생긴 일이었다.

## 338
# for the remainder of the day 그날 남은 시간 동안에

▶ remain in effect for 180 days 180일 동안 유효하다

We were forced to do manual labor for the remainder of the day. 우리는 그날 남은 시간 동안 육체노동을 해야 했다.

## 339
# accept a transfer to …로의 전근을 받아들이다

▶ refuse to accept a transfer 전근을 받아들이는 것을 거절하다
▶ transfer sb to the finance department …를 재무부로 부서이동시키다
▶ be transferred to a new location 새 근무처로 전근 가다

The manager was transferred to a new location in Alaska after he screwed up the deal. 그 관리자는 거래를 망친 후 알래스카에 있는 새 근무처로 전근 갔다.

## 340
# air the commercials 광고방송을 하다

▶ place a commercial ad 상업 광고를 게재하다

The TV station refused to air the commercial in response to a massive amount of public pressure. TV 방송국은 시민들의 압력이 거세지자 그 광고 방송을 내보내지 않기로 했다.

341

## accompany sb into~ …함께 …로 가다

▶ be accompanied to the banquet by one's wife 연회에 부인과 함께 가다

The president will accompany the guests into the sitting room. 사장님은 손님들과 함께 응접실로 들어가실 것이다.

342

## turn down the offer 제의를 거절하다

I wanted to turn down the offer, but the salary they were offering was too good to pass up. 나는 그 제안을 거절하고 싶었지만 그 회사에서 주겠다고 하는 월급이 너무 많아서 놓칠 수 없었다.

343

## give sb ~% as a deposit …에게 계약금조로 ~%를 주다

▶ put down a deposit on~ …에 예약금을 걸다

The buyer gave me 20% as a deposit on buying the car. 구매자는 자동차 구입 계약금조로 20%를 지급했다.

344

## be equipped with the technology …기술 설비를 갖추다

▶ be fully-equipped for ~ …를 위한 시설이 완비되다
▶ equip A with cutting-edge technology A를 최첨단 기술로 갖추다

The new Hyundai is equipped with all the extra features that car buyers love. 새로 출시된 현대 자동차는 소비자들이 아주 좋아하는 부가적인 기능들을 완비하고 있다.

345

## resolve differences 분쟁을 해결하다, 이견을 해소하다

▶ sink differences 의견차를 버리다
▶ iron out the political differences 정치적인 의견차를 조정하다
▶ resolve the problem 문제를 해결하다

Let's get together this weekend and try to resolve our differences on this assignment. 이번 주말에 모여 이 업무에 관한 우리의 의견 차이를 해결하자.

# put a value on …에 가치를 부여하다

Americans tend to put less value on formal education than on individuality. 미국인들은 학교교육보다 개인의 능력에 더 가치를 부여하는 경향이 있다.

# bill of lading 선하(船荷) 증권, 화물 상환증

Make sure you look at the bill of lading before you sign for it. 서명을 하기 전에 선하(船荷) 증권을 먼저 확인해보세요.

# be used up 다 써 버리다, 바닥나다

That food we had is all used up. 우리가 갖고 있던 음식은 모두 바닥이 났다.

# line of credit 신용장, 신용한도

▶ open a line of credit 신용장을 개설하다

The bank manager decided to extend a line of credit for $10,000 to the carpenter. 은행 지점장은 목수에게 1만 달러까지 대출해주기로 결정했다.

# turn waste into power 쓰레기를 동력화하다

▶ treatment of waste paper 폐지처리
▶ waste treatment center 쓰레기 처리장
▶ recycle waste paper 폐지를 재활용하다
▶ waste disposal company 쓰레기 처리회사

The scientist believed that given enough time, he could come up with a way to turn waste into power. 그 과학자는 시간만 충분하면 쓰레기를 동력화하는 방법을 생각해낼 수 있을 거라고 생각했다.

# facilitate the processing of~ …의 절차를 용이하게 하다

▶ facilitate one's job …의 업무를 용이하게 하다

The school's front office is set up to facilitate the processing of new applications. 신입생 지원 절차를 용이하게 하기 위해 학교 본부가 설치되었다.

## define the terms of the contract 계약 조건을 명확히 하다

> ▶ has a definite market value 분명한 시장가치를 갖다
> ▶ be definitely worth reading 분명히 읽을 가치가 있다
> ▶ be renewable indefinitely 무한 연장[재생] 가능하다

I spoke to my employer and I had him define the terms of my contract. 나는 사장님에게 얘기해서 나의 계약 조건을 명확히 하도록 했다.

## involves a lot of guesswork 어림짐작

Putting together a complex puzzle with many pieces involves a lot of guesswork. 조각이 많은 복잡한 퍼즐을 맞추려면 어림짐작을 많이 해야 한다.

## retain exclusive rights to the product 상품에 대한 독점권을 보유하다

> ▶ retain valued employees 소중한 직원들을 보유하다
> ▶ retain an exact copy of~ …의 정확한 사본을 보유하다
> ▶ retain one's stock 재고를 보유하다

We reserve the right to retain prisoners indefinitely if we feel that they are a threat to national security. 우리는 죄수들이 국가 안보에 위협이 된다고 느껴지면 그들을 무기한으로 감금시킬 권리를 갖는다.

## build a new complex of residential apartments 새로운 주거용 아파트 단지를 건축하다

> ▶ a public housing complex in the city 도시의 공공 주택단지
> ▶ move into the new office complex 새로운 사무단지로 이사하다

The total cost of the new office complex will reach 100 million dollars and construction is slated for completion sometime early next year. 새 사무실 단지의 총 공사비는 1억 불에 달할 것이며 내년초경에 완공될 예정이다.

## be automatically credited to one's account …의 계좌로 자동예금되다

> ▶ transfer funds from one account to another 한 계좌에서 다른 계자로 자금을 이체하다

Your monthly salary will be automatically credited to your account. 여러분의 월급은 여러분 계좌에 자동입금됩니다.

**6**

# affect the price of the stock 주가에 영향을 미치다

▶ affect one's business …의 사업에 영향을 미치다
▶ affect customer royalty 고객 충성도에 영향을 미치다

The company president's colorful past is adversely affecting the price of the stock. 그 회사의 사장의 화려한 과거는 주가에 불리한 영향을 주고 있다.

# yield a profit 이윤을 내다

▶ yield to maturity(YTM) 만기이율
▶ the yield on bonds[securities] 채권[증권]의 이율, 수익
▶ yield the highest income 가장 높은 수익을 내다
▶ produce a high yield 고수익을 창출하다

I can't afford to buy any more stock shares that don't yield a profit over time. 나는 시간이 지나도 이익이 없는 주식을 더 이상 살 능력이 없다.

# place a classified advertisement in a newspaper 신문에 안내 광고를 싣다

▶ run an advertisement in the newspaper 신문에 광고를 게재하다
▶ be advertised on the Internet 인터넷에 광고가 되다
▶ prepare advertising budgets 광고예산을 준비하다
▶ solicit advertisers 광고주에게 광고를 얻으려하다

We will have a much bigger advertising budget than the competition. 우리는 광고에 경쟁업체보다 훨씬 더 많은 예산을 사용할 것이다.

# list of registered participants 등록된 참가자명부

▶ worldwide registered brand 전세계적으로 등록된 브랜드

The staff apologized for omitting his name from the list of registered participants. 그 직원은 등록된 참가자 명부에서 그의 이름을 빠뜨린 것에 대해 사과했다.

SIGN IN

### 361
## accept responsibility for …에 대한 책임을 지다

▶ access denied 접속불가
▶ add details to 상세히 하다

The reporter was instructed by her supervisor to **add more details to** her story. 그 기자는 상사로부터 기사를 더 자세히 쓰라는 지시를 받았다.

### 362
## maintain one's high level of quality control 높은 수준의 품질 관리를 유지하다

▶ employ strict quality control procedures 엄격한 품질관리 절차를 이용하다
▶ adhere to high quality assurance standards 수준 높은 품질 보증 기준을 고수하다

If we don't want to get complaints from customers, we have to **maintain our high level of quality control.** 고객들로부터 불평을 듣고 싶지 않다면, 높은 수준의 품질 관리를 유지해야 한다.

### 363
## be on sale 판매중인, 염가판매중인

Tickets will **be on sale** in the lobby after the doors open at 9:00 a.m. 표는 오전 9시 개장 후 로비에서 판매된다.

### 364
## sell one's catch 잡은 물고기를 팔다

The fishing boats come back into the harbor in the evening and the fishermen **sell their catch.** 어선들이 저녁에 항구로 돌아오고 어부들은 잡은 생선을 판다.

### 365
## bring in new business 거래처를 새로 만들어내다

One of the best ways to **bring in new business** is to have friendly relations with your customers. 거래처를 새로 만드는 방법 중에서 제일 좋은 것에는 고객들과 친밀한 관계를 가지는 것도 들어있다.

# go on strike 파업하다

The company employees **are going on strike** because of the money they are owed. 그 회사 종업원은 받지 못한 임금 때문에 파업할 거예요.

# treat high blood pressure 고혈압을 치료하다

▶ treat simple infections 간단한 감염을 치료하다

The best way to **treat simple infections** is with antibiotics, plenty of fluids, and a lot of rest. 경미한 감염증을 치료하는 최선의 방법은 항생제를 먹고, 수분을 많이 섭취하며, 푹 쉬는 것이다.

# get the most use 최대한 이용하다 getting the most use out of

The man was known for **getting the most use out of** everything he bought. 그 남자는 자기가 산 물건을 모두 최대한 이용하는 것으로 유명했다.

# follow sb's example …의 전례를 따르다

▶ follow the lead of …의 뒤를 따르다, 하는 대로 따르다
▶ follow the instructions 사용설명서에 따르다
▶ follow the directions 지시를 따르다
▶ follow the new regulations 새로운 규정을 따르다

We expect you to **follow Geff's example**. 우리 생각에는 네가 제프의 전례를 따랐으면 해.

# give it a second thought 다시 생각하다

After **giving it some second thought**, we decided that we should take the trip. 잠시 다시 생각한 후에, 우리는 여행을 가기로 결정했다.

# be engaged in time-consuming debates 소모적인 토론에 참여하다

The process was **time-consuming**, but it was well worth it in the end. 그 과정은 시간이 많이 들긴 했지만, 결국 그만한 가치가 있었다.

# trade in the truck for a van 트럭에 웃돈을 얹어주고 밴을 사다

The owner of the metal shop mentioned that he was considering **trading in his truck for a van**. 금속제품점 주인은 트럭에 웃돈을 얹어주고 밴을 살 것을 고려하고 있다고 말했다.

## 373
# fill out (the application) (신청서를) 기입하다 신청서에 필요사항을 기입하다

▶ file an application 신청서를 제출하다

Anyone interested in the job should fill out an application.
그 일에 관심이 있는 사람이면 누구나 신청서를 기입해야 한다.

## 374
# receive a portion of~ …의 약간을 받다

▶ a substantial portion of~ …의 상당한 부분

His contract stipulates that he is to receive a portion of the
box office receipts. 그의 계약서는 그가 흥행 수입액의 일부를 받기로 규정하고 있다.

Michael helped himself to a large portion of chocolate cake
at the buffet. 마이클은 뷔페에서 커다란 초콜릿 케이크 한 조각을 먹었다.

## 375
# alleviate the problem 문제를 해결하다

▶ alleviate more suffering and illness 고통과 질병을 경감시키다

Do you have any recommendations as to how we might
alleviate the problem? 그 문제를 해결할 방법에 대해 저희에게 추천해주실 만한
것이 있나요?

## 376
# get to the point 요점을 말하다

▶ case in point 적절한 예
▶ as a case in point 적절한 예로

I don't want to waste your time, so I will get right to the
point. 네 시간을 낭비하고 싶지는 않으니까 본론부터 얘기할게.

## 377
# have[gain] access to …에 출입할 수 있다

▶ have access to information 정보에 접근하다

I'd love to gain access to the hard drive at work where all
the personnel files are stored. 나는 회사 직원의 인적 사항파일들이 모두 저장
되어 있는 회사 컴퓨터의 하드 드라이브에 접속하고 싶다.

## 378
# raise the cholesterol level 콜레스테롤 수치를 올리다

The doctor told his patient to be careful not to raise his
cholesterol level too much when visiting Italy. 의사는 환자에게 이
탈리아에 가면 콜레스테롤 수치를 너무 많이 올리지 않도록 주의하라고 했다.

**6**

# work around the clock 하루종일 일하다

The nurses and doctors worked around the clock to save the little girl. 간호사와 의사는 그 여자아이를 살리기 위해 하루 온종일 일했다.

380

# charge a battery 전지를 충전하다

▶ charge a light 전구를 충전하다

For safety reasons, you shouldn't charge the light for more than a few hours at a time. 위험할 수도 있기 때문에 한꺼번에 몇시간씩 전구를 충전하면 안된다.

381

# account payable 지불계정 *외상매입금을 말하며 혹은 지불계정을 담당하는 부서

▶ account receivable 미수금계정
▶ account balance 내야되는 금액 or 계좌잔액

The accounts receivable department was responsible for collecting unpaid loans. 미수금 계정 담당 부서는 미납 대출금을 회수하는 업무를 담당했다.

382

# deliver on one's promise 약속에 맞추어 (물품을) 인도하다

▶ deliver exceptional products 특별한 상품을 배달하다
▶ be delivered to the forwarding agent 운송업자에게 인도되다

There will be two-day delay for all of our overnight deliveries this week. 이번 주에 모든 야간 배달은 이틀이 지연될 것이다.

383

# terms and conditions 계약 조건

During your recent admission, we were unable to obtain your signature on the enclosed Terms and Conditions forms. 최근에 귀하가 입원해 있는 동안, 저희는 동봉되어 있는 입원 계약서류에 귀하의 서명을 받을 수 없었습니다.

384

# put into a cast 깁스를 하다

▶ take the cast off 깁스를 풀다

A dressing was applied to the wound and the leg was bandaged and put into a cast. 상처에 약을 바르고 다리에 붕대를 감아 깁스를 했다.

## 385
## be given credit for ···의 유효를 인정받다

Tomkins will be eligible for 'good time' and will **be given credit for** the six months he has already served at the Clemson County Jail. 탐킨스는 '모범수 감형법'을 적용받을 수 있으며, 이미 클렘슨 군 구치소에서 복역한 6개월도 인정받게 될 것이다.

## 386
## job-protected leave 휴가에서 돌아와도 직장과 관련되어 전혀 불이익을 받지 않는 휴가라는 의미

▶ **accrued sick leave** 아직 사용하지 않은 병가

Although Family Leave is unpaid, employees are entitled to use any **accrued sick leave** as well as vacation leave. 가족휴가는 무임금이지만, 근로자의 사용하지 않은 휴가와 병가 일수에는 지장을 받지 않습니다.

## 387
## under the authority of ···의 지휘와 감독을 받으며

▶ **the powers that be** (당국) 권력자

It is funded solely through beneficence, and operates **under the authority of** the Pearl County Sheriff. 그것은 순전히 기부금만으로 운영되며 펄 군 보안관의 지휘와 감독을 받고 있습니다.

## 388
## complete one's term ···의 임기를 마치다

Next week Fred **completes his term** as chairman. 다음주에, 프레드는 의장으로서의 임기를 마친다.

## 389
## refresh one's memory 다시 기억해내다, 기억을 되살리다

I don't remember, so **refresh my memory**. 나는 기억이 나지 않아서 기억을 새로이 되살렸다.

## 390
## estimate for the job 직무평가, 견적서

▶ **have an estimate (for)** 견적서를 받다, (···에 대해) 평가를 하다
▶ **give sb an estimate** ···에게 견적서를 주다

We need a shed built, so we **got an estimate for the job**. 우리는 오두막을 지어야 해서 견적서를 받았다.

### 391
## We appreciate your business 「당사와 거래해 주셔서 감사합니다」라는 뜻

▶ **per your request** 귀하께서 부탁하신 대로

▶ **To whom it may concern** 관계자 여러분께. 편지를 받는 담당자의 이름을 모를 경우 사용하는 문구

As always, **we appreciate your business** and look forward to serving you over in new and better ways. 항상 변함없이 거래해 주셔서 감사하고 새롭고 더 나은 방식으로 손님을 모시기를 앙망합니다.

### 392
## be committed to the development of~ …의 개발에 전념하고 있다

**BRAIN ACTIVITY**

▶ **be committed to dealing fairly with~** …와 공정하게 거래하는 것을 원칙으로 삼다

This company **is committed to marketing high-quality products** at affordable prices in order to satisfy consumer demand. 회사는 소비자의 요구를 충족시키기 위해 적정 가격에 고품질의 상품을 시장에 출시하는 일에 전념하고 있다.

### 393
## expand operations 영업을 확대하다

We have decided to invest most of our 2013 profits into **expanding our operations** in Japan and Singapore. 우리는 2013년도 이익의 대부분을 일본과 싱가포르 영업망의 확대에 투자하기로 결정하였다.

### 394
## position a product (특정구매자층을 목표로) 제품을 시장에 내놓다

We have decided to **position our product** at the low end of the price scale. 우리는 저가 상품시장을 겨냥해서 제품을 내놓기로 결정했다.

### 395
## convince potential customers 잠재고객을 설득하다

▶ **convince a venture capitalist to invest** 벤처투자자에게 투자할 것을 설득하다

▶ **convince other employees to join** 다른 직원들이 가담할 것을 설득하다

I tried to **convince the police** that I was an innocent

bystander, but they would not listen. 나는 결백한 구경꾼이라는 것을 경찰에게 납득시키려고 애썼지만, 경찰은 귀 기울이지 않았다.

396
## hold a press conference 기자회견을 갖다

▶ be at the press conference 기자회견장에 있다
▶ hold a televised news conference TV중계하는 기자회견을 열다

The conference call between the managers will begin at 9 p.m. 관리자들 사이의 전화회의는 오후 9시에 시작될 것이다.

397
## get off the job 일을 (가까스로) 끝내다

The foreman would not let me get off the job until I completely secured the foundation of the building. 십장은 내가 그 건물의 기초공사를 완전히 확실하게 할 때까지 그 작업을 끝내는 것을 허락하지 않으려 했다.

398
## Enclosed please find ~ …을 동봉하니 받아 보십시오

▶ Enclosed is ~ 동봉된 것은 …이다
▶ enclosed membership application 동봉된 회원가입 신청서
▶ complete the enclosed questionnaire 동봉된 질문지를 작성하다
▶ use the enclosed reply form 동봉된 회신 양식을 사용하다

Enclosed please find the materials you requested and an invoice for services rendered. 귀하가 요구한 자료와 용역 제공에 대한 송장(送狀)을 동봉하니 받아 주십시오.

399
## house a (one's) collection(s) 수집품을 소장하다

Many serious art collectors house their collections in museums or art galleries. 많은 진지한 예술품 수집가들은 박물관이나 화랑에 그들의 수집품을 소장한다.

400
## put the call through 전화를 연결시키다

I have instructed all of my secretaries not to put any call through unless the name of the caller has been disclosed. 전화거는 사람의 이름이 확인되지 않으면, 전화를 연결시키지 말 것을 모든 비서들에게 지시했다.

401
## stay competitive 경쟁력을 유지하다

Continuing education is crucial for keeping abreast of the changes in technology and staying competitive in business. 지속적인 교육은 기술 변화에 뒤떨어지지 않고, 사업에서 경쟁력을 유지하는 데 긴요하다.

**402**

# organize one's time …의 시간을 짜다, 계획하다

▶ organize summer activities for children 아이들을 위한 여름 활동을 계획하다

I have to **organize my time** better if I expect to finish the project by Wednesday. 난 수요일까지 그 프로젝트를 마치려고 한다면 시간을 잘 짜야 해.

**403**

# make some sales calls 영업전화를 좀 하다

The real estate agent **made some sales calls** in the neighborhood hoping to find some interested home sellers. 부동산 중개업자는 관심있는 주택매도인을 찾으려는 마음에서 동네 주민들에게 영업전화를 했다.

**404**

# provide cash rebate 현금할인[현금환불]을 제공하다

Automobile companies are currently competing for buyers by **offering cash rebates.** 자동차 회사들은 현재 현금환불제도[현금할인제도]를 채택하여 구매자들을 차지하는 경쟁을 하고 있다.

**405**

# offer basic tips to …에게 기본정보를 제공하다

▶ follow the basic tips for safety 안전을 위한 기본 수칙을 따르다

There will be a seminar **offering basic tips on** the proper way to use the Internet. 인터넷을 제대로 사용하는 기본적인 지식을 알려주는 세미나가 열릴 것이다.

**406**

# be filled to capacity 꽉 차다

▶ beyond one's capacity …의 한계를 넘어서는

As the room **is already filled to capacity,** we will have to ask all of the patrons waiting in the hall to go home. 장소가 이미 만원이어서 우리는 홀에서 기다리는 모든 관객들에게 댁으로 돌아가 달라고 해야만 할 것이다.

**407**

# assess one's skills …의 능력을 가늠하다

ASSESSMENT

▶ assess one's skills and improve them …의 능력을 파악해서 향상시키다

To function at a peak level, it is important that you continually **assess your skills** and improve them where it is necessary. 최선의 능력을 발휘하기 위해서는 끊임없이 자신의 능력을 파악해서 필요한 부분을 향상시키는 것이 중요하다.

**408**

# be restored as a historical building 역사적인 건물로 복원되다

▶ when power[electricity] is restored 전원[전기]이 복구되었을 때

The building will **be restored as a historic building** and will be turned into a museum. 그 건물은 역사적인 건물로 복원되어 박물관으로 바뀔 것이다.

**409**

# give the boss a ride to work 사장을 직장까지 태워주다

▶ get a ride to the office 사무실까지 얻어 타고 가다
▶ be happy to give sb a ride …를 태워주게 되어 기쁘다

Please wake me up early tomorrow morning as I **am giving the boss a ride to work**. 내일 아침 나 좀 일찍 깨워줘. 내 차로 사장을 태우고 출근해야 하거든.

**410**

# contain a controversial fluoride additive 논란이 되고 있는 불소 첨가제를 함유하고 있다

The public water supplied in New York **contains a controversial fluoride additive**. 뉴욕시에서 공급되는 수도물은 논란이 되고 있는 불소 첨가제를 함유하고 있다.

**411**

# reach an accommodation 타협하다

The two parties **reached an accommodation** after many hours of deliberation over the sensitive issue. 두 당사자는 그 민감한 사안에 대해 오랜 시간에 걸쳐 토론한 끝에 타협점에 도달했다.

**412**

# deface the landscape 경치를 손상시키다

The vandal was arrested for **defacing the landscape** around the White House. 그 공공시설 파괴범은 백악관 주변의 경관을 손상시킨 혐의로 체포되었다.

**413**

# buy sth on account 외상으로 …을 사다

Salesmen often **buy their items on account**. 영업사원들은 종종 자기 상품들을 외상으로 산다.

**414**

# address a problem 문제를 다루다

▶ address the form 서류를 처리하다

**6**

The president of the company was angry with his secretary for not **addressing the problem sooner**. 사장은 문제를 보다 일찍 처리하지 않은 데 대해 자기 비서에게 화가 났다.

415

# be auctioned off 경매되다

▸ at[by] auction 경매로
▸ be sold at[by] auction 경매에서[로] 팔리다
▸ make a bid for …에 입찰하다
▸ obtain sb's bid 입찰을 받다
▸ open bidding 공개입찰

We heard that they are going to **make a bid for** that contract. 우리는 그 사람들이 그 계약건에 입찰하려 한다고 들었습니다.

It is important that we **obtain his bid** before making our decision. 우리가 결정하기 전에 그 사람의 입찰을 받는 것이 중요하다.

There is now **open bidding** on the estate, which is valued at millions of dollars. 지금 그 부동산의 공개입찰이 진행되고 있는 중인데 가격이 수백만 달러에 이른다.

416

# apply plaster casts to~ …에 깁스를 하다

**Applying plaster casts to** appendages that have been fractured is an effective way to promote healing. 골절상을 입은 팔다리에 깁스를 하는 것은 치료를 촉진시키는 효과적인 방법이다.

417

# make the greatest use of advanced technologies 첨단 기술들을 가장 잘 활용하다

▸ get an advanced degree at ~ 석 · 박사학위를 …에서 받다

Large flexible companies typically **make the greatest use of advanced technologies.** 규모가 크며 외부적인 조건에 유연하게 대처하는 회사들은 일반적으로 선진기술들을 가장 잘 활용한다.

418

# advance four and a half percent 4.5% 오르다

▸ pay in advance 미리 지급하다

Sales of the company's environmentally-friendly products **have advanced four and a half percent** this month. 그 회사의 환경친화적인 제품의 판매가 이번 달에 4.5% 증가했다.

## 419

# exhibit at the fairground 박람회장에서의 전시회

The gardening **exhibit at the fairground** will begin in two weeks. 박람회장에서 2주 후에 정원 조경 전시회가 열릴 것이다.

## 420

# use targeted advertising 표적광고를 하다

The marketing team decided to **use targeted advertising** to gain market share in the cola business. 마케팅팀은 콜라 사업의 시장 점유율을 높이려고 특정대상 광고 기법을 이용하기로 결정했다.

## '할인'의 다양한 표현들

**bargain    bargaining    discount    refund    rebate**

바겐세일로 잘 알려진 bargain은 명사로 「매매」 또는 「실가격보다 싸게 구입한 물건」(something on sale or bought for less than its real value)을 뜻하며, 동사와 어울려서 strike a bargain 하면 「매매계약(협정)을 맺다」가 되고, drive a hard bargain하면 「유리한 조건으로 매매(협상)를 하다」가 된다. 동사로는 「매매, 협상이나 혹은 계약 등의 조건에 관하여 얘기하다」라는 의미로 자동사, 타동사 용법이 있다. bargaining은 동사 bargain의 명사형으로 「거래」, 「협상」(negotiation) 이라는 뜻. 다음 discount는 「구입할 물건의 가격을 깎는 것」(reduction made in the cost of buying goods)을 말하는 것으로 「깎아달라」고 할 때는 get a discount, 「할인해주다」는 give sb a discount를 쓰면 된다. 할인폭을 표현하려면 discount 앞에 x%를 붙이던지 혹은 a discount of x%라고 하면 된다. refund와 rebate는 실생활 단어로 refund하면, 예를 들어, 이미 산 물건을 불량 등의 이유로 「되돌려주는 혹은 되돌려 받은 돈」(the money that you are given back)을 말하며, 「돈을 되돌려주다」라는 동사로도 쓰인다. 반면 rebate는 tax rebate에서처럼 「이미 지급한 돈의 일부를 되돌려주는 것」을 말하는 것으로 명사적 용법만 있을 뿐이다.

_ You are eligible for a discount if you buy more than ten, and you pay by cash.
10개 이상을 사서 현금으로 지불하시면 할인을 받을 수 있습니다.

_ They said we could get a refund if we bring in the receipt within the next two weeks.
그들은 우리가 앞으로 2주 내에 영수증을 갖고 오면 환불받을 수 있을 거라고 말했다.

_ In order to get the rebate, we must mail the coupon that comes with the software.
일부 환불을 받으려면 소프트웨어에 딸린 쿠폰을 우편으로 부쳐야 한다.

**6**

UNIT

### 421
## be forced to lay off …를 해고할 수밖에 없다

▶ **plan to lay off at least 1,000 employees** 적어도 1000명의 직원을 정리 해고하려고 계획하다

They **were forced to lay off** three hundred employees because of the new trade laws. 새 무역법으로 인해 그들은 어쩔 수 없이 직원 300명을 정리 해고했다.

### 422
## present a risk analysis 위험분석을 내놓다

▶ **conduct risk analysis** 위험 분석을 하다

Our investors want us to **present a risk analysis to** them before they make up their mind. 투자자들은 자신들이 결정을 내리기 전에 우리가 위험 분석을 내놓기를 바라고 있다.

### 423
## be in close proximity to each other 서로 매우 가까운 곳에 있다

▶ **proximity to major hotels** 주요호텔과의 인접성
▶ **within a fifty mile proximity** 50마일 내의 인근에 있는

The companies **are in close proximity to each other.** 그 회사들 은 서로 매우 가까운 곳에 있다.

### 424
## enter into[make] an agreement 계약을 맺다

▶ **reach an agreement** (특히 토론을 많이 한 후에) 합의에 도달하다

I'd be cautious about **entering into an agreement** with a new company. 나라면 새로운 회사와 계약을 맺을 때 신중하게 하겠다.

### 425
## offer unreliable information 신뢰할 수 없는 정보를 제공하다

▶ **provide fast and reliable answers to~** …에게 신속하고 믿을만한 대답을 하다

Information received through the Reuters News Agency is known to **be quite reliable.** 로이터 통신사를 통해 받은 정보는 꽤 신빙성이 높다고 알려져 있다.

# annual membership dues 연회비

> ▶ **charge an annual fee** 연회비를 부과하다
> ▶ **pay annual membership dues** 연회비를 내다
> ▶ **cover registration fees** 등록비를 충당하다
> ▶ **increase membership dues** 회비를 올리다
> ▶ **visa application fee** 비자 신청료

**Annual membership dues** will rise 20% next year to help offset rising overhead costs. 간접비용 상승에 대한 비용을 충당하기 위해 연회비가 내년에 20% 오를 것이다.

# provide prompt answers 즉각적인 대답을 주다

> ▶ **appreciate one's prompt reply** 빠른 응답에 감사하다
> ▶ **require prompt action** 즉각적인 조처가 필요하다

Our customer service department **provides prompt answers** to member's questions. 우리 고객서비스 부서는 구성원들의 질문사항에 즉각적인 응답을 제공한다.

# courtesy of …가 제공한

> ▶ **use courtesy airport shuttle** 무료 공항 셔틀버스를 이용하다
> ▶ **replace the courtesy card** 우대권을 교체하다

**Courtesy** airport shuttle, fax, and concierge service are available. 우리 호텔에는 무료 공항 왕복버스, 팩스 그리고 안내인 서비스가 제공됩니다.

# file an insurance claim 보험을 청구하다

> ▶ **file the papers** 서류를 정리하다
> ▶ **file claims for compensation** 배상 요구 소송을 하다
> ▶ **file a medical insurance claim** 의료보험 청구를 하다
> ▶ **settle an insurance claim** 보험청구를 지불하다

The fastest way to get money from your insurance company after an accident is to **file an insurance claim** right away. 사고가 난 후에 보험회사로부터 가장 빨리 돈을 받으려면 즉시 보험금을 청구해야 한다.

# finance new projects 새로운 사업에 자금을 공급하다

> ▶ **provide the best finance** 최고의 재원(財源)을 제공하다

> ▶ finance a business expansion 사업확장에 자금을 대다
> ▶ find new financing for the company 회사를 위한 새로운 융자를 찾다
> ▶ refinance the real estate 부동산을 저당 잡혀 돈을 마련하다

The company decided to issue bonds to **finance its business expansion.** 그 회사는 사업확장 자금을 마련하기 위해 사채를 발행하기로 결정했다.

431

# buy out a partner 공동 경영자의 지분을 매수하다

> ▶ buy off …가 못하도록 매수하다

I **bought out my partner** after he decided that running a company was just too much to handle. 나는 공동 경영자가 회사 경영이 자신에게 역부족이라고 결정하자 그 지분을 매수해서 손 떼게 하였다.

The manager tried to **buy off his secretary** so that she wouldn't inform the police. 부서 책임자는 비서를 매수하여 경찰에 알리지 않게 하려 했다.

432

# draw a new business 새로운 사업을 유치하다

The county **drew a new business to** the area by offering tax-free status for ten years. 그 군(郡)은 10년동안 면세의 혜택을 제공해 새로운 사업을 유치했다.

433

# call sb for referrals 소개를 받기 위해 …에게 전화를 하다

The new clients **came to us as a referral from** a downtown law firm. 그 신규고객은 도심지에 있는 한 법률회사의 추천으로 우리를 찾아왔다.

434

# as indicated on the emergency forms 비상용 양식에 표시된 대로

> ▶ change the address as indicated above 위에 표시된 주소로 바꾸다

To avoid confusion, please follow the instructions as **indicated on your emergency forms.** 혼란을 피하기 위해서 비상용 양식에 표시된 대로 지침을 따라주십시오.

435

# forward a resume[letter]~ …에 이력서[편지]를 보내다, 회송하다

> ▶ forward calls to 전화를 …로 돌려놓다
> ▶ if you would like to forward any comments 의견을 보내시려면
> ▶ leave a forwarding address 회송 주소를 남기다

Could you please **forward my resume** to the human resources department? 인사부로 제 이력서를 회송해 주시겠어요?

Our new telephone system will forward all of your office calls to your cell phone. 새로 설치한 전화 시스템에서는 사무실로 오는 여러분의 전화를 모두 휴대폰으로 돌려주게 됩니다.

## 436
# fund sb's research 연구자금을 대다

The agency has decided to fund your research, as long as you promise to stay within the price brackets outlined in their contract. 그 기관은 계약서에서 정한 가격 범위를 넘지 않겠다고 약속하면 당신이 하는 연구에 자금을 대 주기로 결정했습니다.

## 437
# develop cutting edge technologies 최첨단기술을 개발하다

▶ maintain a technological edge 기술적 경쟁력을 유지하다

The research and development team has created a new software program that is on the cutting edge of technology. 연구개발팀은 최첨단 기술의 새 소프트웨어 프로그램을 개발해냈다.

## 438
# stand one's ground …의 입장을 굽히지 않다, 고수하다

If you know that you're right, then be sure to stand your ground. 네가 옳다고 생각한다면 입장을 굽히지 마라.

## 439
# go into effect today 오늘부터 시행되다[효력이 있다]

The sale prices do not go into effect until Monday morning at 9:30 A.M. 그 판매가격은 월요일 오전 9시 30분 이후부터 적용된다.

## 440
# ~ is 100% guaranteed …이 100% 보증되다

▶ low price guarantees 저가 보증
▶ promise low price guarantees 가장 저렴한 가격을 약속하다

All of our cosmetics are 100% guaranteed if they are purchased from an authorized distributor. 우리 회사의 화장품은 공인 유통업체에서 구입하면 모두 100% 보증을 받습니다.

## 441
# be fit for the job 일에 적합하다

The secretary was fired because she was not fit for her job. 비서는 업무에 적합하지 않기 때문에 해고됐다.

## 442
# be blamed on the recent tax increase 최근의 세금인상에 대해 비난 받다

The recent decline in retail sales **has been blamed on the recent tax increase**. 최근의 소매 판매의 감소는 최근의 세금 증가 탓으로 돌려졌다.

## 443
# honor a check 수표를 받다

▶ **honor checks at one's retail stores** 소매점들에서는 수표를 받다
▶ **honor a check from a valued customer** 우수 고객의 수표에 대해 지급하다

The bank decided to honor the check even though it was three weeks old. 은행은 수표가 3주 전에 발행된 것이지만 유효 수표로 취급해주기로 했다.

## 444
# improve the competitiveness 경쟁력을 높이다

▶ **improve a company's ability** 회사의 기량을 향상시키다
▶ **improve the competitiveness** 경쟁력을 높이다
▶ **improve sales abroad** 해외판매를 신장시키다

The sales manager was concerned that the company did not concentrate enough on improving sales abroad. 판매부장은 회사가 해외판매 신장에 제대로 노력을 기울이지 않는 것을 걱정하였다.

## 445
# if the weather improves 날씨가 좋아지면

The golf tournament will take place as scheduled if the weather improves by the weekend. 날씨가 주말까지 좋아진다면 골프게임은 예정대로 개최될 것이다.

## 446
# make a distinction between A and B A와 B를 구분하다

She had trouble making a distinction between left and right. 그녀는 좌우를 구분하는데 어려움을 겪었다.

## 447
# be provided by a local employment agency 지역 고용알선 기관을 통해 제공되다

▶ **be sponsored by two local universities** 두 개의 지역대학에 의해 후원받다
▶ **call a local dealer for details** 세부사항을 위해서 지역 판매자에게 전화하다

Some employees will **be provided by a local employment agency.** 일부 직원들은 지역 고용알선기관을 통해서 구할 수 있다.

448
# restore profitability 채산성을 회복시키다

▶ **restore public confidence** 대중의 신뢰를 회복하다

The import of oil from the Middle-East is expected to **restore profitability to** the cash-starved petrochemical company. 중동에서 석유를 수입함으로써 현금이 부족한 석유화학 회사들이 채산성을 회복할 수 있을 것으로 보인다.

449
# as the sole agent in America 미국내의 독점 대리인으로

▶ **have agents throughout the world** 전세계적으로 대리인이 있다

**As the sole agent in America,** our company owns US distribution and patent rights for the product. 미국내의 독점 대리인인 우리 회사는 이 상품의 미국 유통 및 특허권을 보유하고 있습니다.

450
# write out multiple copies of~ ···를 여러 부 베끼다

▶ **make multiple copies of~** ···에 대한 여러 개의 복사본을 만들다

I had to **write out multiple copies of** the report because it was standard procedure. 나는 그 보고서의 사본을 여러 부 베껴야 했는데 그것이 정식 절차였기 때문이었다.

TOEIC이 좋아하는
# 핵심기출표현 451-480

### 451
## affirm the rumor  소문을 확인하다

> ▶ **affirm the support** 지원을 확인하다
> ▶ **affirm the report** 보도를 긍정하다
> ▶ **affirm the fact by the witness** 목격자에 의해 사실이 확인되다

The boss of the company called the local newspaper to **affirm the rumor**. 회사의 사장은 소문을 확인하기 위해서 그 지역신문사에 전화를 걸었다.

### 452
## pose a serious risk to~  …에 심각한 위험을 초래하다

> ▶ **pose a huge problem** 큰 문제를 일으키다
> ▶ **pose serious safety and health risks** 심각한 안전과 건강상의 위험을 초래하다

The lack of infrastructure in China continues to **pose a huge problem**. 중국의 기간시설의 부족은 계속해서 심각한 문제를 야기시키고 있다.

### 453
## take (an) inventory  재고조사하다

> ▶ **check the inventory status** 재고 상태를 점검하다
> ▶ **improve the inventory control** 재고 관리를 향상시키다

We need to stop and **take inventory of** how much we have left before we continue to sell. 물건을 파는 걸 멈추고 남은 수량이 얼마인지 재고조사를 해봐야겠어요.

### 454
## be notified by certified mail  등기우편으로 통보를 받다

> ▶ **pick up a certified letter for the office** 사무실에서 배달증명 딱지가 붙은 편지를 가져오다

The money order **was sent by certified mail** to guarantee delivery. 우편환은 배달을 확실히 하려고 등기우편으로 보냈다.

## 455

**call it a day** 하던 일을 일단 마치다

After working a twelve-hour shift, the foreman decided to **call it a day** and go home. 12시간 교대조로 일하고 나서 공장은 일을 마치고 집에 가기로 결정했다.

## 456

**purchase the coverage** …이 적용되는 보험을 구입하다

> ▶ be covered by insurance 보험으로 보장받다
> ▶ provide coverage for hospitalization expenses 입원비용을 보장하다
> ▶ purchase the coverage of ~ …이 적용되는 보험에 들다

All employees eligible for company-paid medical insurance may **purchase the same coverage for** their dependents. 회사가 지불하는 의료보험 수혜 자격이 있는 직원은 모두 부양가족에 대해서도 동일한 보험을 구입할 수 있다.

## 457

**maintain one's high standards** 고결한 윤리관을 지키다

> ▶ maintain a routine (매일) 규칙적인 생활을 하다, 판에 박힌 일을 계속하다
> ▶ maintain a safe distance 안전거리를 유지하다

I want you to try to **maintain your high standards for** the rest of your life. 평생 고결한 윤리관을 계속 지키시기 바랍니다.

## 458

**upon expiration of this contract** 계약의 만료시 이 계약이 만료되자마자[만료시]

> ▶ expire at the end of next month 다음달 말에 만기가 되다
> ▶ regardless of the expiration date 유효기간과 상관 없이
> ▶ expire on July 31st of this year 올해 7월 31일에 만기가 되다

**Upon expiration of this contract,** the lessor will return the deposit to the leaseholder. 이 계약의 만료시, 임대인은 임차인에게 보증금을 되돌려 준다.

## 459

**research indicates that~** 연구에 따르면 …가 …하다

> ▶ economic indicators predict that ~ 경제 지표는 …를 …하다고 예측한다

**Research indicates that** life expectancy is relatively unrelated to average income. 연구에 따르면 수명은 평균 수입과 비례하여 연관되어 있지 않다.

### 460
# keep ~ afloat …를 파산시키지 않다, 파산하지 않다

The old manager was blind to the changes that needed to be done in order to **keep his business afloat.** 노령의 경영자는 사업이 도산하지 않도록 하는데 필요한 변화에 깜깜 무소식이었다.

### 461
# lay claim to …의 소유권을 주장하다

▶ **lay claim to an abandoned steel mill** 방치된 제강소의 소유권을 주장하다

The man **laid claim to** the diamond mine that was located on his ranch. 그 남자는 자신의 목장에 위치한 다이아몬드 광산에 대한 권리를 주장했다.

### 462
# face stiff competition 치열한 경쟁에 직면하다

▶ **adapt to more cut-throat competition** 좀더 치열한 경쟁에 적응하다

The company **was faced with stiff competition** from other companies in the automobile industry. 그 회사는 자동차 산업에서 타회사들과 치열한 경쟁을 하게 되었다.

### 463
# make a strong balance sheet 기업재정을 견실하게 유지하다

▶ **clean out the balance sheets** 대차대조표의 부실자산을 처리하다

A balance sheet lists the company's assets, liabilities, and owner's equity at the end of an accounting period. 대차대조표에는 그 회사의 회계기간 말의 자산, 부채 및 자기 자본이 기입된다.

### 464
# a certified copy of~ …의 공인된 증서

All job applicants are requested to submit a certified copy of a college diploma. 구직자들은 모두 대학당국에서 발행한 졸업증서를 제출해야 한다.

### 465
# lead the discussion 토론을 이끌다

▶ **leading cause of auto accidents** 자동차 사고의 주요원인
▶ **lead a role** 지도적[주요한] 역할을 하다
▶ **lead the project development team** 사업개발팀을 이끌다

After the director resigned, a seasoned professional was called in to **lead the project development team.** 그 이사가 사퇴한 후 숙련된 전문가가 사업개발팀을 이끌도록 영입되었다.

## 466
# enroll at the university 대학 등록을 하다

> ▶ enroll in multiple classes 여러 개의 수업에 등록하다
> ▶ enrollment period 등록기간
> ▶ be enrolled as a full-time student 정규학생으로 등록되다

**The enrollment period** will last for three weeks and end on February 14th. 등록 기간은 3주간 계속되며 2월 14일에 끝날 것이다.

## 467
# land the order 주문을 따내다

The new salesman **landed the biggest order** in the history of the company. 그 신입 영업사원은 회사 역사상 가장 큰 주문을 얻어냈다.

## 468
# prove to be inaccurate 잘못된 것으로 입증되다

> ▶ ensure accurate information 정확한 정보를 보장하다
> ▶ guarantee the accuracy 정확성을 보장하다

**To ensure accurate information,** the newspaper reporter insisted on conducting the interview himself. 정확한 정보를 보장하기 위해 그 신문기자는 직접 인터뷰할 것을 주장했다.

## 469
# create a corporate culture [기업문화] 사풍을 창조하다

> ▶ elevate the corporate ethics 기업윤리를 북돋우다
> ▶ strengthen the CI(Corporate Identity) 기업이미지를 강화하다

The company's orientation program helps newcomers **adapt to its corporate culture.** 회사의 오리엔테이션 프로그램은 신입사원들이 기업문화에 적응할 수 있도록 도와준다.

## 470
# enhance one's technology 기술을 향상시키다

ENHANCED PRODUCT
DEVELOPMENT

> ▶ enhance one's abilities on~ …에 대한 …의 능력을 향상시키다
> ▶ enhance individual performance 개인의 성과를 향상시키다
> ▶ enhance workplace productivity 일터의 생산성을 향상시키다

We tried to **enhance the design by** adding several new features. 우리는 몇 가지 새로운 특징을 더해서 그 디자인을 향상시키기로 노력했다.

**471**

## commercialize a distinct product 차별상품을 시장에 내놓다

We decided to **commercialize a distinct product** so that we could increase our profitability. 우리는 수익성을 증가시키기 위해서 차별 상품을 시장에 내놓기로 결정했다.

**472**

## lead the project development team 사업개발팀을 이끌다

> ▶ lead the business 사업을 이끌어가다

After the director resigned, a seasoned professional was called in to **lead the project development team.** 그 이사가 사퇴한 후 숙련된 전문가가 사업개발팀을 이끌도록 영입되었다.

**473**

## generate[develop] sales leads 잠재고객명단을 개발하다

The office manager was looking for someone who could **generate sales leads for** the brokers. 업무부장은 중개인에게 줄 잠재고객 명단을 만들어낼 사람을 찾고 있었다.

**474**

## set the new industry standards 새로운 산업기준을 세우다

> ▶ discuss high-tech industry trends 첨단기술 산업 경향에 대해서 논의하다
> ▶ control the oil industry 석유산업을 통제하다

The inspector was responsible for ensuring that the company **was up to industry standards** in terms of safety. 감독관은 회사가 안전 면에서 산업 표준을 지키도록 할 책임을 지고 있었다.

**475**

## estimate profit 이윤을 추산하다

> ▶ estimate profit of 100 million won 1억원의 이윤을 추산하다
> ▶ estimate a capital cost 자본 비용을 추산하다
> ▶ estimate a capital cost for the project 프로젝트에 대한 자본비용을 추산하다

The accountant **estimated the capital cost** to be in the range of twenty to thirty thousand dollars. 회계사는 자본 비용을 2만에서 3만 달러대로 평가했다.

**476**

## have toll bridges 통행료를 내는 다리가 있다

In order to help pay for maintenance and construction, many waterways in the US **have toll bridges.** 미국의 수로들은 유지 및 건설비를 조달하려고 다리를 건널 때 통행료를 받는 곳이 많다.

**477**

# be in the adjoining room 옆방에 있다

> ▶ spread to at least one adjoining building 적어도 한 개의 인접 건물로 확산되다
>
> ▶ adjacent residential areas 인근의 거주지역들
>
> ▶ the station adjacent to the parking lot 주차장에 인접한 역

The adjoining room had an unpleasant odor coming from within. 옆방은 안에서 불쾌한 냄새가 스며 나왔다.

**478**

# sell one's interest in …의 이권(利權)을 팔다

The president was getting old and he decided to sell his interest in the project to his younger brother. 사장은 늙어서 그 사업에 대한 이권을 동생에게 팔아 넘기기로 결심했다.

**479**

# serve one's investment needs …의 투자수요에 부응하다

> ▶ service one's needs …의 욕구에 부응하다

The stock market serves all my investment needs. 주식시장은 나의 모든 투자수요에 부응한다.

**480**

# be highly skilled with appropriate certifications 공인된 증명서들을 갖추고 고도로 숙련되다

> ▶ require any type of registration, certification 어떤 형태로든 등록서나 증명서를 필요로 하다
>
> ▶ become a certified travel agent 공인된 여행사 직원이 되다

We certify that the product will be free of defects for at least one year. 우리는 이 제품이 최소한 1년 동안은 결함이 없으리라는 것을 보증한다.

481
## capital gains 자산소득

> ▶ capital gains tax 양도소득세
> ▶ long-term capital gains 장기 보유 자산 양도 소득
> ▶ realize a capital gain 시세차익을 보다

In income tax returns, the gains and losses on sales of investments are called capital gains and capital losses. 소득세 신고서에서 투자 거래에서의 소득과 손실은 자산 소득, 자산 손실이라 불리운다.

482
## articles of incorporation 회사정관

> ▶ file the articles of incorporation 회사정관을 제출하다

All companies wishing to incorporate before the end of this tax year should file their articles of incorporation before December 1st. 올 회계년도 말 이전에 회사를 법인화하고자 하는 모든 회사들은 12월 1일 이전에 그들의 회사 정관을 제출해야 한다.

483
## the production line operates at full capacity 생산라인이 완전 가동되다

> ▶ enhance the product line 제품군(群) 라인업을 늘리다[강화하다]
> ▶ reduce overcapacity 과잉생산능력을 감소시키다

The company has plans to increase its annual production capacity. 회사는 연간 생산 용량을 늘릴 계획이다.

484
## follow trend lines [판매동향] 추세선을 주시하다

> ▶ be known for the trend-setting strategy 유행을 선도하는 전략으로 유명하다
> ▶ a modern trend in management 경영에서의 현대적 경향

The football coach was known for his trend-setting game strategy. 그 축구 코치는 추세를 선도하는 경기전략으로 알려졌다.

485

# minimize toxic releases 유독가스 배출을 최소화하다

The chemical plant used special scrubbers and smokestacks in order to **minimize toxic releases.** 화학공장은 유독가스의 배출을 최소화하기 위해 특수한 집진기와 굴뚝을 사용했다.

486

# require motivated workforce 동기 부여가 된 인력을 필요로 하다

In order to **motivate the employees,** the manager offered them incentive pay. 직원들의 열의를 북돋우기 위해 사장은 성과급을 제시했다.

487

# secure the release of the package 소포받는 것을 확실히 하다

▶ **track one's package** 화물의 경로를 추적하다

The customs official was sent to the border to **secure the release of the package.** 소포반출을 확실히 하기 위해 국경지역으로 세관원을 파견했다.

488

# contribute to a fund every month at work 직장에서 매달 기금을 기부하다

▶ **make contribution to~** …에 기부[기여,공헌] 하다
▶ **be the most outstanding contribution to~** …에 가장 훌륭한 기여를 하다

Only thirty-five percent of the people asked said they regularly **contribute to a retirement fund.** 응답자의 단 35%만이 정기적으로 퇴직 연금에 돈을 낸다고 말했다.

489

# renew the lease 임대를 연장[갱신]하다

▶ **expiration of the lease** 임대만료
▶ **break the lease** 임대계약을 파기하다
▶ **house to let** 셋집

In the event that you wish to keep the apartment, you must **renew the lease** on a yearly basis. 그 아파트에서 살고 싶으면, 1년마다 임대를 연장해야 한다.

The advertisement in the newspaper stated that there was a two-bedroom **house to let.** 그 신문에 난 광고에는 침실 두 개짜리 집이 세가 나온 것이 있다고 했다.

490
# gain a competitive edge 경쟁에서 우위를 차지하다

▶ give a competitive edge 경쟁력 상의 강점을 제공하다
▶ give sb an edge over the competition 경쟁에서 …에게 유리하게 작용하다[진술하다]
▶ have a competitive edge 비교우위를 갖다

Management consultants and computer makers told them they needed strategic information systems to gain a competitive edge. 경영 컨설턴트와 컴퓨터 제조업자들은 그 사람들에게 경쟁에서 우위를 차지하기 위해서는 전략적인 정보 시스템의 구축이 필요하다고 말했다.

491
# establish a written policy requiring~ …를 필요로 하는 서면 정책을 수립하다

▶ establish trust with~ …와의 믿음을 확고히 하다
▶ establish the search criteria 수색 기준을 마련하다

The local newspaper decided to establish a scholarship for journalism students. 그 지방 신문은 언론을 공부하는 학생들을 위해 장학기금을 설립하기로 했다.

492
# become a listed stock 상장(上場)주식이 되다

▶ buy back shares by listed company 상장(上場)회사에 의한 자사주 매입을 하다

He didn't know who to call, so he checked the directory for a listed company in his immediate area. 그 남자는 누구에게 전화해야 할 지 몰라서 인근 지역에 있는 상장회사의 인명부를 조사했다.

493
# renew one's listing in~ …에 기재되어 있는 정보를 갱신하다

In order to renew your listing in the 2004 telephone directory, you must contact your telephone company before November 2003. 2004년 전화번호부에 여러분의 기재사항을 갱신하려면 2003년 11월까지 전화회사에 연락해야 합니다.

494
# include relocation benefits 이전수당을 포함하다

Our company offers excellent relocation benefits to all newly-recruited executives who agree to move to our new headquarters. 우리 회사는 새로운 본사로 발령에 동의한 새로 채용된 간부 직원에게 모두 이사비용을 충분히 드립니다.

# at one's discretion 재량에 따라

> ▶ full discretion to make decisions 결정을 할 전적인 재량권
> ▶ raise discretionary spending 재량 지출을 늘리다

Latecomers will be seated **at the discretion of** management.
늦게 도착한 사람들은 경영진의 재량에 의해 착석할 것이다.

# obtain exclusive use of~ ···의 독점 사용을 얻다

> ▶ have an exclusive contract 독점계약을 하다
> ▶ have an exclusive agreement with~ ···와 독점협약을 하다

Our company has **obtained the exclusive use of** the patent
until the year of 2011. 우리 회사는 2011년까지 그 특허에 대한 독점 사용권을 획득
했다.

# uncover new opportunities 새로운 기회를 찾아내다

The scientist was trying to **uncover new opportunities for**
the company in the field of marine biology. 그 과학자는 해양 생물학
분야에서 그 회사가 새로운 사업을 찾을 수 있도록 노력하고 있었다.

# adjust to the new operating system 새로운 운영체계에 적응하다

> ▶ adjust to the new surroundings 새로운 환경에 적응하다
> ▶ adjust to the demands of~ ···의 요구에 맞추다

We need some more time to **adjust to the new operating**
**system.** 우리는 새로운 운영체계에 적응하는데 약간의 시간이 더 필요하다.

# city proper 시내중심

Airport stores sell items at prices that can be as much as
150% higher than those at shops within the city proper. 공항상
점은 시내 중심지역의 가게보다 150%비싸게 판다.

# get burned 손해를 보다

> ▶ evaluate the cost of the damage 손해액을 사정하다

You must be careful that you don't **get burned** when you
invest in speculative stocks. 투기성이 높은 주식에 투자를 할 때에는 손해를 보
지 않도록 각별한 주의를 하여야 한다.

## 501

# comply with the new safety code 새로운 안전 수칙을 준수하다

> ▶ compliance with the rule 규칙의 준수
> ▶ comply with company policy 회사정책을 따르다
> ▶ comply with the new regulatory policies 새로운 규정에 따르다

We'll have to reconfigure the assembly line to comply with the new safety code. 우리는 새로운 안전지침을 준수하기 위해 공장 생산 라인을 재구성해야 할 것이다.

## 502

# under the new management 새 경영진 하에서

Efficiency has improved under the new management. 새로운 경영진 하에서 능률이 향상되었다.

## 503

# target one's market 판매대상 시장을 선정하다

The company targeted their market in Japan. 그 회사는 일본을 판매 대상 시장으로 선정하였다.

## 504

# take (on) a small measure of risk 위험부담을 약간 감수하다

After a lengthy debate, our executive committee decided to take on a small measure of risk in order to accept your proposal. 오래 논의한 끝에 우리 간부회의에서는 위험부담을 약간 감수하더라도 당신의 제안을 받아들이기로 결정을 내렸습니다.

## 505

# meet anticipated standards 예상 기준을 충족시키다

> ▶ meet the standards 기준에 부합하다
> ▶ meet safety regulation 안전 규칙을 충족시키다
> ▶ meet anticipated standards 기대되는 기준을 충족시키다

Our sales did not meet anticipated standards. 우리 매출은 예상 기준치에 미달하였다.

## 506

# expand the market 시장을 확대하다

> ▶ enter the market 시장에 진입하다
> ▶ aim to expand the market 시장을 확대하는 것을 목표로 하다

Many companies view exporting as a way to expand their markets and increase sales. 많은 기업들은 수출을 시장을 확대하고 매출을 늘리는 방법으로 여긴다.

# summarize the meeting 회의내용을 요약하다

The president asked his secretary to **summarize the meeting** for him. 사장은 비서에게 회의내용을 요약해 달라고 부탁했다.

508

# negotiate a contract 협상을 하여 계약을 체결하다

▶ **negotiate a settlement** 협상하여 합의하다
▶ **start negotiations with** …와 협상을 시작하다
▶ **negotiate the terms of** …의 조건을 협상하다
▶ **negotiate the terms of the contract** 계약조건을 협상하다

Sports agents help players **negotiate their contracts** and make sure they receive a fair deal. 스포츠 에이전트들은 선수들의 계약협상을 도와주며 공정한 대우를 받도록 보장해준다.

It is likely that the tobacco industry will **negotiate a settlement** before the end of this month. 이달 말이 되기 전에 담배회사가 협상하여 합의를 볼 것 같다.

509

# discount ~ factor (…한) 요소를 고려하지 않다

The model **discounts the human factor**; there may be room for error caused by programming. 그 모델은 인간적 요소를 고려하지 않았다. 프로그램을 할 때 오류가 생길 수 있는 것이다.

510

# be named to succeed …직(職)을 승계하도록 지명되다

I expect that the chairman's son will **be named to succeed** the president next week. 내 예상엔 다음 주 회장 아들이 사장의 후임으로 지명될 거야.

**6**

## 511
### give notice of …을 통지하다

▶ **post a notice** 공지사항을 게시하다
▶ **give workers advance notice** 사전통보를 직원에게 하다
▶ **give clients advance notice** 고객에게 사전통보를 하다

We need to **take notice of** any potential problems on the assembly line and report them immediately. 우리는 생산라인에 어떤 잠재적 문젯거리라도 예의주시해서 즉시 그 사항들을 보고해야 한다.

## 512
### be subject to change without (formal) notice (공식) 통보 없이 바뀔 수 있다

Changing emotions

▶ **until further notice** 추후 통지가 있을 때까지
▶ **on such short notice** 사전에 충분한 예고 없이[급히]

Duties at this plant will **be subject to change without notice** until the renovations are complete. 수리가 끝날 때까지 통보없이 이 공장에서의 교대 근무조가 바뀔 수 있다.

All employees will have to refrain from smoking in the entranceway **until further notice.** 전 직원은 추후 통지가 있을 때까지 출입구에서 금연해야 할 것이다.

## 513
### save the disposable income 가처분 소득을 저축하다

▶ **have at one's disposal** 마음대로 사용하다

Because of their jobs, **their disposable income** allows them to live a very comfortable lifestyle in the city. 그 사람들은 돈을 많이 버는 직업을 가지고 있어서 자신들의 가처분 소득으로 이 도시에서 아주 안락하게 생활할 수 있다.

## 514
### against all odds 모든 역경을 딛고

**Against all odds,** my partner and I managed to convince the committee to accept our proposal and fund our project. 모든 역경을 딛고 파트너와 나는 위원회가 우리의 제안을 받아들여 프로젝트 자금을 지원하도록 하는 데 성공했다.

**515**

# make a counteroffer 역(逆)제의하다

▶ make a firm offer 확정매매제의를 하다
▶ make a counteroffer to the proposal 제안에 대해서 역(逆)제의[카운터오퍼] 하다

The real estate agent advised the man to **make a counteroffer** to the seller of the property. 부동산 중개업자는 집을 팔려는 사람에게 역제의를 하라고 그 남자에게 충고했다.

**516**

# price-earnings[PE] ratio 주가 수익률

**The company's price-earnings ratio** is substantially higher than most listed companies within the same sector. 그 회사의 주가수익률은 같은 계열내의 대부분의 상장 회사들보다 실제적으로 더 높다.

**517**

# place an order 주문하다

▶ process an order 주문을 처리하다
▶ fill an order 주문대로 처리하다
▶ place a large order 대량주문을 하다

The customer called the department store and **placed an order** for twenty pairs of running shoes. 그 고객은 백화점에 전화를 해서 운동화 스무 켤레를 주문했다.

**518**

# be a party to~ …에 관계하다

No matter what anyone says, **I'm not a party to** that kind of dishonest behavior and would never condone it. 누가 뭐라고 하든 간에 나는 그런 부정직한 행동에 관여되어 있지 않으며, 또한 그러한 일을 용인하지 않겠다.

**519**

# house down payment 주택구입 계약금

▶ down payment 할부판매시 첫 착수금, 계약금

One of the most difficult things for a young couple to do these days is to come up with the money for **a house down payment.** 오늘날 젊은 부부들에게 가장 어려운 일은 주택을 구입할 때 인도금을 마련하는 것이라고 할 수 있다.

**520**

# perform maintenance on the machine 기계를 정비하다

▶ perform an operation 수술하다

**6**

The factory will close to perform maintenance on the machines. 그 공장은 기계를 정비하기 위해서 문을 닫을 것이다.

521

## performance appraisal system 인사고과제도

> ▶ receive the highest performance rating 최고 등급의 업무평가를 받다
> ▶ review one's job performance …의 업무성과를 검토하다

If you feel that you should be considered for a promotion, you ought to request a performance appraisal in writing. 당신이 승진대상자라고 생각한다면, 서면으로 실적평가를 요구해야 한다.

522

## effective immediately 지금부터 효력이 있는

> ▶ effective only after …의 경우에만 효력이 있는
> ▶ effective + 날짜 …일 부로 효력이 발생되어
> ▶ effective April 1 4월 1일자로 효력이 발생하는

Effective immediately, the store manager will no longer grant credit to customers without identification. 바로 지금부터 상점 매니저는 더이상 신분증을 갖고 있지 않은 고객에게 외상을 주지 않을 것이다.

523

## post a loss (회계장부상) 손실을 공고하다

> ▶ post revenues in excess of~ …을 넘는 수입을 기록하다
> ▶ post a loss last year 지난해의 손실을 공고하다

The company was not profitable after it had to post a loss last year. 그 회사는 작년에 손실을 공고할 수밖에 없었는데, 그 후 수익을 낼 수가 없었다.

524

## return on investment(ROI) 투자수익

> ▶ fill an investor's order 투자자의 주문대로 처리하다

The return on investment promised by the fund was much higher than anyone had expected. 투자신탁이 약속한 투자수익은 예상보다 훨씬 더 높았다.

525

## present an award 상을 수여하다

> ▶ award is presented by 상(賞)이 …에 의해 수여되다

The president is going to present an award to me. 사장은 내게 상을 수여할 것이다.

**526**

## institute the new taxation policy 새로운 조세정책을 제정하다

The government will **institute its new taxation policy** after the Christmas holidays. 정부는 크리스마스 휴일 이후에 새로운 세법정책을 제정할 것이다.

**527**

## reduce operating costs 운영비용을 줄이다

**Cost reductions are one of the best ways to** improve the profitability of a corporation. 경비절감은 회사의 수익을 향상시킬 수 있는 최상의 방법 중 하나이다.

**528**

## renew one's passport 여권을 갱신하다

> ▶ **renew a credit card** 신용카드를 갱신하다
> ▶ **renew one's driver's license** …의 운전면허증을 갱신하다
> ▶ **renew the lease** 임대차 계약을 연장하다

The old man had to go to the embassy to **renew his passport.** 그 노인은 여권을 갱신하기 위해 대사관에 가야 했다.

**529**

## arrange the display of produce 농산물을 진열하다

> ▶ **arrange the merchandise in the showcase** 상품진열장에 있는 상품을 정리하다
> ▶ **arrange for a private showing** 비공개 전시회를 준비하다

The cashier was called to the back of the supermarket and asked to **arrange the display of produce.** 계산대 직원은 수퍼마켓 뒤쪽으로 불려가서 농산물을 진열하라는 지시를 받았다.

**530**

## be proved to be very effective 매우 효과적임이 증명되다

> ▶ **have a proven record in~** …에 증명된 기록을 가지고 있다

The drug **has been proven effective** in recent clinical studies. 그 약은 최근의 임상 연구에서 효력이 있는 것으로 입증되었다.

**531**

## provide working capital 운영자본을 제공하다

> ▶ **provide a credit reference** 신용조회를 해주다
> ▶ **provide answers to questions** 질문에 대한 답을 해주다

The tutor was hired to **provide answers to questions** that the children might have. 그 가정교사는 아이들에게 의문이 생기면 대답해주라고 고용되었다.

**532**

# violate the fire safety codes 소방 안전수칙을 위반하다

▶ adhere to the fire code 소방법규를 준수하다

The fire marshal was called in to inspect the warehouse for violation of safety codes. 그 창고의 안전수칙 위반을 조사하기 위해 소방서장이 불려왔다.

**533**

# initial public offering 최초 주식공개(IPO)

Management at the investment firm decided to postpone XYZ Company's initial public offering until the fourth quarter. 그 투자회사의 경영진은 XYZ 社의 최초 주식공개를 4/4분기로 연기하기로 결정했다.

**534**

# proof of purchase 구입증명서

▶ provide proof of purchase 구매 증거물을 제공하다
▶ present a receipt as proof of purchase 구매 증거로 영수증을 제시하다

Any claim under the warranty must include a proof of purchase or invoice. 보증서 상의 어떤 클레임도 구입증명서나 송장이 포함되어야 한다.

**535**

# put the purchases into a paper bag 구입품을 종이봉투에 넣다

▶ be completely satisfied with the purchase 구매에 대 만족하다

The cashier asked the stock boy to help her put the customer's purchases into a paper bag. 계산원은 창고에서 일하는 사환에게 손님이 구입한 물건들을 종이봉지에 넣는 것을 도와달라고 했다.

**536**

# get a raise 임금 인상을 받다

▶ raise wages 임금을 인상하다
▶ deserve a raise 임금인상을 받을 만하다
▶ seek a raise 임금 인상을 요구하다

Never seek a raise unless you strongly feel that you deserve one. 당연히 임금을 인상받을 자격이 있다고 느끼지 않는 한 절대 임금 인상을 요구하지 마라.

**537**

# rate sb's work …의 작품을 평가하다

The panel of critics took three hours to rate the artist's work. 심사위원단이 그 미술가의 작품을 심사하는데 3시간이 소요됐다.

538

# receive an offer 제안을 받아들이다

▶ make an offer 매매 제의를 하다

When the house goes up for sale, I'll **make an offer.** 그 집이 매물로 나오면 내가 사겠다고 할거야.

539

# host a reception 환영회를 베풀다

We will **host a reception** in honor of the newlyweds at the Hilton Hotel in Toronto. 우리는 토론토의 힐튼 호텔에서 신혼부부들을 위한 축하 환영회를 베풀 것이다.

540

# give sb one's highest recommendation …에게 최상의 추천장을 주다

▶ letter of recommendation 추천장
▶ write the letter of recommendation for~ …를 위해서 추천서를 쓰다

The letter of recommendation was clear, concise, and covered the duties he's performed in his previous job. 그 추천장은 간결 명료했으며 그 사람이 전 직장에서 맡아서 했던 업무에 관해서 모두 언급했다.

TOEIC이 좋아하는
# 핵심기출표현 541-570

541
## as a consequence of~ ···결과의 하나로

▶ as a consequence of economic advancement 경제적 발전의 결과로서

As a consequence of hard work and dedication, we have found a cure. 열심히 일하고 헌신한 결과로서, 우리는 치료법을 발견했다.

542
## public release of the annual report 연례보고서의 공표

The company will stage a public release of its financial report at the shareholders' meeting this Friday. 그 회사는 이번 금요일 주주총회에서 자사의 재무보고서를 공개할 예정이다.

543
## requirement for ···에 필요한 요건

▶ meet the requirements 필요를 충족시키다

What are your department's requirements for hiring professors to teach in the writing program? 당신 과의 작문 담당 교수의 채용 조건이 뭐죠?

544
## have at least ten million dollars in liquid assets 최소 천만 달러의 유동자산을 보유하다

▶ personal[real] assets 동산[부동산]

We estimate that they have at least ten million dollars in liquid assets. 그 사람들은 최소 천만 달러의 유동자산을 보유하고 있는 것으로 평가된다.

545
## receive past-due notice from~ ···로 부터 기한이 지난 통고를 받다

▶ check a reference on a past employee 과거 직원들의 추천서를 검토하다
▶ receive official notice that S + V ···라는 공식 통보를 받다
▶ past-due billings 체납 추징액[연체액]

Payment for past-due billings will not be accepted after the second day of November. 기간이 지난 청구서들의 지불은 11월 2일 이후에는 받아주지 않을 것이다.

## 546

**fire codes require~** 소방수칙은 …을 규정하고 있다

**Fire codes require that** an exit be placed over there. 소방수칙에 따르면 저쪽에 비상구를 설치하도록 되어 있다.

## 547

**service the debt** 부채 이자를 갚다

> ▶ meet the engagements 채무를 갚다
> ▶ raise capital for debt repayment 빚을 청산할 돈을 모으다

Last year, 25% of manufacturers failed to earn enough money to **service their debt.** 작년, 제조업체 중 25%가 부채이자를 갚을 정도의 돈을 벌지 못했다.

## 548

**refinance short-term debt** 단기부채를 상환하기 위해 새로 돈을 빌리다

> ▶ ratio of long-term debt to capitalization 자기자본에 대한 장기부채비율
> ▶ intermediate-term debt 중장기부채

Lower interest rates fueled management's decision to **refinance the company's short-term debt.** 금리가 낮아지자 회사의 경영진은 새로 돈을 차입하여 단기 부채를 상환하기로 과감하게 결정했다.

## 549

**receive written confirmation of our reservation** 예약 서면 확인서를 받다

> ▶ reconfirm the reservation 예약을 재확인하다
> ▶ be required to confirm the booking 예약을 확인해야 한다

When do you expect to **receive written confirmation of our reservation?** 우리 예약에 대한 서면 확인서를 언제 받을 것으로 예상하니?

## 550

**deduct the earned income tax** 갑근세를 급여에서 공제하다

> ▶ get a tax deduction 세금공제를 받다
> ▶ reduce existing tax deduction 현행 세금공제를 줄이다
> ▶ be tax deductible 세금 공제가 가능하다

The payroll clerk forgot to **deduct tax from** my paycheck this week. 경리부 직원이 이번 주 내 급여에서 세금을 공제시키는 것을 잊어 버렸다.

## 551

**return to one's job** 일자리에 복귀하다

The woman had to **return to her job** after she had her baby. 그 여자는 출산 후에 직장에 복귀해야 했다.

## 552
# inquire about the rates of return 수익률에 관해 알아보다

Before deciding on where to invest, you should inquire about the rates of return. 투자할 곳을 결정하기 전에 우선 수익률에 관해 알아봐.

## 553
# run two eight-hour shifts 8시간 근무 2개조를 운영하다

▶ run the special price 특가로 내놓다
▶ running board of the truck 트럭의 발판

The company runs two eight hour shifts before Christmas. 그 회사는 크리스마스 전에 8시간 2개조를 운영한다.

## 554
# serve a customer 고객을 상대하다

▶ serve time 임기동안 근무하다, 복역하다

I had to drive 50 miles to serve a customer. 난 고객을 상대하기 위해 50마일을 운전해야 했다.

## 555
# return to the sender 발신인에게 반송하다

Since the letter went to the wrong address, it was returned to the sender. 편지가 잘못된 주소로 배달됐기 때문에, 발신인에게 회송되었다.

## 556
# run on the bank 예금인출사태

▶ bank run 예금인출사태

Due to this morning's bank run, our funds are currently low. 오늘 아침에 대량 예금인출 사태로 인해, 현재 우리 자금이 딸립니다.

## 557
# specified weekday hours 명시된 평일 영업시간

▶ specify the size, color, and style 사이즈, 색상, 그리고 스타일을 구체적으로 말하다

Please specify the color you would like on your order form. 주문서에 좋아하는 색을 명확하게 밝혀 주십시오.

## 558
# field an offer 제의에 적절히 응대하다

▶ field a question 질문에 응대하다
▶ field a question without concern 걱정하지 않고 질문에 응대하다

The sports agent was asked to field the offer to his client and return with the response. 그 스포츠사 에이전트는 자기의 고객에게 들어오는 제의에 적절히 응대하여 답변을 해주라는 요청을 받았다.

559

## cash flow statement 현금 유출입 내역서

> ▶ consolidated financial statements 통합 재무제표
> ▶ receive a monthly financial statement 월간 재무제표를 받다

The board of directors held a meeting to discuss the contents of this year's financial statements. 이사회는 올해의 재무제표 내용들을 토의하기 위해 회의를 개최했다.

560

## issue a statement 성명을 발표하다

> ▶ issue a statement to the press 언론에 성명을 발표하다
> ▶ prices stated in this catalogue 이 목록에 명시된 가격

The president decided that it would be wise to issue a statement to the press about his involvement in the scandal. 사장은 자신의 스캔들 연루에 대해 언론에 성명을 발표하는 것이 현명할 것이라고 결정했다.

561

## step up the competition 경쟁력을 강화하다

We decided to step up the competition by training our athletes with increased intensity before each match. 우리는 매 경기에 앞서 선수들에게 보다 강도 높은 훈련을 시켜서 보다 경쟁력을 강화시키기로 결정했다.

562

## be deducted on your personal income tax forms 개인 소득신고 양식에서 누락되다

> ▶ be deducted from the employee's paycheck 직원 월급에서 공제되다

Non-reimbursed business expenses may be deducted on your personal income tax forms. 회사에서 환불받지 못한 출장비는 개인 소득을 신고할 때 공제할 수 있다.

563

## file documents with …에 정식으로 서류를 제출하다

Tax accountants file documents with the IRS to make it easier for their clients. 세무사들은 고객들의 편의를 도모하기 위해 국세청에 소득신고서를 제출했다.

564

# current business plan 현 사업계획

The third part of **the current business plan** focuses on overseas expansion. 현 사업 계획의 제 3단계는 해외 확장에 초점을 맞추고 있다.

565

# make[carry out] a survey 조사하다

▶ take a survey of …을 한번 훑어보다
▶ get a complete survey of …을 철저히 조사하다
▶ take notes 기록하다

The government plans to **carry out a survey** this year. 정부는 금년에 설문조사를 할 예정이다.

566

# be one's civic duty to~ …하는 것은 시민의 도리이다

▶ be honored for one's civic activities 시민활동에 대해 명예가 기려지다

The man felt that it **was his civic duty to** report the accident that he witnessed yesterday. 그 남자는 어제 목격한 사고를 신고하는 것이 자신의 시민된 도리라고 느꼈다.

567

# take the edge off 약화시키다

▶ give ~ an edge …에게 유리하게 작용하다[진술하다]

He had a few drinks after work to **take the edge off** a tough day. 그 남자는 힘든 하루의 긴장을 풀기 위해 퇴근 후 술을 몇 잔 마셨다.

568

# fit into one's schedule …의 계획에 맞추다

I'll try to **fit you into my schedule** on Friday, but I can't promise you anything. 금요일 일정에 당신과 만날 약속을 잡아 보겠지만 장담할 수가 없네요.

569

# have one's car tuned up …의 차를 점검(튠업)하다

▶ give one's car a tune-up …의 차를 점검(튠업) 해주다

I have to leave my car at the service station **for a tune-up.** 차를 정비소에 맡겨 정비를 해야 해요.

# annual audit reports 연례 회계감사보고서

> ▶ **for audit purposes** 회계감사를 목적으로
> ▶ **complete the audit on time** 회계감사를 시간에 맞게 끝내다
> ▶ **perform a company audit** 기업감사를 하다
> ▶ **for legal audit purposes** 회계감사를 목적으로

The company publishes **annual audit reports** every March.
회사는 매년 3월에 연례 회계감사 보고서를 공시한다.

**TOEIC TIPS**

## '빌리다, 빌려주다'의 다양한 표현들

| borrow | lend | loan | hire | rent | lease | charter | let |

borrow는 나중에 돌려주기로 하고 「돈이나 물건을 꾸거나 빌리는」(get something from someone that you will return later) 것을 말하는 것이고, lend는 이와는 반대로 「빌려주는」 것을 말한다. loan은 특히 「빌린 돈」(the money which is lent)을 의미하는 것으로, 동사로는 돈 뿐만 아니라 기타 물건 등을 「빌려주다」(lend)라는 의미로 사용된다. borrow, lend 그리고 loan은 필요한 것 자체를 빌리거나 빌려주는 것인 반면 hire, rent, let, lease 및 charter는 뭔가 필요한 것을 빌리거나 빌려주고 그 사용료를 받는 단어들이다. 먼저 hire는 '영국영어'에서는 뭔가를 「일정 기간 빌리고 이에 대한 사용료를 지불하는 것」을 뜻하는 말인데, '미국영어'에서는 목적어를 사람으로 받아 「고용하다」(employ)라는 의미로만 쓰인다. 사람이 아닌 경우에는 rent가 사용되는데, 이는 「일정기간에 걸쳐 주택이나 사무실 또는 전화 등을 사용하고 이에 대해 정기적으로 돈을 지불하는」(pay a certain amount of money regularly) 것, 또는 명사로 「지불되는 사용료」를 말한다. 반면, lease는 특히 비즈니스를 목적으로 「장기간 동안 빌딩이나 토지, 장비 등을 사용하고 돈을 지불하는」 것이고, charter는 좀 생소한 단어로 「비행기나 버스, 선박 등을 전세내는」 것을 의미하는 단어. 반대로 let은 「소유자(owner)의 입장에서 빌려주거나 세를 주는」 것을 말한다.

_ The company will lease a new head-quarters building from this August.
회사는 올 8월에 본사 건물을 새로 빌릴 것이다.

_ The graduating class decided to charter a bus to Disney Land in Florida.
졸업반은 버스를 전세내어 플로리다의 디즈니랜드에 가기로 했다.

_ The superintendent decided to let the apartment to a young couple from Alabama.
관리인은 알라바마에서 온 젊은 부부에게 아파트를 세주기로 결정했다.

**6**

### 571
## at high capacity 생산시설을 완전가동한

The company has been operating its facility **at high capacity** for the past year. 그 회사는 지난 한해 동안 설비들을 완전 가동시켰다.

### 572
## be frustrated with one's incompetence …의 무능함에 좌절하다

▶ **replace incompetent officials** 무능한 공무원을 교체하다
▶ **the majority of the incompetent workers** 대다수의 무능한 직원들

Committee members **are frustrated with his incompetence**.
위원회 구성원들은 그의 무능함에 좌절한다.

### 573
## at its sole option 자체의 독점적 재량으로

The service center may use new or used components, **at its sole option,** when fixing products returned within the warranty period. 서비스 센터는 보증기간 내에 반환된 제품을 수리 할 때 자체의 독점적 선택에 의해 새 부품 혹은 중고 부품을 사용할 수 있다.

### 574
## make a hit 이익을 얻다, 크게 호평받다

▶ **take a big hit** (주가가) 폭락하다

The band hopes to **make a hit** CD. 그 그룹은 히트칠 CD를 만들기를 바란다.

### 575
## have (close) ties with …와 친분이 있다

▶ **have close ties with many high-ranking government officials**
정부 고위관료들과 친분이 있다
▶ **develop ties with area development officials** 지역 개발 공무원과 유대관계를 형성하다
▶ **create stronger ties to~** …와 강한 유대감을 형성하다

The professors at Burnfield Academy **have maintained ties to the greater business community.** 번필드 아카데미의 교수진들은 보다 광범위한 재계와 유대 관계를 맺고 있다.

## 576

# offer replacement parts at a discounted price 할인가격으로 교체부품을 제공하다

▶ repair the defective part of the product 상품의 결함이 있는 부분을 수리하다

For purchasers of our brand-name appliances, we **are now offering replacement parts at a discounted price.** 저희 상점에서 메이커 가전제품을 구매한 고객에게는 지금 할인가격으로 교체부품을 제공하고 있습니다.

## 577

# suit one's needs ···의 필요를 만족시키다

The secretary usually took a few days off whenever it **suited her needs.** 그 비서는 보통 자기가 필요할 때면 언제나 휴가를 며칠씩 내곤 했다.

## 578

# blanket[full] coverage 총괄보험

▶ comprehensive dental coverage 포괄치의(齒醫)보험
▶ coverage for hospitalization expenses 입원비용에 대한 보험료

The company offered all of its employees **a comprehensive dental coverage plan.** 그 회사는 종업원 모두에게 종합적인 치과 의료보험을 제공했다.

## 579

# project ~ loss ···의 손실이 전망되다

▶ be projected to finish until next month 다음달까지 끝날 것으로 전망된다
▶ be under the projected sales figure 예상된 판매수치 범위 안에 있다

Management **projects that fourth quarter losses** will reach one million dollars. 경영진은 4/4분기 손실이 100만 달러에 달할 것으로 예측하고 있다.

## 580

# be proved to be invaluable 가치를 따질 수 없을 정도로 귀중한 것으로 입증되다

▶ put less value on~ ···에 가치를 덜 부여하다

The lessons that the young boy learned while at summer camp **proved to be invaluable.** 여름 캠프에서 그 소년이 체득했던 교훈은 가치를 따질 수 없을 정도로 귀중한 것으로 판명되었다.

# draft a deed 증서를 작성하다

> ▶ deed of trust 신탁증서
> ▶ deed of title 부동산 권리증서
> ▶ deed of transfer 양도증서
> ▶ draft a deed in accordance with ~ ···에 따라서 증서를 작성하다
> ▶ the deed to the house 등기권리증

It is imperative that all first-time home buyers be aware of the legal process used when drafting a deed. 처음 집을 구입하는 사람들은 누구나 증서 작성시의 법적절차를 숙지하는 것이 절대 필요하다.

582

# honor a ticket[voucher] 표를[상품권을] 유효로 인정하다

> ▶ honor one's visit ···의 초대를 받아들이다

A ruling by the California State Court forced the company to honor its agreements. 캘리포니아 주법원의 판결에 따라 그 회사는 계약을 이행해야 했다.

583

# free trade zone 자유무역지대

Member nations of the Pacific Union met in Indonesia to discuss the creation of a free trade zone in their hemisphere. 태평양동맹의 회원국들이 인도네시아에 모여 그 지역에 자유무역지대를 조성하는 것에 대해 토의했다.

584

# issue an order 명령을 내리다

When the commander in charge issues an order, it must be followed without question. 담당 지휘관이 명령을 할 때는 이유 불문하고 따라야 한다.

585

# attain the documents from~ ···로부터 서류를 확보하다

> ▶ attain such achievement 대단한 성과를 내다
> ▶ attain the desired results 바람직한 결과를 얻다
> ▶ attain speeds of~ ···의 속도를 내다

The prosecution tried to attain the documents from the court clerk, but failed. 검찰 측은 법원서기에게서 서류를 확보하려고 애썼지만 실패했다.

## 586
# complete an evaluation form 평가서를 작성하다

▶ fill out the evaluation form 평가서[사정서]를 작성하다
▶ reevaluate one's options of ~ …의 선택사항을 재평가하다

The company had its employees **do an evaluation of their managers** in order to rate them for a promotion. 회사는 직원들로 하여금 자신들의 상사를 평가하게 해서 이를 승진의 척도로 삼았다.

## 587
# default on (약속 · 채무 등을) 이행하지 않다

▶ **default on the debts** [약속]채무 등을 이행하지 않다
▶ **struggle with loan defaults** 채무 불이행으로 고심하다
▶ **avoid defaulting on the loan** 대출의 불이행을 피하다

By failing to pay his rent for three months, the man **defaulted on** his security deposit. 그 남자는 3달 동안 임대료를 지불하지 않아서, 보증금을 잃었다.

## 588
# assuming this to be the case 이것이 사실이라고 가정하면

▶ **assuming one's other teeth are okay** …의 다른 이가 괜찮다고 가정하면

**Assuming his other teeth are okay,** we should be able to take care of everything today without any problem. 그의 다른 이가 괜찮다고 가정하면, 우리는 아무런 문제 없이 오늘 모든 것을 치료할 수 있어야 한다.

## 589
# process balance transfer 잔고를 이체하다

▶ **automatic deposit payment** 자동이체 예금
▶ **check one's account balance** …의 계좌 잔액을 점검하다
▶ **transfer income into accounts** 수입을 계좌에 이체하다

Many companies utilize a banking method that **involves the automatic transfer of payments.** 기업들 중에는 은행 거래를 자동 계좌이체로 하는 곳들이 많다.

## 590
# post a reminder that~ …이라는 메모를 게시하다

The secretary **posted a reminder that** all employees must wear their ID badges tomorrow. 비서는 모든 직원들이 내일 신분 증명 배지를 착용해야 한다는 메모를 게시했다.

## 591
# devaluation of currency 가치(신분)의 저하, 평가절하

The devaluation of currency can be a real problem for expatriates working abroad. 화폐에 대한 평가절하는 고국을 떠나 해외에서 일하고 있는 사람들에게 큰 문제가 될 수 있다.

## 592
# assemble a team to~ …하기 위해서 팀을 구성하다

> ▶ assemble the packets 세트를 조립하다
> ▶ assemble a committee 위원회를 소집하다
> ▶ assemble information 정보를 모으다

We need to assemble a team to put labels on this mailing. 우리는 이 우편에 라벨을 붙이기 위해서 팀을 구성해야 한다.

I ought to assemble some handouts for everyone. 나는 모두를 위한 출력물을 모아 정리해야만 한다.

## 593
# upgrade one's ticket for a first class seat 티켓을 일등석으로 바꾸다

Excuse me, but I'd like to upgrade my ticket for a first class seat due to my broken leg. 실례지만 제 다리가 부러져서 좌석을 일등석으로 바꾸고 싶은데요.

## 594
# register one's vote 투표권을 등록하다

> ▶ vote of confidence 신임투표

Did you register your vote in the election? 선거 투표권을 등록했어?

## 595
# sell the odd lot [단주(端株)] 거래 단위에 미달하는 수의 주를 매각하다

The trader was having a difficult time selling the odd lot. 그 주식 매매인은 단주 매도에 곤란을 겪고 있었다.

## 596
# clean up the toxic waste 독성 폐기물을 청소하다

The city's mayor seems committed to cleaning up the toxic waste in the harbor. 그 도시의 시장은 항구의 독성 폐기물 청소에 전력하는 것 같다.

## 597
# be one of our prospective customers 가망고객중의 하나가 되다

> ▶ be a good prospective enterprise 유망한 사업체가 되다
> ▶ give sth all of our valued customers …을 우대 고객들에게 주다

Now that mutual funds are legal, perhaps the company would **be a good prospective enterprise.** 투자신탁이 합법화되었으니까 그 회사는 유망한 사업체가 될 것 같다.

## 598
# attend another function 다른 행사에 참가하다

He will **be attending another function.** 그는 다른 행사에 참가할 것이다.

## 599
# be on back order 미처리 주문 상태이다

The company's employees had to work overtime every night last week **due to the massive amount of back orders.** 회사의 직원들은 주문이 엄청나게 밀려서 지난 주 내내 야근을 해야 했다.

## 600
# develop breast cancer 유방암에 걸리다

> ▶ **develop an illness** 병에 걸리다
> ▶ **develop an unknown illness** 알려지지 않은 병에 걸리다

The young girl sitting in the waiting room just found out that she **had developed breast cancer.** 대기실에 앉아있는 젊은 여자는 자기가 유방암에 걸렸다는 사실을 방금 알게 되었다.

601

# search for a replacement pharmacist 교체될[대체될] 약사를 찾는다

▶ return sth to the place of purchase for replacement or exchange 교체나 교환을 위해서 구입처에 …을 반환하다

If there are any defects in the merchandise, simply return the item to the manufacturer **for a full refund or replacement.** 그 제품에 조금이라도 하자가 있는 경우, 제조업체에 제품을 반납하기만 하면 전액 환불이나 교환를 받을 수 있다.

602

# weather difficult situations 어려운 상황을 잘 헤쳐나가다

▶ weather the long question and answer session 오랜 시간 계속된 질의 · 답변을 잘 받아 넘기다

Everybody at the company believed in the manager's ability to **weather difficult situations.** 회사의 직원들은 모두 관리자가 어려운 상황을 잘 헤쳐나갈 수 있는 능력이 있다고 믿었다.

603

# list of all of the business contacts 사업상 인맥명단

▶ have many influential contacts 영향력 있는 사람들을 많이 안다
▶ have direct contact with the customers 고객과 직접 연락하다
▶ keep in contact with clients on a regular basis 정기적으로 고객과 연락하다

Could you give me **a list of all of the business contacts** you have in Chicago by four o'clock today? 오늘 4시까지 시카고에 있는 당신의 사업상의 인맥들 명단을 모두 제게 좀 주시겠어요?

604

# produce a high yield 고수익을 창출하다

▶ set the yield …의 이율을 정하다

My stocks **are not producing a high yield** so far this quarter, and I'm considering reinvesting. 내가 가진 주식이 이번 분기에 아직까지 고수익을 올리지 못해서 재투자를 고려 중이야.

**605**

# write off the cost of ···의 비용을 감가상각으로 처리하다

The company will **write off the cost of** its new building over the next three years. 그 회사는 향후 3년간 자기네 회사의 신사옥 건축 비용을 감가상각으로 처리할 것이다.

**606**

# treat an illness 질병을 치료하다

> ▶ treat infection 감염을 치료하다
> ▶ treat one's pain 통증을 치료하다

The hospital **treats illness** every day. 병원은 매일매일 병을 치료한다.

**607**

# come a long way 장족의 발전을 하다

> ▶ have come a long way 크게 발전하다

The company **has come a long way from** when it first started out. 그 회사가 창업했던 때를 돌이켜 보면 지금은 장족의 발전을 한 셈이다.

**608**

# associate intelligence with food intake 지능과 음식 섭취를 연관시키다[관련시키다]

> ▶ be associated with a number of companies 많은 회사들과 제휴하고 있다
> ▶ be associated with heart disease risk 심장병 위험과 연관이 있다

The chemist tried to **associate intelligence with food intake.** 그 화학자는 지능과 음식 섭취 사이에 관계가 있다는 것을 밝히려고 애썼다.

Our company **is associated with** a number of international and domestic organizations. 우리 회사는 많은 국내외 회사들과 제휴하고 있다.

**609**

# surpass all other brands 모든 다른 브랜드를 능가하다

Management hoped that demand for the company's new TV would **surpass all other brands.** 경영진은 자사의 신형 텔레비전에 대한 수요가 타사 상표제품들보다 많을 것으로 기대했다.

**610**

# sustain one's life ···의 생명을 유지하다

> ▶ a period of sustained economic growth 지속적인 경제성장 기간

The doctor put his patient on a respirator in order to **sustain his life.** 의사는 환자의 생명을 유지하기 위하여 인공호흡장치를 씌웠다.

**611**

# follow up the report 보고서의 추가조사를 하다

▶ arrange for a follow-up examination 추가시험을 준비하다

It was necessary to **follow up the report** with an investigation of the incident. 그 보고서에 그 사건에 대한 조사보고를 첨가하는 것이 필요했다.

**612**

# be assigned the task of assessing~ …를 부과하는[평가하는] 업무를 임명받다

▶ be assigned to another department 다른 부서로 배치되다

According to this memorandum, we're supposed to start assigning our time according to project job. 이 메모에 따르면 우리는 프로젝트 업무에 맞춰 시간을 할당하기 시작해야 한다.

**613**

# collect the receivables 미수금[받을 어음]을 받다

The accounting department was responsible for **collecting the receivables** and depositing the money in the bank located on the seventh floor. 경리부는 미수금을 받아내고 자금을 7층에 위치한 은행에 예치하는 책임이 있었다.

**614**

# certificate of origin 원산지 증명서

To clear customs in some countries, a Certificate of Origin is required. 일부 국가에서 통관을 하기 위해서는 원산지 증명서가 필요하다.

**615**

# be sold for+가격 …에 팔리다

The Picasso painting was sold for millions of dollars. 피카소의 그림은 수백만 달러에 팔렸다.

**616**

# send sb a gift certificate in the mail …에게 우편으로 상품권을 보내다

▶ certificate of commendation 감사장
▶ discount certificate 할인권
▶ birth certificate 출생증명서
▶ show the valid certificate 유효한 증명서를 보여주다

Just **present this discount certificate** when making your purchase and you will receive 15% off. 물품을 구입하실 때 이 할인증을 제시하시기만 하면 15%의 할인을 받을 수 있습니다.

**617**

# make an assessment of …을 평가하다

> ▸ an honest assessment of …을 제대로[있는 그대로] 평가함
> ▸ sell at a lower price than the assessed value 산정액보다 더 낮은 가격으로 팔다
> ▸ assess the company's financial stability 회사의 재정적 견실도를 평가하다

For insurance purposes, I had to **make an assessment of** all the valuables in my current home. 보험에 들기 위해서 현재 집에 있는 모든 귀중품의 가치를 평가해야 했다.

**618**

# takeover bids(TOB) 기업을 매입하려고 주식을 공개적으로 사들이는 것

> ▸ withdraw the takeover bids 공개매입을 철회하다
> ▸ deter unwanted takeover bids 적대적 공개매입을 저지하다

Biotech Therapy, Inc. said its board adopted a plan to deter unwanted **takeover bids.** 생물공학요법 회사는 동사의 이사회가 적대적 공개매입을 저지할 계획을 채택했다고 밝혔다.

**619**

# the trust you place in our work 우리 일에 보여준 신뢰

We appreciate **the trust you place in our work.** 우리 일에 보여준 당신의 신뢰에 감사드립니다.

**620**

# get the facts 정확한 정보를 얻다

Don't get upset until we **get the facts.** 우리가 정확한 정보를 얻을 때까지 당황하지 마라.

**621**

# narrow the choice down to …로 선택의 폭을 좁히다

The committee **narrowed the choice down to** two candidates. 그 위원회는 후보를 2명으로 선택의 폭을 좁혔다.

**622**

# vote one's proxy 위임받은 대리 투표권을 행사하다.

> ▸ proxy card 대리투표 용지
> ▸ proxy statement 주주 총회에서의 의결권을 타인에게 대리투표 시킨다는 위임장

The president decided to **vote by his proxy.** 사장은 대리인을 통해 투표하기로 했다.

## the third business day 휴일이나 공휴일을 제외한 영업일로 따져 사흘째 되는 날

The envelope will reach you by **the third business day.** 그 우편은 3 영업일까지 도착할 것이다.

624

## the order of the day 당연한 것, 일상적인 것

Being safe is **the order of the day.** 안전한 것은 일상적인 것이다.

625

## call in with questions 전화로 질문하다

On W.K.R.P. radio you can **call in with questions** for the DJs or for anyone else you may want to talk to. WKRP라디오 방송국에서는 여러분이 프로그램 진행자나 혹은 누구든지 얘기하고 싶은 사람에게 전화를 걸어 질문을 할 수 있습니다.

626

## money-back guarantee 환불 보증

> ▶ lifetime guarantee 평생 보증
> ▶ offer a money-back guarantee 환불 보증을 제공하다
> ▶ offer one hundred percent satisfaction guarantee 100프로 만족보장을 제공하다
> ▶ low price guarantees 저가 보증
> ▶ guarantee the lowest prices 최저가를 보장하다

The salesman promised us that his company **offered a money-back guarantee on** the product. 판매원은 회사가 상품에 대해 환불보증을 한다고 약속했다.

We are prepared to **offer you a full money-back guarantee** if you subscribe today. 오늘 구독신청한다면 전액환불보증을 해드릴 준비가 되어 있습니다.

Our product **comes with a three-year money-back guarantee.** Just be sure to keep our receipt. 당사 제품은 3년간의 전액 환불보증제를 적용하고 있으니 영수증을 보관하시기 바랍니다.

627

## have the required asset or equity base 필요한 자산이나 자기자본비율을 갖추다

These firms do not qualify for conventional bank financing because they do not **have the required asset or equity base.** 이들 기업들은 필요한 자산이나 자기자본 비율이 부족해서 통상적인 은행융자를 받을 수 있는 자격을 갖추지 못하고 있다.

628

# take up space 공간을 차지하다

We were asked to remove any furniture that **was taking up space** in the storage room. 우리는 창고의 공간을 차지하는 가구들은 모두 없애도록 요청 받았다.

629

# include three warrants 지급증서를 포함하다

▶ include a marketing plan and financial statements 마케팅 계획과 재무제표를 포함하다
▶ include an achievement bonus 성과금을 포함한다

The board of directors decided to **include three warrants** with each new share purchased. 이사회는 각각의 신 주(株)당 세가지 배당금 지급 증서를 포함시키기로 결정했다.

630

# conduct the dedication ceremony 헌정식을 주관하다

The mayor was asked to **conduct the dedication ceremony** of the opening of the Memorial Library. 시장은 기념 도서관의 개관식을 주관해달라는 요청을 받았다.

### 631
## reference will be given to~ …에게 참고자료가 주어질 것이다

The personnel manager said that **preference will be given to** applicants with at least two years sales experience. 인사부장은 최소한 2년의 판매 경험을 가지고 있는 지원자들에게 우선권이 부여될 것이라고 말했다.

### 632
## promote one's business 사업을 촉진시키다

The young man stood outside of his pet shop in a gorilla suit in order to **promote his business.** 젊은 남자가 자기 사업 판촉을 위해 고릴라 차림으로 애완동물가게 앞에 서 있었다.

### 633
## make the changes 변화를 주다, 바꾸다

The secretary was asked to **make the changes** in the letter and print it again. 비서는 편지 내용을 수정해서 다시 출력하라는 지시를 받았다.

### 634
## to the tips of one's fingers 완벽하게

I am exhausted **to the tips of my fingers** after a long day of negotiating the contract. 하루 종일 그 계약 건 때문에 협상하느라 나는 완전히 기진맥진한 상태이다.

### 635
## pay a fine for unfair competition 불공정한 경쟁에 대한 벌금을 내다

Samsung **paid a fine for engaging in unfair competition.** 삼성은 불공정한 경쟁을 해서 벌금을 냈다.

### 636
## be the most sought after 요구받고 있다, 수요가 있다, 가장 인기가 있다

Gallagher **is the most sought after** producer of quality packaging in the world. 갤러허는 세계적으로 우수한 포장업체로 가장 인기가 높다.

### 637
## administer 300ml of interferon to the patient 환자에게 인터페론 300ml를 주사하다

The doctor asked his assistant to **administer 300ml of interferon to the patient.** 의사는 환자에게 인터페론 300ml를 주사하라고 조수에게 지시했다.

# make the initial proposal 최초의 제안을 하다

> ▶ develop the initiative 발의를 하다
> ▶ refuse the initial application 최초의 지원을 거절하다

Do not ever give out your credit card number to a telephone solicitor, unless you have initiated the call and you know the company that you are dealing with. 당신이 먼저 전화를 했고 거래하는 회사와 잘 알고 있지 않다면, 전화로 요청하는 자들에게 당신의 신용카드 번호를 절대 주지 마세요.

639

# income compared to the same period last year 전년동기간과 비교한 수입

**Revenue** Increase

> ▶ compare A to the year before A를 전년과 비교하다
> ▶ compared to the other companies 다른 회사와 비교해서

This was almost 30 percent lager compared to the previous month. 이는 지난달에 비해서 30퍼센트나 증가한 수치다.

Compared to the other companies, ours is rather progressive. 다른 회사와 비교해서 우리 회사가 다소 진보적이다.

640

# submit an application 신청서를 제출하다

> ▶ submit the vacation request 휴가요청서를 제출하다
> ▶ must be submitted no later than~ …까지는 제출해야 한다
> ▶ reject the visa application 비자신청을 거부하다
> ▶ review job applications 입사지원서를 검토하다
> ▶ turn in transfer applications 전근[전학] 신청서를 제출하다

The travel expense reports must be submitted within ten days after returning to the office. 여행경비보고서는 사무실에 돌아온 후 열흘 이내에 제출되어야만 한다.

The applicant should retain an extra copy of what they submit. 지원자는 그들이 제출한 것의 사본을 간직하고 있어야 한다.

641

# approve a contract 계약을 승인하다

> ▶ seal of approval 공식적 승인
> ▶ meet with sb's approval …의 찬성을 얻다
> ▶ approve the product specifications 제품설명서를 승인하다

The union is expected to approve the contract by the end of the week. 노동조합은 이번 주말까지 계약을 승인할 예정이다.

**6**

# quote a firm price 고정가를 매기다

> ▶ quote the customer a firm price of~ 고객에게 …의 확정가격을 말하다
> ▶ cost quotations 가격시세표
> ▶ price quote 가격시세

The car dealer **quoted the customer a firm price of $22,500 for** the mini-van. 자동차 판매인은 고객에게 미니밴의 확정가격이 22,500달러라고 말했다.

643

# make arrangements 마련해 두다

> ▶ make the arrangements for …와 사전 협의를 하다
> ▶ make arrangements to go with Jim 짐과 함께 갈 준비를 하다[일정을 잡다]

The president asked his secretary to call the travel agency and **make the arrangements for** his trip to New Jersey. 사장은 비서에게 여행사에 전화해서 뉴저지 행 출장을 준비하라고 지시했다.

I've **made arrangements with** a lawyer to help us get out of the jam that we're in. 나는 지금 처한 곤란으로부터 벗어나게 해줄 변호사와 협의를 했다.

Please **make arrangements with** your local politician if you want to voice any complaints. 여러분이 불만을 하소연하고 싶으시면 해당지역의 정치가와 사전에 협의를 하십시오.

644

# donate five percent of profits to charity 자선단체에 이익의 5 퍼센트를 기부하다

> ▶ donate money to charities 자선단체에 돈을 기부하다
> ▶ solicit donations 기부를 간청하다

We **made a fifty-thousand dollar donation to** our favorite charity. 우리는 가장 마음에 드는 자선 단체에 5만 달러를 기부했다.

645

# contribute to the illegal cover up 불법은닉죄에 일조하다

CONTRIBUTION

> ▶ make mistakes that contribute to failure 실패의 원인이 되는 실수들을 하다

The SEC charged the compliance officer of the securities firm for **contributing to the illegal cover up.** 미 증권거래위원회는 그 증권사의 준수확인 담당직원을 불법은닉에 일조한 죄로 고소했다.

**646**

# put up for auction 경매에 부치다

> ▶ **sell at auction** …을 경매로 팔다
> ▶ **put up for auction on e-Bay** 이베이에서 경매에 부치다
> ▶ **sell sth at auction for $500** 500달러에 경매로 팔다
> ▶ **be sold at public auction** 공매에서 팔리다

He said that he was going to **put everything up for auction** at the end of the month. 그 사람은 이번 달 말에 물건을 모두 경매에 부치겠다고 했다.

**A public auction will be held** on the weekend in order to raise money for the hospital fund. 병원기금을 마련하기 위해 주말에 경매가 열릴 것이다.

**647**

# float public shares 공개주를 발행하다

According to the company's prospectus, the president of the company has decided to **float additional public shares.** 그 회사의 투자안내서에 따르면 그 회사의 사장은 주식을 추가로 발행하여 공개하기로 결정했다고 한다.

**648**

# tell A the policy number and the date of the accident
A에게 보험증권번호와 사고일자를 말하다

> ▶ **annual report to the policy holders** 보험계약자들에게 하는 연간 보고

**Tell the cops your policy number and the date of the accident.** 경찰에서 보험증서와 사고일자를 말해라.

**649**

# ask for a stock quote on~ …의 주식시세를 묻다

> ▶ **stock quote** 주식시세

The broker called down to his floor trader and **asked him for a quotation from** the current market index. 중개인은 밑에 있는 매장에다 대고 주식매매인에게 현재 주가지수를 알려달라고 소리쳤다.

**650**

# sue the hospital for medical malpractice 병원을 상대로 의료
사고에 대한 소송을 하다

When my grandmother suffered unnecessarily after her heart surgery, our family decided to **sue the hospital for medical malpractice.** 할머니가 심장 수술을 받고 불필요한 고통에 시달리자 우리 가족은 병원을 상대로 의료사고에 대한 소송을 하기로 결정했다.

# tap the markets of many emerging countries 개발 도상국들의 시장을 개척하다

Many large foreign institutional buyers are poised to tap the markets of many emerging countries. 많은 대규모 외국기업의 바이어들이 개발 도상국들의 시장을 개척할 태세를 갖추고 있다.

652

# ~bear list prices ranging from A to B ···의 가격은 A에서 B에 걸쳐 있다

The new laser printers bear list prices ranging from 900 to 2500 U.S. dollars. 레이저 프린터 신기종들은 900에서 2500달러에 이르는 가격대에 걸쳐있다.

653

# have sole proprietorship of a business 자영업체를 운영하다

It is important to understand exactly what you are personally liable for when you have sole proprietorship of a business. 자영업체를 운영하려면, 자신이 개인적으로 책임져야 할 것이 무엇인지를 정확하게 파악하는 것이 중요하다.

654

# sidestep the issue 문제를 회피하다

I asked her for a direct answer but she kept sidestepping the issue. 나는 그 여자에게 직접적으로 대답해달라고 했지만 그 여자는 계속해서 그 문제를 회피했다.

655

# put sb on the spot ···를 대답하기 곤란한 상황에 처하게 하다

If you put him on the spot, he may get angry and refuse to talk. 만약에 네가 그 남자를 대답하기 곤란한 상황으로 몰고 간다면, 그 사람은 화가 나서 말도 하지 않으려 할 거야.

656

# per capita 일인당 국민소득

As per capita income continues to grow, disposable income and domestic consumption levels will fuel demand for imports. 일인당 국민소득이 계속 증가함에 따라 가처분 소득과 국내 소비수준은 수입품 수요에 불을 붙일 것이다.

657

# hold onto the leading sales position 판매에 있어 주도적 위치를 고수하다

We're trying to hold onto the leading sales position, but it is not an easy task. 우리는 판매에 있어 주도적 위치를 고수하려 하지만 쉬운 일이 아니다.

## 658

# order of business 의제순서, 업무예정

The conference was adjourned after the last order of business was taken care of. 회의는 마지막 의제가 처리된 후로 연기되었다.

## 659

# sell a stock short 공매하다

In order to sell a stock short, you must first acquire loan stock from another investor or brokerage house. 주식을 공매(空賣)하기 위해서는 우선 다른 투자가나 투자 중개 기관으로부터 전환사채를 취득해야 한다.

## 660

# balance the best interests of their shareholders 주주들의 이익이 극대화되도록 균형을 맞추다

The officers of every company must balance the best interests of their shareholders and their employees. 어떤 회사든지 임원들은 주주와 직원들의 이익이 극대화되도록 균형을 잘 맞추어야 한다.

In order to successfully introduce a product, a careful marketing plan must be in place. 성공적으로 제품을 출시하기 위해서는 신중한 마케팅 계획이 있어야 한다.

**TOEIC TIPS**

## '광고전단'의 다양한 표현들

catalog    booklet    leaflet    pamphlet    brochure    insert

catalog는 제조업체(manufacturer)나 공급업체(supplier)가 「상품이나 이름 또는 지명 등을 가격과 함께 그림(prices and illustrations)으로 소개하는 보통 50여 페이지 정도의 책자」로, 선전용 책자 중에서는 비교적 두껍고 많은 정보를 담고 있다. 다음 booklet과 leaflet을 살펴보자. 먼저 공통으로 보이는 접미사 -let은 원(原)명사보다 작은 것을 말하는 것으로, booklet하면 전자제품 등의 사용설명서와 같이 book이긴 하지만 「페이지가 얼마 안되는 책자」를 말하고, leaflet은 「잎」, 「책의 펼친 한 장」을 말하는 leaf보다 작은 것, 즉 보통 제품이나 서비스 내지 어떤 행사(event)를 알리는 정보를 종이 한 장에 담고 있는 「광고전단」을 말한다. 우리말화된 pamphlet 역시 소책자로, 주로 「공공의 관심사」(a matter of public interest)를 다루는 게 일반적이고, brochure도 소책자이지만 여행 안내책자(travel brochure)처럼 어떤 「서비스의 세부사항을 담고 있는 광고성 짙은 홍보책자」를 말한다. 마지막으로 insert는 「책이나 신문 등에 집어넣은 전단」을 지칭하는 단어. 참고로 이밖에도 「광고전단」을 의미하는 단어로는 promotional flyer, literature 등이 있다는 새로운 사실도 함께 알아두기로 한다.

_ All of the leaflets were put in the staff mailboxes at least a week ago.
모든 광고전단은 최소한 1주일 전에 직원 우편함에 넣어 두었다.

_ Please put the insert concerning expense reports in with the monthly newsletter.
월례회보 안에 지출 보고서와 관련된 전단을 끼워 넣으세요.

- **keep two books** 이중장부를 쓰다
- **bring up a problem at the meeting** 회의에서 문제를 제기하다
- **directions for use** 사용법, 사용 설명서
- **execute one's plan** 계획을 수행하다
- **social security number** 사회보장번호
- **make a firm offer** 확정매매제의를 하다
- **pay an advance** 미리 지급하다
- **come to an arrangement** 협상에 도달하다
- **have a close call** (위기) 가까스로 모면하다
- **build a close relationship with** …와 친분을 쌓다
- **approve credit terms** 신용조건을 승인하다
- **find alternatives for** …의 대안을 찾다
- **do the honors** 주인 노릇을 하다
- **pay in installments** 할부로 지불하다
- **take one's place** (어떤 특정한) 지위를 차지하다
- **negotiate securities** 유가증권을 매도하다
- **cancel a policy** 보험을 해지하다
- **present a proposal** 제안하다
- **provide electric service** 전기를 공급하다
- **subscribe to the on-line service** 온라인 서비스 회원이 되다
- **set a new record** 신기록을 수립하다
- **practice an environmentally friendly lifestyle** 환경에 유익한 생활습관을 실천하다
- **strengthen financial market** 금융시장을 강화하다
- **preferred work location** 희망근무지
- **have the option of** 재량껏 …하다
- **place a trade** 거래하다
- **activate the service** 서비스를 시작하다
- **track time use** 자신이 시간을 어떻게 사용하고 있는지 기록하여 확실히 파악하다
- **comprise a large segment of** …의 많은 부분을 차지하다
- **negate any advantages of** …의 이점을 모두 없애버리다

- **have no business ~ing** …할 이유가 없다
- **run afoul of** …와 충돌하다, (법률 등에) 저촉되다
- **make a transition** 변화하다, 바꾸다
- **repair the damage** 자동차가 파손된 부분을 수리하다
- **the best yet (= ever)** 지금껏 가장 좋은 것은
- **get things back on track** 사태를 정상화시키다
- **go a long way** 효과가 있다
- **referenced above** 위에서 참조된
- **be in full swing** 본격적으로 전개되다
- **equal opportunity employer** 인종 · 성 · 종교 · 국적 등의 차별없는 기회균등 고용주
- **be in a position to** …할 수 있는 처지에 있다
- **be with the program** 유행에 따르다
- **reach a similar conclusion** 비슷한 결론에 도달하다
- **be in denial about** …을 부인하다
- **come to one's attention** 알게 되다
- **appreciate your past confidence in us** 여러분들이 저희를 신뢰해주신 데 감사하다
- **in the first half of this year** 올 상반기에
- **be down substantially from** …에서 현저하게 떨어지다
- **serve a two-year term** 2년 임기로 일하다
- **take one's toll** 피해를 입히다
- **keep sb ahead of sth** …를 ～에 미리 대처시키다
- **settle for nothing less than** …이 아니면 만족하지 않는다
- **give the go-ahead** 허가를 내리다
- **on an interim basis** 잠정적으로
- **send sb packing** 짐을 싸서 나가라고 하다, 즉 해고하다
- **align A with B** A를 B와 같은 위치에 올려놓다
- **There is no association between A and B** A와 B 사이에는 아무런 연관이 없다
- **There is a significant link between A and B** A와 B 사이에는 상관성이 상당히 높다
- **supply a solid stream of revenue for** …에 확실한 소득원이 되어주다
- **earn one's respect** 존경을 받다
- **take a measurement** 측정하다
- **cut a figure** 두각을 나타내다

**6**

- **forward a letter** 편지를 전송하다
- **stop in traffic** 교통혼잡에 갇히다
- **stop for today** 일과를 마치다
- **withdraw from a competition** 시합을 기권하다
- **draw a bill of exchange** 환어음을 발행하다
- **raise[increase] shareholder value** 주주가치를 올리다
- **evaluate one's portfolio holdings daily** …의 유가증권을 매일 평가하다
- **maintain one's fitness** 건강을 유지하다 [몸매를 유지하다]
- **start a fitness program** 건강유지 프로그램을 시작하다
- **be protected by copyright laws** 저작권법의 보호를 받다
- **help cash-strapped local companies** 돈이 쪼들리는 지역 회사를 돕다
- **manage the cash flow of your business** 당신 사업의 현금 유출입을 관리하다
- **run for political office** 정치적인 자리에 입후보하다
- **activate sth ten minutes before use** …을 사용하기 10분전에 작동시키다
- **get the most use out of everything** 모든 것을 최대한 이용하다
- **receive a full refund as soon as possible** 가능한 한 빨리 전액을 환불받다
- **host a reception in honor of~** …를 위한 축하 환영회를 베풀다
- **process an order on time** 주문을 제 시간에 처리하다
- **reduce landfill waste** 매립지의 쓰레기를 줄이다
- **change the retail landscape** 소매업계의 상황을 바꾸다
- **pave the way for** …의 길을 열어주다
- **have been around** 경험이 풍부하다
- **expand day care services** 탁아서비스를 확장하다
- **take on a heavy workload** 과중한 작업량을 떠맡다[책임지다]
- **enroll in a driver's education course** 운전자 교육과정에 등록하다
- **adopt the new marketing plan** 새로운 마케팅 계획을 채택하다
- **adopt ethical codes** 윤리적 규범을 채택하다
- **be put in force** 실시되다
- **enter labor force** 경제활동에 참가하다
- **beat market forecasts** 시장의 예상을 뛰어 넘다
- **lay the foundations for starting negotiations** 협상을 시작하기 위한 초석을 다지다
- **lay aside money for old age** 노년을 위해서 돈을 떼어두다

- **cast doubt on the company's expectations** 회사의 높은 기대감을 회의적으로 보다
- **prepare backup power supplies** 대체전원공급을 준비하다
- **financial backup for the plan** 계획에 대한 재정적 지원
- **sharpen the leadership skills** 지도자 기술을 연마하다
- **be decided by the end user** 최종 사용자에 의해서 결정 되다
- **struggle to make (both) ends meet** 힘들게 수입에 맞는 생활을 하다[근근이 살아가다]
- **end-of-season merchandise** 철 지난 상품
- **organize a focus group to test~** …을 테스트하기 위해 포커스그룹을 조직하다
- **the main focus of the job** 일의 중점
- **sign a written contract** 서면계약서에 서명하다
- **underwrite the company's IPO** 회사의 최초공개주식을 인수하다
- **give every policy holder the comfort of~** 모든 보험계약자에게 …의 위안을 주다
- **change the payment option** 지불방법 선택(권)을 바꾸다
- **have no prepayment penalty** 조기상환위약금이 없다
- **broaden the labor market** 노동시장을 확대하다
- **establish a labor union** 노동조합을 설립하다
- **compromise between labor and management** 노사간에 타협하다
- **uncover new opportunities** 새로운 기회를 찾아내다
- **have a shipping manifest** 선적목록을 가지고 있다
- **be increasingly hard to make ends meet** 수입과 지출의 균형을 맞추기가 점점 더 어렵다
- **rely on expensive bank loans** 비싼 은행대출에 의존하다
- **prevent bank fraud** 은행사기를 막다
- **form a limited corporation** 유한책임회사를 설립하다
- **limit sharp increases in prices** 가격의 급격한 증가를 제한하다
- **follow the basic tips for safety** 안전을 위한 기본지침을 따르다
- **follow the payment schedule** 지불일정을 맞추다
- **recovery in the economy** 경기회복
- **a major economic power** 주요 경제력
- **be regulated by government safety standards** 정부의 안전 기준에 의해서 규제되다
- **delay production for a week** 생산을 일주일간 지연시키다
- **despite all the setbacks and delays** 모든 단점들과 지연에도 불구하고

**6**

- **alert travelers about a delayed flight** 연기된 비행에 대해서 여행자들에게 경보 하다
- **start packing belongings** 소지품을 싸기 시작하다
- **invalidate the warranty** 보증을 무효로 하다
- **lower trade barriers** 무역장벽을 낮추다
- **pay the amount due by the date~** …날짜 까지 만기인 금액을 지불하다
- **improve the performance of~** …의 성능을 향상시키다
- **conduct a performance review** 업무[달성도] 평가를 하다
- **perform maintenance on the machine** 기계를 정비하다
- **outperform the competitors** 경쟁자보다 뛰어나다
- **take the necessary precautions** 필요한 예방조치를 하다
- **basic safety precautions** 기본적인 안전 예방수칙들
- **take caution when it comes to~** …에 관해서 주의하다
- **exercise caution due to~** …로 인해 주의를 기울이다
- **require professional service** 전문가의 서비스를 필요로 하다
- **organize a professional conference** 전문가 회의를 준비하다
- **advice from investment professionals** 투자전문가들의 조언
- **pay a professional to fix the problem** 문제를 해결하기 위해서 전문가에게 비용을 지불하다
- **share perspectives with other professionals** 다른 전문가들과 견해를 공유하다
- **an apparent consequence of the news** 그 소식에 대한 당연한 결과
- **serious consequences for everyone** 모두에게 심각한 결과
- **handle the contents with care** 내용을 주의하여 다루다
- **develop a strategy for importing** 수입을 위한 전략을 수립하다
- **develop an advertising campaign** 광고전략을 짜다
- **keep abreast of recent developments** 최신 발전동향을 빠짐없이 챙겨 알아두다
- **devise a practical and effective plan** 실용적이고 효과적인 계획을 고안하다
- **call for the effective operation** 효과적인 운영을 요구하다
- **seek a cost-effective system** 비용대비 효과적인 체계를 찾다
- **provide a comprehensive medical plan** 종합적인 의료계획을 제공하다
- **offer a comprehensive benefits package** 종합적인 복지 혜택을 제공하다
- **a comprehensive understanding of their clients** 고객에 대한 종합적인 이해
- **remind employees to wear identification badges** 직원들이 신원확인배지를 착용할 것을 주지시키다

- **remind the public of the following closures** 뒤이은 폐쇄에 대해서 대중들에게 주지시키다
- **make the new work schedule** 업무 일정표를 새로 만들다
- **according to a recent released survey** 최근에 공개된 조사에 따르면
- **finish the survey by the end of the week** 주말까지 (설문)조사를 마치다
- **be accompanied with an original bill of sale** 판매영수증 원본과 함께 제시하다
- **pay the bill with a check** 수표로 청구액을 납부하다
- **remit one's bill by mail or in person** 계산서를 우편으로 보내거나 사람을 통해 보내다
- **suggest a way to improve efficiency** 효율성을 향상시키기 위한 방법을 제안하다
- **provide expert analysis** 전문가의 분석을 제공하다
- **equest someone with technical expertise** 기술적 전문지식을 가진 사람을 요청하다
- **be accompanied by written instructions from ~** …로 부터 서면 사용설명서와 함께 오다
- **bring adequate supplies** 충분한 공급품을 가져오다
- **inadequate financial planning** 부적절한 재정계획
- **be fired due to his inadequate behavior** 부적절한 행동으로 해고되다
- **due to increased security procedures** 증강된[강화된] 안전 절차로 인해서
- **the most important concept in the field** 그 분야에서 가장 중요한 개념
- **address often heard misconceptions** 종종 들을 수 있는 오해들을 다루다
- **consider buying a franchise business** 가맹사업을 고려하다
- **employ the latest technology** 최근 기술을 사용하다
- **maintain a stable employment rate** 안정적인 취업율을 유지하다
- **improve employee productivity** 직원의 생산성을 향상시키다
- **with the full employee benefits** 직원들에 대한 종합복지혜택으로
- **be refunded upon demand** 요구에 따라 환불되다
- **please the most demanding consumers** 가장 까다로운 고객들을 기쁘게 하다
- **under the authority of~** …의 권한 하에
- **law enforcement authorities** 법 집행 관련당국
- **call various authorities** 다양한 관계당국에 전화를 걸다
- **from unauthorized sources** 공인되지 않은 출처로부터[소식통으로부터]
- **comprehensive conference agenda** 포괄적인 회의 의제
- **notify the taxpayer of unpaid and overdue taxes** 미납과 연체된 세금에 대해 납세자에게 통지하다

- **receive notification containing the new account number** 새로운 계좌번호를 포함한 통지서를 받다
- **signal an overall recovery in the economy** 경제의 전반적인 회복을 예고하다
- **achieve the company's overall mission** 회사의 전체적인 임무를 달성하다
- **reduce the overall use of natural resources** 천연자원의 전반적 사용을 줄이다
- **offer an interesting perspective on~** …에 대한 흥미로운 관점을 제공하다
- **practice an environmentally friendly lifestyle** 환경에 유익한 생활습관을 실천하다
- **provide practical experience in one's field** …의 분야에서 유용한 경험을 제공하다
- **tap into the internet** 인터넷에 접속하다
- **tap into the government's computer system** 정부의 컴퓨터 시스템에 접속하다
- **improve the company's bottom line** 회사의 순익을 향상시키다
- **hit bottom in the first quarter** 1분기에 최악의 바닥 시세에 이르다
- **at a time of unprecedented economic prosperity** 전례 없는 경기 호황기에
- **set the prime rate at 6.5%** 우대금리를 6.5%로 정하다
- **conduct a primary evaluation of~** …의 1차 감정을[평가를] 실시하다
- **attract a more talented workforce** 더 재능 있는 인력을 모으다
- **project profits for the upcoming year** 다음해에 대한 이익을 예측하다
- **the average annual income** 연간 평균 소득
- **administer first aid to the victim** 부상자에 대한 응급처치를 하다
- **charge fines to** …에게 벌금을 부과하다
- **make adjustments to the equipment** 장비를 조절하다
- **make an engagement with~** …와 약속[계약]하다
- **be intended to provide employees with information** 직원들에게 정보를 제공하기 위해 의도되었다
- **time-proven sales and marketing plan** 오랜 시간 입증된 판매와 마케팅 계획
- **sum up your presentation** 프레젠테이션을 요약하다
- **estimate annual net income[salary]** 연 순수입[연봉]을 평가하다
- **add details to~** …에 상세한 사항을 덧붙이다[추가하다]
- **check all additional luggage** 모든 초과 수화물을 부치다
- **hire additional workers** 추가인력을 고용하다
- **accurate financial analysis** 정확한 재정[재무]분석
- **contain comprehensive and precise explanations of~** …에 대한 광범위하고 정확한 설명을 포함하다

- **not confirm the rumor or deny it** 그 소문을 확인도 부인도 하지 않다
- **assure equal access to~** …을 동등하게[공평하게] 이용할 것을 보장하다
- **sell one's interest in~** …의 이권(利權)을 팔다
- **minimize the environmental impact** 환경적인 영향을 최소화하다
- **minimize the impact on work schedules** 작업일정에 미치는 영향을 최소화하다
- **design a marketing plan for~** …에 대한 마케팅 계획을 세우다
- **have a couple of attractive options** 몇 가지 좋은 선택사항을 갖다
- **select one of the following options** 다음의 선택사항 중에서 하나를 선택하다
- **provide quality products at the right price** 적당한 가격에 고품질의 상품을 제공하다
- **minimize toxic releases** 유독가스 배출을 최소화하다
- **secure the release of the package** 소포 받는 것을 확실히 하다
- **order office supplies** 사무용품을 주문하다
- **be stocked full of supplies** 물품이 가득 갖추어져 있다
- **verify all references and sources carefully** 모든 참고문헌과 출처를 신중하게 확인하다
- **submit one's request in writing promptly** …의 요청을 서면으로 즉각 제출하다
- **approve the request** 요구를 승인하다
- **put up the list** 명단을 게시하다
- **draw up a wish list for the new project** 희망사항 목록 명단을 작성하다
- **acquire the technology** 기술을 습득하다
- **fail to meet anticipated standards** 예상했던 기준을 충족시키지 못하다
- **attempt to deal with issues of ~** …의 문제를 처리하기 위한 시도
- **keep in contact with clients on a regular basis** 정기적으로 고객과 연락하다
- **ensure one's safety** …의 안전을 보장하다
- **ensure a smooth transition** 원만한 변화를 확실히 하다
- **be reorganized into a single business unit** 단일 부서로 재편되다
- **organize a professional conference** 전문가 회의를 개최하다
- **streamline the organization over the next four years** 향후 4년간 조직을 합리화하다
- **work for some non-profit organization** 어느 비영리 단체에서 일하다
- **according to the previous year's annual sales** 작년 연간 판매에 따르면
- **unprecedented economic prosperity** 전례 없는 경제 호황
- **work on a new product design** 새로운 제품디자인을 작업하다

- **approve product specifications** 제품명세서를 승인하다
- **provide the proper identification** 적절한 신분증을 제공하다
- **without proper identification** 적절한 신분증 없이
- **compete for the contract** 계약을 따기 위해 경쟁하다
- **compete with them on price** 그들과 가격으로 경쟁하다
- **compete in the increasingly fierce industry environment** 갈수록 치열해지는 산업환경 속에서 경쟁하다
- **function at optimal levels** 최적의 단계에서 작동하다
- **execute great functions** 훌륭한 기능들을 발휘하다
- **the odds of success** 성공 가능성
- **activate the service** 서비스를 활성화하다
- **advance management and knowledge on technology** 기술에 대한 관리와 지식을 발전시키다
- **make progress in terms of risk management** 위기 관리 면에서 진전을 보이다
- **allocate available positions** 비어있는 일자리에 배치하다
- **accumulate enough assets to finance~** …에 자금을 대기 위한 충분한 자산을 축적하다[모으다]
- **split the check** 나눠서 계산하다
- **schedule a dental checkup** 치과 검진을 예약하다
- **check out these books** 이 책들을 대출하다
- **sustain serious damage** 심각한 손해를 입다
- **get through security** 보안을 통과하다
- **call security** 보안팀을 부르다
- **offer the greatest degree of security** 최대한의 안전을 제공하다
- **complete the assignment** 임무를 완수하다
- **be eligible for reduced room rates** 할인된 객실 요금에 대한 자격이 있다
- **due to the low unemployment rate** 낮은 실업률로 인해서
- **get a good exchange rate** 유리한 환율(換率)로 받다
- **streamline bureaucracy** 관료적인 절차를 간소화하다
- **contract a disease from~** …로부터 질병에 걸리다
- **upon expiration of the contract** 계약의 만료시
- **recommend sb as a supplier for the company** …를 회사의 공급자로 추천하다
- **prepare a trial balance** 시산표를 작성하다

- **create a balanced financial plan** 안정된 재정계획을 세우다
- **see attached for details of~** …의 자세한 내용을 위해서 첨부한 것을 보세요
- **pay a little more attention to details** 세부사항에 조금 더 관심을 기울이다
- **the search for an alternative solution** 대안 찾기
- **due to civil unrest across the province** 구 전역에 걸친 시민분규[내정불안]로 인해서
- **be off-limits to civilian personnel** 민간인에게 제한구역이다
- **set up overseas manufacturing plant** 해외 제조공장을 시작하다[세우다]
- **assume liability for normal wear and tear** 정상적인 마모에 대한 책임을 지다
- **contribution to community and industry** 지역사회와 산업계에의 공헌
- **register one's vehicle** …의 자동차를 등록하다
- **weigh the risks of~** …의 위험성을 가늠해보다
- **get things back on track** 바른길로 돌아오다 [회복되다]
- **follow in one's tracks** …의 선례를 따르다
- **accept the claim of~** …의 주장을 받아들이다
- **deal with technology management** 기술관리를 다루다[처리하다]
- **pay a settlement** 임금을 지불하다
- **issue feature interview with ~** …와의 특집 인터뷰를 내보내다
- **complete the project on time** 프로젝트를 제시간에 완성하다
- **be used for commercial purpose** 상업적 용도로 사용되다
- **produce a commercial invoice** 상업용 송장을 발행하다
- **allocate indirect cost to products** 상품에 간접비용을 힐딩하다
- **become a cost-effective solution** 비용효과적인 해결책이 되다
- **underestimate the technical expertise** 기술적인 전문지식을 과소평가하다
- **make the transition from staff to supervisor** 사원에서 관리자로 변화하다
- **hope for a smooth transition** 원활한 변화를 희망하다
- **be injured in an industrial accident** 산업재해로 다치다
- **form the investment company** 투자회사를 설립하다
- **split off a subsidiary company** 자(子)회사를 분리하다
- **if you would like to forward any comments** 의견을 보내시려면
- **retain the executive powers** 행정권한을 되찾다
- **be in charge of executing the plan** 계획을 실행하는 책임이 있다
- **affirm the highest credit quality** 높은 신용등급을 확인하다

6

- **publicly affirm one's belief** …의 신념을 공식적으로 확인하다
- **give brief affirmative answers** 짧은 확답을 주다
- **requires a thorough self-assessment** 철저한 자기 평가를 요구하다
- **be in tune with one's way of thinking** …의 생각과 잘 통하다
- **assume the role of** …의 자리를 차지하다[떠맡다]
- **highly accident prone** 사고의 경향이 높은
- **jump the track** (선로나 지시를) 벗어나다, (계획 · 생각 등을) 갑작스레 변경하다
- **procure weapons from manufacturers** 제조업자로부터 무기를 조달 받았다
- **forecloses the possibility of changing her will** 그녀의 유언의 변경가능성을 방지했다
- **reserved a commodious hotel bedroom** 공간이 넓은 호텔 방을 예약해
- **advances in medical technology** 의학 기술의 진전
- **serve as the foundation** 토대가 되다
- **broad knowledge of accounting theory** 회계원리의 방대한 지식
- **transfer income into accounts** 수입을 구좌에 이체하다
- **test-market the product in 15 other cities** 15개 다른 도시의 생산품을 시장조사하다
- **acknowledge the receipt of a letter** 편지를 받았다고 통보하다
- **allocate resources** 자원을 배분하다
- **broad knowledge of accounting theory** 회계원리의 방대한 지식
- **commensurate with work experience** 균형 잡힌, …에 비례하는
- **conduct a comprehensive evaluation of ~** …에 대한 종합적인 평가를 하다
- **earn a good wage** 좋은 봉급을 받다
- **gauge the reaction of customers** 고객의 반응을 측정하다
- **go through a financially difficult period** 경제적으로 어려운 기간
- **increasingly viable marketing partner** 점차 유망한 마케팅 파트너
- **make the document in duplicate** 사본을 만들다
- **notify their immediate supervisors in writing** 상사에게 서류를 통해 통보해야 한다
- **remainder of the year** 남은 기간

NEW
TOEIC
VOCA

# 7
## UNIT

TOEIC이 좋아하는
## 핵심 회사와 사람명사

## 001
## fund manager 투자신탁 자금운용담당

▸ **find a majority of fund managers** 대다수의 투자신탁의 자금운용담당을 찾다
▸ **project manager** 사업 담당자

**The fund manager** had a very conservative investment strategy and he only traded in bonds and blue chip equities.
그 투자신탁 자금운용 담당자는 매우 보수적인 투자 전략을 가지고 있어서 공사채 및 우량 증권만을 거래했다.

## 002
## credit bureau 신용조사소[회사] *credit은 수집하고 제공하는 기능을 담당하는 「부서」나 「사무국」

▸ **parking bureau** 주차관리소
▸ **consumer reporting agencies** 소비자 신용조사기관
▸ **weather bureau** 기상대
▸ **service bureau** 기술지원부

**The credit bureau** is going to call us back with your credit history. 신용 조사국에서 손님의 신용 거래 실적에 대해서 우리에게 다시 전화를 걸어 알려 줄 것입니다.

## 003
## real estate agency[agent] 부동산 중개업소[중개업자]

▸ **travel agency[ agent]** 여행사[여행사 직원]
▸ **advertising agency** 광고대행사
▸ **collection agency** 수금회사
▸ **government agency** 정부기관
▸ **state government agency** 주정부기관

**The travel agency** ran an advertisement in the local paper stating that it had the lowest rates available on flights to New York. 그 여행사는 뉴욕행 비행편의 표를 가장 저렴한 요금으로 판매한다는 광고를 지역신문에 냈다.

## 004

# insurance agent 보험 대리점[업자] *비즈니스나 법적 문제 등을 대행하는 개인 혹은 회사

Insurance broker

▶ **travel agent** 여행사 직원
▶ **free agent(FA)** 자유 계약 선수
▶ **forwarding agent** 운송업자
▶ **shipping agent** 해운업자

**The insurance agent** suggested that we renew our health insurance before we go. 그 보험업자는 떠나기 전에 건강보험을 갱신하라고 제안했다.

According to a secretary at **the courier service company**, the bonds were delivered to **the forwarding agent** on Friday. 택배 서비스 회사의 비서에 따르면, 증서들은 금요일에 운송업자에게 인도되었다고 한다.

## 005

# sole agent 독점대리인, 총대리인[점]

▶ **purchasing agent** 구매담당
▶ **local agent** 지역 중개인

As **the sole agent** in America, our company owns US distribution and patent rights for the product. 미국내의 독점 대리인인 우리 회사는 이 상품의 미국 유통 및 특허권을 보유하고 있습니다.

## 006

# employment agency 고용알선기관, 직업 소개소 *서비스나 정보를 제공하는 정부기관 및 사업체

Employment agreement

▶ **placement agency** 직업 소개소
▶ **insurance agent** 보험 대리점[업자]
▶ **sole agent** 독점대리인, 총대리인[점]

**The employment agency** promised to help the man find a job. 직업소개소는 그 남자가 일자리를 찾는 것을 돕겠다고 약속했다.

## 007

# ground crew (비행장의) 지상 정비원

**The ground crew** is inspecting the door of the plane. 지상 정비요원들이 비행기 문을 점검하고 있다.

## 008

# contractor 청부업체 도급업자

**The contractor** said that he would be able to finish our new home before the end of the month. 도급업자는 이달 말까지 새집을 다 지을 수 있을 것이라고 말했다.

**7**

UNIT

# insurance adjuster 손해 사정인

Our staff of **insurance adjusters** can estimate the damage and, more often than not, issue payment on the spot. 저희 보험 사정 직원들은 현장에서 손해 정도를 평가할 수 있고, 꼭 그런 것은 아니지만 대개 그 자리에서 보상금을 지급할 수 있습니다.

010

# accountant 회계사

> ▶ accounting firm 회계 회사

**The accountant** was busy preparing the annual audit report for the company. 회계사는 그 회사에 대한 연례 회계 감사 보고서를 준비하느라 바빴다.

011

# administrator 관리자, 경영자, 행정관

> ▶ city administrator 시(市)행정관
> ▶ administrative staff 관리직원

Part of **the new administrator**'s job is to schedule and oversee part-time office staff. 신임 관리자의 직무 중 하나는 임시 직원들의 일정을 짜고 감독하는 것이다.

012

# customer 소비자, 고객

WORLD
CONSUMER
RIGHTS
DAY

> ▶ regular customer 단골 고객
> ▶ valued customer 우대고객
> ▶ customer complaints 소비자 불만
> ▶ customer service 고객의 문의나 불만을 처리하는 서비스
> ▶ customize (특정 고객)의 취향에 맞게 만들다
> ▶ custom-made 특별히 주문 생산된

The old Polish man was **a regular customer** of the pastry shop. 그 나이든 폴란드 남자는 페이스트리 과자 가게의 단골손님이었다.

We plan to give all of **our valued customers** a ten percent discount card. 우리는 우대 고객들에게 모두 10% 할인카드를 발급할 계획이다.

013

# supervisor 관리[감독]자

Ted's **supervisor** meets with him once a month to evaluate his job performance. 테드의 관리자는 그의 작업수행능력을 평가하기 위해 한 달에 한 번씩 만난다.

**014**

# analyst 분석가

According to **an analyst** at Goldman Sachs, the company will not make it past the end of this year. 골드만 삭스 社에 있는 한 분석가에 따르면 그 회사는 올해 말을 넘기지 못할 것이다.

**015**

# advisor[adviser] 조언자, 자문, 고문

▶ legal advisor 법률 자문가
▶ investment advisor 투자 고문

Jack was hired as **an advisor** to the boss. 잭은 사장의 고문으로 채용되었다.

**016**

# associate (사업·직장의) 동료, 직원, 연합시키다

▶ associated company 자회사(子會社)
▶ association 연합, 협회
▶ sales associate 판매사원

The man had to **check with his associate** before he could sign the contract. 그 남자는 계약서에 서명하기 전에 동료와 의논해야 했다.

**017**

# auditor 회계 감사관, 감사, 청강생

AUDITOR

▶ internal auditor 내부감사

The bank hired **an independent auditor** to check the accuracy of its financial records. 그 은행은 재무 기록들의 정확성을 점검하려고 외부에서 회계감사관을 고용했다.

**018**

# career counselor 직업상담사

Youth Camp is accepting applications for **qualified counselors** to work with teens in a residential summer camp. 청소년 수련원은 여름 숙박캠프에서 10대들을 지도할 수 있는 자격을 갖춘 지도교사들의 지원서를 받고 있다.

**019**

# board of directors 이사회

▶ board member 이사
▶ School Board 교육위원회
▶ Federal Reserve Board 美 연방준비제도 이사회(= Fed)
▶ chairman of the board 회장

The board of directors will hold a meeting on Friday at ten o'clock in the morning. 이사회는 금요일 아침 10시에 회의를 열 것이다.

Frank McGill was asked to be the Chairman of the Board of the Prescott Movie Studio. 프랭크 맥길은 프레스콧 영상스튜디오의 회장직에 취임해 달라는 권유를 받았다.

## 020
# EVP (Executive Vice President) 관리담당 부사장

▶ **senior vice president** 선임 부사장
▶ **exec** 기업의 간부 *executive의 축약형
▶ **marketing executive** 마케팅 담당이사
▶ **Chief Executive** 행정관

The executive vice-president was called to speak at the shareholders' meeting. 관리담당 부사장은 주주 회의에서 연설하라는 말을 들었다.

## 021
# sales representative 판매원

SALES RESPRESENTATIVE

▶ **rep** 영업사원(representative)
▶ **field representative** 외판원
▶ **service representative** 서비스대행
▶ **account representative** 세무서의 세금수납 담당자
▶ **retail representative** 소매 담당자
▶ **customer service representative** 고객 서비스 담당
▶ **the House of Representatives** 美 하원

You can place your order right over the phone with one of our account representatives. 저희의 고객 담당자에게 전화로 즉시 주문하실 수 있습니다.

The sales representative was told not to offer anymore discounts to customers. 판매원은 손님에게 더이상 할인을 해 주지 말라는 지시를 받았다.

Please wait while I connect you through to a customer service representative. 고객 서비스 담당자에게 연결시켜드릴 동안 기다려주시기 바랍니다.

## 022
# loan officer (금융기관의) 대출계원

▶ **immigration officer** 이민국 직원
▶ **corporate officer** 기업의 임원
▶ **bank officer** 은행임원

The newspapers reported that one of the company's **corporate officers** was not present at the celebration due to a sudden illness. 신문들은 그 회사의 임원중 한사람이 갑작스런 발병으로 축하식에 참석하지 않았다고 보도했다.

023
# CEO 최고 경영자(Chief Executive Officer)

> ▶ **CFO** 최고재무책임자(= Chief Financial Officer)
> ▶ **Chief Operating Officer** 최고 업무진행 책임자(COO)

Yesterday, **the CFO** of the video company met with a banker to secure financing for new equipment. 어제 그 비디오 회사의 최고재무 책임자는 신설장비를 위한 자금을 조달하기 위해 은행간부와 만났다.

024
# field office 현장 사무실

> ▶ **commercial lending office[institution]** 대출영업소
> ▶ **business office** 사업소
> ▶ **accounting office** 회계사 사무소
> ▶ **home office** 본사

The bank currently has an opening in its El Paso international **commercial lending office** for a Vice President of Corporate Banking. 본 은행에서는 현재 엘파소 국제통상대출 영업소의 기업담당 부사장으로 일할 사람을 찾고 있습니다.

025
# customs official 세관원

> ▶ **public official** 공무원

The **customs official** at the airport insisted that I open all of my luggage and explain every article. 공항 세관원은 나에게 짐가방을 모두 열어서 거기 있는 소지품을 전부 설명하라고 완강하게 요구했다.

026
# banker 은행가

> ▶ **bank teller** 은행 창구 직원

A **bank teller** is a very important position and the job often pays a healthy salary. 은행 창구 직원은 매우 중요한 직책이어서 월급을 괜찮게 받는 경우가 많다.

027
# consultant 고문, 상담역

> ▶ **management consultant** 경영 컨설턴트

UNIT **7**

He retired and took a position with the LA front office as a consultant. 그 남자는 은퇴하고 LA 본사의 자문위원으로 들어갔다.

028

# business contacts 사업상의 연줄, 인맥

> ▶ connection 관계, 거래처, 단골, 연줄
> ▶ business connections 사업상 친분, 단골, 거래선

Could you give me a list of all of the business contacts you have in Chicago by four o'clock today? 오늘 4시까지 시카고에 있는 당신의 사업상의 인맥들 명단을 모두 제게 좀 주시겠어요?

029

# dealer 거래를 하는 사람

> ▶ currency dealer 외환딜러      ▶ local dealer 현지 판매인
> ▶ retailer[retail dealer] 소매상   ▶ dealership 판매점, 대리점

The used car dealer accepted my old car as a trade-in. 중고차 판매인은 내 낡은 차 값을 새로 사는 차 가격의 일부로 쳐주었다.

030

# sales staff 영업사원들

> ▶ secretarial staff 비서진    ▶ senior staff 간부급 직원

Most of the sales staff will be laid off after the merger takes place. 합병이 되면 영업 직원들은 대부분 정리해고될 것이다.

**TOEIC TIPS**

## manager

manager는 한 기관이나 조직의 부분을 책임자로 경우에 따라 다양하게 해석이 가능하다. 호텔 매니저에서부터 지점장(branch manager), 영업부장(sales manager) 등이 그 대표적이다

branch manager 지점장
construction manager 현장소장
project manager 사업 담당자
general manager 총책임자
office manager 사무실장, 소장
portfolio manager 고객이 신탁한 돈으로 여러 유가증권을 매매하여 수익을 올리는 사람
shift manager 교대근무담당 매니저

operations manager 공장장, 생산부장
sales manager 영업부장
apartment manager 아파트 관리소장
personnel manager 인사부장
marketing manager 마케팅 매니저
division manager 부장.

_ The operations manager was concerned that a threatened strike could cripple production. 그 공장장은 파업이 실제로 일어나면 생산이 저해 될까봐 염려했다.
_ The sales manager was determined to land the new account in Hong Kong. 영업부장은 홍콩에서 신규 고객을 확보하기로 결정했다.

TOEIC이 좋아하는
# 회사나 사람 031-060

### 031
## clerical assistant 사무 보조원

> ▸ **assistant** 조력자, 보조자
> ▸ **executive assistant manager** 행정 담당 부지배인
> ▸ **administrative assistant** 행정비서

**The professor's assistant** was told to have a handout ready for the students by the end of the week. 그 조교는 주말까지 학생들을 위해 배포물을 준비해 두라는 지시를 받았다.

### 032
## contract worker 계약직 근로자

> ▸ **line worker** 생산직 근로자
> ▸ **state worker** 州공무원
> ▸ **co-worker** 동료

Only **the contract workers** will receive a pay raise and a bonus at the end of the year. 계약직 직원들만 연말에 봉급이 인상되고 보너스를 받을 것이다.

### 033
## broker 중개인

> ▸ **stock broker** 주식중개인
> ▸ **designated broker** 지명 중개인

Mr. Kahn and **his stockbroker** frequently discuss business while having lunch together. 칸 씨와 그의 주식 중개인은 함께 점심을 들면서 사업에 대해 의논을 하는 경우가 자주 있다.

### 034
## supplier 공급자, 납품업체

**The supplier** was charged with false advertising and fined $10,000. 그 납품업체는 허위 광고로 고소를 당해서 벌금 만 달러를 물었다.

### 035
## merchant 상인, 판매인

**Store merchants** in the mall must open their stores open at the same time. 쇼핑몰의 점원판매인은 같은 시간에 가게를 열어야 한다.

**7**

## policyholder 보험 계약자

▶ (license) holder (면허증) 소지자

**The policyholder** had insurance that covered his house, his car and his health. 그 보험 계약자는 자신의 집과 자동차, 그리고 건강까지 보장해주는 보험에 들었다.

037

## shareholder 주주

**SHAREHOLDERS**

▶ shareholders' meeting 주주회의

We must receive proxies from **shareholders,** voting by mail by 5:00 p.m. on June 21st. 우리는 6월 21일 오후 5시까지 우편으로 우송되어 오는 주주들의 투표위임장을 받아야 한다.

A proxy was drafted so I could vote in the **stockholders'** meeting in place of John. 위임장이 작성되어 존 대신에 주주회의에서 투표 할 수 있었다.

038

## director 부장, 소장, 국장

▶ dismiss the managing director [전무] 상무를 해고하다
▶ department director 국장
▶ directory 명부

Rumor has it you're in line to become **the new managing director.** 듣자하니 당신이 신임 전무이사로 유력하다고 하던데요.

039

## auctioneer 경매인(競賣人)

▶ bidder 입찰자

**The auctioneer** got paid a percentage of the total sales figure for the day. 경매인은 그 날의 총판매액의 일정액을 수수료로 받았다.

040

## Sales Division 영업 본부

▶ Marketing Division 마케팅본부
▶ Finance Division 금융본부
▶ R&D Division 연구개발본부
▶ Production Division 생산본부

The people working for **the Sales Division** were rewarded for their hard work. 영업본부에서 일하는 사람들은 열심히 일한 대가를 보상받았다.

The Finance Division recently reported that they are having difficulties balancing the budget. 재정부서는 최근 예산을 맞추는 데 어려움을 겪고 있다고 보고했다.

## 041
# probationary employee 수습사원

- ▶ employer 고용주
- ▶ part-time employee 시간제 근로자
- ▶ prospective employee 고용후보자
- ▶ part-time employee 시간제 근무자

Most part-time employees in the United States earn less than $5.00 per hour. 미국의 시간제 근로자들은 대부분 시간당 5달러 미만을 받는다.

## 042
# bookkeeper 장부계원

Ralph worked as a bookkeeper while he studied to become a Certified Public Accountant. 랄프는 경리사원으로 일하면서 공부해서 공인회계사가 됐다.

## 043
# case 환자

- ▶ basket case (경제적) 무능력자

There have been a larger number of cases of influenza this fall than usual. 올 가을에는 여느 때보다 독감환자들이 더 많군요.

## 044
# cashier 출납원, 계산대

- ▶ cash register 금전등록기, 계산대
- ▶ grocery clerk 식료품점 점원

After selecting his purchases Doug took them to the cashier to buy them. 물품을 고른 후에 더그는 구매하기 위해 캐셔에게 가지고 갔다.

When she was finished shopping, Anne took her groceries to the nearest cash register. 물건을 다 고른 후에 앤은 구매한 식료품을 가장 가까운 계산대로 가지고 갔다.

The grocery clerk helped the customer find the items he needed. 식료품점 점원은 고객이 필요로 하는 물건들을 찾는데 도와주었다.

## 045
# expert 전문가

- ▶ noted expert 저명한 전문가

7

Dr. Tobias, an expert in neurosurgery, was asked to examine the patient. 신경외과수술 전문의인 토바이스 박사는 환자를 검사하라고 요청받았다.

Greg is an expert photographer whose photos are often published in magazines. 그렉은 전문적인 사진작가로 종종 잡지에 사진이 게재된다.

## 046
# sales leads 잠재고객명단

It is not uncommon for brokers to obtain leads from existing clients. 증권중개인들이 기존의 고객들로부터 고객명단을 입수하는 것은 보기 드문 일이다.

## 047
# leading retailer 선도적인 소매업체

▶ volume retailer 대량판매점

Perhaps we should consider letting go of some of our volume retailers, as we have twice the number we expected. 우리 대량판매점이 처음에 생각했던 숫자의 두 배나 돼서 아마도 일부는 처분을 고려해야 될 것 같다.

## 048
# retail outlet 직영 할인 소매점

▶ retail chain 소매점 체인          ▶ retail store 소매상점
▶ retail market 소매시장

You must apply for a special license in order to operate a retail outlet in America. 미국에서 직영 할인점을 운영하려면 특별 면허를 신청해야 한다.

Most of our retail outlets are conveniently located in large shopping malls. 우리 소매점들은 대부분 큰 쇼핑몰에 자리잡고 있어 위치가 좋다.

## 049
# specialist 전문가

▶ turnaround specialist 기업재건전문가

Our outplacement service specialist should be able to assist you with any of your pressing questions. 우리 회사의 전직 알선 서비스 전문가는 여러분의 시급한 문제들을 도와줄 능력이 있습니다.

## 050
# career professional 전문 직종에 종사하는 직장인

▶ health care professional 의사, 간호사 등 의료직 종사자

The man who fixed my car last weekend was a thorough professional. 지난 주말 내 차를 고쳐주었던 그 사람은 능수능란한 전문가였다.

## 051
# creditor 채권자

> ▶ debtor 채무자

All customer claims must be received by **the debtor** on or before July 5, by 5:00 p.m. Eastern Time. 모든 고객 클레임은 동부 표준 시간으로 7월 5일 오후 5시에, 혹은 그 이전에 채무자에게 전달되어야 한다.

## 052
# end user 최종 소비자

The government offers tax incentives to companies that export their products to foreign **end users.** 정부는 해외의 최종소비자 들에게 제품을 수출하는 회사들에게 세금 우대혜택을 준다.

## 053
# consulting firm 자문회사

> ▶ firm 회사
> ▶ investment analysis firm 투자 분석 회사
> ▶ management consultancy firm 경영 컨설팅 회사
> ▶ executive search (firms) 고급인력 알선회사
> ▶ marketing firm 마케팅 회사

**The consulting firm** promoted two veteran executives to assume significant responsibilities in its international division. 그 자문회사는 경험이 풍부한 두 간부를 해외업무부에서 중요한 책임을 맡도록 승진시켰다.

## 054
# factory outlet 공장 직영점

**The factory outlet** was famous for its deep discounts. 그 공장 직영점은 할인을 많이 해주는 것으로 유명했다.

## 055
# underwriter 보험업자

Send these policies to **the underwriter** for review. 이 보험증서들 을 보험업자에게 보내 검토하도록 해라.

## 056
# fund-raiser 기금 모금가

> ▶ fund raising 모금 활동의, 기금 모금 만찬
> ▶ donor 기부자

We are also helping other organizations and private donors to **make contributions to** this beneficial cause. 우리는 또한 다른 기 관이나 개인 기부자를 도와서 이러한 유익한 사업에 기여할 수 있도록 하고 있습니다.

**7**

# industry leader 업계리더

> ▶ corporate leader 업계 선두주자
> ▶ trip leader 관광 가이드

In order to remain **the corporate leader** in the computer industry, we must continue to focus on R&D. 컴퓨터업계에서 계속 선두를 차지하려면 우리는 끊임없이 연구개발에 초점을 맞추어야 한다.

# the powers that be 당국, 권력자

> ▶ authorities 당국자

**The powers that be** decided to fire him. 당국자는 그를 해고하기로 결정하였다.

# addressee 수신인, 받는이

> ▶ addresser 발신인, 이야기를 거는 사람    ▶ attendee 참가자
> ▶ interviewee 피면접자    ▶ interviewer 면접자
> ▶ consigner 위탁자    ▶ consignee 수탁인

Please forward all mail to **the addressee** at the newly listed address. 새로 등록된 주소의 수신인에게 우편물을 모두 회송해 주십시오.

# executive committee 집행 위원회

> ▶ committee 위원회, 위원
> ▶ steering committee 조정 위원회
> ▶ organizing committee 조직위원회

**The committee** agreed unanimously to adopt the new marketing plan. 위원회는 새로운 판매정책을 채택할 것을 만장 일치로 합의했다.

---

## realtor 공인부동산 중개업자

전미 부동산업 협회(the National Association of Real Estate Boards) 및 그 지부에 속하여 그 윤리강령을 지키면서 부동산의 매매업무에 종사하고 있는 업자. 보통 명사로서 realtor는 단순히 부동산업자(real estate agent)의 대용어로도 쓰인다. Realtor 미국의 부동산 중개업자. 미국의 부동산 중개업자는 broker와 real estate agent가 있는데, broker는 대개 법적인 중개업자 자격을 갖춘 공인 중개사이며, 그러한 자격이 없거나 경험이 모자라는 부동산 회사의 직원인 real estate agent를 조수로 쓰고 있다.

### 061
## utility company 수도, 전기, 가스 등을 공급하는 공익사업체

- ▶ public utility 공익사업, 공공사업회사
- ▶ privately held company 사기업

**Privately held companies** in Korea are increasingly becoming part of the public sector. 한국의 사기업들이 점점 공공 부문을 담당하고 있다.

### 062
## manufacturing company 제조회사

- ▶ investment company 투자회사
- ▶ telemarketing company 텔레마케팅 회사
- ▶ top-earning company 수익률 최고인 회사
- ▶ loan company 개인 융자 금융회사
- ▶ local company 현지 회사

**The manufacturing company** is expected to post strong earnings this quarter. 그 제조회사는 이번 분기에 탄탄한 소득을 올렸다고 발표할 것으로 예상된다.

### 063
## subsidiary company 자(子)회사

- ▶ parent company 모(母)회사

**Our parent company** is downsizing, and jobs will certainly be lost. 우리 모회사가 구조조정을 하고 있어서 일자리가 줄어들 게 확실해.

### 064
## manufacturer 제조업자, 생산자

- ▶ car manufacturer 자동차 생산업자

**Consumer plastics manufacturers** have been hit hard by the recent increase in petrochemical prices. 소비재 플라스틱 제조업체들은 최근 석유화학제품의 가격인상으로 심한 타격을 받았다.

# multi-national organization 다국적 기업

> ▸ non-profit organization 비영리단체

To keep up with the accelerating rate of competition, **organizations** are being forced to reshape themselves. 가속화되어가는 경쟁에 뒤쳐지지 않기 위해 기업의 재편성이 불가피해지고 있다.

# management 경영진

> ▸ middle management 중간관리자층
> ▸ management and labors 노사

**Management** at the company has neither confirmed nor denied the rumor reported in this morning's economical journal. 회사의 경영진은 오늘 조간 경제신문에 보도된 소문을 확인도 부인도 하지 않았다.

# outplacement service 취업알선기관

> ▸ courier service 택배 서비스 회사
> ▸ frequent flyer service (비행기) 상용 고객 서비스
> ▸ international wire service 국제(뉴스) 통신사
> ▸ Internal Revenue Service 美 국세청(IRS)

Depending on the size of the package, **the courier service** assesses charges by either weight or volume. 소포의 크기에 따라 배달 서비스는 무게나 부피로 요금을 부과한다.

# tenant 차지인(借地人), 주인

TENANT
Real estate

> ▸ landlord 집주인
> ▸ renter 임차인
> ▸ inhabitant 거주자
> ▸ residential neighborhood 주택지구
> ▸ official residence 관저(官邸), 관사(官舍)

**Mrs. Robertson's renter** pays a few hundred dollars a month to live in her spare room. 로버트슨 부인의 임차인은 그녀에게 한 달에 삼사백달러를 지불하고 남는 방에서 지낸다.

# municipal 시(市)의, 자치도시의

> ▸ city council 市 의회
> ▸ councilor 시의원

> ▶ **governor** 美 주지사
>
> ▶ **mayor** 시장(市長)
>
> ▶ **legislator** 입법자 *여기서는 「州의원」을 뜻함
>
> ▶ **counsel** 의논, 조언, 조언하다
>
> ▶ **counselor** 상담역, 고문

Regular **City Council** meetings are held in the Council Chambers of City Hall. 정기 시의회 회의가 시청 회의실에서 개최된다.

070
# colleague 동료

> ▶ **fellow** 동료
>
> ▶ **co-worker** 직장동료
>
> ▶ **peer** 동료

I probably write about four or five e-mails everyday to my friends and **colleagues.** 난 아마도 내 친구들이나 동료들에게 매일 네다섯통 정도의 이메일을 쓴다.

071
# bulk carrier 벌크 화물 운송선

> ▶ **carrier** 항공회사
>
> ▶ **letter carrier** 우편배달부
>
> ▶ **delivering carrier** 운송 회사

American Airlines became **the first carrier** to operate accident free for a 10 year period. 아메리칸 에어라인은 10년간 무사고 운항을 한 첫번째 항공회사가 되었다.

072
# litigant 소송 당사자

Litigation support

> ▶ **juror** 배심원, 심사위원
>
> ▶ **city attorney** 시(市) 검사
>
> ▶ **survivor** 유족
>
> ▶ **dependent** 부양 가족
>
> ▶ **relative** 친척

Judge Parker is decisive and fair; and her demeanor is always respectful of **the litigants** and lawyers who appear before her. 파커 판사는 단호하고 공정하며 또한 항상 출두하는 소송 당사자들과 변호사들을 존중하는 자세를 잃지 않았습니다.

# concierge (호텔 · 휴양지 등에서) 손님들의 특별한 요구 사항들을 살피는 사람

CONCIERGE

▶ custodian 수위, 경비

▶ janitor 관리인

The custodian decided to move the garbage bin to the far end of the playing field. 경비아저씨는 쓰레기통을 운동장 반대편 끝쪽으로 옮기기로 결정했다.

The third international convention of janitors will take place in the Grand Ball Room of the Hilton Hotel. 제 3차 관리인 국제총회가 힐튼호텔 그랜드 볼룸에서 개최될 것이다.

# hospitality coordinator 대회 진행 및 숙박관계를 종합적으로 관리하는 담당자

▶ coordinator 관리자

Danny works as a civic coordinator. 대니는 시조정관으로 일한다.

# apprentice 견습생

▶ journeyman 숙련된 직공

Brian will train as an apprentice carpenter for several more months before becoming a journeyman. 브라이언은 숙련된 직공이 되기 전에 수개월 이상 목수견습생으로 훈련을 받게 될 것이다.

# landscaper 조경사

▶ foreman 십장　　　　　　▶ mason 석공

▶ heavy equipment operator 중장비 기술자

▶ civil engineer 토목 기술자

▶ mechanical engineer 기계 기술자

One of the most important jobs on a construction site is a mason. 건축현장에서 가장 중요한 직업중 하나는 석공이다.

According to the engineers, construction of the bridge will be completed on schedule. 기술자들에 따르면 그 다리의 건설은 예정대로 완공될 것이다.

# refugee 피난자, 난민

▶ asylee 망명자, 도피자

The refugees were taken to their new homes. 난민들은 새로운 집으로 이송되었다.

078

# beneficiary (상속 재산의) 수혜자, (연금·보험금 등의) 수령인

I am **the beneficiary** of my parent's will. 난 부모님 유언의 수령자이다.

079

# assessor 과세(課稅) 평가인, 감정사

▶ appraiser 평가[감정]인

Each county **has an assessor** who fixes the value of all real property subject to tax. 각 주는 세를 내야하는 모든 부동산의 가격을 결정하는 부동산 감정사가 있다.

080

# floor trader (증권거래소 안의) 장내거래인

One of the most stressful jobs at the New York Stock Exchange is that of **a floor trader.** 뉴욕 증권 거래소에서 가장 힘든 직업의 하나는 매장 주식 중개인이다.

081

# trendsetter 유행을 선도하는 사람

My mother always told me to be **a trendsetter** not a trend follower. 우리 어머니는 나에게 항상 유행을 쫓는 사람이 되지말고 유행을 선도하는 사람이 되라고 말씀하셨다.

082

# sole practitioner 개업의, 개업변호사

▶ practitioner 개업의, 개입 변호사

Although a large firm may be more prestigious, **a sole practitioner** often provides better and more personalized legal council. 규모가 있는 법률회사가 좀 더 명망이 높을지는 몰라도, 대개 개업 변호사가 보다 우수하고 보다 개인적인 법률 상담을 제공해준다.

083

# sole distributor 총판매점

XYZ Company is **the sole distributor** of medical ultrasound equipment in Australia. XYZ 社는 호주에서 의료용 초음파 장비 유통을 담당하는 총대리점이다.

084

# sole proprietor 자영업자

SOLE PROPRIETORSHIP

▶ sole proprietorship 개인회사, 자영업

As **the sole proprietor**, I make all the decisions. 자영업자로, 난 모든 결정을 내린다.

# replacement 교체, 교체자

▶ a replacement for …를 대신할 후임자

The workers on the production line were getting tired of waiting for **their replacements** to show up. 생산라인의 근로자들은 교대 근무자들이 나타나는 것을 기다리느라 진력이 났다.

# notary public 공증인

All of the documents were signed and witnessed in the presence of **a notary public**. 서류는 모두 공증인의 입회하에 서명되고 입증되었다.

# manpower 인적 자원, 인력

MANPOWER

▶ work force 노동력, 노동자

The small company lacked **the manpower** to win the manufacturing contract. 그 중소기업은 인력이 부족해서 제조 계약을 따내지 못했다.

# purchaser 구매자

▶ loan purchaser 융자인

For **purchasers of** our brand name appliances, we are now offering replacement parts at a discounted price. 저희 브랜드의 가전제품을 구매한 고객들을 위해 지금 할인가격으로 교체부품을 제공하고 있습니다.

# billing department 경리부

▶ advertising department 광고부
▶ consumer affairs department 고객 관리부
▶ housekeeping department 관리부

The billing department also handles all complaints pertaining to overdue accounts. 청구서 관리부서는 지급기한이 지난 계좌들에 관련된 모든 이의 신청도 취급한다.

If you want ad results that exceed your wildest expectations, call **our advertising department** today. 기대 이상의 광고 효과를 원하신다면 오늘 당장 저희 광고부로 연락주세요.

# business place 영업[사업]장

- ▶ big business 대기업
- ▶ local business community 지역업계
- ▶ business territory 사업계

If it were not for the generous donations of the local business community, we would not have a retraining program. 지역 업계의 후한 기부금이 없다면 우리는 재교육 프로그램을 갖출 수 없을 것이다.

091
## commercial bank 시중은행

> ▶ local bank 지역 은행

The **local bank** is only able to exchange American dollars, and cannot exchange any other currency. 그 지방 은행은 미국달러만 바꿀 수 있고 그밖에 다른 통화는 환전할 수 없다.

092
## affiliate 계열회사(affiliated company)

We **have an affiliate** that you can deal with when you're in Houston. 우리에겐 귀가가 휴스턴에 계시는 동안에도 거래하실 수 있는 계열회사가 있습니다.

We **have an affiliate** in every state to ensure customer satisfaction. 우리는 소비자 만족을 위해 모든 주(州)에 계열회사를 가지고 있다.

093
## facilitator 돕는 사람

The **facilitator** of the meeting will be sitting in the corner, next to the president of the local telecom operator. 회의 보조 진행자는 지역 원거리 통신업체 사장 옆자리 구석에 앉게 될 것이다.

094
## housekeeper 주부, 가정부, 파출부

> ▶ groundskeeper 운동장 관리인

The **housekeeper** was contracted for weekly cleaning even though the family was away on a three-week vacation. 가정부는 그 가족이 3주간 휴가 여행을 가 있는 동안에도 매주 1번씩 청소하기로 계약을 맺었다.

095
## the insured 피보험자

> ▶ the insurer 보험회사, 보험업자

If **the insurer** refuses to pay, you can take him to small claims court or call the police. 보험업자가 지급을 거부할 경우, 그 사람을 소액 청구재판에 회부하거나 경찰을 부를 수 있다.

# institutional investor 기관투자가

> ▶ investor 투자가
> ▶ risk-averse investor 모험을 꺼리는 투자가

Many investors like to speculate in the stock market, but John prefers more conservative investments. 많은 투자자들은 증권시장에 손을 대지만 존슨은 더 신중한 투자를 선호한다.

097

# prospective customer 잠재고객

> ▶ prospective mother 어머니가 될 사람
> ▶ prospective enterprise 유망기업

Be extra kind to that man in the blue suit, as he is one of our prospective customers. 파란색 정장을 입고 있는 저 남자에게 특별히 친절히 대해라. 그 남자는 물건을 살 사람으로 보이니까.

098

# the first presenter 첫번째 발표자

The first presenter will speak about the problems of conducting business in China. 첫번째 발표자가 중국에서 사업을 하면서 발생하는 문제점들에 대해 발표할 것입니다.

099

# receptionist 접수계원

> ▶ receiver 수령인, 수납원

I would like all applicants applying for the receptionist position to report to Mr. Jones in room 667 for an interview. 접수계원직에 지원한 모든 지원자들은 면접을 위해 667호실에 있는 존스씨에게 오시기 바랍니다.

100

# superior 상사

All grievances pertaining to the operation of this plant should be given to a superior in writing and be signed. 이 공장의 작업에 관련한 모든 불만사항은 서명한 서면으로 상사에게 제출되어야만 한다.

101

# alumni 동창생

> ▶ faculty 교수진        ▶ superintendent 장학사

The university alumni meet socially once a year to raise money for the scholarship fund. 그 대학의 동창들은 일년에 한번 장학 기금을 거두기 위해 사교 모임을 갖는다.

**7**

## vendor 소매상, 행상인

## 102

He tried to make money as a vendor, but was unable to find enough clients. 그 남자는 소매점을 해서 돈을 벌려고 했지만 고객을 많이 확보할 수가 없었다.

## pedestrian 보행자

It's important to remain aware of pedestrians as you are driving your car in town. 시내에서 운전할 때에는 항상 보행자들에게 신경을 쓰는 것이 중요하다.

## insurance provider 보험회사

▶ provider 공급자, 제공자

In prehistoric times, men were the sole providers of food, shelter, and clothing. 선사시대에 남자들만 의식주(衣食住)를 해결하는 역할을 담당했다.

## maintenance man 정비공

An apartment's maintenance man has a very interesting and important job. 아파트 관리인이라는 직업은 매우 흥미롭고 중요한 일이다.

## public corporation 공(公)기업

▶ limited corporation 유한 책임 회사
▶ private company 사기업
▶ profit-making company 영리회사
▶ private enterprise 사(私)기업, 민간기업

It's a public corporation, so you can invest in it. 거기는 공기업이기 때문에 투자할 수 있다.

## freight forwarder 운송(화물) 취급인

The freight forwarder will send the package to Europe. 그 운송회사는 그 소포를 유럽으로 발송할 것이다.

## entrepreneur 기업가, 사업가

▶ entrepreneurship 기업가 정신
▶ industrialist 생산업자, 실업가

My dad was a business entrepreneur. 내 아버지는 비즈니스 사업가이셨다.

### 109
## death toll 사망자수

According to the traffic control board, **the death toll** for traffic accidents swelled 120% this month. 교통통제 위원회에 따르면, 교통사고로 인한 사망자수가 이번 달 120%까지 증가했다고 한다.

### 110
## defaulter 채무[약속] 불이행자

**The defaulter** is going to lose all of his money. 채무 불이행자는 모든 돈을 잃게 될 것이다.

### 111
## emerging market 신흥시장

PLACE OF PURCHASE

> ▶ open-air market 노천시장
> ▶ upmarket 고가품 시장
> ▶ marketplace 시장, 장터
> ▶ stock market 주식시장
> ▶ financial market 금융시장
> ▶ futures market 선물시장

**Many emerging markets** are suffering because of the currency crisis. 통화위기로 어려움을 겪고 있는 신흥 시장이 많다.

### 112
## crew 승무원

**The work crew** is resurfacing the asphalt road. 작업반이 아스팔트 길의 포장을 새로 작업하고 있다.

### 113
## venue 장소

What **venue** is hosting the concert? 그 콘서트가 어디서 열리는 거야?

### 114
## park ranger 공원 관리요원

> ▶ parks commissioner 공원 관리자

**The park ranger** makes sure all the animals are adequately fed. 공원의 관리자는 모든 동물들이 충분하게 먹이를 섭취하고 있는지를 확인한다.

### 115
## premier master chef 최고 수준의 요리사

> ▶ cook 요리사

**The chef** was praised for using only fresh vegetables in his recipes. 그 요리사는 자신의 레시피에 신선한 야채를 사용하여 갈채를 받았다.

**7**

UNIT

# charity 자선단체, 자선기금

I would like to donate this money to my favorite charity, which supports orphans. 이 돈을 내가 제일 관심을 갖고 있는, 고아들을 돕는 자선단체에 기부하고 싶어.

# accommodations 숙박시설

If you have any trouble finding accommodations in New York, please don't hesitate to call us. 뉴욕에서 머무를 곳을 찾기 어려우시다면 주저하지 마시고 저희에게 연락해주세요.

# institute 전문적인 기관[협회] v. (제도, 정책) 도입하다, 시작하다

> ▶ institution 기관, 단체

The Institute of Science and Industry will be offering basic science classes this summer for children. 과학산업협회는 여름에 아이들을 위해 기초과학반을 열 것이다.

Steven wanted a career in film and decided to attend the Institute of Motion Pictures. 스티븐은 영화계에서 경력을 쌓기 위해 영화협회에 다니기로 결심했다.

# storage rooms 창고

**Freezer** Storage

According to the memo posted on the bulletin board in the front lobby, the storage rooms will be closed for renovations on Tuesday. 앞쪽 로비의 게시판에 부착된 메모에 의하면 창고는 수리하기 위해 화요일에 폐쇄될 것이다.

# office complex 사무실 단지

The total cost of the new office complex will reach 100 million dollars and construction is slated for completion sometime early next year. 새 사무실 단지의 총 공사비는 1억 불에 달할 것이며 내년초경에 완공될 예정이다.

# concert-goer 음악회 관람객, 음악애호가

> ▶ party animal 파티에 가는 것을 좋아하는 사람(= party-goer)

All concert-goers are reminded that tickets must be purchased at least 24 hours prior to the desired concert. 모든 음악회 관람객 여러분들은 관람을 원하는 음악회가 열리기 적어도 24시간 전에 입장권을 구입하셔야 합니다.

# fairgrounds 박람회장

The fairgrounds of the C.N.E. (Canadian National Exhibition) will be renovated from next week. 캐나다 국립전시장의 박람회장은 다음주부터 보수작업에 들어간다.

# lumber yard 목재 적치장

The lumber yard located next to the old gas station and across from the city library. 목재 야적장은 오래된 주유소 옆, 시립도서관 건너편에 위치해 있다.

# emergency responders 비상구조대원 등 응급조치 요원들

It took six minutes for the emergency responders to arrive. 응급조치 요원들이 도착하는데 6분이 걸렸어.

# shipper 선적인, 화주(貨主)

> ▶ shipyard 조선소
> ▶ shipbuilding 조선(造船), 조선업

The shipping company would not accept any boxes over a meter in length or weighing over 35 kilos. 선적회사는 길이 1미터 이상, 혹은 무게 35kg 이상의 상자는 받지 않는다.

— RESCUE TEAM —

- **representative** 대표자
  **representation** 설명, 진술

- **statistician** 통계학자
  **statistics** 통계

- **graduate** 졸업자
  **graduation** 졸업

- **visitor** 방문객
  **visit[visitation]** 방문

- **companion** 동료, 상대
  **company** 회사

- **developer** 개발자
  **development** 개발

- **engineer** 기술자
  **engineering** 공학, 기술

- **chemist** 화학자
  **chemistry** 화학

- **recipient** 수납자, 수령인
  **reception** 수령, 접대, 환영회

- **prosecutor** 검사
  **prosecution** 기소

- **winner** 우승자
  **winning** 우승

- **author** 저자, 창시자
  **authorization** 권한, 공인

- **translator** 번역가
  **translation** 번역

- **journalist** 저널리스트
  **journalism** 신문, 잡지 업계

- **assembler** 조립공
  **assembly** 집회, 국회

- **president** 의장
  **presidency** 의장직, 주재

- **owner** 주인
  **ownership** 소유권

- **intellectual** 지식인
  **intellect** 지성

- **distributor** 배급업자
  **distribution** 분배, 배분

- **consultant** 상담자
  **consultation** 상담, 자문

- **electrician** 전기공
  **electricity** 전기, 전기학

- **supervisor** 관리자
  **supervision** 관리, 감독

- **resident** 주민
  **residence** 거주

- **accountant** 회계사
  **account** 회계, 계정

- **illustrator** 삽화가
  **illustration** 삽화

- **authorities** 당국
  **authority** 권위

- **manufacturer** 제조업자
  **manufacture** 제조

- **applicant** 지원자
  **application** 신청, 지원

- **advisor** 충고자
  **advice** 충고, 조언

- **rival** 경쟁자, 적수
  **rivalry** 경쟁, 대항

- **subscriber** 구독자
  **subscription** 구독

- **borrower** 차용인
  **borrowing** 차용

- **missionary** 전도사, 주창자
  **mission** 임무

- **innovator** 혁신자
  **innovation** 혁신

- **consumer** 소비자
  **consumption** 소비

- **supporter** 지지자, 후원자
  **support** 지지, 후원

- **adventurer** 모험가
  **adventure** 모험

- **patron** 보호자, 단골 손님
  **patronage** 보호, 찬조

- **agriculturalist** 농업가
  **agriculture** 농업

- **person** 사람
  **personality** 개성

- **photographer** 사진사
  **photograph** 사진

- **moderator** 중재자
  **moderation** 절제, 중용

- **donator** 기부자
  **donation** 기부, 증여

- **founder** 창립자
  **foundation** 창립, 기초

- **patient** 환자
  **patience** 인내

- **member** 회원
  **membership** 회원자격

- **attendant** 안내원
  **attendee** 출석자
  **attendance** 출석

- **interviewer** 면접자
  **interviewee** 피면접자
  **interview** 면접

- **advertiser** 광고주
- **span of control** 한 사람이 관리할 수 있는 근로자의 수
- **copycat** 모방하는 사람
- **credit risk** 신용 불량(자)
- **currency trader** 환거래자
- **depositor** 예금자
- **headquarters** 본사
- **helping hand** 도움의 손길, 조력
- **job seeker** 구직자
- **lawyer** 변호사
- **client list** 고객 명부
- **onlooker** 구경꾼, 목격자
- **mailman** 우편배달부
- **management guru** 저명한 경영 컨설턴트
- **manufacturing plant** 제조공장
- **marketer** 시장상인, 마케팅 담당자
- **organizer** 조직자, 창립자, 주최자
- **parking attendant** 주차요원
- **programmer** 프로그램 작성자
- **legal representative** 유언집행인
- **publicist** 홍보 담당자
- **public school** 공립학교
- **taxpayer** 납세자
- **seller** 매각인
- **military industry** 군수(軍需) 산업
- **middle-class** 중산층.
- **senior** 고위
- **candidate** 후보자
- **venture capitalist** 벤처기업 자본가

- **manufacturing** 제조업
- **bracket** 계층
- **recipient** 수령인
- **recruiter** 고용 회사
- **passenger** 승객
- **spokesperson** 대변인
- **gourmet** 미식가
- **guest speaker** 객원 초빙 강사
- **volunteer** 지원자
- **chairperson** 의장, 위원장
- **spouse** 배우자
- **bystander** 방관자
- **researcher** 연구원
- **folks** 사람들
- **opponent** 반대자
- **evaluator** 평가자
- **industrial park** 공장지대
- **foster child** 법원에서 위탁받은 보육아동
- **honorary attendant** 명예 수행원
- **usher** 수위, 의전관
- **mom and pop** 구멍 가게. 여기서는 「영세한 소기업」을 뜻함
- **courier** 급사(急使).
- **newcomer** 신규전입자
- **artisan** 숙련공
- **delegate** 위원
- **respondent** 응답자
- **copywriter** 광고 문안 작성자

# SUPPLEMENTS

01. TOEIC이 좋아하는 혼란어
02. TOEIC이 좋아하는 다의어
03. TOEIC이 좋아하는 파생어
04. TOEIC이 좋아하는 접두접미어
05. TOEIC이 좋아하는 약어

비슷비슷해서 헷갈리는 단어들
# TOEIC이 좋아하는 혼란어

□□□
**adopt** v. 양자로 삼다, 채택하다  become the legal parent of; accept
**adapt** v. 적응시키다, 조절하다  adjust; reshape

We had a hard time deciding if we should **adopt** a baby from a foreign country. 우리는 외국에서 아기를 입양해야 하는지를 결정하느라 고충을 겪었다.

Evolution is based on the assumption that all living things change and **adapt** to their environment. 진화론은 모든 생물이 그들의 환경에 맞추어 변화하고 적응한다는 가설에 기초한 것이다.

□□□
**affect** v. …에게 영향을 미치다
**effect** n. 영향, 결과, v. 어떤 결과를 가져오다

Nobody knew how badly the storm would **affect** the area.  폭우가 그 지역에 얼마나 심하게 영향을 끼칠지 그 누구도 몰랐다.

Setting a default value has no **effect** on existing data. 기본값 지정은 현재의 데이타에 아무런 영향을 주지 않는다.

□□□
**basis** n. 추상적인 원칙, 기준, 근거
**basic** a. 기초적인
**base** n. 물리적인 토대, 기반 v. 기초를 형성하다

In the event that you wish to keep the apartment, you must renew the lease on a yearly **basis**. 그 아파트에서 계속 살고 싶으면, 1년마다 임대를 연장해야 한다.

The sales person quoted a price of $300 for a **basic** color printer. 영업사원은 기본적인 칼라 프린터 가격으로 300 달러를 제시했다.

There was a torrential rain storm at the **base** of the mountain last night and many homes were flooded. 지난 밤 산기슭 부분에 집중호우가 내려 많은 집들이 침수되었다.

□□□
**versatile** a. 다능의, 다용도의, 전천후의  many-sided
**volatile** a. 격하기 쉬운, 폭발 직전의, 변덕스러운  unstable; changeable

According to an article in the newspaper, the store has a **versatile** array of new products. 신문의 기사에 의하면 그 상점은 다양한 품목의 신제품들을 구비하고 있다.

590

He defused an extremely **volatile** situation by negotiating a compromise between the two parties. 그는 양측의 타협을 중재함으로써 일촉즉발의 상황을 진정시켰다.

□□□
**complement** n. 보충물, 보완하는 것 v. 보충하다
**compliment** n. 칭찬, 치하, 축사 v. …에게 칭찬하다, …에게 증정하다

The kitchen table and chairs **complement** each other beautifully. 그 부엌 테이블과 의자는 서로 아름답게 어우러진다.

The teacher was angry that the manager of the theater did not **compliment** her on her performance. 선생님은 극단 매니저가 그녀의 연기를 칭찬하지 않았기 때문에 화가 났다.

□□□
**certify** v. 증명하다, 보증하다 confirm; give reliable information of
**notify** n. 통지하다 give a warning or information
**ratify** v. 재가하다, 비준하다 confirm; validate
**verify** v. 진실임을 증명하다, 확인하다 confirm; certify

We **certify** that the product will be free of defects for at least one year. 우리는 이 제품이 최소한 1년 동안은 결함이 없으리라는 것을 보증한다.

The bank issued a replacement credit card after receiving **notification** that the client's card had been lost. 은행은 고객카드가 분실되었다는 통지를 받고 난 후 신용카드를 새로 발급했다.

If the deal is not **ratified** before tomorrow, the citizens will likely revolt. 만일 그 협정이 내일이 되기 전에 비준되지 않는다면 시민들은 폭동을 일으킬지도 모른다.

Before you open the door to strangers, make sure that you **verify** their identity. 낯선 사람에게 문을 열어주기 전에 반드시 신원을 확인하라.

□□□
**attribute** v. …의 탓으로 돌리다(to) n. 속성, 특질
**contribute** n. 기부(기여)하다, …원인이 되다 give; influence; lead to

Most violent crimes occur in the downtown core and can **be attributed to** gang-related territorial disputes. 대부분의 폭력 범죄는 시내 중심지에서 일어나며 폭력단 관련 영유권 분쟁에 기인하는 것으로 생각할 수 있다.

Only thirty-five percent of the people asked said they regularly **contribute to** a retirement fund. 응답자의 단 35%만이 정기적으로 퇴직 연금에 돈을 낸다고 말했다.

□□□

**tab**  n. 손잡이 끈, 꼬리표, 계산서  bill; check  v. …로 장식하다, 표로 만들다  tabulate

**tap**  n. (수도)꼭지  v. 가볍게 두드리다, 개척(이용)하다

**tip**  n. 끝  v. …의 끝을 이루다  n. 기울기  v. 뒤집어 엎다  n. 비밀정보, 비결, 묘책  v. (팁을) 주다

The documentation and procedures guide contains over 200 pages of **tabbed** sections. 문서작성 및 절차가이드는 200페이지 이상이 색인표로 표시가 되어 있다.

Many large foreign institutional buyers are poised to **tap** the markets of many emerging countries. 많은 대규모 외국기업의 바이어들이 개발 도상국들의 시장을 개척할 태세를 갖추고 있다.

The foreman was often seen walking around the assembly line giving **safety tips** to the workers. 공장장은 가끔 조립라인을 돌아다니며 근로자들에게 안전수칙을 알려주었다.

□□□

**denote**  v. 의미하다, 표시하다  indicate; signify

**donate**  v. 기부하다  make gift; give

The rules and regulations of the contest are **denoted** in small print on the back of the entry form. 경기의 규칙과 규정은 가입용지의 뒷면에 작은 활자체로 표시되어 있다.

We go to the clinic to **donate** a pint of blood every six months. 우리는 6개월마다 한번씩 헌혈을 하기 위해 진료소에 간다.

□□□

**content**  a. …에 만족하는  v. 만족시키다  n. 만족, 내용(물), 목차

**contend**  v. 다투다 compete, 주장하다 say or state strongly

I was able to play tennis to my heart's **content** at the country club. 나는 컨트리 클럽에서 마음껏 테니스를 칠 수 있었다.

Retail representatives **have contended** about ways to increase sales. 소매 대리인들은 판매 촉진 방법에 대해 논쟁을 벌였다.

□□□

**extend**  v. 뻗다, 늘이다, 확장하다  reach; stretch

**intend**  v. …할 작정이다, 의도하다  plan; contemplate

The transportation authority voted to **extend** the subway to the adjacent town. 교통당국은 인근도시까지 지하철을 확장하기로 의결했다.

The police constable told the suspect that he **intended** to get to the bottom of what had transpired that evening. 경관은 자신이 그날 저녁 발생했던 일에 대해 진상을 낱낱이 규명할 작정이라고 용의자에게 말했다.

□ □ □

**attain** v. 도달하다, 달성하다, 손에 넣다  achieve; accomplish

**contain** v. 포함하다 include, 억누르다 control

**pertain** v. 속하다(to), 관계하다  belong to; relate with

**retain** v. 보류하다, 보유하다, 변호사를 고용하다  keep; hold on to

**sustain** v. 유지하다, 계속하다, 지탱하다 bear; endure, 손해를 입다 suffer

The prosecution tried to **attain** the documents from the court clerk, but failed. 검사는 법원서기에게서 서류를 확보하려고 애썼지만 실패했다.

Many snack foods **contain** a variety of unhealthy additives. 스낵식품들은 대개 다양한 종류의 건강에 좋지 않은 첨가물을 함유하고 있다.

We reserve the right to **retain** prisoners indefinitely if we feel that they are a threat to national security. 우리는 죄수들이 국가안보에 위협이 된다고 느껴지면 그들을 무기한으로 감금시킬 권리를 갖는다.

The doctor put his patient on a respirator in order to **sustain** his life. 의사는 환자의 생명을 유지하기 위하여 인공호흡장치를 씌웠다.

□ □ □

**constrain** v. 강제하다, 구속하다  obligate; restrain

**restrain** v. 제지하다, 억누르다  keep under control; suppress

**strain** n. 긴장, 피로, 당기는 힘  v. (근육을) 잡아당기다

What **constraints** are placed upon young people joining the club? 젊은 사람들이 클럽에 참가하는 것에 대해 어떤 제재가 있습니까?

The president asked the security guard to **restrain** the intruder from leaving the building. 사장은 경비원에게 침입자가 건물에서 벗어나지 못하도록 제지할 것을 부탁했다.

□ □ □

**cite** v. 인용하다 quote

**site** n. 위치, 장소, 용지 spot; place; district

The judge **cited** a prior case in which the defendant was convicted entirely on circumstantial evidence. 판사는 이전의 판례를 인용하여 피고인이 정황에 따른 증거에 의해 완전하게 유죄임을 입증했다.

The company has decided to build a new production facility on a vacant **site** in Texas. 회사는 텍사스의 빈터에 생산공장을 신설하기로 결정했다.

□ □ □

**replete** a. 가득 찬(with), 충만한, 포식한 loaded; stuffed

**deplete** v. 고갈시키다 exhaust; use up

**complete** a. 완전한, 전부 갖춘, 전면적인(with) v. 완성하다

The rooms at the Hilton Hotel were **replete** with many different luxury items. 힐튼호텔에 있는 방들은 많은 다양한 사치품들로 가득했다.

The company had to **deplete** its treasury in order to stay afloat. 회사는 파산하지 않기 위해 자금을 전부 써버려야 했다.

The blender comes **complete** with a carrying case, a surge protector, and a recipe book. 그 믹서기에는 운반상자, 전압 급등 안전장치, 그리고 요리책자가 세트로 함께 나온다.

□ □ □

**deduce** v. 추론하다 infer; comprehend

**deduct** v. 공제하다, 빼다 subtract; remove

**reduce** v. 줄이다, 축소하다, 떨어뜨리다 lessen; diminish

It was fairly simple for the detective to **deduce** what had transpired. 무슨 일이 있었는지 추리하는 것은 그 탐정에게는 식은 죽 먹기였다.

The payroll clerk forgot to **deduct** tax from my paycheck this week. 경리부 직원이 이번 주 내 봉급에서 세금을 공제시키는 것을 잊어 버렸다.

We have to **reduce** the price of the old models by 10%. 우리는 구형 제품들의 가격을 10% 인하해야 한다.

□ □ □

**concur** v. 일치하다, 동의하다(with), 시인하다(in; on), 협력하다, 동시에 발생하다

**incur** v. (보통 좋지 않은 결과에) 부딪치다, (분노, 비난, 위험을) 초래하다
bring upon oneself

All of the managers **concur** in principal, but disagree in their methods. 관리자들 전원은 원칙에 동의를 했지만 방법에 있어서는 합의를 이루지 못했다.

We expect that the company will **incur** losses totaling more than one million dollars. 우리는 회사가 총 백만 달러 이상의 손실을 보게 될 것으로 전망하고 있다.

□ □ □

**remain** v. 남다, …한 채로이다 n. (pl.) 잔액, 유물

**remainder** n. 나머지, 잔여, (pl.) 유적.

**reminder** n. 생각나게 하는 사람[것], 메모, 독촉장

**remind** v. …에게 생각나게 하다.

I had to **remain** silent while my boss talked about the new restructuring plan. 나는 사장이 새 조직 개편안에 대해 이야기하는 동안 잠자코 있어야 했다.

This is just a **reminder** that smoking is not permitted on the aircraft at any time during the flight. 이것은 비행중에는 어느 때라도 기내에서의 흡연이 허용되지 않는다는 표시입니다.

☐☐☐
**species** n. 종류, 종  distinct sort or kind
**specific** a. 특유한, 명확한  n. (pl.) 상세한 점, 명세서(明細書)
**specify** v. 상술하다, 일일이 이름을 들어 말하다  state in detail; define

According to the World Wildlife Federation, thousands of **species** have been killed by deforestation. 세계 야생생물협회에 따르면 수천종의 생물이 지나친 벌목 때문에 죽어가고 있다고 한다.

We have included **specific** details concerning the landing of the submarine on enemy soil. 우리는 적지의 잠수함 상륙에 관련된 상세한 사항들을 포함시켰다.

The doctor was asked to **specify** exactly what caused the young boy to die. 의사는 어린 소년의 사망 원인을 정확히 상술하도록 요구받았다.

☐☐☐
**rational** a. 이성적인, 합리적인  reasonable
**rationale** n. 이론적 근거, 이유, 원리  logic; key concept

Although we were not pleased with the judge's decision, we could not argue that it was not **rational**. 판사의 선고에 만족하지는 않았지만 우리는 그것이 합리적이지 못하다고 주장할 수 없었다.

The **rationale** behind the president's new company policy was increased productivity. 사장의 새로운 회사 방침의 근거는 생산성 향상에 있었다.

☐☐☐
**principal** n. 교장  a. 주요한
**principle** n. 원칙, 원리, 주의

The **principal** told the students that he would make an exception to the rule. 교장은 학생들에게 규칙의 예외사항을 만들거라고 말했다.

The idea is acceptable in **principle,** so let's move forward with continued negotiations. 그 견해는 원칙적으로 받아들일 수 있는 것이니 계속적인 협의를 해 나갑시다.

☐☐☐
**command** v. 명령하다, 장악하다, 전망하다  order; direct; govern  n. 명령, 지휘, 언어구사력
**commend** v. 칭찬하다, 추천하다

The company's translator has a good **command** of the English language. 그 회사의 번역가는 영어구사력이 뛰어나다.

8

The dealership received over 5,000 letters commending them for a job well done. 그 총판은 일을 잘 처리했다고 칭찬하는 5천 통 넘는 편지를 받았다.

□□□

**award** n. 상, 상품 prize v. 상을 주다, 지급하다 grant
**reward** n. 보수, 보답, 현상금 v. ···에게 보답하다, 상을 주다

Are you already at the top in your field, but not happy with your financial rewards? 당신은 이미 당신의 분야에서 최고의 자리에 있지만 금전적인 보상에 만족하지 못하고 있는가?

The science department was awarded a grant from the university. 과학부는 대학으로부터 보조금을 지급받았다.

□□□

**unify** v. 통일하다, 단일화하다 bring together
**unite** v. 결합하다, 맺다 combine; join together
**unity** n. 통일성, 일관성

The new edition of Remaining Found teaches readers a simple, unified map-and-compass system that is easy to remember and use. 신판 '길잃지 않기' 는 독자들에게 기억하고 이용하기 쉬운 간단한 통일된 지도 및 나침판 시스템을 가르쳐 준다.

The two companies decided to unite their technological expertise. 두 회사는 기술적인 전문 지식을 서로 결합하기로 결정했다.

□□□

**council** n. 회의, (시)의회 conference; assembly
**counsel** n. 의논, 조언 v. 조언[충고]하다, 권하다

The city council approved a special lane to be used by vehicles involved in the car pooling program. 시의회는 카풀제에 참여하는 차량용 특별차선을 승인했다.

Our investment counselors help customers match stock funds to their individual needs. 우리의 투자 상담가들은 고객들의 주식투자 자금을 각자의 욕구에 따라 투자하는 일을 돕고 있다.

□□□

**define** v. 규정짓다, 한정하다 specify; spell out
**refine** v. 정제하다, 개선하다

Culture is often defined in terms of race, gender, and national origin. 문화 는 종종 인종, 성, 그리고 출생지의 관점에서 정의되곤 한다.

It takes a while to refine crude oil. 원유를 정제하는 데는 시간이 꽤 걸린다.

□□□

**definite** a. 뚜렷한, 명확한

**infinite** a. 무한한

As a matter of fact, the president has spoken to me about it, but nothing is **definite** yet. 사실 사장님이 내게 그것에 대해 얘기해 왔지만 아직 아무것도 명확하지는 않다.

The list of things that must be done is **infinite.** 해야 되는 일들의 목록은 끝이 없다.

□□□

**ensure** v. 보장하다, 확실하게 하다  assure; secure

**insure** v. 보험을 계약하다, 보증하다.

**assure** v. 보증[보장]하다, 확신하다  guarantee; make sure

To **ensure** accurate information, the newspaper reporter insisted on conducting the interview himself. 정확한 정보를 보장하기 위해 그 신문기자는 직접 인터뷰할 것을 주장했다.

Laboratory tests **assure** that the package will withstand transportation, storage and handling. 실험실 테스트 결과는 그 포장용기가 운송, 저장 및 취급 과정을 잘 견딜 것이라고 보증한다.

□□□

**constitute** v. 구성하다 form; compose, 성립시키다, (법령) 제정하다 establish; set up

**institute** v. 만들다, 제정하다, 시작하다  establish; initiate

**substitute** v. 대신하다, 대리하다

Several leading **institutions** in this area are hiring additional commercial loan officers. 이 분야의 몇몇 주요 기관은 상업 대출 담당자를 추가로 고용하고 있다.

The **substitute** teacher forgot to assign the homework to the class. 대리 선생님은 그 학급에 숙제를 내주는 것을 잊었다.

□□□

**confer** v. 의논하다

**defer** v. 연기하다

**suffer** v. (고통을) 입다, 받다, 괴로워하다, 앓다

**refer** v. 참조하다

Before the lady signed the contract, she felt that it was necessary to **confer** with her lawyer. 그 여자는 계약서에 서명하기 전에 변호사와 의논할 필요가 있음을 느꼈다.

The man asked the IRS if he could **defer** the payment of his taxes until next year. 그는 IRS에 다음해까지 그의 세금납입을 연기할 수 있는지 여부를 물었다.

**8**

She **was suffering** for months until she passed away. 그녀는 죽기 전에 4개월 동안 앓았었다.

Please **refer to** the past issues of that magazine for further information on global warming. 지구온난화에 관해 더 알고 싶으시다면 과월호를 참고해 주세요.

☐☐☐
## advise  v. …에게 충고하다, 알리다
## advice  n. 충고

The sales clerk **advised** the customer that the book he was searching for was out of print. 점원은 고객에게 찾고 있는 책이 절판이 되었다고 알려주었다.

It is wise to consult a physician for some **advice** before you go on a diet. 식이요법에 들어가기 전에 먼저 의사에게 상담하는 것이 현명하다.

☐☐☐
## device  n. 장치, 고안물
## devise  v. 궁리하다, 고안하다

She found a curious **device** that had several strange markings on it. 그녀는 위에 이상한 표시들이 여럿 있는 기묘한 장치를 만들었다.

The Board of Directors decided to hire an outside consultant to **devise** a plan to thwart the hostile takeover. 이사회는 적대적인 매수를 좌절시킬 계획을 고안할 외부 컨설턴트를 선임하기로 결정했다.

☐☐☐
## suit  n. 소송, 옷 한벌  v. 적합하게 하다
## suite  n. 호텔의 응접실 등이 달린 특실

The man in the black **suit** walked around the room passing out the handouts. 검은 옷을 입은 남자는 유인물을 나눠 주면서 방을 돌아 다녔다.

The publishing company paid for its most important writer to stay in the presidential **suite** of the Hilton Hotel. 그 출판사는 자사에 제일 중요한 필자에게 힐튼 호텔의 특급 별실에 체류할 비용을 지불했다.

☐☐☐
## contact  v. …와 연락하다  n. 연락, 연줄
## contract  v. 계약하다, 병에 걸리다  n. 계약, 계약서

If you are having trouble repaying a student loan, you should **contact** the welfare department. 학생 융자금을 상환하는 데 어려움이 있다면 복지부로 연락해야 합니다.

The secretary told the manager that the **contract** was a sure thing. 그 비서는 관리자에게 그 계약은 성공이 확실한 것이라고 말했다.

## □□□

**clean** a. 깨끗한 v. 세탁하다, 청소하다

**clear** a. 깨끗한, 명백한 v. 깨끗이 치우다, 처리하다

The janitorial service was employed to clean the building every night. 관리 용역회사는 매일 밤 건물 청소를 위해 고용됐다.

I'll clear the plates off the table, if you'll get the glasses. 네가 유리잔들을 치우면 난 식탁에서 접시들을 치울게.

## □□□

**elect** v. 선출하다

**erect** v. 세우다

The board of directors voted unanimously to elect Chris Suh as president. 이사회는 만장일치로 크리스 서를 회장으로 선출했다.

A fence has been erected around the property. 울타리가 자기 소유지 주변으로 세워져 있다.

## □□□

**explicit** a. 명확한

**implicit** a. 암시된

The laws regulating contract workers are explicit, so be sure to contact a tax specialist for that information. 계약직 근로자들에 관한 법률들에 잘 나와 있으니 반드시 조세 전문가에게 연락해서 알아보세요.

All of these details are implicit in the contract. 이 모든 세부사항들은 계약서에 내포되어 있다.

## □□□

**descent** n. 하강

**dissent** n. 불협화음

We're going to begin our descent into Chicago in a few minutes. 잠시 후에 시카고로 하강을 시작하겠습니다.

There seems to be a great deal of dissent among our policyholders. 우리 보험 가입자들 중에는 불만이 있는 사람이 꽤 많은 것같다.

## □□□

**precede** v. …에 앞서다

**proceed** v. 나아가다

A short film will precede this evening's lecture by Dr. Brown. 단편영화는 브라운 박사의 저녁 강의보다 먼저 진행될 것이다.

You may proceed to customs once you have picked up your luggage. 일단 네 짐을 찾으면 세관으로 갈 수 있다.

**8**

□□□
**farther** ad. 더 멀리
**further** ad. 더욱이

The farther I go, the more difficult it is for me to turn back. 더 멀리 가면 갈수록 나로서는 되돌아오기가 어렵다.

We will need to do some further research before the product is marketable. 그 상품을 시장에다 내놓으려면 우린 연구를 더 해야 될 것이다.

□□□
**statue** n. 동상
**stature** n. 신장, 능력
**statute** n. 법령

Apparently they spent over a hundred thousand dollars on that statue. 보아하니 그들은 그 동상에다 십만 달러가 넘는 돈을 쓴 것 같다.

We will have to make sure that the staff is aware of his stature. 우리는 직원들이 그의 능력을 확실히 알게 해야만 할 것이다.

The statute clearly states that everyone is entitled to a free education. 그 법령에는 모든 사람이 무료로 교육을 받을 권리가 있다고 명백히 명시하고 있다.

□□□
**censor** v. 검열하다
**censure** v. 비난하다

His colleagues will likely censure him when he returns to work. 그가 직장으로 복귀하면 직장 동료들이 그를 비난할 것 같아 보인다.

They will have to censor those tapes because of the foul language. 그들은 상스러운 말때문에 이 테이프를 검열해야 할 것이다.

□□□
**discreet** a. 분별있는
**discrete** a. 별개의

When you talk with him, make sure that you are very discreet. 그와 이야기 할 때는 반드시 신중을 기해야 한다.

The product has very discrete parts that can't be changed. 그 제품에는 바뀌어서는 안되는 개별 부품들이 있다.

□□□
**moral** a. 도덕의
**morale** n. 사기

I'm wondering if that guy has a moral conscience at all. 난 그 청년이 도대체 도덕적 양심을 가지고 있는 건지 의아스럽다.

We need to think of something to boost the morale in our office. 우리는 사무실의 사기를 북돋기 위한 뭔가를 생각할 필요가 있다.

□ □ □

**overdo** v. 혹사시키다

**overdue** a. 기한이 지난

Make sure that you don't overdo yourself on your camping trip.
캠프여행에서 자신을 너무 혹사시키지 않도록 해라.

The billing department is also responsible for collecting overdue accounts. 청구서 관리 부서는 지급기한이 지난 계좌의 대금을 징수하는 업무도 담당한다.

왜 이렇게 뜻이 많아!
# TOEIC이 좋아하는 다의어

□□□
## trade

### 1. 무역

The Annual **Trade** Association Conference will be held once again at the Hyatt hotel in Flint, Michigan. 무역협회 연례총회는 다시 한번 미시간 주 플린트의 하이아트 호텔에서 개최될 것이다.

### 2. 업계, 동업자

The Asian Research Institute claims that the one of the fastest growing business areas in Asia is the tourist **trade**. 아시아 연구소는 아시아에서 가장 빠르게 성장하고 있는 사업 부문의 하나는 관광업이라고 단언하고 있다.

### 3. 매매

After the broker received the order from his client, he called it down to his floor **trader** for execution. 중개인은 고객으로부터 주문을 받은 후에 그것을 실행하기 위해 그의 매장 증권 거래인에게 전화를 걸었다.

□□□
## credit

### 1. 신용거래

The lady working at the cash register said that I could purchase this sweater on **credit**. 금전 등록기 앞에서 일하는 여자는 이 스웨터를 외상으로 구입할 수 있다고 말했다.

### 2. 예금잔고

The passbook stated that the company had a **credit** balance of less than one million dollars. 통장을 보면 그 회사의 은행잔고는 1백만 달러 이하였다.

### 3. 학점, 이수단위

Mary studies very hard this summer, she will probably earn enough **credits** to graduate in the fall. 메리는 이번 여름에 아주 열심히 공부한다면, 가을에 졸업하기에 충분한 학점을 딸 수 있을 것이다.

### 4. 크레디트(출판물 · 영화 · TV 프로 등의 자료 제공자에 대한 치사)

We stayed in the theater for ten minutes after the movie ended in order to see the **credits**. 우리는 크레디트를 보기 위해 영화가 끝난 후에 10분 동안 극장에 남아 있었다.

□ □ □
# prospect

### 1. 예상, 가망, 전망, 비전

The company's future **prospects** are not bright due to its poor management skills. 그 회사의 미래 전망은 어설픈 경영기술로 인해 밝지 않다.

### 2. 유력 후보자

The secretary informed us that the manager was busy interviewing the **prospective** employees. 비서는 우리에게 부장이 장차 직원이 될 사람들을 면접하느라 바쁘다고 알려 주었다.

### 3. 단골 손님이 될 듯한 사람

The manager told us that we could not go home until we had called all of the **prospects** on the list. 부장은 우리가 명단에 있는 모든 유망고객 후보자들에게 전화할 때까지 집으로 갈 수 없을 거라고 말했다.

□ □ □
# call for

### 1. 요구하다

The citizens of the US **called for** the resignation of a key military figure due to his involvement in the arms scandal. 미국 시민들은 무기 스캔들에 연루된 주요 군 부인사의 사임을 요구했다.

### 2. (일기예보가) …로 예보하다

The weather forecast for today **calls for** light rain in the morning and sunshine in the afternoon. 오늘 일기예보에 의하면 아침에는 비가 조금 오고 오후에 햇빛이 날 것이라고 한다.

□ □ □
# return

### 1. 되돌아 가다

I plan to **return** to my country after taking care of some important business in Japan. 나는 일본에서 몇가지 중요한 업무를 처리한 후 우리나라로 돌아갈 계획이다.

### 2. 반환(하다)

Please remember to ask your brother to **return** all of the empty bottles to the beer store for a refund. 당신의 남동생에게 모든 빈 맥주병들을 가게에 반환하여 환불받도록 말씀해 주세요.

### 3. 소득세 신고서

All American citizens over the age of 18 are required by law to file an income tax **return** before April 30th. 18세 이상의 모든 미국 시민들은 4월 30일 이전에 소득세 신고서를 제출하도록 법으로 규정되어 있다.

8

□□□
# account

## 1. 차지하다, 점하다

Office furniture sales **accounted** for 30% of the company's operating revenue last quarter. 사무가구 판매고는 지난 분기 회사 영업수익의 30%를 차지했다.

## 2. (신용) 거래

If you wish to cash a check issued by a foreign financial institution, you must have an **account** at our branch. 외국 금융기관에서 발행된 수표를 현금화하시려면, 우리 지점과의 거래가 있어야 합니다.

## 3. 예금 계좌

Please let me know your bank **account** number before you leave for Japan. 일본으로 떠나시기 전에 제게 당신의 은행 계좌번호를 알려주시기 바랍니다.

## 4. (부기) 계정

Money owed to another company for services received is recorded on the balance sheet as an **account** payable. 타 회사에 지불할 서비스 대금은 대차대조표 상에 지불계정으로 기록된다.

## 5.책임을 지다

The police officers were held **accountable** for their actions and were discharged from the police force. 그 경관들은 그들의 행동에 대해 문책을 받아 해고되었다.

□□□
# dedicate

## 1. 헌신적이다

Most managers working within large Japanese conglomerates are very **dedicated** to their work. 대부분의 일본 대기업들에서 일하는 매니저들은 일에 매우 헌신적이다.

## 2. 바치다, 헌정하다

The president of the construction company wanted to **dedicate** the new building to his father. 건설회사의 사장은 새 빌딩을 그의 아버지에게 헌정하고자 했다.

## 3. (건물) 공개하다, 제막하다

The Tower Building has surpassed the height of the one hundred and fifty-story Manchester Building that was **dedicated** in Texas just last month. 타워빌딩은 지난달 준공식을 한 150층짜리 맨체스터 빌딩보다 더 높다.

□□□
# complex

## 1. 복잡한

The test was made up of a **complex** array of mathematical problems. 테스트는 복잡한 배열의 수학 문제들로 구성되었다.

**2. 콤플렉스, 강박관념**

Praise and appreciation are the best ways to ensure your child does not develop an inferiority **complex.** 칭찬과 존중은 자녀가 열등감을 갖게 되지 않도록 하는 최선의 방법들이다.

**3. 건축 단지, 복합체**

Construction of the new Sogo sports **complex** is slated for completion in late October. 신(新) 소고 스포츠 단지는 10월말에 완공될 예정이다.

□ □ □

# quotation

**1. 인용**

The teacher was notorious for reciting long **quotations** from Shakespeare during her lectures. 선생님은 강의중에 셰익스피어에서 긴 인용구를 암송하는 것으로 악명높다.

**2. 시세, 시가**

The broker called down to his floor trader and asked him for a current **quotation** of the market index. 중개인은 매장증권거래인에게 전화하여 시장지수의 시세견적을 요청했다.

□ □ □

# default

**1. (채무) 불이행, 이행하지 않다**

According to The Wall Street Journal, most large banks will experience an increase in loan **defaults** this year. 월 스트리트 저널지(紙)에 따르면, 대부분의 대형 은행에 올 대출 채무 불이행이 늘어날 것이라고 한다.

By failing to pay his rent for three months, the man **defaulted** his down payment to the bank. 그는 석달 동안 임대료를 지불하지 않음으로써, 은행에 할부금의 첫 지불액에 대한 지불이행을 하지 않았다.

**2. 컴퓨터의 기본값**

Setting a **default** value has no effect on existing data. 기본값 지정은 현재의 데이타에 아무런 영향을 주지 않는다.

□ □ □

# weather

**1. 날씨**

According to the latest **weather** forecast, the hurricane has shifted its course and is now heading directly at us. 최신 일기예보에 따르면, 허리케인은 경로를 변경하여 현재 곧장 우리 쪽으로 향해오고 있다고 한다.

**8**

## 2. 역경을 헤쳐나가다

Everybody at the company believed in the manager's ability to weather difficult situations. 회사의 모든 사람들은 어려운 상황을 헤쳐나가는 경영자의 능력을 믿었다.

□□□
# check out

## 1. 조사 확인하다

We heard a woman scream this morning and our teacher sent us outside check it out. 우리는 오늘 아침에 여자가 비명을 지르는 소리를 들었고 선생님은 그것을 확인하기 위해 우리를 밖으로 보냈다.

## 2. (호텔에서) 계산하고 나가다

The hotel desk manager asked the guest if they knew when they would be checking out. 호텔 접수 지배인은 손님에게 언제 체크아웃을 할 것인지 아시는지 물었다.

## 3. (책을) 대출하다

The student went to the library to check out some books on the Russian Revolution. 그 학생은 러시아 혁명에 관한 책을 몇권 대출하러 도서관에 갔다.

□□□
# administrate

## 1. 집행하다

The government officials in charge of administering the new policy were all very old. 새로운 정책의 집행임무를 맡은 공무원들은 모두 매우 늙었다.

## 2. 약 따위를 복용시키다, 투약하다

The chief surgeon at the hospital asked the head nurse to administer an intravenous solution to the patient. 병원의 외과과장은 환자에게 정맥주사액을 투약하도록 수간호사에게 요구했다.

□□□
# grace

## 1. 우아함

The lady showed an incredible amount of grace as she walked across the ballroom. 그 숙녀는 무도회장을 가로질러 걸어갈 때 믿을 수 없을 정도의 우아함을 보여 주었다.

## 2. (지급) 유예

The law requires that insurance policies contain a 15 day grace period for unpaid premiums. 보험증권은 미지급 보험료에 대한 15일간의 유예기간을 포함시켜야 한다고 법으로 규정되어 있다.

### □□□
## develop

**1. 개발하다, 택지를 조성하다**

The president decided that it would be too expensive to develop the land that he had purchased. 사장은 자신이 구입한 땅을 개발하기에는 돈이 너무 많이 들 것이라고 결론지었다.

**2. 병에 걸리다, 사진을 현상하다**

The doctors at the hospital suspected that the lady was developing breast cancer. 병원의 의사들은 그 여자에게 유방암이 진행중인 것을 감지했다.

### □□□
## board

**1. 위원(회), 중역(회)**

The board of directors will hold their annual meeting this Friday morning. 이사회는 이번 금요일 오전에 연례회의를 개최한다.

**2. (탈것에) 타다**

All passengers waiting to board the bus should have their tickets and identification ready for inspection. 버스에 탑승하기 위해 대기중인 모든 승객은 검사에 대비하여 승차권과 신분증을 준비해야 한다.

**3. 하숙시키다**

If you do not have enough money to stay in a hotel, you can get a room in a boarding house. 호텔에 투숙할 만한 돈을 가지고 있지 않다면, 하숙집에 방을 하나 빌릴 수 있다.

### □□□
## complimentary

**1. 칭찬의**

The artist received many letters complimenting him on his work. 그 예술가는 그의 작품에 대한 많은 찬사의 편지들을 받았다.

**2. 무료의**

Management at the casino gave the players two complimentary room vouchers each. 카지노의 경영진은 도박객들에게 각각 두 장의 무료 숙박권을 주었다.

### □□□
## honor

**1. 존중[칭찬]하다**

The crippled athlete was honored for his courage and strength at the Special Olympics. 그 지체장애 선수는 특별 올림픽 대회에서 용기와 강한 의지로 표창을 받았다.

8

**2. 받아들이다**

A ruling by the California State Court forced the company to honor its agreements. 캘리포니아 주법원의 판결은 그 회사가 합의를 받아들이도록 만들었다.

**3. (수표 · 어음을) 지급하다**

It is common courtesy for a bank to honor a check from a valued customer. 은행이 우수고객의 수표에 대해 지급하는 것은 일상적인 통례이다.

☐☐☐
# utility

**1. 유용, 유익**

The study proved that using gold as a conductor in computer chips has no practical utility value. 컴퓨터 칩에 금을 전도체로 이용하는 것은 아무런 실질적 이용가치가 없다는 것이 연구결과 증명되었다.

**2. 수도, 가스, 교통기관 등의 공익사업**

Public utilities such as gas, water, and electricity are tightly regulated by the government. 가스, 수도 및 전기같은 공공사업은 정부의 강력한 규제를 받는다.

**3. 실용품**

The boy was given a part-time job cleaning up the school's utility room every evening. 그 소년은 매일 저녁 학교의 다용도실을 청소하는 시간제 일자리를 얻었다.

☐☐☐
# yield

**1. 굴복하다**

The Colombian guerrillas yielded to the awesome force of the US Air Force. 콜롬비아 반군은 미공군의 엄청난 화력에 항복했다.

**2. 수확, 농작물, 산출하다**

The Ministry of Agriculture expects that California grape growers will experience an abundant crop yield this year. 농무부는 올해 캘리포니아 포도 재배업자들이 풍작을 거둘 것으로 예상하고 있다.

**3. 투자수익, 이율**

The government has set the yield on this year's Canada Savings Bond at 5.75% per annum. 정부는 올해의 캐나다 저축채권의 이율을 연 5.75%로 정했다.

☐ ☐ ☐
# lead

### 1. 이끌다, 야기하다

According to The New England Journal of Medicine, eating hot peppers usually **leads** to heartburn. 뉴 잉글랜드 의학 저널에 따르면, 고추를 먹으면 대개 가슴앓이가 일어난다고 한다.

### 2. 예비고객 명단

My manager took me aside and told me that developing good **leads** is the key to successful selling. 우리 부장은 나를 한쪽으로 불러내어 좋은 고객명단을 발굴하는 것이 성공적인 판매비결이라고 말했다.

☐ ☐ ☐
# resolution

### 1. 결심

According to the company spokesperson, the president will stand firmly by his new **resolution**. 회사의 대변인에 따르면, 사장은 그의 새로운 결심을 굳게 지킬 것이라고 한다.

### 2. 해상도

Management at Sony Corp. claims that the company has developed a new **high-resolution** monitor for commercial use. 소니사(社)의 경영진은 자사가 새로운 상용(商用) 고해상 모니터를 개발했다고 공언하고 있다.

☐ ☐ ☐
# firm

### 1. 완고한, 굳은

The strikers were **firm,** demanding better working conditions, shorter hours, and more pay. 파업노동자들은 작업조건 개선과 노동시간 단축, 그리고 임금인상을 요구하며 물러서지 않았다.

### 2. 회사

Internships at our **firm** will only be handed out to students who apply before June 1st. 우리 회사의 인턴 자격은 6월 1일 이전에 신청한 학생들에게만 주어질 것이다.

☐ ☐ ☐
# line

### 1. 생산공정의 배열, 공정선

Management at the company expects that the **production line** will be operating at full capacity by the weekend. 회사의 경영진은 생산 라인이 주말까지 완전가동될 것이라고 예상하고 있다.

## 2. 품종, 종류

The manager of the marketing department plans to unveil our new product line at the trade show on Friday. 마케팅부의 부장은 금요일의 전시회에서 우리의 신상품을 발표할 계획이다.

## 3. 전화(선)

Up until the end of last year, the telephone company charged premium rates for its business lines. 지난해 연말까지 전화회사는 업무용 전화선에 대한 할증요금을 부과했다.

□ □ □
# contract

## 1. 계약, 계약하다

In signing the contract, the company made a commitment to deliver a product in six months. 계약서에 서명하면서 그 회사는 6개월 안에 제품을 배달해 주기로 약속했다.

## 2. 하청 맡기다, 외주보내다(out)

We will have to contract out most of the new orders as we are not equip to do the work in-house. 우리는 사내에서 일을 할 수 있는 장비를 갖추고 있지 않기 때문에 대부분의 신규주문들을 하청주어야 할 것이다.

## 3. (병에) 걸리다

It is imperative that you use a condom during sex if you do not want to contract a disease. 질병에 감염되고 싶지 않다면 섹스중에 반드시 콘돔을 착용해야 한다.

□ □ □
# party

## 1. 파티

The workers decided to throw a party for their manager as he was retiring at the end of the week. 직원들은 그 주 말에 퇴직하는 부장을 위해 파티를 열기로 결정했다.

## 2. (계약 · 소송의) 당사자

The contract states that both parties have an obligation to keep all transactions with other companies at arm's length. 계약서에는 양측이 다른 기업들과는 어떠한 거래도 하지 않아야 할 의무를 갖는다고 명시하고 있다.

## 3. 정당

According to a poll conducted by NBC, the Republican party is rapidly gaining voter support. NBC에서 실시한 여론조사에 따르면, 공화당은 급속도로 유권자들의 지지를 얻어가고 있다고 한다.

□ □ □
# retreat

## 1. 그만두다, 손을 떼다

The Israeli government has decided to **retreat** from its hard-line policy of searching all Arabs at the airport. 이스라엘 정부는 공항에서 모든 아랍인들을 검문검색하는 그들의 강경책을 철회하기로 결정했다.

## 2. 연수회

The president will not be available for questioning this weekend as he is attending winter **retreat** in the mountains. 사장은 산에서 열리는 겨울 경영 연수회에 참가하기 때문에 이번 주말 공청회에 참가할 수 없을 것이다.

□ □ □
# run

## 1. 달아나다

If you are loud and clumsy when approaching the deer, it will likely **run** away. 사슴에게 접근할 때 시끄럽고 서툴게 굴면 사슴은 도망가 버릴 것이다.

## 2. 생산라인의 가동

In order to keep up with swelling orders, the company will operate two additional **production runs** each day. 늘어나는 주문들에 맞추기 위해, 회사는 두 개의 생산라인을 더 가동할 것이다.

## 3. 은행의 예금인출 사태

It will be hard to avoid a **run** on the bank if the public finds out how much money we lost last quarter. 우리가 지난 분기에 잃은 액수를 발표한다면 은행의 인출사태를 피하기가 매우 힘들 것이다.

## 4. 입후보하다, 출마하다

The president of our company has decided to **run for** office in the upcoming federal election. 우리 회사의 사장은 다가오는 연방선거에 출마하기로 결정했다.

## 5. (열이) 나다, 병에 걸리다

Sometimes the child may **run a fever,** or fluid may drain from the ear. 아이들은 가끔 열이 오르고, 귀에서 진물이 나오기도 한다.

□ □ □
# shy

## 1. 수줍은

**Shy** people often experience difficulties when trying to make new friends.
수줍은 사람들은 새로운 친구를 사귀려할 때 종종 어려움을 겪는다.

## 2. 부족하여

The newspaper reported that Michael Smith's time in the 100 meter race was just **shy** of the world record. 그 신문은 100미터 경주에서 마이클 스미스의 기록이 세계 기록을 약간 밑돌 뿐이라고 보도했다.

□□□
# balance

## 1. 균형

The gymnast seemed to lose her **balance** just before she fell from the beam. 그 체조선수는 평균대에서 떨어지기 직전에 균형을 잃은 듯했다.

## 2. 예금잔고, 수지, 차액

The IRS is more concerned about monitoring large one-time deposits than with checking accumulated account **balances.** 미(美)국세청은 적립된 예금잔고의 조사보다는 일시에 커다란 액수가 입금되는 사례를 감시하는데 더 신경을 쏟고 있다.

□□□
# instrument

## 1. 도구

The doctor asked one of the nurses to bring him the serrated cutting **instrument** so he could proceed with the amputation of the man's foot. 의사는 남자의 발을 절단하기 위해 간호사에게 톱니모양의 절단기를 가져오게 했다.

## 2. 악기

A music teacher I had in the seventh grade told me that one of the most difficult musical **instruments** to play is a harp. 7학년 때의 음악선생님은 내게 하프가 가장 연주하기 힘든 악기 중의 하나라고 말씀하셨다.

## 3. (투자)증서

Many of the **instruments** that were originally designed for institutional traders only are now being traded by individuals as well. 본래 기관투자가용으로 예정된 많은 투자증서들을 현재는 일반인들도 거래하고 있다.

□□□
# concession

## 1. 양보

Labor union representatives have stated that they will offer no **concessions** to management. 노조대표들은 경영진에게 어떠한 양보도 하지 않을 것이라고 주장해 왔다.

## 2. 구내매점

The **concession** stand will be closed during the Christmas holidays, but will reopen on January 3rd. 구내매점은 크리스마스 휴일동안 문을 닫지만 1월 3일 다시 열 것이다.

□□□

## sole

### 1. 유일한

XYZ Company is the sole company in Australia that sells medical ultrasound equipment. XYZ사(社)는 호주에서 의료용 초음파 장비를 판매하는 유일한 회사이다.

### 2. 단독의, 독점적인

Frank Talota has decided to operate his dance school as a sole proprietorship. 프랭크 탈로타는 그의 댄스 스쿨을 단독운영하기로 결정했다.

### 3. 발바닥, 밑창

It is important that you remove the dirt from the soles of your shoes before entering the dance studio. 댄스 스튜디오에 들어가기 전에 신발 밑창에서 흙을 털어내는 것이 중요하다.

□□□

## ground

### 1. 지반, 지상

The ground crew is inspecting the door of the plane. 지상근무조가 항공기 문을 점검하고 있다.

### 2. 이륙을 불가능하게 하다

The plane was grounded due to unusually bad weather at Pearson International Airport in Toronto. 토론토 피어슨 국제공항의 이상 악천후로 인해 비행기가 이륙하지 못했다.

### 3. 외출금지시키다

One of the best ways to punish a boy without using violence is to ground him for a few days. 폭력을 사용하지 않고 사내아이를 처벌하는 가장 좋은 방법의 하나는 며칠간 외출을 금지시키는 것이다.

□□□

## proceed

### 1. 계속하여 행하다

All of the soldiers conducting the mine sweep in Saudi Arabia were told to proceed with caution. 사우디 아라비아에서 지뢰 제거작업을 하고 있는 모든 군인들은 조심해서 작업해 나가라는 지시를 받았다.

### 2. 수익(proceeds)

All of the proceeds from the fashion show will be donated to the Sick Children's Foundation. 그 패션 쇼의 모든 수익금은 투병 어린이 재단에 기부될 것이다.

□□□
# kind/sort

## 1. 종류

My sister needs to have her house painted. Do you know anyone who does that **sort** of work? 우리 누나가 집을 새로 칠해야 한다던데, 그런 일을 하는 사람을 알고 있나요?

## 2. 약간, 조금(sort of)

Although I do not want to buy the product that you are selling, I am **sort** of interested in how it works. 당신이 팔고 있는 상품을 사고 싶지는 않지만, 그것이 어떻게 작동되는지에 대해서는 약간 관심이 있습니다.

## 3. 분류하다(sort)

The firemen spent all day **sorting** through the wreckage of the plane that crashed into the Florida everglades. 소방관들은 종일 플로리다 소택지에 추락한 비행기의 잔해를 뒤지면서 보냈다.

□□□
# land

## 1. (직업 · 계약 따위를) 손에 넣다

The new salesman **landed** the biggest order in the history of the company. 그 신입 영업사원은 회사 역사상 가장 큰 주문을 얻어냈다.

## 2. 땅, 토지

The company owns a large tract of **land** on the outskirts of the city. 그 회사는 그 도시외곽 일대의 넓은 토지를 소유하고 있다.

## 3. 착륙하다

The airplane is **landing** on the runway. 비행기가 활주로에 착륙하고 있다.

□□□
# trust

## 1. 신뢰

One of the most beautiful things that two people can share is absolute **trust** in each other. 두 사람이 나눌 수 있는 가장 아름다운 것 중 하나는 서로에 대한 절대적인 신뢰이다.

## 2. 신탁

The law states that the money must be held in **trust** until the plaintiff reaches eighteen years of age. 원고(原告)가 18세에 이를 때까지 그 돈은 신탁에 맡겨져야 한다고 법에 명시되어 있다.

## statement

### 1. 성명

The president decided that it would be wise to issue a statement to the press about his involvement in the scandal. 사장은 자신의 스캔들 연루에 대해 언론에 성명을 발표하는 것이 현명할 것이라고 결정했다.

### 2. 재무제표

The board of directors held a meeting to discuss the contents of this year's financial statements. 이사회는 올해의 재무제표 내용들을 토의하기 위해 회의를 개최했다.

□ □ □
## mature

### 1. 성숙한

Although Mary is only in high school, everyone she meets feels that she is very mature for her age. 메리는 아직 고등학생이지만, 그녀가 만나는 모든 사람들은 그녀가 나이에 비해 매우 성숙하다고 생각한다.

### 2. 만기가 되다

The company's convertible bond holdings in XYZ Corp. will mature sometime in 2015. 그 회사의 XYZ사(社)에 대한 전환사채(社債) 지분은 2015년 중으로 만기가 될 것이다.

### 3. (지형이) 장년기의

The developers erected low-rise apartments in order to preserve the beauty of the mature landscape. 부동산 개발업자들은 장년기 경치의 아름다움을 보존하기 위해 저층 아파트들을 세웠다.

□ □ □
## policy

### 1. 정책

The government plans to implement its new anti-smoking policy sometime next week. 정부는 다음 주중으로 새로운 반(反) 흡연정책을 시행할 계획이다.

### 2. 방침

The security guard said that he could not let me into the building as it was against company policy. 경비원은 회사의 방침에 어긋나기 때문에 나를 건물 안으로 들여보내 줄 수 없다고 말했다.

### 3. 보험증서

Please remember to have your policy number handy when you file a claim with our office. 우리 사무실에 지급 요청서를 제출하실 때에는 당신의 보험증권 번호를 준비하시기 바랍니다.

# cast

### 1. 던지다

The fisherman looked pleased as he stood on the pier and cast his line into the lake. 그 낚시꾼은 부두에 서서 호수에 자신의 낚시대를 던지며 즐거워하는 듯했다.

### 2. 투표하다

All union members must cast their votes by 3:00 on Friday afternoon. 모든 조합원들은 금요일 오후 3시까지 투표를 해야 한다.

### 3. 출연배역

According to the program, the cast is made up entirely of African natives. 그 프로그램에 따르면, 출연배역은 모두 아프리카 원주민들로 구성되어 있다.

### 4. 깁스

Applying plaster casts to appendages that have been fractured is an effective way to promote healing. 골절상을 입은 부위에 깁스를 하는 것은 치료를 촉진시키는 효과적인 방법이다.

# note

### 1. 메모

The professor opened his daily planner and made a note of how many students were in attendance. 교수는 그의 스케줄 수첩을 열고 얼마나 많은 학생들이 참석했는지 기록했다.

### 2. 어음, 증권

The accountant told his assistant to go to the bank and pick up the promissory note. 회계사는 그의 조수에게 은행에 가서 어음을 받아오라고 했다.

# action

### 1. 행동, 액션

According to the poster at the movie theater, the new action movie will be shown three times every evening. 영화관의 포스터에 따르면, 새 액션 영화는 매일 저녁 3차례 상영될 것이라고 한다.

### 2. 소송(suit)

A class-action suit was filed against the builders of the nuclear power plant on behalf of the injured workers. 부상당한 노동자들을 대신해서 핵발전소의 건설자들에 대한 집단 소송이 제기되었다.

### □ □ □
# post

### 1. 우편

You can purchase a money order from the **post** office if the bank is closed.
은행이 문을 닫으면 우체국에서 우편환을 구입할 수 있다.

### 2. 지위, 직책

A man called our office this morning and inquired about the vacant **post**.
어떤 남자가 오늘 아침 우리 사무실에 전화해서 비어있는 일자리에 대해 문의했다.

### 3 게시하다

The manager told his secretary to **post** the job opening on the bulletin board in the main lobby. 부장은 비서에게 중앙 로비의 게시판에 일자리 공고를 붙이라고 했다.

### 4. (원장에) 전기(轉記)하다, 스코어를 기록하다

The company is expected to **post** revenues in excess of one billion dollars this fiscal year. 그 회사는 올 회계년도에 10억 달러 이상의 소득을 기록할 것으로 예상되고 있다.

### □ □ □
# solid

### 1. 견고한

You will find houses that were built more than fifty years ago have extremely **solid** foundations. 세운 지 50년이 넘은 집들의 기초가 매우 튼튼하다는 것을 알게 될 것이다.

### 2. 도금한 것이 아닌

The store clerk was told to inform the customer that the wristwatch was made out of **solid** gold. 점원은 고객에게 그 손목시계는 순금제라는 사실을 얘기하라는 지시를 받았다.

### □ □ □
# toll

### 1. (교통사고의) 희생자

According to the traffic control board, the death **toll** for traffic accidents swelled 120% this month. 교통통제 위원회에 따르면, 교통사고로 인한 사망자수가 이번 달 120%까지 증가했다고 한다.

### 2. 장거리 전화료

All customers living outside of greater metropolitan Toronto should use our **toll-free** number. 거대도시 토론토 외곽에 사는 모든 고객들은 우리의 무료 장거리 전화를 이용하도록 하십시오.

### 3. 통행료

The **toll** charge on the George Washington Bridge is 4 dollars per trip. 조지 워싱턴 다리의 통행료는 매 통행시 4달러이다.

# stand

### 1. 나타내다(stand for)

According to the article, America **stands** for freedom, democracy, and the chance to succeed. 그 조항에 따르면, 미국은 자유, 민주주의 그리고 성공의 기회를 상징한다.

### 2. 노점, 매점

The magazine **stand** is located behind the elevators on the fourth floor of the building. 잡지 판매대는 그 건물 4층의 엘리베이터 뒤에 위치해 있다.

□ □ □

# address

### 1. 주소, 주소를 적다

Please remember to fill in your home **address** on the application form. 신청서에 반드시 집주소를 기록하십시오.

### 2. 다루다, 처리하다(deal with)

The president of the company was angry with his secretary for not **addressing** the problem sooner. 사장은 문제를 보다 일찍 처리해주지 않은 데 대해 그의 비서에게 화가 났었다.

□ □ □

# carry

### 1. (일을) 진행시키다

The manager is responsible for making sure that all of the difficult tasks **are carried out** properly. 매니저는 모든 어려운 업무들이 원활하게 수행되는 것을 확인할 책임이 있다.

### 2. 가지고 있다, 휴대하다

Most athletes usually **carry** an extra pair of shoes in their gym locker. 대부분의 운동선수들은 대개 체육관 사물함에 여벌의 신발을 한 켤레씩 가지고 있다.

### 3. (상품을) 팔다

According to the advertisement in the paper, the store **carries** many different kinds of Italian pasta. 신문광고에 따르면, 그 상점은 여러 종류의 다양한 이태리 파스타를 팔고 있다고 한다.

□ □ □

# company

### 1. 회사

It is very difficult to secure a job with a securities **company** if you do not have a university degree. 대학학위가 없으면 증권회사에 일자리를 얻기가 매우 어렵다.

## 2. 사귐, 동석, 함께하다

I would have fallen asleep at the wheel if Jean hadn't been around to keep me **company.** 진이 내 옆에서 말동무를 해주지 않았다면, 난 아마 운전중에 곯아 떨어졌을 것이다.

□□□
# forward

## 1. 앞으로

I told the manager that I was looking **forward** to meeting with him after he returned from Spain. 나는 부장이 스페인에서 돌아오면 만나고 싶었다고 얘기했다.

## 2. 앞당겨

In North America, clocks are rolled **forward** one hour in the spring and put back one hour in the fall. 북아메리카에서는 봄에 시계를 한 시간 앞당겨 놓고 가을에 한 시간 되돌려 놓는다.

## 3. 편지를 전송하다

I would appreciate if you could have all of my mail **forwarded** to my new address in Canada. 제 우편물들을 모두 캐나다의 새 주소지로 우송해 주시면 감사하겠습니다.

## 4. 장래, 금후

From today **forward,** all employees must wear the company uniform when meeting with clients. 오늘부터 모든 직원들은 고객과의 면담시 유니폼을 착용해야 한다.

□□□
# outfit

## 1. 회사

The newspaper reported that many of the workers felt they were working for a dishonest **outfit.** 그 신문은 많은 근로자들이 부정직한 회사를 위해 일하고 있다고 느낀다고 보도 했다.

## 2. 복장

Beginning next weekend, all employees will be permitted to wear casual **outfits** to work on Saturday. 다음 주말부터 모든 직원은 토요일에는 평상복이 입는 것이 허용될 것이다.

□□□
# conflict

## 1. 갈등, 견해충돌

My brother never resolved the **conflict** that he had with his previous boss.
내 형은 그의 이전 상사와 사이에서 있었던 갈등을 끝까지 해결하지 못했다.

8

SUPPLEMENTS

**2. (약속이) 겹치다(with)**

I will not be able to attend the luncheon as it **conflicts** with a previously scheduled appointment. 앞서 잡힌 약속과 겹쳐서 나는 그 오찬에 참석할 수 없을 것이다.

☐☐☐
# hand

**1. 손**

The man put his **hand** on my shoulder and told me that everything would be all right. 그 남자는 내 어깨 위에 손을 얹고는 내게 모든 일이 잘될 것이라고 말했다.

**2. 건네주다**

The police chief asked his secretary to **hand** him the list of all the potential suspects. 경찰서장은 자신의 비서에게 유력한 용의자들의 명단을 가져다 달라고 부탁했다.

**3. 쪽, 방향**

Go down this street and turn right at the intersection; its on you left-**hand** side. 이 거리를 쭉 내려가서 교차로에서 오른쪽으로 돌면 왼쪽 편에 있습니다.

☐☐☐
# brace

**1. 대비하다**

The stewardess told the passengers on the aircraft to **brace** themselves for a rough landing. 스튜어디스는 비행기 탑승객들에게 순조롭지 못한 착륙에 대비하여 마음의 준비를 단단히 하라고 말했다.

**2. 부목(副木), 치열교정기**

The study showed that most survivors of diving accidents end up paralyzed or in a neck **brace**. 연구에 따르면 대부분의 다이빙 사고 생존자들은 결국에는 마비가 되거나 목에 브레이스를 하게 된다고 나타났다.

☐☐☐
# application

**1. (컴퓨터) 응용프로그램**

According to the user's manual, the software **application** must be run with Windows 95. 사용자 설명서에 따르면, 그 소프트웨어 응용프로그램은 윈도우95와 함께 실행되어야만 한다.

**2. 신청, 지원, 신청서**

The university's admissions office will be handing out **applications** for employment on Wednesday. 그 대학의 입학사무실은 수요일에 채용 지원서를 배포할 것이다.

### 3. apply 바르다, 붙이다

Mrs. Matin **applied** a protective film to her windows to keep the sun from damaging her furniture and rugs. 마틴 씨는 빛으로부터 가구와 양탄자를 보호하기 위해 유리창에 보호막을 붙였다.

### 4. apply to 적용시키다

The certificate discount cannot **be applied to** the following purchases; cosmetics, jewelry, Harpers catalog phone orders, sales merchandise, or clearance items. 할인증서는 화장품, 보석, 하퍼스 카탈로그 전화주문품, 세일상품 및 재고처분 품목 등의 구매에는 해당되지 않습니다.

☐ ☐ ☐

## season

### 1. 계절, …철

The weather forecast for the winter ski **season** calls for a lot freezing rain and snow. 겨울 스키 시즌에 대한 일기예보에 따르면 많은 겨울비와 눈이 내릴 것이라고 한다.

### 2. 길들이다, 단련하다

According to the restaurant guide, the most **seasoned** chefs in the world are employed by the Hilton Hotel. 레스토랑 가이드에 따르면, 세계에서 가장 노련한 요리사들이 힐튼 호텔에 고용되어 있다고 한다.

### 3. 조미하다

Some of the tastiest dishes in the world **are seasoned with** freshly ground rosemary leaves. 세계에서 가장 맛있는 음식들 중 몇가지는 갓 갈은 로즈마리 잎으로 조미된다.

☐ ☐ ☐

## connection

### 1. 관계, 연고

Your application states that you share a family **connection** with the president. 당신의 지원서에는 당신이 사장과 가족적 연고가 있다고 되어 있다.

### 2. 거래처, 단골

Let me call up some of my **connections** in New York and see if I can get you a job. 내가 뉴욕의 거래처들 몇군데에 전화해서 당신에게 일자리를 구해줄 수 있을지 알아보겠습니다.

☐ ☐ ☐

## deed

### 1. 행위

According to The Boy Scout Handbook, all boy scouts must do at least one good **deed** per day. 보이스카웃 지침서에 따르면, 모든 보이스카웃들은 적어도 하루 한가지씩 선행을 해야 한다.

## 2. 증서, 권리증

The real estate agent was supposed to go down to the registrar's office and pick up the deed. 부동산 중개업자는 등기 사무소로 내려가서 권리증을 가져오도록 되어 있었다.

□□□
# house

## 1. 집

According to the advertising in the newspaper, the house is made of masonite, brick, and wood. 신문의 광고에 따르면, 그 집은 메소나이트, 벽돌, 그리고 나무로 지은 것이다.

## 2. 소장하다

Most serious art collectors house their treasures in a museum or an art gallery. 대부분의 진지한 예술품 수집가들은 그들의 보물들을 박물관이나 미술관에 소장한다.

□□□
# contact

## 1. …와 연락하다

The personnel clerk's job was to contact all prospective employees to set up an interview. 인사부 직원의 임무는 모든 예비 고용인들과 연락하여 면접일정을 정하는 것이었다.

## 2. 거래자, 중개인, 지인(知人)

Let me call some of my contacts in Washington to see if they can get you an appointment with the president. 워싱턴의 제 지인들 중 몇명에게 전화해서, 당신을 사장과 만나게 해줄 수 있을지 알아보겠습니다.

□□□
# overhead

## 1. 머리 위의

The sales manager positioned the slide on the overhead projector and turned out the lights. 영업부장은 영사기 위에 슬라이드를 놓고 불을 껐다.

## 2. 경상비, 간접비

Fixed costs such as rent, insurance, and property taxes made up most of the company's overhead. 임대료, 보험료, 및 재산세같은 고정비용들이 회사 간접비의 대부분을 차지한다.

□□□
# courtesy

## 1. 예의바름

When attending a wedding, you must always try to be kind and show some **courtesy**. 결혼식에 참석할 때는 언제나 친절하고 어느 정도의 예의를 보이도록 노력해야 한다.

## 2. 호의, 무료

The secretary told her husband that the tickets for the show were **courtesy** of her boss. 비서는 남편에게 그 쇼의 입장권들은 그녀의 상사가 제공해준 것이라고 말했다.

□□□
# fair

## 1. 공정한

It took three days of deliberation for the jury to come to a **fair** verdict. 배심원들이 공정한 평결을 하기 위한 심의에 3일이 걸렸다.

## 2. 박람회, 전시회

Many high school and university students waited anxiously in line to purchase tickets for **the fair**. 많은 고등학생 및 대학생들은 전시회 입장권을 구입하기 위해 마음을 졸이며 줄을 서서 기다렸다.

## 3. (취직) 설명회

The university will hold its annual **job fair** this Saturday afternoon in the public auditorium. 그 대학은 이번 토요일 오후 대강당에서 연례 채용 박람회를 개최한다.

□□□
# route

## 1. 도로, 길

According to the map, the fastest **route** to Florida, from Cincinnati, is along interstate 95. 그 지도에 따르면, 신시내티에서 플로리다로 가는 가장 빠른 길은 95번 주간(州間) 고속도로를 따라가는 것이다.

## 2. (전화를) 돌리다

The salesman told his secretary to **route** all of his important calls to his hotel room in Vienna. 판매원은 그의 비서에게 모든 중요한 전화를 비엔나의 자기 호텔방으로 돌려달라고 했다.

## 3. 노선, 도중에(en route)

The newscaster reported that a train carrying chemical weapons was derailed **en route to** Baghdad. 뉴스진행자는 화학무기를 싣고 가던 열차가 바그다드로 가는 도중 탈선했다고 보도했다.

☐☐☐
# turnover

### 1. 노동 이동률

The restaurant business is famous for having a rapid **turnover** of workers.
외식사업은 직원들의 이동률이 높은 것으로 유명하다.

### 2. 총매상고

Management at the company were very impressed with the new product's
**turnover** rate. 그 회사의 경영진은 신상품의 총매상고에 매우 큰 감명을 받았다.

☐☐☐
# gear

### 1. 기어, …에 기어를 넣다

The pilot sat back in the seat and lowered the landing **gear** as he
approached the runway. 조종사는 활주로에 접근하면서, 의자에 깊숙히 앉아 착륙 기어를 낮췄다.

### 2. 준비를 갖추다

The director of the company informed me that getting my MBA would
**gear** up my chances of a promotion. 그 회사의 이사는 내게 MBA 학위취득이 내 승진기회를 높
여줄 것이라고 알려주었다.

### 3. 장비, 특수 목적의 의류

Boxers are required to wear protective **headgear**. 권투선수들은 헤드기어를 써야 한다.

☐☐☐
# deposite

### 1. 아래 놓다, 두다

The large truck **deposited** its load of soil on the lawn in front of the
White House. 대형 트럭이 백악관 앞의 잔디에 흙더미를 내려 놓았다.

### 2. 맡기다, 예금하다

Please make sure that you keep your transaction record when **depositing**
money at an ATM. 현금 자동 출납기에 돈을 예금할 때는 거래기록을 확실하게 보관해 두어야 한다.

☐☐☐
# transfer

### 1. 옮기다

The secretary was asked to **transfer** all the files from the boxes on the
floor into the filing cabinet. 비서는 바닥에 놓인 상자에 들어 있던 모든 파일들을 파일 정리함으로
옮기라는 말을 들었다.

**2. 이동하다**

We told that most of our New York operation would be **transferred** to Chicago next month. 우리는 대부분의 뉴욕 경영본부가 다음달 시카고로 이전될 것이라고 말했다.

**3. 돈을 온라인으로 이체하다**

Please make sure you have the name, address, and telephone number of the bank that you wish to **transfer** money into. 당신이 돈을 이체시키고자 하는 은행의 명칭, 주소 및 전화번호를 반드시 가지고 있도록 하십시오.

**4. 갈아타다**

In order to get to the Town Center by subway, you must **transfer** at Kennedy station. 지하철로 타운 센터에 가려면 케네디 역에서 갈아타야 한다.

□ □ □
# catch

**1. 따라잡다**

If we continue working at this slow pace, we will never be able to **catch** up to the competition. 계속해서 이런 느린 속도로 일하면, 우리는 절대로 경쟁사를 따라잡을 수 없다.

**2. (물고기·사냥감 따위를) 잡다, 포획하다, 포획물**

The fishing boats come back into the harbor in the evening and the fishermen sell their **catch**. 어선들이 저녁에 항구로 돌아오고 어부들은 잡아들인 생선들을 판다.

□ □ □
# screen

**1. 화면**

Please remind the janitorial staff to clean the computer **screens** each evening. 관리요원들에게 매일 저녁 컴퓨터 스크린을 닦도록 주지시켜 주시기 바랍니다.

**2. 심사하다**

The FBI is famous for thoroughly **screening** its potential agents before offering them a position. FBI는 장래의 요원을 채용하기 전에 철저하게 심사를 하는 것으로 유명하다.

□ □ □
# contingent

**1. 부정(不定)의, 불확정의**

The real estate contract states that a **contingent** fee must be paid to the agent. 부동산 계약서에는 중개업자에게 성공 사례금을 지불해야 한다고 명시되어 있다.

**2. …에 달려있는**

The new policy states that delivery of the goods is **contingent** upon payment being received in advance. 새로운 지침에는 선불로 대금지급이 이루어져야 상품이 인도된다고 명시하고 있다.

**8**

□□□
## abundance
**abundant** a. 풍부한
**abounding** a. 풍부한, 많은
**abundantly** ad. 풍족히, 많이

□□□
## accelerate
**acceleration** n. 가속(도)
**accelerator** n. 가속 장치
**accelerating** [현분(현재분사)]

□□□
## accept
**acceptance** n. 수락, 용인
**acceptable** a. 받아들일 수 있는
**accepting** [현분]

□□□
## access
**access** n. 접근(권), 면회, 입수
**accessibility** n. 접근성
**accessible** a. 접근하기 쉬운(to)

□□□
## accommodate
**accommodating** [현분] / a. 융통성있는
**accommodated** [과분(과거분사)]
**accommodations** n. 숙박[수용]시설

□□□
## accomplish
**accomplishment** n. 성취, 완성
**accomplished** [과분] / a. 기정의, 뛰어난
**accomplishing** [현분]

□□□
## account
**account for + 숫자** …를 차지하다
**account** n. 계산, 계정, 거래
**accountant** n. 회계사
**accountable** a. 책임있는, 설명할 수 있는
**accounting** [현분] / n. 회계

□□□
## acquire
**acquisition** n. 획득
**acquirement** n. 취득, 습득 n. pl. 습득된 것, 재능
**acquiring** [현분]
**acquired** [과분] / a. 기득의, 후천적인

□□□
## add
**addition** n. 부가(물), 증축
**additive** n. 첨가물, 첨가제
**additional** a. 부가적인, 특별한
**additionally** ad. 부가적으로, 게다가

□□□
## address
**address** n. 연설, 주소
**addresser** n. 발신인
**addressee** n. 수신인, 받는이
**addressing** [현분] / n. (전산에서) 주소 지정

□□□
## advance
**advance** n. 진전, 진보, 선불
**advancement** n. 발달, 승진
**advancing** [현분]
**advanced** [과분] / a. 진보한, 고등의

## advertise

□□□

**advertisement** n. 광고(물)

**advertising** n. 광고, 광고업

**advertiser** n. 광고주

□□□
## advise

**advice** n. 충고, 조언

**advisor** n. 충고자, 고문

**advisory** a. 권고하는, 자문의

**advisable** a. 타당한, 현명한

□□□
## afford

**affordable** a. 줄 수 있는, 입수 가능한

**affording** [현분]

**afforded** [과분]

**affordably** ad. 알맞게, 충분히

□□□
## announce

**announcement** n. 알림, 발표

**announcer** n. 발표자, 아나운서

**announcing** [현분]

□□□
## apply

**application** n. 신청(서)

**appliance** n. 가전 기구

**applicant** n. 신청자, 응모자

**applicable** a. 적용할 수 있는

**applied** [과분] / a. 응용의

□□□
## appreciate

**appreciation** n. 진가, 감상, 감사

**appreciable** a. 평가할 수 있는, 분명한

**appreciative** a. 눈이 높은, 감상적인, 감사의

□□□
## appropriate

**appropriate** a. 적합한, 특유의

**appropriation** n. 전유, 충당, 할당

**appropriating** [현분]

**appropriately** ad.적당히, 상당히

□□□
## arrange

**arrangement** n. 정돈, 타협, (복수로) 준비

**arranged** [과분]

□□□
## associate

**associate** n. 조합원, 동료

**association** n. 연합, 제휴

**associated** [과분] / a. 연합한, 합동의

□□□
## assume

**assumption** n. 가정, 인수, 거만

**assumable** a. 가정할 수 있는

**assuming** [현분] / a. 주제넘은, 거만한

□□□
## attach

**attachment** n. 첨부(물), 애착

**attachable** a. 붙일 수 있는, 압류할 수 있는

**attaching** [현분]

**attached** [과분] / ad. 첨부된, 부속의

□□□
## attend

**attendance** n. 출석(자 수), 시중

**attendee** n. 출석자

**attendant** n. 참석자, 수행원 a. 따라다니는, 출석한

**attending** [현분] / a. 주치의인

□□□
## attract

**attraction** n. 매력, 흡입

**attractive** a. 매혹적인

**attracting** [현분]

□□□
## authorize
**authorization** n. 인증, 허가(서)
**authority** n. 권력, (복수로) 당국
**authorizing** [현분]

□□□
## avail
**available** a. 이용할 수 있는, 유효한
**availability** n. 유용성, 입수 가능 (복수로) 이용할 수 있는 것
**availing** [현분]

□□□
## base
**base** n. 기초, 토대, 근거
**basis** n. 기초, 근거, 이유
**basic** a. 근본적인
**basics** n. 기본 원리
**basically** ad. 근본적으로, 원래

□□□
## benefit
**benefit** n. 이익, (복수로) 보험 급부금
**beneficent** a. 인정많은, 기특한
**beneficial** a. 유익한
**beneficially** ad. 유익하게

□□□
## budget
**budget** n. 예산(안)
**budgetary** a. 예산상의
**budgeting** [현분]

□□□
## certify
**certification** n. 증명(서), 보증
**certifiable** a. 보증[증명]할 수 있는
**certified** [과분] / a. 보증된, 공인의

□□□
## clean
**clean** v. 깨끗하게 하다
**cleanse** v. 청결하게 하다, 정화하다, 숙청하다

□□□
## cleanliness
**cleanliness** n. 청결
**cleaner** n. 청소부, 세탁소, 청소기, 세제
**cleaning** [현분] / n. 청소, 세탁
**cleanly** a. 깨끗한 것을 좋아하는, 품위있는 ad. 멋지게, 깨끗하게, 완전히

□□□
## collect
**collection** n. 수집(품), 수금
**collector** n. 수금원, 수집가
**collective** a. 집합적인, 공동의
**collecting** [현분]

□□□
## commit
**be committed to + N** …에 전념하다
**commitment** n. 위임, 공약
**committal** n. 위원회(= commitment)
**committee** n. 위원회

□□□
## communicate
**commune** v. 친하게 사귀다
**communication** n. 통신, 교통(수단), 연락
**communicator** n. 전달자, 발신기
**communicative** a. 수다스런, 전달의
**communicating** [현분]
**communicated** [과분]

□□□
## company
**companion** n. 동료, 친구
**accompany** v. 동반하다, 동행하다
**accompanied** [과분]

□□□
## compare
**comparison** n. 비교, 대조
**comparable** a. …에 필적하는
**comparative** a. 비교의, 상대적인
**compared** [과분]

□□□
## compete
**competition** n. 경쟁, 경기, 시합
**competitor** n. 경쟁자
**competitive** a. 경쟁의, 경쟁적인
**competed** [과분]

□□□
## complete
**complete** a. 완전한
**completely** ad. 완전히, 전부
**completed** [과분]

□□□
## complicate
**complicate** a. 복잡한
**complication** n. 복잡, 분규
**complicating** [현분]
**complicated** [과분] / a. 복잡한, 어려운

□□□
## comply
**compliance** n. 승낙, 순응
**compliable** a. 고분고분한, 순종하는
**compliant** a. 유순한, 시키는 대로 하는

□□□
## comprehend
**comprehension** n. 이해(력)
**comprehensive** a. 포괄적인, 이해가 빠른
**comprehending** [현분]
**comprehended** [과분]

□□□
## concern
**concern** n. 관련, 관심, 걱정
**concerns** n. 관심사
**concerning** [현분] / [전]. …에 관하여
**concerned** [과분] / a. 걱정스러운, 관련있는

□□□
## conclude
**conclusion** n. 결말, 결론
**conclusive** a. 결정적인, 단호한

**conclusively** ad. 결론적으로

□□□
## concur
**concurrence** n. 협력, 동의
**concurrency** n. 협력, 동의(= concurrence)
**concurrent** a. 수반하는, 일치하는
**concurrently** ad. 동시에, 일치하여

□□□
## condition
**condition** v. …의 필요 조건이 되다
**conditioner** n. 조절하는 사람[장치]
**conditional** a. 조건부의, 잠정적인
**conditioned** [과분] / a. 조건부의, 조절된
**conditionally** ad. 잠정적으로

□□□
## confident
**confidence** n. 신임, 자신(감), 확신
**confidential** a. 신뢰할 수 있는, 기밀의
**confidently** ad. 확신하여, 대담하게

□□□
## confront
**confrontation** n. 직면, 대치
**confrontational** a. 대립되는, 모순되는
**confronting** [현분]

□□□
## confuse
**confusion** n. 혼동, 혼란, 당황
**confusing** [현분] / a. 혼란시키는
**confused** [과분] / a. 혼란스러운, 어리둥절한

□□□
## consider
**consideration** n. 고려, 숙고
**considerable** a. 중요한, 적지 않은, 많은
**considerate** a. 신중한
**considering** [현분] / [전] …을 고려하면

□□□
## consolidate
**consolidation** n. 합병, 통합

**8**

**consolidator** n. 통합 정리자
**consolidatory** a. 합병하는

□□□
## consume
**consumption** n. 소비, 소모
**consumer** n. 소비자
**consumable** a. 소비할 수 있는
**consumptive** a. 소모성의, 폐병의
**consuming** [현분] / a. 소비하는, 애태우는
**consumed** [과분]

□□□
## continue
**continual** a. 잇따른, 빈번한
**continuous** a. 끊이지 않는, 부단한
**continually** ad. 계속적으로, 빈번히
**continuously** ad.잇따라, 끊임없이

□□□
## contribute
**contribution** n. 기부, 공헌
**contributor** a. 기부자, 공헌자

□□□
## convene
**convenience** n. 편의, 편익
**convenient** a. 편리한, 형편이 좋은
**conveniently** ad. 편리하게
**convening** [현분]

□□□
## convert
**conversion** n. 전환
**converter** n. 변환기
**convertible** a. 바꿀 수 있는
**converting** [현분]

□□□
## cooperative
**cooperation** n. 협력, 협동 (조합)
**cooperative** n. 협동조합 a. 협력적인, 협동의
**cooperating** [현분]

□□□
## correspond
**correspondence** n. 대응, 일치, 통신
**correspondent** n. 특파원, 상응하는 것 a. 대응하는, 일치하는

□□□
## create
**creation** n. 창조, 창작
**creature** n. 피조물, 생물
**creativity** n. 창조성, 독창성
**creative** a. 창조적인
**creating** [현분]
**created** [과분]

□□□
## credit
**credit** n. 신뢰, 신용, 외상
**creditable** a. 명예가 되는, 신용할 만한
**credulous** a. 잘 믿는, 속기 쉬운

□□□
## decide
**decision** n. 결정
**deciding** [현분] / a. 결정적인
**decided** [과분] / a. 결연한, 분명한

□□□
## dedicate
**dedication** n. 헌신, 기부
**dedicating** [현분]
**dedicated** [과분] / a. 헌신적인, 전용의

□□□
## deliver
**delivery** n. 배달, 분만
**deliveries** n. 배달된 물건
**delivered** [과분] / a. 인도(引渡)의

□□□
## demonstrate
**demonstration** n. 논증, 실연, 시위
**demonstrative** a. 노골적으로 나타내는, 확정적인

**demonstrated** [과분]

□□□
## depart
**departure** n. 출발, 이탈
**department** n. (회사 등의) 부(部)
**departing** [현분]
**departed** [과분]

□□□
## depend
**dependence** n. 의존, 신뢰
**dependent** a. 의지하고 있는
**dependable** a. 의존할 수 있는
**depending** [현분]

□□□
## design
**design** v. 설계하다, 의도하다
**designation** n. 지정, 임명
**designer** n. 디자이너, 설계자
**designing** n. 설계, 음모 / a. 설계의, 계획적인
**designed** [과분] / a. 고의의

□□□
## destiny
**destination** n. 행선지, 목적
**destine** n. 예정하다
**destined** [과분] / a. 예정된

□□□
## develop
**development** n. 발달, 개발
**developer** n. 개발(업)자
**developing** [현분] / a. 발전 도상의
**developed** [과분] / a. 고도로 발달한, 선진의

□□□
## device
**devise** v. 궁리하다, 고안하다

□□□
## dignify
**dignity** n. 존엄, 품위

**dignitary** n. 고위 인사, 고위 성직자
**dignified** [과분] / a. 위엄있는, 고귀한

□□□
## dispose
**disposal** n. 처분, 배열
**disposable** n. 일회용품 a. 처분할 수 있는, 일회용의

□□□
## distribute
**distribution** n. 분배, 분포
**distributor** n. 배급(업)자

□□□
## divide
**division** n. 분할, 분배
**dividend** n. 배당금, 몫
**dividing** [현분] / a. 나누는, 구분적인
**divided** [과분] / a. 분할된, 제각각인

□□□
## diversify
**diversity** n. 다양성, 상이
**diversification** n. 다각화, 변화
**diverse** a. 다양한
**diversifying** [현분]

□□□
## document
**document** v. …로 증명하다, 문서를 교부하다
**documentation** n. 문서 조사, 고증, 문시화
**documentary** n. 기록 영화 a. 문서의, 기록적인
**documenting** [현분]
**documented** [과분]

□□□
## easy
**ease** v. 완화하다, 안심시키다 n. 안락, 쉬움, 여유
**easiness** n. 평이함, 소탈함, 태연함
**easily** ad. 쉽사리, 순조롭게

□□□
## economic
**economy** n. 경제, 절약
**economics** n. 경제학
**economist** n. 경제학자
**economical** a. 경제적인, 절약하는

□□□
## edit
**edition** n. (초판, 재판의) 판(版)
**editor** n. 편집자
**editorial** n. 사설, 논설 a. 편집상의, 사설의
**editing** [현분]

□□□
## effect
**effective** a. 유효한, 효과적인
**effectual** a. 효과적인, 충분한
**effectiveness** n. 유효(성)
**effectively** ad. 효과적으로, 사실상

□□□
## elegant
**elegance** n. 고상, 우아함(=elegancy)
**elegantly** ad. 우아하게, 고상하게

□□□
## employ
**employment** n. 고용
**employer** n. 고용주, 사용자
**employee** n. 고용인, 종업원
**employable** n. 고용 적격자 a. 고용 조건에 맞는

□□□
## enthusiastic
**enthusiasm** n. 감격, 열광
**enthusiast** n. 열광자, …팬
**enthusiastically** ad. 열광적으로

□□□
## escalate
**escalation** n. 단계적 확대
**escalator** n. 에스컬레이터, 자동적 조절

**escalating** [현분]
**escalated** [과분]

□□□
## exceed
**excess** n. 초과, 부절제
**excessive** a. 지나친
**excessively** ad. 과도하게, 대단히

□□□
## excite
**excitement** n. 흥분, 격앙
**excitable** a. 흥분하기 쉬운
**exciting** [현분] / a. 흥분시키는
**excited** [과분] / a. 흥분된

□□□
## exclude
**exclusion** n. 배제, 제외
**exclusive** n. 독점 기사, 독점권 a. 배타적인, 독점적인, 유일한
**exclusively** ad. 배타적으로, 오로지

□□□
## execute
**execution** n. 실행, 집행
**executive** n. 간부, 임원, 행정관 a. 실행의, 행정적인

□□□
## exempt
**exempt** a. 면제된, 면역의 n. 면제자
**exemption** n. 면제
**exempting** [현분]

□□□
## expand
**expansion** n. 확장,팽창
**expansive** a. 확장적인, 광대한

□□□
## expend
**expense** n. 비용, 지출
**expenditures** n. 제(諸)경비
**expendable** a. 소비되는, 소모성의

**expensive** [과분]

□□□
## experience
**experience** v. 경험하다
**experiment** n. 실험
**experiencing** [현분]
**experienced** [과분] / a. 노련한, 경험이 있는

□□□
## explore
**exploration** n. 답사, 탐구
**explorer** n. 탐험가
**exploratory** a. 탐험(상)의

□□□
## extend
**extension** n. 신장, 확장
**extensive** a. 광대한, 대규모의
**extended** [과분] / a. 광범위에 걸친, 파생적인

□□□
## fashion
**fashion** v. 형성하다, 변형하다
**fashionable** a. 최신 유행의
**fashioned** [과분] / a. …식의, …풍의
**fashionably** ad. 최신 유행대로, 멋지게

□□□
## festive
**festival** n. 축제, 잔치
**festivity** n. 축제 (분위기), 경축 행사
**festively** ad. 즐겁게

□□□
## finance
**finance** n. 재정, 재무
**financier** n. 재정가, 금융업자
**financial** a. 재정상의, 금융상의
**financing** [현분]

□□□
## found
**foundation** n. 창설, 설립, 기초, 토대
**foundational** a. 기본의, 기초적인

**founded** [과분] / a. 기초가 …한

□□□
## furnish
**furniture** n. 가구
**furnishing** [현분]
**furnished** [과분] / a. 가구가 딸린

□□□
## graduate
**graduate** n. 졸업자, 대학원생
**graduation** n 졸업(식)
**graduating** [현분]
**graduated** [과분] / a. 등급이 있는

□□□
## host
**host** v. 접대하다, 주인 노릇을 하다
**hostess** n. 여주인
**hosting** [현분]
**hosted** [과분]

□□□
## implement
**implement** n. 도구, 수단
**implementation** n. 이행, 성취
**implementing** [현분]
**implemented** [과분]

□□□
## imply
**implicate** v. 함축하다(= imply), 연루시키다
**implication** n. 함축, 내포, 관련
**implicit** a. 맹목적인, 함축적인

□□□
## impress
**impression** n. 인상, 느낌
**impressive** a. 강한 인상을 주는, 감명적인
**impressing** [현분]
**impressed** [과분] / a. 감동하여

□□□
## increase
**increase** n. 증가

8

**increasing** [현분] / a. 증가하는
**increased** [과분]
**increasingly** ad. 점점, 더욱 더
□□□
## indicate
**indication** n. 지적, 암시, 징후
**indicator** n. 지시하는 사람, 표시기, 지표
**indicative** a. 지시하는, 표시하는
**indicating** [현분]
**indicated** [과분]
□□□
## industry
**industrial** a. 산업의, 공업(용)의
**industrious** a. 근면한, 부지런한
**industrialize** v. 산업화하다
□□□
## inform
**information** n. 정보
**informative** a. 정보를 제공하는, 교육적인
**informed** [과분] / a. 박식한, 지식이 필요한
□□□
## inspect
**inspection** n. 정밀 검사, 시찰
**inspector** n. 검사자, 감독관
**inspected** [과분]
□□□
## institute
**institute** n. 학회, 연구소
**institution** n. 설립, 협회, 제도, 공공시설
**institutional** a. 제도상의
**instituting** [현분]
□□□
## instruct
**instruction** n. 교훈, 가르침, (복수로) 명령
**instructor** n. 교사, 지도자
**instructional** a. 교육의
**instructive** a. 교육적인
**instructing** [현분]

**instructed** [과분]
□□□
## intellect
**intellectual** a. 지적인, 지능적인 n. 지식인
**intelligence** n. 이해력, 정보
**intelligent** a. 지적인, 총명한
**intellectually** ad. 지적으로
□□□
## intense
**intensity** n. 강렬, 강도
**intension** n. 세기, 강화
**intensify** v. 강화하다
**intensive** a. 집중적인, 철저한
**intensely** ad. 격렬하게, 강렬하게
□□□
## interest
**interest** n. 흥미, 관심, 이익
**interesting** [현분] / a. 재미있는, 흥미있는
**interested** [과분] / a. 재밌어하는, 이해관계의
□□□
## introduce
**introduction** n. 도입, 소개, 서언
**introductory** a. 소개의, 서두의
**introducing** [현분]
□□□
## invent
**invention** n. 발명(품), 발명하는 재능
**inventive** a. 발명의, 발명에 재능이 있는
**inventing** [현분]
**invented** [과분]
□□□
## invest
**investment** n. 투자 (대상) 투자금
**investor** n. 투자자
**investiture** n. 수여, 임관(식), 부여, 착용
**invested** [과분]

□□□
## irritate
**irritation** n. 짜증, 자극
**irritable** a. 화를 잘 내는, 민감한
**irritating** [현분] / a. 흥분시키는, 자극하는
**irritated** [과분] / a. 신경질 난, 자극받은

□□□
## lavish
**lavish** v. 아낌없이 주다, 낭비하다
**lavishness** n. 낭비, 풍족
**lavishing** [현분]
**lavishly** ad. 아낌없이

□□□
## lead
**lead** n. 지도, 선도, 납(제품)
**leader** n. 지도자
**leading** n. 지도, 통솔력, 납세공 [현분] / a. 지도적인, 주요한
**led** [과분] / a. 이끌리는

□□□
## literal
**literate** a. 글을 읽고 쓸 줄 아는, 교양 있는 n. 유식한 사람, 학자
**literature** n. 문학, 문헌
**literacy** n. 읽고 쓸 줄 앎, 식자

□□□
## locate
**location** n. 위치 (선정), 장소, 야외 촬영
**local** a. 공간의, 지방의
**locating** [현분]

□□□
## maintain
**maintenance** n. 유지, 보존, 부양
**maintainable** a. 유지[부양, 주장]할 수 있는
**maintaining** [현분]

□□□
## major
**major** a. 주요한, 대다수의 n. 전공 과목

**majority** n. 대다수, 절대 다수
**majoring** [현분]

□□□
## mean
**mean** a. 비열한, (재능 따위가) 뒤떨어지는, (시간, 거리, 수량 등이) 중간인, 평균의
**means** n. 방법, 수단
**meaning** n. 의미, 의도, 목적
**meaningful** a. 의미심장한
**meant** [과분]

□□□
## minimize
**minimum** n. 최소한도
**minimal** a. 최소의
**minimally** ad. 최소한으로

□□□
## moment
**momentary** a. 순식간의
**momently** ad. 시시각각으로, 잠깐, 즉시

□□□
## motive
**motivate** v. …에게 동기를 제공하다
**motivation** n. 자극, 동기 부여
**motivational** a. 동기를 유발하는
**motivating** [현분]

□□□
## necessary
**necessity** n. 필요성, 필수품
**necessitate** v. 필요로 하다
**necessarily** ad. 반드시, 필연적으로

□□□
## notify
**notification** n. 통지(서), 통고
**notice** n. 주의, 주목, 통지 v. 알아채다, 통지하다
**notifying** [현분]

# object

**object**  n. 물건, 대상, 목적
**objection**  n. 반대, 이의 (신청)
**objectivity**  n. 객관성, 객관적 타당성
**objective**  n. 목표, 목적(물)  a. 목적의, 물질적인

□□□

# obligate

**obligate**  a. 의무적인, 필수의
**obligated**  [과분] / a. …할 의무가 있는
**obligation**  n. 의무, 채무, 채권

□□□

# observe

**observance**  n. 준수
**observation**  n. 관찰, 주목
**observant**  a. 주의깊은, 엄수하는
**observing**  [현분] / a. 주의깊은, 빈틈없는
**observed**  [과분]
**observably**  ad. 눈에 띄게

□□□

# office

**officiate**  v. 직무를 행하다
**officer**  n. 장교, 순경
**official**  n. 공무원  a. 공무상의, 관직에 있는
**officially**  ad. 공무상, 정식으로는, 표면상

□□□

# operate

**operation**  n. 작용, 운전, 시행
**operator**  n. 조작자, 운영자
**operational**  a. 조작 상의, 사용중인
**operating**  [현분] / a. 수술의, 경영상의

□□□

# organize

**organ**  n. 조직(화), 기구, 단체
**organism**  n. 유기체
**organization**  n. 구성, 편제, 체제
**organic**  a. 유기체의, 기관의, 유기적인

**organizing**  [현분]

□□□

# origin

**originate**  v. 시작하다, 비롯하다
**original**  a. 최초의, 독창적인  n. 원물, 원형
**originated**  [과분]
**originally**  ad. 원래, 독창적으로

□□□

# outrage

**outrage**  v. (법률, 도덕 등을) 어기다, 폭행하다
**outrageous**  a. 난폭한, 무법의
**outraged**  [과분]
**outrageously**  ad. 난폭하게, 잔인하게

□□□

# own

**own**  a. 자기 자신의, 고유한
**owner**  n. 주인, 소유주
**ownership**  n. 소유주 자격, 소유권

□□□

# particular

**particulars**  n. 상세, 명세서
**particularity**  n. 독특, 특수성, 정밀, 꼼꼼함
**particularly**  ad. 특히, 자세히

□□□

# perform

**performance**  n. 실행, 공연
**performer**  n. 실행자, 연기자, 연주자
**performing**  [현분] / a. 실행할 수 있는
**performed**  [과분]

□□□

# person

**personal**  a. 개인의, 인격적인
**personality**  n. 개성, 성격, 명사(名士)
**personally**  ad. 몸소, 친히, 개인적으로

□□□

# persuade

**persuasion**  n. 설득, 확신, 신념
**persuadable**  a. 설득될 수 있는

**persuaded** [과분]

☐☐☐

# physician

**physique** n. 체격, 지형
**physical** a. 자연의, 물질의, 신체의
**physically** ad. 물리학적으로, 물질적으로

☐☐☐

# place

**place** n. 장소
**placement** n. 배치, 채용, 직업 소개
**placing** [현분] / n. 자본 매출
**placed** [과분] / a. 처한 상황의

☐☐☐

# potent

**potency** n. 잠재력, 효능
**potential** a. 가능한, 잠재하는
**potentially** ad. 가능성 있게, 잠재적으로

☐☐☐

# prefer

**preference** n. 더 좋아함, 편애, 우선(권)
**preferable** a. 오히려 나은
**preferring** [현분]

☐☐☐

# prescribe

**prescription** n. 명령, 법규, 처방(전)
**prescriptive** a. 규범적인

☐☐☐

# present

**present** a. 출석하고 있는, 현재의 n. 현재, 선물
**presence** n. 출석, 현존, 냉정
**presentation** n. 수여, 발표, 공연, 제출
**presenter** n. 증여자, 고소인
**presently** ad. 이내, 곧

149

# presume

**presumption** n. 추정
**presumptive** a. 가정의, 추정에 의한

**presumptuous** a. 주제넘은, 건방진
**presumable** a. 그럴 듯한
**presuming** [현분] / a. 뻔뻔스러운, 외람된
**presumably** ad. 생각컨대, 아마

☐☐☐

# prime

**prime** n. 전성기, 처음
**primal** a. 최초의, 근본적인
**primary** a. 첫째의, 본래의, 주된
**primarily** ad. 첫째로, 우선, 본래

☐☐☐

# proceed

**procedure** n. 절차, 진행
**proceeding** [현분] / n. 진행, 행위, 방식
**procedural** a. 절차상의

☐☐☐

# product

**produce** v. 생산하다, 제시하다 n. 농산물, 산출액
**producer** n. 생산자, 제작자
**production** n. 생산, 제작, 작품
**productivity** n. 생산성
**productiveness** n. 다산, 다작
**productive** a. 생산적인
**productively** ad. 생산적으로, 풍요하게

☐☐☐

# profit

**profit** v. 이득이 되다
**profiteer** n. 부당 이득자
**profitable** a. 유리한, 유익한
**profiting** [현분]

☐☐☐

# project

**project** n. 계획, 기획
**projection** n. 사출, 발사, 투영
**projectile** n. 투사물, 발사체 a. 발사하는, 추진하는
**projective** a. 투사의, 주관을 반영하는

8

□□□
## promote
**promotion** n. 승진, 장려, 광고
**promotional** a. 승진의, 장려용의
**promoting** [현분]
**promoted** [과분]

□□□
## propose
**proposal** n. 신청, 제안, 청혼
**proposition** n. 제안, 건의, 계획, 명제
**proposed** [과분]

□□□
## protect
**protection** n. 보호
**protective** n. 보호물 a. 보호하는, 방어하는
**protecting** [현분]
**protectively** ad. 방어적으로

□□□
## provide
**provision** n. 준비, 공급, 규정, (복수로) 식량
**providing** [현분] / [접]. 만약 …이라면
**provided** [과분] / [접]. 만약 …이라면

□□□
## real
**realize** v. 실감하다, 이해하다
**reality** n. 현실, 진실
**realist** n. 현실주의자, 사실주의자
**realistic** a. 현실주의의, 사실적인
**really** ad. 정말, 실제로
**realistically** ad. 사실적으로

□□□
## regular
**regularize** v. 조직화하다, 조정하다
**regulate** v. 규제하다, 조정하다
**regularity** n. 질서, 균형
**regulator** n. 단속자, 조절기, 원칙
**regulative** a. 규정하는, 조정하는
**regulatory** a. 조절하는, 규제를 받는

**regularly** ad. 규칙적으로, 정기적으로

□□□
## relate
**relation** n. 관계
**relative** n. 친척 a. 관계있는, 상대적인
**related** [과분] / a. 관련된, 친족의
**relatively** ad. 상대적으로, 비례하여

□□□
## rely
**reliability** n. 신뢰도, 확실성
**reliable** a. 믿음직한, 확실한
**relying** [현분]
**relied** [과분]

□□□
## remain
**remainder** n. 나머지, 잔여, (복수로) 유적
**remembrance** n. 기억, 기념품, 유물
**reminder** n. 생각나게 하는 사람[것], 신호

□□□
## replace
**replacement** n. 반환, 교체
**replaceable** a. 바꿔놓을 수 있는
**replaced** [과분]

□□□
## represent
**representation** n. 표현, 설명, 대표
**representative** n. 대표자, 대의원 a. 대표적인, 상징하는
**representational** a. 구상(具象)주의의
**representing** [현분]

□□□
## reserve
**reserve** n. 비축, 제한, 자제
**reservation** n. 보류, 예약
**reserved** [과분] / a. 보류한, 제한된

□□□
## resource
**resourceful** a. 자원이 풍부한

**resourcefulness** n. 자원의 풍부

☐☐☐
# respond

**response** n. 응답, 반응
**responsibility** n. 책임, 의무
**responsible** a. 책임있는, 신뢰할 수 있는
**responsive** a. 민감한, 이해가 빠른

☐☐☐
# revise

**revise** n. 개정, 교정
**revision** n. 개정(판), 교정(본)

☐☐☐
# satisfy

**satisfaction** n. 만족
**satisfactory** a. 만족스러운, 충분한
**satisfied** [과분] / a. 만족한, 납득한

☐☐☐
# secret

**secret** n. 비밀, 비법
**secretive** a. 숨기는 경향이 있는, 비밀주의의
**secretly** ad. 비밀히, 몰래
**secretively** ad. 잠자코

☐☐☐
# select

**selection** n. 선발, 선택
**selectivity** n 선택성
**selective** a. 선택하는, 선택적인
**selecting** [현분]
**selected** [과분] / a. 선택된, 정선된

☐☐☐
# sense

**sense** v. 느껴 알다, 감지하다
**sensation** n. 감각, 세상을 떠들석하게 하는 것
**sensitivity** n. 민감도
**sensible** a. 분별있는, 지각할 수 있는
**sensitive** a. 감각적인

☐☐☐
# sharp

**sharpen** v. 예리하게 하다
**sharpness** n. 날카로움, 신랄, 영리
**sharply** ad. 날카롭게, 심하게, 뚜렷이

☐☐☐
# sign

**sign** v. 서명하다, 신호하다
**signature** n. 서명, (유명인의) 사인
**signing** [현분]

☐☐☐
# signify

**significance** n. 의의, 중요성
**significant** a. 중대한, 함축성 있는
**significantly** ad. 상당히, 두드러지게

☐☐☐
# sincere

**sincerity** n. 성실, 정직
**sincerely** ad. 진정으로, 진실로, 진지하게

☐☐☐
# space

**space** v. 일정한 간격을 두다
**spacious** a. 드럽은, 광활한
**spacing** [현분] / n. 행간, 자간, 간격
**spaced** [과분]

☐☐☐
# specific

**specifics** n. 명세서
**specifications** n. 명세서, 내역
**specialist** n. 전문가
**special** a. 특별한, 전문의
**specialize** v.전문으로 다루다
**specifically** ad. 명확하게, 특히
**specially** ad. 특별히, 임시로

☐☐☐
# subscribe

**subscription** n.기부 청약, 구독
**subscriber** n. 기부자, 구독자

8

**subscript** n. 아래에 적은 문자, 숫자 혹은 기호
**subscribing** [현분]

☐☐☐
## suit

**suit** v. 적합하게 하다
**suitable** a. 적당한, 알맞은
**suiting** [현분] / n. (남성) 양복지
**suitably** ad. 알맞게, 상당히

☐☐☐
## support

**support** n. 버팀, 지지, 원조
**supporter** n. 지지자, 후원자
**supportive** a. 부양하는, 협력적인
**supported** [과분]

☐☐☐
## technique

**technology** n. 과학 기술
**technicality** n. 전문적 성질
**technical** a. 공업의, 전문적인
**technically** ad. 전문적으로, 기술적으로

☐☐☐
## vacancy

**vacant** a. 빈, 비어 있는, 한가한, 멍청한
**vacate** v. 사퇴하다, 휴가를 가지다
**vacation** n. 휴가
**vacantly** ad. 멍청하게, 멍하니

☐☐☐
## vary

**variety** n. 변화, 다양성, 종류
**various** a. 다양한
**varied** [과분] / a. 여러가지의, 다채로운

☐☐☐
## viable

**viability** n. 생존 능력, 생활력, 실행 가능성
**inviable** a. 생존 불가능한
**viably** ad. 생존가능하게

☐☐☐
## volunteer

**volunteer** v. 자진하여 하다, 지원하다
**voluntary** a. 자발적인, 임의의
**volunteered** [과분]
**voluntarily** ad. 자발적으로

☐☐☐
## wide

**widen** v. 넓히다
**width** n. 폭, 너비
**widely** ad. 넓게, 크게, 몹시

## STRESS
LOADING...

스마트한 TOEIC 단어익히기

# TOEIC이 좋아하는 접두접미어

☐☐☐
## vale/vali/valu 가치

**equivalent** a. 동등한
**evaluate** v. 평가하다
**valid** a. 근거가 확실한, 유효한

☐☐☐
## spher/sphere 구

**atmosphere** n. 대기
**hemisphere** n. 반구
**sphere** n. 구, 영역

☐☐☐
## ped/pod 다리

**expedition** n. 탐험, 원정, 파견
**pedestrian** n. 보행자
**podium** n. 연단
**pedestal** n. (조각)주춧대
**pioneer** n. 개척자 v. 개척하다

☐☐☐
## lingu/lingui/linguo 혀

**bilingual** n. a. 2개 언어(의), 2개 언어를 쓰는 사람
**linguist** n. 언어학자
**linguistic** a. 언어의, 언어학의
**linguistics** n. 언어학

☐☐☐
## capit/capt 머리, 우두머리, 요점

**capital** n. 수도, 자본, 대문자 a. 수위의, 중대한
**capitalism** n. 자본주의
**capitalist** n. 자본가
**per capita** 일인당

☐☐☐
## man/manu 손, 손의

**maintenance** n. 지속, 유지
**management** n. 경영, 관리
**maneuver** n. 기동작전, 계략
**manifest** a. 명백한 v.명백히하다 n. 적하목록
**manipulation** n. 조작
**manual** a. 손으로 하는 n. 매뉴얼
**manufacture** n. 제조(업) v. 제조하다
**manuscript** n. 사본, 원고

☐☐☐
## hum/human 인간

**humane** a. 인도적인
**humanity** n. 인류, 인간성
**humble** a. 겸허한

☐☐☐
## neur/neuro 신경

**neural** a. 신경의
**neurologist** n. 신경과의사
**neurology** a. 신경(병)학
**neuron** n. 신경단위
**neurosis** n. 노이로제
**neurotic** a. 신경증의 n. 신경증환자

☐☐☐
## number/numer 수, 숫자

**enumerate** v. 열거하다
**innumerable** a. 무수한
**numerous** a. 다수의, 많은
**numeral** a. 수의 n. 숫자
**numerate** v. 세다, 계산하다
**numerical** a. 숫자의

□□□

## cause/cuse/cus 원인, 이유, 소송

**accuse** v. 고발하다
**cause** n. 원인, 이유
**inexcusable** a. 용서할 수 없는

□□□

## civ 시민

**civic** a. 시민의, 도시의
**civil** a. 시민의, 정중한
**civilize** v. 문명화하다

□□□

## flect/flex 굴절되다, 변하다

**deflect** v. 빗나가게 하다
**flex** v. (관절을) 구부리다
**flexibility** n. 유연성
**flexible** a. 유연성있는
**inflection** n. 굴곡, 억양
**reflect** v. 반사하다, 반성하다
**reflection** n. 반사, 반영, 숙고

□□□

## multi 다수의

**multilateral** a. 다변의
**multiple** a. 복합적인
**multiply** v. 증가시키다

□□□

## spec/spect 보다, 관찰하다

**aspect** n. 양상, 국면
**inspection** n. 조사
**perspective** n. 원근법, 전망
**prospect** n. 조망, 예상 v. 답사하다, 시굴하다
**specimen** n. 견본, 실례
**spectacle** n. 광경 pl. 안경

□□□

## anni/annu 년

**anniversary** n. 기념일
**annual** a. 일년의
**annually** ad. 매년

□□□

## bio 생명

**biography** n. 전기
**biology** n. 생물학
**bionics** n. 생체공학

□□□

## litera/liter 문자, 문학

**literacy** n. 읽고 쓰는 능력
**literal** a. 문자의, 글자그대로의
**literary** n. 문학의

□□□

## -ar/-er/-or ··· 하는 사람

**liar** n. 거짓말쟁이
**administrator** n. 행정관, 관리자
**amplifier** n. 증폭기, 앰프
**ancestor** n. 조상
**insider** n. 내부인
**wrecker** n. 조난선 구조자, 건물해체업자
**donor** n. 기증자
**employer** n. 고용주
**consigne(o)r** n. (판매품의) 위탁자
**addresser** n. (우편물의) 발신인

□□□

## -ee ··· 하게 되는 사람

**absentee** n. 부재자
**nominee** n. 지명자
**consignee** n. (판매품의) 수탁자
**devotee** n. 열성가
**employee** n. 종업원
**addressee** n. (우편물의) 수취인

□□□

## poten/posse 능력있는

**impotent** a. 무력한
**possible** a. 가능성있는
**potential** a. 잠재적인

□□□

## -ist ··· 하는 사람, 신봉하는 사람

**humanist** n. 인본(문)주의자

**naturalist** n. 자연주의자
**racist** n. 인종차별주의자
**sexist** n. 성차별주의자
**sociologist** n. 사회학자
**terrorist** n. 테러리스트
☐☐☐

**cur** 주의, 치료
**cure** v. 치료하다
**curious** a. 호기심있는
**security** n. 안전, 안심, 보안
☐☐☐

**-cian** 기술자
**beautician** n. 미용사
**dietitian** n. 영양사
**technician** n. 전문가
**optician** n. 검안사
**physician** n. 내과의, 의사
**statistician** n. 통계학자
☐☐☐

**germ** 발아
**germ** n. 미생물, 기원
**germinal** a. 새싹의
**germicide** n. 살균제
☐☐☐

**portion** 부분
**portion** n. 부분, 몫
**proportion** n. 비, 비율, 부분
**proportional** a. 비례의
**disproportion** n. 불균형, 불균등
☐☐☐

**chron/chrono** 시간
**chronic** a. 만성의
**chronicle** n. 연대기, 기록
**chronology** n. 연대학
☐☐☐

**uni/unus** 하나의
**unanimous** a. 만장일치의
**unification** n. 통합, 통일

**union** n. 결합, 노조
**uniform** a. 동일한 n. 제복
**unison** n. 조화, 일치
**unit** n. 단위, 구성단위
☐☐☐

**mon/mono** 하나의
**monopoly** n. 독점, 독점기업
**monotone** n. 단조
**monologue** n. 독백
**monogamy** n. 일부일처제
☐☐☐

**dem/demo** 대중, 민중
**demagogue** n. 정치선동가
**democrat** n. 민주주의자
**epidemic** n. a. 전염병(의)
☐☐☐

**bi/bin/bis** 2개의
**bilateral** a. 양면의
**biceps** n. 이두박근
**binary** a. 이원의
**bimonthly** a. 격월의
**bipolar** a. 양극의
**biennial** a. 2년마다의 n. 2년생식물
☐☐☐

**duo/du** 둘의
**doubt** n. 의혹
**dual** a. 이중의
**duel** n. 결투
**duo** n. 이중주
**duplex** a. 이중의
**duplication** n. 중복, 복제
☐☐☐

**tri** 세 개의, 세배의
**tripod** n. 3각대
**trio** n. 3중주
**triangular** a. 3각형의, 3각관계의
**triple** a. 3배의 v. 3배로 하다

**8**

## dyn/dynamo 힘, 동력

**dynamic**  a. 동력의, 동적인

**dynamics**  n. 역학

**dynamo**  n. 발전기, 근면가

## quadr/quadru/quartus 네 개 (배)의

**quarter**  n. 4/1, 지역

**quarterly**  a. 년 4회의 ad. 년 4회

**quadruple**  a. 4배의 v. 4배로 하다

**square**  n. 정사각형, 광장

## cent/centi 100, 100/1

**centennial**  a. 100년 마다의 n. 100주년 기념

**century**  n. 세기, 100년

**percent**  n. 퍼센트, 백분율

**percentage**  n. 백분율, 비율

## mille/mille 1000, 1000/1

**millennium**  n. 천년간

**million**  n. 백만

**millionaire**  n. 백만장자

**millimeter**  n. 밀리미터

## hemi/semi 1/2

**hemisphere**  n. 반구

**semiannual**  a. 반년마다의

**semiautomatic**  a. 반자동의

**semiconductor**  n. 반도체

## a/an ⋯ 가 아닌, 비~

**anonymous**  a. 무명의

**apathy**  n. 무감동, 무관심

**atheism**  n. 무신론

## dis 반대, 부정

**disable**  v. 무능하게 만들다

**disadvantage**  n. 불이익

**disaster**  n. 재난

**discomfort**  n. 불쾌, 고통

**disagree**  v. 의견이 다르다

**disgrace**  n. 불명예, 치욕

## less ⋯ 가 아닌

**hopeless**  a. 희망없는

**priceless**  a. 대단히 귀중한

**restless**  a. 끊임없는

**tasteless**  a. 맛(멋)없는

## in-/im-/il-/ir- 부정

**illegal**  a. 불법의, 위법의

**illicit**  a. 부정한, 불의의

**illiteracy**  n. 문맹, 무식

**immature**  a. 미숙한, 미발달한

**inaccessible**  a. 근접할 수 없는

**inarticulate**  a. 불명확한

**independent**  a. 독립적인

**irregular**  a. 불규칙한

**irrelevant**  a. 부적절한

**irresistible**  a. 저항할 수 없는, 당연한

## hypno 수면하다

**hypnosis**  n. 최면(술)

**hypnotic**  a. 최면의

**hypnotize**  v. 최면걸다, 매혹시키다

## non- 부정

**nonprofit**  a. 비영리적인

**nonsense**  n. 무의미

**nonstop**  a. 직행의 n. 직행편

## un- 부정, 반대

**uneducated**  a. 배우지 못한

**unemployment**  n. 실직, 실업

**unfinished**  a. 미완성의

**unknown** a. 미지의
**untouchable** a. 비할데 없는
**unwelcome** a. 반갑지 않은
□□□
**super/supr** … 위에
**superabundant** a. 풍부한,
**superintendent** n. 감독자, 관리자
**superiority** n. 우수, 탁월
**supervisor** n. 감독, 관리자
**supremacy** n. 최고, 최상위
**supreme** a. 최고의
□□□
**loqui/loc** 말하다
**elocution** n. 웅변술
**eloquence** n. 웅변
**interlocution** n. 대화, 문답
□□□
**centr** 가운데
**center** n. 중심 v. 집중시키다
**central** a. 중심의
**concentrate** v. 집중하다
**concentration** n. 집중, 전념
**eccentric** a. 괴상한
□□□
**sur** … 위에, … 을 넘어
**surcharge** n. 추가요금
**surface** n. 표면, 외관
**surfeit** n. 과다, 과음, 과식
**surmise** n. 추측, 추량 v. 추측하다
**surname** n. 성
**surpass** v. …을 능가하다
**surplus** n. a. 나머지(의), 잉여(의)
**survive** v. 살아남다
**surtax** n. 가산세
**survey** n. 개관, 조사 v. 관찰하다
□□□
**de-** 분리, 제거, 반대
**decadence** n. 타락, 쇠미

**decline** n. v. 쇠퇴(하다), 감소(하다)
**depression** n. 우울, 불경기
**deprive** v. 박탈하다
**deputy** n. 대리인
**detriment** n. 손해
**devaluation** n. 평가절하
**devastate** v. 황폐시키다
□□□
**sub** 아래, 하위
**subconscious** a. n. 잠재의식(의)
**subdivide** v. 세분하다
**subdue** v. 정복하다, 억제하다
**suggest** v. 제안하다
**summon** v. 소환(호출)하다
**support** v. 지지하다, 지원하다
**suspend** v. 중지하다
□□□
**hypo/hyp** 밑에, 가볍게
**hypocrisy** n. 위선
**hypocrite** n. 위선자
**hypodermic** a. 피하의
**hypotension** n. 저혈압
**hypothesis** n. 가설, 전제
□□□
**en-/em-** …안에 넣다(명사 앞에서), …하
게 하다(명/형 앞에서)
**embark** v. 탑승하다, 착수하다
**embellishment** n. 장식
**embody** v. 구체화하다, 구현하다
**embrace** v. 받아들이다 n. 포옹
**enroll** v. 명부에 등록하다
**endanger** v. 위태롭게 하다
□□□
**voc/vok** 소리, 부르다
**evoke** v. 환기시키다
**invoke** v. 호소하다
**provoke** v. 성나게하다, 유발시키다

□□□
## in-/im-/il-/ir- …안에, 속에

**immigrant** n. 이민자
**impression** n. 인상, 감명
**irrigate** v. 물을 대다
**income** n. 소득
**insert** v. 삽입하다
**inhale** v. 흡입하다

□□□
## pro- …의 앞에, 찬성하여

**procedure** n. 순서, 절차
**proceed** v. 나아가다, 계속하다
**proclamation** n. 선언
**procure** v. 획득하다, 조달하다
**production** n. 생산, 제품
**profession** n. 전문직업
**proficient** a. 능숙한, 숙달된
**progressive** a. 전진하는, 진보적인
**proliferate** v. 증식하다
**promote** v. 승진시키다, 촉진시키다

□□□
## extra/extro …외의, …이외에

**extra** a. n. 여분(의)
**extracurricular** a. 정규과목이외의
**extraneous** a. 외부로부터의
**extraordinary** a. 대단한, 특별의
**extravagant** a. 낭비하는, 과다의
**extrovert** n. 외향적인 사람

□□□
## migra 이주하다

**emigrate** v. 이주해가다
**immigrate** v. 이주해오다
**migratory** a. 이주하는

□□□
## pre- 전, 앞, 미리

**preamble** n. (법률) 전문
**precaution** n. 조심, 경계
**precipitate** v. 촉진시키다, 몰아대다

**precocious** a. 조숙한
**predict** v. 예언하다
**preeminent** a. 탁월한
**prelude** n. 전주곡
**preoccupied** a. 몰두한
**pretend** v. …인 척하다
**preface** n. 서문

□□□
## intra/intro 안에, 내부에

**intravenous** n. a. 정맥(의), 정맥주사(의)
**introduce** v. 소개하다
**introspect** v. 내성하다
**introvert** n. 내성적인 사람

□□□
## ante …전의, …보다 앞의

**antecedent** a. 선행하는 n. 선례, 조상
**antedate** v. 시기적으로 …보다 앞서다
**antemortem** a. 죽기 직전의
**antenna** n. 안테나
**anteroom** n. 대기실
**anterior** a. 전방의, 앞의

□□□
## monstr/must 보여주다

**demonstrate** v. 증명(논증)하다
**remonstrate** v. 항의하다
**muster** v. 소집하다

□□□
## post- …의 뒤에, 후에

**posterior** a. 다음의, 뒤의
**posterity** n. 자손, 후대
**posthumous** a. 사후의
**postmeridian** a. n. 오후(의)
**postpone** v. 연기하다
**postscript** n. 추신

□□□
## re- 다시, 새로이

**reduce** v. 줄이다
**relax** v. 완화하다

**regard**  n.  v. 주시(하다)

**reject**  v. 거절하다

**release**  v. 출시하다, 내놓다

**respect**  n.  v. 존경(하다)

☐☐☐

**inter-** …사이, …하는 중, 상호

**interaction**  n. 상호작용

**intercept**  v.가로채다, 가로막다

**intervene**  v. 간섭하다, 조정하다

**interfere**  v. 간섭하다, 방해하다

**interpose**  v. …사이에 넣다

**interval**  n. 간격

☐☐☐

**medi/medio** 중간

**immediate**  a. 즉시의

**intermediary**  n. 매개물

**mediocrity**  n. 평범

**medium**  n. 중간, 매체

**media**  n. 미디어

**medial**  a. 중간의, 중앙의

**median**  a. 중앙의

**mediation**  n. 중개, 조정

☐☐☐

**ob/oc/of/op** …의 위에, 반대하여

**object**  v. 반대하다  n. 물체

**oblige**  v. 강제하다

**oblique**  a. 비스듬한  n. 사선

**oblivious**  a. 기억하지 못하는

**obscene**  a. 추잡한, 역겨운

**occupy**  v. 차지하다

**offend**  v. 기분을 상하게 하다

**opposition**  n. 저항, 반대

☐☐☐

**para** 측면, 근접, 초월

**paradigm**  n. 보기, 범례

**paradox**  n. 역설

**paragraph**  n. 단락

**parallel**  a.평행의  n. 평행선

**paranoia**  n. 편집증

**paraphrase**  n. 바꿔쓰기, 부연

☐☐☐

**tra/trans** 횡단, 관통, 변화, 이전, 초월

**transaction**  n. 거래, 취급

**transfer**  v. 전임시키다

**transform**  v. 변형시키다

**transit**  n. 통과, 운송

**transitive**  a. 과도적인

**transmit**  v. 보내다

**translate**  v. 번역하다

**transport**  v. 운(수)송하다

**traverse**  v. 횡단하다

☐☐☐

**ab/abs** 이탈

**abhor**  v. 혐오하다, 거부하다

**abnormal**  a. 이상한

**abolish**  v. 폐지하다

**absolve**  v. 용서하다, 면제하다

**absorb**  v. 흡수하다

**abstain**  v. 삼가다

☐☐☐

**syn/sym/sys/syl/sy** 더불어, 유사한, 동시에

**symbol**  n. 상징, 기호

**symmetry**  n. 좌우대칭

**sympathy**  n. 동정, 연민

**synchronous**  a. 동시의

**syndrome**  n. 증후군

**synthetic**  a. 종합의  n.합성물질

☐☐☐

**tele/tel/telo** 먼거리의

**telecommunication**  n. 원거리통신

**telegram**  n. 전보, 전신

**telephone**  n. 전화

**telescope**  n. 망원경

☐☐☐

**se** …없이, …와 분리되어

**select**  v. 선택하다

**8**

**seclude** v. 분리하다, 격리하다
**secret** a. 비밀의 n. 비밀
**secretion** n. 분비작용, 분비물
**secure** a. 안전한 v. 확보하다
**sedition** n. 난동, 선동
**seduce** v. 부추기다, 유혹하다
**segregation** n. 분리, 인종차별

□□□

# com-/com-/col-/cor-/co- 함께, 상호

**coherence** n. 일관성
**collateral** a. 평행한, 담보로 한 n. 담보물
**collide** v. 충돌하다
**compound** v. 합성하다 a. 합성의 n. 합성물
**correct** a. 정확한
**combustion** n. 연소
**connection** n. 관계
**cooperation** n. 협력
**contemplate** v. 심사숙고하다
**correlate** v. 서로 관련시키다

□□□

# ami/amo 사랑하는

**amity** n. 친선, 우호
**amiable** a. 상냥한
**amicable** a. 우호적인

□□□

# ali/allo/alter 다른

**alias** ad. 별명으로 n. 별명
**alibi** n. 알리바이, 변명
**alien** n. a. 외국(의), 이국(의)
**alter** v. 바꾸다
**alternation** n. 변경, 수정
**alternate** a. 교대의
**alternative** v. 교대하다 n. 대안

□□□

# gen 종류, 종족, 출생

**gender** n. (문법) 성
**general** a. 일반적인

**generic** a. 속(屬)의, 일반적인
**generous** a. 관대한
**genesis** n. 기원, 발생
**genre** n. 유형, 양식

□□□

# pop 민중, 사람들

**populace** n. 대중, 서민
**popular** a. 대중적인, 인기있는
**populous** a. 인구가 많은

□□□

# auto/aut 자기

**autonomy** n. 자치
**autograph** n. 자필, 친필, 서명
**automotive** a. 자동추진의

□□□

# peri 주변, 근처

**perimeter** n. 주변
**period** n. 기간, 시대
**peripheral** a. 주변의 n. 주변장치
**periscope** n. 잠망경

□□□

# dia 통하여, 가로질러

**diagnose** v. 진단하다, 분석하다
**diagram** n. 도형, 도해
**dialect** n. 방언
**dialogue** n. 대화
**diameter** n. 직경

□□□

# port 지니다, 운반하다

**deport** v. 국외추방하다, 이송하다
**export** v. 수출하다 n. 수출
**import** v. 수입하다 n. 수입
**important** a. 중요한
**portable** a. 휴대용의 n. 휴대용
**purport** v. 의미하다, 주장하다 n. 의미
**report** v. 보고하다 n. 보고
**support** v. 지지하다 n.지지
**transport** v. 운송하다 n. 수송, 운송

□□□
# loc/loco 장소
**allocate** v. 할당(배치)하다
**location** n. 위치, 장소
**locomotion** n. 운동, 이동
**locate** v. …에 위치를 정하다
**relocate** v. 다시 배치하다
**locomotive** n. 기관차

□□□
# urb 도시
**suburb** n. 교외, 근교
**urban** a. 도시의
**urbane** a. 세련된

□□□
# anti-/ant- 반대하다
**antibiotic** n. a. 항생물질(의)
**antibody** n. 항체
**antidote** n. 해독제
**antipathy** n. 반감, 혐오
**antithesis** n. 정반대, 대조

□□□
# luc/lum 빛
**elucidate** v. 명료하게하다
**lucid** a. 맑은, 투명한
**luminous** a. 빛을 내는

□□□
# tempo/tempor 시간
**contemporary** a. 동시대의
**temporal** a. 일시적인
**temporary** a. 일시의, 임시의

□□□
# sensus 의식, 의미, 감상
**insensible** a. 무감각의
**scent** n. 냄새, 향기
**sensation** n. 감각, 감동
**sense** n. 감각, 느낌
**sensible** a. 분별있는
**sensitive** a. 민감한

**sensual** a. 관능적인
**sentence** n. 문장, 판결
**sentimental** n. 감정적인

□□□
# e-/ec-/ef-/ex- 완전, …가 아닌
**extend** v. 확장하다
**efficient** a. 효율적인
**effusion** n. 방출, 발산
**eject** v. 쫓아내다, 분출하다
**excellent** a. 탁월한
**exception** n. 예외
**excite** v. 자극하다
**exhaust** v. 지치게하다
**exile** n. 추방 v. 추방하다
**explode** v. 폭발하다
**express** v. 표현하다
**exquisite** a. 섬세한
**extract** v. n. 추출하다(물)
**elaborate** v. 정성들여 만들다 a. 공들인

□□□
# cor/cour/cord 마음, 심장, 감정, 용기
**accord** v. 일치하다 n. 조화
**accordance** n. 일치
**concord** n. 일치, 협조
**cordial** a. 성심성의의
**courage** n. 용기
**discord** n. 불화, 내분
**discourage** v. 실망시키다
**record** v. 기록하다

□□□
# hydro/hydra/hydr 물
**dehydrate** v. 탈수하다, 건조시키다
**hydrant** n. 소화전
**hydrogen** n. 수소

□□□
# grat 감사하는, 기뻐하는, 즐거운
**congratulation** n. 축하
**grateful** a. 감사하는

**gratify** v. 기쁘게하다
**gratitude** n. 감사
**gratuity** n. 선물, 팁
**ingratitude** n. 배은망덕

□□□
## feder/fide/fid 신뢰
**faith** n. 신뢰, 신앙
**confidence** n. 신뢰, 자신
**fidelity** n. 충실, 충성
**defy** v. 도전(저항)하다
**defiance** n. 도전, 저항
**federal** a. 연합의
**federation** n. 연방, 연맹
**confederate** a. 동맹한 n. 동맹국

□□□
## plac/plais 기뻐하는, 기운내는
**complacent** a. 만족한
**complaisance** n. 정중함, 친절
**placebo** n. 위약

093
## ne/neo/nov 새로이
**innovate** v. 혁신하다
**innovation** n. 혁신
**novel** a. 새로운 n. 소설
**novelty** n. 새로움, 최신기획상품
**novice** n. 초심자
**renovate** v. 개선하다

□□□
## opus/oper 노동, 활동
**cooperate** v. 협력하다
**operable** a. 사용할 수 있는
**operate** v. 작용하다

□□□
## viv/vivi/vita 생명의, 살아있는
**revive** v. 회복시키다
**survive** v. …후까지 살아남다
**vital** a. 생명의, 중대한
**vitality** n. 생명력, 생기

**vitamin** n. 비타민
**vivid** a. 생기찬

□□□
## grav/gravi 중요한
**aggravate** v. 악화시키다
**grave** a. 중요한, 중대한 n. 무덤
**gravity** n. 중력
**grief** n. 슬픔, 고통

□□□
## vac 비워있는
**evacuate** v. 피난시키다
**evacuation** n. 비움
**vacancy** n. 공허, 공석
**vacant** a. 공석중인
**vacation** n. 휴가
**vacuum** n. 진공, 진공청소기

□□□
## prim/prime 최초의
**prima** a. 제1의, 주된
**primacy** n. 제일, 탁월
**primal** a. 최초의, 주요한
**primary** a. 최초의, 근본적인
**prime** a. 주요한, 훌륭한
**primitive** a. 원시적인, 근본의

□□□
## ver/veri 진실의, 순수한
**verdict** n. 평결, 판결
**verification** n. 증명, 확인
**verify** v. 진실임을 증명하다

□□□
## sat 만족하는
**insatiable** a. 만족을 모르는
**satisfy** v. 만족시키다
**satisfaction** n. 만족
**satisfactory** a. 만족할 만한
**saturate** v. 몰두시키다
**saturation** n. 침투, 포화

## liber/liver 자유로운

**deliver** v. 배달하다
**delivery** n. 배달, 분만
**liberal** a. 관대한, 자유주의의
**liberate** v. 자유롭게 하다
**liberty** n. 자유, 해방

## bene/bon 바른, 양심적인

**benediction** n. 기도, 축복
**benefaction** n. 은혜, 선행
**beneficent** a. 인정많은
**beneficial** a. 유익한, 수익의
**benefit** n. 이익, 이득
**benevolent** a. 호의적인

## forc/fort 강한

**fortify** v. 강하게 하다
**effort** n. 노력
**enforce** v. 강화하다
**force** n. 힘 v. 강제하다
**fort** n. 요새
**fortification** n. 요새화

## rect/recti 곧은, 직선의

**direction** n. 지휘, 감독, 방향
**directly** ad. 직접적으로
**rectangle** n. 직사각형
**rectangular** a. 직사각형의
**rectification** n. 개정
**rectify** v. 개정하다

## fer 지니다, 운반하다

**confer** v. 수여(의논)하다
**defer** v. 연기하다, (경의)표하다
**deference** n. 복종, 존경
**differ** v. 다르다
**different** a. 다른

**infer** v. 추론(의미)하다
**offer** v. 제공하다
**prefer** v. 선호하다
**refer** v. 언급하다

## eu 우수한, 뛰어난

**eugenics** n. 우생학
**eulogy** n. 칭찬, 송덕문
**euphemism** n. 완곡어법
**euphoria** n. 행복감
**euthanasia** n. 안락사

## simil/simul 유사한

**assimilate** v. 동화시키다
**assimilation** n. 동화, 흡수
**similar** a. 유사한
**similarity** n. 유사
**simulate** v. 가장하다
**simultaneous** a. 동시의

## mal 나쁜

**malady** n. 질병
**malediction** n. 범죄
**malpractice** n. 배임행위, 의료사고

## agi/ago 움직이다

**actual** a. 현실의, 실제의
**agenda** n. 예정표
**agent** n. 대리인, 대리점
**agile** a. 기민한
**agitation** n. 동요, 흥분
**agitate** v. 동요시키다

## lav/laut 씻어내다

**deluge** n. 대홍수
**dilute** v. 희석시키다
**laundry** n. 세탁물(소)
**lava** n. 용암, 화산암

**8**

**lavatory** n. 세면대
**lavish** a. 사치스런 v. 낭비하다

□□□
## grad/gress 단계, 걸어가다
**aggressive** a. 활동적인
**degrade** v. 강등(타락)시키다
**degree** n. 등급, 단계
**gradation** n. 단계, 등급
**grade** n. 등급, 계급
**gradual** a. 점증적인
**graduation** n. 졸업
**progress** n. 진행, 발전 v. 전진(진보)하다

□□□
## ridi/risi/ri 웃다
**deride** v. 비웃다
**derisive** a. 보잘것없는
**ridiculous** a. 우스운, 말도 안되는

□□□
## cede/ced/ce 걸어가다, 양보하다
**accede** v. 동의하다
**cease** v. 멈추다
**decease** n. v. 사망(하다)
**exceed** v. 초과하다
**intercede** v. 중재(조정)하다
**proceed** v. 나아가다
**recession** n. (경기)후퇴
**concede** v. 인정(양보)하다
**concession** n. 양보, 구내매점

□□□
## ten/tent/tain 유지하다
**contain** v. 포함하다
**content** n. 내용물, 목차
**tenant** n. 임차인, 거주인
**maintain** v. 유지(주장)하다
**retain** v. 보류하다
**sustain** v. 유지하다

□□□
## duc/doce/duct 이끌다
**abduct** v. 유괴하다
**conduct** v. 행위, 지도
**conducive** a. 도움이 되는
**conductive** a. 전도력있는
**deduct** v. 공제하다, 빼다
**educate** v. 교육하다
**induce** v. 설득(야기)하다
**introduce** v. 도입하다
**produce** v. 제조(생산)하다
**reduce** v. 줄이다
**seduce** v. 부추기다

□□□
## mob/mot/mov 움직이다
**emotion** n. 감정, 감동
**immovable** a. 부동의
**mobilize** n. 동원하다
**motivation** n. 동기부여
**motive** n. 동기, 목적
**mover** n. 이삿집운송업자

□□□
## pict/picto 묘사하다
**depict** v. 그리다, 묘사하다
**pictorial** a. 그림의 n. 화보
**picture** n. 그림, 사진
**picturesque** a. 그림과 같은, 아름다운

□□□
## nasc/nat 탄생하다
innate a. 타고난
**naive** a. 순수한
**nascent** a. 초기의, 미성숙의
**nationality** n. 국적, 국민
**nativity** n. 출생, 탄생
**natural** a. 자연의, 천연의

□□□
## pos/pon 위치하다
**deposit** v. 맡기다, 예금하다

**dispose** v. 배치하다
**expose** v. 폭로하다
**opposite** a. 반대의
**postpone** v. 연기하다
**posture** n. 자세

☐☐☐
## mitt/miss 보내다

**admit** v. 인정(수용)하다
**commit** v. 위탁하다, 맡기다
**dismiss** v. 해고하다
**emit** v. 방출하다, 발하다
**intermittent** a. 간헐적인
**permit** v. 허가하다
**remit** v. (돈) 송금하다
**submit** v. 제출하다, 복종하다
**transmit** v. 발송하다

☐☐☐
## tui/tuit/tut 가르치다

**intuition** n. 직관
**tuition** n. 수업(료)
**tutor** n. 가정교사, 지도교사

☐☐☐
## pel/puls 누르다, 추가하다

**compel** v. 강제하다
**dispel** v. 일소하다, 쫓아버리다
**expel** v. 물리치다, 추방하다
**impel** v. 재촉하다
**propel** v. 추진하다
**propulsion** n. 추진(력)
**pulse** n. 맥박, 파동
**repel** v. 격퇴하다, 몰아내다

☐☐☐
## graph 쓰다

**calligraphy** n. 달필
**graphic** a. 생생한
**graphite** n. 석연
**graphology** n. 필적학
**bibliography** n. 서지학

**biography** n. 전기, 일대기

☐☐☐
## pli/plic/ply 접다

**complicated** a. 복잡한
**diploma** n. 졸업증서, 면허장
**diplomatic** a. 외교상의
**display** v. 전시하다
**explicit** a. 명백한, 숨김없는
**imply** v. 의미(암시)하다

☐☐☐
## put 생각하다, 계산하다

**compute** v. 계산하다, 평가하다
**depute** v. …을 대리로 명하다, 위임하다
**deputy** n. 대리인
**dispute** v. 논의하다, 토론하다

☐☐☐
## mem 기억하다

**commemoration** n. 축하, 기념
**memento** n. 기념품(물)
**memorabilia** n. 기억할 만한 사건
**memorable** a. 기억할 만한
**memorandum** n. 각서, 비망록
**memorial** a. 기념의 n. 기념물(비)
**memory** n. 기억
**remembrance** n. 기억, 기념(품)

☐☐☐
## fin/finis 끝나다, 제한하다

**define** v. 정의하다
**definitive** a. 결정적인
**confine** v. 제한하다
**final** a. 최종의 n. 결승전
**infinite** a. 무한의
**refine** v. 정제하다
**affinity** n. 인척관계, 유사성
**finish** v. 끝내다, 완성하다
**finis** n. 마지막, 종말
**financial** a. 재정상의
**finance** n. 재정, 금융 v. 자금을 조달하다

## scrib/scrip 쓰다

**description** n. 기술, 묘사
**inscription** n. 비명, 비문
**scribble** v. 낙서하다
**script** n. 원고, 대본
**scripture** n. 성서
**subscribe** v. 구독하다
**subscription** n. 정기구독, 기부
**prescription** n. 명령, 규정, (약)처방전

## cise 자르다, 절단하다

**concise** a. 간결한
**decide** v. 결심(결정)하다
**decisive** a. 결정적인
**excision** n. 삭제
**incise** v. 절개하다, 조각하다
**precise** a. 정확한, 명확한

## aud/aus 듣다

**audible** a. 들리는
**audience** n. 청중, 시청자
**audit** v. 회계감사하다, (대학강의) 청취하다
**audition** n. 청력, 오디션
**auditor** n. 회계감사관, 청강자
**auditorium** n. 강당
**inaudible** a. 알아들을 수 없는
**obey** v. 복종하다

## ambi/amb 양쪽, 주변

**ambiguous** a. 애매한
**ambiguity** n. 모호함
**ambivalence** n. 유동, 주저

## seco/sectus 자르다, 절단하다

**section** n. 절단, 구분
**sector** n. 분야, 부분
**segment** n. 단편, 부분

**dissection** n. 절개, 해부
**intersect** v. 교차하다
**intersection** n. 교차로

## gam 결혼

**bigamy** n. 중혼
**digamy** n. 재혼
**monogamy** n. 일부일처제
**polygamy** n. 일부다처제

## vis/vid 보다

**evidence** n. 증거
**provide** v. 제공하다
**provision** n. 공급, 준비
**revise** v. 개정하다
**revision** n. 개정, 교정
**visage** n. 얼굴
**visible** a. 명백한
**vision** n. 시력, 광경
**visit** n. 방문하다
**vista** n. 전망
**visual** a. 시각의

## ven/veni/vent 오다

**advent** n. 도래, 출현
**adventure** n. 모험
**convenience** n. 편리
**convention** n. 집회
**event** n. 사건, 결과
**invention** n. 발명(품)
**prevent** v. 막다, 예방하다
**preventive** a. 예방적인
**revenue** n. 소득, 수입

## junct/join 합치다

**adjoin** v. 인접하다
**conjunction** n. 결합, 접속사
**disjunction** n. 분리, 분열

**join** v. 결합(합류)하다
**junction** n. 연합, 접합점
**joint** n. 모이는 장소, 관절

□□□
## fix 고정하다

**affix** v. 첨부하다, 붙이다
**fix** v. 고정하다, 수리하다
**fixation** n. 고착, 고정
**fixture** n. 비품, 설비
**transfix** v. 꿰뚫다, 고정시키다

□□□
## stru/struct 건축하다

**construct** v. 건축(설립)하다
**construe** v. 해석(추론)하다
**destroy** v. 파괴하다
**destruction** n. 파괴
**instructor** n. 교사
**instrument** n. 도구, 악기

□□□
## claim/clam 큰 소리로 부르다

**acclaim** v. 갈채하다
**claim** v. 요구(청구)하다
**clamor** n. 소란
**disclaim** v. 포기(거절)하다
**exclaim** v. 큰소리로 외치다
**proclaim** v. 선언(공포)하다

□□□
## trib 분배하다

**attribute** v. …의 탓으로 돌리다
**contribute** v. 기부(여)하다
**distribute** v. 분해하다
**distribution** n. 분배, 유통
**redistribute** v. 재분배하다
**tribute** n. 조세, 찬사

□□□
## clud/clus 닫다, 끝내다

**conclude** v. 마치다, 결론을 내리다
**conclusion** n. 결론

**exclude** v. 배제하다
**exclusion** n. 제외, 배제
**exclusive** a. 배타적인, 독점적인 n. 독점권
**include** v. 포함하다
**inclusion** n. 포함
**occlusion** n. 폐색, 차단
**preclude** v. 제외하다, 막다
**recluse** a. 은둔한
**seclude** v. 분리시키다

□□□
## tact/tang/tig/tag/ting 접촉하다

**contact** v. 접촉하다 n. 접촉
**contagion** n. 전염병
**contagious** a. 전염병의
**contingency** n. 우연성, 우발사고
**intangible** a. 무형의
**tact** n. 재치, 요령
**tactile** a. 촉각의
**tangible** a. 확실한

□□□
## gest 지니다, 옮기다

**congest** v. 넘치게 하다
**digestion** n. 소화, 동화
**gesture** n. 몸짓, 태도
**suggestion** n. 제안

□□□
## mor/mori/mort 죽다

**immortal** a. 불멸의, 영원한
**immortality** n. 불사, 불멸
**moribund** a. 소멸해가는
**mortal** a. 치명적인
**mortality** n. 사망(률)
**mortgage** n. 저당(권)

□□□
## test 증명하다

**attest** v. 증명하다
**contest** v. 경쟁하다 n. 논쟁, 경쟁
**detest** v. 증오하다

**intestate** v. 유언을 하지 않은
**protest** v. 항의하다, 주장하다
**testament** n. 유언, 항의
**testify** v. 증언하다
**testimonial** n. 증명서, 추천장
**testimony** n. 증언
**testmarket** v. 시험판매하다

□□□
## habit 주거하다
**habitant** n. 주민, 거주자
**habitat** n. 주거환경
**habitation** n. 주소, 주택
**inhabit** v. 살다, 거주하다
**inhabitable** a. 살기에 적합한
**inhabitant** n. 주민

□□□
## vinc/vict 정복하다, 승리하다
**victory** n. 승리
**convince** v. 납득시키다
**evict** v. 쫓아내다
**vanquish** v. 정복하다
**vincible** a. 정복할 수 있는
**convict** v. (유죄)입증하다 n. 죄인

□□□
## hab 지니다, 보유하다
**exhibit** v. 전시하다
**exhibition** n. 전시
**habit** n. 습관
**habitual** a. 습관적인
**habituate** v. 익숙하게 하다
**inhibit** v. 금지하다
**inhibition** n. 억제, 금지
**prohibit** v. 금지하다
**prohibition** n. 금지

□□□
## crea 창조하다
**create** v. 창조하다
**creation** n. 창조(물)

**creative** a. 창조적인

□□□
## nunci/nounc 선언하다
**announce** v. 공표하다, 발표하다
**denounce** v. 공공연히 비난하다
**denunciation** n. 탄핵, 고발
**pronounce** v. 발음하다, 선언하다
**renounce** v. 포기하다, 단념하다
**renunciation** n. 포기, 기권

□□□
## sume/sump 사용하다, 사다, 취급하다
**assume** v. 떠맡다, …인 체하다
**assumption** n. 가정, 추정
**consumer** n. 소비자
**consumption** n. 소비
**presume** v. 추정하다
**presumption** n. 가정, 추정
**resume** v. 다시 시작하다
**sumptuous** a. 고가의

□□□
## jud/judi/judic 선고하다, 재판하다
**adjudication** n. 판결
**judge** n. 재판관
**judgment** n. 재판, 판결
**judicial** a. 사법의
**judicious** a. 분별있는
**prejudice** n. 편견

□□□
## tend/tens/tent 뻗치다, 잡아당겨 늘리다
**attend** v. 출석하다, 참석하다
**intend** v. 의도하다
**intense** a. 격렬한, 심한
**intensify** v. 증강하다
**intensive** a. 집중적인
**intent** n. 의도, 의지
**intention** n. 의지, 목적
**tension** n. 긴장, 장력

□□□
## fac/fact 만들다

**benefit** n. 이익

**confection** n. 과자

**defect** n. 결점

**effect** n. 결과, 효과

**facile** a. 쉬운, 용이한

**facilitate** v. 용이하게 하다

**facility** n. 쉬움, 편의시설

**fact** n. 사실, 현실

**faction** n. 파벌

**factor** n. 요소, 요인

**faculty** n. 능력, 학부

**proficient** a. 숙달된

□□□
## pend/pen 첨부되다

**appendix** n. 부록

**impending** a. 임박한, 절박한

**independence** n. 독립

**suspend** v. 중지하다

**pendant** n. 늘어뜨린 장식

**suspension** n. 중지

**dependent** a. 의존하는 n. 피부양가족

□□□
## jac/jec/ject 던지다

**abject** a. 비참한

**conjecture** n. 추측, 억측

**dejection** n. 낙담, 실의

**ejection** n. 분출, 방출

**injection** n. 주입, 주사(액)

**object** n. 물건, 대상, 목적

**objection** n. 반대

**project** v. 계획하다 n. 계획, 설계

**reject** v. 거절하다

**subject** n. 주제, 학과, 주어

**subjection** n. 정복, 복종, 종속

□□□
## meter/metron 측정하다

**barometer** n. 기압계

**metric** a. 미터법의

**thermometer** n. 온도계

□□□
## fluc/flu/fluv 흐르다

**affluent** a. 유복한

**influence** n. 영향(력)

**fluctuation** n. 동요, 변동

**fluent** a. 유창한

**fluid** n. 액체, 유체

**fluidity** n. 유동성

□□□
## re 다시, 나중에

**recall** v. 생각해내다

**recover** v. 회복하다

**reform** v. 개혁하다

**remind** v. 기억나게 하다

□□□
## fugio 도망치다

**fugitive** n. 도망자 a. 도망치는

**refuge** n. 피난(소)

**refugee** n. 피난자

□□□
## greg 집단

**aggregate** v. 모이다, 집합하다

**aggregation** n. 집합

**congregate** v. 집합하다

**congregation** n. 집합

**segregate** v. 분리하다

**desegregate** v. 인종차별을 폐지하다

**egregious** a. 엄청난, 터무니없는

**gregarious** a. 군거하는, 사교적인

□□□
## mar/mari 바다

**marine** a. 바다의

**mariner** n. 선원

**maritime** a. 바다의, 해변의

## vers/vert 향하다, 회전하다, 변하다

**adversity** n. 불운, 역경
**advertisement** n. 광고
**convert** v. 전환하다
**diversity** n. 다양성
**inverse** a. 도치의, 반대의
**invert** v. 뒤집다, 역으로 하다
**pervert** v. 악용하다
**reverse** a. 반대의
**subvert** v. 멸망시키다
**version** n. 번역, 의견
**versatile** a. 재주많은, 변덕스러운

□□□

## leg 법률

**legal** a. 합법적인
**legislate** v. 법률을 제정하다
**legitimate** a. 합법의, 정당한

□□□

## dorm 자다

**dormancy** n. 수면, 동면
**dormant** n. 잠자는, 동면의
**dormitory** n. 기숙사

□□□

## tract/trah 잡아당기다

**attract** v. 마음을 끌다
**attractive** a. 매혹적인
**contract** n. 계약, 약정
**detract** v. 줄이다, 손상시키다
**distract** v. 빗나게하다, 혼란케하다
**protract** v. 연장하다
**retract** v. 수축시키다, 취소하다
**subtract** v. 빼다, 감하다
**traction** n. 견인력

□□□

## dic/dict 말하다, 표시하다

**condition** n. 상태
**contradict** v. 모순되다
**dictation** n. 받아쓰기
**diction** n. 말씨, 어법
**indicate** v. 지시하다
**jurisdiction** n. 재판권, 사법권

줄여 쓰는 게 대세

# TOEIC이 좋아하는 약어

## 1. 한 단어가 줄어든 경우

간편함을 추구하는 영어는 긴 단어를 줄여서 약어로 만들려는 습성이 강하다. 단어를 축약하는 방법은 co.(company)처럼 단어의 앞부분을 대표로 세우거나 rd.(road)처럼 단어의 첫자와 끝자를, 아니면 biz(business)처럼 단어의 발음을 추대하는 경우도 있다.

☐ **abbr.** abbreviation 생략
☐ **ad** advertisement 광고
☐ **apt.** apartment 아파트
☐ **biz** business[biznis] 사업
☐ **blvd.** boulevard 대로
☐ **capt.** captain 우두머리, 선장, 대위
☐ **car.** carat(s) 캐럿 보석류의 무게단위로 200mg을 말함. karat으로 쓰기도 한다.
☐ **chap.** chapter 장(章); chaplain 목사
☐ **cont'd** continued 계속되는
☐ **dept.** department 부서
☐ **doc** doctor 의사
☐ **etc. et** cetera 기타
☐ **ext.** extension 교환번호
☐ **hon** honey 자기, 좋아하는 사람을 부르는 말
☐ **hub(by)** husband 남편 줄여서 hub 또는 hubby라 한다.
☐ **gym** gymnasium 체육관
☐ **id.** idem 전과 동일(the same)
☐ **int'l** international 국제적인
☐ **les** lesbian 동성애하는 여자
☐ **mag** magazine 잡지
☐ **No.** number 수
☐ **oz.** ounce 온스(중량단위) pl. ozs.
☐ **preg** pregnant 임신한
☐ **regd.** registered 등록한, 기명의
☐ **spec** specification 명세서
☐ **St.** street 거리, 가(街) 주로 주소지나 도로표지판 등에서 거리 이름 뒤에 붙여서 사용.
        ex) Dowing St.
☐ **tech** technology 기술

☐ **A/C, acct.** account 구좌, 계좌
☐ **ammo** ammunition 탄약
☐ **avg.** average 평균
☐ **bldg.** building 빌딩
☐ **C** cocaine 코카인
☐ **co.** company 회사
☐ **corp.** corporation 주식회사
☐ **div.** division 부(部); divide
☐ **encl.** enclosed, enclosure 동봉
☐ **exec** executive 임원
☐ **flu** influenza 인플루엔자
☐ **id** identification 신분증명서
☐ **Inc.** incorporated 주식회사화된
☐ **jn.** junction 도로의 교차로, 환승역
☐ **ltd.** limited 유한회사
☐ **the Net** Internet 인터넷
☐ **OK, O.K.** okay 오우케이
☐ **perk** perquisite[발음기호] 임시수당, 특권
☐ **rec.** record 기록
☐ **rd.** road 길

8

☐ **temp** temporary worker 임시직원 「임시직원으로 일하다」라는 동사로도 쓰인다.

☐ **vet.** veterinarian 수의사     ☐ **vol., v.** volume (책의) 권(券) ex) Vol. 1 1권

☐ **vs.** versus …대(對)(against)     ☐ **wt.** weight 무게

The ad can be seen on channel 4 at 7:00 p.m. 그 광고는 7시에 4번 채널에서 볼 수 있다.

Vechtel **Corp.** will release its 3rd quarter earnings today.
벡텔 주식회사는 오늘 3/4분기 소득내역을 발표할 것이다.

The U.S. Steel C., **Inc.** sends out bills every two months.
US 철강 주식회사는 두 달마다 청구서를 발송한다.

All **preg** women should make sure that they get plenty of rest.
모든 임신한 여자들은 반드시 많이 쉬어야 한다.

The **temp** agency is located next to the department store.
임시직 소개소는 백화점 옆에 위치하고 있다.

My cat was so sick that I had to take him to the **vet.**
우리 고양이가 너무 아파서 수의사에게 데려가야 했다.

## 2. 두 단어중 한단어가 축약

이번에는 두 단어로 이루어진 단어 중 한 단어가 줄거나 아니면 initial로 축약되어 구성된 약어모음이다.

☐ **B-girl** bar girl 술집의 여급
☐ **co-ed** co-education 남녀공학의 (여학생)
☐ **co-op** cooperation 협동조합
☐ **drive-thru** drive-through 차에 탄 채 구경할 수 있게 된
☐ **photo-op** photo opportunity 촬영기회 (유명인사들이 카메라맨 등에게) 사진촬영 기회를 주는 일.
☐ **prep school** preparatory school 대입예비학교
☐ **see-thru** see-through 속이 비치는 옷
☐ **3-D, three-D** three-dimensional 3차원의

There are many **B-girls** who want to do other things for a living.
많은 술집 여자들이 다른 일을 해서 먹고 살고 싶어한다.

I couldn't believe that there were so many **co-ed** floor in the dormitory.
기숙사에 남녀학생이 공동으로 사용하는 층들이 그렇게 많다는 것을 믿을 수 없었다.

The **drive-thru** zoo will remain open until 6:00 p.m.
차에 탄 채 구경할 수 있는 그 동물원은 6시까지 개장할 것이다.

## 3. 각 단어가 이니셜로

우리가 흔히 약어라고 말하는 경우에 해당하는 것으로 두 개 이상의 단어군의 두음자만 차출하여 만든 頭文字語(acronym)들이다. 여기서는 기관이나 조직 등의 두문자어는 생략하고 실제생활에서 빈번히 쓰이는 약어들을 모아보기로 한다.

☐ **ESOP** Employee Stock Ownership Plan 종업원 지주제도
☐ **EEOC** Equal Employment Opportunity Commission 美 공정고용기회 위원회
☐ **APR** annual percentage rate 개인 대출 연이율
☐ **ABS** anti-lock brake system 차량 앤티 락 브레이크 시스템
☐ **A/C** air conditioning 냉방기
☐ **A.D.** 마약중독자(drug addict) 지방검사(DA: District Attorney)와 혼동을 피하기 위해 도치됨.
☐ **AI** artificial intelligence 인공지능
☐ **AKA** also known as …으로도 알려진
☐ **ASAP** as soon as possible …으로도 알려진
☐ **ATM** automated teller machine 자동 현금지급기
☐ **AWOL** absence without leave 무단 결근
☐ **AWL** absence with leave 승낙 결근
☐ **BLT** bacon lettuce and tomato 베이컨, 상추 그리고 토마토를 넣은 샌드위치
☐ **BYOB** bring your own bottle 파티에 마실 것을 각자 지참하는 것
☐ **CAD** computer aided design 캐드 컴퓨터를 이용한 디자인.
☐ **CATV** community antenna television 유선(공동안테나) 텔레비전
☐ **CD** compact disk 컴팩트 디스크 　 ☐ **C/D** certificate of deposit 양도성 정기예금
☐ **DA** district attorney 지방검사 　 ☐ **DH** designated hitter 지명 대타자
☐ **DM** Deutsche mark 독일화폐 마르크 　 ☐ **DIY** do it yourself 손수하기(의)
☐ **DOA** dead on arrival 내원시 사망 　 ☐ **DPI** dot per inch 해상도
☐ **e.g.** exempli gratia 예를 들어(for example)
☐ **EEO** equal employment opportunity 공정고용기회
☐ **EQ** emotional quotient 정서지수
☐ **ETA** estimated time of arrival 도착예정시간
☐ **ETD** estimated time of departure 출발예정시간
☐ **FYI** for your information 당신의 참고를 위해
☐ **GOP** Grand Old Party 미 공화당
☐ **i.e.** id est 즉(that is) 무언가를 부연설명할 때 쓰는 표현. 회화체에서도 i.e.[aii:]하면 「즉」이라는 뜻이다.
☐ **ICAO** International Civil Aviation Organization 국제민간항공기구
☐ **IOU** I owe You[U] 약식차용증서
☐ **IP** insurance policy 보험증서 또는 보험약관
☐ **IQ** intelligence quotient 지능지수
☐ **IRA** Irish Republican Army 아일랜드 공화국군, 반영(反英) 지하 테러조직

- ☐ **ISBN** international standard book number 국제표준 도서번호
- ☐ **ISO** international organization of standard-ization 국제표준화기구
- ☐ **ISSN** international standard serial number 국제표준 정기간행물 일련번호
- ☐ **JD** Juris Doctor 법학박사(Doctor of Law)
- ☐ **MBA** master of business administration 경영학 석사
- ☐ **MC** master of ceremonies 사회자
- ☐ **MCP** male chauvinist pig 남성우월주의자를 일컫는 경멸적 표현
- ☐ **MHz** mega hertz 메가 헤르츠 주파수 단위로서 「메가」는 100만을 나타내는 단위.
- ☐ **MIA** missing in action 전투중 실종자   ☐ **N/A** not acceptable 수용불가
- ☐ **NIMBY** not in my backyard 내 뒷마당에서는 안된다 자기 지역에 쓰레기 소각장 혹은 핵시설 설치에 반대하는, 「지역 이기주의」를 일컫는 표현.
- ☐ **NOW** National Organization for Women (美) 전국여성기구
- ☐ **OA** Office Automation 사무자동화
- ☐ **OEM** original equipment manufacturing 주문자 상표에 의한 생산
- ☐ **OHP** overhead projector 오버헤드 프로젝터
- ☐ **OJ** orange juice 오렌지 쥬스
- ☐ **OJT** on-the-job training 직무 실무훈련
- ☐ **PB & J** peanut butter and jelly 땅콩버터와 젤리 샌드위치
- ☐ **~PD** ~ police department …경찰국
- ☐ **PDA** public display of affection 공공장소에서의 애정표현
- ☐ **PDQ** pretty damn quick 곧, 즉시
- ☐ **PMS** premenstrual syndrome / premidterm stress 월경전 증후군 / 중간고사 전의 스트레스
- ☐ **P.O.** post office 우체국   ☐ **POS** point of sale 판매시점정보관리
- ☐ **POW** prisoner of war 전쟁포로   ☐ **PR** public relations 홍보활동
- ☐ **PS** postscript 추신   ☐ **PTA** parent teacher associations 사친회
- ☐ **R & D** research and development 연구 및 개발
- ☐ **RN** registered nurse 공인 간호사
- ☐ **RIP** rest in peace 영면하다(묘비명에 쓰는 표현)
- ☐ **ROTC** reserve officer's training corps 예비역 사관 훈련단, 학도 군사 훈련단
- ☐ **RPM** revolutions per minute 분당 회전수
- ☐ **RSVP** repondez s'il vous plait = reply, if you please 응답 바랍니다(초청장 등에서 참석 여부를 알려달라는 의미로 쓰인다)
- ☐ **ESOP** Employee Stock Ownership Plan 종업원 지주제도
- ☐ **RV** recreational vehicle 여가용 차량   ☐ **sci-fi** science fiction 공상과학소설
- ☐ **SMV** slow moving vehicle 저속차량
- ☐ **SNAFU** situation normal all fouled-up 대혼란
- ☐ **SOS** save our ship[souls] 위기신호, 구원요청
- ☐ **TLC** tender loving care 부드럽고 사랑스런 보살핌

□ **TM**  trade mark 상표　　　　　　□ **V.D.**  venereal disease 성병

□ **WASP**  white anglo-saxon protestant 와습. 앵글로색슨계 백인 신교도 이제는 빛이 많이 바랬지만 아직도 막강한 세력을 가지고 있는 미국사회의 기득권층.

□ **W/O**  without ···없이　　　　　　□ **w.r.t.**  with respect to ···에 관하여

□ **MIS**  Management Information System 경영정보시스템

□ **TQM**  Total Quality Management 전사적(全社的) 품질관리

All passengers were notified that the ETA was 6:00 p.m.
모든 승객들은 도착예정시간이 6시라고 통보받았다.

The Nike swoosh is a registered TM of Nike Corporation.
나이키여신의 날개는 나이키 주식회사의 등록상표이다.

Our R&D department will be fully operational by next year.
우리의 연구개발부는 내년까지는 완전히 가동될 것이다.

All products sold by our company are produced on an OEM basis.
우리 회사가 판매한 모든 제품들은 주문자 상표 생산방식에 의해 생산되었다.

The only thing on the menu worth getting is the BLT sandwich.
메뉴에서 먹을 만한 것이라곤 베이컨 · 상추 · 토마토 샌드위치뿐이었다.